Das Gestalten der Tischlerarbeiten

Das Gestalten der Tischlerarbeiten
von A. Blunck

Drei Teile in einem Band

Das Fachzeichnen

Die Konstruktion und die praktische Form

Die Kunstform

im Verlag Th. Schäfer, Hannover

Unveränderter Nachdruck nach der

dreibändigen Originalausgabe, Berlin 1931/32

ISBN 3-88746-243-2

Best.-Nr. 1230

Gesamtherstellung

Th. Schäfer Druckerei GmbH, Hannover

DAS FACHZEICHNEN

von

A. BLUNCK

6. bis 8. Tausend

Berlin 1932

Verlagsanstalt des Deutschen Holzarbeiter-Verbandes, G. m. b. H.
Berlin SO 16

Vorwort

Im Jahre 1896 erhielt ich vom Preußischen Ministerium für Handel und Gewerbe den Auftrag, Zeichenvorlagen und Anleitungen für den Zeichenunterricht für Tischler zu schaffen. In Verfolgung dieses Auftrages entstand das aus fünf Büchern und drei Mappen mit Zeichenvorlagen bestehende Werk: „A. Blunck, Das Fachzeichnen für Tischler", 1900. Das Werk war zunächst für die Hand des Fortbildungsschullehrers bestimmt; es sollte ein Leitfaden für den Unterricht im Fachzeichnen für Tischler sein. Die Gliederung des Gesamtwerkes in Lehrplan, Unterricht, Fachzeichnen, Konstruktionslehre und Kunstformen und die Hinzufügung von besonderen Zeichenvorlagen war gewählt worden, weil in damaliger Zeit vielfach Handwerksmeister ohne Kenntnis des Unterrichtsganges und Gemeindeschullehrer ohne Fachkenntnisse an Fortbildungsschulen unterrichten mußten. Außerdem fehlte es an kleineren Schulen an dem notwendigen Unterrichtsmaterial, Modellen usw.

In den vergangenen 25 Jahren konnte der Mangel an fachlich und pädagogisch vorgebildeten Gewerbe- und Fortbildungsschullehrern behoben werden. Diese gegen 1900 veränderten Schulverhältnisse und die Bedürfnisse des heutigen Handwerkers und Facharbeiters sowie die Nachfrage nach bestimmten Teilen des Werkes ließen schon lange den Wunsch aufkommen, das Werk einer gründlichen Neubearbeitung zu unterziehen, um es den heutigen Anforderungen gerecht werden zu lassen. Dieser Wunsch erhielt festere Form mit dem Augenblick, als die Verlagsanstalt des Deutschen Holzarbeiter-Verbandes den Plan faßte, das Werk für eine Neubearbeitung und Neuauflage vorzubereiten. Das Preußische Ministerium für Handel und Gewerbe genehmigte die Neubearbeitung, ohne hieran und an der Neuauflage beteiligt zu sein oder maßgebend mitgewirkt zu haben.

Das nun vorliegende neue Werk besteht aus drei Teilen und trägt den Titel: „Das Gestalten der Tischlerarbeiten." Ein Lehrbuch für das Fachzeichnen und das Gestalten der Bautischlerarbeiten und der Möbel. Teil I behandelt: Das Fachzeichnen; Teil II: Die Konstruktion und die praktische Form; Teil III: Die Kunstform, allgemeine Richtlinien für das Gestalten der Tischlerarbeiten.

Das gesamte Werk ist in erster Linie für den Tischler bestimmt. Es sagt ihm, warum er zeichnen lernen muß, und wie er zu zeichnen hat. Es wird ihm das Wissen geboten, um Entwurf- und Werkzeichnungen verstehen und machen zu können. Das Werk soll eine Ergänzung der Werkstattlehre sein und soll den Tischler einführen in alle technischen und formalen Vorgänge seines Berufes. Der Tischler soll selbst schöne Formen erfinden und zeichnen können; er soll wieder, wie zur Blütezeit deutscher Handwerkskunst, inmitten der Werkstatt und im Betrieb als kunstverständiger Handwerker dastehen.

Berlin, im Mai 1926.

Der Verfasser.

1

Inhalt

Die Einführung . . . . Seite 1

1. Das Zeichnen . . . . „ 2

2. Das Entwerfen . . . . „ 6

3. Die Werkzeichnung . . . . „ 8

4. Das Aufmessen . . . . „ 38

Abkürzungen und Zeichen

I.	für erster Teil: Das Fachzeichnen		u.	für und
II.	„ zweiter Teil: Die Konstruktion und die praktische Form		=	„ gleich
III.	„ dritter Teil: Die Kunstform		‖	„ parallel
Abb.	„ Abbildung		⊥	„ senkrecht oder rechtwinklig
Durchm.	„ Durchmesser		<	„ Winkel
UD, OD, MD	„ unterer, oberer, mittlerer Durchmesser		⌒	„ Bogen
Halbm.	„ Halbmesser		△	„ Dreieck
Kr.	„ Kreis		5°	„ 5 Grad
L.	„ Linie		a : b	„ a verhält sich zu b
M. 1 : 10	„ Maßstab: $^1/_{10}$ der wirklichen Größe		wirkl. Gr.	„ wirkliche Größe
P.	„ Punkt		w. Gr.	„ wahre Größe
gl. T.	„ gleiche Teile		gez.	„ gezeichnet
bel.	„ beliebig		Aufg. u. gez.	„ aufgenommen (gemessen) und gezeichnet
			vgl.	„ vergleiche

Allem Leben, allem Tun, aller Kunst muß das Hand=
werk vorausgehen, welches nur in der Beschränkung er=
worben wird. Eines recht wissen und ausüben gibt höhere
Bildung als Halbheit im Hundertfältigen.   Goethe.

Die Einführung

Fachzeichnen, Entwerfen, Werkzeichnungen machen und
Gestalten sind eins. Das Gestalten nimmt sichtbar mit
dem Entwerfen auf dem Papier seinen Anfang und endet
mit der Fertigstellung des Objektes in der Werkstatt. Un=
sichtbar ist die Denkarbeit, die Beobachtung, das Suchen
nach Motiven für die Gestaltung und all die geistige
Arbeit, die vor und mit dem sichtbaren Entwerfen zu
leisten ist und sich erst in der Entwurfzeichnung sichtbar
auswirkt.

Ein Laie kann eine Idee für eine originelle Möbel=
form haben. Jede gedachte Form läßt sich auf das Holz
übertragen. Eine andere Frage ist es, ist die so ent=
standene Form haltbar, entspricht die Wirkung der Form
dem, was der Laie sich gedacht hat, und in welchem Ver=
hältnis stehen die Kosten zu dem Erfolg? Gewöhnlich
sind beide Teile, Auftraggeber und Ausführender, nach
einer solchen Arbeit unzufrieden. Kann der Fachmann
die Idee des Laien durcharbeiten, gestattet ihm der Laie
die freie Bearbeitung der Idee, so kann etwas Gutes
entstehen. Doch muß es der Fachmann verstehen, das
Gute in der Idee eines anderen zu erkennen und zu halten.

Vom Tischler als Zeichner, als Entwerfenden verlangt
man gute und originelle Gestaltungsideen, gute Technik
und Kunstverständnis — oder der Erfolg bleibt aus.
Der Fachmann muß Tischler, Zeichner, Kritiker, Kunst=
verständiger und in seiner Art Künstler sein. Das soll
in den drei Teilen dieses Buches erläutert werden.

In dem ersten Teil, „Das Fachzeichnen", werden keine
Regeln für das Entwerfen im Sinne von Gestalten ge=
geben, sondern es wird die Technik des Zeichnens erklärt
und gesagt, was die Fachzeichnung enthalten muß — die
Zeichnung für den Auftraggeber, den Laien, und die
Zeichnung für die Arbeiten in der Werkstatt*). Im
zweiten Teil, „Die Konstruktion", wird gesagt, wie das
Holz beschaffen ist, wie die Eigenschaften sind und wie
infolge dieser Eigenschaften und des Zweckes der Ver=
arbeitung des Holzes der Zusammenbau der Möbel und
der Bautischlerarbeiten sein muß. Sodann werden noch
für die wichtigsten Gruppen der Gegenstände, die der
Tischler herstellt, Richtlinien für Größen und Formen

gegeben, soweit sie praktisch bedingt sind. Im Teil III
folgen allgemeine Gestaltungsregeln. Nicht über einzelne
Gegenstände, nicht über Gruppen von Möbeln wird ge=
sprochen, sondern über allgemein zu beobachtende Kunst=
gesetze und alles, was mit diesen zusammenhängt, und
über Formeninhalt.

Diese Teilung des Buches ist auch aus praktischen
Gründen erfolgt. Jedes Hauptstück bildet einen in sich
abgeschlossenen Teil — das Zeichnen, das praktische Ge=
stalten und die Kunstform —, die Teile zusammen bilden
wiederum ein Ganzes. Durch die Teilung sind Textwieder=
holungen vermieden worden, und die nicht an Beispiele
gebundenen allgemeinen Erklärungen geben eine Grund=
lage des Wissens für alle gestaltenden Aufgaben des
Tischlers. Die Kunstentwicklung ist stetig in der Bewegung,
doch gewisse formbestimmende Momente gleicher Art waren
bisher in aller künstlerischen Tätigkeit wirkend vorhanden,
und auf diese wird hingewiesen. Diese werden bleiben, sie
hindern nicht, als etwas Selbstverständliches können die
gegebenen Richtlinien bei keinem Gestalten unbeachtet ge=
lassen werden. Das individuelle Wollen des Künstlers wird
nicht berührt.

Die Werkstattlehre soll durch das Buch nicht ersetzt,
nur ergänzt werden. Junge Zeichner dürfen nicht glauben,
daß die im zweiten Hauptstück, „Konstruktion", gegebenen
technischen Erklärungen dem Zeichner für alle Aufgaben
als Ratgeber genügen. Diese Erklärungen werden dem
genügen, der die Werkstatt kennt.

---

*) Die ersten Übungen im Zirkelzeichnen, in der darstellenden Geo=
metrie und im Freihandzeichnen werden nicht besprochen. Dieses Wissen
und Können wird vorausgesetzt. Natürlich kann man für die ersten
Übungen im Zirkelzeichnen Fachaufgaben wählen und dieses Zeichnen
dadurch zum Fachzeichnen im engeren Sinne machen. Z. B. muß für
das Zeichnen eines Parkettmusters für einen bestimmten Raum ein
Quadratnetz über den Fußboden gezogen werden — die Parkettafeln sind
quadratisch; oder für das Bearbeiten eines Holzes zu einer achtseitig
gleichseitigen Stütze ist das Achteck zu zeichnen. Durch derartige Er=
klärungen werden diese Übungen vielen Schülern angenehmer. Auch
die ersten Übungen der darstellenden Geometrie sind so zu erklären. Der
Anfänger muß wissen, daß jede Projektion eine Fachzeichnung ist. Zum
Profilzeichnen gehört einige Übung im freihändigen Zeichnen. Um dieses
zu fördern, wird man dem Anfänger Aufgaben geben, die leichtver=
ständlich sind, aber Auge und Hand schulen. Also derartige Vorübungen,
die man jetzt wohl auch in Schulen als Fachzeichnen bezeichnen, sind hier
nicht beschrieben.

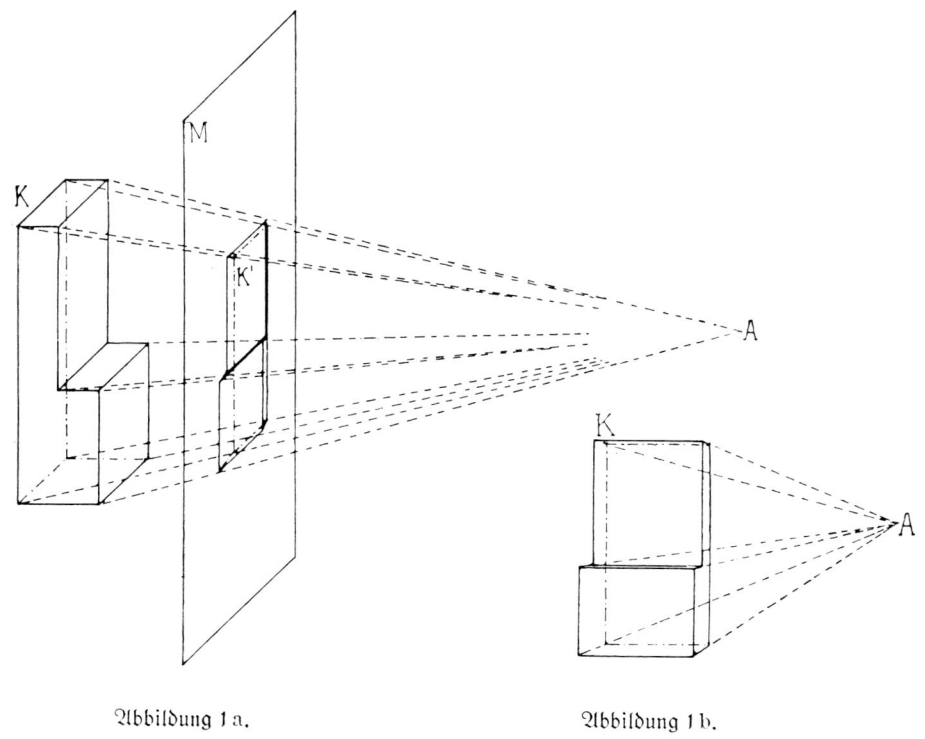

Abbildung 1 a.   Abbildung 1 b.

1.
Das Zeichnen

Vor allen Werkstattarbeiten werden die Formen der herzustellenden Gegenstände auf Papier oder Holz aufgerissen (gezeichnet) oder durch Modelle bestimmt. Nur untergeordnete Arbeiten werden nach mündlichem oder schriftlichem Auftrag erledigt. Die Zeichnung, welche der Tischler in der Werkstatt benutzt, um danach zu arbeiten, das ist die Werkzeichnung. In der Werkzeichnung ist der herzustellende Gegenstand so dargestellt, daß die Maße aller Einzelheiten abgelesen oder abgemessen werden können, alle Profile und Krümmungen unverkürzt sichtbar sind und der Zusammenbau erkennbar ist.

Müssen Werkzeichnungen gemacht werden?

Ein Tischler, der in seiner Werkstatt allein arbeitet, kann manches ohne Zeichnung machen, einfache Dinge, deren Größe und Form er im Gedächtnis hat, die er während der Arbeit auf dem zu verarbeitenden Holz vorzeichnet. Hat der Tischler einen Hilfsarbeiter, so muß er diesem, auch für einfache Arbeiten, Risse geben, damit der Arbeiter, der Tischler, ohne stetige Anleitung tätig sein kann. Es ist ja nun ganz gleich, ob diese Risse auf Papier oder auf Brettern gemacht werden, es sind Werkzeichnungen.

Werden in Werkstätten Serienarbeiten gemacht, so zeichnet man wohl die Breiten- und Höhenrisse auf Bretter und macht für die Schweifungen Holzschablonen, weil das Papier leicht reißt, oder man klebt die Zeichnung auf Leinen. Für die Ausführung der meisten Gegenstände ist die Werkzeichnung aus praktischen Gründen notwendig. Die Arbeit würde zuviel Zeit kosten, wollte man alle Teile, zum Beispiel zu einem Schrank, nacheinander zurichten und anpassen. Mit Hilfe der Zeich-

nung können alle Teile gleichzeitig zugerichtet und bis auf das Anpassen vorbereitet werden.

Durch diese Erläuterungen ist wohl genügend erklärt, daß jeder Tischler zeichnen lernen muß, er muß zum mindesten eine Vorzeichnung auf sein Holz machen können, und er muß einen Riß, eine Werkzeichnung lesen können, um richtig zu arbeiten. Damit ist der Zweck der Werkzeichnung erklärt. Wie unterscheiden sich diese Zeichnungen von anderen? Aus der Zeichnung soll der Tischler Formen und Maße ablesen und abmessen können.

Wenn wir einen Gegenstand im Raum sehen, so erscheint uns fast immer die eine oder andere seiner Seitenflächen verkürzt, wir sehen also nicht die wahre Form dieser Flächen. Haben wir ein Bild von einem Körper vor uns, so wie der Körper erscheint, wie er von uns gesehen wird, so können wir aus diesem Bild die wahren Größen und Formen nicht abmessen. Wir können nach diesem Bild die wahre Form und Größe des Körpers nicht nachbilden, es sei denn, das Bild wäre durch Beschreibung genügend zu ergänzen. Die Werkzeichnung ist und muß also eine andere Darstellung sein als die Zeichnung, die uns den Körper so gibt, wie er erscheint. Vergleichen wir die Abbildungen 1 bis 6.

Abbildung 1a: K ist ein Körper — die Kernform eines Schrankes. A ist das Auge des Beschauers. Ein gutes Bild dieses Körpers auf einem ebenen Stück Papier (M), in richtiger Lage und Entfernung vom Auge zwischen Auge und Körper gehalten, deckt den Körper vollkommen. Die Linien auf dem Papier decken die Körperkanten. Abbildung 1 b ist das Bild. M ist die Bildebene. Von allen Punkten der sichtbaren Flächen des

2

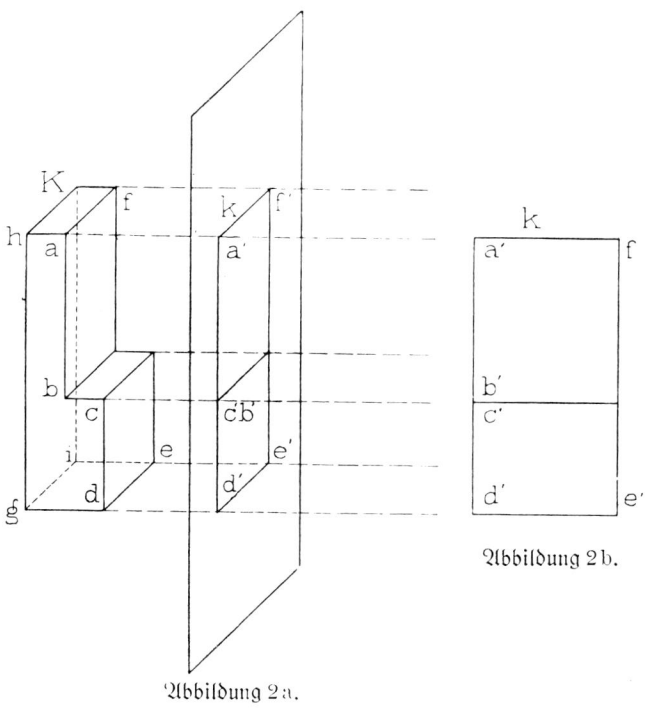

Abbildung 2 b.

Abbildung 2 a.

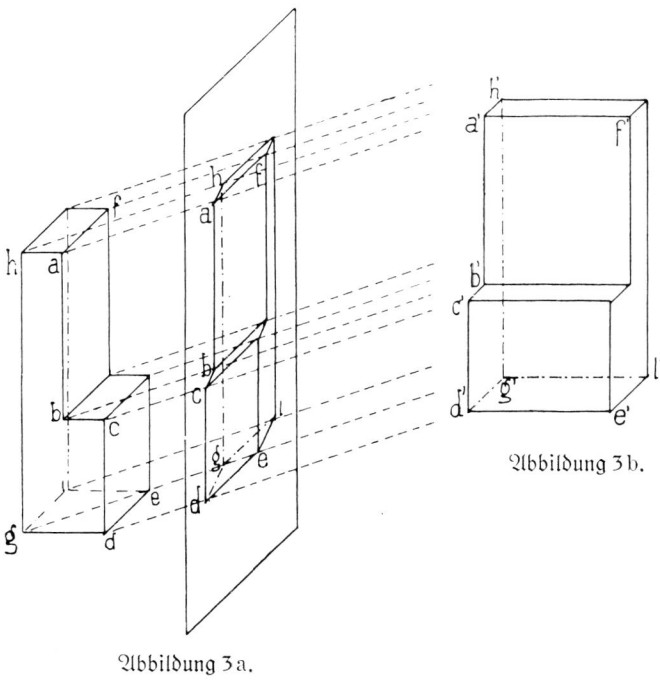

Abbildung 3 b.

Abbildung 3 a.

Körpers K gelangen in gerader Richtung Lichtstrahlen in unser Auge. Schieben wir die lichtdurchlässige Bildebene M zwischen K und A und verbinden wir die Durchdringungspunkte der Lichtstrahlen, die von K zu A gelangen, M schneiden, so haben wir das Bild Abbildung 1 b. Die Bildebene M wird rechtwinklig zur Sehrichtung angenommen. Alle Flächen des dargestellten Körpers, die parallel zur Bildebene liegen, haben im Bild die richtige Form, sind nur entsprechend der Entfernung der Bildebene vom Körper verkleinert. Das Bild Abbildung 1 b ist die perspektivische Darstellung des Körper K, von A aus gesehen. Das Bild kann konstruiert werden. Man nennt diese Darstellung die Zentralprojektion, auch die perspektivische Abbildung*).

Die Darstellungen der Werkzeichnungen und der meisten Fachzeichnungen sind Parallelprojektionen — rechtwinklige und schiefwinklige Projektionen oder isometrische Darstellungen (Abbildung 2 bis 6).

Denkt man sich das beobachtende Auge unendlich weit entfernt, so kommen wir zu der parallelen Richtung der projizierenden Strahlen. Werden diese parallelen Strahlen von einer rechtwinklig zur Strahlenrichtung liegenden Bildebene aufgenommen, so haben wir eine rechtwinklige Projektion. In dieser haben alle der Bildebene parallelen Kanten und Flächen die wahren Längen, Größen und Formen, die im Bild abgemessen werden können. Diese Darstellungsweise wird für die Werkzeichnungen und andere Fachzeichnungen gebraucht. Abbildung 2 a, K′ ist die rechtwinklige Projektion der Vorderansicht des Körpers K. Die Kanten a b = a′ b′, c d = c′ d′ usw. Abbildung 2 b ist die unverkürzte Projektion.

Sind die projizierenden Strahlen parallel, so ist es gleich, wo die Bildebene die Strahlen schneidet, ob nah oder fern dem Körper; ist die Ebene rechtwinklig zu den Strahlen gerichtet, so sind die Projektionen immer gleich groß. Sie sind auch dann gleich, wenn man sich die Strahlen rückwärts verlängert denkt und hier die Bildebene annimmt.

Sind die projizierenden Strahlen, wie in Abbildung 3 a, schiefwinklig zur Bildebene gerichtet, so entsteht die schiefwinklige Projektion Abbildung 3 b. Die der Bildebene parallelen Kanten und Flächen haben in der Projektion die wahren Größen und Formen, die anderen Kanten und Flächen sind verkürzt. Die Richtung d′ g′, c′ b′, a′ h′ kann beliebig angenommen werden und ebenso die Verkürzung von d g : d′ g′, um ½, ⅓, ⅛ der wahren Länge.

Abbildung 4 ist eine isometrische Darstellung. Alle Körperkanten haben die wahre Länge, alle Parallelen sind im Bild auch parallel. Die Kanten d g und d e (Abbildung 3 a) sind im Bild (Abbildung 4) unter 60 Grad zur Senkrechten d c gerichtet.

Für fachliche Darstellungen genügen meist drei rechtwinklige Projektionen nach Abbildung 5 und 6. Sind durch die drei Projektionen a, b und c, Abbildung 5, nicht alle Einzelheiten meßbar deutlich sichtbar, so müssen von diesen Teilen besondere Projektionen auf Bildebenen gemacht werden, die parallel zu der Fläche liegen, deren wahre Form und Größe für die Bearbeitung des Holzes bekannt sein muß. Zur Darstellung der inneren Teile eines Hohlkörpers und der Zusammensetzung der Wandung, zum Beispiel eines Schrankes, denkt man sich diesen durchschnitten und macht rechtwinklige Projektionen von den Schnittflächen und dem, was durch den Schnitt von der inneren Gestaltung sichtbar geworden ist.

*) Vgl.: „Das Projektionszeichnen" und „Die darstellende Geometrie" von Wilhelm Eggers u. a.

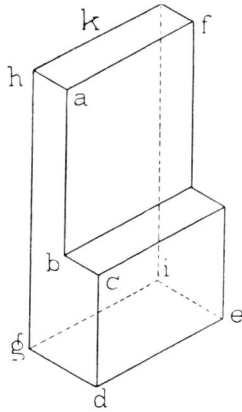

Abbildung 4.

Die drei gewöhnlich auszuführenden Projektionen sind: Grundriß, Aufriß und Seitenriß (a, b und c, Abbildung 5 und 6).

a) Die Bildebene ist waagerecht. Der Körper ist in der Ansicht von oben dargestellt. Diese Projektion heißt der Grundriß des Körpers. Die Bildebene G heißt Grundrißebene.

b) Die Bildebene ist aufrecht vor dem Zeichner. Der Körper ist in der Ansicht von vorn dargestellt. Diese Projektion heißt der Aufriß des Körpers. Die Bildebene A heißt die Aufrißebene.

c) Die Bildebene ist aufrecht zur Seite des Zeichners. Der Körper ist in der Ansicht von der Seite dargestellt. Diese Projektion heißt der Seitenriß des Körpers. Die Bildebene S heißt Seitenrißebene.

Grundriß-, Aufriß- und Seitenrißebene, welche gewöhnlich senkrecht aufeinander angenommen werden, schneiden sich in den drei Achsen o x, o y, o z (Abbildung 5 und 6).

In Abbildung 6 sind die zwei Projektionsebenen A und S um die Achsen o x, o z, o y in die waagerechte Ebene gedreht, in der die Projektionsebene G liegt. Die Abbildung 6 ist das Bild der Fachzeichnung. Die Abgrenzung der Projektionsebenen ist wegzudenken. x y und z y sind das Achselkreuz. x o und o y sind die Projektionen der Grundebene in den Aufrissen b und c, die Grundlinien a, b und c sind Grund-, Auf- und Seitenriß des Körpers K (vgl. Abbildung 40). In diesen Projektionen sind alle Maße vorhanden, die der Tischler für die Herstellung des Körpers K braucht. Nun müssen mitunter viele Ansichten und Schnitte gezeichnet werden, um die Formen aller Teile eines Ganzen meßbar dargestellt zu haben, so daß eine perspektivische Darstellung des ganzen Körpers gegeben werden muß, als Ergänzung zu

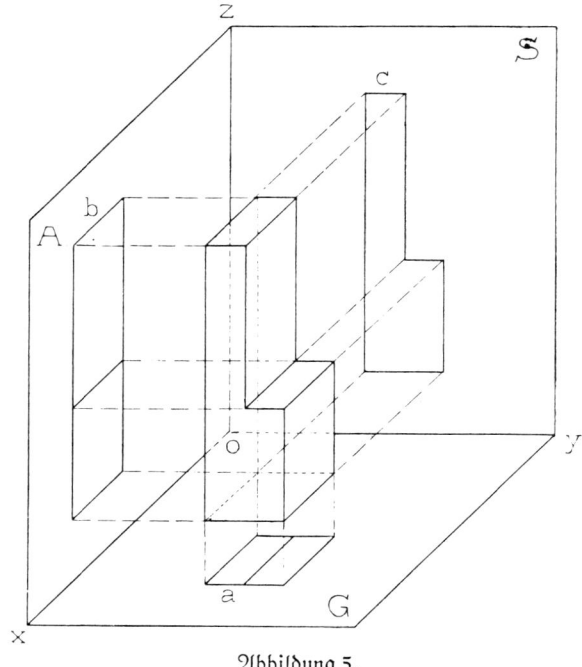

Abbildung 5.

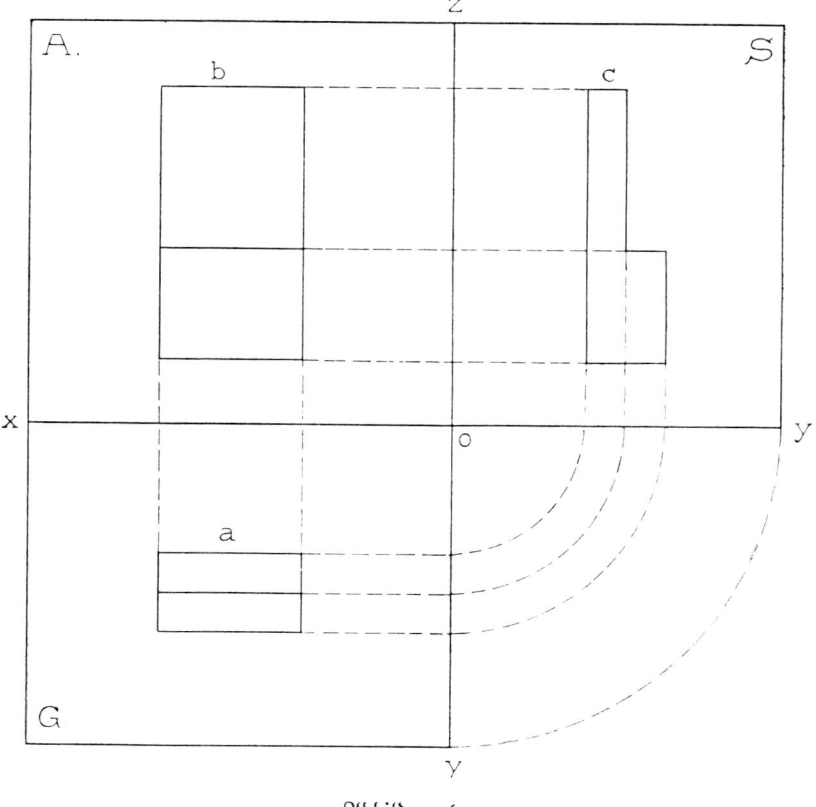

Abbildung 6.

4

den Aufriſſen und Schnittzeichnungen, damit der Arbeiter ein überſichtliches Bild des Ganzen vor Augen hat. Der gewandte Zeichner wird dieſe perſpektiviſchen Darſtellungen nicht konſtruieren (Abb. 1), ſondern frei zeichnen.

Alles, was bisher geſagt worden iſt, bezieht ſich auf die Darſtellung der Werkzeichnung. Mit der Werkzeichnung iſt aber das Zeichnen des ſelbſtändig formſchaffenden Tiſchlers nicht erledigt. Eine Werkzeichnung kann entſtehen, indem man bekannte Formen eines Ganzen ſtückweiſe nach dem Gedächtnis zeichnet, aneinanderreiht und ſo ein abgerundetes Ganzes erreicht. Bekanntes kann man ſo darſtellen, Neues nicht. Der Geſtaltungs=

gedanke für einen neu zu ſchaffenden Gegenſtand reift vor dem geiſtigen Auge, wird dann in großen Zügen auf dem Papier durch Zeichnung kenntlich gemacht — in perſpektiviſcher oder rechtwinkliger Projektion dargeſtellt. Der Maßſtab dieſer Zeichnung iſt abhängig von der Form und der Größe des Objektes (Abbildung 10 bis 14).

Dieſe erſten Skizzen werden durchgearbeitet, geprüft und, wenn die Form endgültig feſtgeſtellt iſt — das iſt d e r E n t w u r f —, dann folgt die Bearbeitung der Werkzeichnung. Es gibt Fälle, wo Entwurf und Werkzeichnung in einer Darſtellung zuſammenfallen, dann ſind es Gegenſtände ſehr einfacher Form.

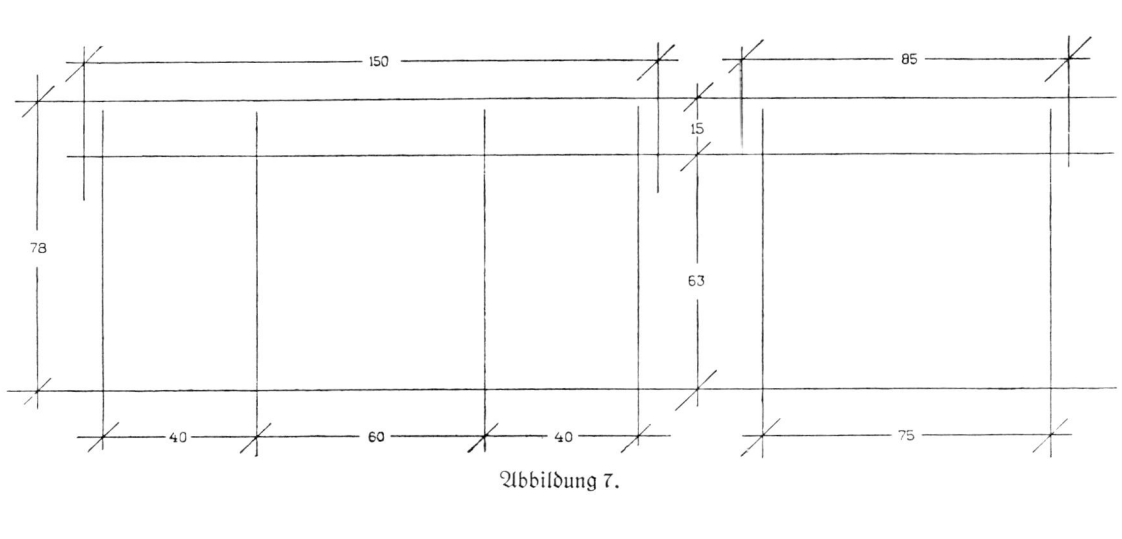

Abbildung 7.

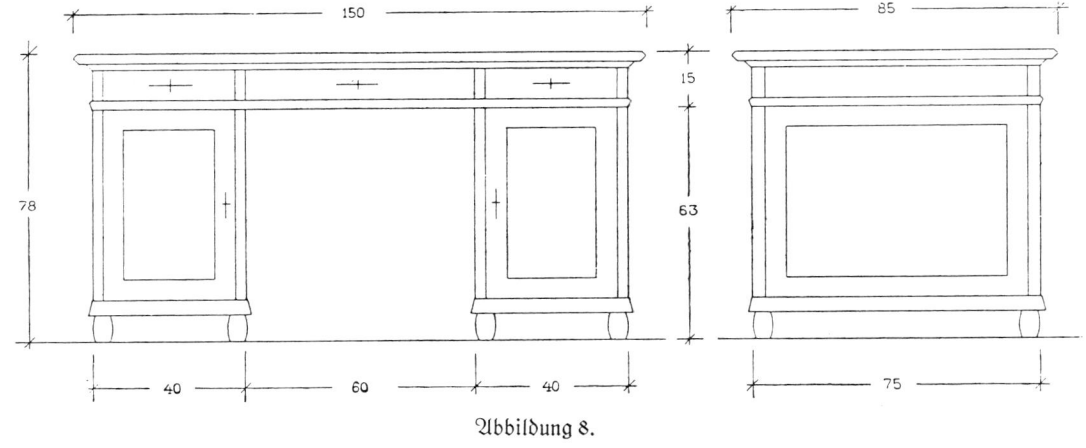

Abbildung 8.

Abbildung 9.

5

2.
Das Entwerfen

Einen Gegenstand entwerfen bedeutet, deſſen Form, Größe, Farbe, Material und Konſtruktion ſo zu beſtimmen, daß dieſer Gegenſtand ſeinen Zweck erfüllen kann. Ein Stuhl muß alſo ſo geformt und gebaut ſein, daß wir auf ihm bequem und ſicher ſitzen können. Er darf nicht zu ſchwer ſein, denn er muß von Platz zu Platz getragen werden, und ſeine Form muß zu der ihm beſtimmten Umgebung paſſen. Denn „zweckmäßig" bedeutet das eine Mal praktiſch, das andere Mal zierend, prunkend. Natürlich kann ein praktiſcher Gegenſtand auch ſchön ſein. Die Form ſoll ei folgerechtes Ergebnis aus Zweck und Mittel ſein.

Der Entwurf wird gezeichnet. Vor der Aufzeichnung der Form muß der Zeichner die Auswirkungen aller formbeſtimmenden Momente: Zweck, Geſtaltungsidee, Materialeigenſchaft, Technik, im Geiſte zuſammenfaſſen und prüfen. Forminhalt, Stoff und Zweck ſollen ſich vollkommen durchdringen. Iſt vor dem geiſtigen Auge der Plan für die Geſtaltung eines Gegenſtandes fertig, ſo beginnt das Zeichnen. Zunächſt ſucht man möglichſt ſchnell die gedachte Form zu ſkizzieren, in rechtwinkliger Projektion oder in perſpektiviſcher Darſtellung. Der Gedanke iſt damit ſichtbar fixiert. Dann beginnt die beſondere Prüfung der Idee. — Entſpricht die Form dem Zweck? — Sehr häufig werden mehrere Entwurfſkizzen gemacht, davon die beſte gewählt und weiter durchgearbeitet.

Perſpektiviſche Darſtellungen ſind von großem Wert für den Verkehr mit den Auftraggebern und auch für den Entwerfenden. Die guten perſpektiviſchen Skizzen geben ein Bild, wie der Gegenſtand erſcheint. Ein ſolches Bild verſteht auch der Laie. Die rechtwinklige Projektion kann der Laie nicht immer verſtehen, er kann ſich nach dieſen Darſtellungen ſelten eine richtige Vorſtellung von der wahren Form und von der Erſcheinung machen. Und wenn der Fachmann den Entwurf in ſeiner Art erklärt, von rund, geſchweift, gekehlt und anderem ſpricht, was ſagen dieſe Worte? Der Auftraggeber, der Laie will ſehen. Die Zeichnung muß ihm verſtändlich ſein oder muß durch Objekte ähnlicher Art erklärt werden. Der Entwerfende macht für ſich die perſpektiviſchen Darſtellungen, um Gedanken zu fixieren, oder um mehrere rechtwinklige Projektionen in einem Bild zuſammenzufaſſen, um die Wirkung zu prüfen.

Als Vorbereitung für die Werkzeichnung muß die Maßſkizze gemacht werden: Die rechtwinkligen Projektionen, Aufriß, Grundriß und Seitenriß, durch die die Größe und die Form des projektierten Gegenſtandes feſtgelegt werden. Gewöhnlich wählt man für dieſe Skizzen einen Maßſtab, der leicht zu vergrößern iſt, zum Beiſpiel $\frac{1}{20}$, $\frac{1}{10}$, $\frac{1}{5}$ der wahren Größe. Die erſten Maßſkizzen müſſen überſichtlich ſein, nur das Weſentlichſte wird gezeichnet.

Ein Beiſpiel ſoll erklären, wie häufig gearbeitet werden muß. Ein Schreibtiſch wird als Ergänzung zu anderen Möbeln verlangt. Der Zeichner hat die Wünſche des Beſtellers über Form und Größe gehört, er hat das Zimmer geſehen, in dem der Schreibtiſch ſpäter ſtehen ſoll. Für die Platte wurde die Größe 1,50 × 0,85 Meter beſtimmt. Die Höhe normal, 78 Zentimeter. Der Tiſch wird mitten im Raum ſtehen, kann von allen Seiten geſehen werden. Die Tiſchplatte bekommt keinen Aufbau.

In Form und Schmuck muß der Tiſch dem vorhandenen Mobiliar angepaßt werden. Weſentliches der Form und Größe iſt alſo ohne die Mitarbeit des Zeichners beſtimmt. Es bleibt ihm zu tun übrig, das Gegebene aufzuzeichnen. Die Abbildungen 7 bis 9 zeigen, wie das geſchieht. Abbildung 7: Auftragen der gegebenen Maße; Abbildung 8: Zeichnen der Teilungen, die durch die praktiſche Nutzung des Tiſches und des Zuſammenbaues bedingt ſind; Abbildung 9: Durcharbeitung der Form im gegebenen Rahmen. Maßſtab der Zeichnung 1:20. Dieſe Maßzeichnung wurde vorgelegt und angenommen. Andere intereſſante moderne Entwürfe wurden abgelehnt. Es gelang dem Zeichner nur noch, daß für einen Schrank als Endigung eine große

Abbildung 10.

Abbildung 11.

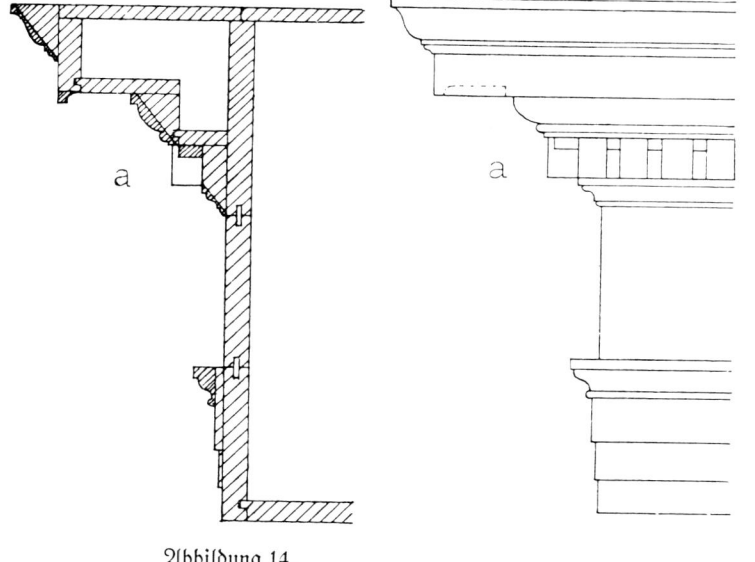

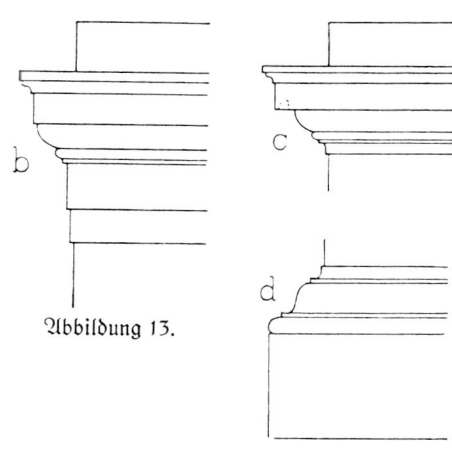

Abbildung 13.

Abbildung 14.

Abbildung 12.

ſchöne Vaſe angekauft wurde, ferner zwei Diwankiſſen mit Handſtickerei und für die Jenſterecke eine Blattpflanze mit eigenartigen Stengelformen. Und doch hat das Zimmer durch dieſe drei Dinge und den Schreibtiſch eine andere Note bekommen. Das Auge ruhte gern auf den drei neuen Zierſtücken. Sie bildeten durch Jorm und Jarbe einen wohltuenden Kontraſt zu ihrer Umgebung und ergänzten das Vorhandene zu einem abgerundeten Ganzen.

Iſt der Zeichner beim Entwerfen nun nicht durch Bedingungen gebunden, wie im gegebenen Jalle, ſo ſind viele intereſſante Löſungen möglich. Die Tiſchplatte kann an den Enden abgerundet ſein. Auch die Schränke unter der Tiſchplatte können gerundete Seiten haben. An Stelle der Rahmen mit Jüllungen kann geſperrtes Holz verwendet werden uſw. Allzu große Abweichungen von der herrſchenden Mode werden, wenn die Arbeiten originell ſind und Kunſtwert haben, beachtet und beſprochen, werden für die Kunſtentwicklung vielleicht von großer Bedeutung ſein. In der Maſſe des Volkes werden ſolche Arbeiten ſelten ſofort Anerkennung finden.

Die Entwürfe ſind ſtets in überſichtlicher Größe darzuſtellen. Den Entwurf zu kleinen Gegenſtänden kann man ſofort in der wahren Größe zeichnen; für große Gegenſtände iſt das unmöglich, weil die Zeichnung nicht zu überſehen iſt. Je größer das Objekt, deſto kleiner der Maßſtab der erſten Skizze, $^1/_{100}$, $^1/_{50}$, $^1/_{20}$, $^1/_{10}$, $^1/_5$, $^1/_2$ der wahren Größe. Iſt die Geſamtform und Größe feſtgeſtellt (Abbildung 10), ſo folgen größere Darſtellungen (Abbildung 11 und 12). Die durch die kleinen Darſtellungen ermittelten Maße und Einzelheiten werden in die größeren Darſtellungen übernommen und weiter durchgearbeitet. Zuletzt werden die Einzelheiten in den Werkzeichnungen in der wahren Größe gezeichnet (Abbildung 13 und 14).

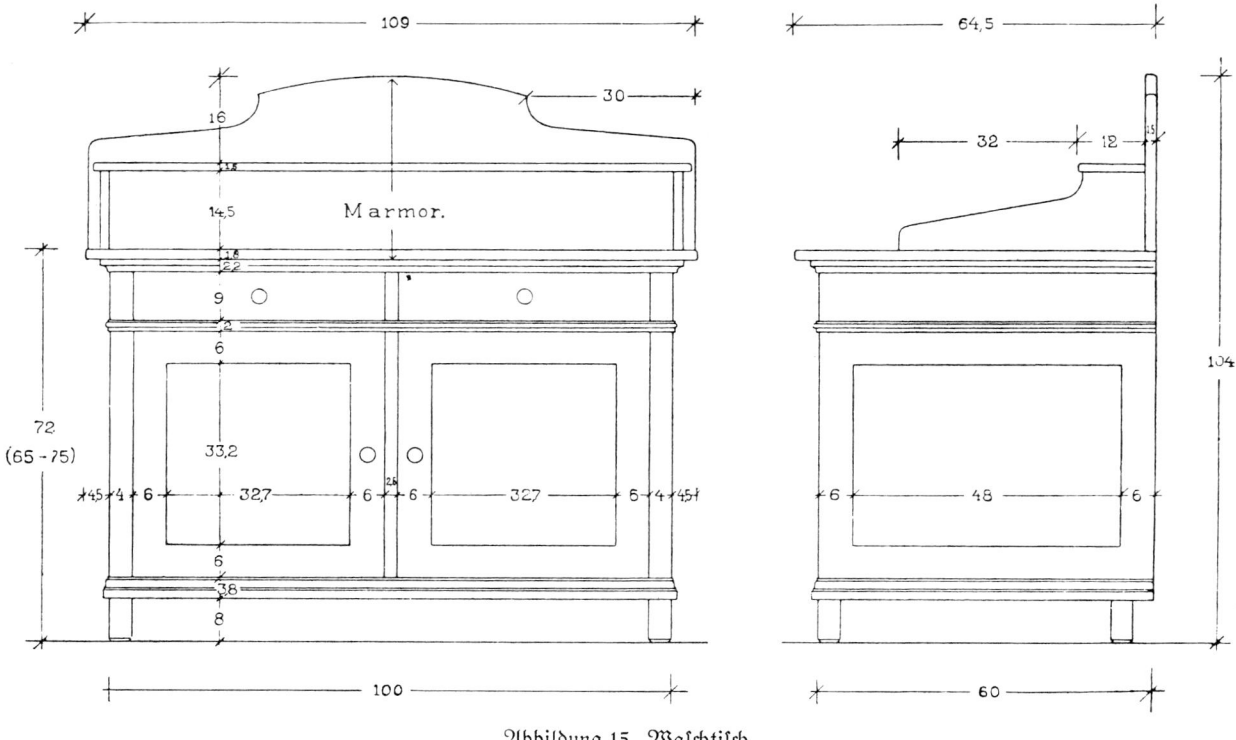

Abbildung 15. Waſchtiſch.

3.

Die Werkzeichnung

Die Werkzeichnung hat alle Angaben zu enthalten, deren der Arbeiter für ſeine Arbeit bedarf.

Der Entwurf kann gleichzeitig als Werkzeichnung Verwendung finden, wenn die Angaben, die zur Ausführung des Gegenſtandes notwendig, in ihm vorhanden ſind.

Gewöhnlich werden und müſſen für die herzuſtellenden Tiſchlerarbeiten der Entwurf im verjüngten Maßſtabe, in ¹/₂₀, ¹/₁₀ oder ⅕ der wahren Größe, und die Werkzeichnung in der Ausführungsgröße des Objektes gezeichnet werden.

Das Anfertigen der Werkzeichnung erfordert je nach der Beſchaffenheit der Zeichnung, die als Entwurf vorliegt, und nach der Form des projektierten Gegenſtandes einen verſchiedenen Grad von Können und Wiſſen, von Form- und Schönheitsgefühl (Abbildung 15 bis 25). Ein Entwurf wie Abbildung 15 erfordert nur ſorgfältiges Vergrößern der gegebenen Zeichnung bis zur wahren Größe. Der Zuſammenbau iſt hier ſchon durch die äußere Form gegeben. Der Schrank, Abbildung 16, iſt verſtändlich gezeichnet. Alle Profilformen ſind ſichtbar, bis auf die innere Einrichtung iſt durch die Entwurfzeichnung alles gegeben. Und doch erfordert das Auftragen der Werkzeichnung mehr Können als im Falle der Abbildung 15. Einmal iſt die Form des Waſchtiſches einfacher, ſodann ſind die Maße aller Einzelheiten eingeſchrieben, während alle Größen aus Abbildung 16 abgegriffen werden müſſen, und dabei ſind kleine Irrtümer möglich, die ſich ſpäter unangenehm bemerkbar machen. Die Stuhlzeichnung, Abbildung 17 (Stuhl im Stil Ludwigs XVI., vergoldetes Holz), kann nur von einem Zeichner gemacht werden, der Stilkenntnis beſitzt und im Ornamentzeichnen Übung hat. Alle Profile ſind gegeben. Anders die Zeichnung zu der zwei-

flügeligen Tür, Abbildung 18. In dieſer Zeichnung zu der Rokokotür ſind keine Profile vorhanden, nur die Profilbreiten ſind gezeichnet. Der Zeichner, der nach dieſem Entwurf die Werkzeichnung zu machen hat, muß Rokokoprofile kennen oder ſich dieſe Kenntnis erſt erwerben, und ſodann muß er ſelbſtändig die Profile der Türflügel und das Profil der Türbekleidung zueinander abſtimmen. Dieſe Arbeit verlangt ungleich mehr Kunſtverſtändnis als das Vergrößern und Durcharbeiten der Entwürfe Abbildung 15 bis 17. Abbildung 19: Ein Teil einer Wandbekleidung. Die Zeichnung iſt eine Skizze — eine Idee. Der Zeichner, der dieſe Idee durchzuarbeiten hat, muß ſchon einige Erfahrung beſitzen. Er muß aus den angedeuteten Schatten die angenommenen Höhen ableſen (vgl. Abbildung 23 bis 25). Doch da die Zeichnung nur ſkizzenhaft ausgeführt iſt, ſo ſind alle Maße nicht ſo beſtimmt, daß eine mechaniſche Vergrößerung ausreicht. Der Zeichner muß zuerſt den Gedanken, der durch die Entwurfſkizze zum Ausdruck gebracht iſt, erfaſſen — und dann ſelbſtändig arbeiten. Die perſpektiviſche Entwurfſkizze Abbildung 20 gibt dem Zeichner nicht mehr als Abbildung 19. Die Art der Darſtellung iſt anders. Auch hier muß der Zeichner, nachdem er die Idee erfaßt hat, ſelbſtändig arbeiten. Maße ſind nicht gegeben, alſo muß er zuerſt durch die Beſichtigung des Ortes, wo der Schrank ſpäter aufgeſtellt werden ſoll, die Größen beſtimmen und Aufriß und Seitenriß (Abbildung 21) zeichnen. Und erſt dann kann die Bearbeitung der Werkzeichnung folgen.

Die Abbildungen 22 bis 25 zeigen, was aus Andeutungen, wie ſolche in den Abbildungen 19 und 20 vorhanden ſind, gemacht werden kann.

115

85

200

110

55

Abbildung 16. Schrank.

Ist ein Entwurf wie Abbildung 10 gegeben, so muß der Zeichner ebenso, wie es durch Abbildung 11, 12 und 13 gezeigt ist, mehrmals Vergrößerungen machen und die Formen der kleinen Skizze (Abbildung 10) im größeren Maßstabe mehr und mehr durcharbeiten, bevor er die Werkzeichnung zu den einzelnen Teilen in der wahren Größe zeichnen kann (Abbildung 14).

Aus dem vorher Gesagten folgt, daß, wenn auch unter Umständen ein Entwurf ohne Fachkenntnis gemacht werden kann, doch das Auftragen einer brauchbaren Werkzeichnung niemals ohne Fachkenntnis möglich ist.

Aufgaben wie die Beispiele Abbildung 9 bis 25 wechseln in der Möbeltischlerei in bunter Folge — bald als selbständige Entwürfe, bald als Aufträge, zu deren Ausführung der Tischler die Werkzeichnungen zu machen hat. Die angelieferten Entwürfe sind meistens Skizzen. Zeichnungen mit eingeschriebenen Maßen wie Abbildung 15 oder Darstellungen wie Abbildung 16 bis 19 werden selten gegeben, gewöhnlich bekommt der Tischler Entwürfe wie Abbildung 21. Der Anfänger soll durch die Beispiele der Abbildungen 9 bis 25 über das aufgeklärt werden, was vom Tischler als Zeichner verlangt wird, und was er wissen und können muß. Dieses Bild wird durch die folgenden Ausführungen ergänzt. Die Werkzeichnungen dürfen nicht zweideutig sein. Jede Angabe ist so einfach und so klar wie nur möglich zu machen. Jedes Nachdenken des Arbeiters über undeutliche Zeichnungen oder den Mangel einer Angabe verteuert die Ausführung. Ist die Zeichnung mangelhaft, sucht der Arbeiter sich selbst zu helfen, so führt das vielfach zu teuren Änderungen, die der Meister zu bezahlen hat.

Abbildung 22: Sind die Profile in einer Entwurfzeichnung wie a und d gezeichnet, so kann der den Entwurf bearbeitende Zeichner daraus alles und nichts machen,

9

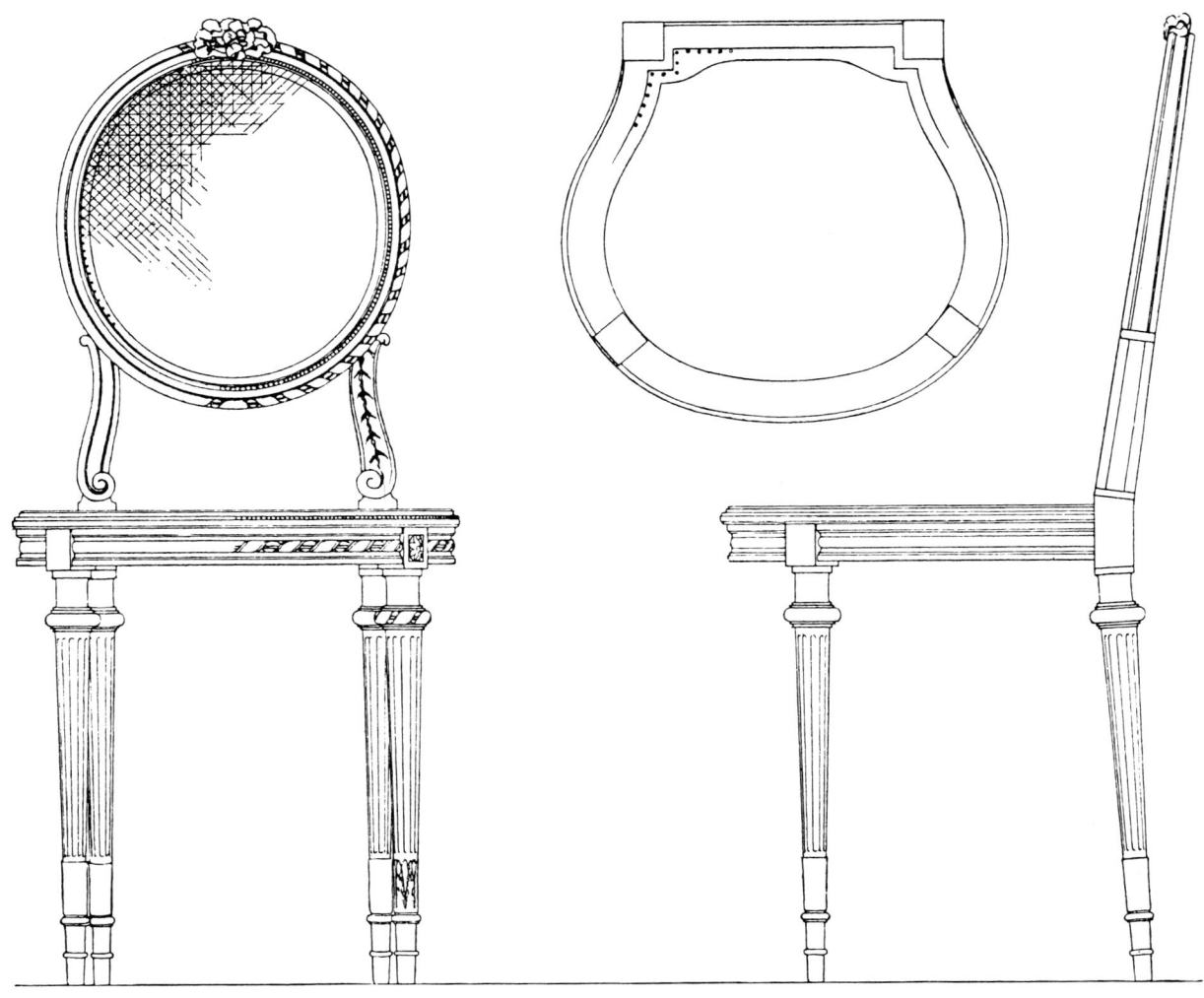

Abbildung 17. Stuhl im Stil Ludwigs XVI.

je nach seinem Können, denn die Vorzeichnungen geben ihm nur die Maße für die Ausladungen und die Höhen. Vgl. die Formen a, b und c sowie d, e und f.

Für die Bearbeitung der Werkzeichnung nach einem Entwurf der Art Abbildung 19 ist die Kenntnis der Schattendarstellung (Schattenkonstruktion) notwendig. Ist diese Kenntnis vorhanden, dann sind aus der Größe und Form des Eigenschattens und des Schlagschattens die Form und Größe des schattenwerfenden Körpers und die Form des Körpers, auf dem der Schlagschatten ruht, sowie die Entfernung beider Körper voneinander abzulesen.

Für die technische Darstellung ist die gebräuchlichste Schattenkonstruktion (siehe Abbildung 23) die, die Richtung der Lichtstrahlen so anzunehmen, daß ihre Projektionen im Grundriß und Aufriß unter 45 Grad zur Achse gerichtet sind. Das erleichtert das Ablesen der Formen und der Entfernung der schattenwerfenden Formen von den schattenempfangenden. Zum Beispiel ist danach (Abbildung 23) der Vorsprung c b (Grundriß) gleich breit der Schattenbreite a b; der Vorsprung g f (Grundriß) ist gleich der Entfernung der Schattengrenzen d und e voneinander. Vgl. Abbildung 19 und 23 mit Abbildung 24 und 25.

Abbildung 24: Ist a die Entwurfzeichnung, so gibt diese Zeichnung dem Tischler nur die Höhe des Gesimsprofils und die beabsichtigte Schattenwirkung. A ist die Vergrößerung der in a eingezeichneten Schatten. B, C und D sind Beispiele für das, was ein Zeichner daraus machen kann.

Abbildung 25: A und A′, B und B′ sind Einzelheiten eines Entwurfs, danach sollen die Werkzeichnungen zu den Profilen C und D gezeichnet werden.

Die Ausladungen der Profile sind durch die Grundrisse gegeben, die Höhen durch die Aufrisse. Der Aufriß zeigt außerdem noch die verlangte Schattenwirkung, der Grundriß zeigt die Lichtrichtung. Wieviel Formen möglich sind, um die verlangte Wirkung in groben Zügen zu erreichen, zeigt Abbildung 24. Das Profil C ist in dem Entwurf durch die schmalen Schatten- und Lichtstreifen und durch die Schattenüberschneidung f g h noch näher bestimmt als das Profil D, für dessen unteren Teil im Entwurf nur ein breiter Schatten vorhanden ist. Vgl. die Profile A und A″, B und B″ (Abbildung 25).

Abbildung 18. Rokokotür.

11

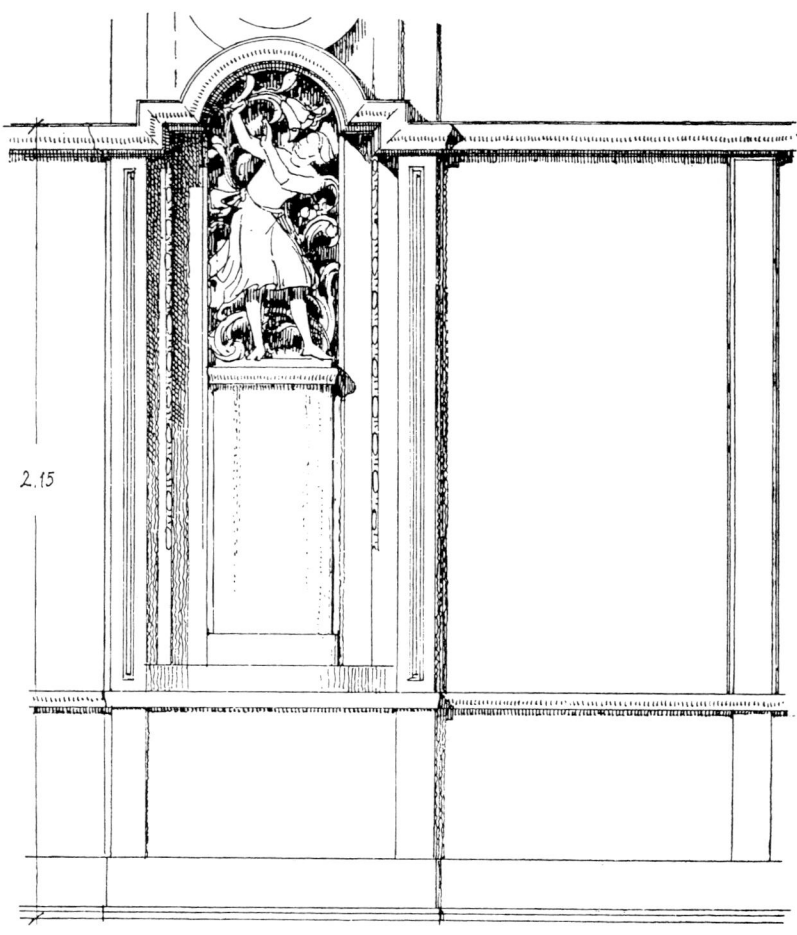

Abbildung 19. Wandbekleidung.

Abbildung 20. Schrank.

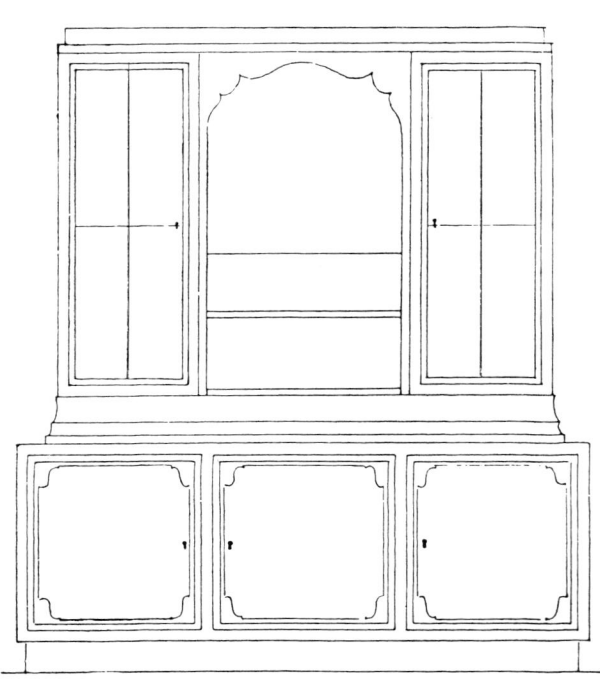

Abbildung 21.

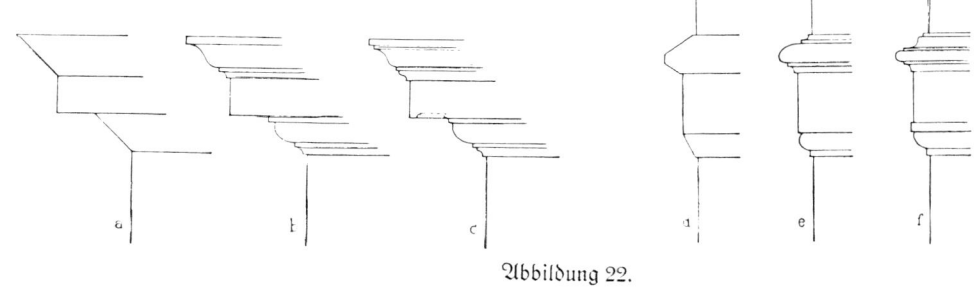

Abbildung 22.

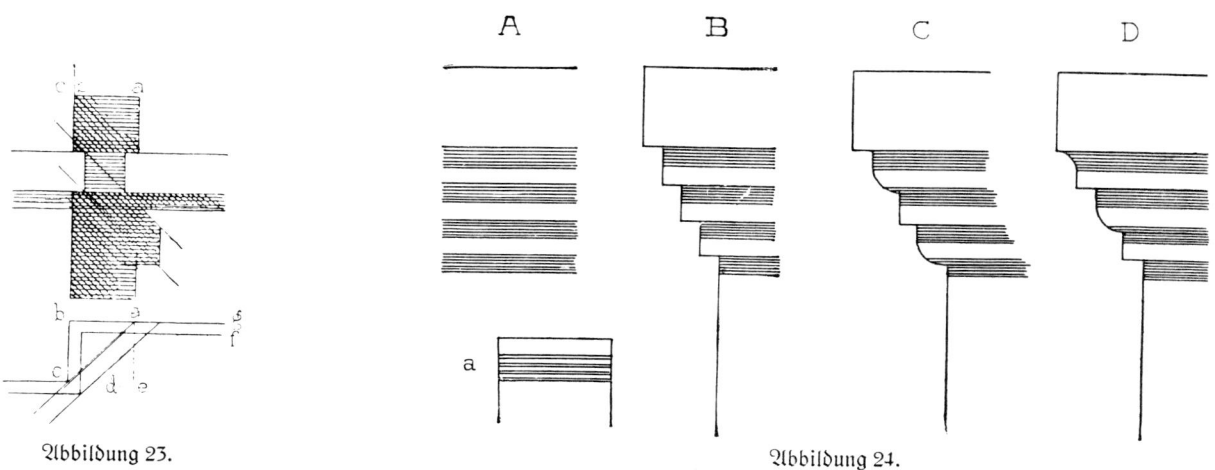

Abbildung 23.

Abbildung 24.

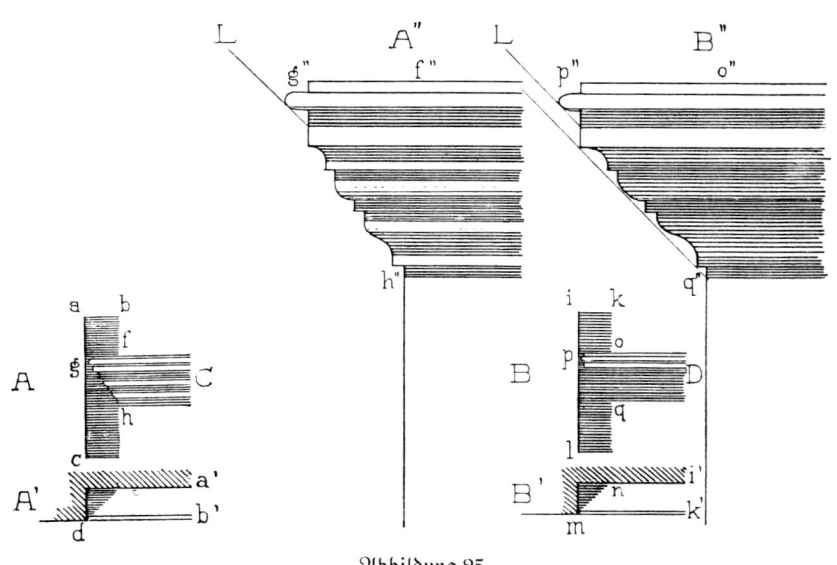

Abbildung 25.

13

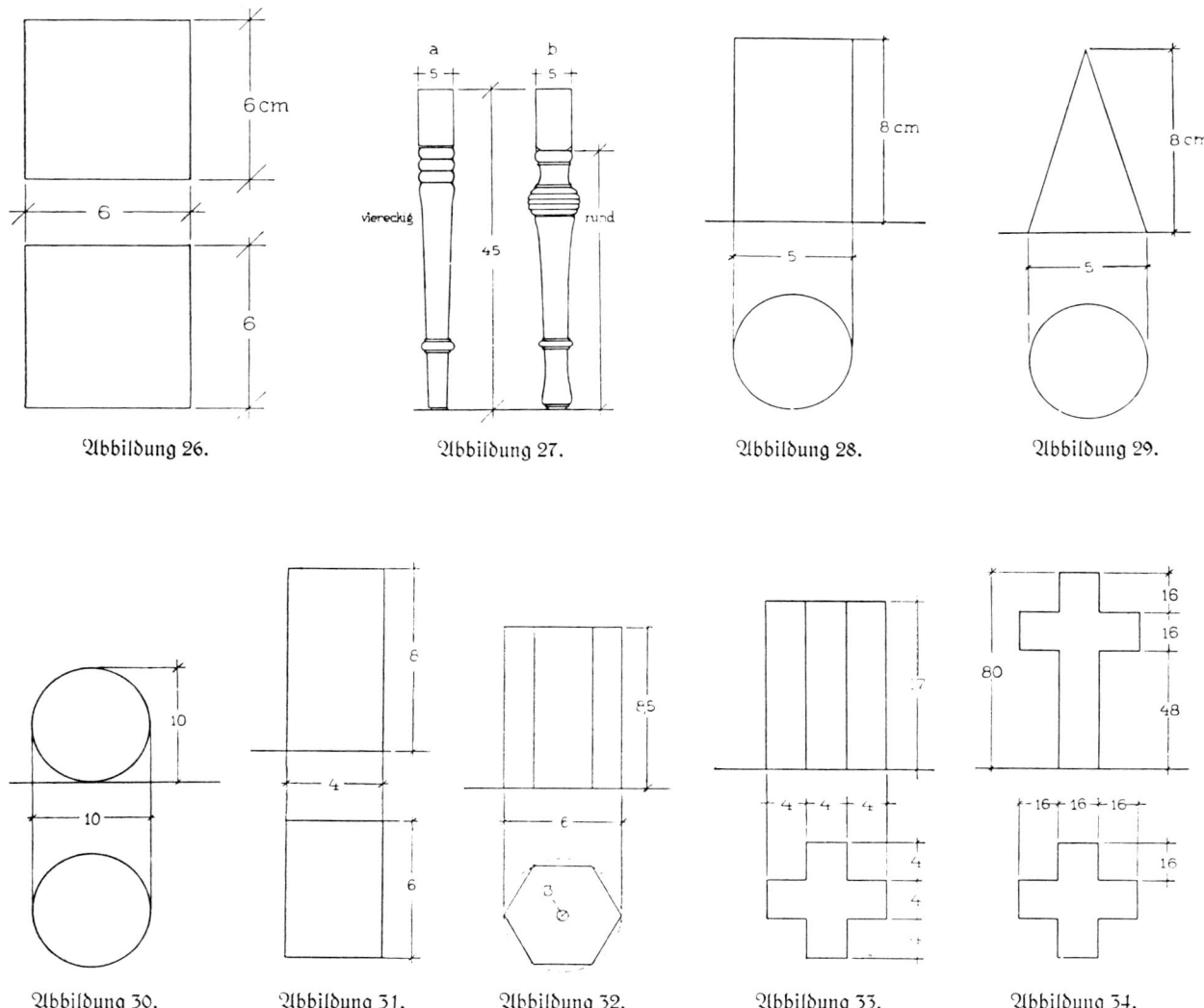

Abbildung 26. Abbildung 27. Abbildung 28. Abbildung 29.

Abbildung 30. Abbildung 31. Abbildung 32. Abbildung 33. Abbildung 34.

Die zweckentsprechende Form und der Inhalt der Werkzeichnungen sind abhängig von der Form der darzustellenden Gegenstände und der Art und Weise ihrer Ausführung.

Ist der ausführende Tischler auch der Zeichner, so wird er die Zeichnung auf das Notwendigste beschränken. Ist der Ausführende des Gegenstandes ein anderer als der Zeichner, und können nicht fortgesetzt Besprechungen über die Ausführung als Ergänzung der Zeichnung stattfinden, so muß die Werkzeichnung alle Angaben enthalten, deren der Ausführende für seine Arbeit bedarf. Doch ist die knappste Form der Darstellung für die Werkzeichnungen immer gebräuchlich. Kann durch eine kurze Beschreibung oder eine geschriebene Zahl eine Form oder eine Größe schneller erklärt werden, ebensogut und weniger Platz beanspruchend als durch die Zeichnung, so geschieht es auch fast immer auf diese Weise.

Beispiele:

Zur Erklärung der Formen einer Reihe regelmäßiger Körper genügt vielfach ein Wort oder eine kurze schriftliche Bemerkung und ein Maß. So zum Beispiel werden Form und Größe eines Körpers, der als Kugel von 5 Zentimeter Durchmesser oder als Würfel von 6 Zentimeter Kantenlänge bezeichnet worden ist, verständlich er-

klärt sein. Für die Ausführung muß noch eine Bemerkung über Holzart und Bearbeitung hinzugefügt werden, zum Beispiel Würfel aus poliertem Nußbaumholz.

Natürlich genügt solch kurze Erklärung für denjenigen nicht, der nicht weiß, welche Körperform als Würfel bezeichnet wird; aber ein Würfel von 6 Zentimeter Kantenlänge würde nach der Zeichnung Abbildung 26 von einem Arbeiter richtig hergestellt werden, der die Zeichnung zu lesen versteht.

Eine Reihe anderer Körperformen ist verständlich darzustellen durch eine Projektion und eine kurze Bemerkung über die Form des Querschnittes, zum Beispiel die der Stuhlfüße Abbildung 27 a und b. Für die Ausführung der Stuhlfüße Abbildung 27 a und b müssen jedoch Zeichnungen in der wirklichen Größe der Füße gefordert werden. Es genügt hier nicht, wie für den Würfel, die Bezeichnung „Würfel" und die Kantenlänge zu geben, und wie für die nächstfolgenden Beispiele (Abbildung 28 bis 40), wo ein oder zwei Projektionen im beliebigen Maßstab und mit eingeschriebenen Maßzahlen die Formen genügend erklären, weil Profile, wie die der Stuhlfüße Abbildung 27, die aus krummen und geraden Linien bestehen, im verkleinerten Maßstabe durch Maßzahlen oder Beschreibung nicht genügend erklärt werden können.

14

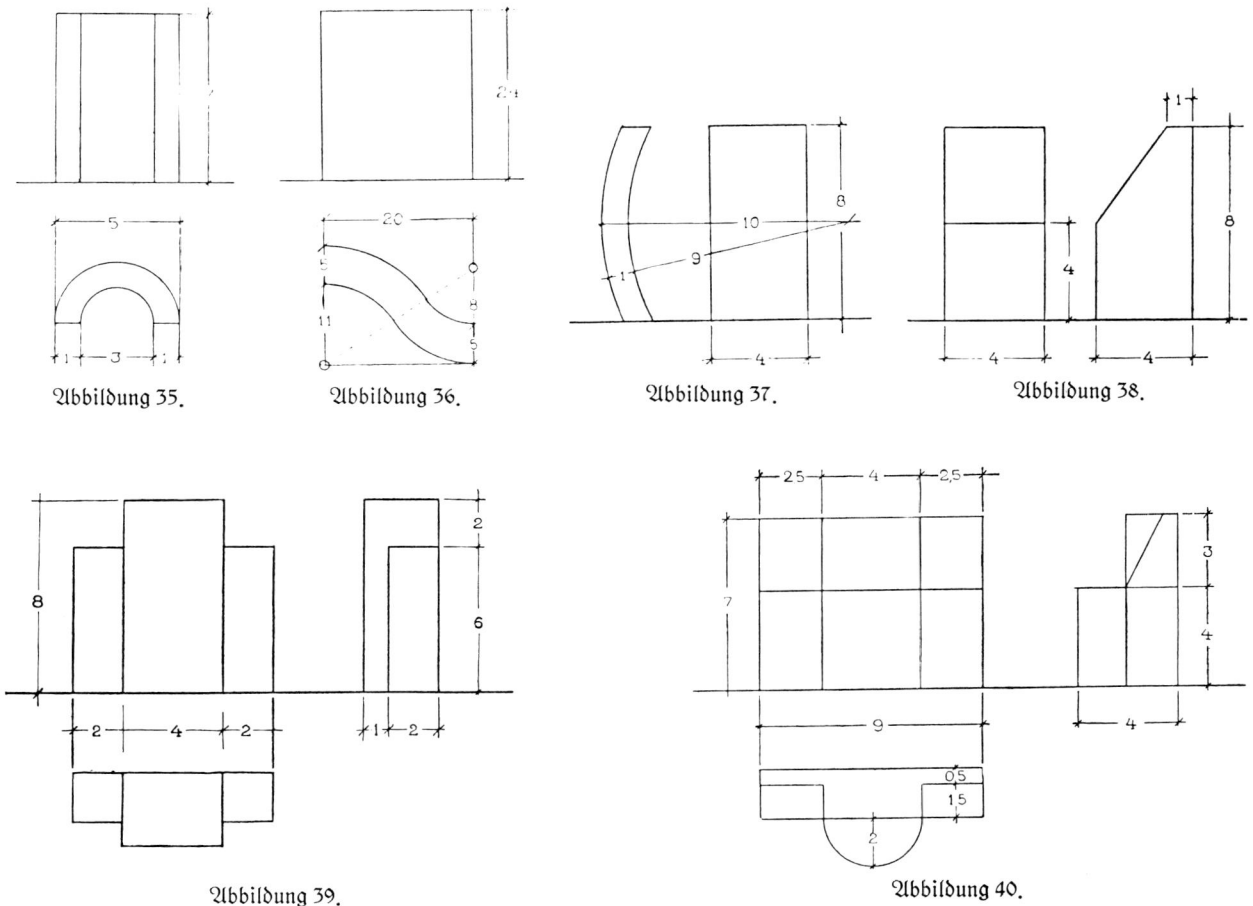

Abbildung 35.　　Abbildung 36.　　Abbildung 37.　　Abbildung 38.

Abbildung 39.

Abbildung 40.

Die Abbildungen 28 bis 39 sind Darstellungen, in denen die Formen der Körper durch zwei Projektionen — Grundriß und Aufriß oder Aufriß und Seitenriß — in beliebiger Größe und eingeschriebenen Maßzahlen vollständig bestimmt sind.

Genügen zur vollen Erklärung der Formen eines Körpers zwei Projektionen nicht, so wird noch eine dritte, eine vierte oder noch mehr zu Hilfe genommen (Abbildung 40). Und wo auch das zur Erklärung der Form noch nicht ausreichend ist, da müssen Schnittdarstellungen (Abbildung 41 und 45), Mantelabwicklungen (Abbildungen 46 bis 49), isometrische oder zentralperspektivische Darstellungen zu Hilfe genommen werden. (Siehe Seite 21 und 25.)

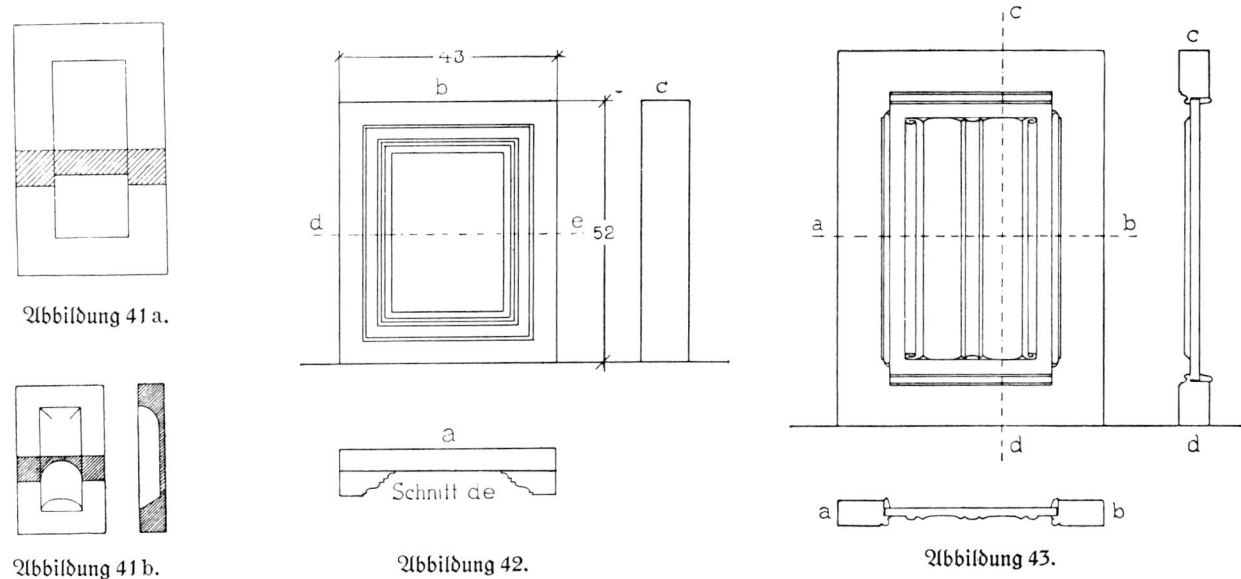

Abbildung 41 a.

Abbildung 41 b.　　Abbildung 42.　　Abbildung 43.

Schnittdarstellungen sind notwendig, wenn aus dem Grundriß und den Ansichten die Form der Oberfläche des Körpers nicht genügend zu erkennen ist. So zum Beispiel ist für den Körper Abbildung 41a und 42 je eine Schnittdarstellung und sind für die Körper Abbildung 41b und 43 je zwei Schnittdarstellungen notwendig.

In jeder Werkzeichnung werden so viele Schnitte angenommen und die Schnittflächen dargestellt, wie erforderlich sind, um alle inneren und äußeren Teile in ihrer Form, Größe und Verbindung vollständig zu erklären.

Die zur Darstellung der Form für die Bearbeitung des Holzes erforderlichen Schnitte werden immer rechtwinklig zur Richtung der Fläche und zur Richtung der Kehlung angenommen (Abbildung 44 und 45). Man denkt sich die Form oder den Körper durchschnitten und zeichnet den Schnitt und die Schnittfläche.

Die Schnittflächen zur Bestimmung der Form der Schweifungen und Kehlungen müssen unverkürzt gegeben werden. Sie werden, je nach der Größe und dem Inhalt der Darstellung, in den Aufriß, Seitenriß oder Grundriß eingezeichnet oder besonders aufgetragen (Abbildung 41 bis 45).

Mantelabwicklungen werden notwendig, wenn die wahre Form der Oberfläche des Körpers aus den üblichen Projektionen nicht zu ersehen, die Kenntnis derselben aber für die Durcharbeitung der Werkzeichnung erforderlich ist (Abbildung 46 bis 49).

Abbildung 46: a Grundriß, b Aufriß. Die Flächen c gibt der Aufriß verkürzt. Ihre wahre Größe (c') erhält man durch Abmessen ihrer wahren Breite aus dem Grundriß und ihrer Höhe aus dem Aufriß. Soll zum Beispiel der Körper eine Flächendekoration erhalten, wie sie b zeigt, so muß die Fläche c in der wirklichen Größe (c') gezeichnet werden.

Abbildung 47: a Grundriß, b Aufriß. Die Vorderfläche b des Körpers soll einen ornamentalen Schmuck erhalten. Ist der Körper nach der Maßskizze a und b, Abbildung 47, ausgeführt worden, so ist die wirkliche Größe der Fläche b vorhanden, das Ornament kann eventuell auf dem Körper entworfen werden.

Ist der Körper aber noch nicht vorhanden, sondern nur der Entwurf, die Maßskizze a und b, Abbildung 47, so ist die wahre Größe der Fläche b zum Zweck des Entwerfens des Ornamentes erst zu ermitteln, denn weder der Grundriß noch der Aufriß zeigt die Fläche unverkürzt. (Vgl. c, Abbildung 47.)

Abbildung 48: Durch die Projektionen a und b ist die Form des Körpers (Walze, Zylinder) bestimmt, der Körper ist ein Teil eines Säulenschaftes.

Die Walzenfläche soll mit einem Bandornament geschmückt werden. Um das Ornament korrekt zeichnen (entwerfen) zu können, muß die wirkliche Form der Fläche (die Abwicklung c) vorhanden sein.

Die abgewickelte Walzenfläche ist im gegebenen Falle ein Rechteck (c) mit einer Breite gleich dem Umfange der Walze und einer Höhe gleich der Achsenlänge.

Abbildung 49: Die Abwicklung B der Mantelfläche des in A dargestellten Kegels kann zum Beispiel ausgeführt werden müssen, um ein Ornament für die Kegelfläche zu entwerfen. Die Form der abgewickelten Fläche ist gleich einem Kreisausschnitt, dessen Radius gleich der Seitenlinie (a b) des Kegels und dessen Bogenlänge gleich dem Umfange der Grundfläche des Kegels ist.

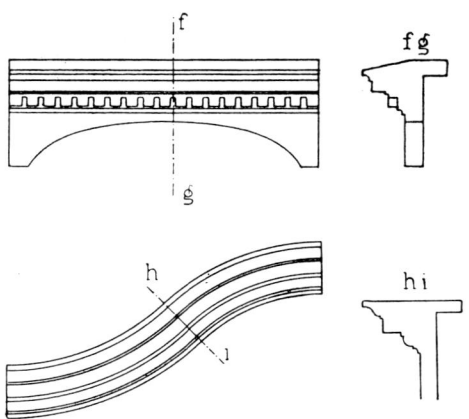

Abbildung 44.

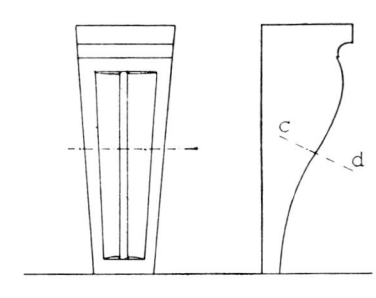

Abbildung 45.

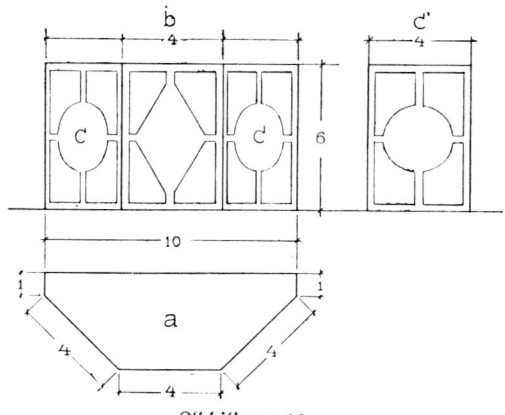

Abbildung 46.

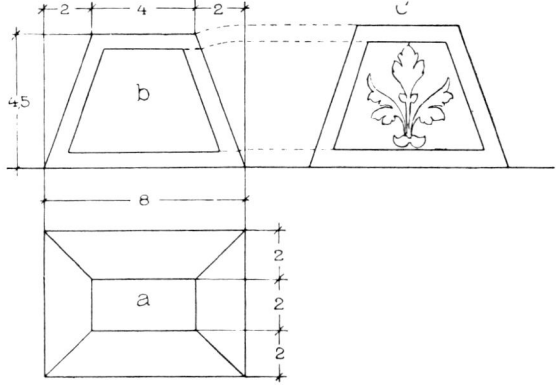

Abbildung 47.

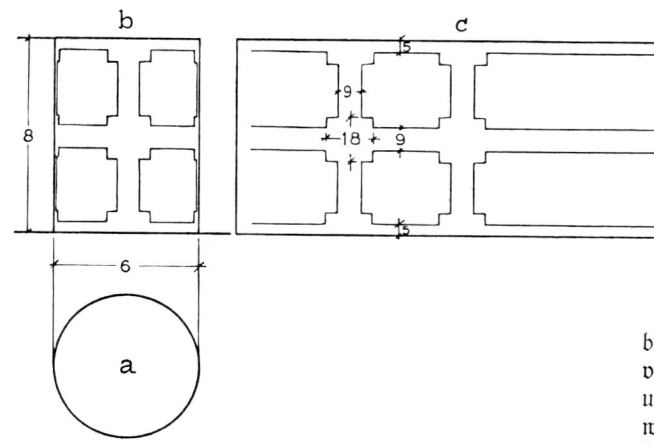

Abbildung 48.

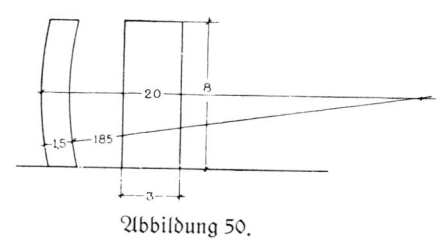

Abbildung 50.

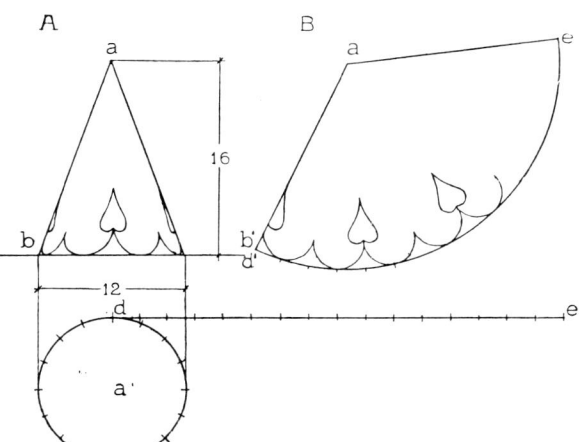

Abbildung 49.

Die Darstellungsweise Abbildung 30 bis 40, 50 bis 53 in einem beliebigen Maßstab (beliebigen Größenverhältnis zur wahren Größe des dargestellten Körpers) und eingeschriebenen Maßzahlen zur Kennzeichnung der wahren Größe genügt für Körper, deren Formen in der Werkstatt durch Maßstab, Winkelmaß, Lineal, Zirkel und einfache geometrische Konstruktion ohne Umständlichkeit bestimmt werden können. Ist aber die Ausführung mit diesen Mitteln nicht möglich, sind die Formen nicht durch Messen und durch geometrische Konstruktionen zu bestimmen oder ist die Ausführung dieser Konstruktionen in der Werkstatt mit großen Umständlichkeiten verknüpft, dann müssen dem Arbeiter Zeichnungen gegeben werden, die die auszuführenden Gegenstände in der wirklichen Größe so darstellen, daß Maße und Formen leicht abzulesen oder abzumessen oder daß etwa erforderliche Schablonen für Profile, Schweifungen, Ornamente usw. in der wirklichen Größe in ihnen vorhanden sind (Abbildung 50 bis 59). Zum Beispiel: Der Rahmen Abbildung 53 ist nach der gegebenen Maßzeichnung Abbildung 53 ausführbar. Zur Ausführung des Rahmens Abbildung 42 muß aber das Profil d e, und zu der des Rahmens und der Füllung Abbildung 43 müssen die Schnitte a b und c d in der auszuführenden Größe der Formen vorhanden sein.

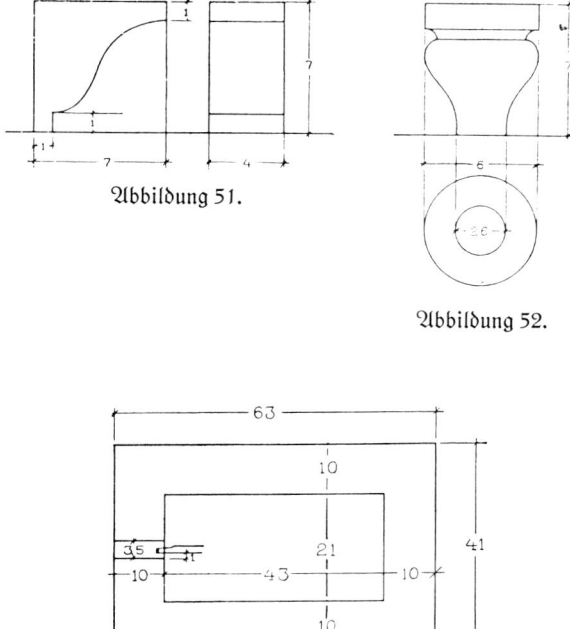

Abbildung 51.

Abbildung 52.

Abbildung 53.

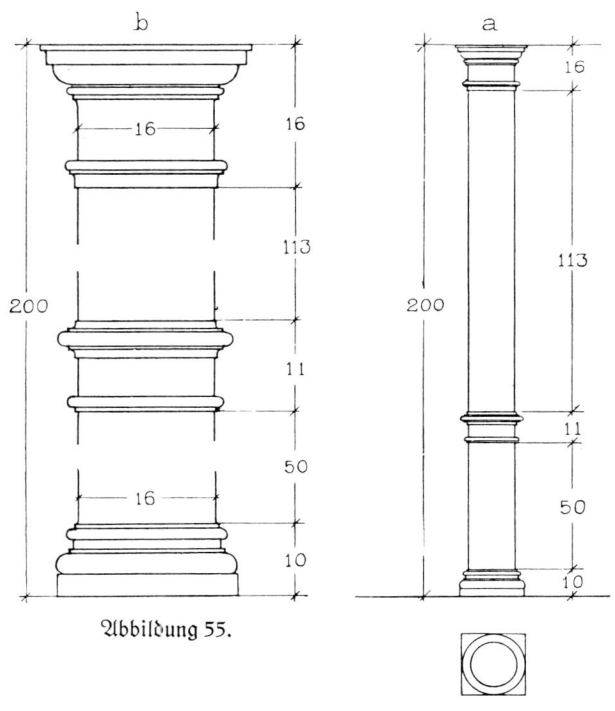

Abbildung 55.

Abbildung 54.

17

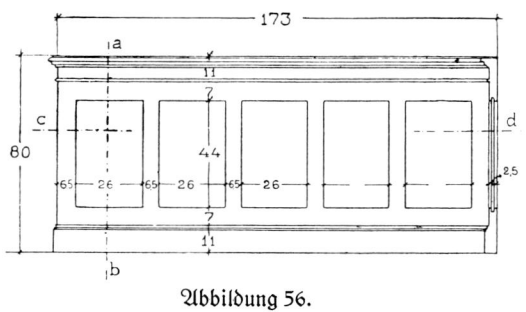

Abbildung 56.

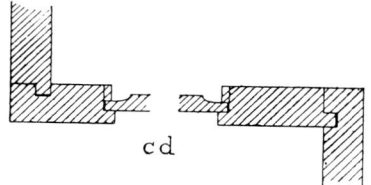

c d

Abbildung 57.

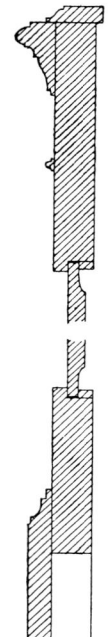

a b

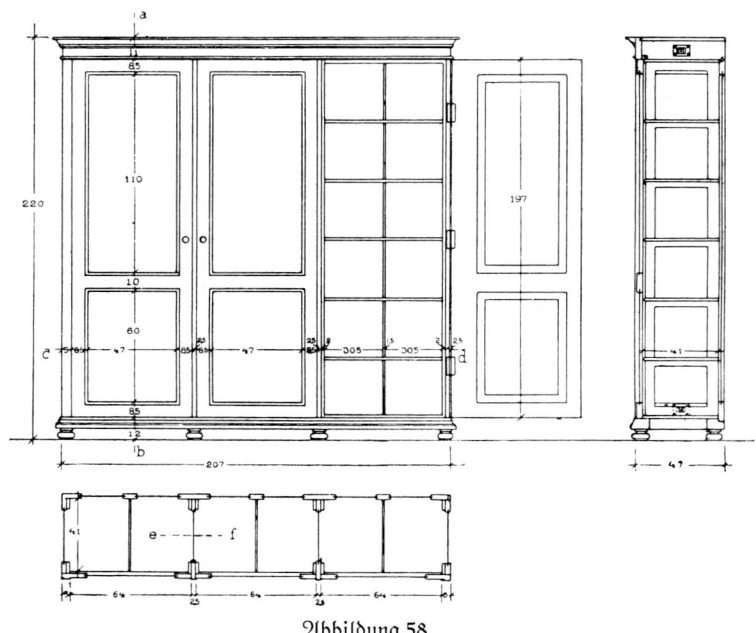

Abbildung 58.

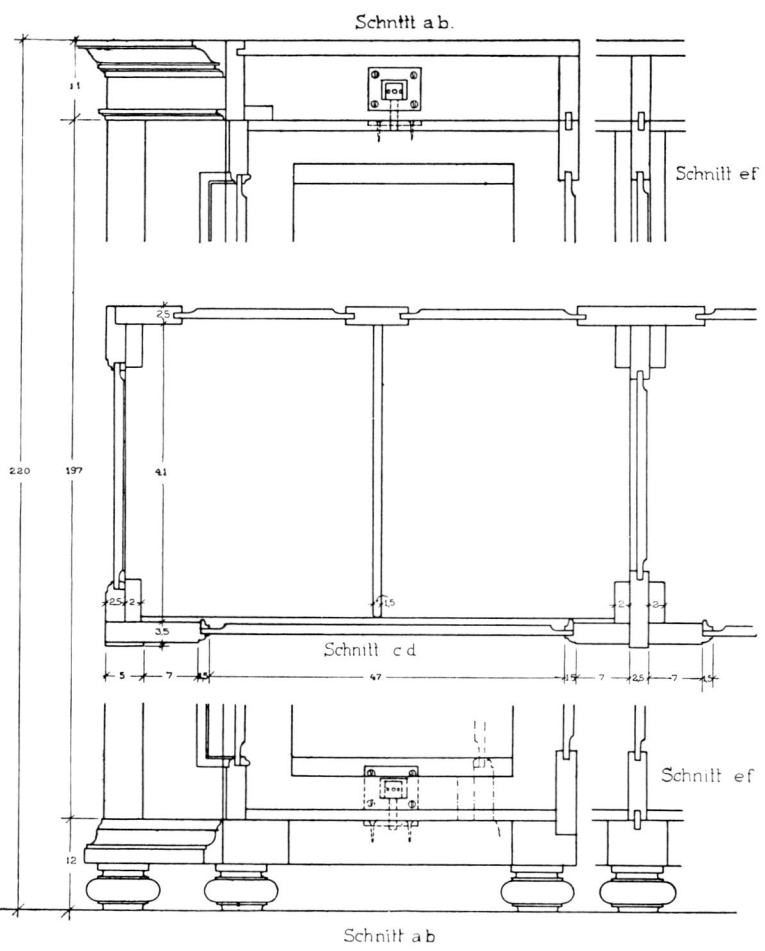

Schnitt a b.

Schnitt e f

Schnitt c d

Schnitt e f

Schnitt a b

Abbildung 59.

Damit nun der Arbeiter bei der Herstellung großer Gegenstände in der Werkstatt nicht mit zu vielen oder zu großen Zeichnungen arbeiten muß, werden in den Werkzeichnungen Ansichten, Grundrisse und Schnitte möglichst ineinandergezeichnet, oder es werden nur zu den Teilen des Körpers Zeichnungen in der wirklichen Größe der Formen gegeben, die anders nicht genügend dargestellt werden können, zu den übrigen Teilen aber nur Darstellungen im verkleinerten Maßstab mit eingeschriebenen Maßen. (Maßskizzen. Abbildung 54 bis 59.)

Abbildung 50: Die Vorzeichnung für die Schweifung der krummen Flächen wird dem Arbeiter vom Zeichner gegeben, wenn der Radius des Bogens sehr groß, wenn das Aufreißen dieses Bogens in der Werkstatt, auf der Hobelbank nicht möglich oder doch umständlicher als im Zeichenbureau ist.

Abbildung 51 und 52: Die Profile müssen in der natürlichen Größe gezeichnet werden, wenn auf ihre Form besonders Wert gelegt wird und der ausführende Arbeiter nicht genügend Zeichner ist, um sie nach der Skizze in natürlicher Größe richtig übertragen zu können. (Vergleiche das über Abbildung 27 Gesagte.)

Abbildung 54 und 55. Abbildung 54: Maßskizze; Abbildung 55: Die in der wahren Größe zu gebenden Profildarstellungen.

Abbildung 56 und 57. Abbildung 56: Maßskizze; Abbildung 57: Die in der wahren Größe zu gebenden Profildarstellungen.

Abbildung 58 und 59. Abbildung 58: Maßskizze; Abbildung 59: Die in der wahren Größe der Formen zu gebende Werkzeichnung.

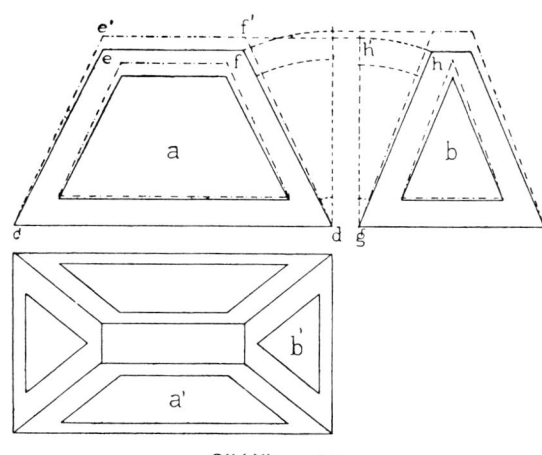

Abbildung 60.

Für die Bearbeitung des Holzes muß der Tischler, wie auch schon oben ausgeführt worden ist (Seite 2), die Formen auf das zu bearbeitende Material vorzeichnen, oder er muß zum selben Zweck Schablonen bekommen oder sich solche anfertigen, muß dann aber ebenfalls die Formen dieser Schablonen zuerst zeichnen. Alle Kehlungen, Schweifungen, Holzverbindungen müssen vor ihrer Ausführung vorgezeichnet werden respektive die Werkzeichnungen müssen diese Vorzeichnungen enthalten.

Die Form dieser Modelle, Vorzeichnungen und Schablonen ergibt sich aus der Beschaffenheit der auszuführenden Form, der Form des Rohmaterials und der Art der Bearbeitung desselben. Enthalten die gewöhnlich ausgeführten Projektionen die Formen dieser Schablonen nicht, so müssen sie durch Annahme neuer Projektionsebenen oder durch Abwicklungen der Mantelflächen der Körper ermittelt werden. Nach der Art und der Zahl der auszuführenden Schweifungen richten sich die Art und die Zahl der erforderlichen Schablonen (Vorzeichnungen).

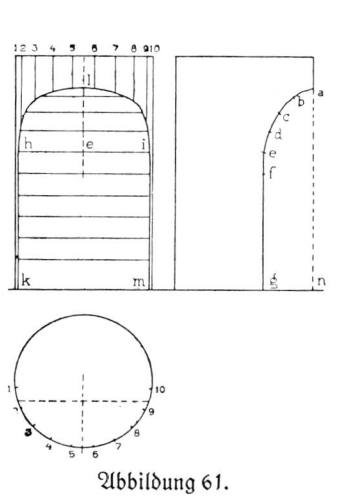

Abbildung 61.

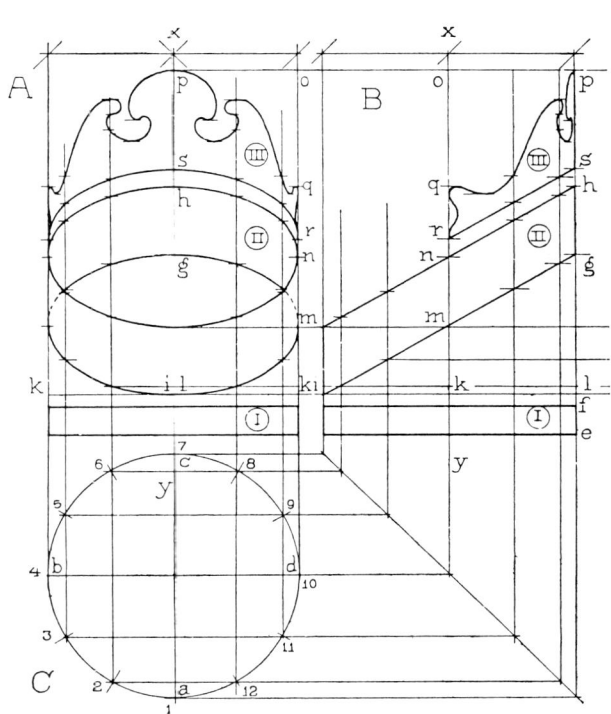

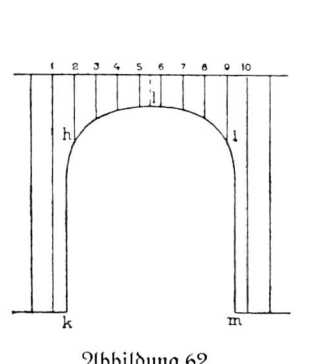

Abbildung 62.

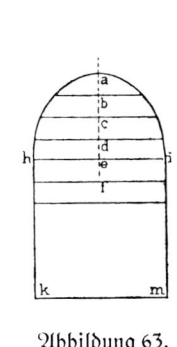

Abbildung 63.

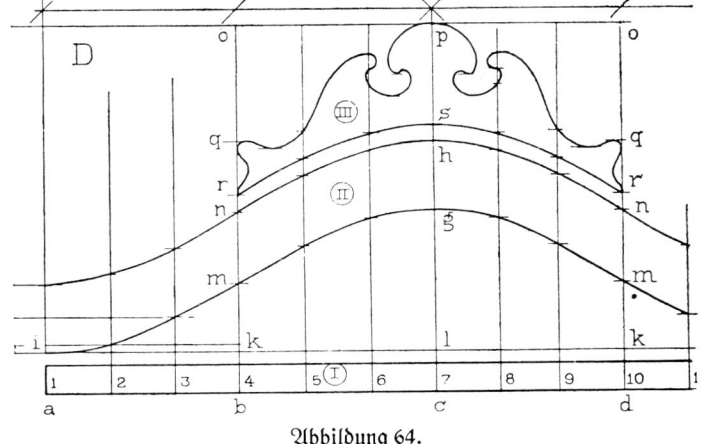

Abbildung 64.

19

Zum Beispiel für einen Körper Abbildung 66 muß eine Schablone, für den Körper Abbildung 67 müssen zwei Schablonen vorhanden sein usw. (Abbildung 60 bis 107).

Abbildung 60: Die Körperform ist durch Grund=, Auf= und Seitenriß bestimmt.

Die wahre Form der Seitenflächen a und b geben aber weder der Grundriß noch die Aufrisse.

Sind die Seitenflächen a und b zu verzieren oder sind die Seiten aus Rahmen und Füllungen zu bilden, so muß zum Zweck des Entwerfens des Ornamentes oder des Zusammenfügens der Rahmen die wahre Form und Größe der Fläche ermittelt werden. Sie ist aus den gegebenen Projektionen zu ermitteln. Die wahre Form der Seitenfläche c d e f ist c d e′ f′. Im Aufriß ist nur die Höhe der Seitenfläche c d e f verkürzt. Die unverkürzte Höhe (g h) gibt der Seitenriß.

Abbildung 61, 62, 63: Die Körperform (Abbildung 61) ist durch Grund=, Auf= und Seitenriß bestimmt. Im gegebenen Falle können je nach der Größe und der Art der Herstellung des Körpers verschiedenartige Zeichnungen (Schablonen) nötig werden. Wird der Körper massiv hergestellt und wird er zuerst zylindrisch bearbeitet, dann kann der Riß für die Kante k h l i m (Aufriß) mit Hilfe des Netzes (Abbildung 62) freihändig gezeichnet werden; oder es wird eine Schablone in der Form der Abwicklung (Abbild. 62) hergestellt und danach der Umriß k h l i m des vom Zylinder abzuarbeitenden Teiles vorgerissen.

Ist der Körper aber sehr groß, so daß er nicht massiv, sondern aus Brettern oder Bohlen hohl hergestellt wird, dann wird die Abwicklung der Seitenflächen (Abbildung 62 und 63) notwendig, damit das Formen der Teile mit dem geringsten Materialverlust ausgeführt werden kann.

Abbildung 64 und 65: Mantelabwicklungen müssen nicht nur für die Werkstattzeichnungen ausgeführt werden, sondern auch für die Darstellung projektierter Formen, die in der darzustellenden Ansicht verkürzt erscheinen, um die Verkürzung richtig zu zeichnen oder um die gezeichnete Verkürzung auf ihre wirkliche Form und Größe zu prüfen. Vergleiche die seitlichen Endigungen der Formen Ⅲ in den Darstellungen Abbildung 64 A und Abbildung 65 A.

Abbildung 64 D zeigt die abgewickelten Flächen der Ringe Ⅰ und Ⅱ und der Endigung Ⅲ der Abbildungen A und B.

Abbildung 65 C zeigt die abgewickelten Flächen der Ringe Ⅰ und Ⅱ und der Endigung Ⅲ der Abbildungen A und B.

Abbildung 65.

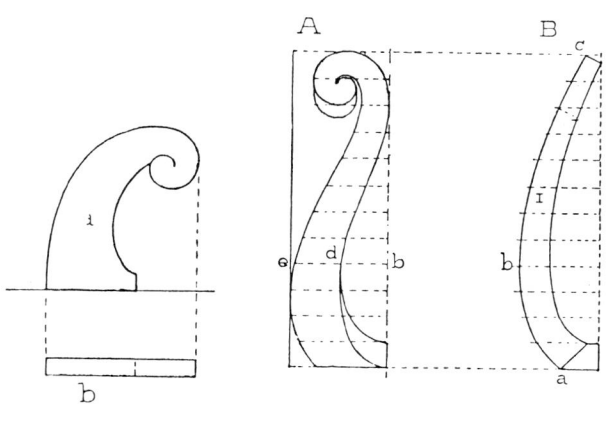

Abbildung 66.

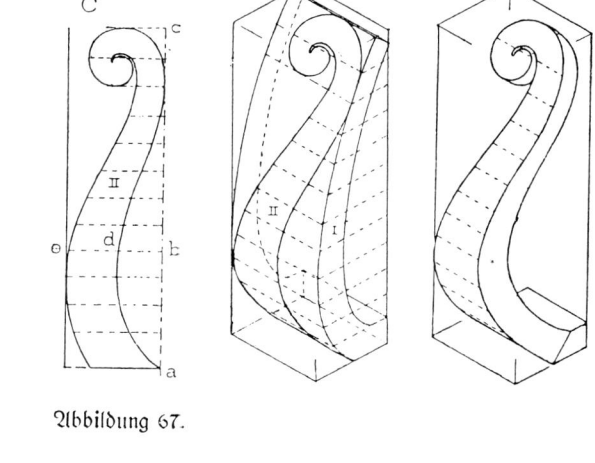

Abbildung 67.

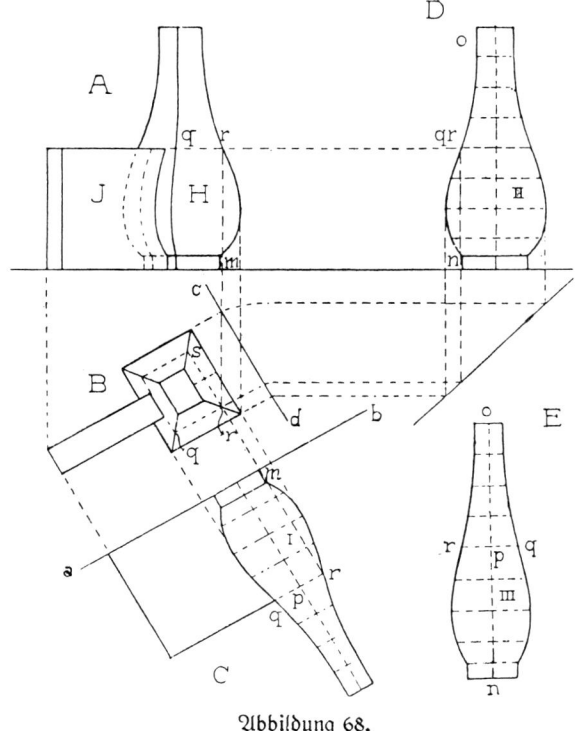

Abbildung 68.

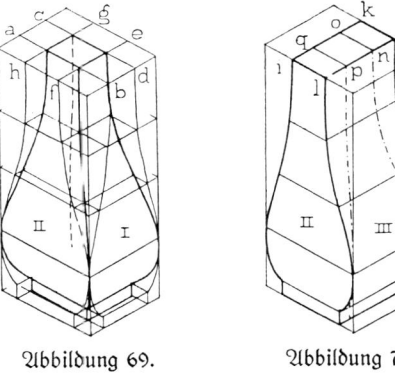

Abbildung 69.   Abbildung 70.

in isometrischer Darstellung den Körper nach der Ausführung der ersten und nach der zweiten Schweifung.

Abbildung 68, 69 und 70. Abbildung 68 A und B: Grundriß und Aufriß zweier aneinandergebundener Körper J und H. Diese beiden Projektionen genügen aber für die Ausführung der Körper nicht, weil die Körper im Aufriß übereck gesehen dargestellt sind. Es müssen noch die Seitenansichten C und D gezeichnet und noch die eine oder die andere Seitenfläche des Körpers H abgewickelt werden (E), um die zweite Schablonenform zu erhalten, falls der Körper nach Abbildung 70 geschweift wird. In diesem Falle gibt die Ansicht D die Form der ersten Schablone und die Abwicklung E die zweite Schablone. Die Schablonenformen für die nach Abbildung 69 auszuführenden Schweifungen geben die Ansichten C und D (Abbildung 68). Die erste Schweifung wird im vierkantigen Holz ausgeführt. Die abgeschweiften Schalen werden mit der Schraubzwinge wieder am Kern befestigt und dann wird nochmals im vierkantigen Holz geschweift.

Abbildung 71 und 72: Geschweifte Endigung. Die Schweifungen können entweder mit Hilfe der Schablone ① (h i f k f) ausgeführt werden (die Profillinie h i f der Schablone ① ist gleich der Profillinie e f der Ansicht A) oder es wird die erste Schweifung nach der Schablone ① gemacht und die zweite mit Hilfe der

Abbildung 66: Die Körperform ist durch den Aufriß (a) und den Grundriß (b) bestimmt. Die Zeichnung (Schablone) für die Schweifung gibt der Aufriß, vorausgesetzt, daß die Körperform im Aufriß in der wahren Größe dargestellt ist, anderenfalls muß die Zeichnung A erst entsprechend vergrößert werden.

Abbildung 67 A bis E: Bei der Herstellung dieses Körpers sind zwei Schweifungen auszuführen. Die Aufzeichnung der Schweifungen kann freihändig erfolgen oder es werden nach dem Vorder- und Seitenriß (A und B) Schablonen angefertigt.

Ist der Körper in diesen Rissen in der wahren Größe dargestellt, so gibt der Seitenriß (B) die Form der Schablone I, für die erste Schweifung (D). Die Form der zweiten Schablone (II) erhält man durch Abwicklung (C) der Vorderfläche (A). Die Abbildungen D und E zeigen

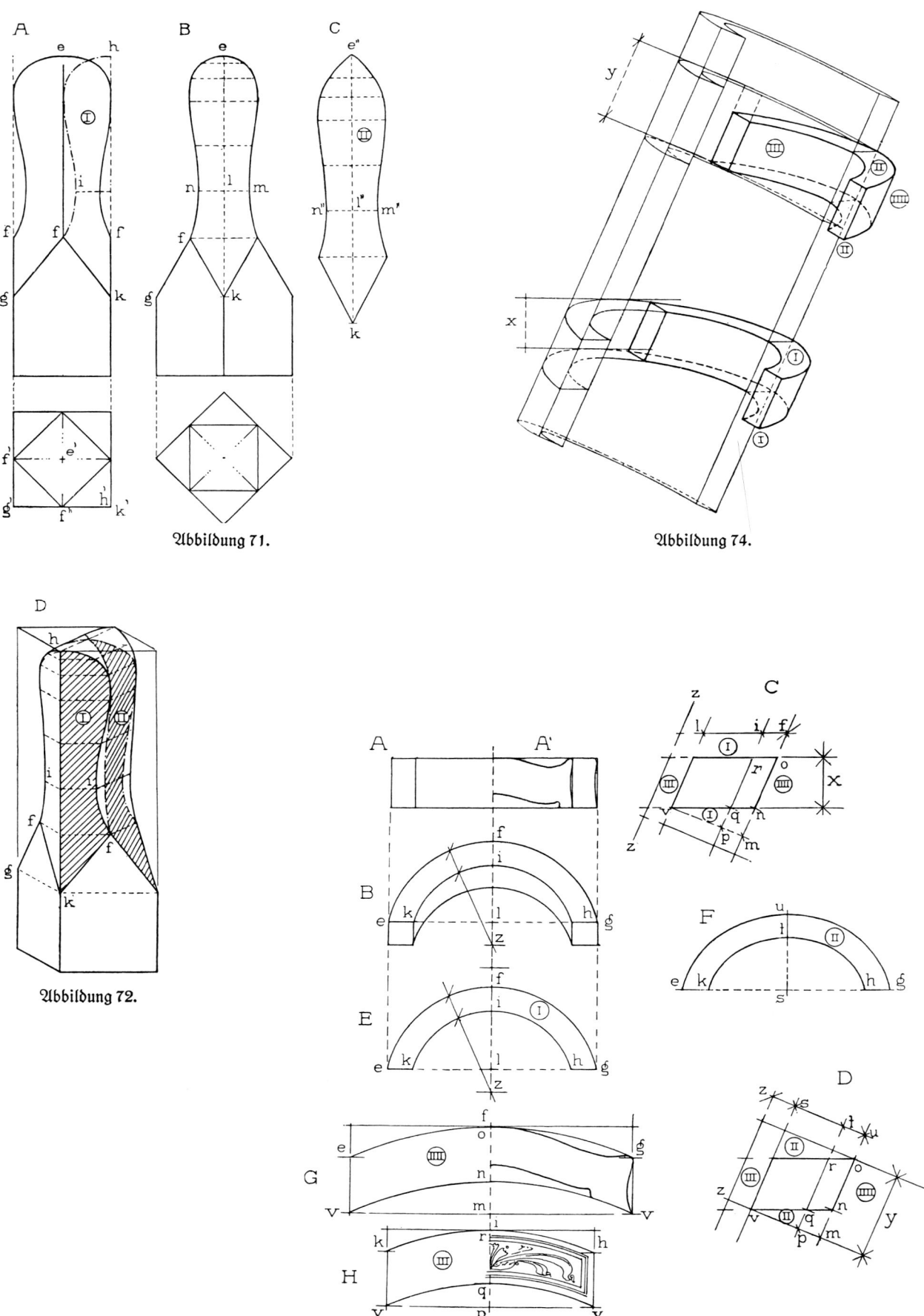

A B C

Abbildung 71.

Abbildung 74.

D

Abbildung 72.

A A'

B

E

G

H

C

F

D

Abbildung 73.

22

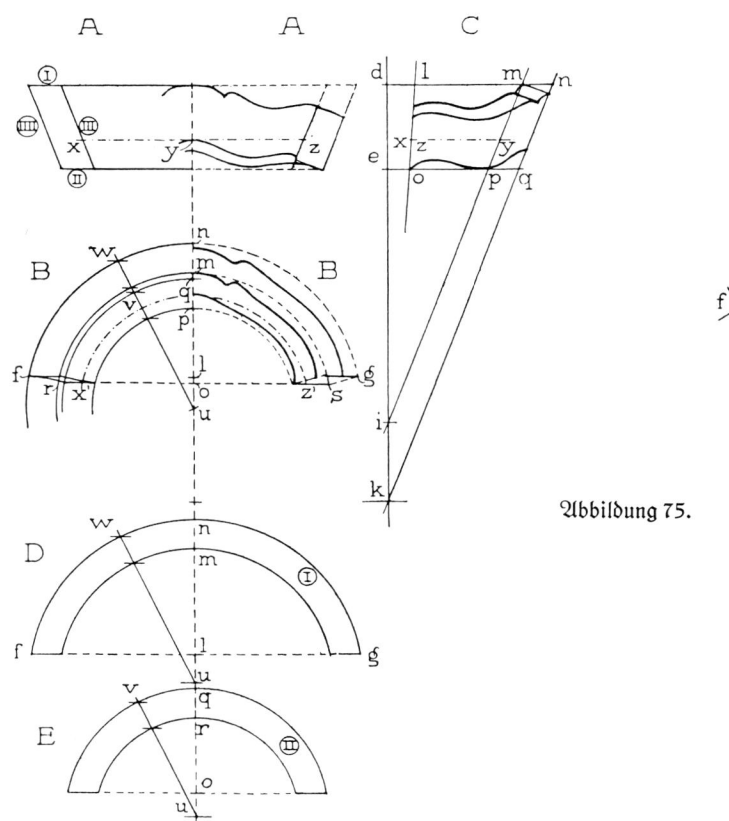

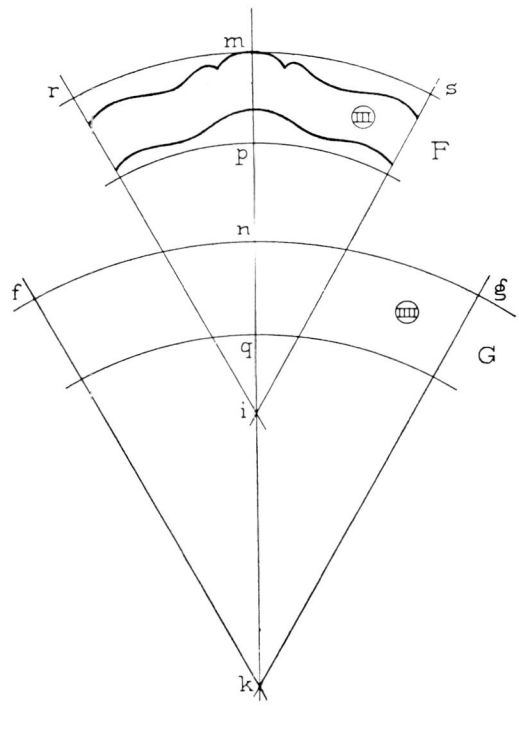

Abbildung 75.

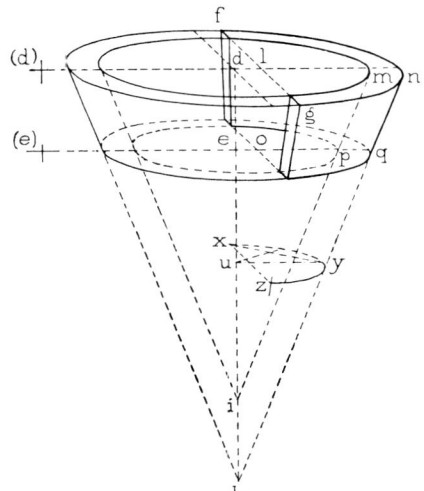

Abbildung 76.

Schablone Ⅱ, deren Form gleich der Abwicklung (C) der Seitenflächen der Spitze ist. (Vgl. Abbildung 72.)

Die Abwicklung C ist mit Hilfe der Ansicht B ermittelt (e″ l″ k″ = e l k [B], n″ l″ m″ = n l m usw.).

Abbildung 73 A und B: Zylindrisches Ringstück (zum Beispiel Kopfstück der Rücklehne eines Stuhles).

Im vorliegenden Falle muß dem, der die Schablonenformen für die Schweifungen ermitteln soll, bekannt sein, in welcher Stärke das Rohmaterial vorhanden ist, in welcher Weise (senkrecht oder schräg zu den Flächen des Holzes) das Ringstück aus dem vorhandenen Holze geschnitten werden kann oder werden muß. Die Schablonenform ist danach verschieden. Aus einer Bohle von der Stärke y (Abbildung 73 D und Abbildung 74) kann das Stück in beliebiger Art (senkrecht oder schräg zur Fläche) geschnitten werden; aus einer Bohle von der Stärke x (Abbildung 73 C und Abbildung 74) aber nur schräg zur Fläche. Für den schrägen Schnitt ist die Schablone Ⅰ, für den rechtwinkligen Schnitt der Bohle y die Schablone Ⅱ.

Müssen für die Vorder= und Rückfläche des Ringstückes Schweifungen oder Ornamente (Abbildung 73 A′) entworfen werden, so muß allemal die Form der Flächen dem Zeichner genau bekannt sein; er muß (wenn nicht etwa bereits ein Modell vorhanden ist, das die Arbeit erleichtert) vermittels geometrischer Konstruktion die wahre Form der Flächen ermitteln (G und H Abbildung 73).

Abbildung 75 A bis G: A′ und B′ kegelförmiges Ringstück. Für das Schweifen dieses Stückes aus der Bohle genügt die Schablone Ⅰ, wenn die Bohle auf einer schiefen Ebene gegen die an bestimmter Stelle senkrecht arbeitende Säge geführt (gedreht) wird. In allen anderen Fällen werden zwei Schablonen Ⅰ und Ⅱ für eine sichere Schweifung der Seitenflächen notwendig.

Für die Form A′ ist eine weitere Vorzeichnung oder Schablone für das Abschweifen der Kanten notwendig. Ist das Ringstück in der Form A vorhanden, so kann die Schweifung auf dem Stück entworfen werden. Muß die Form der Schweifung aber auf dem Zeichentisch festgestellt werden, so ist zu diesem Zweck die wahre Größe und Form der inneren Ⅱ oder äußeren Ⅲ Fläche, vielleicht auch die beider Flächen zu ermitteln. (Siehe F und G.)

Bei dem Entwerfen geschweifter Formen hat der Zeichner stets die faserige Beschaffenheit des Holzes, stets die geringe Widerstandsfähigkeit des kurzfaserigen, schräg zur Faser durchgeschnittenen Holzes und den Zweck der zu entwerfenden Körperform zu beachten.

23

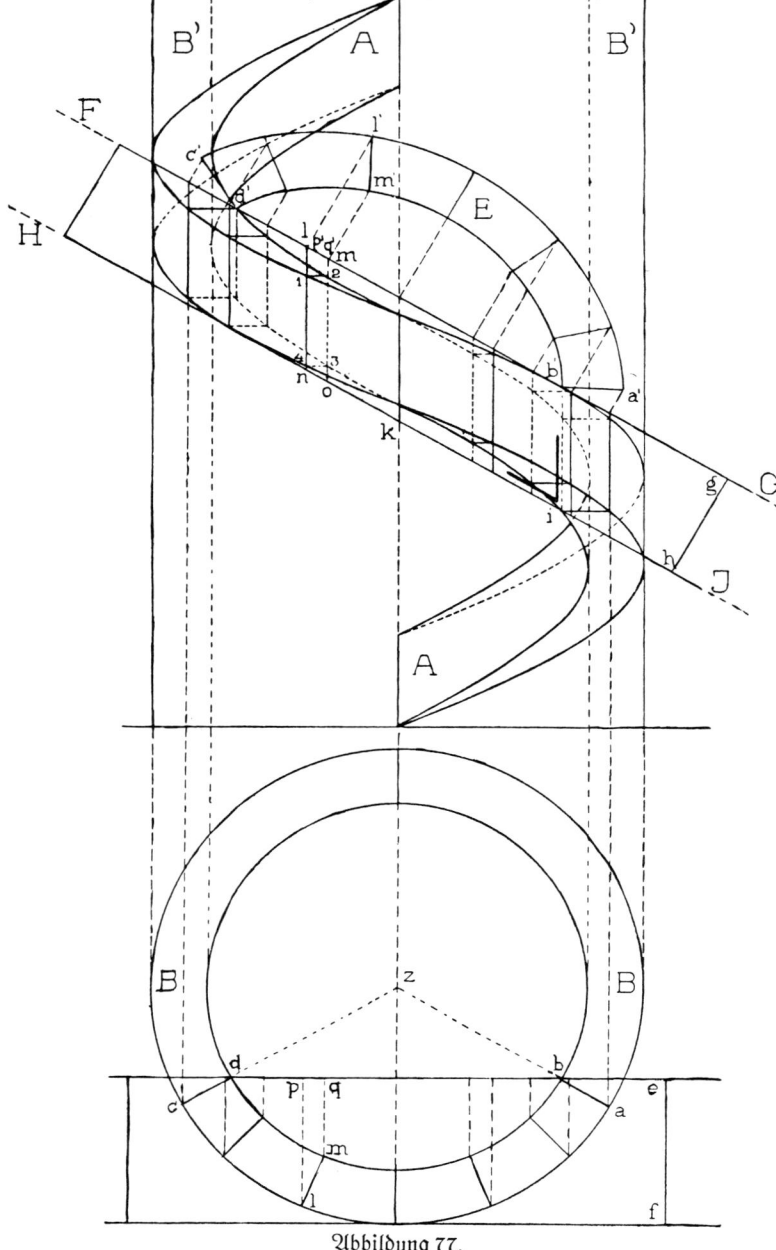

Abbildung 77.

Abbildung 77, 78, 79: Die hier im kleinen Maßstabe dargestellte Treppenwange kann, wenn sie nicht aus gebogenem Holze herstellbar ist, nur aus mehreren, mittels Leims, Schrauben oder anderer Mittel zusammengehaltenen Teilen bestehen. Die Größe dieser Teile ist abhängig von der Krümmung der Wange und von der Beschaffenheit (Breite, Länge, Dicke) des zu verwendenden Holzes.

Aber selbst wenn Material in ausreichender Breite und Länge vorhanden ist, dürfen die Teile, aus denen die Wange zusammengesetzt werden soll, doch nicht übermäßig groß (lang) sein, weil dadurch an den Enden der Teile zu kurzes, leicht brüchiges Holz sein würde.

Die Bearbeitung der Brett- oder Bohlenhölzer zu gewundenen Wangenstücken erfordert Schablonen. Die Form dieser Schablonen (E) ergibt sich aus der Durchdringung der verlängerten Seitenflächen der Wangen mit den Flächen des zu verwendenden Holzes.

Im vorliegenden Falle ist eine Dreiteilung der Wange angenommen. Das erforderliche Holzstück für einen der drei gleichen Teile muß eine Breite = e f, und eine Höhe = g h haben. Die Schablonenform (E) für die Bearbeitung des Holzes ergibt sich aus der Durchdringung der Zylinderflächen B′ B′ (verlängerte Wangenflächen) und der Flächen F G und H J (obere und untere Fläche des zu bearbeitenden Holzstückes).

Abbildung 78 zeigt das ausgeschweifte Wangenstück. Dieses Stück ist noch abzukanten. Vgl. Abbildung 78 und Abbildung 77, Grundriß und Aufriß: l m n o ist ein Hilfsschnitt — verlängert schneidet er die Achse z. Die Schnittlinien l m, m n, n o und o l werden auf das Wangenstück Ab-

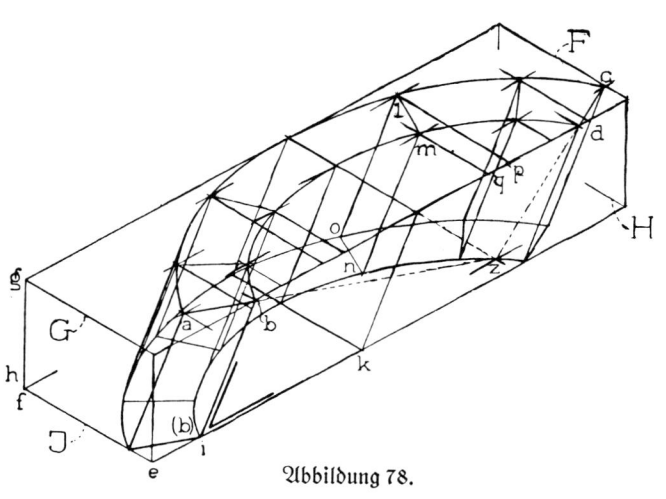

Abbildung 78.

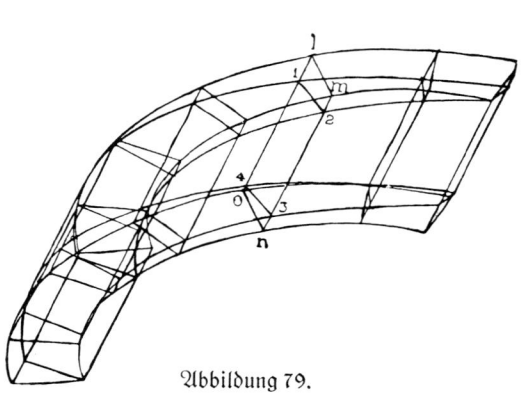

Abbildung 79.

24

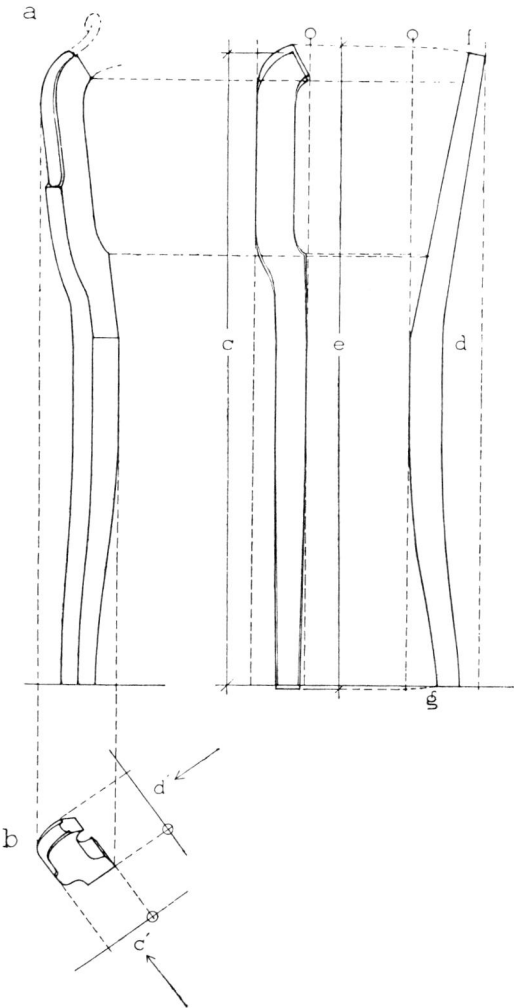

Abbildung 80.

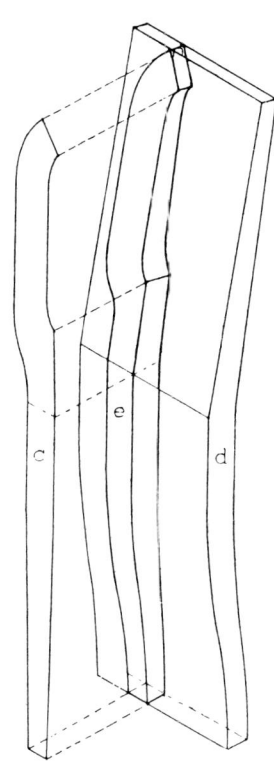

Abbildung 81.

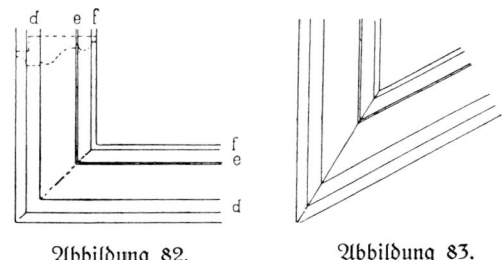

Abbildung 82.　　　　Abbildung 83.

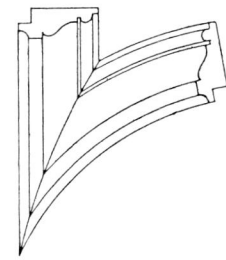

Abbildung 84.

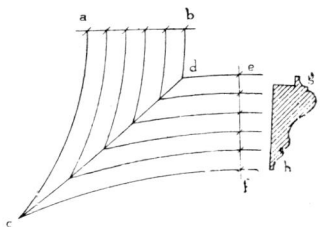

Abbildung 85.

bildung 78 übertragen. Auf diesen Linien werden die Abstände l^1 und m^2 (Abbildung 77 Aufriß) vermerkt. Vergleiche die Punkte 1, 2, 3 und 4, Abbildung 77 und 79. Nachdem noch mehrere Punkte der Wangenkanten bestimmt sind, werden die Kanten vorgerissen und die Abkantung ausgeführt (Abbildung 79).

Abbildung 80: Hinterstollen eines Stuhles. Die Risse a und b sind Aufriß und Grundriß des Stollens. In diesen Ansichten erscheinen die Seitenflächen des Stollens verkürzt. Für die Ermittelung der Schablonen zur Bearbeitung des Holzes sind noch die Projektionen d' und e'' notwendig. d' gibt gleichzeitig die Form der einen Schablone, e dient nur zur Ermittelung der wahren Form und Größe der Fläche f g, der Form der Schablone e.

Abbildung 81 zeigt in isometrischer Projektion die Verwendung der beiden Schablonen d und e. Die erste Schweifung des Stollens wird nach der Schablone d ausgeführt, die zweite nach der Schablone e.

Abbildung 82 bis 90: Das Ermitteln der Form von Gehrungen.

Sind die auf Gehrung zusammenzustoßenden (=zufügenden) Leisten gerade, liegen sie, wie Abbildung 82 und 83 es zeigen, in einer Ebene, so ist die Gehrung eine ebene Fläche und senkrecht zur Grundfläche. Ist von den zu=

25

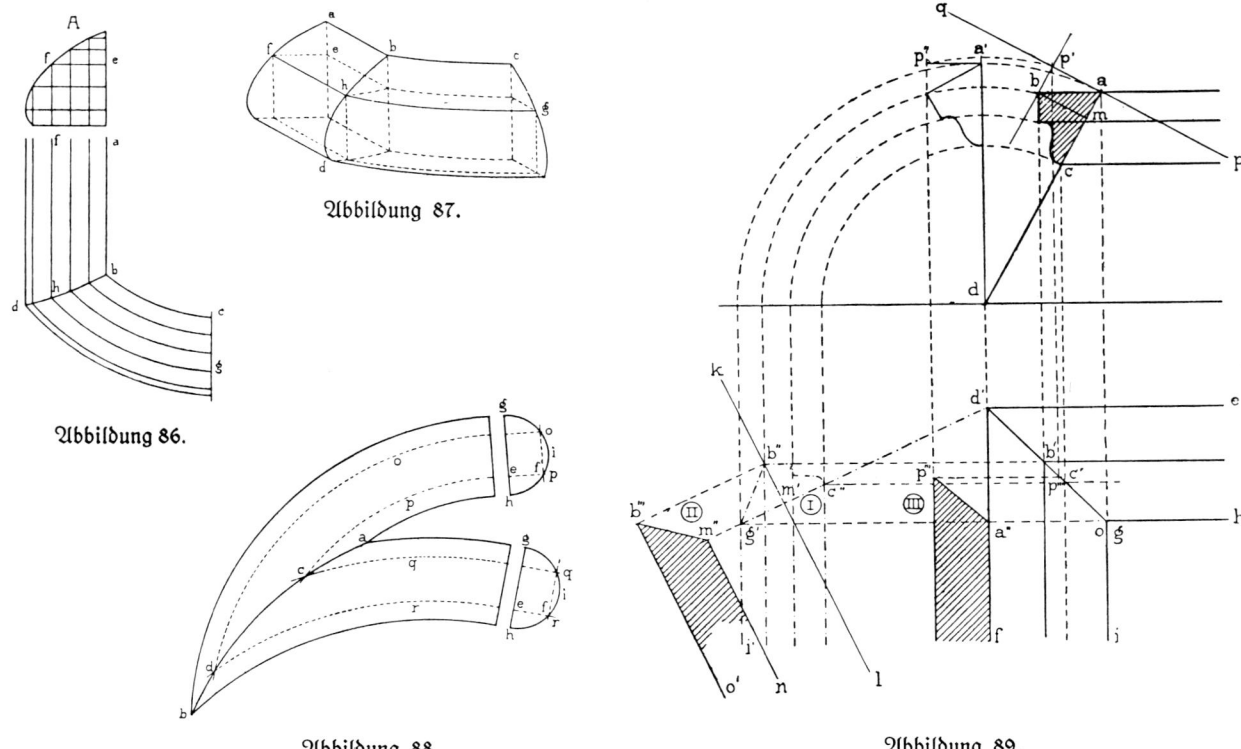

Abbildung 87.

Abbildung 86.

Abbildung 88.

Abbildung 89.

jammenzufügenden Leisten die eine geschweift (krumm), wie Abbildung 84 und 86 es zeigt, oder sind beide Leisten geschweift, wie in Abbildung 85 bis 88 dargestellt, so ist die Gehrung krumm, eine krumme Fläche, aber immer noch senkrecht zur Auflagefläche der Leisten, wenn diese Auflagefläche eine Ebene ist. Anders sind die Gehrungen Abbildung 89 und 90, diese sind gerade (eben), aber zu keiner Seitenfläche oder Kante der zusammenstoßenden Teile senkrecht. Für die Gehrungen Abbildung 82 bis 88 ist nur eine Form der Aufzeichnung (eine Schablonenform) möglich. Für die Gehrungen Abbildung 89 und 90 sind jedoch verschiedene Formen möglich, ja notwendig, je nach der einen oder anderen Bearbeitungsweise des Holzes.

Abbildung 84: Die Form der Vorzeichnung für die Gehrung ergibt sich aus der Lage der Schnittpunkte der Projektionen der gleichliegenden Kanten beider Leisten.

Abbildung 85 bis 88: Hier ist die Vorzeichnung für die Gehrung bestimmt durch die Schnittpunkte der Projektionen gleichliegender Seitenlinien der Leisten (Abbildung 85) oder mit Hilfe von parallel zur Richtung der Leisten angenommener Schnitte. Zum Beispiel Abbildung 88: g h i, das Profil der Leisten, e f die Entfernung des Schnittes o p q r von der Grundfläche g h, o p q r ∥ g h. o d, p c, q c und r d Schnittgrenzen, c und d Schnittpunkte und Punkte der Gehrung a c d b.

Abbildung 89: Gegeben ist ein Körper, dessen Seiten im Aufriß die Neigung a d zur Horizontalebene haben und dessen Seiten im Grundriß unter dem < e d f zusammenstoßen. Die obere und untere abschließende Fläche ist eben und horizontal. Um den oberen Rand dieses Körpers soll eine Leiste mit dem Profil a b c geleimt werden.

Diese umgeleimte Leiste besteht aus vier Teilen, die an den Enden so aneinander passen müssen, daß die Endfläche des einen die des anderen deckt (Gehrung).

Ist die Leiste vor dem Umleimen fertig, so ist die Gehrung nach den < i g b′ und i′ g′ c″ auszuführen ①.

Wird das Profil a b c erst später angekehlt, zunächst eine rechtwinklig behobelte Leiste umgeleimt, so ist die Gehrung nach den < f a′ p‴ ③ und i′ g′ c″ ① auszuführen.

Wird die umzuleimende Leiste an den Enden nach dem < i′ g′ c″ und der Schmiege bestoßen, so muß die Schmiege (rechtwinklig zu g′ c″ gerichtet) nach dem < n m″ b‴ ② eingestellt werden.

Abbildung 90: Grund-, Auf- und Seitenriß eines aus Brettern zusammenzufügenden trichterförmigen Körpers. Zwei der Ecken sind stumpf (I und II, III und IV), zwei sind auf Gehrung verbunden (V und VI, VII und VIII).

Im Grundriß sind eingezeichnet: Die wahre Größe der Seiten des Körpers (zum Beispiel a′ b′ g h für a b g h) und die verschiedenen Schmiegen für das Zureißen und Bestoßen der Körperseiten. (Vgl. Abbildung 89 und die Erklärungen.)

Sind die oberen und unteren Kanten der zu verbindenden und an den Enden zu bestoßenden Bretter nach dem Profil a b g h bestoßen, so ist die Richtung der Endflächen nach den Rissen I, II bis VIII vorzuzeichnen. Sind die Endflächen nach der Schmiege zu bestoßen, so ist diese nach dem Profil III″ für die Enden I und III, nach dem Profil VI″ für die Enden VI und VII einzustellen. Sind die obere und die untere Fläche (die Kanten) der Seitenbretter rechtwinklig zu den Seitenflächen behobelt, so ist auf diesen Kanten der Stoß nach der Schablone I″ für I und III, nach der Schablone VII″ für VII und VI vorzureißen.

Für die Darstellung (der Gehrung) zweier Profilleisten (Abbildung 82 bis 84) kann zweierlei in Betracht kommen und danach die Art der Darstellung sein. (Vgl. Abbildung 82 und 83.) Soll zum Beispiel vorwiegend für den

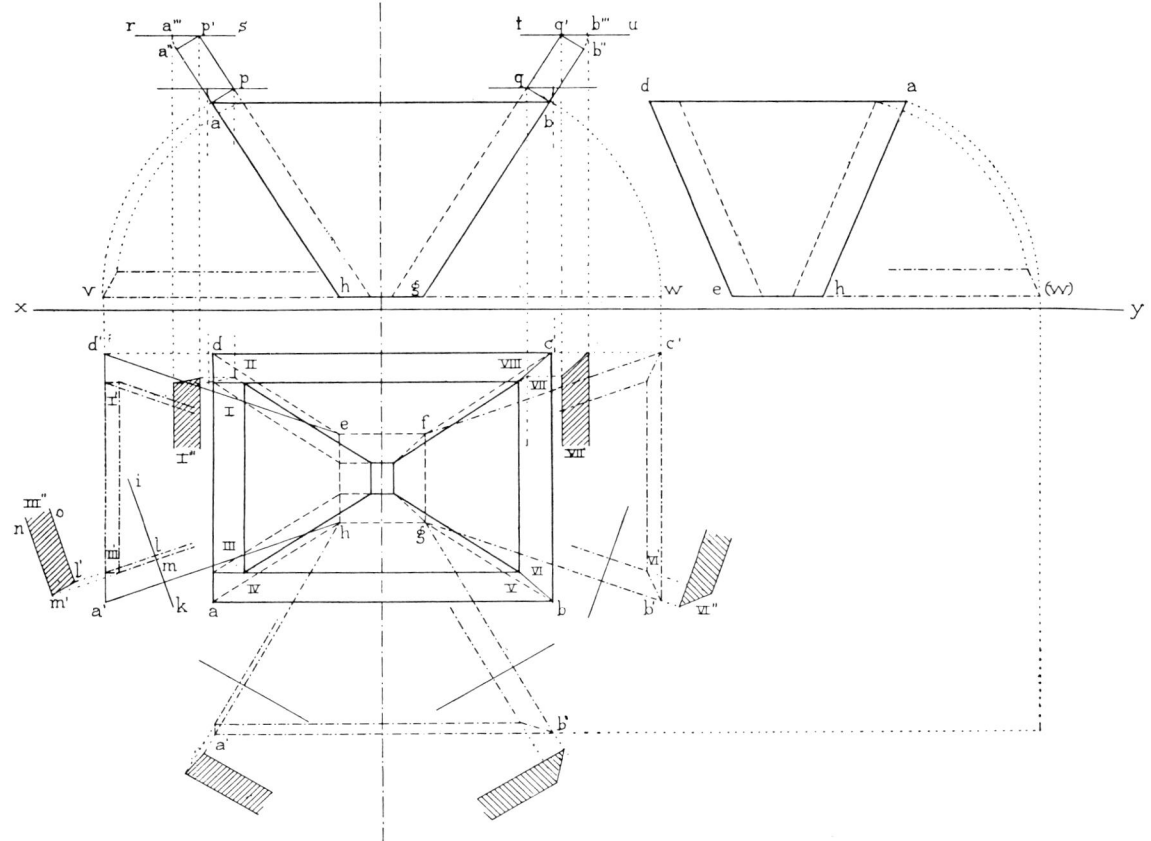

Abbildung 90.

ausführenden Arbeiter die Richtung der Gehrung gekenn=
zeichnet werden, so zeigt Abbildung 83 und 84 die richtige
Darstellung. Soll aber mehr die Form, die sich durch den
Zusammenstoß zweier Leisten bildet, dargestellt werden, so
zeigt Abbildung 82 das richtige Bild. Durch die Riß=
linien werden nur Flächengrenzen — Körperkanten und
Ecken — dargestellt. Durch den Zusammenstoß der Leisten
auf Gehrung sind aber (Abbildung 82) die Ebenen d und d,
c und c, f und f zu je einer Ebene verbunden worden. Es
hat also der trennende Gehrungsstrich hier keine Berech=
tigung. Bei dem Zusammenstoß zweier Profilleisten auf
Gehrung werden nur da Ecken und Kanten gebildet, wo
die zusammenstoßenden Flächen nicht in einer Ebene liegen.

*

Ebenso wie die darstellende Geometrie zur Ermittlung
der wahren Form der Flächen (Mantelabwicklung) und
zur Ermittlung der Form der Gehrungen angewendet
wird, um Zeit und Material für Proben zu sparen, so
wird und muß sie in vielen anderen Fällen, wo Körper
zusammengefügt werden sollen, zu Hilfe genommen werden,
um die Fugenform (Durchdringungsform) zuerst durch die
Zeichnung festzustellen (Abbildung 91 bis 107).

Um die Durchdringungsfigur zweier Körper durch Zeich=
nung feststellen zu können, müssen Größe und Lage der Körper
zueinander durch Grundriß, Aufriß und Seitenriß bekannt
sein. Die Ermittlung der Durchdringungsfigur erfolgt
durch das Aufsuchen der Durchdringung der Kanten des
einen Körpers mit den Flächen des anderen Körpers (Ab=
bildung 91 und 98) oder mit Hilfe angenommener Ebenen
(Schnittebenen, Schnitte Abbildung 99). Diese Hilfsebenen,

die beide zusammenzufügenden Körper im Riß durchschnei=
den müssen, sind in solcher Lage anzunehmen, daß die durch
sie bewirkten Schnittfiguren in möglichst einfachster, leich=
tester Weise dargestellt und die Schnittpunkte der Be=
grenzungslinien dieser Figuren mit Sicherheit festgestellt
werden können. Die Schnittpunkte der beiden Begren=
zungslinien der Schnittflächen sind Punkte, die die beiden
Oberflächen bei ihrer gegenseitigen Durchdringung gemein=
schaftlich haben, also Punkte der Durchdringungsfigur und
damit Punkte der Fuge (Abbildung 101). Das Über=
tragen dieser Punkte und damit auch das Übertragen der
Durchdringungsfigur auf die Oberflächen der zusammen=
zufügenden Körper geschieht mit Hilfe der auf die Körper=
oberflächen übertragenen Hilfsschnittlinien (Abbildung 104)
oder mit Hilfe von Schablonen (Mantelabwicklungen), in
die die Durchdringungsfiguren eingezeichnet worden sind
(Abbildung 103).

Abbildung 91: Zwei sind kreuzende, verschieden pro=
filierte Leisten. Hilfsebenen parallel zur Auflagefläche
der Leisten (im gegebenen Falle parallel zur Aufrißebene).

Abbildung 92 und 93: Endigen, Aufstoßen von Keh=
lungen auf ebenen und krummen Flächen. Abbildung 92:
Die Hilfsebenen parallel zur Richtung der Kehlung und
entweder parallel zur Fläche p′ n′ (Grundriß) oder so,
daß die Projektion der Schnittlinie der Hilfsebenen
mit der schrägen Aufstoßebene im Aufriß horizontal
liegen (Abbildung 92).

Abbildung 93: Die Hilfsebenen parallel der Richtung
der Kehlung und der Aufrißebene, weil die Aufstoßfläche
der Kehlung kugelflächenförmig ist und die Projektion
der Schnittlinien der Kugelfläche dann Kreislinien sind.

27

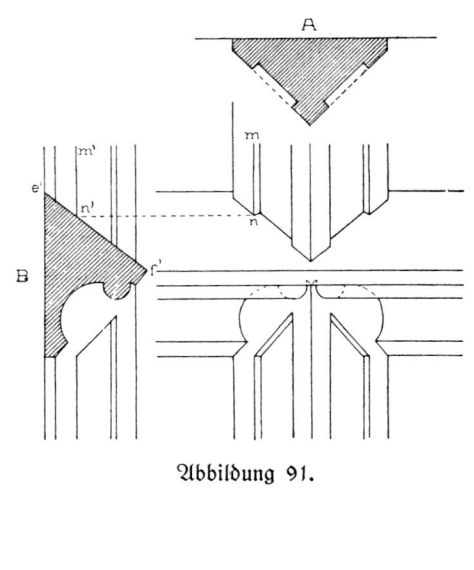

Abbildung 91.

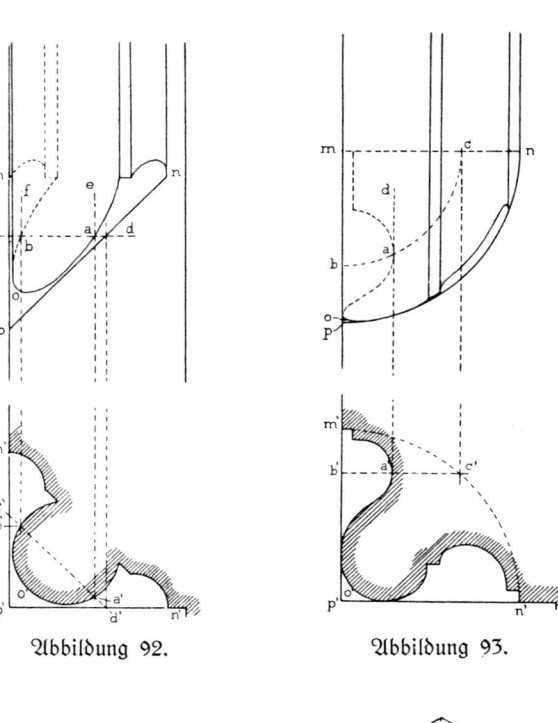

Abbildung 92.   Abbildung 93.

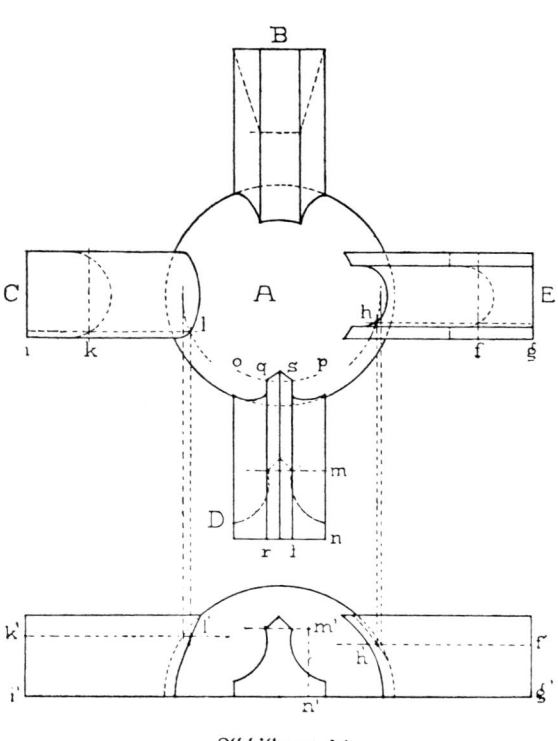

Abbildung 94.

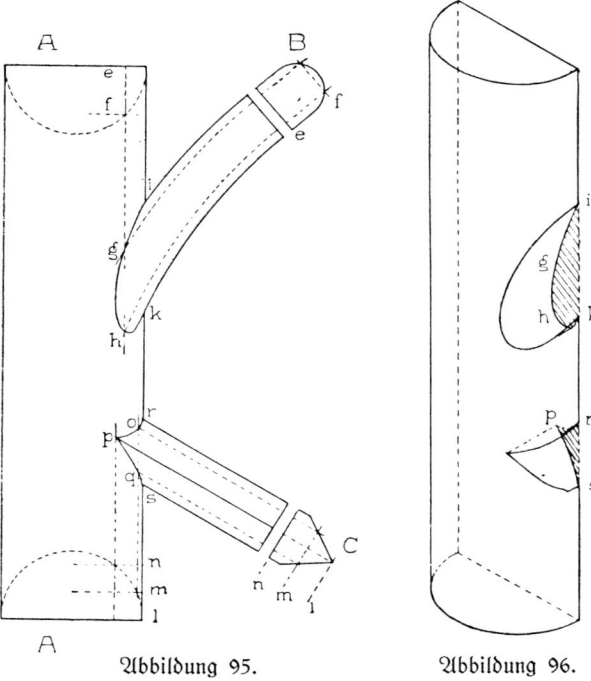

Abbildung 95.   Abbildung 96.

Abbildung 94: Kehlleiſten verſchiedener Form und Halbkugel. Die Hilfsebenen parallel der Auflagefläche der Kehlleiſten und der Halbkugel; oder wenn die Kehlleiſten und die Halbkugel keine Auflagefläche haben, miteinander ein freies Gitterwerk bilden, dann die Hilfsebenen parallel der Seitenlinien (der Richtung) der Kehlleiſten.

Abbildung 95 und 96: Durchdringung verſchieden profilierter Stäbe. Die Hilfsebenen parallel der Grundfläche (der Auflagefläche der Stäbe), im gegebenen Falle parallel der Aufrißebene. (Siehe Abbildung 85 bis 88.)

Abbildung 97: Durchdringung von Prismaflächen und Kegelflächen. Die Hilfsebenen ſenkrecht zur Richtung der Kegelachſen.

Abbildung 98: Zwei Prismen. Durchdringungsfigur aus der Durchdringung der Kanten und Flächen zu ermitteln.

Abbildung 99 bis 101: Abgeſtumpfte Pyramide und Walze (Stab). Die abgeſtumpfte Pyramide ſoll einen Ausſchnitt erhalten, in den die Walze eingeführt werden kann. Zur Ermitelung der Durchdringungsfigur können im gegebenen Falle Hilfsebenen angewendet werden, die entweder parallel der Walzenachſe liegen und durch die Spitze der Pyramide gehen (Abbildung 99) oder parallel der Walzenachſe und ſenkrecht zur Aufrißebene gerichtet ſind (Abbildung 100).

Um im Riß die Projektion der Durchdringungsfigur zu ermitteln, ſind beide Verfahren gleich gut, gleich

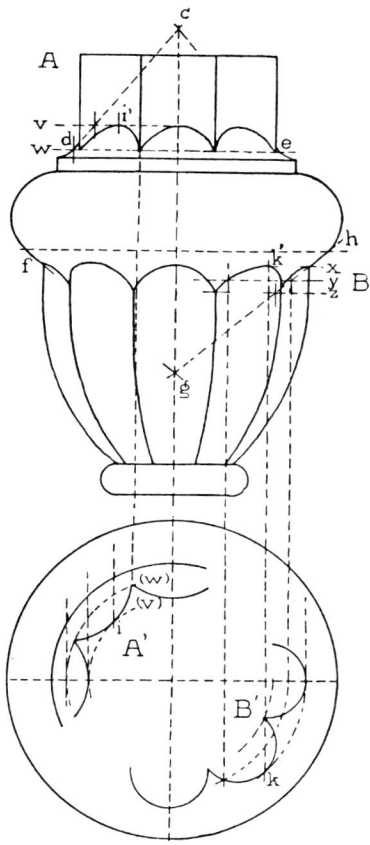

Abbildung 97.

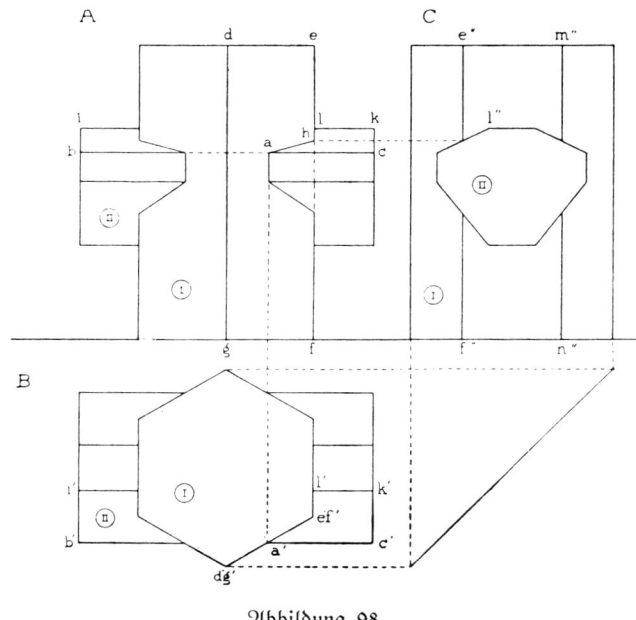

Abbildung 98.

bequem. Für den Praktiker ist jedoch das der Abbildung 100 das bequemste, weil er die Zeichnung benutzt oder benutzen muß, um die Durchdringungsfigur auf sein Holzstück, auf die abgestumpfte Pyramide zu übertragen.

Die Durchdringungsfigur wird mit Hilfe eines Netzes von Schnittlinien (Seitenlinien) übertragen. Hat er das Verfahren (Abbildung 99) angewendet, so geben ihm die Risse nur für wenige Schnittlinien die wirklichen Längen. Die Längen der meisten der Schnittlinien muß er erst durch Konstruktion bestimmen, zum Beispiel die für f p, p n, n s. Die wahre Länge für f p ist f′ p′, für p n — p′ n′, für n s — n′ s′. Nach dem Verfahren Abbildung 100 findet er alle Maße, die er bedarf, im Grundriß oder Aufriß, er muß sie nicht erst durch ein besonderes Verfahren ermitteln.

Um zum Beispiel den Punkt z auf die Oberfläche der abgestumpften Pyramide zu übertragen, überträgt er die Schnittfigur des horizontalen Hilfsschnittes v w. Im Aufriß findet er dafür die Höhenmaße. Überträgt dann die Entfernung des Punktes z von einer der nächsten beiden Pyramidenkanten. Das Maß dafür findet er im Grundriß usw.

Abbildung 101 soll das Verständnis für die Ermittlung der Durchdringungsfigur nach Abbildung 99 erleichtern. Abbildung 101 zeigt in parallel perspektivischer Darstellung den Pyramidenschnitt e f s x, den Walzenschnitt h i k l und zeigt die vier Schnittpunkte m, n, o und p der Begrenzungslinien der Schnittflächen h i k l und e f s.

Abbildung 102 bis 104. Abbildung 102: Durchdringung zweier Walzen. Die Hilfsebenen parallel zu den Zylinderachsen. Die senkrechte Walze soll voll bleiben, die schräge Walze soll entsprechend ausgeschnitten werden.

Das Anpassen der schräg gerichteten Walze an die Lotrechte kann

1. mit Hilfe eines Netzes von Schnittlinien (Abbildung 104) gemacht werden. Die Lage und Längen der Schnittlinien werden aus Grund- und Aufriß übertragen;

2. mit Hilfe einer Schablone, in der Form gleich der Mantelfläche der Walze nach der Durchdringung (vgl. Abbildung 103). Die Durchdringungsfigur wird wieder mit Hilfe des Netzes der Schnittlinien übertragen.

Diese Schablone wird an entsprechender Stelle um die Walze gelegt und der zu machende Ausschnitt nach der Durchdringungsfigur vorgerissen. In gleicher Weise ist die Abwicklung E (Abbildung 107) zu verwenden.

Abbildung 105: Kugel und Prisma. — Horizontale Hilfsebenen.

Abbildung 106: Kugel und Kegel. — Horizontale Hilfsebenen.

Abbildung 107: Kugel und Zylinder. — Die Hilfsebenen parallel zur Zylinderachse und einer Bildebene, im gegebenen Falle parallel zur Aufrißebene. Projektion D zeigt ein Profil, das unter Umständen beim Anpassen der Zylinderteile an die Kugel benutzt werden muß. E ist die abgewickelte Mantelfläche der aus der Kugel vorragenden Zylinderenden.

Die Ermittlung der Durchdringungsfigur wird häufiger benötigt als angenommen wird. In den Fällen Abbildung 99 und 102 helfen Praktiker sich dadurch, daß sie die lotrechten Teile zuerst vierkantig bearbeiten, die Stäbe einpassen und dann die lotrechten Teile sechsseitig zuspitzen (Abbildung 99) oder abrunden (Abbildung 102).

29

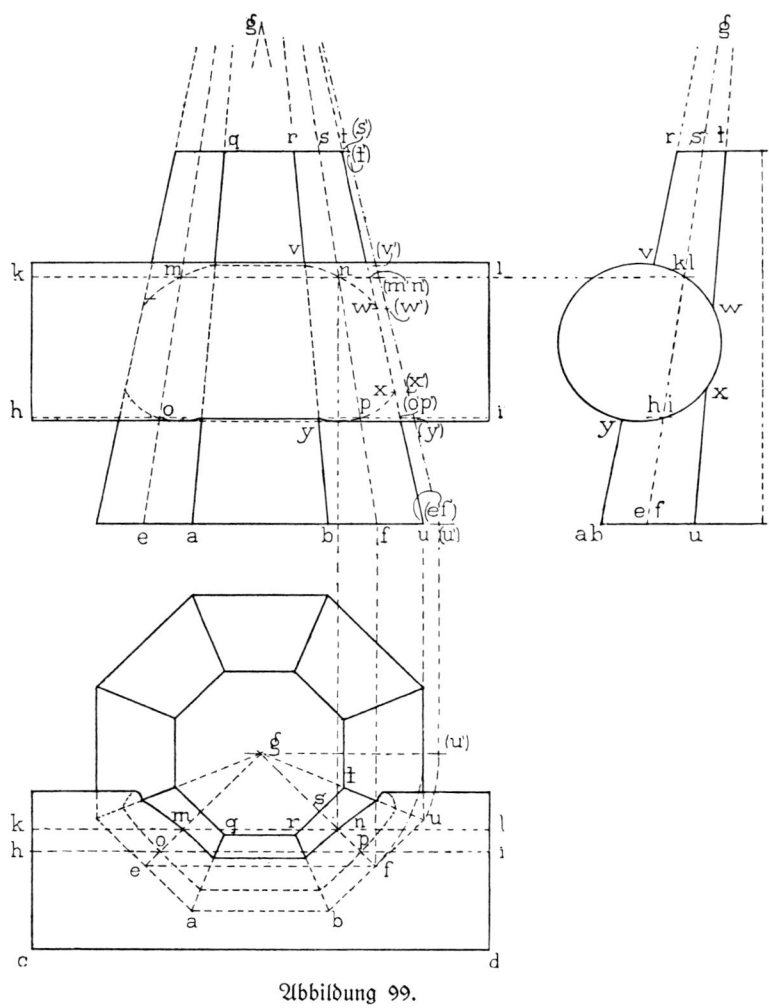

Abbildung 99.

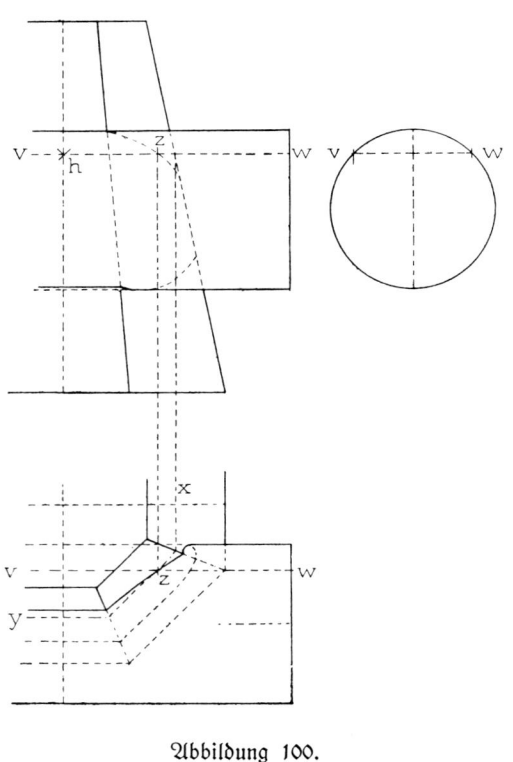

Abbildung 100.

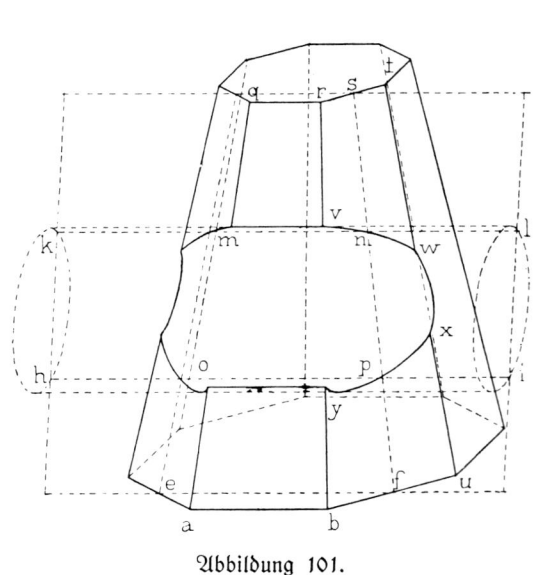

Abbildung 101.

30

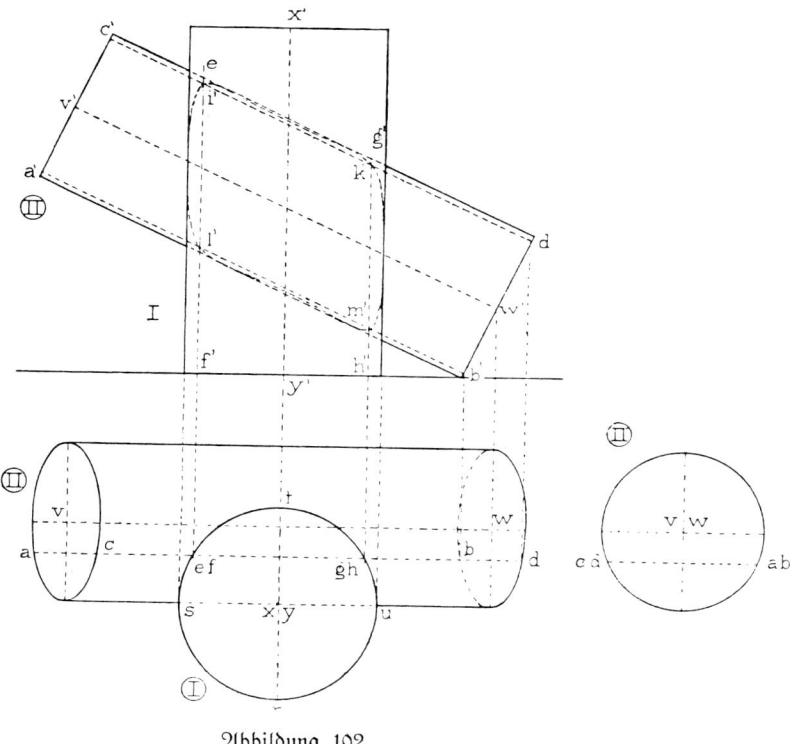

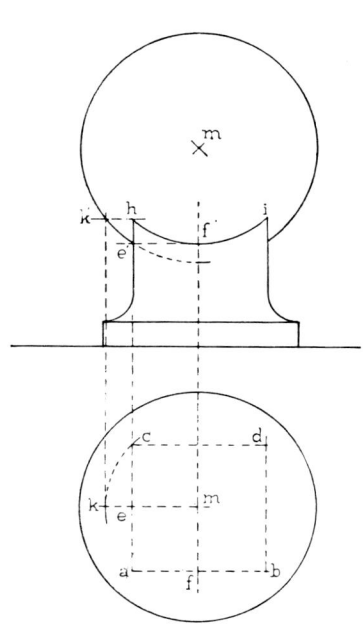

Abbildung 102.

Abbildung 105.

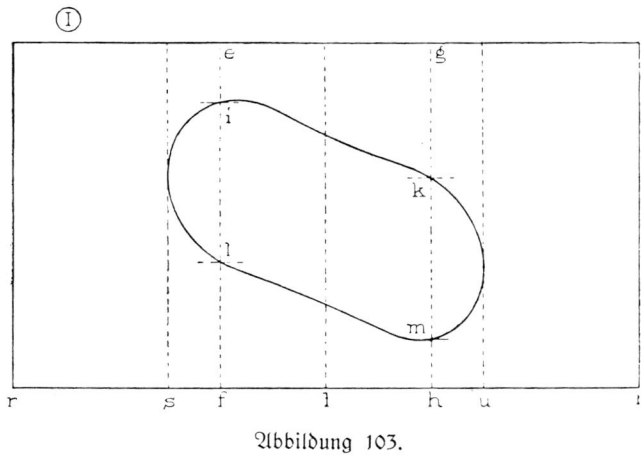

Abbildung 103.

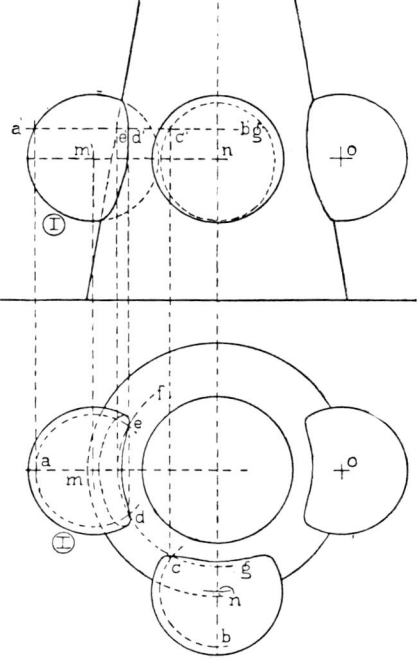

Abbildung 106.

Abbildung 104.

31

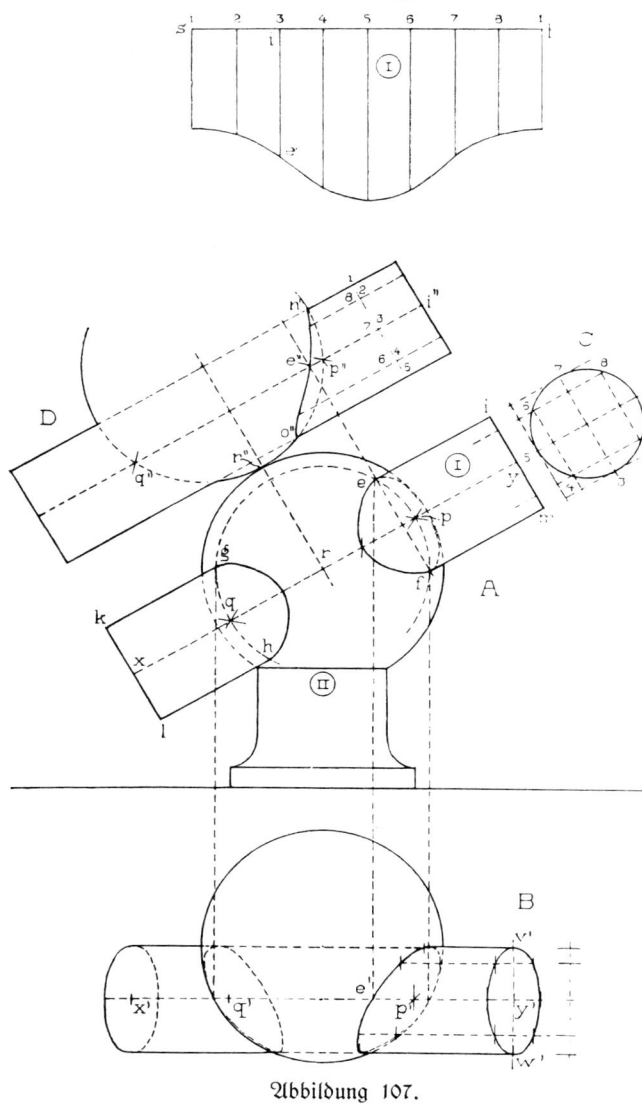

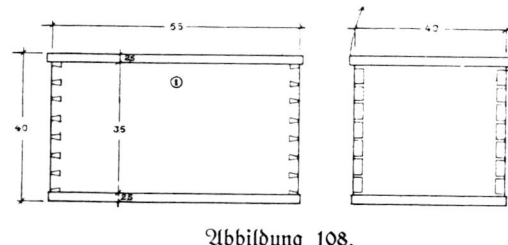

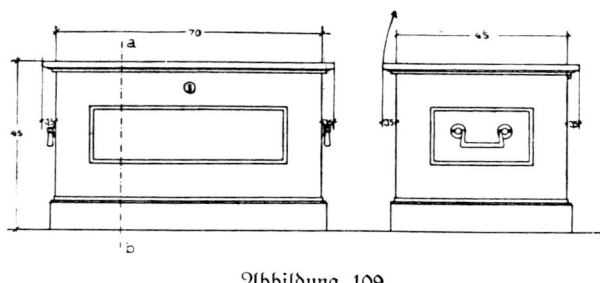

Abbildung 107.

Abbildung 108.

Abbildung 109.

Der Zusammenbau der Möbel und der anderen Tischler= arbeiten wird, wenn er nicht schon klar und deutlich durch die äußere Form zu erkennen ist, durch Schnittzeichnungen erklärt. Der Zeichner denkt sich den zu erklärenden Gegenstand an einer diesem Zweck günstigen Stelle durch= schnitten und zeichnet die Schnittfläche. Diese zeigt die Zusammensetzung des Rahmenwerkes, der Füllungen und der Leisten, zeigt die Profile dieser Teile. In den Werk= zeichnungen zeichnet man den Zusammenbau der einzelnen Rahmen, der Kasten usw., also die Schlitze, Zinken, Dübel, Zapfen, nur selten, weil von jedem Tischler erwartet wird, daß er deren Form kennt und weiß, wie und wo er sie im allgemein gebräuchlichen Zusammenbau anzuwenden hat. Nur wenn Außergewöhnliches verlangt wird, werden diese Einzelheiten des Zusammenbaues gezeichnet.

Für die Herstellung der in Abbildung 108 bis 126 skiz= zierten Gegenstände sind in den Werkzeichnungen die im folgenden bezeichneten Ansichten, Schnitte (Schnitt= flächendarstellungen) zu machen.

Für eine rechtwinklige Kiste oder einen ebensolchen Kasten aus vollem Holz genügt die Beschreibung der äußeren oder inneren Maße, der Holzart, der Holzstärke, des Zusammenbaues — genagelt, gezinkt, geschraubt, auf Gehrung, auf Nut und Feder gefügt, und eine Beschrei= bung, ob das Holz poliert, gewachst oder gestrichen werden soll. Eventuell ist noch eine Maßskizze wie Abbildung 108 zu geben.

Für einen Kasten (Abbildung 109) genügt eine Maß= skizze und die Darstellung der Schnittfläche a b in der wirklichen Größe.

Für eine einfache Tür ohne angekehlten Hobel, einen einfachen Rahmen ohne Kehlungen: Maßskizze und Schnitt, um Zusammenbau des Rahmens und der Füllung zu zeigen (Füllung eingelegt, eingeschoben oder überschoben, Ab= bildung 110). Wenn der Rahmen oder die Füllung mit Kehlungen versehen ist, deren Formen durch die Maß= skizze nicht genügend bestimmt sind: Ansicht und ein oder zwei Schnitte in der wirklichen Größe (Abbildung 111 und 112).

Für einen Schrank (Abbildung 113) genügt eine Maß= skizze wie Abbildung 113. Ebenso genügt eine Maß= skizze für das Bücherbrett (Abbildung 114).

Für einen Schrank (Abbildung 115) sind außer der Maßskizze mindestens noch die Profile der Kehlleisten (Sockel=, Gesims= und Schlagleisten) in der wirklichen Größe zu zeichnen. Wenn Lisenen, Türrahmen und Füllungen, gekehlt oder mit Kehlleisten zu dekorieren sind, so müssen auch deren Profile in der natürlichen Größe vorhanden sein. Man zeichnet dann aber besser die Hälfte des Aufrisses und die Schnitte a b und c d (Ab= bildung 115) in der wirklichen Größe und zusammen= hängend, wie Abbildung 116 es zeigt. Sollen die Schrank= seiten Formen bekommen, die durch den horizontalen Schnitt (c d, Abbildung 115 und 116) nicht genügend be= stimmt sind, sollen zum Beispiel die oberen und unteren Rahmenhölzer der Seiten sichtbar breiter sein als die senkrechten, so ist noch eine Seitenansicht oder ein senk= rechter Schnitt (e f, Abbildung 115 und 116) erforderlich.

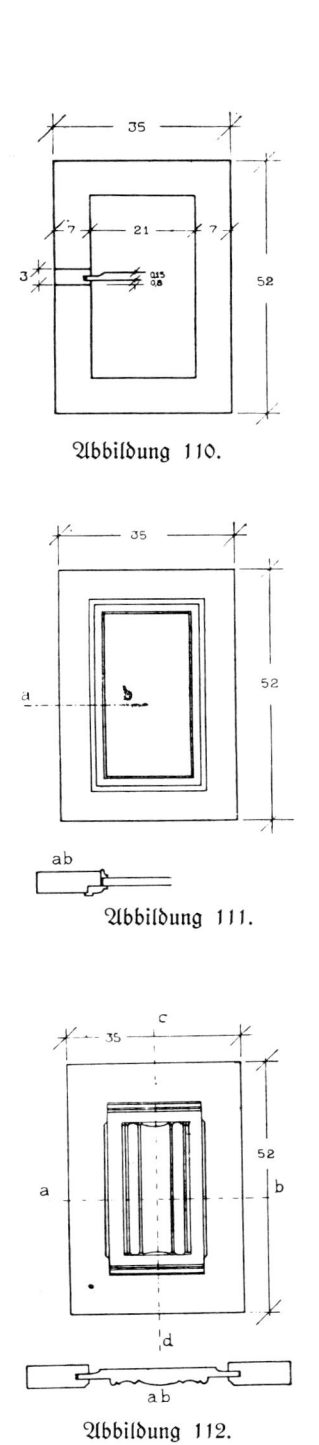

Abbildung 110.

Abbildung 111.

Abbildung 112.

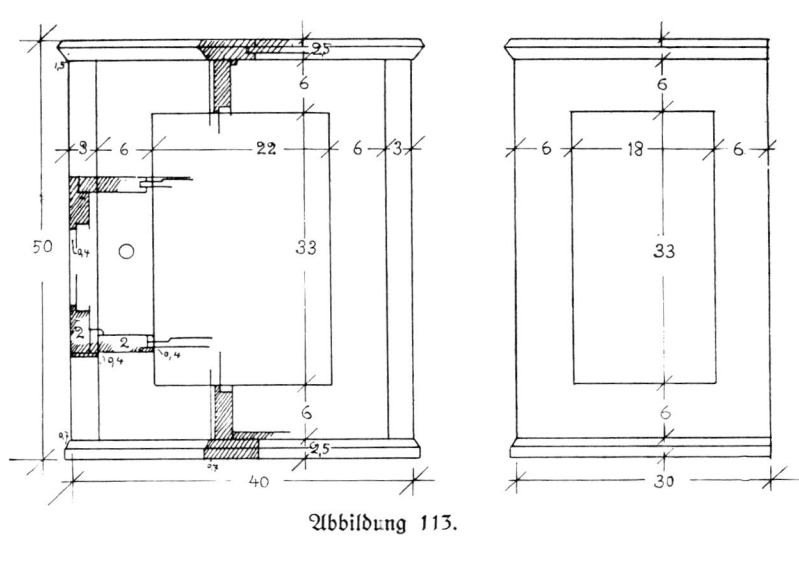

Abbildung 113.

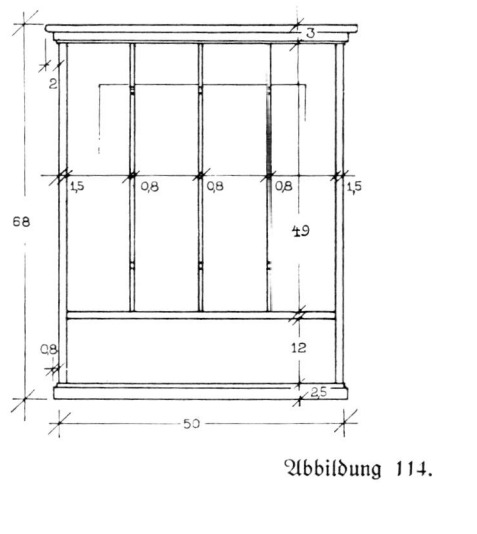
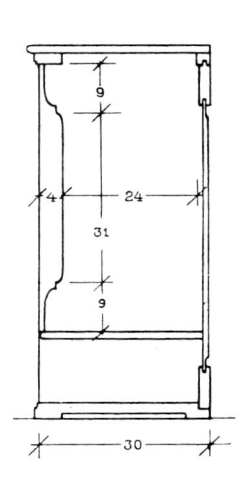

Abbildung 114.

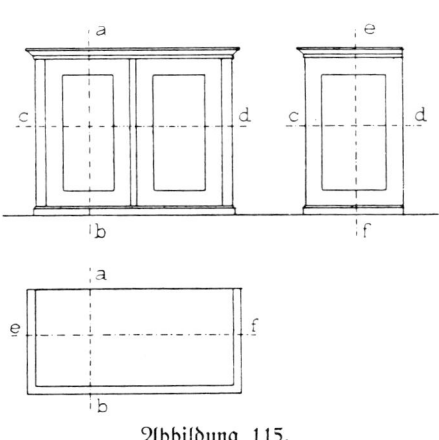

Abbildung 115.

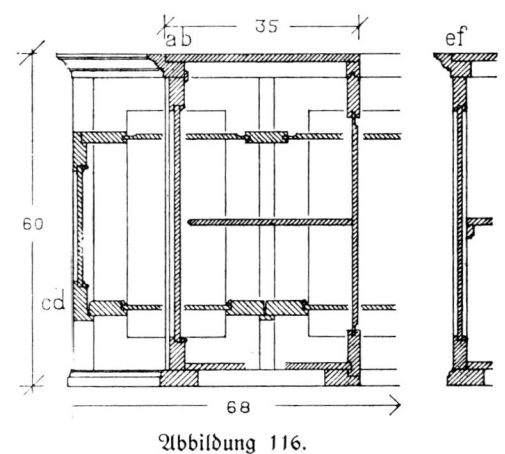

Abbildung 116.

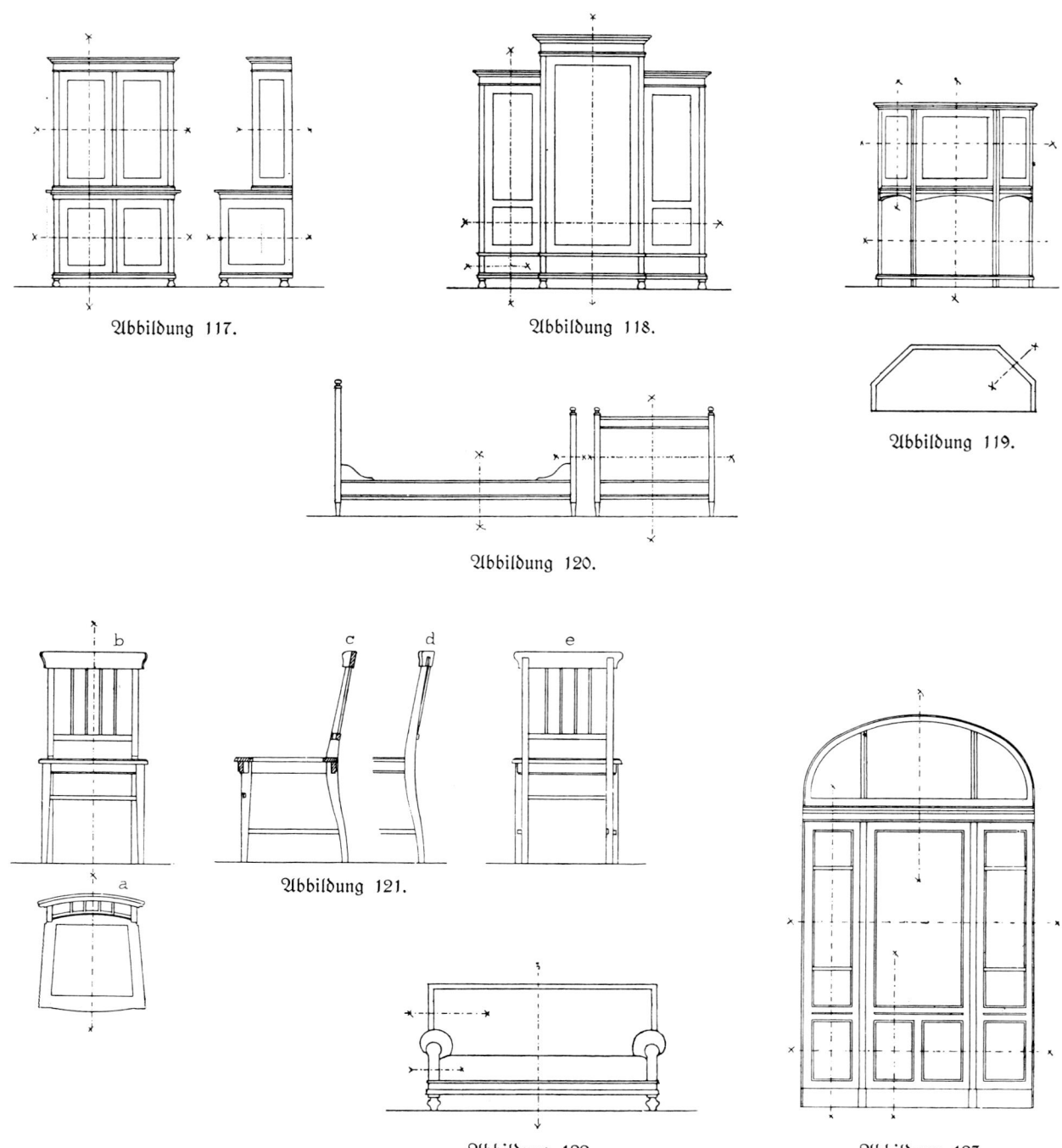

Abbildung 117.

Abbildung 118.

Abbildung 119.

Abbildung 120.

Abbildung 121.

Abbildung 122.

Abbildung 123.

Für größere Schränke sind natürlich entsprechend der Größe und Form derselben mehr Schnittzeichnungen nötig (Abbildung 117 bis 119).

Für symmetrisch aufgebaute Gegenstände — Schränke usw. — wird die Werkzeichnung — Aufrisse, Seiten- und Grundrisse usw. — immer nur bis zur symmetrischen Wiederholung der Formen ausgeführt.

Für einfache Bettgestelle genügen für jeden Betteil Ansicht und zwei Schnitte (Abbildung 120).

Für Stühle einfacher Art genügen gewöhnlich: der Grundriß, die Vorderansicht, der Mittelschnitt oder die Seitenansicht und Schnitte durch einzelne Teile (Abbildung 121 a, b, c und d). Eventuell müssen noch die Formen der Schablonen für die Schweifungen der Stuhlteile gezeichnet werden (Abbildung 73 bis 76 und 80).

Für die Ausführung reich ornamentierter Stühle sind außer Grundriß, Vorderansicht, Schnitte und Schablonen noch Seiten- und Rückansicht zu geben (Abbildung 121 d und e).

Für ein Sofa (Abbildung 122) genügen Ansicht, Grundriß und die bezeichneten Schnitte.

Für den größten Teil der Bautischlerarbeiten — einfache Türen, Fenster, Wandvertäfelungen Deckenbekleidungen — genügen, wie für die Werkzeichnungen zu Rahmen, zwei Schnitte: ein horizontaler und ein senkrechter für senkrechte Rahmen, zwei rechtwinklig sich kreuzende Schnitte für waagerechte Rahmen. Müssen mehrere Rahmen miteinander verbunden werden, so sind entsprechend vielmal zwei Schnitte zu zeichnen, und zwar müssen diese Schnitte neben der Rahmenform noch zeigen,

34

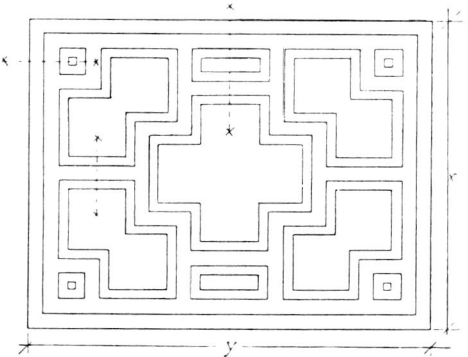

Abbildung 124.

wie die Rahmen miteinander, mit der Wand oder der Decke verbunden werden sollen (Abbildung 123 bis 125).

Für die Ausführung reicher Gegenstände genügen die im obigen bezeichneten Schnitt= und Ansichtszeichnungen nicht immer, um die Formen aller Zierteile: Säulen, Konsolen, Ornamente, Verkröpfungen usw., genügend zu bestimmen. In solchen Fällen ist dann jeder, durch die Gesamtansichten und Schnitte nicht genügend bestimmte Teil für sich, wie die Abbildungen 126 und 127 zeigen, in Ansichten und Schnittzeichnungen besonders darzustellen.

Die Form des Gegenstandes (Abbildung 126) ist mit Ausschluß der der Eckkonsole durch den in Abbildung 126 gegebenen Grundriß, Aufriß und den Schnitt a b ge= nügend dargestellt. Für die Ausführung der Eckform müssen noch die Risse der Abbildung 127 vorhanden sein.

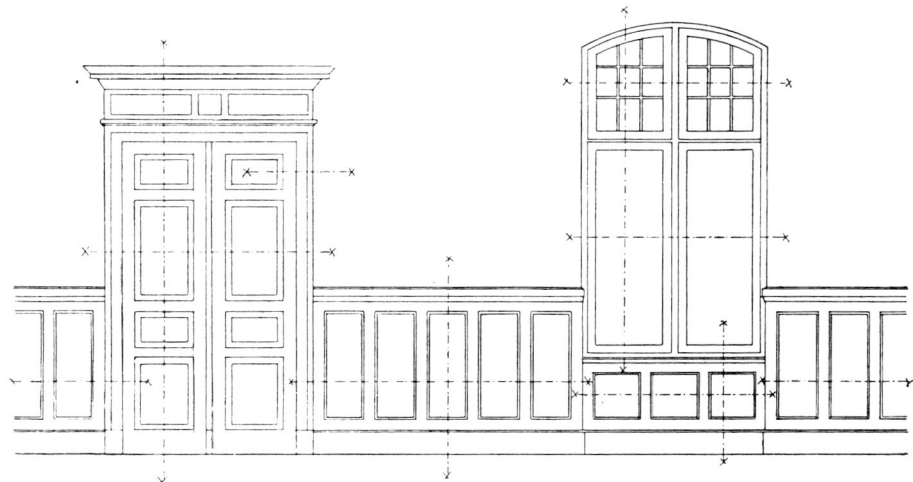

Abbildung 125.

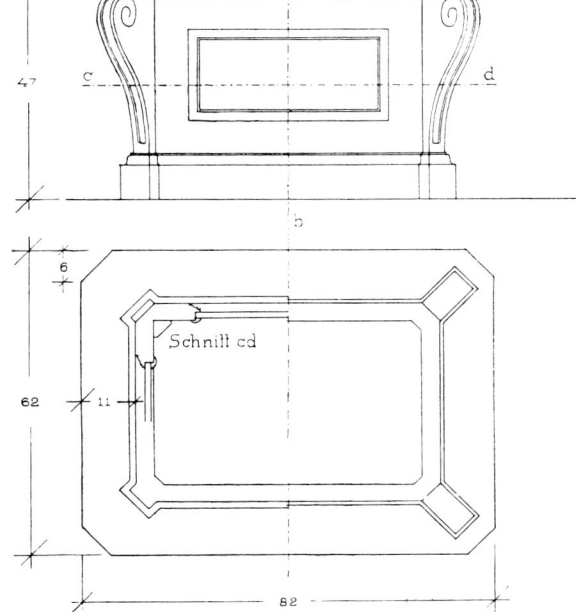

Abbildung 126.

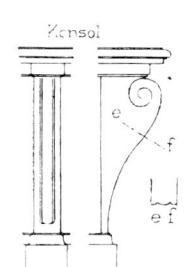

Abbildung 127.

Für Treppen ist der Grundriß fast immer in der wirk= lichen Größe aufzureißen. Alle Schablonen, Profile usw. müssen ebenfalls in der wahren Größe gezeichnet werden. Die Ansichten der Wangen werden vom praktischen Tischler selten in der wahren Größe gezeichnet, sie werden meist auf dem Zeichenboden mit Hilfe von Maßskizzen und Schablonenbrettchen ermittelt.

Allen Hilfsarbeitern: Drechslern, Bildhauern, Intarsia= arbeitern, Schlossern, Glasern usw., sind für die von ihnen auszuführenden Einzelarbeiten die Sonderzeichnungen zu geben, oder den Betreffenden ist der Gesamtentwurf, Größe und Inhalt der von ihnen gewünschten Arbeit mit= zuteilen, sie entwerfen selbst, und der Tischler, als Schöpfer des Gesamtentwurfs, behält die Oberaufsicht über alle Ausführungen, damit ein einheitliches Werk entsteht.

35

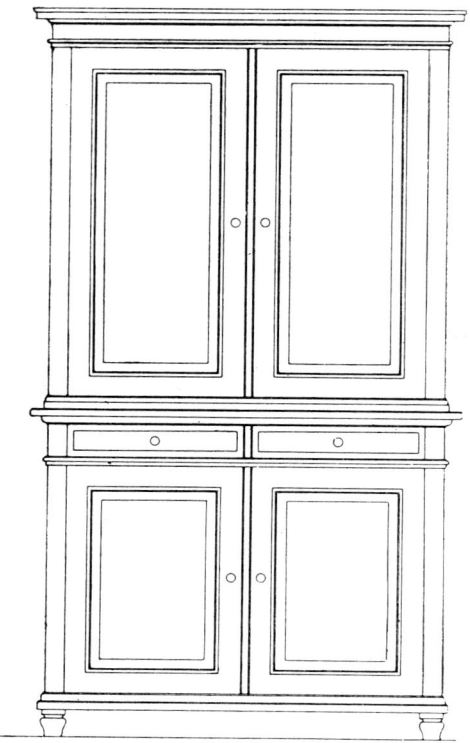

Abbildung 128 a.

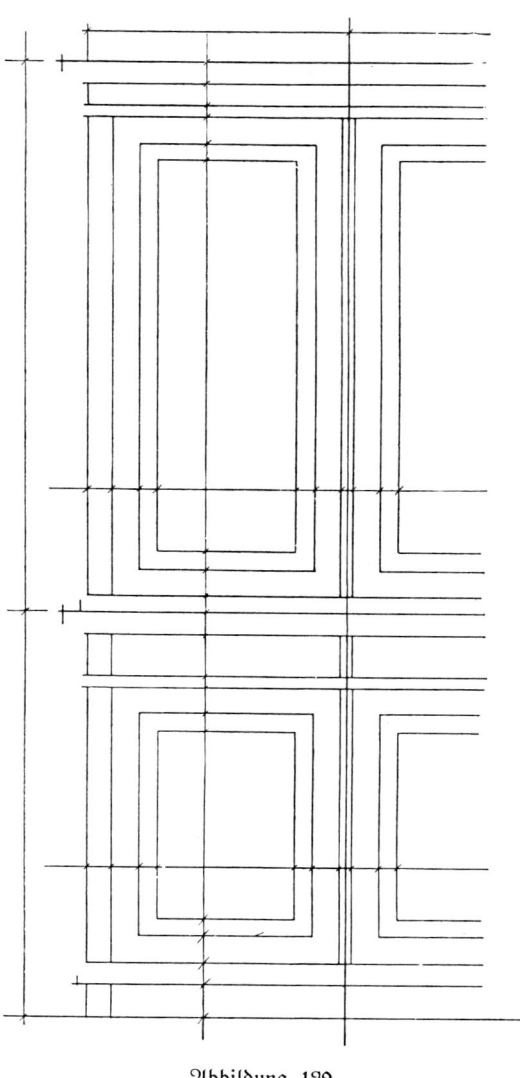

Abbildung 129.

Abbildung 128 b.

Die Ausführung der Werkzeichnung.

Mit dem Beginn des Auftragens der Werkzeichnung muß der Zeichner wissen, wieviel Einzeldarstellungen zur Erklärung des ganzen Gegenstandes und aller Einzelheiten erforderlich sind. Er muß vor dem Beginn einen Plan haben, nach dem er die Einzeldarstellungen zu einem übersichtlichen Gesamtbild vereinigen will.

Die Ausführung beginnt im allgemeinen immer mit dem Auftragen der Maße und Formen, die durch den Entwurf gegeben sind, und zwar zuerst mit dem Auftragen der Gesamtmaße und Formen. (Vergleiche Abbildung 128.) Abbildung 129 ist das Bild der ersten Anlage der Werkzeichnung. Es folgt dann das Einzeichnen der Konstruktion durch Schnittdarstellungen (Abbildung 130). Durch diese sind die Ausführbarkeit und Haltbarkeit der Formen festzustellen. Sodann folgt das Durchbilden aller noch übrigen Einzelheiten. Abbildung 131 gibt das Bild der vollständigen Werkzeichnung zu dem Schrank (Abbildung 128). Die Gebrauchszeichnung ist in der wahren Größe des Gegenstandes auszuführen. Es ist gebräuchlich, in den Schnittdarstellungen die Profile, das Kernholz, das Blindholz und das vorgeleimte Edel-

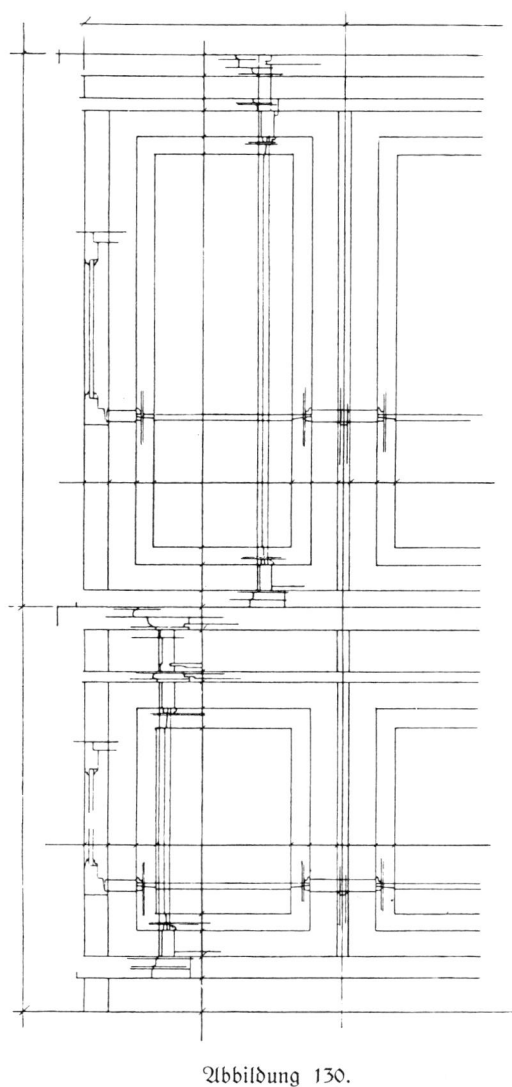

Abbildung 130.

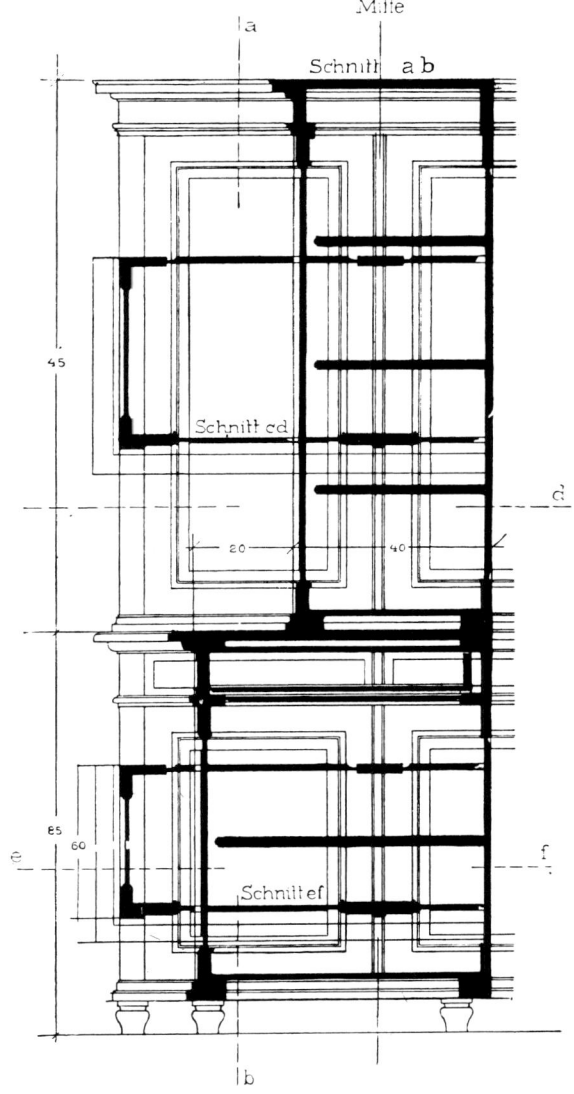

Abbildung 131.

holz usw. durch verschiedenartige Schraffierung oder Anlegen mit verschiedener Farbe zu kennzeichnen (Abbildung 133). Abbildung 132 zeigt das Bild der Werkzeichnung zu einem Büfett, zu dem fast nur Sperrholz verarbeitet ist.

*

Kann durch Zeichnungen die Festigkeit und die Tragfähigkeit einer Konstruktion oder die durch die äußere Form eines Gegenstandes bezweckte Wirkung nicht in ausreichendem Maße festgestellt werden, so müssen Probeausführungen — Modelle — vom Ganzen oder von einzelnen Teilen gemacht werden. Ergeben diese Versuche, daß das gewünschte oder bedingte Resultat durch das Projekt nicht erreicht wird, so muß geändert werden oder es muß ein ganz neuer Entwurf gemacht werden. Selbst der erfahrenste Praktiker kann die volle Wirkung der Formen nach der Zeichnung allein nicht immer abschätzen.

Bei der Ausführung von Gegenständen, für die nur wenig Mittel vorhanden sind, kann ein derartiger Apparat nicht in Bewegung gesetzt werden. In solchen Fällen werden die auf Grund von Erfahrung gewählten und durch Zeichnung festgestellten Formen ausgeführt, und an dem fertigen Gegenstand wird für kommende Fälle gelernt. So werden die Erfahrungen bereichert.

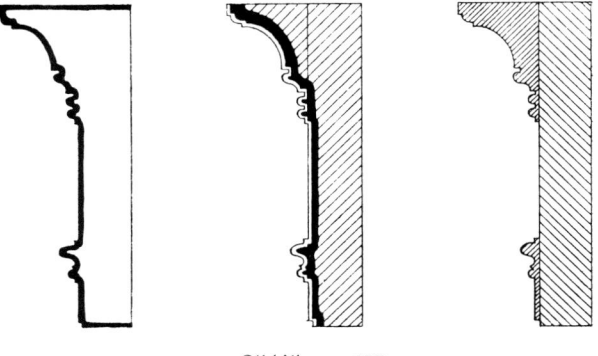

Abbildung 133.

37

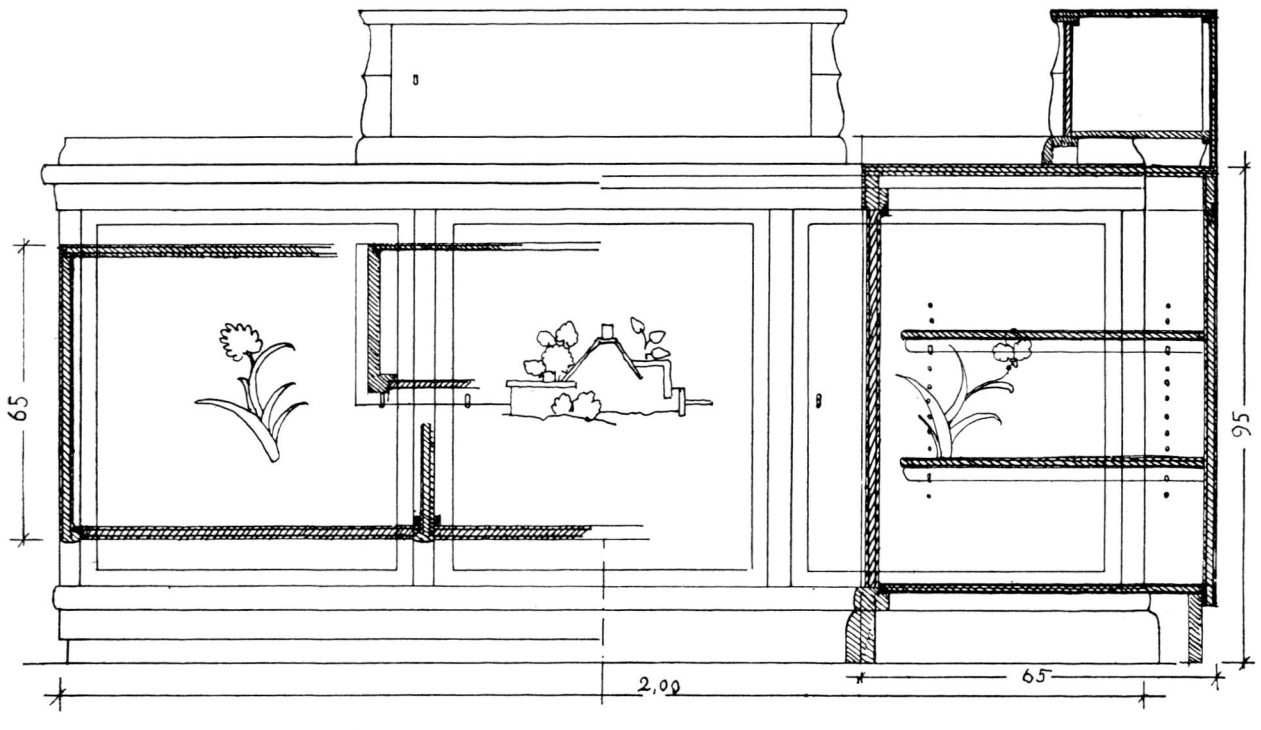

Abbildung 132.

4.
Die Aufnahme — das Aufmessen und Darstellen vorhandener Gegenstände.

In der Praxis kommen sehr häufig folgende Auf=
gaben vor: An einem Gegenstand ist ein fehlender
Teil zu ergänzen, — nach einem Gegenstande ein gleicher
oder ähnlicher auszuführen und ähnliches mehr. In diesen
Fällen wird dann meistens ein Aufmessen von Teilen der
vorhandenen Gegenstände oder ganzer Gegenstände not=
wendig. Und in noch anderen Fällen kann das Auf=
messen von Gegenständen zum Studium ihrer Formen
ausgeführt werden müssen. Sind die Formen dieser
Gegenstände sehr einfach, dann genügen Maßskizzen nach
Abbildung 113 und 114. Die Formen werden frei=
händig oder mit Hilfe von Reißschiene und Dreieck skiz=
ziert, gemessen und die gefundenen Maße in die Skizze
eingeschrieben. Andere Formen erfordern sorgfältigstes
Zeichnen unter Zuhilfenahme aller Hilfsmittel, wie Reiß=
schiene, Dreieck, Zirkel, Maß und Lot.

Das Resultat dieses Zeichnens muß sein: daß nach der
Zeichnung (der Aufnahme) ein dem Vorbilde in Form
und Größe gleicher Gegenstand angefertigt werden kann.

Für die Aufnahme werden zuerst die Gesamtgrößen
und Formen festgestellt, Höhe, Breite und Tiefe gemessen
und gezeichnet, dann die Größen und Formen der größeren
Teile und zuletzt, immer innerhalb einer größeren Teilung,
die dieser untergeordneten Formen (Abbildung 134
bis 146). Wird ein anderes Verfahren gewählt, werden

die Einzelheiten zuerst gemessen und in der Zeichnung eine
Einzelheit an die andere gereiht, dann erlebt man, daß
die Gesamtform zu groß oder zu klein wird.

Ist ein zu messender Gegenstand so groß, daß eine
Darstellung in der wahren Größe auf einem Blatte
Papier unpraktisch ist, oder gestatten die örtlichen oder
andere Verhältnisse solche Darstellung von dem Gegen=
stande nicht, dann ist eine Gesamtansicht des Gegenstandes,
ohne Berücksichtigung der Einzelheiten, in verkleinertem
Maßstabe freihändig oder mit Hilfe von Schiene und
Dreieck zu zeichnen — als Maßskizze (Abbildung 137).
Sodann sind die Einzelheiten in so großen Teilen, wie die
Formen es nötig machen, der beschränkte Raum oder die
Papiergröße es gestatten, zu messen und in der wahren
Größe zu zeichnen.

Wenn es der Zweck der Aufnahme fordert, werden
diese Einzeldarstellungen auf einem Blatte vereinigt (Ab=
bildung 141). Im letzten Falle werden nach der ersten
Maßskizze die Größe und Gesamtform des ganzen Gegen=
standes aufgetragen und dann die Einzelheiten nach den
betreffenden Einzelaufnahmen gezeichnet.

Das Einschreiben aller beim Messen der Formen ge=
fundenen Maße ist praktisch. Die Benutzung der Zeich=
nung wird dadurch erleichtert, und die Maße können rich=
tig übertragen werden (Abbildung 138).

38

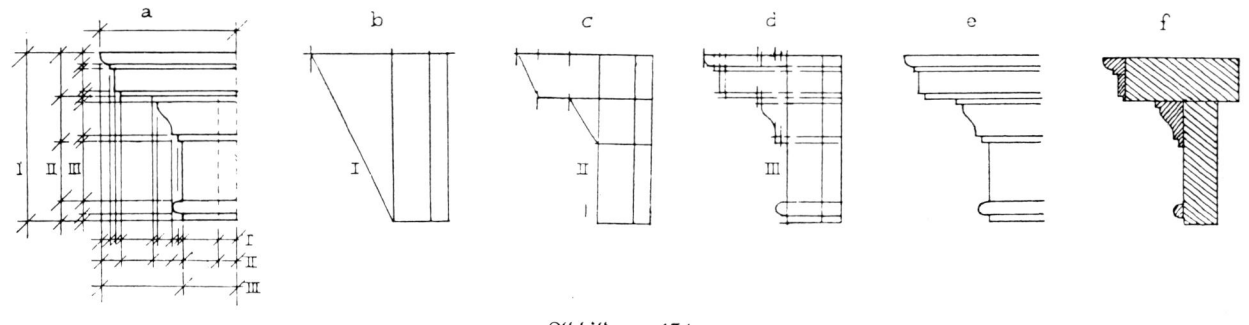

Abbildung 134.

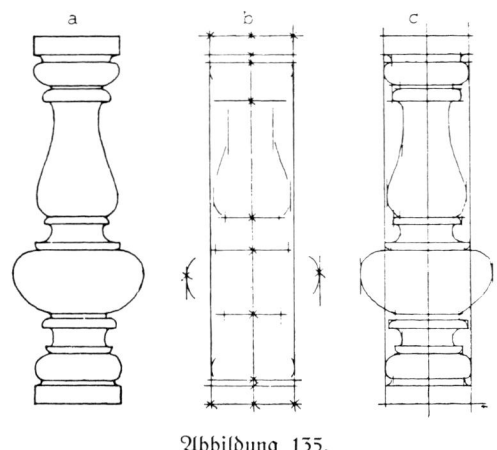

Abbildung 135.

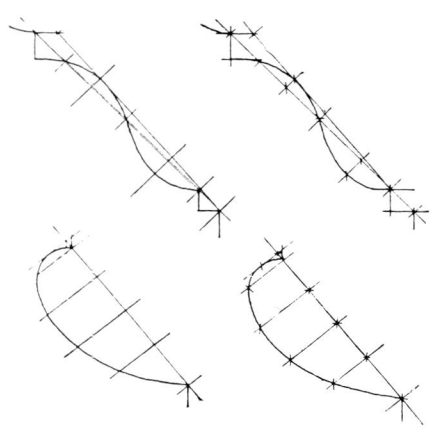

Abbildung 136.

Abbildung 134a bis f: a Gesimsecke im Aufriß. Da= neben sind, nach der Seite wie nach unten hin, je drei Maßskalen skizziert und mit I, II und III bezeichnet. Diese Skalen von I bis III zeigen an, in welcher Weise die Maße an dem aufzunehmenden Gegenstande ge= nommen werden sollen. Zuerst die großen Entfernungen, dann die nächstgrößeren usw.

In gleicher Reihenfolge von I zu III werden die Maße und Formen in die Aufnahme (Zeichnung) übertragen (vgl. Abbildung b, c und d); e ist der fertige Aufriß, f die fertige Schnittdarstellung. (Vgl. Abbildung 135 a bis c, Abbildung 136 und Abbildung 138.)

Abbildung 136 sind Beispiele, wie mittels eines Netzes von geraden Linien Kurven, Profillinien usw. übertragen werden.

Die Aufnahme eines kleinen Schrankes in Eichenholz zeigen die Abbildungen 137 bis 139. Abbildung 137 ist die Maßskizze, Abbildung 138 die verkleinerte Werk= zeichnung und Abbildung 139 der Auf= und Seitenriß des Schrankes, im verkleinerten Maßstabe nach der Werkzeichnung aufgetragen.

Abbildung 137 zeigt die freihändig ausgeführte Skizze.

Abbildung 138 gibt ein Bild der vollständigen Werk= zeichnung und zeigt mehrere Reihen von Maßzahlen, die gewöhnlich in gleichem Maße in Werkzeichnungen nicht vorkommen. In der Regel sind in diesen nicht mehr Maßzahlen zu finden als in Abbildung 137. Alle anderen Maße werden mit Metermaß oder Zirkel der Werk= zeichnung entnommen. In der Abbildung 138 haben die

Zahlenreihen einmal den Zweck, auf die Reihenfolge des Messens und des Auftragens der Maße hinzuweisen (vergleiche Abbildung 134). Sodann sollen sie aber auch zeigen, wie die Zeichnungen beschaffen sein müssen, wenn eine möglichst genaue Aufnahme und Nachbildung eines Gegenstandes gemacht werden muß. Wenn ein Fries als 49 Millimeter breit gemessen und dieses Maß in die Zeichnung eingeschrieben worden ist, so ist eine größere Wahrscheinlichkeit vorhanden, daß in der Nachbildung dieser Fries wieder 49 Millimeter breit sein wird, als wenn die Breite nur gezeichnet, der ausführende Ar= beiter sie mit dem Meterstab mißt und überträgt. Die Striche können an der Stelle, wo er mißt, etwas breiter sein als an anderen, und er mißt 48,5 Millimeter oder 49,5 Millimeter.

Die Abbildungen 140 und 141 zeigen die Aufnahme eines Renaissance=Schrankes in Eichenholz mit schwar= zen Einlagen. Diese Einlagen sind in Abbildung 140 mit S bezeichnet. Abbildung 140 ist nach den Ausmaßen des Schrankes im verkleinerten Maßstabe aufgetragen. In der Werkzeichnung müssen die Profile und die Ornamente in der wahren Größe gezeichnet werden. Vor dem Schranke durfte kein großes Zeichenbrett aufgestellt werden. So wurden denn alle Einzelheiten genau aus= gemessen, wie es die Abbildungen 134 bis 136 erläutern — und auf ein Blatt (Abbildung 141) nebeneinander ge= zeichnet. Für diese Aufnahmen sind Maßstab, Reiß= schiene, Dreieck und Zirkel benutzt. Abbildung 141 ist das verkleinerte Bild der Aufnahme. Die Aufnahme ist in der wahren Größe der Formen gezeichnet.

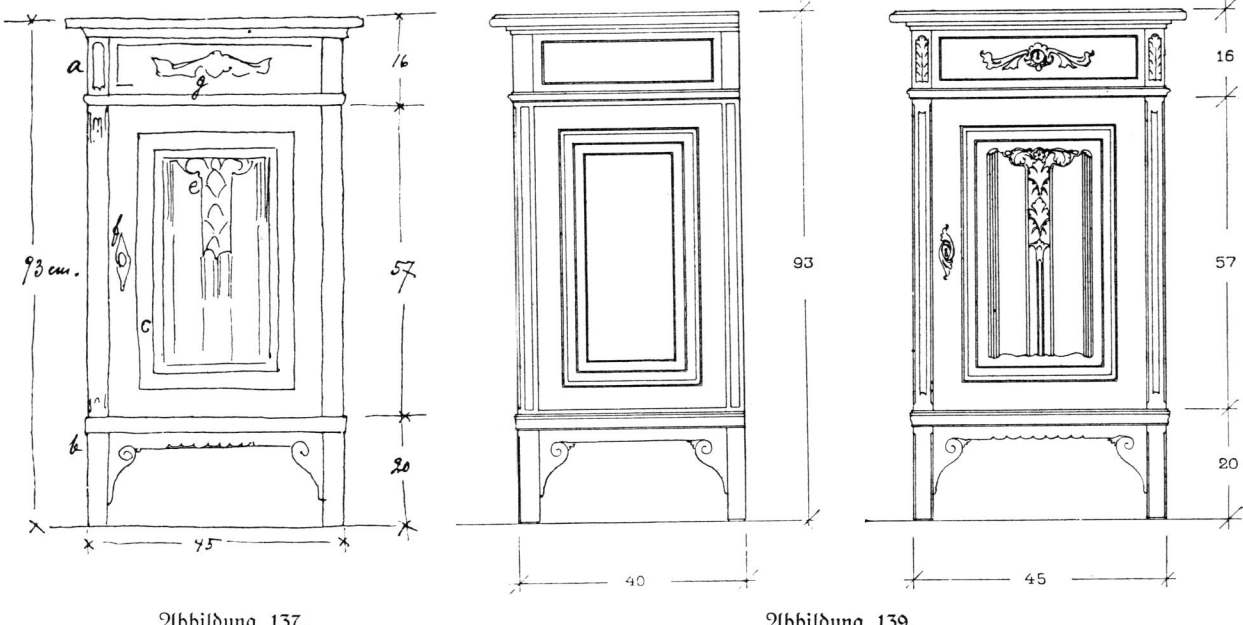

Abbildung 137.   Abbildung 139.

Abbildung 142 bis 144: Rokokoſtuhl in Nußbaum=
holz mit teilweiſer Vergoldung.

Die Aufnahme beginnt mit der Darſtellung des Grund=
riſſes oder des Aufriſſes. Angenommen, der Aufriß (B,
Abbildung 144) ſoll zuerſt dargeſtellt werden:

Zeichne die Mittellinie c u und die Grundlinie e f.

Bezeichne an den äußeren Ecken der Stuhlfüße und
der Stuhllehne Punkte gleicher Höhe vom Boden, zum
Beiſpiel n, n, r und r in der Höhe n v vom Boden.
Übertrage die Höhe n v = 129 Millimeter in den Auf=
riß, ziehe durch n eine Horizontale von entſprechender
Länge. Um nun den Aufriß der Punkte n und n, r
und r zu erhalten, meſſe am Stuhl (A) die Ent=
fernung n n und trage in B ½ n n in der Höhe von
129 Millimeter von der Mittellinie nach links und rechts
ab. Ebenſo beſtimme die Lage von r und r in B, und noch
eine genügende Anzahl weiterer Punkte, um den Aufriß
der Stuhlfüße und der Rücklehne zeichnen zu können.

Sind einzelne geſchweifte Füße auszumeſſen, ſo daß die
Maße alſo nicht von einer Mittellinie aus aufgetragen
werden können, ſo muß um dieſe Formen ein Netz von
Senkrechten (Lote) gebildet werden, um die Abweichungen
der geſchweiften Kanten von der ſenkrechten Richtung
genau meſſen zu können.

Der Grundriß der Stuhlzarge (C): Zeichne u d. Meſſe
die Entfernung g t (A) am Stuhl und übertrage das Maß
in den Grundriß. Übertrage die Entfernung g k in C
(k iſt der Schnittpunkt der Geraden l l und g t). Ziehe
durch k eine Horizontale. Meſſe die Entfernung l l (A)
und trage ½ l l auf der durch k gezogenen Geraden von k
aus nach beiden Seiten hin ab. Um weitere Punkte, zum
Beiſpiel h und h, zu beſtimmen, trage auf dem Stuhl
(Abbildung A) auf der Seitenzarge gleiche Strecken (l h)
von den Punkten l aus nach der Rücklehne zu ab. Ver=
binde die gleichliegenden Punkte durch die Gerade und
meſſe die rechtwinklige Entfernung dieſer Geraden
(h h) von g. Die Entfernung iſt gleich g i. Übertrage dann
das Maß g i in Abbildung C, ziehe horizontal durch i
eine Gerade und trage von i aus ½ h h nach beiden
Seiten hin ab.

Den Grundriß des Stuhlſitzes kann man auch dadurch
erhalten, daß der Stuhl an entſprechender Stelle auf das
horizontal liegende Zeichenbrett (Zeichenpapier) geſtellt
und an die zu beſtimmenden Punkte der Zarge ein Lot
gehalten wird, deſſen Spitze das Zeichenbrett (Zeichen=
papier) berührt. Siehe das Lot m m' (A).

Den Grundriß der Rücklehne (C) ſiehe A. Be=
ſtimme vermittels des Lots am Stuhl die Entfernung (Nei=
gung) t u. Übertrage die Entfernung t u in C. Beſtimme
ebenſo eine Reihe weiterer Punkte. — Der Grundriß
der Rücklehne kann auch mit Hilfe des Auf= und Seiten=
riſſes beſtimmt werden, das bedingt jedoch, daß dieſe
Riſſe vorliegen.

Der Seitenriß des Stuhles (D): Alle Höhenmaße
werden aus dem Aufriß B, alle Tiefenmaße aus dem
Grundriß C übertragen. Oder ſind dieſe Riſſe noch nicht
vorhanden, dann ſind die Maße am Stuhl zu nehmen.
Beſtimme die Projektion von g und t, dann die von l.
Danach vermittels des Lots v, n und andere Punkte des
Vorderfußes. Die Punkte des Hinterfußes beſtimme
ebenſo. Wenn die Projektion der Punkte n in D und E
(C) beſtimmt iſt, kann die Projektion der Punkte r noch
folgendermaßen beſtimmt werden: Meſſe am Stuhl die
Entfernungen n r und r r (A). Übertrage die Maße in
den Grundriß (C), ſiehe (E). Meſſe p q (E) und über=
trage dieſe Entfernung in D, trage ſie von n aus auf der
Horizontalen n r ab.

Der Seitenriß der Rücklehne kann zum Beiſpiel auch
beſtimmt werden, indem die Entfernung t u übertragen,
in u eine Senkrechte errichtet und t s gleich t s am
Stuhl (A) gemacht wird. Weitere Punkte können in
der vorher beſchriebenen Weiſe vermittels des Lots (Ab=
bildung F) beſtimmt werden, oder in folgender Weiſe:
Zum Beiſpiel die Projektion des Punktes w ſoll er=
mittelt werden. Lege am Stuhl an w w eine Gerade,
meſſe die rechtwinklige Entfernung dieſer Geraden von
der Mittellinie t s, gleich y x (F) und meſſe die Ent=
fernung von x bis s oder t. Übertrage x in den Seiten=
riß, lege durch x eine Senkrechte zu s t, trage auf dieſer
das Maß x y ab, und die Projektion von w iſt beſtimmt.

40

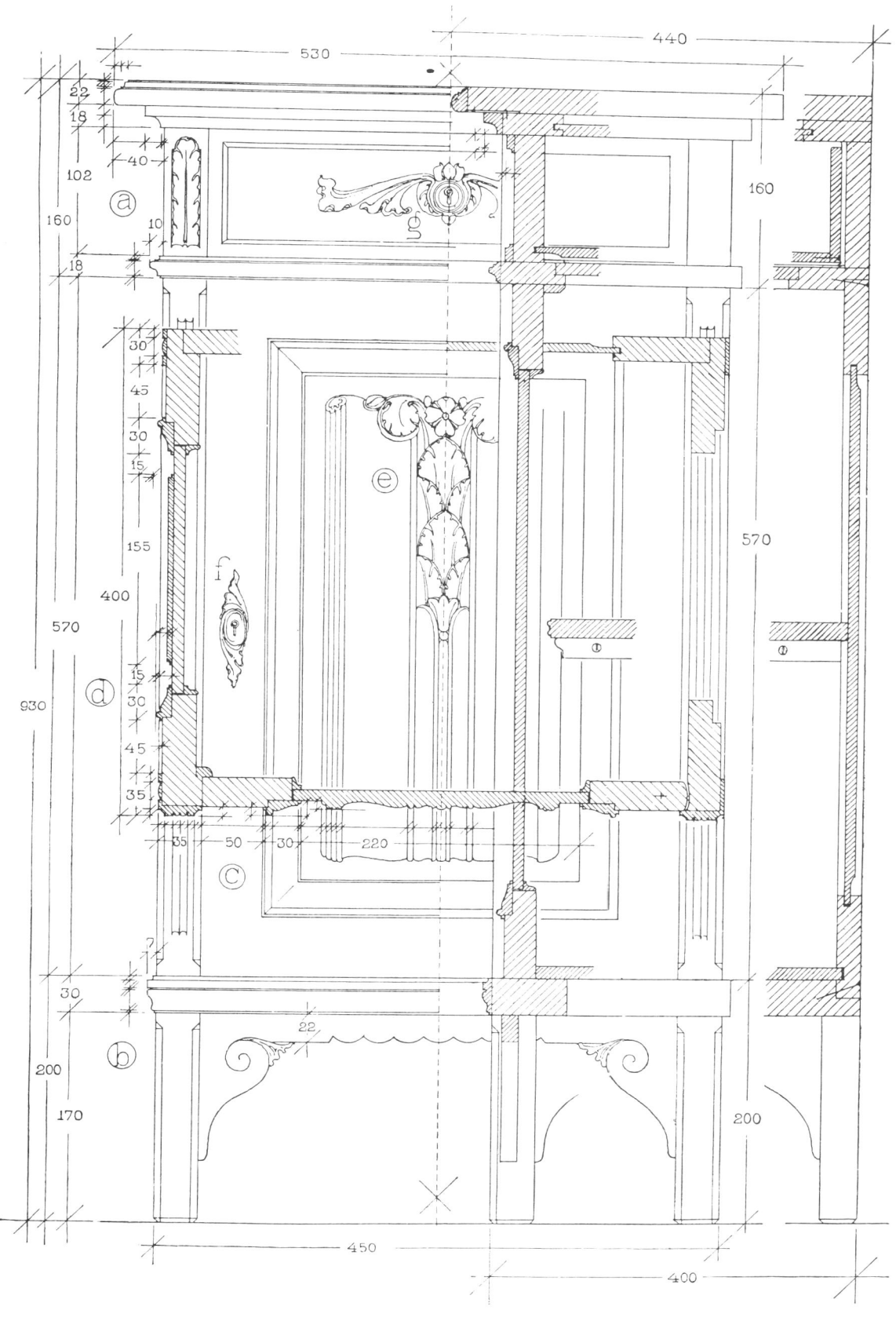

Abbildung 138.

41

Abbildung 140.

42

Schnitt ab

Schnitt ikl

Schnitt ef

Schnitt pq

Schnitt cd

Schnitt rs

Schnitt mno

A Blunck

Abbildung 141.

43

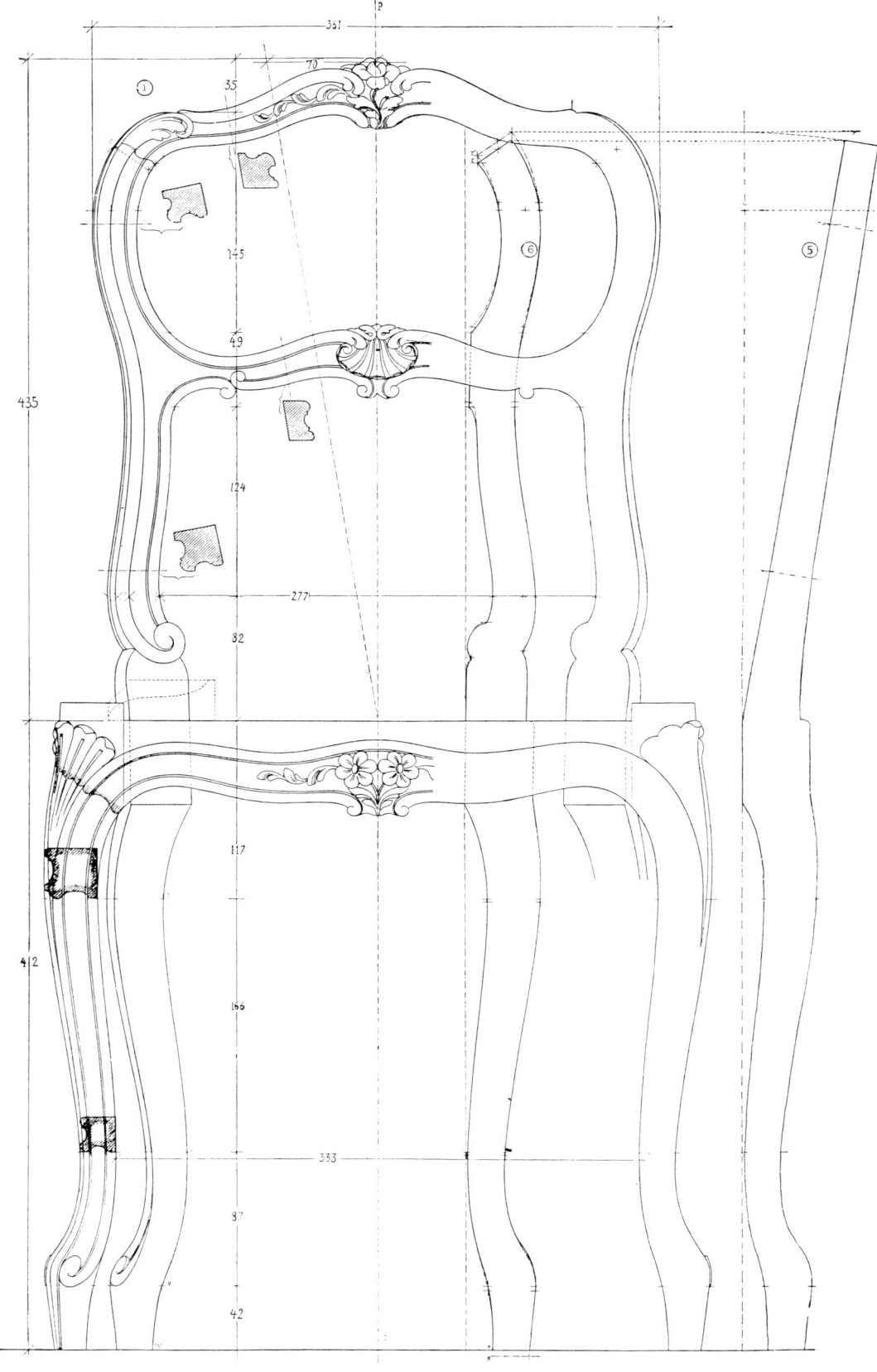

Abbildung 142.

44

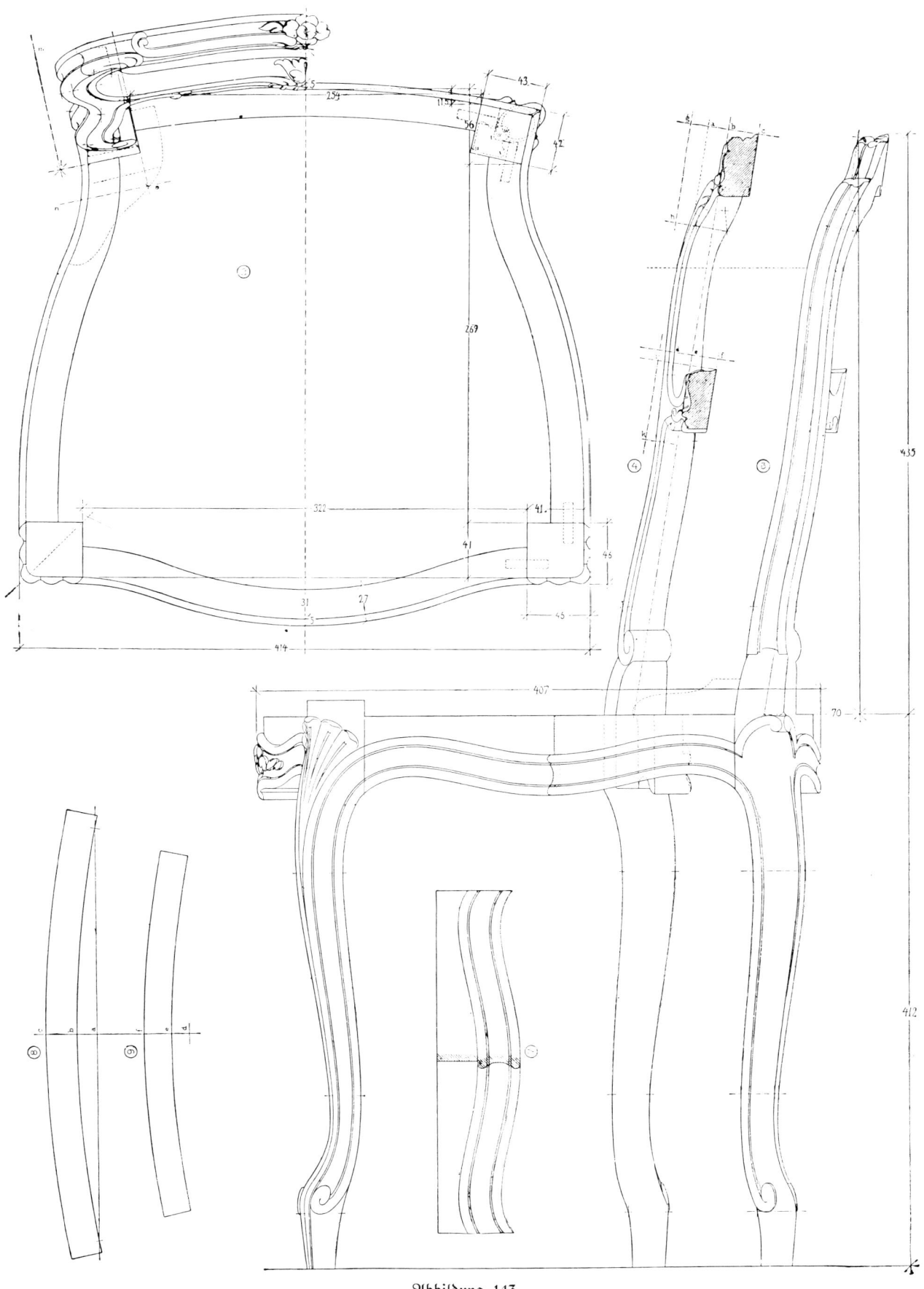

Abbildung 143.

45

Das Aufreißen der für die Bearbeitung des Holzes erforderlichen Schablonen nach einem fertigen Stuhl ist eine verhältnismäßig leichte Aufgabe. Kleine Brettchen werden in entsprechender Lage an die betreffenden Stuhlteile gelegt (gehalten) und die Form derselben mit dem Bleistift oder dem Spitzbohrer vorgerissen. In die Höhlungen und um Rundungen werden Furniere gebogen und auf diese die Formen gezeichnet. Das Ermitteln der Schablonen aus Auf= und Grundriß erfordert eine Kenntnis der darstellenden Geometrie. Diese Schablonen sind in den Abbildungen 142 und 143 gegeben. (⑤ und ⑥ Schablonen für den Hinterstollen, ⑦ hinteres Zargenstück, ⑧ Mittelstück der Rückenlehne, ⑨ Kopfstück der Rückenlehne). Die Ermittelung dieser Formen ist durch Abbildung 73, 75 und 80 erklärt. Die Abbildungen 142 und 143, Aufriß, Grundriß, Seitenriß, sind Verkleinerungen der fertigen Aufnahmen; die Aufnahmen als Werkzeichnung sind in der Größe des Stuhles gezeichnet.

Müssen die Nachbildungen mit größter Genauigkeit ausgeführt werden, so wird sich der Tischler in vielen Fällen noch Wachs= oder Tonabdrücke oder Gipsabgüsse von den Kehlungen und den wesentlichsten Ornamentschnitzereien beschaffen.

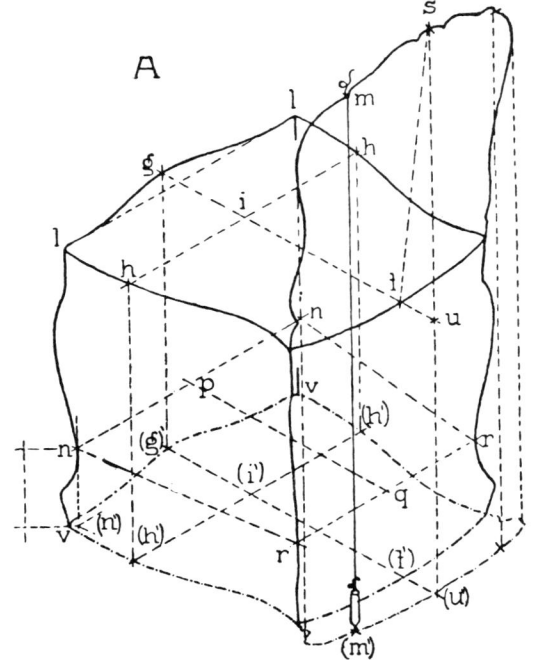

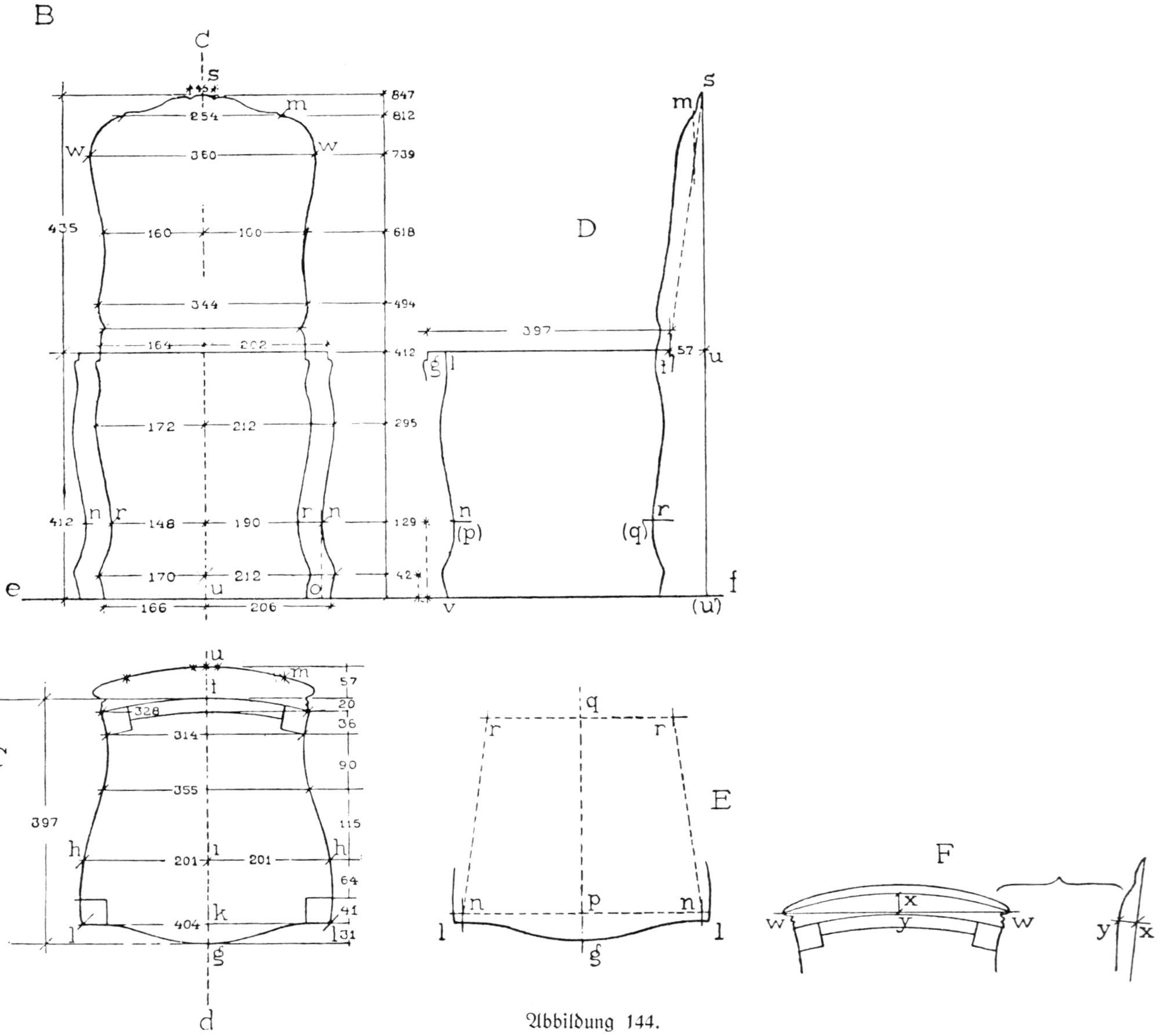

Abbildung 144.

46

TEIL II

DIE
KONSTRUKTION
UND DIE PRAKTISCHE
FORM

von

A. BLUNCK

Berlin 1932

Verlagsanstalt des Deutschen Holzarbeiter-Verbandes, G. m. b. H.
Berlin SO 16

Inhalt

1. Das Material .... Seite 1
2. Die Holzverbindungen .... „ 10
3. Das Furnieren .... „ 36
4. Das Polieren .... „ 42
5. Fußböden .... „ 44
6. Türen und Tore .... „ 49
7. Fenster .... „ 67
8. Tür= und Fensterläden.................. „ 87
9. Treppen............................ „ 95
10. Wandbekleidungen .... „ 117
11. Deckenbekleidungen .... „ 130
12. Sitzmöbel .... „ 139
13. Tische............................ „ 146
14. Betten — Bettgestelle .... „ 163
15. Kastenmöbel — Schränke................. „ 167
16. Spiegel .... „ 194

In diesem Teil des Buches, „Die Konstruktionslehre für Tischler", werden Richtlinien für die praktische Gestaltung der Bau= und Möbeltischlerarbeiten gegeben. Formen und Konstruktionen, die sich aus der praktischen Nutzung der Arbeiten, aus den Materialeigenschaften und der Technik ergeben, die empirisch entstanden sind, sich bewährt haben, werden erklärt, und auf Neues wird hingewiesen. Das sind Lehren zur Ergänzung der Werkstatt= lehre nach der Richtung der formgestaltenden Tätigkeit des selbständigen Tischlers, sie bilden mit den Teilen I und III dieses Buches ein Ganzes mit dem Ziel: zunächst das Verständnis für die praktischen Aufgaben des Tischlers zu wecken und zu leiten, und darüber hinaus dann den Blick auf die selbständige praktische und künstlerische Erfüllung der Aufgaben zu lenken und den Weg zur Erfüllung dieser Aufgaben zu zeigen.

1.
Das Material.

Das wesentlichste Material zur Herstellung von Möbel= und Bautischlerarbeiten aller Art ist das Holz. Neben diesem werden noch verwendet: Elfenbein, Schildpatt, Metalle, Leder, Zeug und anderes mehr zu Verzierungen; — Leim, Quark und Metalle (Nägel, Schrauben, Bänder usw.) als Bindemittel; — Beizen und Farbstoffe als Verschönerungs= oder Täuschungsmittel (um die Farbe des Holzes zu verändern, zu verschönern, oder um ein minderwertiges Holz in der Erscheinung einem wertvollen ähnlich zu machen); — Öl, Anstrichfarben, Wachs, Firnis, Schellack (Politur) zum Überziehen, zum Schutz und zur Verschönerung des Holzes — und noch eine Reihe anderer Materialien, die dem Zweck der Gegenstände entsprechen.

Die zweckgemäße Verwendung dieser Materialien für die Herstellung von nutzbaren Tischlerarbeiten bedingt die Kenntnis des Zweckes der Arbeiten, die Kenntnis der Eigenschaften der Materialien und deren Bearbeitung.

Da das Holz das wesentlichste Material zur Herstellung von Möbel und Bautischlerarbeiten ist, alle anderen vom Tischler zu verarbeitenden Materialien zur Verbindung des Holzes, zu Verzierungen, zur Verschönerung oder zum Schutz desselben dienen, so wird in den folgenden Erklärungen dieses Abschnittes in erster Linie auf die Eigenschaften des Holzes in bezug auf Formgebung und Konstruktion hingewiesen und nur in Verbindung damit auf die Eigenschaften und die Verbindung der anderen Materialien. Diese Erklärungen sollen die Werkstatt= lehre nicht ersetzen, sie sind nur ein Hinweis auf das, worauf beim Anfertigen der Fachzeichnungen geachtet werden muß, um brauchbare Zeichnungen und praktische, haltbare Formen und Konstruktionen zu entwerfen.

Das Holz.

Unter Holz verstehen wir hier den für Tischlerarbeiten nutzbaren Teil der Stämme hiesiger und ausländischer Bäume. Durchschneidet man einen Stamm rechtwinklig zu seiner Richtung, so zeigt die Schnittfläche die Dicke der für die Tischlerei unbrauchbaren Rinde und Holz von verschiedener Färbung und Härte. Das durch den Schnitt sichtbar gewordene Holz nennt man Hirnholz.

Das Hirnholz der meisten unserer Bäume zeigt, je nach seiner Art, mehr oder weniger sichtbare, schmälere oder breitere konzentrische Ringe: die Jahresringe (Jahres= linien) und Linien, die sich radienartig von der Mitte (dem Mark) zur Rinde hinziehen und verlaufen: die Mark= strahlen (Abbildung 1).

Die verschiedene Färbung des Holzes eines Stammes in, je nach der Holzart, mehr und minder bestimmt be= grenzten und verschieden breiten Zonen kennzeichnet die Entwicklung und Festigkeit des Holzes. Das hellere äußere, in der Farbe oft scharf getrennte Holz — der Splint, das Splintholz (Abbildung 2) — ist das weichste, jüngstgewachsene, noch nicht fertige Holz. Dann folgt, nach der Mitte des Stammes zu, das dunklere, festere, fertige Reifholz, vom Tischler kurzweg Holz genannt, und das das Mark (das Harz) des Baumes umschließende, dunkelste

Hölz, das Kern- oder Herzholz — das festeste, dichteste und älteste des Stammes.

Diese Entwicklung des Holzes ist aber nicht in gleich ausgeprägter Weise bei allen Baumarten vorhanden. Man unterscheidet nach der Holzbildung zwischen Reifholz-, Kernholz-, Splint- und Kernreifholzbäumen.

Bei den Kernholzbäumen geht der Splint fast unmittelbar in Kernholz über. Bei den Reifholzbäumen fehlt das eigentliche Kernholz. Bei den Splintbäumen fehlen Kern- und Reifholz, und nur die Kernreifholzbäume haben Kernholz, Reifholz und Splint in ausgeprägter Weise.

Kernholz und Splint sind nicht immer für die Tischlerei zu verwenden. Das erstere nicht, weil es starke Neigung zum Werfen und Reißen besitzt, das letztere nicht, weil es weich, schwammig und wenig dauerhaft ist.

Die Jahresringe entstehen durch das periodische, jährliche Wachsen. Die Jahreslinien kennzeichnen den Abschluß der Holzbildung einer Periode und bezeichnen durch ihre Entfernung voneinander den Zuwachs eines Jahres, den in einem Jahr gebildeten Holzring. Die Holzbildung beginnt im Frühjahr und schließt im Herbst ab und ist in diesen Jahreszeiten sehr verschieden. Das Herbstholz ist dichter, fester und dunkler gefärbt als das mehr poröse Frühjahrsholz.

Holz mit schmalen Jahresringen ist fester, härter als solches mit breiten. Man bezeichnet Holz mit breiten Jahresringen als grobjährig, mit schmalen Jahresringen als feinjährig.

Raschwachsende weiche Hölzer, wie Tanne und Fichte, zeigen deutliche Jahresringe; harte Hölzer, wie Eiche und Ahorn, zeigen weniger deutliche Jahresringe. Harte Hölzer haben meist dunklere Färbung und schwereres Gewicht als weiche.

Die Markstrahlen, die je nach der Holzart mehr oder weniger sichtbar sind, sich radienartig vom Mark zur Rinde hinziehen und verlaufen (Abbildung 1), bezeichnen die Richtung, nach der das Holz beim Trocknen und Schwinden gern reißt (Abbildung 3) und sich leicht spalten

läßt. Treten die Markstrahlen am bearbeiteten Holz mit ihrer Breitseite zutage, heißen sie der Spiegel und sind durch ihre Form ein charakteristisches Zeichen vieler Holzarten, wie zum Beispiel der Eichen und Buchen.

*

Das Holz — Splint, Reifholz, Kernholz — besteht aus einem Gewebe von Fasern, Röhren, Gefäßen, in denen der Nahrungsstoff — der Saft — aufsteigt und umläuft, solange der Baum lebt. Besonders im Splint ist viel Feuchtigkeit vorhanden. Nach dem Fällen des Holzes verdunsten allmählich die wässerigen Bestandteile des Saftes, die anderen Teile bleiben in den Holzzellen zurück und bewirken infolge ihrer hygroskopischen Eigenschaft das Arbeiten des Holzes — das Schwinden, Werfen, Reißen und Quellen (siehe Seite 4 und 5).

Holz mit geraden, parallel laufenden Fasern nennt man schlicht, solches mit gebogenen, gewellten, verschlungenen Fasern geflammt oder gemasert.

Nach der Faserstärke unterscheidet man grob- und feinfaserige Hölzer; nach der Dichtigkeit harte, mittelharte und weiche Hölzer. So zum Beispiel liefern Eiche, Buche, Ahorn hartes — Birke, Kiefer mittelhartes — Pappel, Kastanie weiches Holz.

Ferner bezeichnet man noch das Holz und seine Flächen nach der Flächenrichtung zur Faserrichtung mit: Hirnholz, Langholz oder Querholz. Hirnholz ist das rechtwinklig zur Faserrichtung geschnittene Holz, Langholz und Querholz sind parallel zur Faserrichtung geschnitten; die Querholzfläche zieht quer zur Faserrichtung, und die Langholzfläche zieht mit der Faserrichtung (Abbildung 4).

*

Die Eigenschaften des Holzes lassen sich in ihrer Gesamtheit als Vorzüge und Mängel bezeichnen.

Zu den Vorzügen gehören:

1. die große Widerstandsfähigkeit gegen den senkrecht auf seinen Querschnitt gerichteten Druck (rückwirkende Festigkeit),

2. die bedeutende relative Festigkeit (Festigkeit gegen Bruch) und Zähigkeit,

3. die absolute Festigkeit (Festigkeit gegen Zug), verbunden mit dem zähen Zusammenhalten seiner Masse, stereotomischer Bildsamkeit und der Leichtigkeit des Stoffes,

4. die Teilbarkeit in beliebig dünne Bretter und Brettchen.

Das erste hat zur Folge, daß bei Verwendung des Holzes zu Unterstützungen schlanke Verhältnisse möglich sind. Überschlanke Verhältnisse erfordern aber, um dem seitlichen Ausbiegen der Stützen unter der Last zu begegnen, Zwischenverbindungen durch Streben, Winkelbänder und dergleichen (Abbildung 5). Das zweite erlaubt, bei senkrecht auf die Richtung der Faser gerichtetem Druck, weite Abstände der diesem entgegenwirkenden Stützen (Weitsäuligkeit), also entsprechende Leichtigkeit der Rahmenhölzer, Platten, Füllungen usw. bei genügender Sicherheit gegen das Einbiegen unter dem Einfluß des eigenen Gewichtes und der äußeren Belastung (Abbildung 6). Das dritte erleichtert das Verbinden und das Aufhängen von Bauteilen und macht den Stoff für bildnerische Zwecke geeignet (Abbildung 7). Und durch das letzte, seine Teilbarkeit in Bretter und Brettchen, wird es besonders brauchbar für Bekleidungen aller Art.

(Zur Beurteilung der großen Teilbarkeit siehe die Messerfurniere von ½ Millimeter Dicke und weniger.)

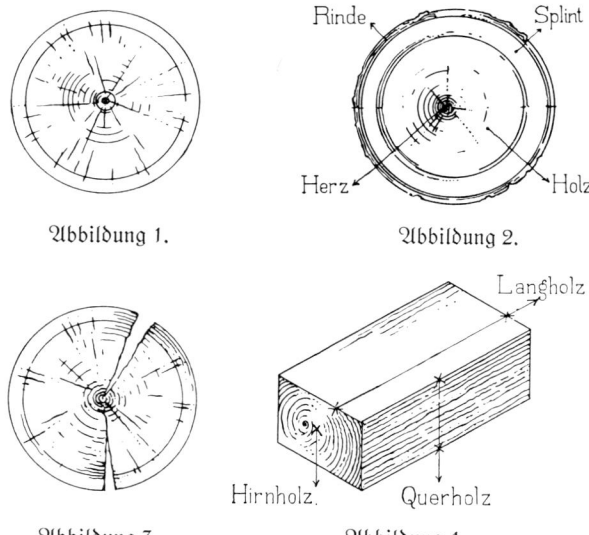

Abbildung 1.   Abbildung 2.

Rinde   Splint
Herz   Holz

Abbildung 3.   Abbildung 4.

Langholz
Hirnholz   Querholz

Abbildung 1 bis 3: Stammquerschnitte.
Abbildung 4: Die Bezeichnung des Holzes.

2

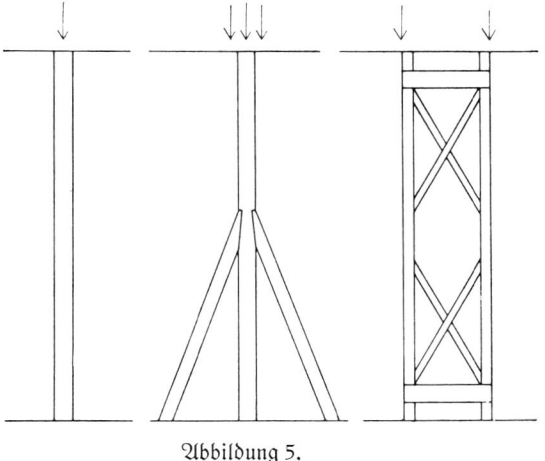

Abbildung 5.

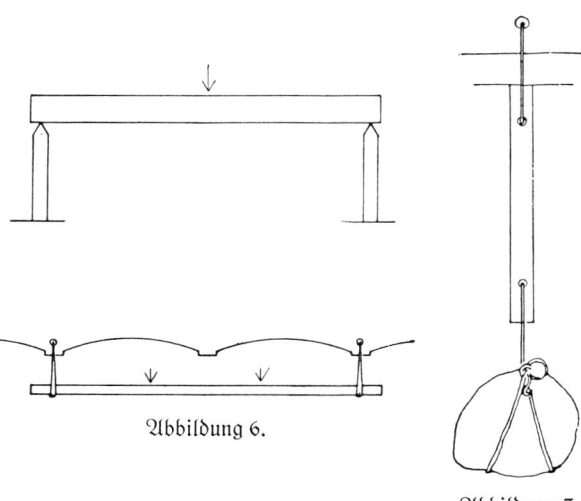

Abbildung 6.

Abbildung 7.

Diesen Vorzügen des Holzes stehen als Mängel gegen=
über:

1. die geringe Dauer,

2. die faserige Beschaffenheit seiner nicht in allen Teilen
gleichen Maße und

3. seine hygroskopische Eigenschaft und das dadurch be=
wirkte Schwinden, Werfen, Reißen und Quellen.

Die faserige Beschaffenheit verbietet ein ungeschicktes
Durchschneiden der Faser, sobald die Masse in der ihr da=
durch gegebenen Form noch widerstandsfähig gegen eigene
Schwere und äußeren Druck bleiben soll. Zum Beispiel
ein nach Abbildung 8 geschnittenes Holzstück ist als Stütze
wenig geeignet, weil der Teil c d aus kurzfaserigem Holz
besteht und aus diesem Grunde in nur geringem Maße
einem Druck auf e in der Richtung f g Widerstand leisten
kann, also auch nur in geringem Maße stützen kann.
Anders ist es, wenn zu solcher Stütze ein Stück Holz ver=
wendet wird, das krumm gewachsen, gebogen oder aus
Dickten verleimt ist, dann kann es auch in dieser Form
tragen, weil die Fasern nicht kurz durchschnitten werden
müssen (Abbildung 9).

Die hygroskopische Eigenschaft des Holzes (die Eigen=
schaft, Feuchtigkeit abzugeben oder aufzunehmen) veranlaßt
das sogenannte Arbeiten — das Schwinden, Werfen,
Drehen, Quellen und Reißen.

Durch das Arbeiten des Holzes wird eine Formveränderung
rung — Volumenveränderung — bewirkt. Je nachdem

das Holz Wasser abgibt oder aufnimmt, wird sein Volumen
kleiner oder größer, es schwindet oder quillt. Das Werfen
und Drehen des Holzes sind Folgen des Schwindens oder
Quellens, das Reißen ist eine Folge des Schwindens.

Das Schwinden. Das Holz schwindet in all
seinen Teilen und Ausdehnungen nicht gleichmäßig. Das
Schwinden des Holzes quer zur Faserrichtung ist bedeutend
und muß stets bei Tischlerarbeiten berücksichtigt werden.
In der Richtung der Faser ist das Schwinden so gering,
daß es der Tischler unbeachtet lassen kann. Junges Holz,
der Splint, schwindet mehr als das ältere Reifholz und
dieses wieder mehr als das Kernholz. Folgen des ver=
schiedenen Schwindens von Splint=, Reif= und Kernholz
bei Stämmen und bei bearbeitetem Holz sind das Reißen
(Abbildung 10a und 11), das Werfen (Abbildung 10b
und 10c) und das Drehen, das Windschiefwerden (Ab=
bildung 10c). Letzteres, das Werfen und Drehen, macht
sich besonders bei Hölzern mit schräg durchschnittenen
Faserbündeln und Jahresringen bemerkbar.

Hölzer mit spiralförmig gewundenen, welligen oder ver=
schlungenen Faserbündeln haben größere Neigung zum
Werfen und Drehen als schlichtes Holz. (In geringem
Maße ist jedes, auch gerades, schlichtes Holz zum Drehen
geneigt, weil auch geradgewachsenes Holz aus leicht spiral=
förmig gewundenen Faserbündeln besteht.)

Starkes Holz, Stammholz, bekommt durch das Schwinden
an der Oberfläche Risse, weil das äußere, jüngere Holz
mehr schwindet als das Kernholz (Abbildung 11). Herz=
bretter — Bretter, die aus der Mitte des Stammes
geschnitten sind (c Abbildung 12) — reißen im Kern (Ab=
bildung 10a), haben aber die wenigste Neigung zum
Werfen (Abbildung 13). Seitenbretter (b Abbildung 12)
werfen sich, die Splintseite wird hohl, weil das Holz dieser
Seite mehr schwindet als das der anderen, der Kernseite
(Abbildung 14 und 15). Die Schnittflächen des Holzes
von halbierten und geviertelten Stämmen werden rund
(Abbildung 16), das Kreuzholz (Abbildung 16) reißt nicht.
Bretter= und Balkenholz mit zur Längsrichtung schräg
durchschnittenen Fasern wirft und dreht sich; die Flächen
dieses Holzes werden windschief (Abbildung 10c).

Gefälltes Holz schwindet, reißt, wirft und dreht sich so
lange, bis sein Feuchtigkeitsgehalt sich der ihn umgebenden
Luft angepaßt hat. Dann hört die Formveränderung durch
das Schwinden so lange auf, wie das Holz sich in derselben
Luft befindet — das Holz steht.

Eine Veränderung des Feuchtigkeitsgehaltes der das
Holz umgebenden Luft bewirkt, je nachdem er geringer
oder größer wird, ein weiteres Schwinden — Nach=
trocknen — oder Quellen.

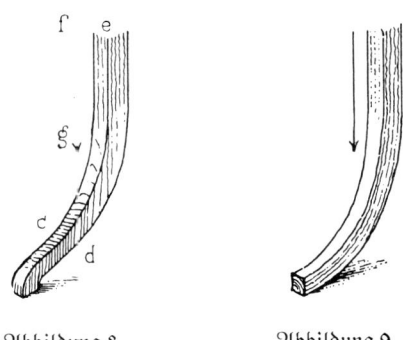

Abbildung 8.   Abbildung 9.

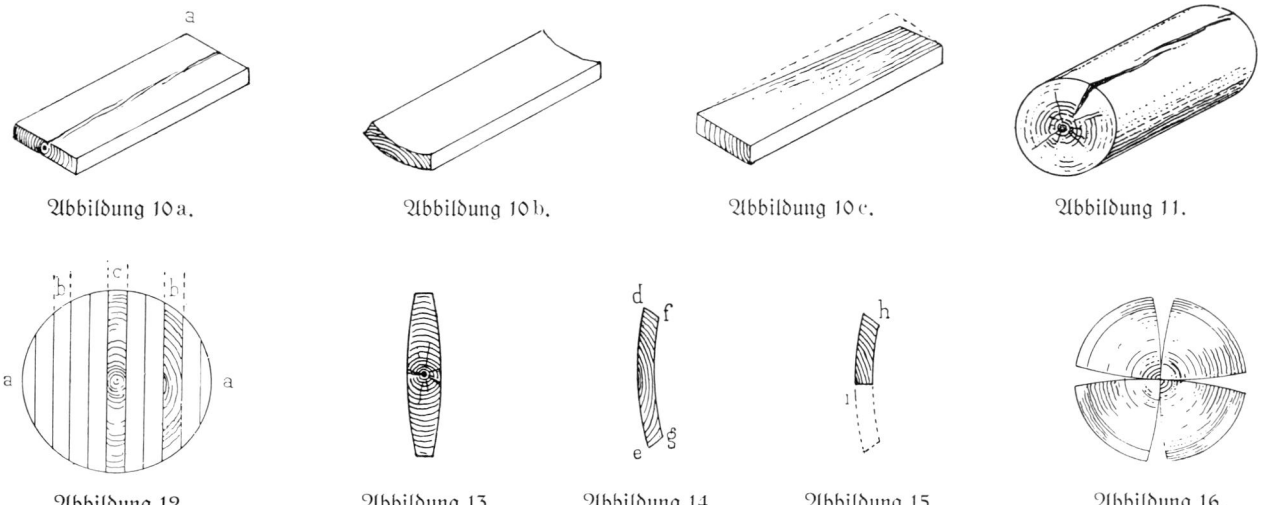

Abbildung 10a.   Abbildung 10b.   Abbildung 10c.   Abbildung 11.

Abbildung 12.   Abbildung 13.   Abbildung 14.   Abbildung 15.   Abbildung 16.

Abbildung 10 bis 16: Die Formveränderung des Holzes durch das Schwinden (Trocknen).

Das Quellen entsteht durch Aufsaugen von Feuchtigkeit und bewirkt eine Volumenvergrößerung des Holzes, es dehnt sich in derselben Weise aus, wie es durch das Schwinden zusammengeschrumpft ist. Es dreht und wirft sich wieder wie vorher beim Schwinden, nur in entgegengesetzter Richtung.

Je mehr nun ein Holz vorher in trockener Luft gedörrt ist, desto begieriger saugt es aus der feuchteren Luft Wasser auf. Ein Holz, das beim Schwinden viel an Volumen verliert, beim Quellen viel gewinnt, arbeitet stark, danach unterscheidet man stark und schwach arbeitende Hölzer. Schwinden und Quellen finden ununterbrochen, auch bei altem, lange gelagertem Holz, nach jedem Temperaturwechsel statt, nur daß die Stärke des Arbeitens mit zunehmendem Alter abnimmt. Harte Holzarten arbeiten im allgemeinen weniger als weiche.

Wird den Bestandteilen des Holzes, die das Arbeiten bewirken, die hygroskopische Eigenschaft auf natürlichem oder künstlichem Wege genommen, so arbeitet das Holz nicht mehr, es ist tot (totes Holz). Das Holz hat aber dadurch an Zusammenhalt verloren.

Wird das immer mögliche Arbeiten des Holzes bei der Formgebung und der Konstruktion der Gegenstände nicht genügend beachtet, so ist die Folge: Formveränderung — Reißen des Holzes — Sprengen der Konstruktion — also alles Umstände, wodurch Möbel- und Bautischlerarbeiten für ihren Zweck unbrauchbar werden können.

Bei der Verarbeitung des Holzes zu Möbel- und Bautischlerarbeiten ist mithin zu beachten:

1. Das Holz soll so trocken sein, wie es der Zweck des Gegenstandes verlangt; zum Beispiel ein vollständig ausgetrocknetes Holz zu einem Fensterrahmen zu verwenden, wäre unrichtig, weil das Holz durch die Berührung mit dem Mauerwerk und der Außenluft sofort Feuchtigkeit aufnehmen und quellen würde, vielleicht so viel, daß die Fensterflügel nicht zu öffnen sein würden. Ein nicht ganz trockenes Holz für einen Gegenstand zu nehmen, der in der Nähe eines Ofens seinen Platz haben soll, würde ebenso unangenehme Folgen haben, das Holz würde nachtrocknen, vielleicht reißen und der Gegenstand unbrauchbar werden.

2. Müssen mehrere Hölzer miteinander verbunden werden, oder müssen Hölzer an andere Stoffe befestigt werden, so ist die Verbindung derart auszuführen, daß, wenn ein Arbeiten des Holzes nicht zu verhindern, aber zu erwarten ist, solches unbeschadet der Festigkeit der Verbindung und ohne nachteilige Folgen für die Form vor sich gehen kann.

3. Müssen die dem Holz gegebenen Formen seinen Eigenschaften und dem Zweck seiner Verwendung entsprechen.

Die erste Forderung hat der Praktiker bei der Auswahl des Rohstoffes und seiner Behandlung während der Verarbeitung zu erfüllen, die zweite und dritte Forderung ist durch die Wahl zweckentsprechender Konstruktion und Form zu erledigen.

*

Die Form des Holzes als Rohmaterial für den Tischler. Das Holz, das der Tischler braucht, ist in verschiedener Form im Handel: in mehr oder minder langen, dicken oder dünnen Stämmen, in mehr oder minder großen Blöcken (zum Beispiel Maserhölzer, Mahagoni, Palisander) und als sogenannte Schnittware: in Balken-, Rahmenschenkel-, Bohlen-, Brett-, Latten- und Furnierform.

Der Tischler verarbeitet das Holz nicht direkt vom Stamm oder Block, sondern der Stamm und der Block werden durch Schneiden in Dickten (Bohlen, Bretter, Furniere usw.) zerlegt, und erst nachdem das so geschnittene Holz längere Zeit gelagert und in Trockenkammern gelegen hat, genügend getrocknet ist, kommt es zur weiteren Verarbeitung in die Werkstatt.

Der Tischler und der Zeichner, beide müssen über die im Handel erhältlichen Holzarten, über die Form und Güte, in der sie zu haben sind, unterrichtet sein; der Zeichner, um die Ausführung seines Entwurfes nach Möglichkeit zu erleichtern und um nicht unmögliche Konstruktion zu verlangen; der Tischler, um das passendste Rohmaterial für seine Arbeiten beschaffen zu können. Je weniger Arbeit auf die Herstellung eines Gegenstandes verwendet werden darf, desto mehr sind die Maße,

4

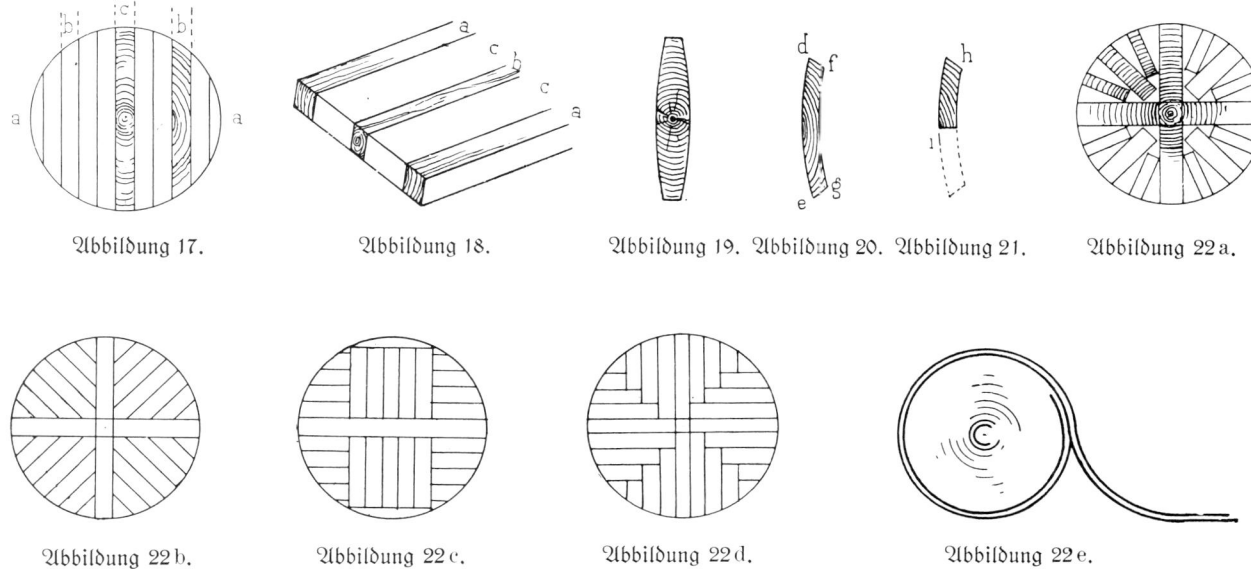

Abbildung 17. Abbildung 18. Abbildung 19. Abbildung 20. Abbildung 21. Abbildung 22a.

Abbildung 22b. Abbildung 22c. Abbildung 22d. Abbildung 22e.

Abbildung 17 bis 22: Verschiedene Schnittarten des Holzes.

namentlich die Dickten der vorhandenen Schnittware, bei der Ausarbeitung der Entwürfe zu berücksichtigen, damit möglichst wenig geschnitten, gehobelt und verleimt werden muß.

Für das Schneiden des Holzes haben sich aus der Praxis heraus Formen gebildet, die dem allgemeinen Bedarf sowie der Beschaffenheit und dem Wert der verschiedenen Holzarten entsprechen.

Das geschnittene Holz wird nach seiner Stärke und Form als Balken=, Bohlen=, Dielen=, Brettholz, als Rahmenschenkel, Latten, Kantel, Furnier bezeichnet.

Balkenholz ist starkes Bauholz, über 100 Millimeter stark; Bohlen sind Platten von mehr als 50 Millimeter Stärke; Bretter sind unter 30 Millimeter stark. Für Holz — Brett= oder Bohlenholz — zwischen 30 und 50 Millimeter Stärke werden die Bezeichnungen Brett, Diele, Bohle gebraucht. In einzelnen Bezirken Deutschlands gilt die Bezeichnung Diele sowohl für Brett= als auch für Bohlenholz.

Mit der Bezeichnung Brett, Bohle usw. ist also nur annähernd die Stärke eines Holzes gegeben, zur genaueren Bestimmung muß die Stärke des Holzes in Millimetern oder Zentimetern hinzugefügt werden, z. B. 20 Millimeter Brett, 52 Millimeter Bohle.

Das zumeist verarbeitete Brett= und Bohlenholz hat Stärken von 13, 16, 19, 22, 26, 32, 36, 45, 52 Millimeter. In neuerer Zeit wird das Holz auch in Dickten von 10, 15, 20, 25, 30, 35, 40, 45, 50 Millimeter gehandelt.

Furniere sind dünne Brettchen zwischen 5 Millimeter und ½ Millimeter Stärke. Die dünneren Furniere werden mit dem Messer geschnitten, die stärkeren mit der Säge. Man unterscheidet danach zwischen Sägefurnier von 5 bis 1 Millimeter Stärke und Messerfurnier von 1 bis ½ Millimeter Stärke.

Nur schlichtes Holz ist mit dem Messer zu schneiden oder zu schälen. Furniere aus flammigen Hölzern oder Maserhölzern werden mit der Säge geschnitten.

Als Rahmenschenkel bezeichnet man schwache Balkenhölzer, im Querschnitt 4×5, 4×6, 7×7, 7×9, 9×9, 9×12 Zentimeter stark.

Kantel sind kurze Hölzer mit ähnlichem Querschnitt wie Rahmenschenkel.

*

Der technische Wert der Bretter und Bohlen gleicher Holzart und Stärke ist abhängig von der Weise, wie sie aus dem Stamme geschnitten sind. Selbst die Bretter eines Stammes können sehr verschiedenartig sein.

Wird zum Beispiel ein Kiefernstamm nach Abbildung 17 geschnitten, so ist ein sogenanntes bestes Brett vorhanden, das Mittelbrett oder Herzbrett (c). Dieses hat von allen Brettern des Stammes die wenigste Neigung zum Werfen, besitzt den wenigsten Splint. Der Splint wird bei der Verarbeitung des Brettes abgeschnitten und der Kern ausgeschnitten (Abbildung 18, a Splint, b Kern, c Holz).

Durch das Schwinden des Holzes werden die Flächen des Mittelbrettes schwach rund (Abbildung 19), die der Seitenbretter (b Abbildung 17) aber rund oder hohl (Abbildung 20). Den geringsten Wert haben die beiden Bretter, die Schalbretter (a Abbildung 17), sie haben das loseste Holz, den meisten Splint. An den Seitenbrettern unterscheidet man Kernseite und Splintseite, an halben Brettern außerdem noch Kernkante und Splintkante (Abbildung 21).

Durch die Schnittweise (Abbildung 22a) lassen sich annähernd gleichwertige Bretter aus einem Stamme schneiden. Aber auch nur annähernd, weil selbst in ein und demselben Stamme das Holz der Nordseite fester ist als das der Südseite. (Vgl. Abbildung 22a bis d; Abbildung 22e geschältes Holz.)

Abbildung 20: d e Kernseite, f g Splintseite.

Abbildung 21: i Kernkante, h Splintkante.

Die besondere Verwendung der verschiedenen Holzarten ist von der Beschaffenheit des Stoffes und dem Zweck abhängig.

Ein Holz, das nur in kurzen Blöcken im Handel zu haben ist, muß anders verwendet werden als eines, das in langen Stämmen zur Verfügung steht.

Weiche Hölzer eignen sich nicht für Zwecke, wo großer Widerstand gegen Druck- und Reibung zu leisten ist; sie eignen sich im allgemeinen auch nicht für die Verwendung an feuchten Orten, weil ihre Widerstandsfähigkeit gegen Fäulniskeime gering ist. Weiches, gleichmäßiges, wenig arbeitendes Holz eignet sich dahingegen vorzüglich zu Blindfurnieren (Seite 41), zu Schnitzwerk und vielen anderen Dingen an Orten mit gleichmäßig trockener Luft.

Maserhölzer zum Beispiel sind in Längen von mehreren Metern nicht vorhanden; auch besitzt das Holz, massiv verwendet, infolge seiner vielfach verschlungenen Fasern und ungleichen Beschaffenheit seiner Masse große Neigung zum Werfen, Drehen und Reißen, alles Eigenschaften, die eine konstruktive Verwendung dieser Holzarten fast ganz ausschließen. Die Maserhölzer eignen sich aber bei richtiger Behandlung ihrer Oberfläche — glatte, glänzende Flächen — durch ihre Zeichnung und das Farbenspiel ihrer Faser vorzüglich als dekoratives Material, wenn sie in dünnen Plättchen — Furnieren — einem anderen Holze, dem Blindholz, das konstruktive Eigenschaften besitzt, aufgeleimt werden.

Wieder andere Hölzer, die sich sehr wohl für konstruktive Zwecke eignen, werden ebenfalls fast ausschließlich in Furnierform verarbeitet, weil sie ihrer schönen Faserzeichnung und Farbe wegen sehr begehrt sind, aber ihres langsamen Wachsens, der Umständlichkeit des Herbeischaffens oder der kleinen Quantitäten wegen, in denen sie sich im Handel befinden, sehr hoch im Preise und als massiv zu verarbeitendes Material daher zu teuer sind.

Fast alle in- und ausländischen Hölzer liefern für den Tischler ein benutzbares Material. Verwendet werden jedoch, schon der Billigkeit wegen, am meisten die einheimischen.

Nur wenige der Holzarten kommen zurzeit für die Bautischlerei in Betracht: Tanne, Kiefer, Fichte, Eiche, Buche; ferner Nußbaum, Erle, Linde, Pappel, Roßkastanie, Lärche, Ahorn, Zeder, Mahagoni, Palisander, Amarant, Ebenholz. Die letzten Arten werden aber fast nur für reiche Ausstattungen von Innenräumen und für die Parkettfabrikation verarbeitet.

Die Möbeltischlerei verwendet alle Holzarten, die meisten davon allerdings nur als Zierhölzer. Sie verwendet aber ebenfalls zumeist dieselben Hölzer wie die Bautischlerei. Doch ist die Art der Verwendung auf beiden Gebieten eine ungleiche. Die Möbeltischlerei verarbeitet Tannen-, Fichten- und Kiefernholz fast nur für die einfachsten und billigsten Möbel oder als Blindholz, das mit einem wertvolleren Holz (Edelholz) beleimt wird, während die Bautischlerei alle Hölzer fast nur massiv verarbeitet.

Die Bautischlerei bevorzugt für bessere Arbeiten das Eichenholz, während die Möbeltischlerei für bessere Arbeiten Eichen-, Nußbaum- und Mahagoniholz so ziemlich in gleichem Maße verwendet. Für die Bevorzugung des einen oder anderen Holzes sind übrigens nicht immer die Eigenschaften des Stoffes und die Preislagen allein bestimmend, die Mode — der jeweils herrschende Geschmack — übt ihren Einfluß.

Die folgenden Tabellen geben eine Übersicht über die zumeist zur Verarbeitung kommenden Holzarten und deren wichtigste Eigenschaften.

Name der Holzart	Baumart	Farbe	Härtegrad	Schwindung	Sonstige Eigenschaften	Bemerkungen
Tanne, Edeltanne, Weißtanne (Abies pectinara D. C.)	Reifholzbaum mit breitem Splint, ausgeprägten Jahresringen	Weißlich bis hellgelb, glänzend	Weich	Gering	Fast harzfrei, leicht, grob, elastisch	Für einfache Möbel
Fichte, Rottanne (Abies excelsa D. C.)	Reifholzbaum, Jahresringe weniger hart als die der Tanne	Gelblichweiß oder rötlich-weiß, glänzend	Weich	Gering	Leicht, grob, elastisch, nicht so harzarm wie Tannenholz	Für einfache Möbel und als Blindholz
Kiefer (Föhre), gemeine Kiefer, Weißkiefer (Pinus silvestris L.) Schwarzkiefer (Pinus austriaca Host.) Weimutskiefer (Pinus strobus L.)	Kernholzbäume mit breitem Splint	Gelbrot oder braunrot, rötlich	Weich	Gering	Leicht, grob, harzreich, dauerhaft	Für Bautischlerarbeiten und für Möbel im Freien, Weißkiefernholz für Blindholz geeignet
Eiche, Sommereiche (Quercus robur L.) Wintereiche, Steineiche (Quercus sessiliflora Salisb.)	Kernholzbäume mit scharf getrenntem Splint, gleichmäßigen Jahresringen, bek. charakt. Markstrahlenspiegel	Gelb oder gelbbraun	Hart	Gering	Schwer, elastisch, leicht spaltbar, großporig, dauerhaft, starke Neigung zum Werfen vorhanden	
Nußbaum, Walnußbaum (Juglans regia L.)	Kernholzbäume mit scharf begrenzten Jahresringen	Graubraun und dunkelbraun, schwärzlich genäßlert	Mittelhart	Stark schwindend	Mäßig schwer, zäh, elastisch, großporig	Gut zu polieren
Ahorn, Bergahorn (Acer pseudo-platanus L.) Spitzahorn (Acer platanoides L.)	Splintbäume mit wenig ausgesprochenen Jahresringen	Weißlich oder gelblich, glänzend	Hart	Gering	Mittelschwer, fein, elastisch	Schwarz gebeizt als Ersatz für Ebenholz, gut zu polieren
Buche, Rotbuche (Fagus silvatica L.)	Reifholzbaum ohne Kern, Jahresringe sichtbar, Markstrahlenspiegel	Rötlich oder rötlichbraun	Hart	Stark schwindend	Mittelschwer, fest, grob, elastisch, dauerhaft	Arbeitet stark, starke Neigung zum Werfen vorhanden
Linde, Steinlinde, Winterlinde (Tilia parvifolia Ehrh.) Sommerlinde (Tilia grandifolia Ehrh.)	Reifholzbäume mit breitem Splint, Jahresringe sichtbar	Rötlichweiß	Weich	Wenig schwindend	Leicht, elastisch	Gutes Blindholz, gut zu schnitzen
Esche (Fraxinus excelsior L.)	Kernholzbaum mit Reifholz und Splint, Jahresringe deutlich sichtbar	Weißlichgelb, im Kern braun, braune Jahresringe	Hart	Mittel	Mittelschwer, fest, sehr zäh und elastisch, grob, großporig	Schön gefladert
Erle, Eller, Else, Schwarzerle, Roterle (Alnus glutinosa Gaert.) Weißerle, Grauerle (Alnus incana D. C.)	Splintbäume mit breiten Jahresringen	Hellweißlich, rötlich-hellbraun		Mittel	Leicht, grob, leicht brüchig, im Trocknen nicht dauerhaft	

Name der Holzart	Baumart	Farbe	Härtegrad	Schwindung	Sonstige Eigenschaften	Bemerkungen
Birke (Betula alba L.)	Splintbaum	Hell, graurötlich	Weich	Mittel	Leicht, fein, zäh, stark arbeitend, wenig dauerhaft	
Ulme, Rüster, gemeine Ulme, Feldulme (Ulmus campestris L.); Flatterulme, Bergulme (Ulmus effusa L.); Rotulme, Korkulme (Ulmus suberosa Ehrh.)	Reifholzbäume mit breitem Splint	Rötlich, braun, braunrot	Mittelhart	Mittel	Mittelschwer, grob, zäh, dauerhaft	
Pappel, Waldpappel, kanadische Pappel (Populus canadensis Mönch); Silberpappel, Weißpappel (Populus alba L.); Schwarzpappel (Populus nigra L.); Zitterpappel, Espe (Populus tremula L.); Pyramidenpappel, ital. Pappel, Chaussee-pappel (Populus pyramidalis Rozier)	Teils Splint-, teils Kern-bäume ohne aus-gesprochene Jahresringe	Weiß, gelblichweiß, grauweiß	Weich	Wenig schwindend	Leicht, schwammig, porös, wenig arbeitend, nur im Trocknen haltbar	Vorzügliches Blindholz
Roßkastanie (Aesculus Hippocastanum L.)		Gelblichweiß	Weich	Mittel	Leicht, schwammig	Gut als Blindholz
Tulpenbaum, gelbe Pappel, Weißholz-baum (Whitewood) (Liriodendron tulipifera L.)	Kernreifholzbaum mit breitem Splint	Weiß, gelbgrün, braun	Weich	Mittel	Leicht biegsam	Gut als Blindholz
Birnbaum (Pirus communis L.)	Reifholzbaum, Jahresringe sichtbar	Rötlich, rotbraun	Mittelhart	Mittel	Ziemlich schwer, dicht, fein, gleichmäßig, im Trocknen dauerhaft	
Olivenbaum, Ölbaum (Olea europaea L.)	Kernbaum mit unkenntlichen Jahresringen	Gelblich, lederfarben	Hart		Schwer, fein, gleichmäßig	
Pitchpine, amerik. Kiefer, Pechkiefer (Pinus regida Milla oder Pinus australis Mich.)	Kernholzbaum	Gelb, Jahresringe rotbraun			Harzreich	

Holzart	Farbe	Sonstige Eigenschaften
Apfelbaum..............	Braun, Splint hellrot	Das Holz ist ähnlich dem Birnbaumholz, aber minderwertiger, weniger fein, aber härter
Kirschbaum	Rot oder rotbraun, im Splint rötlich oder rotgelb	Hart, mäßig schwer, wenig dauerhaft
Pflaumenbaum	Rot, rotbraun oder blaurot, Splint gelblich oder rötlich	Hart, mäßig schwer, fein, zäh
Lärche, gemeine Lärche	Rötlich, gelblich, glänzend	Weich, grob, leicht, dauerhaft
Elsbeerbaum	Ledergelb, rotbraun	Hart, fein, schwer
Buchsbaum	Gelblich, gelb	Sehr hart, fein, gleichmäßig, sehr dauerhaft, schwer
Stechpalme, Hülsenpalme	Weißlich, gelbgrün	Hart, sehr fein, zäh und elastisch, stark schwindend
Amerikanischer Nußbaum .... ,.	Rötlichbraun, dunkler und gleichmäßiger in der Farbe als das hiesige Holz	
Zedernholz...............	Rötlich	Weich, gleichmäßig, dauerhaft, leicht
Mahagoni...............	Braunrot oder gelbrot	Hart, großporig, sehr dauerhaft, wenig schwindend und arbeitend, schwer, gut zu polieren
Palisanderholz	Dunkelrotbraun, schwarz geflammt	Hart, großporig, etwas spröde, schwer, gut zu polieren
Vogelaugenahorn (amerikanischer Ahorn)................	Weißlich	Eigenartige Maserung
Ebenholz...............	Schwarz, hie und da Stich ins Grüne oder Braune	Hart, fein, gleichmäßig, sehr schwer
Rosenholz...............	Gelb und braunrot gestreift, zusammen rosenrot oder dunkel, fleischfarben aussehend	Hart, schwer
Tuja..................	Braun	Hübsche Maserung, weich, leicht
Amaranthholz (Purpurholz, Luft= holz)	Rötlich bis tief purpurrot, auch dunkel= braunrot	Hart, großporig, spröde, dicht, gleichmäßig, schwer
Satinholz (Seidenholz)	Gelblich, seidenartig, glänzend	Sehr hart. schwer
Pferdefleischholz............	Braunrot oder zimtrot	Hart, fein, großporig, schwer
Violettholz (rotes Königsholz)....	Roter Grund, violette Streifen oder Maserung	Sehr hart, gleichmäßig, schwer
Schlangenholz (Letterholz).......	Braunrot, mit kleineren und größeren dunkelbraunen Flecken	Sehr hart, schwer
Korallenholz..............	Tiefrot mit kleineren und größeren dunklen Streifen	Mittelhart, fein mit großen Poren, mittelschwer
Amboina	Dunkelgelb, rotgelb oder dunkelrot	Hart, schwer, schön gemasert
Ziricotaholz	Dunkelbraun mit dunkleren Streifen und hellbraunem Muster	Hart, gut zu polieren, sehr schwer
Primaveraholz.............	Hellgelb	Mittelhart, mittelschwer
Teakholz	Hellbraun, rötlichbraun	Hart, dicht, schwer
Kokosholz	Zimtbraun	Hart, dicht, gleichmäßig, elastisch

9

Die Holzverbindungen.

Die Gestaltung der Bau= und Möbeltischlerarbeiten bedingt fast allemal eine Verbindung mehrerer Holzteile zu einem Ganzen. Die Art und Weise, wie diese Teile zu einem Ganzen zusammengesetzt sind, nennt man die Konstruktion desselben.

Die Bautischlerarbeiten und Möbel nun so zusammenzubauen, daß sie ihren Zweck erfüllen können — das heißt Holzverbindungen zu wählen, die dem Zweck des Gegenstandes, den Eigenschaften des Materials, der angewandten Technik und der Form entsprechen —, das sind die konstruktiven Aufgaben des Tischlers.

Die auszuführenden Konstruktionen lassen sich in drei Gruppen zusammenfassen:

1. Solche zur Bildung von Rahmen und Rahmenwerk mit oder ohne Füllung (Brettbau),

2. solche zur Bildung von Stützen und Stützwerk (Stollenbau),

3. solche zur Bildung von Gestellen, aus der Verbindung von Rahmen= und Stützwerk.

Zur Lösung dieser Aufgaben sind Verbindungen der Hölzer nach der Breite und Länge und sind Eckverbindungen in einer oder mehreren Ebenen auszuführen.

Am meisten sind bei der Natur des Holzes — der geringen natürlichen Breite im Verhältnis zur Länge — die Verbindungen nach der Breite auszuführen, selten dahingegen Längsverbindungen, weil die vorhandenen Holzlängen bei den gewöhnlichen Abmessungen unserer Wohnräume fast immer ausreichend sind, um in dieser Richtung die auszuführenden Gegenstände oder deren Teile aus einem Stück anfertigen zu können.

Die Holzverbindungen können zweierlei Art sein: dauernd feste, die ohne Zertrümmerung der verbundenen Teile nicht zu lösen sind, und lösbare.

Die Verbindung zweier oder mehrerer Hölzer kann bewirkt werden durch die geeignete Formgebung der zu verbindenden Teile ohne Zuhilfenahme von Bindemitteln oder durch die Formgebung und Benutzung von Bindemitteln, wie Nägeln, Schrauben, Bändern, Leim usw.

Durch die Verwendung von Leim als Bindemittel können, vorausgesetzt, daß die Leimfuge gegen Feuchtigkeit geschützt ist (siehe Seite 33), nur dauernd feste Verbindungen geschaffen werden, da jeder gewaltsame Versuch, eine gute Leimverbindung zu lösen, mit der Zersplitterung des Holzes endet.

Bei allen Verbindungen ist, außer dem besonderen Zwecke der Verbindung, das Arbeiten des Holzes (die Folgen des Schwindens und Quellens) in Betracht zu ziehen. Geschieht das nicht, so verfehlt die Verbindung meist ihren Zweck, das Holz wirft sich, reißt oder sprengt die Verbindung.

Bei allen Konstruktionen für Arbeiten in Wohnräumen hat der Tischler mit dem Nachtrocknen des Holzes zu rechnen. Selten, daß ein Rohmaterial so getrocknet ist, daß es in trockenen Wohnräumen nicht noch etwas schwindet, sich also im Volumen um etwas verringert.

Für alle durch Leim dauernd fest sein sollenden Verbindungen sind die auf Seite 33 bis 35 gegebenen Hinweise zu beachten.

Verbindungen nach der Breite.

Müssen mehrere Hölzer — Bretter usw. — der Breite nach zur Herstellung einer Fläche ohne Leim verbunden werden, so wird das in einfachster Weise durch stumpfes Aneinanderfügen (Abbildung 23) der Hölzer und auf=

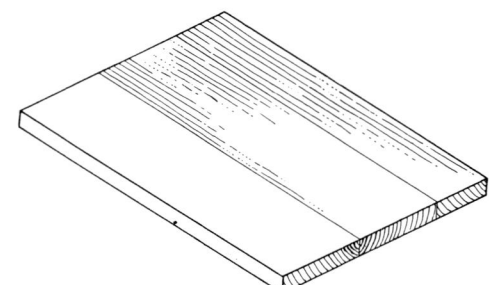

Abbildung 23: Die Bretter stumpf gefügt.

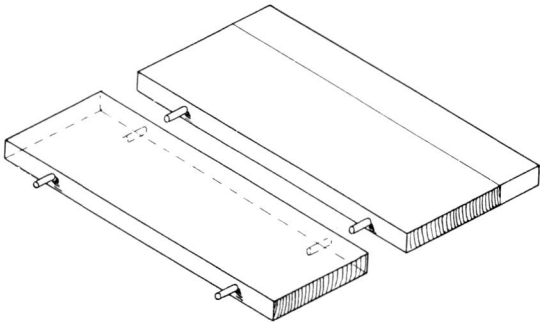

Abbildung 24: Die Bretter gefügt und gedübelt.

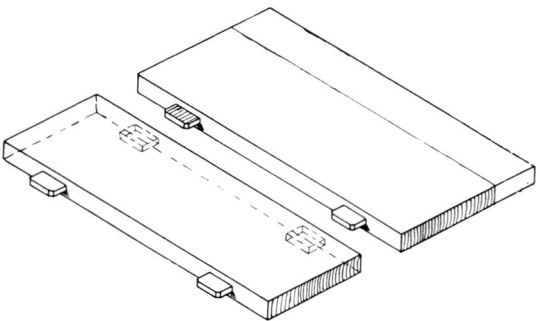

Abbildung 25: Die Bretter gefügt und gezapft.

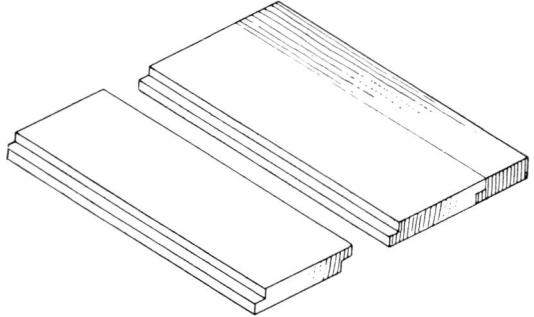

Abbildung 26: Die Bretter überfälzt.

Abbildung 23 bis 35: Verbindungen nach der Breite.

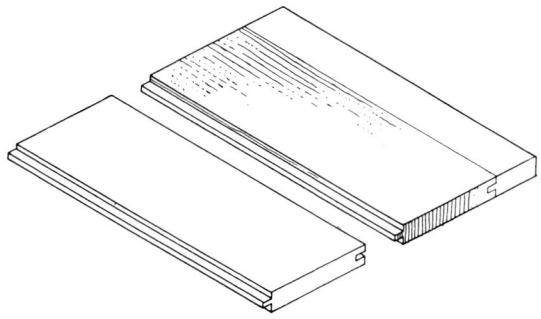

Abbildung 27.
Die Bretter genutet und gespundet.

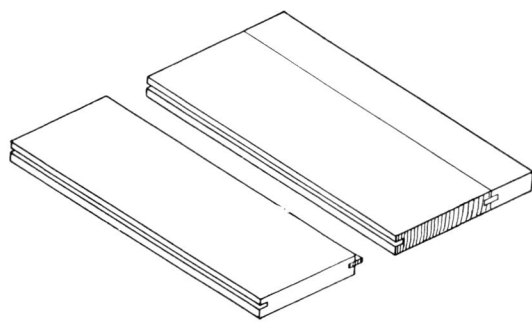

Abbildung 28.

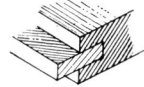

Abbildung 29.

Abbildung 28 und 29: Die Bretter genutet und gefedert.

a

b

Abbildung 30.

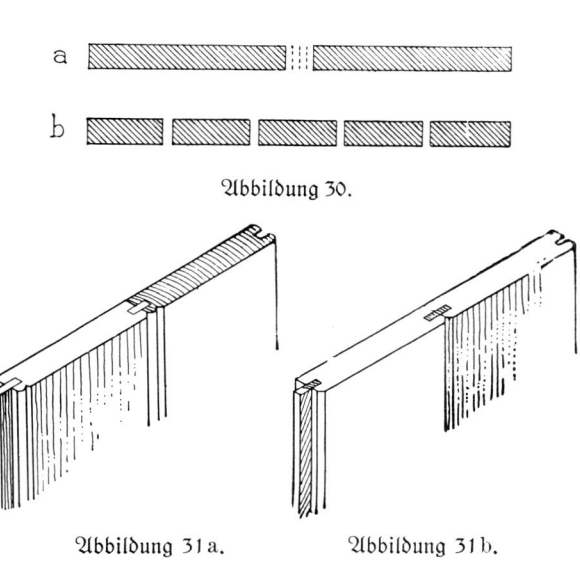

Abbildung 31a.　　　Abbildung 31b.

a

b

c

d

Abbildung 31c.

Abbildung 31a, b und c: Die Bretter genutet, gefedert und die Kanten gekehlt.

geschraubte oder genagelte Leisten quer zur Holzrichtung erreicht.

Diese Verbindungsform hat jedoch den Nachteil, daß durch das etwaige Schwinden des Holzes durchsichtige (offene) Fugen entstehen und daß jedes einzelne Brett zwischen den Querleisten sich durchbiegen, drehen und werfen kann.

Dieser Nachteil ist zu beseitigen:

1. durch Dübeln (Abbildung 24 und 25),
2. durch Überfälzen (Abbildung 26),
3. durch Spunden (Abbildung 27),
4. durch Nuten und Federn (Abbildung 28).

Das Dübeln sichert die Fuge gegen Verschiebung, verstärkt auch die so verbundenen Bretter, weil die zur Hälfte in dem einen, zur Hälfte in dem anderen Brett steckenden Dübel den auf das eine Brett gerichteten Druck mit auf das andere übertragen; aber das Durchsichtigwerden (das Öffnen) der Fugen können sie nicht verhindern. Dieses kann beseitigt werden durch das Überfälzen, durch das Spunden oder durch das Nuten und Federn. Die letzten beiden Arten der Verbindung bieten am meisten Gewähr gegen diese Übelstände.

Beim Spunden wird dem einen Brett die Feder angehobelt, das andere erhält die Nut — eine der Dicke und Breite der Feder entsprechende Vertiefung (Abbildung 27). Beim Federn erhalten die beiden zu verbindenden Bretträder Nuten, in die dann die Feder — aus gleichem oder härterem Holz als das der Bretter — eingefügt (eingeschoben, eingeschlagen) wird (Abbildung 28). Federn aus Querholz halten besser als solche aus Langholz (Abbildung 29).

Dübel und Federn macht man auch aus Metall (Eisen, Zink, Kupfer). Sie sind dann aber mit Vorsicht anzuwenden, da durch das Oxydieren des Metalls die Farbe des Holzes in der Umgebung desselben sich verändert. Metalldübel oder -federn sind nur da anwendbar, wo die Einwirkungen des Rostes auf das Holz nicht in Betracht kommen oder wo einer Rostbildung in geeigneter Weise vorgebeugt werden kann.

Die Verbindungen (Abbildung 24 bis 28) ohne Mitbenutzung von Leim als weiteres Bindemittel werden mehr für Bautischlerarbeiten als für Möbel angewendet, werden mehr da verwendet, wo es sich um die Herstellung großer, einfacher Holzflächen handelt, wie bei Fußböden, einfachen Wandbekleidungen, Holzwänden und dergleichen mehr, und da, wo jedes Brett einer Bekleidung oder Füllung für sich Bewegungsfreiheit nach der Breite behalten muß, um schwinden oder quellen zu können.

Durch das Nachtrocknen des Holzes ist bei solchen Verbindungen, wo jedes Brett für sich eine gewisse Beweglichkeit behält, eine Bildung von offenen, wenn auch nicht durchsichtigen Fugen unvermeidlich. Bei der Verbindung schmaler Bretter ist der entstehende Spalt geringer als bei breiten Brettern derselben Holzart (Abbildung 30). Um das Unschöne dieser Fugen zu mildern oder um sie dem Auge verschwinden zu lassen, kehlt man die Bretträder, wo der Zweck es gestattet, und schafft so eine künstliche Flächenteilung, deren einer Teil durch die Fuge und deren anderer Teil durch die Kehlung gebildet wird (Abbildung 31a bis c).

Muß durch das Verbinden mehrerer Bretter eine breite Fläche hergestellt werden, in der sich keine offenen

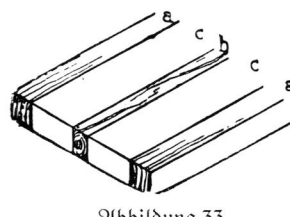

Abbildung 33.

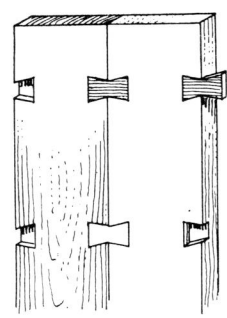

Abbildung 32.
Die Bretter stumpf gefügt und verleimt, die Fuge durch eingelassene schwalbenschwanzförmige Plättchen gesichert.

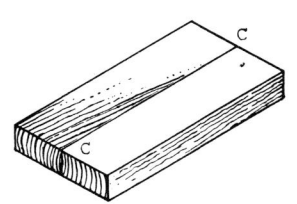

Abbildung 34.
Bretter stumpf gefügt und verleimt.

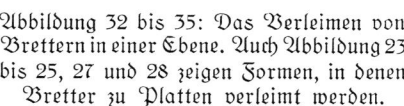

Abbildung 32 bis 35: Das Verleimen von Brettern in einer Ebene. Auch Abbildung 23 bis 25, 27 und 28 zeigen Formen, in denen Bretter zu Platten verleimt werden.

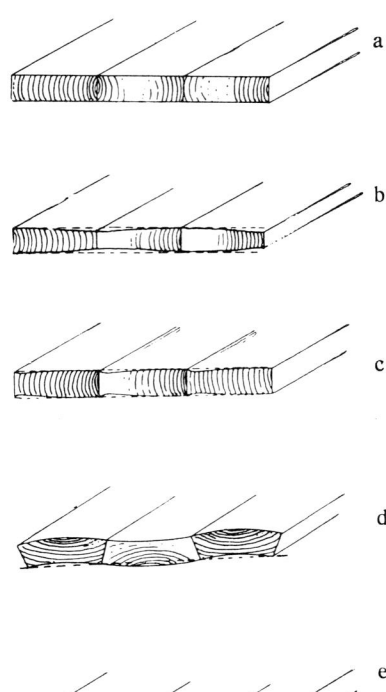

Abbildung 35.
Die Bretter a und b richtig verleimt.

Fugen zeigen dürfen, so wird ein Verleimen der Bretter notwendig.

Die einfachste Form für die Verbindung dieser Art ist die stumpfe Leimfuge (Abbildung 23). Die Bretter werden stumpf aneinandergefügt und mittels Leims (respektive Quarks) verbunden.

Bietet diese stumpfe Leimfuge nicht die genügende Sicherheit, ist ein Öffnen der Fugen durch das Arbeiten des Holzes oder durch äußere Kräfte zu befürchten, so dübelt oder federt man außerdem noch (Abbildung 24, 25 und 27) oder fügt und leimt, wenn der Zweck es gestattet, schwalbenschwanzförmige Hölzer quer über die Fuge in das Holz (Abbildung 32).

Vom Zwecke, dem die verbundenen Hölzer dienen sollen, ist es abhängig, welche dieser Verbindungsweisen anzuwenden ist.

*

Die Herstellung von haltbaren ebenen Holzflächen erfordert die sorgfältigste Auswahl und Pflege des Holzes. Nur gleichartiges und trockenes Material darf verarbeitet werden. Von den Brettern, die Kern=, Reif= und Splintholz enthalten, müssen Kern= und Splintholz aus= und abgeschnitten werden (Abbildung 33). Beim Fügen und Verleimen der Bretter müssen die Splintkanten mit den Splintkanten, die Kernkanten mit Kernkanten, Kronen= und Wurzelenden (siehe Seite 33) verbunden werden (Abbildung 34 und 35).

Am geeignetsten zur Herstellung ebener Flächen ist das Holz von Kernbrettern oder Kernbohlen, weil es weniger Neigung zum Werfen besitzt als das der Seitenbretter (Abbildung 35a bis c). Dem Reißen dieser Bretter wird durch Ausschneiden des Kernholzes und Abschneiden des Splintholzes vorgebeugt (Abbildung 33).

Aber selbst die sorgfältigste Auswahl des Holzes und das sorgfältigste Fügen und Verleimen bieten allein keinen genügenden Schutz gegen das Werfen des Holzes. Es müssen noch andere Hilfsmittel angewandt werden. Solche sind: Grat= und Hirnleisten (Abbildung 36 bis 47), Umrahmung (Abbildung 48 bis 64) und Sperren des

Holzes (Abbildung 95 bis 101). Absolute Sicherheit können aber auch diese Mittel nicht gewähren, weil immerhin noch die Möglichkeit vorhanden ist, daß sich die Grat= und Hirnleisten und die Rahmenhölzer, selbst bei sorgfältigster Auswahl des Holzes, werfen und drehen.

Die Gratleisten (Abbildung 36 bis 39) mit einseitig oder doppelseitig angehobeltem Grat werden an der Rückseite der zu schützenden Platte (Tafel, Brett) eingeschoben. Die Platte enthält eine der Form des Grates entsprechende Nut. Der Grat ist seiner Länge nach gleich breit oder gering verjüngt. Durch die Form des Grates wird das Holz der Platte an den Gratleisten festgehalten — gerade gehalten, vorausgesetzt, daß der Grat und die Leiste im Verhältnis zum Holz der Platte stark genug sind (das heißt zu der beim Arbeiten des Holzes der Platte entwickelten Kraft), andernfalls wird natürlich die sich werfende Platte die Leiste mitreißen oder sich von der Leiste trennen.

Die Gratleisten sollen nicht oder doch nur an dem einen Ende mit der Platte eingeleimt werden, damit das Holz der Platte sich an der Leiste hin und her bewegen — quellen oder schwinden — kann. Ein vollständiges Einleimen der Gratleiste würde zur Folge haben, daß die Platte beim Nachtrocknen reißen, beim Quellen wellig werden würde oder sich von der Leiste löst. Die Stärke, die Form und die Anzahl der Gratleisten für das Geradehalten einer Platte sind von der Stärke und Größe der letzteren und dem Zweck derselben abhängig.

Die Gratleisten sind ohne Nutzen, sobald ihr Holz so viel nachtrocknet, daß sie locker werden. Eine Gefahr, die bei breiten Leisten (Abbildung 36 und 39b) immer mehr als bei schmalen, hohen Leisten (Abbildung 37 und 39a) vorhanden ist. Die Gratleisten werden aus der=

12

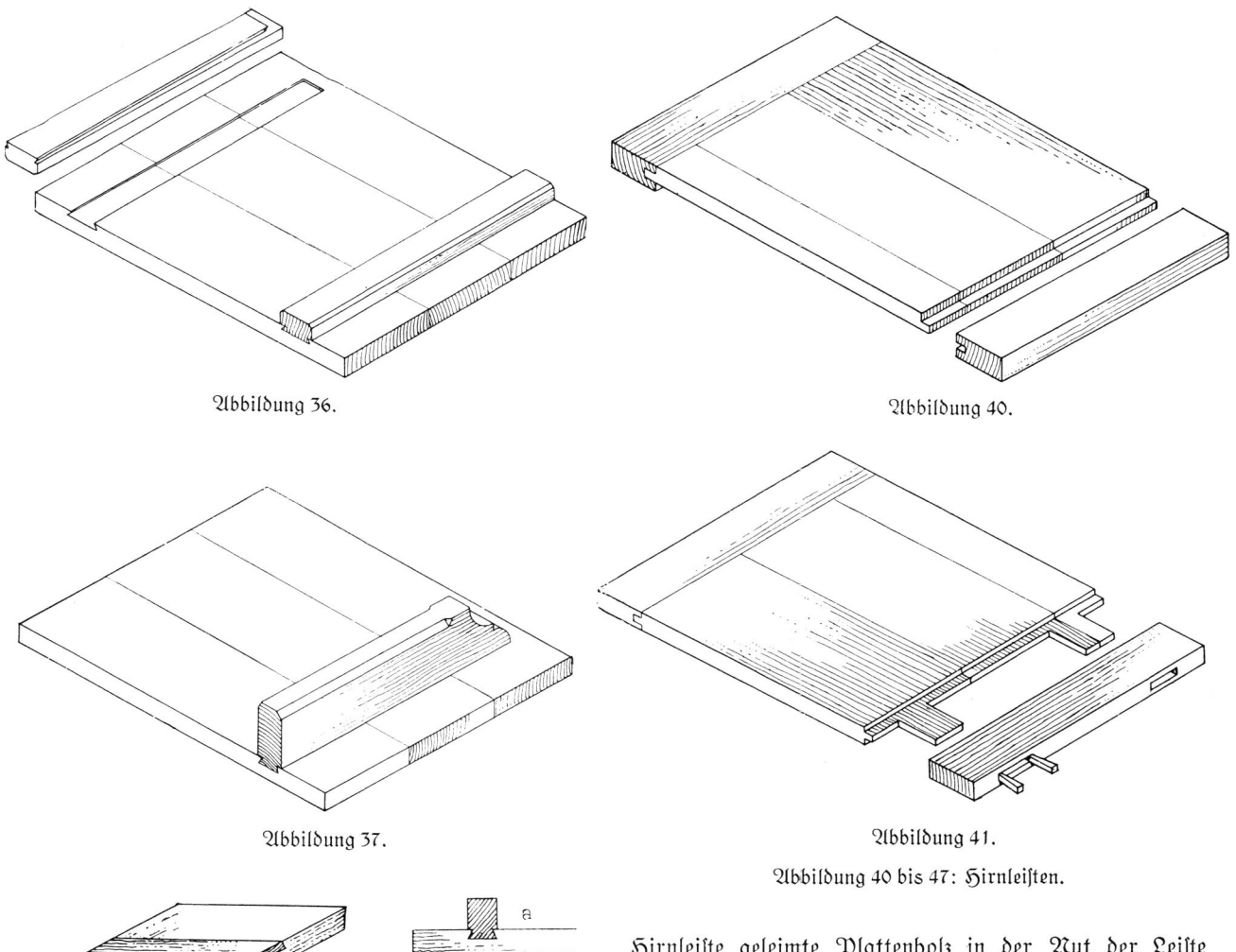

Abbildung 36.

Abbildung 40.

Abbildung 37.

Abbildung 41.

Abbildung 40 bis 47: Hirnleisten.

Abbildung 38.

Abbildung 39.

Abbildung 36 bis 39: Gratleisten.

selben Holzart gefertigt, aus der die Platte besteht, oder aus härterem Holz. Gratleisten aus härterem Holz dürfen, bei gleichem Zweck, geringere Dicke und Höhe haben als solche aus weichem Holz. Die Form (Abbildung 38 und 39 c) wird angewendet, wenn der Zweck der Platte vorstehende Leisten nicht zuläßt.

Die Hirnleisten (Abbildung 40 bis 47) werden am Hirnende der Bretter (Platten, Tafeln) mittels Federn (Abbildung 40), Zapfen (Abbildung 41, 43, 45) und Leims befestigt. Sie sind mit großer Vorsicht anzuwenden, weil sie ebensoviel schaden wie nutzen können.

Für das Geradehalten langer Tafeln sind sie von geringem Nutzen, weil sie nur die Hirnenden der Tafeln gegen das Werfen schützen, die Mitte aber nicht.

Der etwaige Schaden durch die Hirnenden entsteht durch die Befestigung derselben. Ist es zwecklich genügend, wenn die Leisten nur auf einer kurzen Strecke, in der Mitte oder an einem Ende, fest mit der Platte verleimt werden, so kann sich das übrige, nicht an die

Hirnleiste geleimte Plattenholz in der Nut der Leiste bewegen — schwinden, quellen. Anders ist es aber, wenn die Leiste ihrer ganzen Länge nach angeleimt worden ist und das Holz der Platte zu arbeiten beginnt, dann hindert das Langholz der Leiste das Plattenholz am Hirnende am Arbeiten; schwindet das Holz der Platte, so wird die Mitte der Platte reißen, quillt es, so wird die Platte sich werfen oder die Leiste abspringen, je nachdem das Holz der Platte oder das der Leiste stärker ist. Es folgt also daraus, daß nur trockenes und trocken zu haltendes Holz der ganzen Länge nach mit angeleimten Hirnleisten versehen werden darf.

Das Festmachen der Hirnleisten an einem Ende (Abbildung 44) ist aber nur wenig anwendbar, nur dann, wenn eine anderweitige Befestigung der Hirnleisten das Werfen derselben hindert (Abbildungen 45 und 46). Ist die Hirnleiste nur mit einem Teil ihrer Länge mit der Platte fest verbunden, so wird sie, ist sie nicht mit anderen Konstruktionsteilen so verbunden, daß sie sich nicht werfen kann, sich da von der Platte abheben — verziehen —, wo sie nicht mit derselben verleimt ist (Abbildung 44). Ist die Leiste b von c—d mit der Platte a verleimt, so wird sich der Teil d e verziehen.

Die Hirnleisten können gleich stark oder stärker sein als die Tafel, an der sie befestigt sind (Abbildung 42 a bis c). Abhängig ist ihre Form von der Beschaffenheit des Materials, der Größe der Tafel und deren Zweck. Ein schwaches Plattenholz kann durch eine starke Hirnleiste verstärkt werden.

13

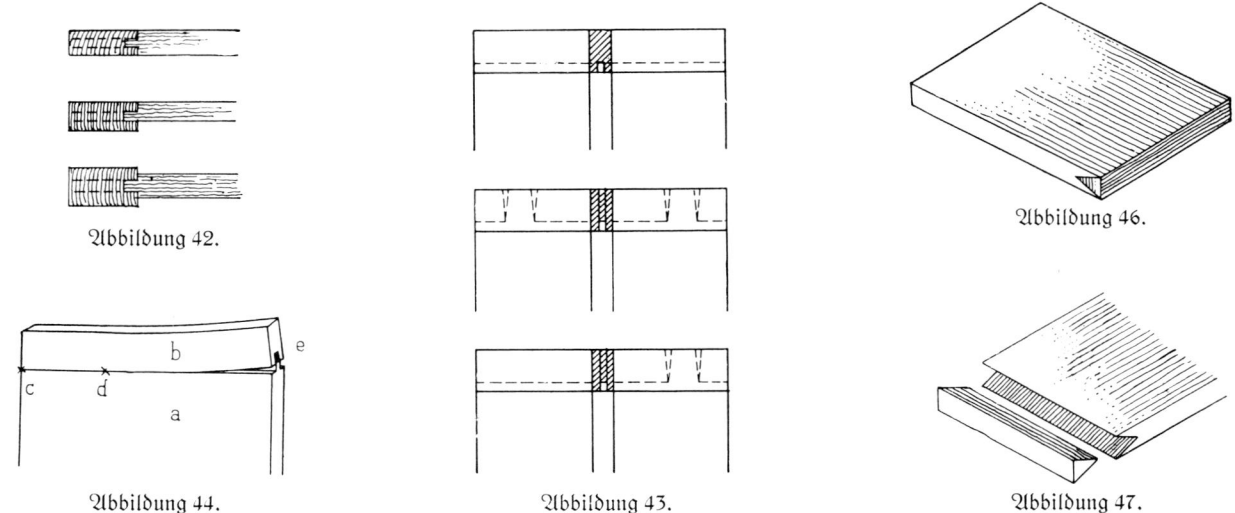

Abbildung 42.

Abbildung 46.

Abbildung 44.

Abbildung 43.

Abbildung 47.

Abbildung 40 bis 47: Hirnleisten.

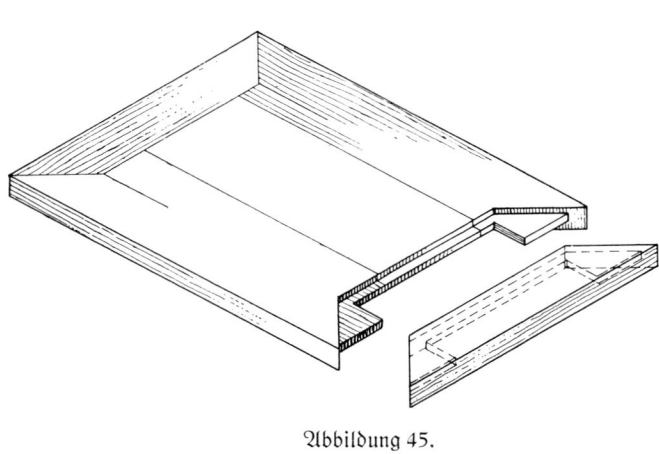

Abbildung 45.

Darf das Hirnholz der Leiste nicht sichtbar sein, so ist die Form Abbildung 45 anzuwenden. Ist der Hauptzweck der Hirnleiste, das Hirnholz der Platte zu decken, so wird vielfach die Form Abbildung 46 und 47 gewählt.

Die Umrahmung (Abbildung 48 bis 64). Die Umrahmung bietet dadurch, daß sie die Ränder der umrahmten Platte in einer in der inneren Seite des Rahmens sich befindenden Nut fest und gerade hält, Schutz gegen das Werfen. Die Platte wird zwischen den Backen der Nut festgehalten, wird aber nicht am Schwinden oder Quellen gehindert (Abbildung 49). Beim Quellen dehnt sich die Platte aus, schiebt sich weiter in die Nut hinein; beim Schwinden wird die Platte kleiner, wird die Berührungsfläche zwischen Rahmen und Platte geringer.

Aus diesem geht aber auch hervor, daß die umrahmte Platte, entsprechend der Beschaffenheit des Holzes (die eine Holzart arbeitet mehr als die andere), nicht so groß sein darf, daß sie beim Schwinden die Fühlung mit dem Rahmen verliert, und auch nicht so breit in der Nut liegen darf, daß ihr beim Quellen ein Ausdehnen unmöglich wird (Abbildung 49). Durch das erstere würde

die Platte an zwei Seiten ihren Halt am Rahmen verlieren; durch das zweite würde das Holz der Platte wellig werden oder den Rahmen sprengen.

Bei der Umrahmung ist außerdem aber noch zu beachten, daß, da die Platte nur an den Hirnenden und Seiten gehalten wird, das Mittelholz der Platte — namentlich bei großen Platten — durch das Halten der Ränder nicht am Werfen gehindert werden kann. Zu große Platten (Füllungen) sind aus diesem Grunde zu vermeiden, es sei denn, daß das Mittelholz der Platte durch Gratleisten gehalten werden kann.

Die Umrahmung bietet Schutz gegen das Werfen, sie verdeckt aber auch, wie aus dem Vorstehenden zu ersehen ist, das Schwinden und Quellen des Holzes der umrahmten Platte — der Füllung.

Eine Platte, die durch Grat- oder Hirnleisten gegen das Werfen geschützt ist, erleidet durch Schwinden oder Quellen immerhin noch eine Formveränderung nach der Breite. Sie wird schmaler oder breiter, je nachdem sie schwindet oder quillt. Eine solche Platte ist aus diesem Grunde nicht anwendbar, wo Formbeständigkeit notwendig ist. Anders verhält sich der Rahmen mit der umrahmten Platte. Ein Rahmen, wenn er nicht aus unnötig und unzweckmäßig breiten Hölzern besteht, verändert sich durch das Schwinden und Quellen des Rahmenholzes unwesentlich. Die Platte kann innerhalb der Umrahmung im Verhältnis zu ihrer Breite arbeiten, ohne daß das Ganze — der Rahmen mit der Füllung — eine wesentliche Formveränderung erleidet. Die Umrahmung ist aus diesem Grunde also überall da geboten, wo möglichste Formbeständigkeit verlangt wird.

Und noch ein anderer Vorteil ist durch die Umrahmung zu erreichen: die Verstärkung der umrahmten Platte. Ein starker Rahmen erhöht die Widerstandsfähigkeit einer schwächeren, in ihm als Füllung verwendeten Platte (Abbildung 49). Der Rahmen kann konstruktive Funktionen übernehmen, ohne daß die von ihm eingeschlossene Füllung im Holz stärker sein muß, als durch ihre eigene Größe bedingt ist.

14

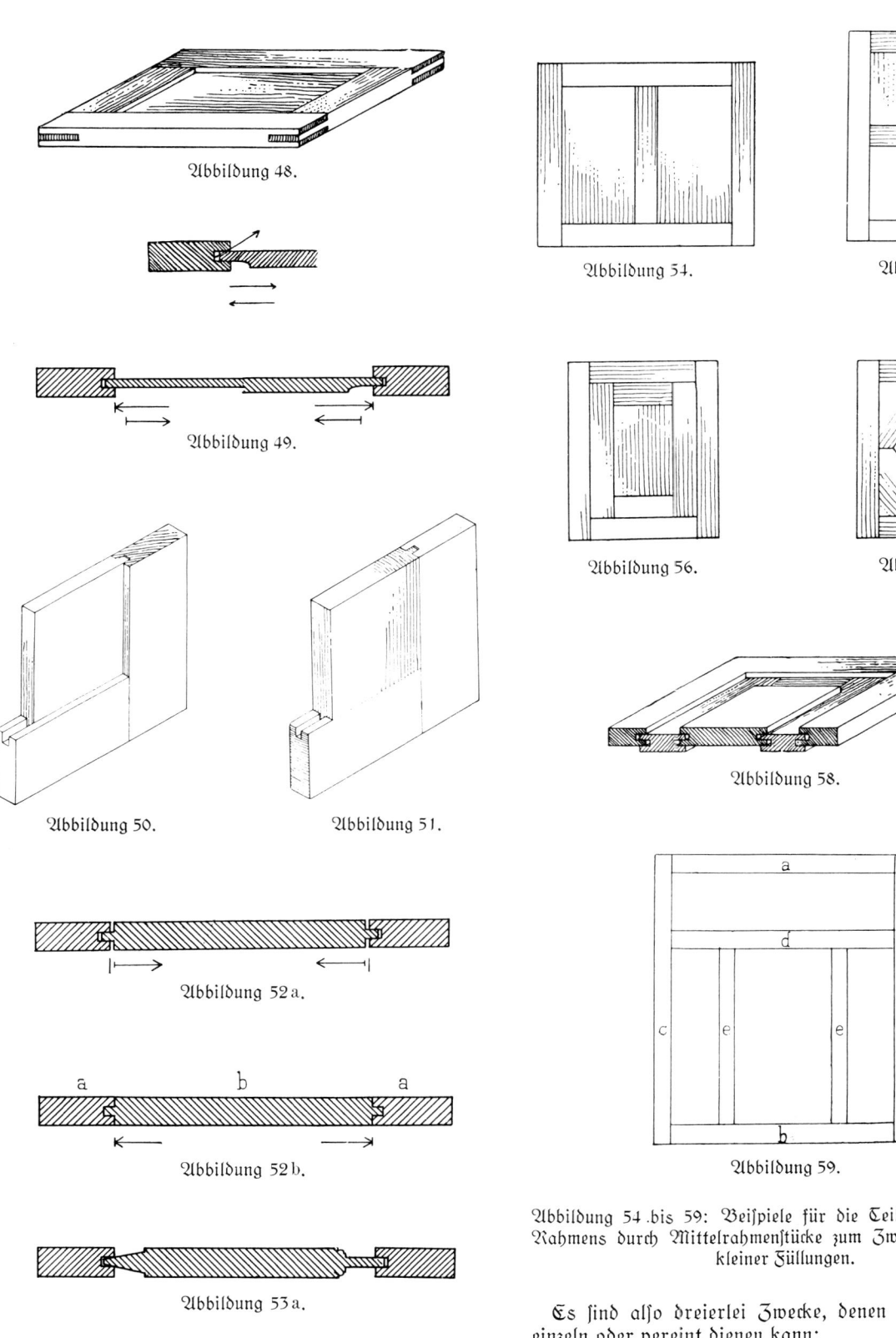

Abbildung 48.

Abbildung 49.

Abbildung 50.

Abbildung 51.

Abbildung 52 a.

a   b   a

Abbildung 52 b.

Abbildung 53 a.

Abbildung 53 b.   Abbildung 53 c.

Abbildung 48 bis 53 c: Die Umrahmung einer Füllung und die
Folgen des Schwindens und Quellens des Holzes der Füllung
bei unrichtiger Profilierung.

Abbildung 54.   Abbildung 55.

Abbildung 56.   Abbildung 57.

Abbildung 58.

Abbildung 59.

Abbildung 54 bis 59: Beispiele für die Teilung eines großen
Rahmens durch Mittelrahmenstücke zum Zwecke der Bildung
kleiner Füllungen.

Es sind also dreierlei Zwecke, denen die Umrahmung
einzeln oder vereint dienen kann:

1. Zur Verhinderung des Werfens einer Platte,
2. um eine formbeständige Platte zu haben,
3. zur Verstärkung einer schwachen Holzplatte.

Zu Rahmen soll möglichst nur schlichtes Reifholz von
Kernbrettern oder Kernbohlen verwendet werden. Ungeeignet für Rahmen ist geflammtes oder gemasertes Holz,
auch kurzfaseriges, zur Faserrichtung schräg geschnittenes
Holz ist soviel wie möglich zu vermeiden.

15

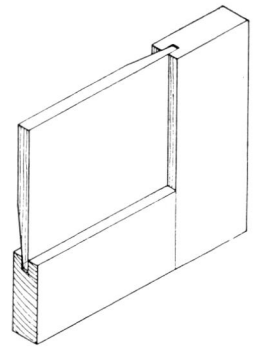

Abbildung 60: Rahmen ge=
nutet, Füllung einseitig ab=
geschrägt und eingeschoben.

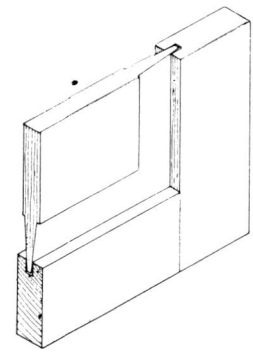

Abbildung 61: Rahmen ge=
nutet, Füllung beiderseitig
abgeplattet, abgeschrägt und
eingeschoben.

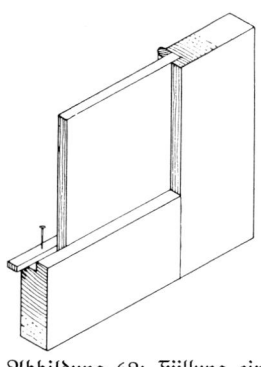

Abbildung 62: Füllung ein=
gelegt (in den Falz gelegt).

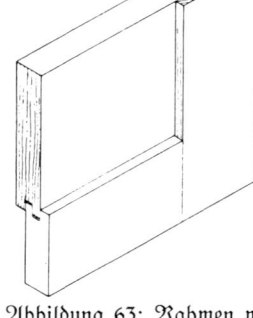

Abbildung 63: Rahmen mit
übergeschobener Füllung.

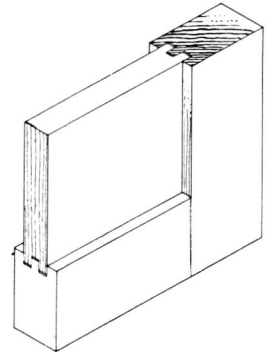

Abbildung 64: Füllung in doppelter
Nut eingeschoben.

a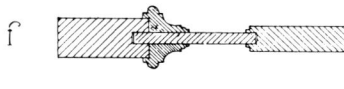

b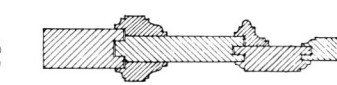

c

d

e

f

g

h

i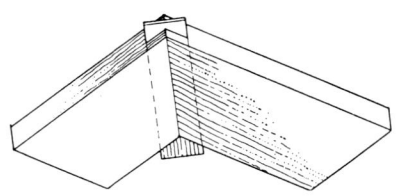

Abbildung 65:
Rahmen= und Füllungsprofile.

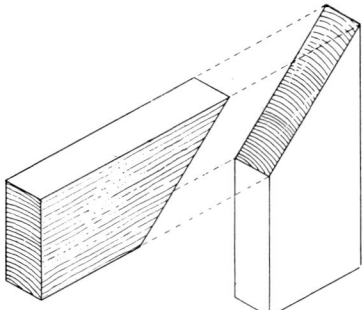

Abbildung 66: Rahmenecke, stumpf
auf Gehrung gefügt.

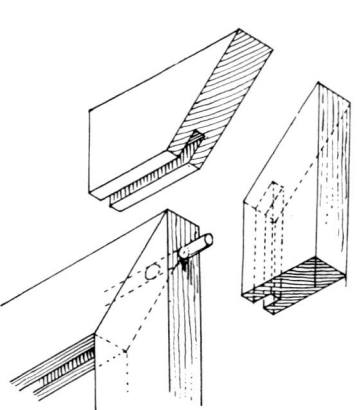

Abbildung 67: Rahmenecke, stumpf
auf Gehrung gefügt und mit Leim
und Dübel verbunden.

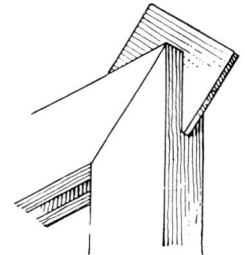

Abbildung 68: Rahmenecke, stumpf
auf Gehrung gefügt und mit Leim
und Feder verbunden.

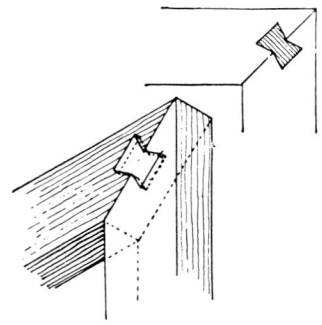

Abbildung 69: Rahmenecke auf
Gehrung und mit eingelassener
Schwalbenschwanzplatte verbunden.

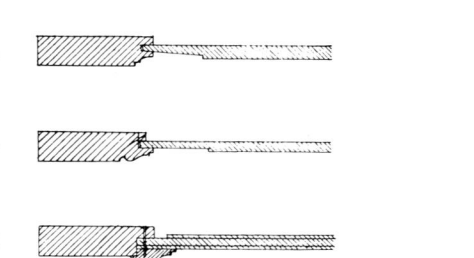

Abbildung 70: Rahmenecke, stumpf
auf Gehrung und mit Feder.

Abbildung 60 bis 85: Beispiele für die Profilbildung der Rahmen und der Füllungen, der Verbindung zwischen Rahmen
und Füllung und der Eckverbindung der Rahmenhölzer.

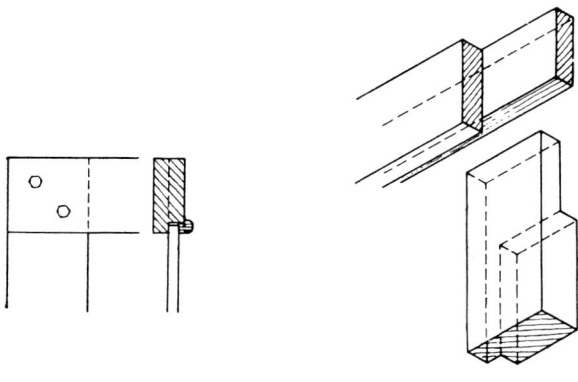

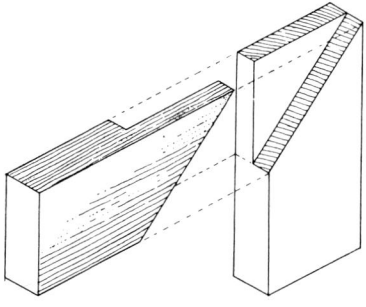

Abbildung 72:
Rahmenende auf Gehrung überblattet.

Abbildung 71:
Rahmenecke, Rahmenhölzer überblattet, Füllung eingelegt.

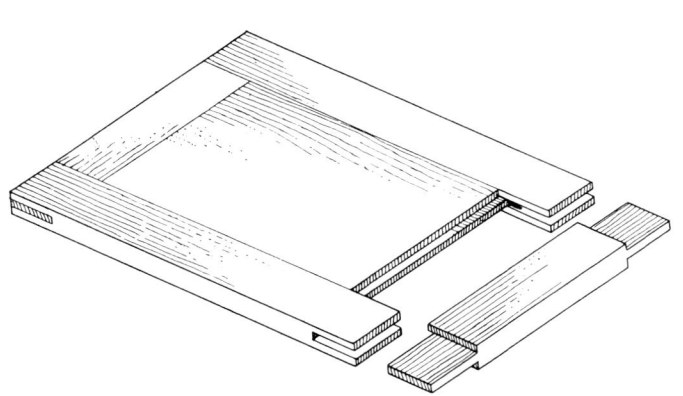

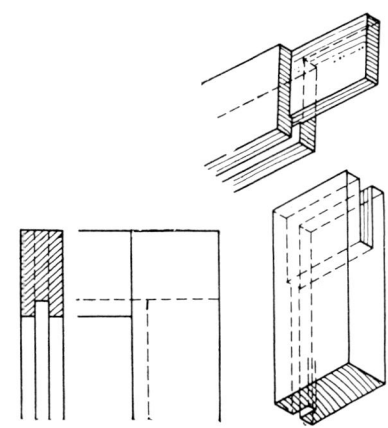

Abbildung 73:
Rahmen geschlitzt, Zapfen stumpf abgesetzt, Füllung eingeschoben.

Abbildung 76:
Rahmenecke geschlitzt, Zapfen auf Hobel abgesetzt.

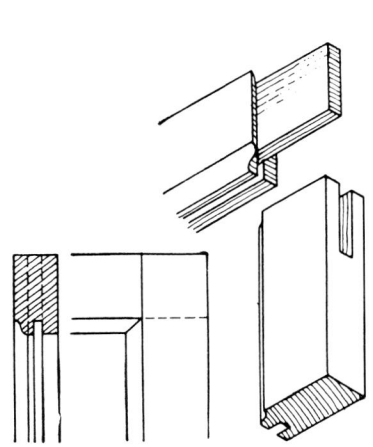

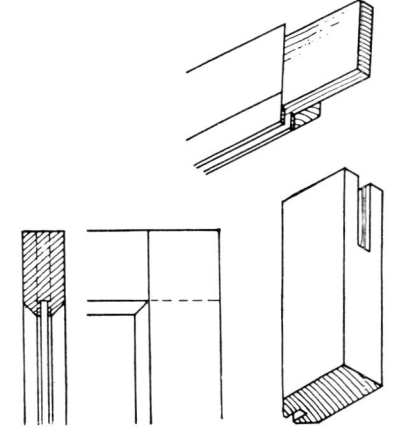

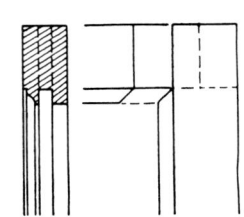

Abbildung 74:
Rahmenecke genutet und geschlitzt.

Abbildung 75:
Rahmenecke geschlitzt, Zapfen auf Fase abgesetzt.

Abbildung 77:
Rahmenecke auf Gehrung geschlitzt.

Für die Umrahmung einer Platte zur Herstellung einer Ebene sind die Formen Abbildung 50 und 51 (vgl. Abbildung 52) anwendbar. Unvermeidlich ist bei dieser Konstruktion jedoch die Bildung offener Fugen durch das Nachtrocknen des Füllungsholzes (Abbildung 52 a). Anwendbar ist diese Art Konstruktion nur für trockenes Holz an Orten, wo ein Quellen des Holzes ausgeschlossen ist. Das Quellen des Holzes würde, infolge des dichten Schließens zwischen Rahmen und Füllung, das Werfen der Füllung oder das Sprengen des Rahmens zur Folge haben (Abbildung 52 b).

In allen anderen Fällen, wo es sich nur um die Umrahmung einer Füllung, die Bildung einer Holzfläche handelt, kann die Verbindung so sein, daß ein ungehin=

17

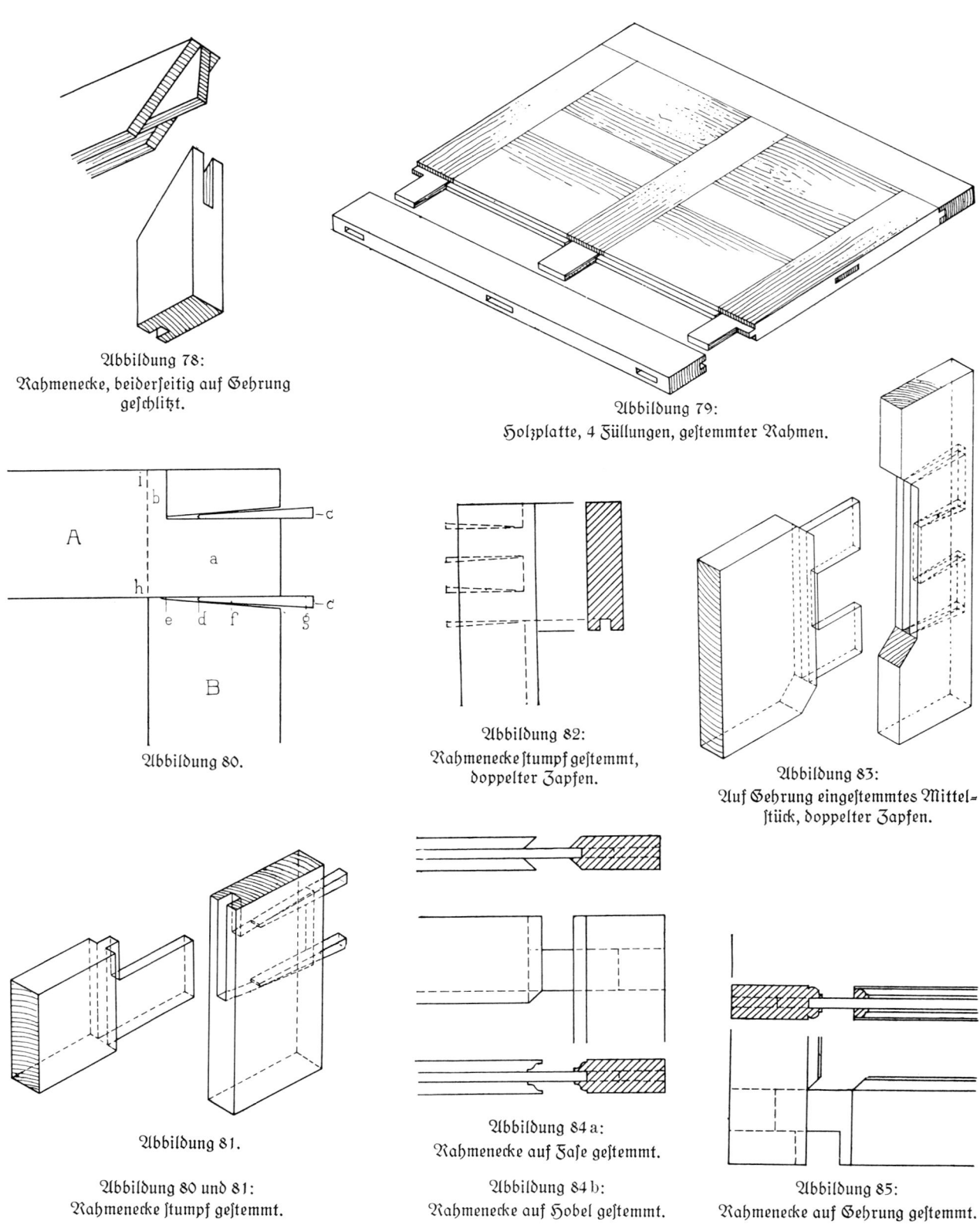

Abbildung 78:
Rahmenecke, beiderseitig auf Gehrung
geschlitzt.

Abbildung 79:
Holzplatte, 4 Füllungen, gestemmter Rahmen.

Abbildung 80.

Abbildung 82:
Rahmenecke stumpf gestemmt,
doppelter Zapfen.

Abbildung 83:
Auf Gehrung eingestemmtes Mittel=
stück, doppelter Zapfen.

Abbildung 81.

Abbildung 80 und 81:
Rahmenecke stumpf gestemmt.

Abbildung 84 a:
Rahmenecke auf Fase gestemmt.

Abbildung 84 b:
Rahmenecke auf Hobel gestemmt.

Abbildung 85:
Rahmenecke auf Gehrung gestemmt.

dertes, verdecktes Schwinden oder Quellen möglich ist.
Die Abbildungen 53 bis 58 zeigen verschiedene derartige
Verbindungsformen zwischen Rahmen und Füllung.

In der Verbindung zwischen Rahmen und Füllung ist
ein zu starkes keilförmiges Abschrägen (Abplatten) der
Füllung (Abbildung 53) nicht gut, weil dadurch beim
Schwinden des Holzes die Füllung locker wird, beim

Quellen aber wie ein Keil zum Sprengen des Rahmens
wirkt (Abbildung 53 b und c).

Müssen breite Holzflächen geschaffen werden, für die
ein Rahmen mit einer Füllung aus den angeführten
Gründen unzweckmäßig ist, so muß der Rahmen durch
Querhölzer (Mittelrahmenstücke) in mehrere Felder ge=
teilt werden, die so groß sind, daß sie der Natur des

Holzes, das für die Füllung verwendet werden muß, ent=
sprechen (Abbildung 54 bis 58). Übermäßig kleine
Teilungen sind aber ebenso unnötig, wie zu große Teilungen
unzweckmäßig sind. In besonderen Fällen können auch
Rahmen mit Füllungen als Füllung verwendet werden
(Abbildung 58).

Die Rahmenhölzer (auch Rahmenschenkel genannt)
werden nach ihrer Lage als senkrechte oder waagerechte, als
obere, untere, mittlere oder Seitenrahmenhölzer bezeichnet.
Abbildung 59: a oberes Rahmenholz, b unteres Rahmen=
holz, c Seitenrahmenhölzer, d und e mittlere waagerechte
und lotrechte Rahmenhölzer. Gebräuchlich für Rahmen
und Rahmenholz ist auch die Bezeichnung Fries —
mittlerer, unterer Fries usw., je nach der Lage. Ab=
bildung 60 bis 65: Rahmenprofile.

Die Füllungen bezeichnet man in gleicher Weise wie die
Rahmenhölzer nach Lage und Form als senkrechte oder
horizontale, aufrechte oder liegende, als obere, untere,
mittlere oder Seitenfüllungen (Abbildung 59).

Die Hölzer, welche die Rahmen bilden, müssen an ihren
Enden miteinander verbunden werden. Je nach dem
Zweck und der Form des Rahmens, nach dem Grad der
bedingten Festigkeit kann diese Verbindung hergestellt
werden:

1. durch stumpfes Zusammenfügen auf Gehrung und
Verbinden mittels Leims, Holzdübel, Federn, Schwalben=
schwänze, Nägel oder Schrauben (Abbildung 66 bis 70),

2. durch Überblatten und Verbinden mittels Leims,
Nägel, Schrauben und anderes (Abbildung 71 und 72),

3. durch Zusammenschlitzen und Verleimen (Abbil=
dung 73 bis 78),

4. mittels gestemmter und verkeilter Zapfen (Abbil=
dung 79 und 85),

5. durch Längsverbindungen (Abbildung 86 bis 90).

Beim Zusammenschlitzen erhält das Ende des einen
Rahmenholzes einen Zapfen, der vollkommen den Schlitz
des anderen Rahmenholzes ausfüllt. Fest verbunden
werden die zusammengeschlitzten Hölzer mittels Leims,
Holz= oder Metallnägel, Schrauben oder ähnliches.
Nach dem Profil der Rahmenhölzer wird der Zapfen
verschieden abgesetzt: stumpf (Abbildung 74), auf Fase
(Abbildung 75), auf Hobel (Abbildung 76), auf Gehrung
(Abbildung 77 und 78), und danach die Art des Schlitzens
näher bezeichnet als: stumpf geschlitzt, auf Gehrung ge=
schlitzt usw.

Beim Zusammenstemmen erhält das eine Rahmenholz=
ende ein Zapfenloch, in das das Zapfenende des anderen
hineinpaßt, durch Verleimen und Verkeilen wird die
Verbindung fest (Abbildung 80 und 81). Tischlerarbeiten,
die zum größten Teil aus so verbundenen Rahmen be=
stehen, bezeichnet man als gestemmte Arbeit, im Gegensatz
zu anders verbundenen.

Die Breite des Zapfens a (Abbildung 80) an Rahmen=
hölzern von 12 Zentimeter Breite und weniger beträgt
gewöhnlich ⅔ der Breite des Holzes, an dem anderen
Drittel wird ein kurzer Zapfen, ein Federzapfen (b) an=
geschnitten. An Rahmenhölzern über 12 Zentimeter
Breite soll die Zapfenbreite nicht mehr als 8 Zentimeter
betragen. Gibt ein solcher Zapfen einem breiten Rahmen
nicht genügend Halt, so sind zwei Zapfen anzuschneiden
(Abbildung 82 und 83). Die Zapfendicke beträgt ge=
wöhnlich ⅓ der Rahmenholzdicke.

Das Zapfenloch wird etwas größer gestemmt, als der
Zapfen breit ist. In die Lücken werden Holzkeile mit
Leim getrieben (Abbildung 80 und 81). Beachtet muß

dabei werden, daß die Keile nicht zu spitz und daß sie erst
bei d (Abbildung 80) treiben, bis e vorgetrieben, mit
ihrem hinteren Teil das Zapfenloch nur schließen. Zapfen
und Keile sollen nur zwischen e und d miteinander und
mit den Wänden des Zapfenloches durch Leim verbunden
sein. Diese Maßregel bezweckt, daß die Fuge zwischen
den Rahmenhölzern auch beim Arbeiten des Holzes ge=
schlossen bleibt. Nur die inneren Teile der Rahmen=
hölzer werden fest verbunden, damit sich die äußeren Teile
des Holzes beim Arbeiten (über dem Zapfen und in der
Nut) bewegen können. Die Zapfenbreite von 8 Zenti=
meter und weniger ist durch die Natur des Holzes ge=
geben. Das Nachtrocknen des Holzes schmaler Zapfen
kann für die Festigkeit der Verbindung weniger gefähr=
lich werden als das breiterer Zapfen, da diese durch ihr
größeres Schwinden eher locker werden als schmale.

Das Zapfenloch darf dem Ende der Rahmenhölzer nicht
zu nahe sein. Es muß genügend volles Holz am Ende des
Rahmenholzes vorhanden sein, um den Druck der Keile
aushalten zu können und nicht zu spalten.

Der Federzapfen bezweckt, den Teil des Rahmenholzes,
der nicht lang eingezapft werden darf, am Werfen zu
hindern. (Vergleiche die Form der Hirnleisten.)

Nach der Profilform des Rahmenholzes wird der
Zapfen verschieden abgesetzt. Man bezeichnet danach die
Verbindung als: stumpf gestemmt (Abbildung 79 bis 82),
auf Fase gestemmt (Abbildung 84 a), auf Hobel gestemmt
(Abbildung 84 b), auf Gehrung gestemmt (Abbildung 83
und 85).

Die Verbindungsformen Abbildung 66 bis 72 werden
für Rahmen, die wenig zu halten haben, angewendet.
Am seltensten angewendet wird das Überplatten, weil die
Arbeitersparnis der Ausführung dieser Verbindung
gegenüber der der weit haltbareren des Zusammen=
schlitzens zu gering ist.

Die Mittelrahmenhölzer werden miteinander durch
Überplatten oder Einstemmen (Abbildung 91 bis 93) und
mit den äußeren Rahmenhölzern durch Federzapfen, durch
eingestemmte und verkeilte Zapfen, durch Schlitzen und
Überschieben verbunden (Abbildung 94).

Unter den verschiedenen Formen für die Längsverbin=
dung für runde Rahmen (Abbildung 86 bis 90) wird das
Hackenblatt (Abbildung 89 und 90) bevorzugt. Siehe die
Anwendung Abbildung 417 und 418.

Das Zusammenschlitzen und das Zusammenstemmen sind
die meist angewendeten und anzuwendenden Verbindungs=
formen. In der Möbeltischlerei wird das Schlitzen bevor=
zugt, in der Bautischlerei das Stemmen.

D a s S p e r r e n. Einem voraussichtlich geringen Ar=
beiten des Holzes kann durch das Sperren (Abbildung 95)
genügend entgegengewirkt werden. Vorbedingungen sind:
trockenes Holz, trockener Ort. Unter diesen Umständen
wird die bei einem geringen Wechsel des Feuchtigkeits=
gehaltes der Luft entstehende geringe Neigung zum Arbeiten
durch das Sperren wirkungslos gemacht.

Das Sperren besteht in einem Verleimen mehrerer
Dickten übereinander derart, daß die Fasern dieser
Dickten sich rechtwinklig kreuzen. Mindestens drei Dickten
sind dabei zu verleimen — nicht zwei (Abbildung 96).
Wenn mehr als drei Dickten aufeinandergeleimt werden,
dann müssen es fünf, sieben oder neun sein. Die mittlere
Dickte muß immer zu beiden Seiten gleichzeitig, mit
gleichmäßig, gleich stark arbeitenden Dickten beleimt
werden (Seite 33 bis 35). Die beim Arbeiten des Holzes der
mittleren Dickte entwickelte Kraft darf nicht größer sein

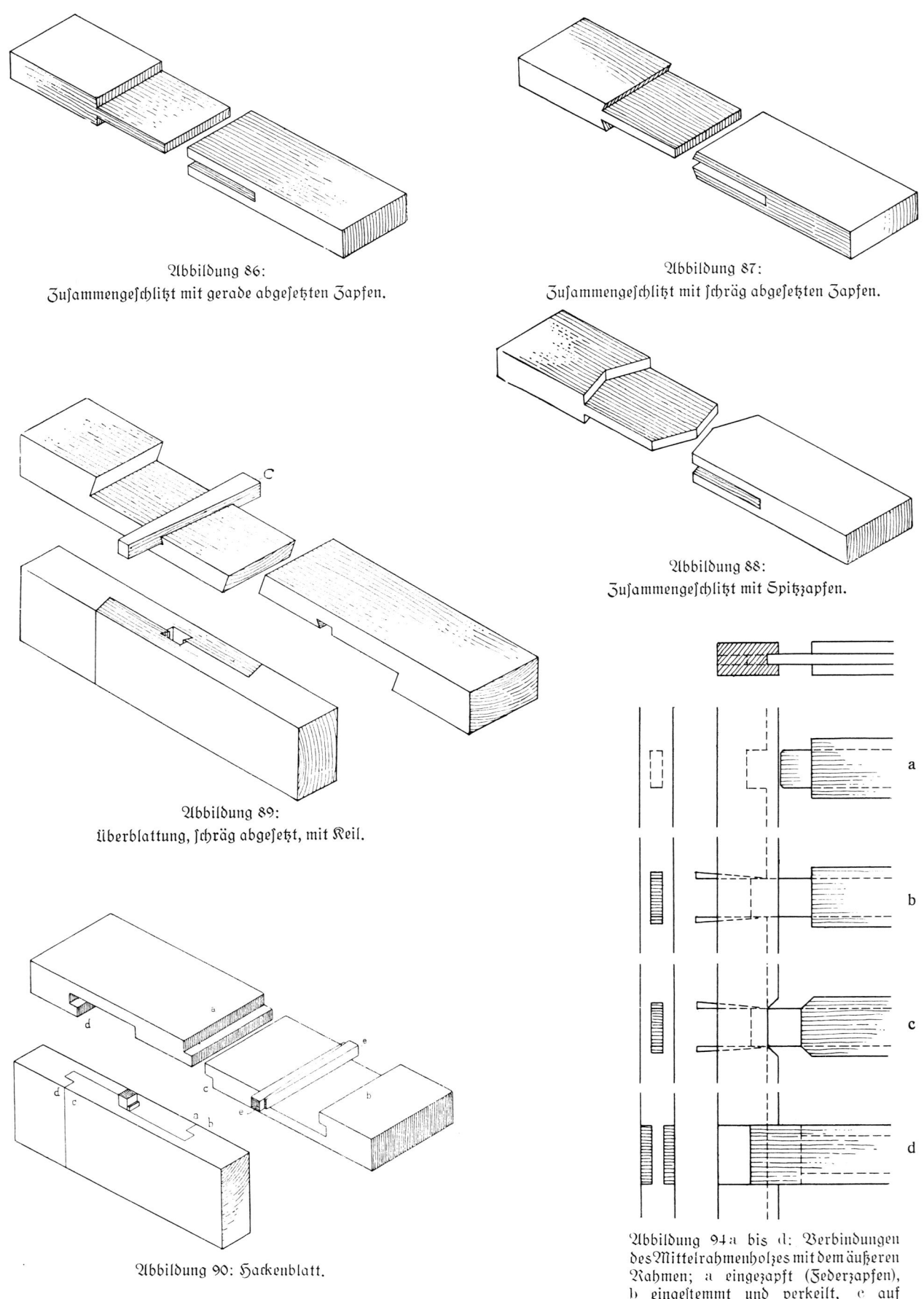

Abbildung 86:
Zusammengeschlitzt mit gerade abgesetzten Zapfen.

Abbildung 87:
Zusammengeschlitzt mit schräg abgesetzten Zapfen.

Abbildung 88:
Zusammengeschlitzt mit Spitzzapfen.

Abbildung 89:
Überblattung, schräg abgesetzt, mit Keil.

a

b

c

d

Abbildung 90: Hackenblatt.

Abbildung 86 bis 90: Holzverbindungen nach der Länge.

Abbildung 94 a bis d: Verbindungen
des Mittelrahmenholzes mit dem äußeren
Rahmen; a eingezapft (Federzapfen),
b eingestemmt und verkeilt, c auf
Gehrung eingestemmt, d überschoben.

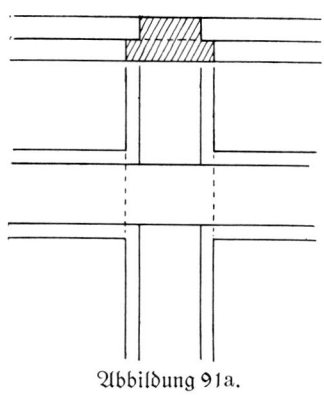

Abbildung 91a.

Abbildung 91a und b: Verbindung
zweier sich kreuzender Mittel=
rahmenstücke durch überblatten.

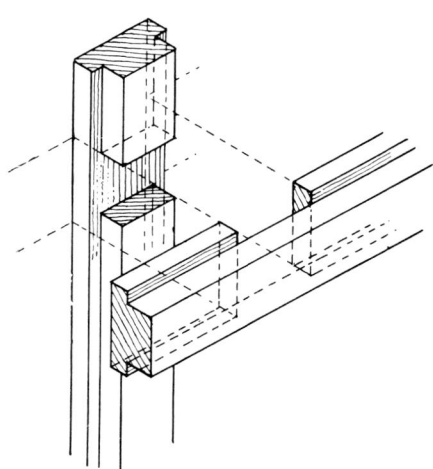

Abbildung 91b.

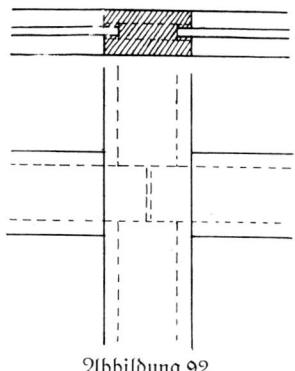

Abbildung 92.

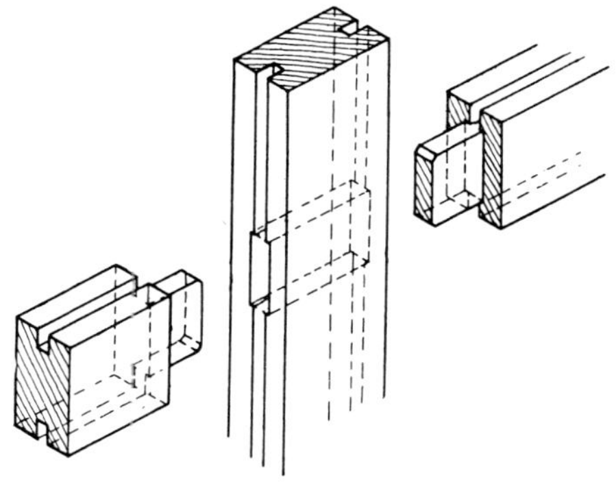

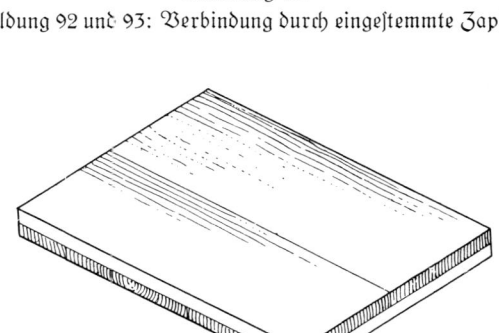

Abbildung 93.
Abbildung 92 und 93: Verbindung durch eingestemmte Zapfen.

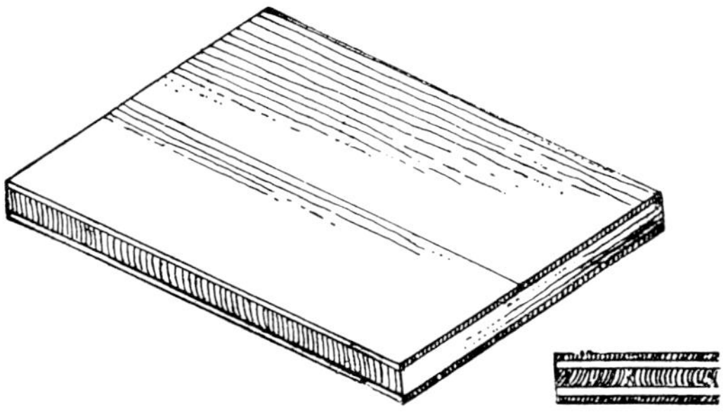

Abbildung 95:
Sperrholzplatte.

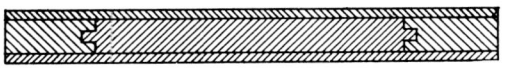

Abbildung 96:
Beispiel, wie nicht gesperrt werden soll.

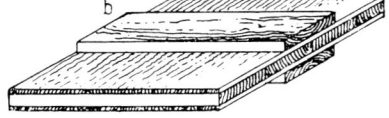

Abbildung 97:
Rahmen und Füllung gesperrt.

Abbildung 98:
Holzplatte (Rahmen und Füllung) gesperrt.

Abbildung 101:
Sperrholzplatte mit Verdoppelungen.

Abbildung 100:
Zur Herstellung glatter Flächen Sperrholz auf Rahmen geleimt.

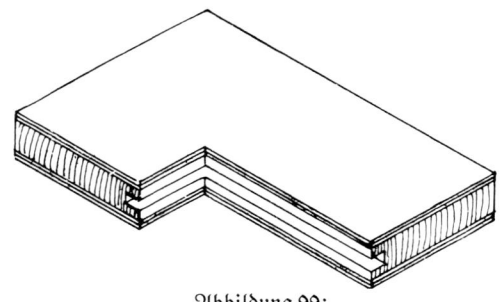

Abbildung 99:
Rahmenecke, das Holz durch zweiseitiges Aufleimen gleich
starker Dickten gesperrt.

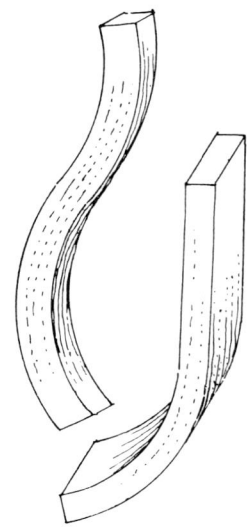

Abbildung 104:
Künstlich gebogenes Holz.

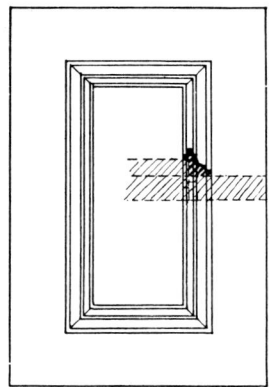 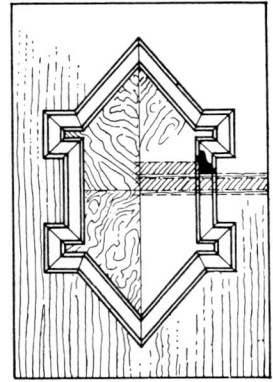

Abbildung 102.   Abbildung 103.

Abbildung 102 und 103: Beispiele für das Anleimen von Sperrholzplatten mit Verdoppelungen.

Das Sperren des Holzes wird angewendet für Füllungen, für Rahmen und für Rahmen mit Füllungen
(Abbildung 97 bis 103). Für Türen und Wandbekleidungen
mit größeren Füllungen leimt man Sperrholzplatten auf
Blindrahmen (Abbildung 100). Das Sperren ist unbedingt
notwendig für Tafeln, auf denen Verzierungen — Kehlleisten usw. — quer zur Faserrichtung geleimt werden
sollen (Abbildung 101 bis 103). Mehrere Quadratmeter
große Platten Sperrholzes werden jetzt von Spezial-
fabriken angefertigt. Die neuen Platten halten sich gut
und werden für Wand- und Deckenbekleidungen, für
Türen, für Möbel viel verarbeitet, vielfach da, wo früher
Rahmen und Füllungen gemacht werden mußten.

Das Biegen des Holzes. Durch Dämpfen wird
das Holz weich und biegsam gemacht, dann in Formen gepreßt und erkalten lassen. In trockenen Räumen behält
das Holz die ihm gegebene Form (Abbildung 104). Krumme
Zierleisten, Tisch- und Stuhlfüße werden häufig gebogen.
Man hat dadurch in der Krümmung gleiches Holz, nicht
hier Langholz und dort Hirnholz.

als die Summe des Widerstandes in den beiden äußeren
Dickten und umgekehrt. Die Größe der Tafeln, die auf
diese Weise gesperrt werden können, wird bestimmt durch
das Material und die Werkstatteinrichtungen. Um die
Sperrplatten möglichst standhaft zu machen, wird die
mittlere Dickte auch aus aneinandergeleimten Leisten hergestellt, aus schlichtem Holz, dessen Fasern parallel zur
Plattenfläche und dessen Jahresringe rechtwinklig zur
Plattenfläche liegen (Seite 33 bis 35).

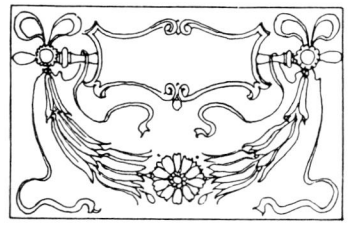

Eck= und Winkelverbindungen.

Zu unterscheiden sind hier die Eckverbindungen in einer oder in mehreren Ebenen, je nachdem die Breitseiten der Hölzer zueinander gerichtet sind (Abbildung 105 a bis d).

Abbildung 105 a: Die Breitseiten beider zu einer Ecke verbundenen Hölzer liegen in einer Ebene. Abbildung 105 b bis d: Die Breitseiten dieser zu einer Ecke oder im Winkel miteinander verbundenen Hölzer liegen in 2 Ebenen.

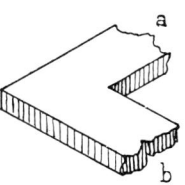 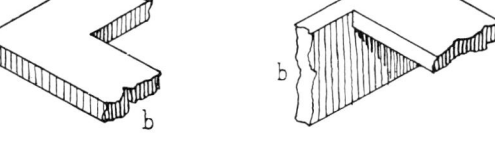 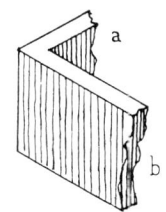 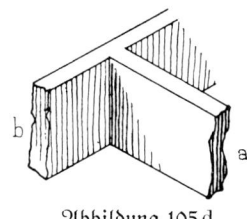

Abbildung 105 a. Abbildung 105 b. Abbildung 105 c. Abbildung 105 d.

Eck = und Winkelverbindungen von Hölzern, deren Breitseiten in einer Ebene liegen.

Die Hölzer sollen zur Bildung einer Ecke, eines Winkels, eines Kreuzes verbunden werden. Die Faserrichtungen der zu verbindenden Hölzer bilden in diesen Verbindungen allemal einen Winkel miteinander — kreuzen sich (Abbildung 106 bis 132). Aus diesem Grunde findet das eventuelle Arbeiten der so verbundenen Hölzer nie in einer Richtung statt. Die Formveränderung des Holzes beim Schwinden oder Quellen geht immer in verschiedenen Richtungen vor sich, und infolgedessen kann durch sie eine Verbindung, in der das Arbeiten des Holzes nicht berücksichtigt worden ist, wertlos werden. Je breiter die zu verbindenden Hölzer sind, desto mehr muß das eventuelle Arbeiten des Holzes bei der Wahl der Verbindungsform in Betracht gezogen werden.

Zu den Verbindungsformen dieser Art gehören die bereits besprochenen Verbindungen der Rahmenhölzer (Abbildung 60 bis 94), die sowohl für Rahmen mit Füllungen als auch für Rahmen ohne Füllung und für viele andere Zwecke anwendbar sind. Nur der Vollständigkeit halber werden diese Verbindungsformen hier nochmals bildlich vorgeführt.

Die Hölzer können verbunden werden:

1. durch stumpfes Aneinanderfügen und Verbinden mittels Leims, Dübel, Nägel, Federn, Schrauben und anderes (Abbildung 106 bis 111);

2. durch Überplatten und Bindemittel wie oben (Abbildung 112 bis 116);

3. durch Zusammenschlitzen und Verleimen, Einschlagen von Nägeln (aus Holz oder Metall) oder Verschrauben oder ähnliches (Abbildung 117 bis 123); nach der Anzahl der Schlitze bezeichnet man die Verbindung als einfach, zwei=, drei= oder mehrfach geschlitzt; nach dem Absetzen des Zapfens als auf Fase, auf Gehrung geschlitzt usw.;

4. durch eingestemmte Zapfen und Zuhilfenahme von Leim, Holzkeilen, Schrauben, Nägeln und ähnlichem (Abbildung 124 bis 132).

Auch das Stemmen wird besonders bezeichnet nach dem Absetzen des Zapfens: auf Fase, auf Gehrung gestemmt usw.

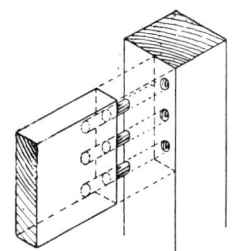

Abbildung 106:
Die Hölzer verbunden durch Dübel.

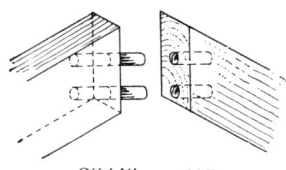

Abbildung 107:
Durch Dübel verbunden.

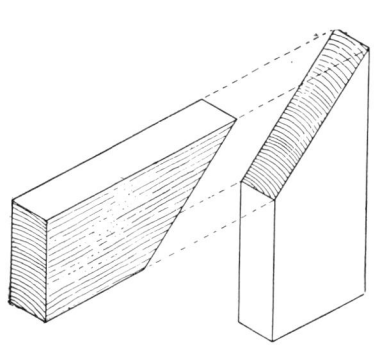

Abbildung 108:
Stumpf auf Gehrung gefügt und verleimt.

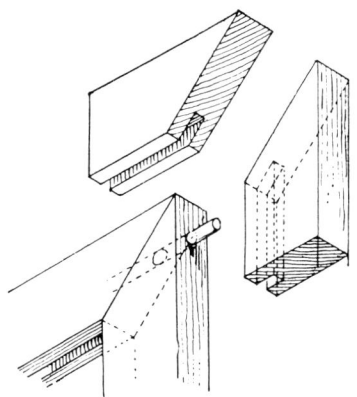

Abbildung 109:
Hölzer zur Rahmenecke stumpf auf Gehrung gefügt und mittels Leims und Dübel verbunden.

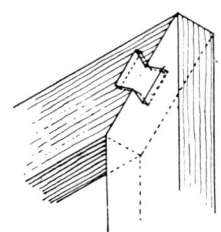

Abbildung 110:
Rahmenecke, Hölzer stumpf auf Gehrung gefügt und verleimt, eingelegte und geleimte schwalbenschwanzförmige Platte zur Sicherung der Fuge.

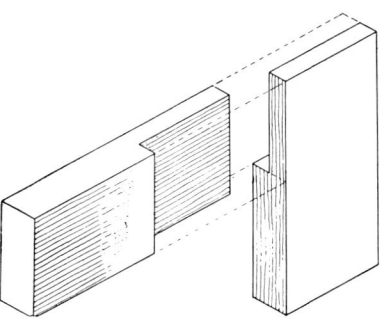

Abbildung 112:
Hölzer rechtwinklig überblattet.

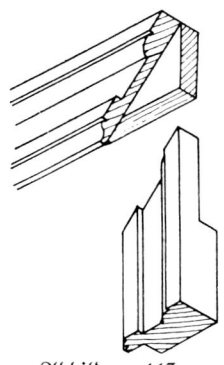

Abbildung 113:
Ecke, auf Gehrung überblattet.

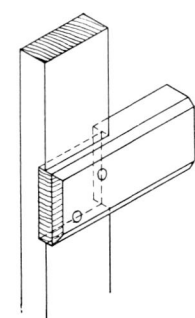

Abbildung 114:
Winkelverbindung durch überblatten.

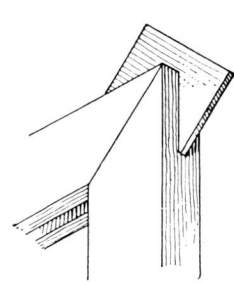

Abbildung 111:
Ecke auf Gehrung, stumpf gefügt, eingeschobene Feder.

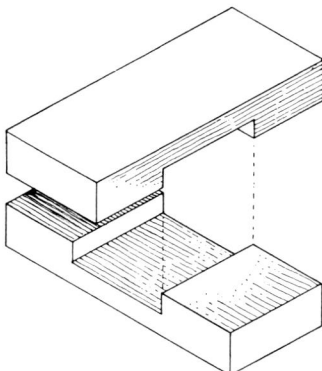

Abbildung 115:
Kreuzverbindung durch überblatten.

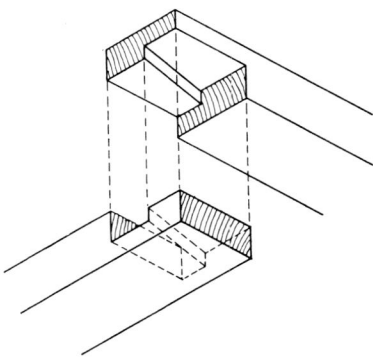

Abbildung 116:
Eckverbindung, Hölzer mit schrägem Schnitt überblattet.

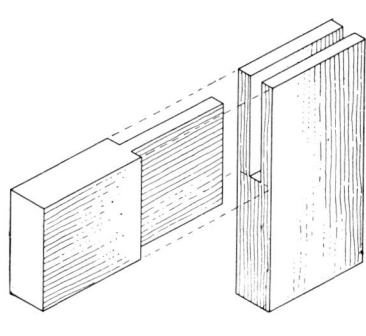

Abbildung 117:
Schlitz, Zapfen stumpf abgesetzt.

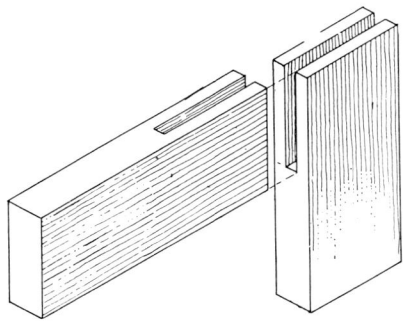

Abbildung 118:
Geschlitzt und überschoben.

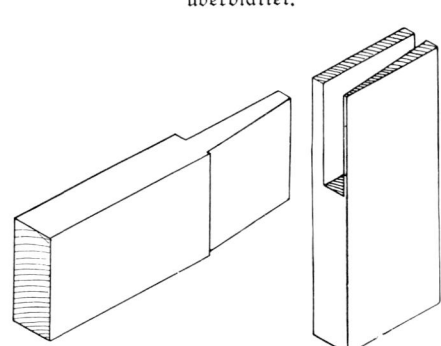

Abbildung 119:
Keilförmig geschlitzt, wird angewendet, wenn Rahmen furniert werden soll.

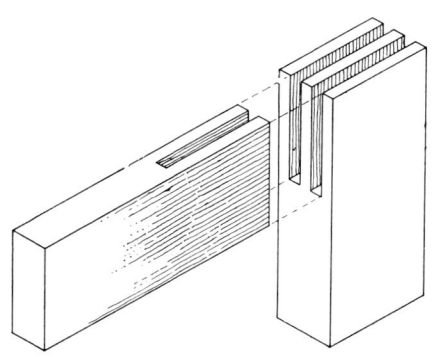

Abbildung 120:
Ungleich starke Hölzer, zweifach geschlitzt.

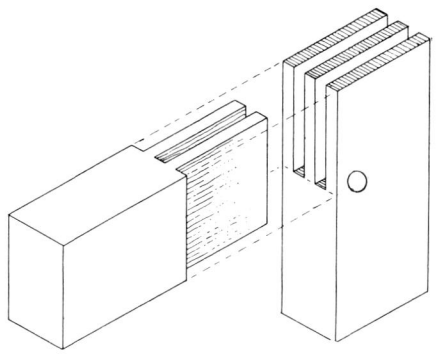

Abbildung 121:
Zweifach geschlitzt.

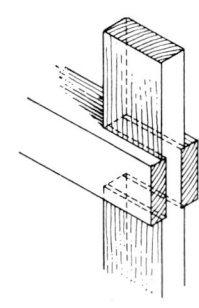

Abbildung 122:
Winkelverbindung, das schwache Holz eingeschoben in das starke Holz.

24

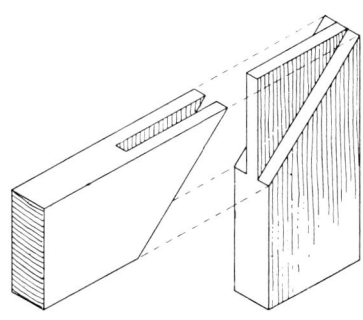

Abbildung 123:
Eckverbindung auf Gehrung geschlitzt.

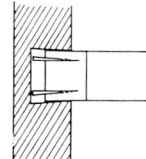

Abbildung 129:
Keilzapfen.

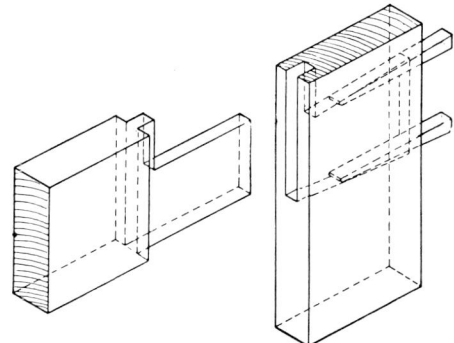

Abbildung 124:
Eckverbindung, eingestemmter und verkeilter
Zapfen.

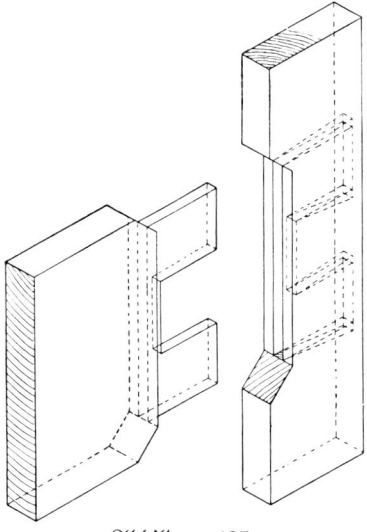

Abbildung 125:
Winkelverbindung zwischen Mittelstück und Außenrahmenholz, auf Gehrung eingestemmter Doppelzapfen.

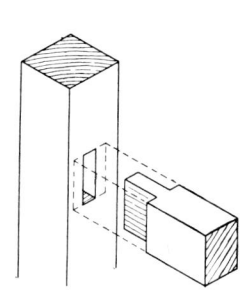

Abbildung 128:
Federzapfen.

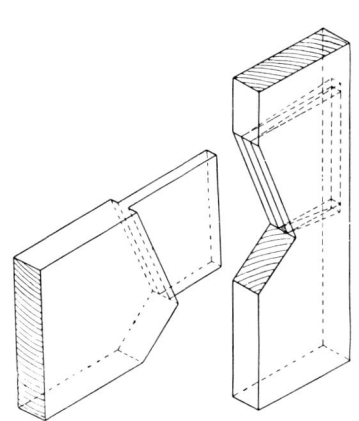

Abbildung 126:
Winkelverbindung, auf Gehrung
eingestemmter Zapfen.

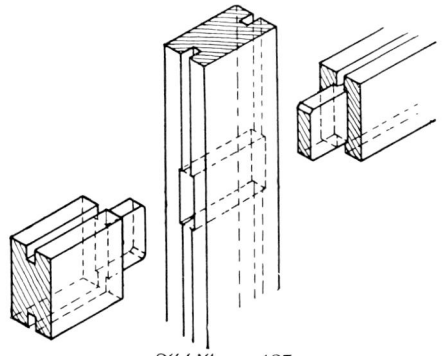

Abbildung 127:
Kreuzverbindung, eingestemmte Federzapfen.

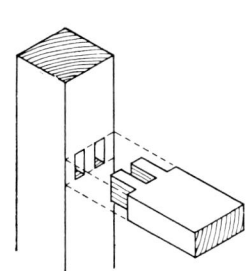

Abbildung 130:
Doppelfederzapfen (Fingerzapfen).

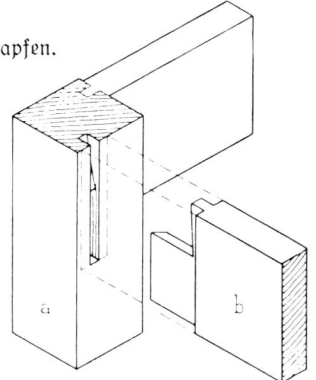

Abbildung 131:
Auf Zapfen und Feder eingestemmte
Zargenriegel.

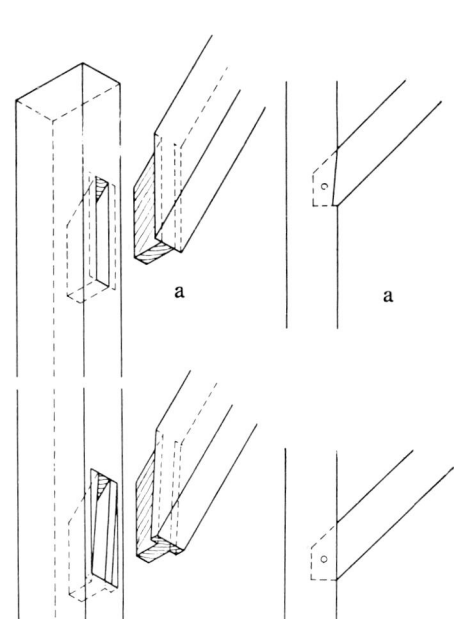

Abbildung 132 a und b: Verzapfungen.

25

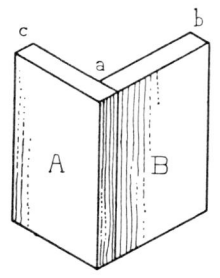

Abbildung 133.

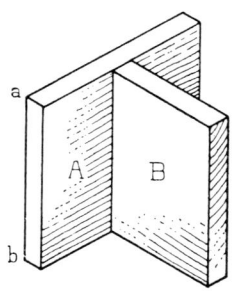

Abbildung 134.

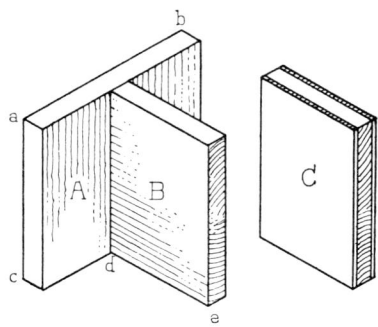

Abbildung 135.

Eck = und Winkelverbindungen von Hölzern, deren Breitseiten in zwei Ebenen liegen.

Für die Form dieser Verbindungen kommt in Betracht, ob es sich um Verbindungen zwischen Langholz und Langholz, Querholz und Querholz, Hirnholz und Hirnholz handelt oder ob Langholz und Hirnholz oder Langholz und Querholz miteinander zu verbinden sind. Langholz ist nur mit großer Vorsicht an Querholz oder Hirnholz zu leimen. Ist das Holz nicht trocken zu halten, ist ein Nachtrocknen zu befürchten, so ist eine Verbindungsform zu wählen, die das Arbeiten des Holzes gestattet (Abbildung 136 bis 153). Fest zu verbinden ist nur gleichmäßig miteinander arbeitendes Holz.

Abbildung 133: A und B dürfen in der dargestellten Form verleimt werden, wenn Langholz und Langholz sich berühren.

Abbildung 134: A und B dürfen in der dargestellten Form verleimt werden, weil A und B eventuell in gleicher Richtung (a b) arbeiten. (Vgl. Abbildung 135.)

Abbildung 135: A und B dürfen in der dargestellten Weise nicht verleimt werden, weil B eventuell in der Richtung a c, A aber in der Richtung a b arbeiten kann. Besteht B aus gesperrtem Holz (C), dann darf die Leimverbindung ausgeführt werden, weil B dann in der Richtung a c nicht schwinden oder quellen kann.

Eck = und Winkelverbindungen können erreicht werden:

1. durch stumpfes Aneinanderfügen der Hölzer und Verleimen, Dübeln, Nageln oder Schrauben (Abbildung 136 und 137);

2. durch Einnuten (Federn) und Verleimen (Abbildung 138). Der eine Teil erhält die Nut, der andere die Feder. Die Verbindung ist nur zwischen Langholz und Langholz oder Querholz und Querholz auszuführen. Die Verbindung ist mit Vorsicht anzuwenden, wenn sie an den Hirnenden zweier Hölzer auszuführen ist, weil das kurzfaserige Seitenholz der Nut (Abbildung 138) nur wenig widerstandsfähig ist;

3. durch Einschieben auf Nut oder Grat (Abbildung 139), für Verbindungen zwischen Langholz und Langholz, Querholz und Querholz, Querholz mit Langholz. Der Grat darf aber nur eingeleimt werden, wenn Langholz und Langholz oder Querholz und Querholz zu verbinden sind;

4. durch Verzinken und Verleimen. Für Verbindungen zwischen Querholz und Querholz (Abbildung 140 bis 146).

Zinken nennt man die Formen, die (Abbildung 142) am Teil a angeschnitten sind, Schwalbenschwänze die Formen, die am Teil b angeschnitten sind.

Die Zinken dürfen nicht zu spitz angeschnitten werden. < g f k (Abbildung 143) = 12 Grad. Je größer der Winkel, desto mehr kurzes, leicht brüchiges Holz (Ab-

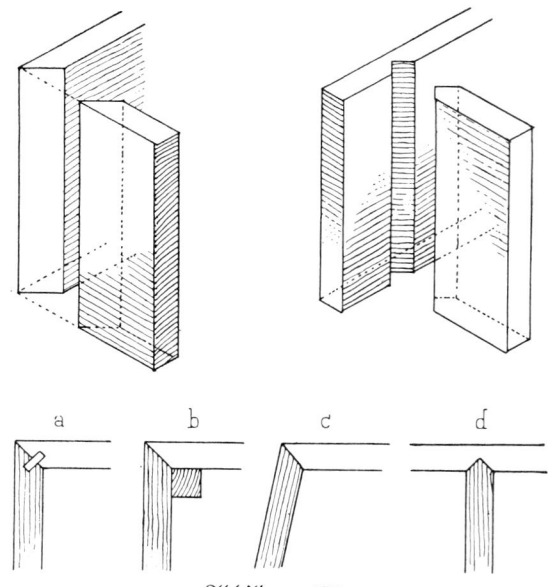

Abbildung 137:
a Eckverbindung, Stoß auf Gehrung und eingeleimter Feder; b Stoß auf Gehrung und eingeleimter Eckleiste; c Eckverbindung, stumpfer Stoß, auf Gehrung und geleimt; d Mittelstück, auf Gehrung eingeschoben.

Abbildung 136:
Eck = und Mittelverbindung durch stumpfen Stoß und Dübel.

26

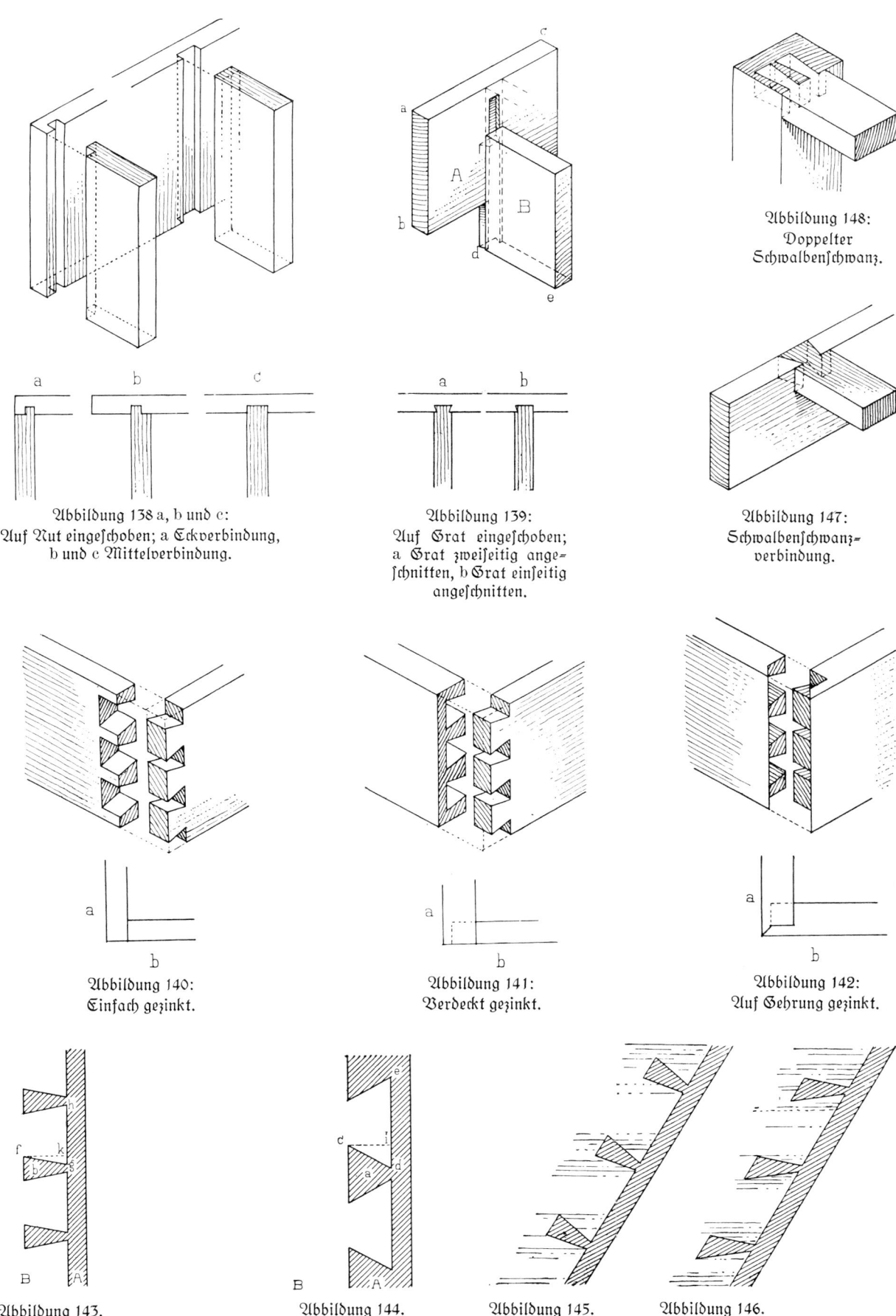

Abbildung 148:
Doppelter
Schwalbenschwanz.

Abbildung 138 a, b und c:
Auf Nut eingeschoben; a Eckverbindung,
b und c Mittelverbindung.

Abbildung 139:
Auf Grat eingeschoben;
a Grat zweiseitig ange=
schnitten, b Grat einseitig
angeschnitten.

Abbildung 147:
Schwalbenschwanz=
verbindung.

Abbildung 140:
Einfach gezinkt.

Abbildung 141:
Verdeckt gezinkt.

Abbildung 142:
Auf Gehrung gezinkt.

Abbildung 143.

Abbildung 144.

Abbildung 145.

Abbildung 146.

Abbildung 143 und 146: Richtig angeschnittene Zinken.

Abbildung 144 und 145: Falsch angeschnittene Zinken.

27

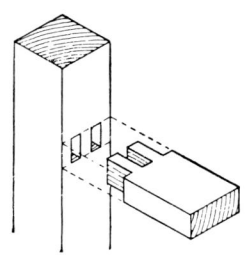

Abbildung 149:
Verbindung mittels zwei
eingestemmter Feder=
zapfen (Fingerzapfen).

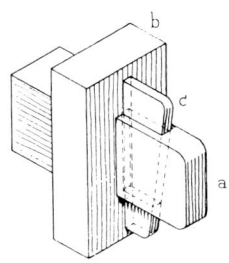

Abbildung 151.

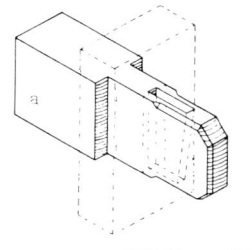

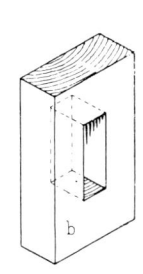

Abbildung 152.

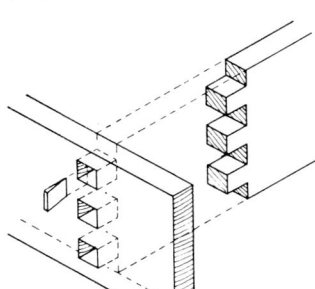

Abbildung 150:
Die Hölzer durch eingestemmte und eingeleimte Zapfen
miteinander verbunden.

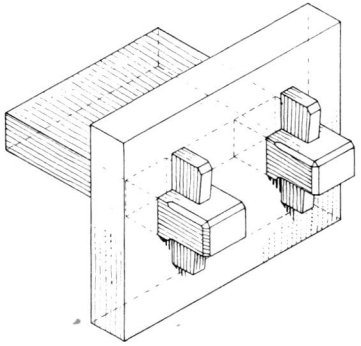

Abbildung 153.
Abbildung 151 bis 153: Lösbare
Verbindungen. Die Keile halten
die Zapfen in den Löchern fest.

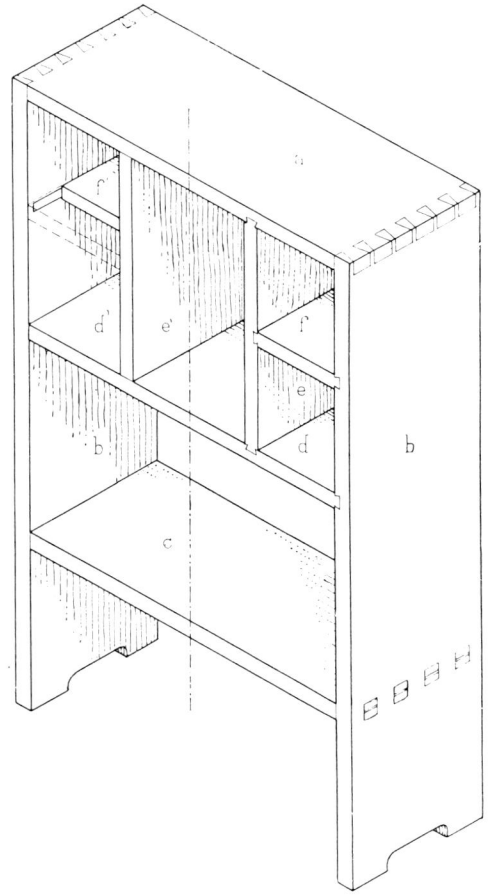

Abbildung 154:
Ein Beispiel für die Anwendung der Zinken und Zapfen im
Zusammenbau eines Regals. Alle Platten zur Fächerbildung
sind auf Grat eingeschoben.

bildung 144 d e i) erhalten die Schwalbenschwänze, und
desto weniger haltbar ist die Verbindung. Abbildung 147
schlecht angeschnittene Zinken, Abbildung 146 gut ange=
schnittene Zinken.

Die Größe der Zinken und ihre Entfernung von=
einander sind vom Zweck und von der Festigkeit des Holzes
abhängig.

Das Zinken kann in dreierlei Form zur Ausführung
kommen: einfach, verdeckt und auf Gehrung.

Verdeckt zinkt man da, wo nach der einen Seite hin
das Hirnholz verdeckt werden muß (Abbildung 141). Auf
Gehrung wird gezinkt, wenn alles Hirnholz verdeckt wer=
den muß (Abbildung 142).

Die Abbildungen 147 und 148 zeigen Verbindungs=
weisen, die auf demselben Prinzip wie das Zinken be=
ruhen;

5. durch Verzapfung aller Art (Abbildung 149 und 150).
Die Verbindungen nach Abbildung 150 erhalten durch
Leim und Eintreiben von Keilen große Festigkeit. Nur
dürfen die Keile nicht so gestellt werden, daß sie mit ihrer
Breitseite parallel zur Faserrichtung des Holzes stehen,
das den Zapfen einschließt.

Die Zapfen werden allemal so angeschnitten, daß ihre
Richtung möglichst wenig von der Faserrichtung ihres
Holzes abweicht. Ein Zapfen darf nie so breit und so dick
geschnitten werden, daß durch das Nachtrocknen seines
Holzes die Verbindung locker werden kann. Ist in dieser
Form ein Zapfen für den bedingten Zweck ungenügend, so
müssen zwei, drei oder mehr in entsprechenden Zwischen=
räumen angeordnet werden. Die Breitseite des Zapfens
muß möglichst immer parallel zur Faserrichtung des Holzes
liegen, in das er eingelocht werden soll.

Abbildung 154 ist ein Beispiel für die Anwendung der
Formen Abbildung 139, 140 und 150.

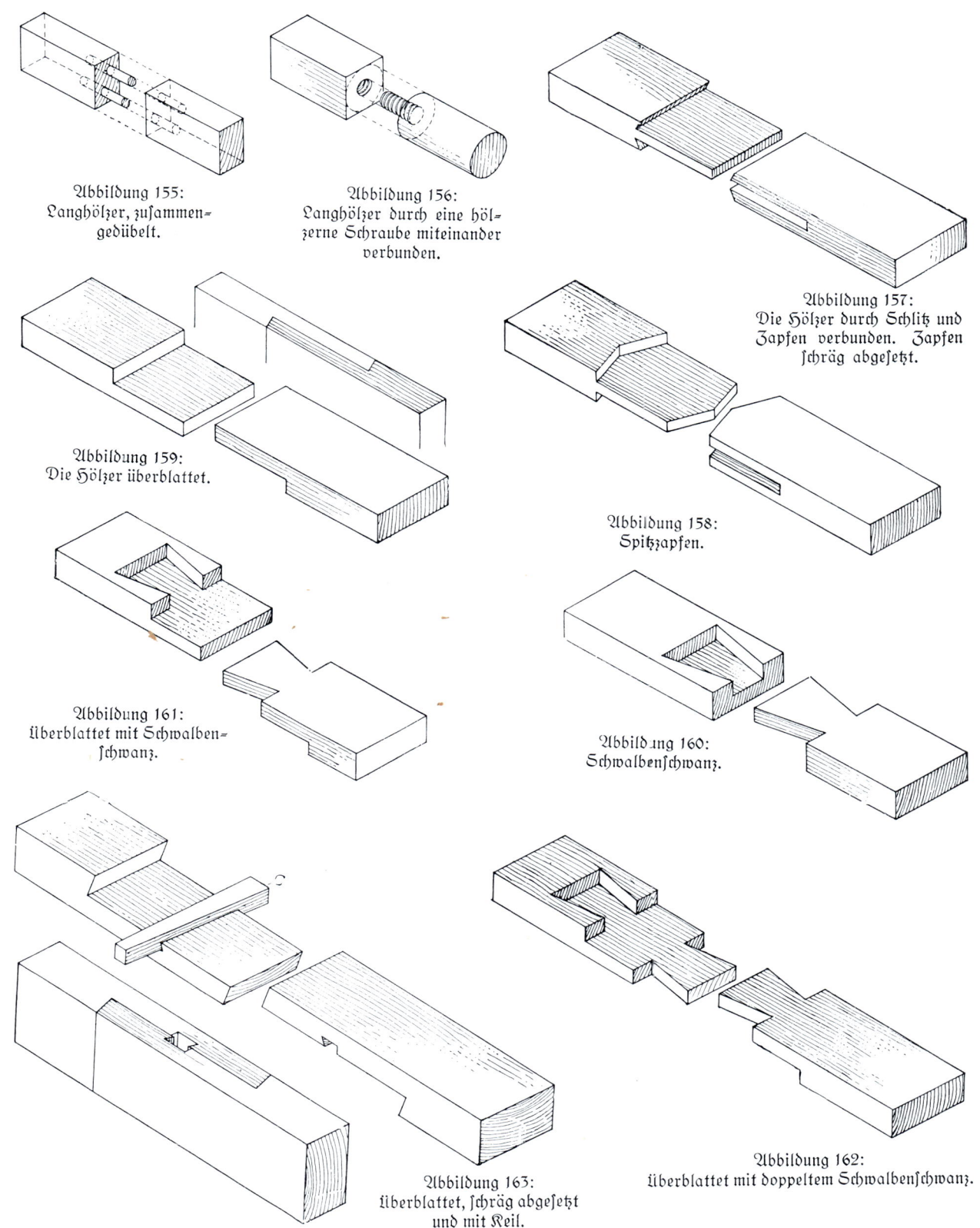

Abbildung 155:
Langhölzer, zusammen=
gedübelt.

Abbildung 156:
Langhölzer durch eine höl=
zerne Schraube miteinander
verbunden.

Abbildung 157:
Die Hölzer durch Schlitz und
Zapfen verbunden. Zapfen
schräg abgesetzt.

Abbildung 159:
Die Hölzer überblattet.

Abbildung 158:
Spitzzapfen.

Abbildung 161:
Überblattet mit Schwalben=
schwanz.

Abbildung 160:
Schwalbenschwanz.

Abbildung 163:
Überblattet, schräg abgesetzt
und mit Keil.

Abbildung 162:
Überblattet mit doppeltem Schwalbenschwanz.

Abbildung 155 bis 163: Verbindungen nach der Länge.

Die Längsverbindungen (Abbildung 155 bis
163). Die Verbindung zweier Hölzer in der Richtung
ihrer Faser (Längsverbindungen) ist auszuführen durch:
Zusammendübeln (Abbildung 155), Zusammenschrauben
(Abbildung 156), Überplatten (Abbildung 160), Zusammen=
schlitzen (Abbildung 157 und 158), Verbinden in Hacken=

blattform (Abbildung 163) und mittels Schwalbenschwanzes
(Abbildung 160 bis 162) unter Zuhilfenahme von Leim,
Nägeln, Schrauben oder ähnlichem.

Die Beschaffenheit dieser Formen und ihre Anwendung
ergeben sich aus den Abbildungen und dem vorher Ge=
sagten zur Genüge.

29

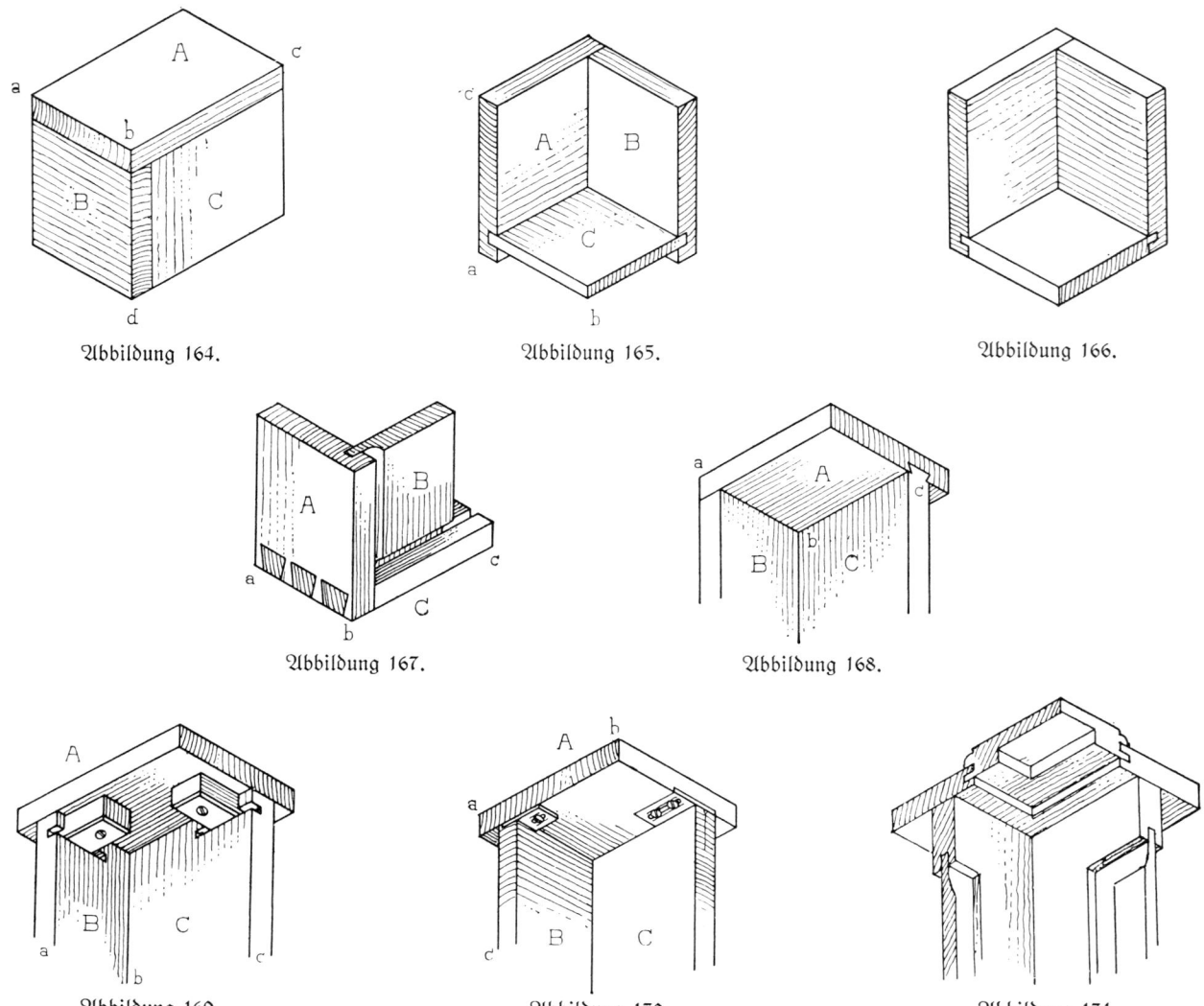

Abbildung 164. Abbildung 165. Abbildung 166.

Abbildung 167. Abbildung 168.

Abbildung 169. Abbildung 170. Abbildung 171.

Eckverbindungen von Holzplatten, deren Breitseiten in drei Ebenen liegen.

Drei Holzplatten in drei Ebenen dürfen wohl nur dann miteinander fest verleimt werden, wenn Sperrhölzer oder Rahmen zu verbinden sind (Abbildung 164 und 171). In allen anderen Fällen muß eine Platte in einer Richtung beweglich bleiben. Am vorsorglichsten handelt der Tischler, wenn er annimmt, das Holz wird sich bewegen, und infolgedessen Eckformen wählt, die Verbindungen möglich machen, in der die Teile gut miteinander verbunden sind, jedoch dem Holze die Bewegung lassen (Abbildung 165 bis 171).

Abbildung 164: Die Ecke ist aus drei aneinandergeleimten Platten gebildet derart, daß das Querholz der einen Platte am Langholz der anderen geleimt ist. Verändert sich das Holz durch Nachtrocknen, so muß die Eckverbindung gesprengt werden. Diese Eckverbindung darf nur aus Sperrholz gemacht werden.

Abbildung 165: Die Platten A und B arbeiten eventuell miteinander, sind deshalb miteinander verleimt. Die Platte C ist in beide (A und B) eingeschoben. C könnte mit B verleimt werden, mit A nicht, oder umgekehrt, C kann mit A oder B verleimt werden, je nachdem die Faserrichtung von C ∥ B oder ∥ A ist.

Abbildung 166: Dieselbe Art der Verbindung wie Abbildung 165, nur daß die untere Fläche der Platte C mit den unteren Flächen der Platten A und B bündig liegt.

Abbildung 168: A und B sind miteinander verleimt. C darf an B geleimt werden, weil die Fasern ihres Holzes parallel liegen. C ist an A mittels Grats befestigt — aber nicht angeleimt, weil C in der Richtung b c am meisten arbeitet, A aber in der Richtung a b, B arbeitet ebenfalls in der Richtung a b.

Abbildung 169: B und C aufrechtes Holz. A ist an B und C mittels sogenannter Nutklötze befestigt. Die Nutklötze werden an A durch Schrauben oder Schrauben und Leim befestigt. Mit B und C sind sie aber nicht fest verbunden. Die Befestigung der Nutklötze an A, ihr Einhacken in den Nuten in B und C gestattet trotz eines festen Zusammenhanges mit B und C eine Bewegung des Holzes der Platte A. Die Platte A dürfte an B geleimt werden, weil beide Platten eventuell in der Richtung a b arbeiten.

Abbildung 170: B und C gleichliegendes Holz. A ist mittels kleiner Eisenblechstücke an B und C gebunden. Die Blechstücke sind auf B und C aufgeschraubt und mit A ebenfalls durch Schrauben verbunden. Die Schraubenlöcher in den Blechen sind jedoch so, daß A sich mit den Schrauben um so viel hin und herbewegen kann, als A eventuell durch Schwinden oder Quellen kleiner oder größer wird. Mit B dürfte A fest verleimt werden, weil die Faserrichtungen ihres Holzes parallel liegen.

Abbildung 171: Drei Rahmen mit Füllungen zu einer Ecke verbunden.

30

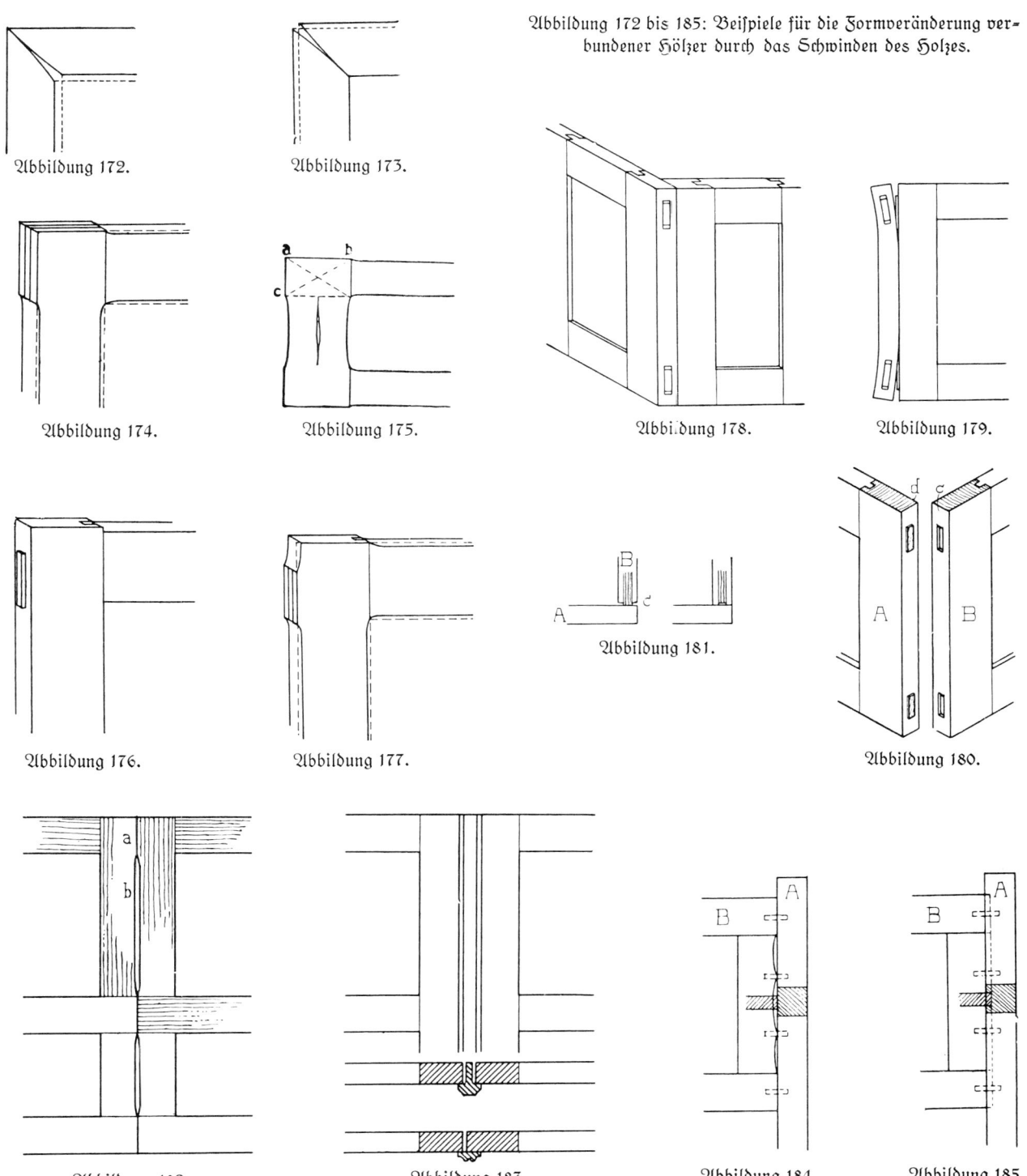

Abbildung 172.

Abbildung 173.

Abbildung 174.

Abbildung 175.

Abbildung 178.

Abbildung 179.

Abbildung 176.

Abbildung 177.

Abbildung 181.

Abbildung 180.

Abbildung 182.

Abbildung 183.

Abbildung 184.

Abbildung 185.

Abbildung 172 bis 185: Beispiele für die Formveränderung verbundener Hölzer durch das Schwinden des Holzes.

Schwindet das Holz eines auf Gehrung verbundenen Rahmens, so öffnet sich die innere Ecke (Abbildung 172), quillt das Holz, so öffnet sich die äußere Ecke (Abbildung 173). Schwindet das Holz zusammengeschlitzter und verleimter Rahmen, so entstehen die Formen Abbildung 174 und 175, weil das Holz der verleimten Ecke durch das Querverleimen des Zapfens mit den Backen des Schlitzes gesperrt ist. Ist ein Rahmenholz sehr breit, so kann auf diese Weise ein Reißen des nicht verleimten Holzes bewirkt werden (Abbildung 175). Schwindet das Holz gestemmter Rahmen, und sind die Zapfen ganz eingeleimt, so entsteht die Form Abbildung 176; sind die

Zapfen aber nicht ganz eingeleimt, sondern nur an der Stoßfuge der Rahmenhölzer, dann kann sich das Holz auf den Zapfen bewegen, es entsteht die Form Abbildung 177 — das Hirnholz trocknet vor. Daraus ergibt sich für die Verbindung von Rahmen mit Rahmen und anderen Hölzern folgendes:

Müssen zwei gestemmte Rahmen nach Abbildung 178 verbunden werden, und soll durch das eventuelle Vortrocknen der Zapfenenden nicht ein teilweises Sprengen der Verbindung entstehen (Abbildung 179), so müssen die Zapfen der Seite c (Abbildung 180) entsprechend gekürzt werden. (Vgl. Abbildung 181.)

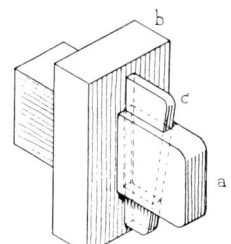

Abbildung 186:
Der Zapfen a kann aus dem
Holz b zurückgezogen werden,
wenn der Keil c entfernt ist.

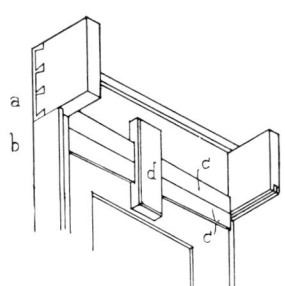

Abbildung 187:
Schrankverbindung; die Schließe d kann an der schmalsten Stelle
von cc abgenommen werden, dann liegt a lose auf b.

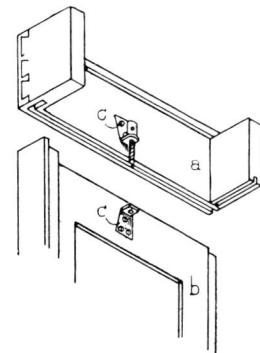

Abbildung 188:
Schrankteil; liegt a auf b,
so wird die Verbindung fest,
durch das Anziehen der
Schraube c.

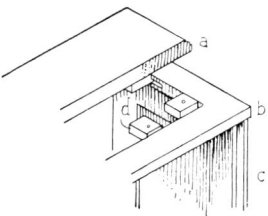

Abbildung 190:
Befestigung der Schrankplatte mit dem Unterbau durch
die Nutklötze d.

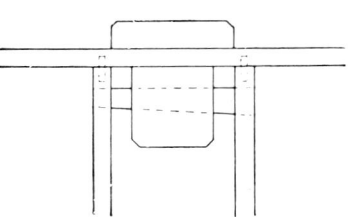

Abbildung 192:
Deckenteile, verbunden durch
Zapfen und Keil.

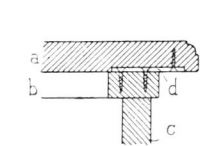

Abbildung 191:
Verbindung der Schrankplatte mit dem Unterbau durch
die Eisenschienen d.

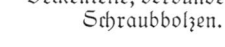

Abbildung 193:
Deckenteile, verbunden durch
Schraubbolzen.

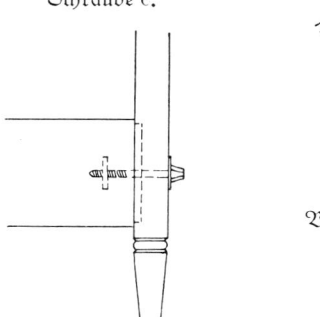

Abbildung 189:
Verbindung der Bettseite
mit einem Endteil durch
Schraubbolzen.

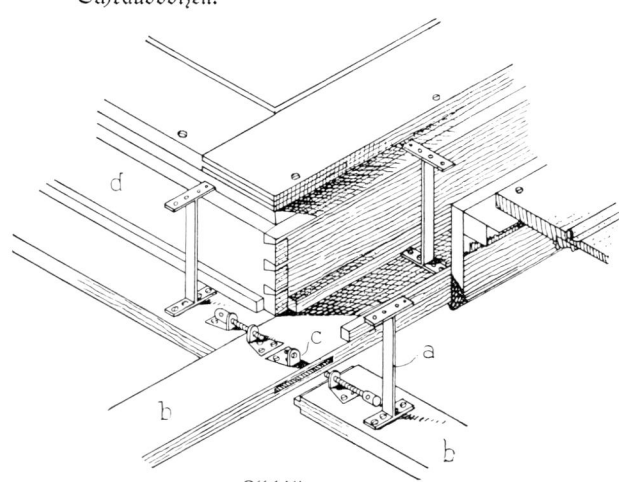

Abbildung 194:
Deckenteile, verbunden durch die Schrauben c.

Abbildung 186 bis 194: Lösbare Holzverbindungen.

Müssen zwei zusammengeschlitzte Rahmen nach Abbil=
dung 182 nebeneinander befestigt werden, so kann durch
das Nachtrocknen des Rahmenholzes bei b eine offene
Fuge entstehen. Man wählt deshalb die Form Abbil=
dung 183, in der die die Fuge deckenden Leisten die Folgen
des Schwindens der Rahmenhölzer dem Auge verbergen.
Können die Folgen des Schwindens nicht durch Leisten in
der in Abbildung 183 vorgeführten Weise verdeckt
werden, so wendet man auch wohl die Form Abbildung 185
an (vgl. Abbildung 184), man schiebt den einen Teil etwas
in den anderen hinein. Beleimt man breite Rahmen mit
Sperrholz, so wird dadurch der Rahmen formbeständig
(Abbildung 98).

Endlich muß hier noch auf die Verbindungsform und
Mittel hingewiesen werden, durch die eine jederzeit lös=
bare Verbindung zwischen mehreren Hölzern und zwischen
Teilen von Möbeln oder Bautischlerarbeiten herzustellen
ist: auf die Formen Abbildung 186 bis 194 und auf die
Bänder, Schlösser, Riegel und ähnliche Beschläge an den
Bautischlerarbeiten und Möbeln.

Das Verleimen.

Als Hilfsmittel zur festen Verbindung mehrerer Hölzer werden Leim, Kalkleim und Quark, Nägel und Schrauben aus Holz oder Metall sowie Bänder aus Metall und anderen Stoffen verwendet. Von diesen Mitteln ist namentlich der Leim und das dadurch bewirkte Verleimen von so großer Bedeutung für die Verwendung des Holzes und die Gestaltung der Gegenstände, die der Tischler anfertigt, daß dieses Bindemittel, seine Verwendung und Wirkung, besonders besprochen werden muß. Ist es doch möglich, durch Leim mehrere Hölzer (auch Hölzer verschiedener Art) so fest aneinanderzubinden, daß bei gewaltsamen Trennungsverfahren das Holz eher bricht als die Leimfuge, und kann doch mit Hilfe des Leimes ein Teil der stofflichen Unzulänglichkeiten des Holzes in einfachster Weise beseitigt werden. Der Zweck der zu verbindenden Hölzer bedingt das Bindemittel — Leim, Quark oder Kalkleim. Mit dem gewöhnlichen Tischlerleim erreicht man an feuchten Orten keine haltbare Verbindung, dort muß mit Quark — Käse und Kalk — oder Kalkleim verbunden werden.

Der Tischlerleim wird aus den Geweben des tierischen Körpers (aus Knorpeln, Knochen, Häuten, Sehnen) gewonnen.

Der Leim ist in Tafelform im Handel. Diese Leimtafeln werden vor dem Gebrauch im Wasser geweicht und mit Wasser zusammen zu einer flüssigen, breiigen Masse gekocht und in heißem Zustande verwendet.

Das zu verleimende Holz wird, nachdem es genau aneinandergefügt worden ist, gewärmt, dann mit dem flüssigen heißen Leim bestrichen und fest zusammengepreßt und zusammengepreßt gehalten, bis der Leim getrocknet ist, das heißt, bis das mit dem Leim zwischen die Hölzer gekommene und in die Holzporen eingedrungene Wasser verdunstet ist.

Die Leimverbindung ist haltbar, wenn:

1. die Fasern der verleimten Hölzer dicht aufeinanderliegen und der beim Verleimen aufgetragene Leim durch das Zusammenpressen der Hölzer, soweit er dabei nicht in die Poren eingedrungen, ausgepreßt worden ist;

2. wenn die verbundenen Hölzer trocken sind und trocken bleiben. Leimverbindungen zwischen nassen Hölzern und zwischen Hölzern an feuchten Orten sind nicht haltbar, weil der im Holze befindliche Leim in derselben Weise wie das Holz aus seiner Umgebung Feuchtigkeit aufsaugt, dadurch quillt, weicht, fault und seine Bindekraft verliert.

Aus diesem folgt:

1. daß gute Leimverbindungen nur zwischen dichtgefügten Hölzern möglich sind;

2. daß an dauernd feuchten Orten reine Leimverbindungen zwecklos sind, es sei denn, daß das Holz durch Schutzmittel (Anstrich usw.) genügend gegen das Eindringen der Feuchtigkeit geschützt werden kann;

3. daß die Leimfugen möglichst geschützt liegen müssen, damit eine längere Einwirkung von Nässe auf das äußere Holz den Leim nicht zum Quellen und Weichen bringen kann;

4. daß Leimverbindungen an solchen Orten, wo das Holz durch den Wechsel des Feuchtigkeitsgehaltes der Luft zum Arbeiten (Schwinden, Quellen) veranlaßt wird, mit großer Vorsicht anzuwenden sind, zum Beispiel an Fenstern und Außentüren;

5. daß Vorsichtsmaßregeln immer geboten sind, weil nie mit Sicherheit festzustellen ist, ob ein Holz so trocken ist, daß es nicht mehr nachtrocknen kann, und weil selbst in trockenen

Innenräumen nicht stetig eine gleiche Temperatur und ein gleicher Grad von Feuchtigkeit zu halten sind.

Das Holz schwindet und quillt bei jedem Wechsel des Feuchtigkeitsgehaltes der Luft. Ein Holz, das sich mit einem anderen in einer Verbindung befindet, übt, wenn es allein oder nicht in gleicher Richtung mit dem anderen arbeitet, infolge der Verbindung einen Zwang auf das andere aus und erleidet einen Zwang, indem es sich nicht ungehindert bewegen — schwinden und quellen — kann. Die Folgen dieses Zwanges können für die Verbindung und die Form des Holzes sehr nachteilig werden. (Vgl. Abbildung 172 bis 185, 198, 204, 206.)

Seite 2 bis 9 ist schon darauf hingewiesen worden, daß das Holz nicht gleichmäßig in allen drei körperlichen Ausdehnungen arbeitet, daß altes Holz weniger als junges Holz arbeitet, und daß die verschiedenen Holzarten ebenfalls verschiedene Schwindmaße haben. Quer zur Faserrichtung schwindet das Holz bedeutend, in der Richtung der Fasern dahingegen so wenig, daß es vom Tischler unbeachtet gelassen werden darf.

Daraus folgt nun in bezug auf das Verleimen zweier oder mehrerer Hölzer:

1. Wird zwischen zwei Hölzern mit gleichem Schwindmaß und gleich starken Neigungen zum Werfen und Drehen eine Langholzverbindung hergestellt (Langholz an Langholz, Abbildung 195), so können diese Hölzer mit- oder gegeneinander arbeiten, je nachdem, ob sie so verbunden sind, daß ihr Arbeiten die gleiche Richtung hat, oder ob sie gegeneinander arbeiten. Im letzteren Falle wird das Holz durch die Verbindung zum Stehen gebracht. (Vgl. Abbildung 196, Abbildung 219 und 220 und An-

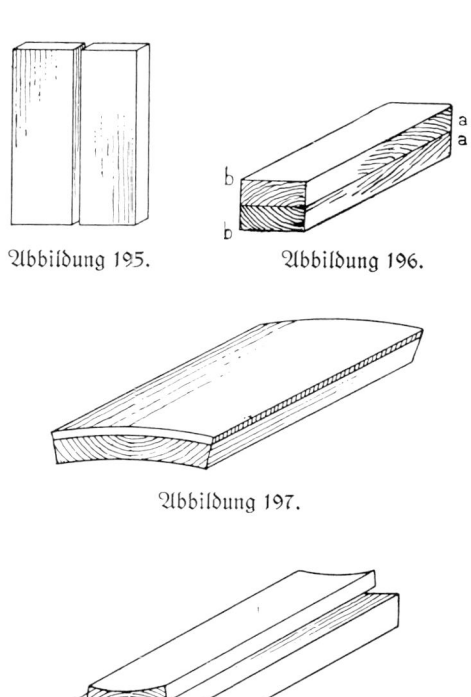

Abbildung 195. Abbildung 196.

Abbildung 197.

Abbildung 198.

Abbildung 197 und 198:
Formveränderung des Holzes durch Schwinden.

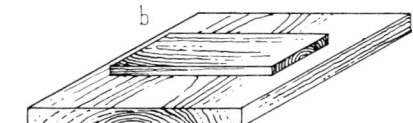

Abbildung 199: Falsch verleimt.

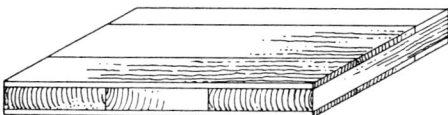

Abbildung 200: Sperrholztafel.

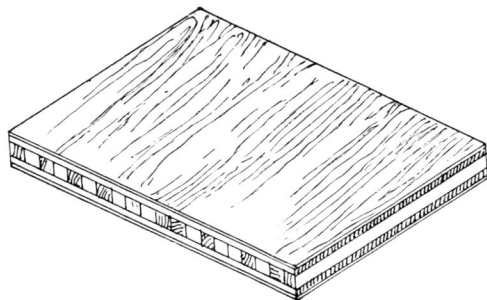

Abbildung 201: Sperrholzplatte;
Mittelschicht aus Leisten verleimt.

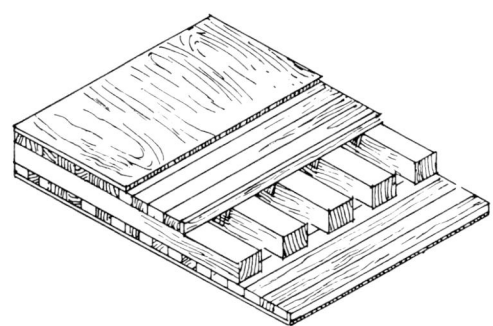

Abbildung 202: Sperrholzplatte, patentierte Konstruktion.

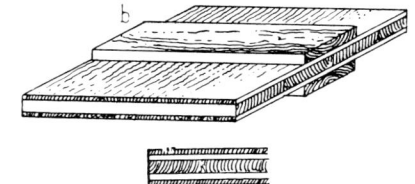

Abbildung 203: Gut verleimt.

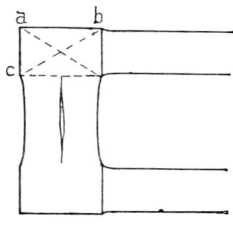

Abbildung 204: Die ge-
schlitzten und verleimten Ecken
behalten ihre Form. Die
Form der anderen Teile des
Rahmens wird durch das
Schwinden des Holzes ver-
ändert.

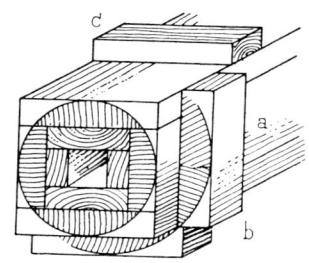

Abbildung 205:
c falsch auf a geleimt, Langholz
auf Querholz; b richtig geleimt.

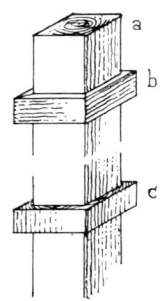

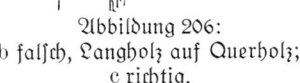

Abbildung 206:
b falsch, Langholz auf Querholz;
c richtig.

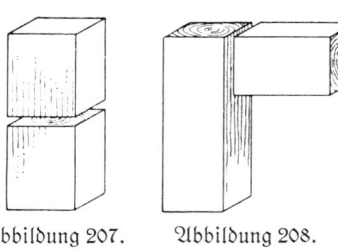

Abbildung 207.   Abbildung 208.

Abbildung 207 und 208:
Hirnholz gegen Hirnholz und
Hirnholz gegen Langholz —
schlechte Leimverbindung.

merkungen). Sind die Hölzer in ihren Neigungen ungleich stark, so wird das schwächere vom stärkeren mitgerissen oder die Verbindung gesprengt (Abbildung 197 und 198).

2. Werden zwei Hölzer so aufeinandergeleimt, daß die Faserrichtungen sich kreuzen, so wird durch eine solche Verbindung allemal das Arbeiten beider Hölzer beeinflußt. Haben die Hölzer gleich starke Neigung zum Schwinden und Werfen, und sind sie so verleimt, daß ihre Neigungen zum Werfen gegeneinander gerichtet sind, so kommt durch diese Verbindung das Holz an der Fuge zum Stehen (Abbildung 204), weil die gleichen Kräfte gegeneinander arbeiten. Ist jedoch das eine Holz stärker als das andere, so wird das schwächere vom stärkeren mitgerissen, oder die Verbindung wird gelöst. Werden drei, fünf und mehr Holzdickten in der in der Abbildung 200 bis 203 dargestellten Weise aufeinandergeleimt, haben die gleichliegenden äußeren Dickten zu beiden Seiten der mittleren Dickte gleiches Schwindmaß, so kann das so verleimte — gesperrte — Holz nicht mehr arbeiten. Wird nur der eine Teil eines entsprechend breiten Holzes gesperrt, so wird der andere Teil — wenn das Holz nachtrocknet — reißen (Abbildung 204).

3. Leimverbindungen zwischen — stumpfgefügtem — Hirnholz und Langholz, Hirnholz und Querholz oder Hirnholz und Hirnholz (Abbildung 207 und 208) sind immer unsicher und werden deshalb auch nur wenig, jedenfalls nicht für die Verbindung von Konstruktionsteilen angewendet.

Wird das Verleimen in passender Weise mit Sorgfalt ausgeführt, so kann dadurch ein Teil der unangenehmen Eigenschaften des Holzes nahezu beseitigt werden. Passend und sorgfältig verleimtes Holz steht im allgemeinen besser als massives, unverleimtes Holz (Abbildung 200, 211 bis 213). Aus diesem Grunde verleimt der Tischler, muß er starkes Holz verwenden, solches, wenn möglich, aus mehreren gleichmäßig arbeitenden Dickten. (Abbildung 205.)

Ein starkes, volles Holz (Abbildung 210) reißt, wenn es schwindet, weil das junge Holz mehr schwindet als das Kernholz. Wird einem solchen Holz der Kern ausgebohrt, so bleibt der Ring des jungen Holzes zusammen, reißt nicht (Abbildung 211).

Der Tischler verleimt also:

1. um aus (schmalen) Brettern eine größere — breitere — Platte herzustellen (Abbildung 209);

2. um dünne Hölzer zu einem dicken, starken Holz zu verbinden (Abbildung 205, 212, 214);

3. um den Wirkungen des Arbeitens des Holzes nach Möglichkeit zu begegnen (Abbildung 200 bis 203, 217 bis 220 und Seite 21);

4. um Hölzer mit dekorativen, aber nicht konstruktiven Eigenschaften mit solchen, die vorwiegend konstruktive Eigenschaften besitzen, zu verbinden, oder um von einem

34

nicht reichlich vorhandenen und teuren Holze durch Auf=
leimen auf ein anderes Holz (Furnieren) möglichst wenig
verbrauchen zu müssen (siehe Seite 36 bis 41);

5. um gebogenes Holz in der ihm durch das Biegen ge=
gebenen Form zu erhalten (Abbildung 215);

6. um die Teile eines Gegenstandes zu einem festen
Ganzen zu verbinden. (Siehe „Kastenmöbel".)

Zu 2: Der Tischler verleimt nicht nur schwächeres Holz
zu stärkerem, weil ihm vielleicht stärkeres Holz fehlt, son=
dern vorzugsweise deshalb, weil, wo es anwendbar ist, ver=
leimtes Holz besser steht als unverleimtes. Er beobachtet
dabei die bereits mehrfach angeführten Regeln; er ver=
leimt möglichst gleichmäßig arbeitendes und gleich kräftiges
Holz in der Weise, daß beim Arbeiten des Holzes die
Kräfte gegeneinander wirken, sich gegenseitig aufheben
und das Holz dadurch zum Stehen kommt (Abbildung 203).
Der Tischler verleimt nicht nur schwächere Hölzer zu
diesem Zweck, sondern er schneidet auch ausreichend starkes
Holz einmal oder mehrere Male auf, je nach der Stärke
und Beschaffenheit des Holzes, wendet, stürzt die Teile,
bringt das Wurzelende des einen an das Kronenende des
anderen Stückes und verleimt die Teile wieder (Abbil=
dung 217 bis 220). Der Tischler verwendet von einem
breiten Brett mit Kernholz, Reifholz und Splint (Abbil=
dung 221) für bessere Arbeiten nur das Reifholz (c); er
schneidet den Kern (b) heraus und den Splint (a) ab und
verleimt, wenn es nötig, das Reifholz wieder zu einer
Breite. Dieses Aufschneiden des Brettes geschieht, weil
der Kern reißt und der Splint zu stark schwindet, auch
zuwenig widerstandsfähig ist. Abbildung 220: Das Stamm=
holz (Abbildung 219) ist kreuzweise aufgeschnitten und mit
den Splintseiten wieder verleimt. Abbildung 215 und 216:
Das Seitenbrett (Abbildung 216) ist in der Längsrichtung
in der Mitte aufgeschnitten, die Hälften sind in Abbil=
dung 217 so verleimt, daß das Kronenende der einen
Bretthälfte mit dem Wurzelende der anderen verbunden
ist; in Abbildung 218 sind die Kernseiten, Kernkante auf
Kernkante zusammengeleimt.

Zu 5: Werden mehrere dünne Holzdickten in eine Form
gepreßt und in dieser Lage miteinander verleimt, so be=
halten sie die ihnen durch die Pressung gegebene Form
(Abbildung 215).

Abbildung 199: Die Verbindung ist falsch: Langholz
über Querholz.

Abbildung 200: Die gewöhnliche Sperrholzplatte. Die
Mittelschicht ist aus gleichartigem Kernholz verleimt, aus
schwachen Brettern. Die obere und untere Schicht ist
ebenfalls aus gleichartigem Holz. Die Dickten sind etwa
halb so stark wie die mittlere Schicht.

Abbildung 201: Die Mittelschicht ist aus schmalen
Leisten von gleichartigem Holze verleimt, damit die Be=
wegung einzelner Leisten keinen Einfluß auf die Form der
Platten haben soll.

Abbildung 202: Patentierte Sperrholzkonstruktion. In
der Mittelschicht liegen die Leisten etwa so weit vonein=
ander, als sie breit sind. Die Lasten der oberen und unteren
Schicht liegen aneinander; doch sind nur die Schichten mit=
einander verleimt, nicht die Leisten einer Schicht. Der
Leim hat eine besondere Zusammensetzung, ist widerstands=
fähig in feuchter Lage.

Abbildung 204: Beispiel der Formveränderung der nicht
gesperrten Teile eines Rahmens. Die Rahmenecken sind
durch das Schlitzen und Leimen gesperrt.

Abbildung 205: Um ein genügend starkes Holz zu haben,
ist die Platte b auf a geleimt: Langholz auf Langholz. Die

Verbindung ist gut. Bei c ist Langholz über Querholz
geleimt. Die Verbindung ist nicht gut. Die Platte wird
abgesprengt werden.

Abbildung 206: Die Verbindung b mit a ist falsch, kann
nicht halten — Querholz auf Langholz. Die Verbindung c
mit a ist gut.

Abbildung 209 a bis e zeigt die Formveränderung einer
aus Brettern verschiedener Qualität verleimten Platte,
durch das Schwinden des Holzes, durch Nachtrocknen:
Platte e ist aus Seitenbrettern verleimt, alle Kernseiten

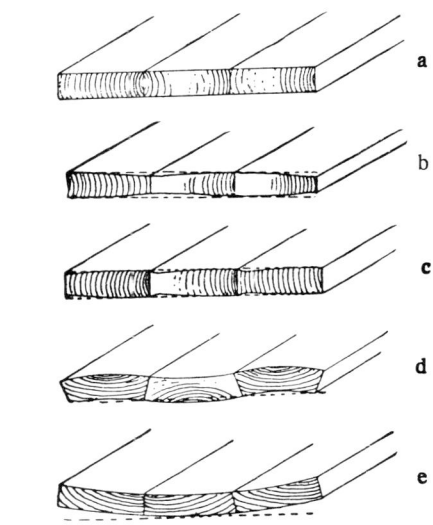

Abbildung 209: Die Formveränderung verleimter Platten
aus Kernbrettern und Seitenbrettern.

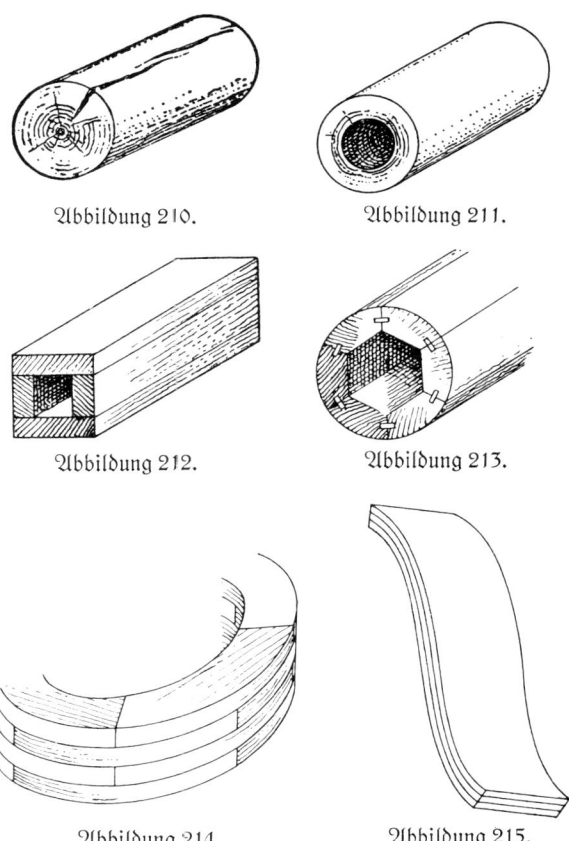

Abbildung 210.   Abbildung 211.

Abbildung 212.   Abbildung 213.

Abbildung 214.   Abbildung 215.

Abbildung 210 bis 218: Beispiele für das Teilen starker Hölzer
und das Wiederverleimen der Teile, um das Holz formbeständiger
zu machen.

35

liegen nebeneinander. Die Platte ist hohl geworden. Platte d ist ebenfalls aus Seitenbrettern verleimt. Die Kernseiten liegen wechselseitig. Die Platte ist wellig geworden. Platte c ist aus Kernbrettern gemacht. Splintkante ist an Kernkante geleimt. Das Splintholz neben den Leimfugen ist getrocknet, und so hat die Platte dort Vertiefungen bekommen. Die Platte b ist auch aus Kern=

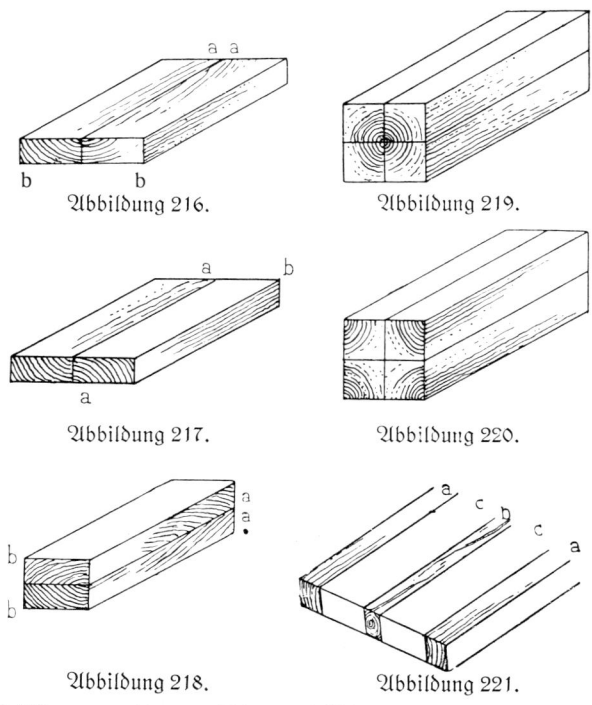

Abbildung 216.

Abbildung 219.

Abbildung 217.

Abbildung 220.

Abbildung 218.

Abbildung 221.

Abbildung 216 bis 221: Teilen und Wiederverleimen des Holzes.

brettern verleimt, Splint an Splint, Kern an Kern. Diese Platte hat infolge des Nachtrocknens des Holzes leicht gewellte Flächen, aber die Formveränderung ist nicht so auffällig wie die der Platten c bis e. Abbildung a zeigt die ursprüngliche Form aller Platten. Die beste Auswahl und Zusammenstellung des Holzes ist in Platte b vorhanden.

In dem Vorstehenden ist auf die allgemeinen Eigenschaften des Holzes, auf die wesentlichsten Verbindungsformen der Hölzer in bezug auf die allgemeinen Eigenschaften des Holzes hingewiesen. Ohne Kenntnis dieser Eigenschaften und der aus der Erfahrung entstandenen praktischen Verbindungsformen wird jeder Versuch, einen praktischen Zusammenbau für einen Gegenstand der Bau- oder Möbeltischlerei zu finden, nichts anderes sein als der Anfang einer Reihe von Experimenten zur Gewinnung der Erfahrungen, aus denen die angeführten Verbindungsformen entstanden sind. Ein solcher Versuch würde also nur einen unnötigen Zeitverlust ergeben, während die Kenntnis der gesammelten Erfahrungen anderer die Arbeit erleichtert.

Für den Zusammenbau und die Formgebung der Gegenstände, die der Tischler anfertigt, kommen neben dem praktischen Zweck, den allgemeinen Eigenschaften des Holzes und den dadurch bedingten Verbindungsformen im besonderen nun noch in Betracht: die Struktur und die Farbe des in jedem einzelnen Falle zu verwendenden oder verfügbaren Rohmaterials, dessen Wert, dessen spezielle Eigenschaften (siehe „Das Furnieren") sowie die zum Schutz oder zur Verschönerung des Holzes zweckgemäß mit diesem vorzunehmenden Prozeduren: der Anstrich, das Beizen, Wachsen, Firnissen und Polieren. Das Furnieren (Seite 36) und das Polieren (Seite 42) muß hier besprochen werden, weil diese Techniken die äußere Form und die Konstruktion der Tischlerarbeiten besonders beeinflussen.

3.

Das Furnieren.

Ein teures Holz wird vom Tischler anders verarbeitet als ein billiges; ein Holz, das nur in einer geringen Quantität vorhanden ist und besondere Vorzüge besitzt, wird anders verarbeitet als dasjenige, das in jeder benötigten Quantität zur Verfügung steht, aber keine besonderen Vorzüge hat.

In Fällen, wo von einem teuren Material nur möglichst geringe Quantitäten verbraucht werden dürfen und Zweck und Form des Gegenstandes es gestatten, verwendet der Tischler dieses Material in dünnen Plättchen (bis zu ½ Millimeter Stärke, Messerfurnier), belegt (beleimt, furniert) damit ein anderes, minderwertiges, sogenanntes Blindholz (Abbildung 230a, B Blindholz, F Furnier).

Dem minderwertigen Blindholz wird damit ein kostbares Kleid umgehängt, es verschwindet darunter vollständig, das Ganze scheint aus dem kostbaren Stoff zu bestehen. Es ist auf diese Weise möglich, mit geringen Quantitäten teuren Materials verhältnismäßig große Flächen des Blindholzes zu bedecken.

Aber noch aus einem anderen Grund kann furniert werden müssen, nämlich dann, wenn ein dekorativ schön wirkendes Material, zum Beispiel ein Maserholz, verwendet werden soll, das keine oder nur geringe konstruktive Eigenschaften besitzt, das, massiv verwendet, sich wirft

und dreht, das brüchig ist usw. Durch das Verbinden eines solchen Materials mit einem anderen gut stehenden Holz, das durch Zeichnung und Farben minder gut wirkt, übernimmt dieses die konstruktiven Funktionen des Gegenstandes, jenes die dekorativen.

Der Tischler wird hier durch die Unzulänglichkeit seines Materials geradezu auf eine Technik hingewiesen, die, richtig angewandt, viel zur schönen, künstlerischen Gestaltung vieler Gegenstände beiträgt, auf das Furnieren und das Einlegen verschiedenfarbiger Hölzer (Marketerie, Intarsia).

Durch das Furnieren ist es möglich, jede Art Holz in jeder Größe für den Schmuck der Möbel- und Bautischlerarbeiten verwerten zu können — kleine Stücke in passender, systematischer Verbindung zum Bedecken großer Flächen zu verwenden und so Flächenmuster, Flächendekorationen künstlerischer Form und schöner Wirkung zu bilden (Abbildung 222 bis 225).

Abbildung 222a: Nur die Umrahmung kann in ganzer Breite furniert werden, die Vertiefung nicht. Die Vertiefung ist aus dem vollen Holz gearbeitet.

Abbildung 222b: Die Vertiefung ist durch die Umrahmung, durch die Bildung von Rahmen und Füllung entstanden. Diese vom Rahmen lösbare Füllung kann in

36

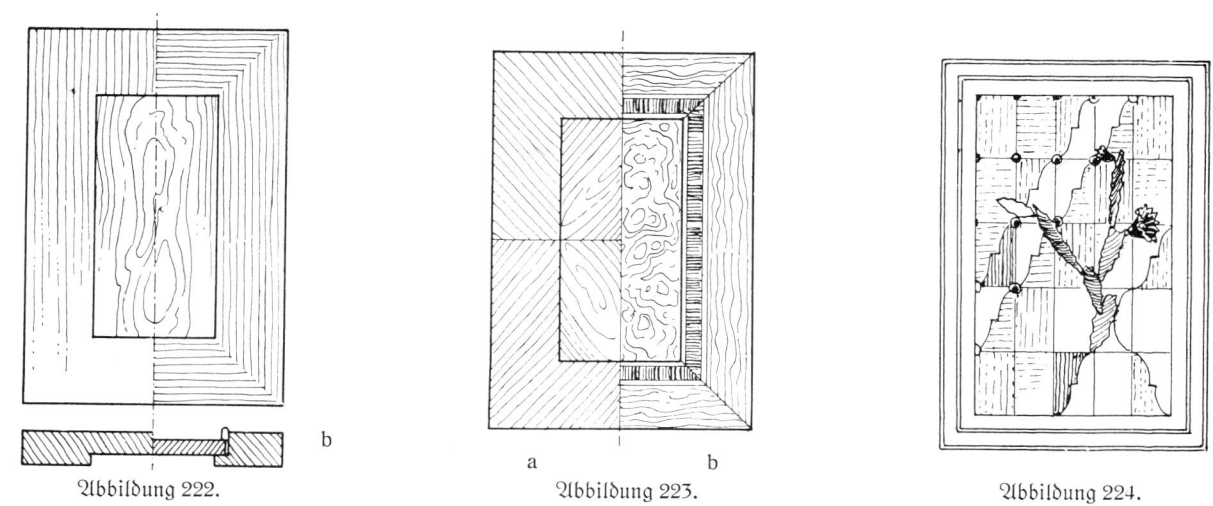

a   b   a   Abbildung 223.   b

Abbildung 222.   Abbildung 224.

Abbildung 222 bis 224: Beispiele für die Verwendung verschieden gerichteter Hölzer gleicher Art zur Flächenteilung und =belebung.

Abbildung 225: Teil der Vertäfelung der Kriegsstube in Lübeck.
Ein Beispiel für die hohe Blüte der Intarsiakunst am Ende des 16. Jahrhunderts.

37

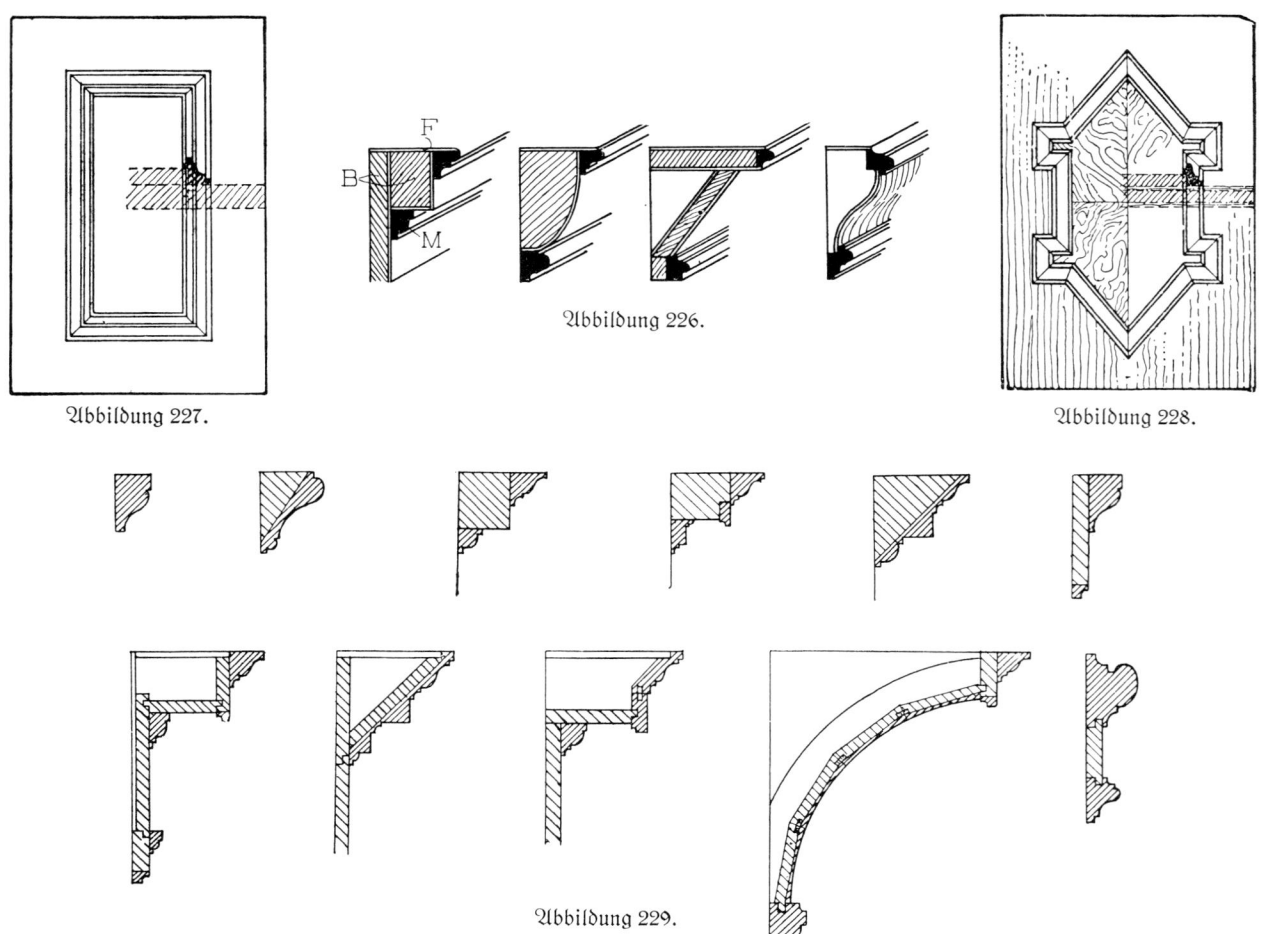

Abbildung 227.

Abbildung 226.

Abbildung 228.

Abbildung 229.

Abbildung 227 bis 229: Beispiele, die zeigen, welche Teile eines Profils von Massivholz (Edelholz) gemacht werden müssen und welche Teile durch Furnieren hergestellt werden können. Das Massivholz ist dunkler schraffiert als das zu furnierende Blindholz.

ganzer Breite und Höhe furniert werden. Der Fries ist auf Gehrung furniert.

Abbildung 223 a und b: a Füllung auf Kreuzfuge furniert, furnierter Fries (sogenannter Federfries), b Füllung mit Maserholz furniert; Fries: innerer Rand schmal zwirg furniert mit begleitenden Adern, äußerer Rand schlicht auf Gehrung furniert.

Abbildung 224: Das Furnier besteht aus verschiedenen ornamental zusammengefügten Hölzern.

Tischlerarbeiten, die in dieser Weise durch Verleimen von zweierlei Holz — Blindholz und Furnier (Edelholz) — hergestellt sind, bezeichnet man als „furnierte Arbeiten"; den Gegensatz dazu bilden die „massiven", aus vollem Holz gearbeiteten.

Nicht jede Blindholzform kann furniert werden. Fein gegliederte Profile kann man nicht furnieren, diese sind in der ganzen Masse aus dem Edelholz zu machen (Abbildung 226 bis 229). Ist das nicht vorhanden oder zu teuer, so ist die Form der Technik anzupassen (Abbildung 231).

Abbildung 226 a bis d zeigt Zierleisten, deren Flächen zum Teil furniert sind; die Schnittflächen des massiv vorgeleimten Edelholzes sind schwarz ausgefüllt. (Abbildung 226 a: B Blindholz, F Furnier, M massiv vorgeleimtes Edelholz.)

Abbildung 227 und 228: Zwei furnierte Türen, mit aufgeleimten furnierten Verdoppelungen und massiven Kehlleisten.

Abbildung 229 zeigt Schnitte durch Gesimse aus Blindholz und Edelholz. Das Blindholz ist heller schraffiert als das Edelholz. Alle nicht durch vorgeleimtes massives Holz gedeckten Blindholzflächen sind furniert.

Jede nicht übermäßig große, ebene Fläche ohne erhöhten Rand kann in ganzer Ausdehnung furniert werden. In massivem Holz vertiefte Flächen (Abbildung 222 a, 230 c und d) können nicht in voller Ausdehnung furniert werden; können die Lücken an den Rändern der Vertiefungen nicht durch Zierleisten gedeckt werden, dann müssen alle Erhöhungen, nachdem die Grundfläche furniert ist, aufgeleimt werden (Abbildung 228, 230 e und f). Auch hohle und runde Flächen (Kehlungen) können furniert werden (Abbildung 231 bis 235). Die Grenze für die noch ausführbare Lang- oder Querfurnierung einer gekehlten Fläche wird bestimmt durch Holzart und Stärke des Furniers, sie ist abhängig von der Biegsamkeit des Furniers und der Krümmung der zu furnierenden Flächen. Die Kehlungen dürfen nicht so spitz und schmal sein, daß das Furnier beim Überleimen, beim Anpressen an die gekehlte Fläche bricht. In Ecken und über Ecken (Abbildung 233) kann man nicht furnieren. Jede ebene oder geschweifte Fläche, jede stabförmig, hohl oder karniesförmig gekehlte Fläche kann nur für sich furniert werden (Abbildung 231 und 230 e). Kehlungen, welche aus Stab, Platten und Hohlkehlen bestehen, müssen in Teile zerlegt furniert werden (Abbildung 231 e).

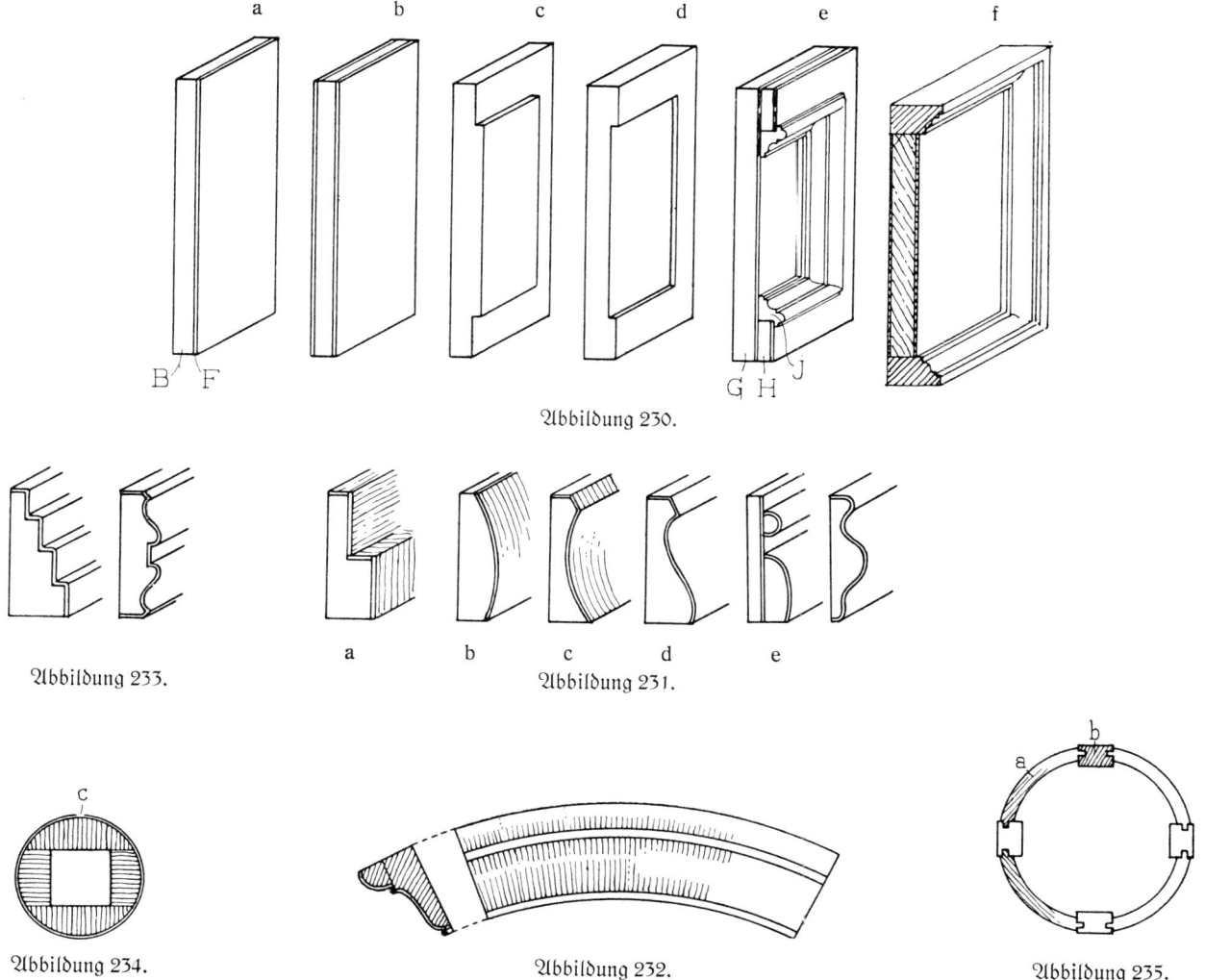

Abbildung 230.

Abbildung 233.

Abbildung 231.

Abbildung 234.

Abbildung 232.

Abbildung 235.

Abbildung 230 bis 235: Hinweis auf Profile, die nicht furniert werden können, und auf andere, die furniert werden können.

Mit Rücksicht auf diese Bedingungen sind die Formen furnierter Möbel zu entwerfen. Kann zum Beispiel eine Fläche nicht in voller Ausdehnung furniert werden, weil ein eckig erhöhter Rand vorhanden sein muß (Abbildung 230 d), so ist die Lücke durch zweckmäßig profilierte Leisten zu decken (J Abbildung 230 e).

Abbildung 230 a bis e: a einseitig furnierte Platte, F Furnier, B Blindholz; b zweiseitig furnierte Platte; c Platte mit erhöhtem Spiegel, d Platte mit vertieftem Spiegel — im Falle c kann der tiefliegende Fries nicht voll furniert werden, im Falle d der tiefliegende Spiegel nicht. Müssen die Flächen in ganzer Breite furniert werden, so kann das nur in der Art Abbildung 228 und 230 e und f geschehen. e Platte mit erhöhtem Fries — die Platte G ist für sich furniert, dann der furnierte Rahmen (Fries) H aufgeleimt, zuletzt der Kehlstoß I eingelegt (eingeleimt).

Ferner ist bei dem Furnieren zu beachten: Dünnes Holz muß zweiseitig gleichmäßig furniert werden, einseitiges Furnieren bewirkt bei diesem Holz das Werfen (Abbildung 230 a und b). Verhältnismäßig starkes Holz darf einseitig furniert werden. Zweiseitiges gleichmäßiges Furnieren dünneren Holzes wirkt wie das Sperren des Holzes, wenn die Faserrichtungen des Furniers und des Blindholzes sich kreuzen (Abbildung 237, vgl. Abbildung 200).

Rundholz zu furnieren ist nicht leicht. Steht zum Beispiel ein zu furnierender Säulenschaft nahe einer Wand, so ist das eine Erleichterung, weil dann die Stoßfuge des Furniers nicht sichtbar ist. In anderen Fällen sucht man solches durch eine Teilung der Fläche zu erreichen, durch Einlegen von Adern, durch Auflegen von Verzierungen oder durch Teilungen in der Art Abbildung 235.

Flächen, die stark abgenutzt werden, müssen mit entsprechend dickem Furnier belegt werden. Türkanten werden mit starkem Furnier belegt.

Ein dünnes Furnier folgt jeder durch das Nachtrocknen oder das Quellen bewirkten Formveränderung des Blindholzes. Ungeeignet ist infolgedessen als Blindholz ein Holz mit ausgeprägten Jahresringen, weil das harte Herbstholz vertrocknet. Am besten eignet sich als Blindholz ein gering arbeitendes, möglichst gleichmäßig festes Holz.

Müssen mehrere Hölzer zur Herstellung einer zu furnierenden Fläche verleimt werden, so ist das gleichmäßigste Holz zu verbinden. Bei Verbindungen von Langholz an Langholz ist Kernkante an Kernkante, Splintkante an Splintkante zu binden, nicht Kernkante an Splintkante, damit die Fläche durch das etwaige spätere Nachtrocknen des Holzes der Splintkante nicht stufenförmige Erhöhungen bekommt (Abbildung 238 II und 239 II).

Zu vermeiden sind im Blindholz hohe Stoßfugen zwischen starkem Lang= und Querholz (Abbildung 240 c). Diese

Abbildung 236: Intarsia im Chorgestühl in der Kirche S. Maria Novella, Florenz. 16. Jahrhundert.
Teirich, Intarsien, Tafel 1.

Abbildung 237.

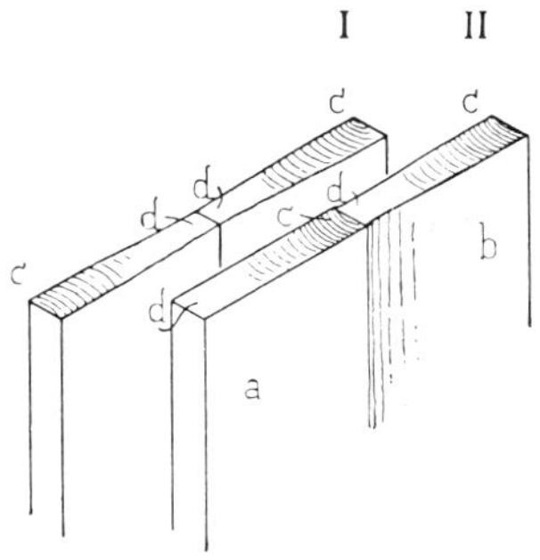

Abbildung 238.

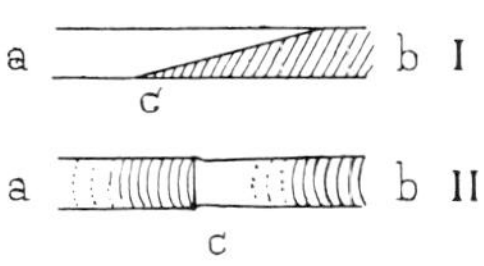

Abbildung 239.

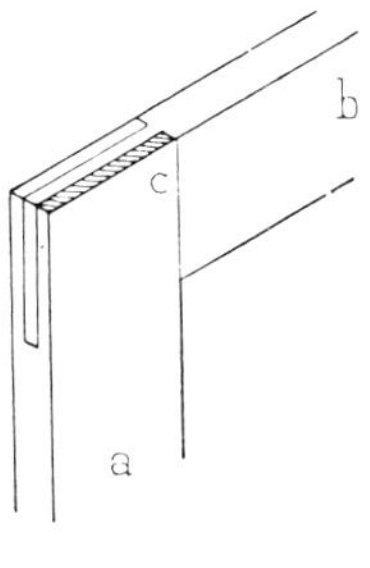

Abbildung 240.

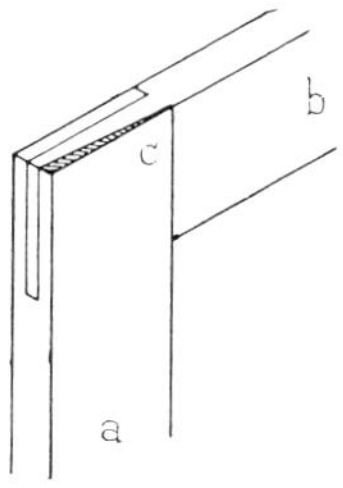

Abbildung 241.

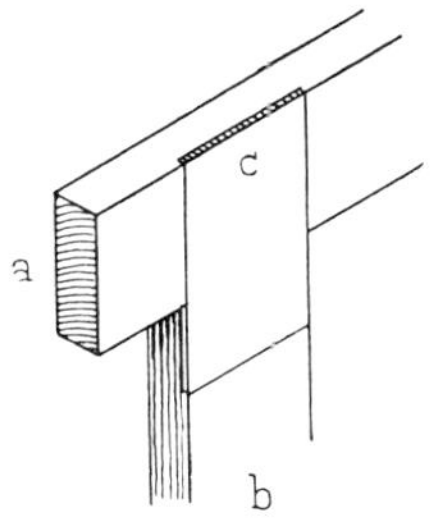

Abbildung 242.

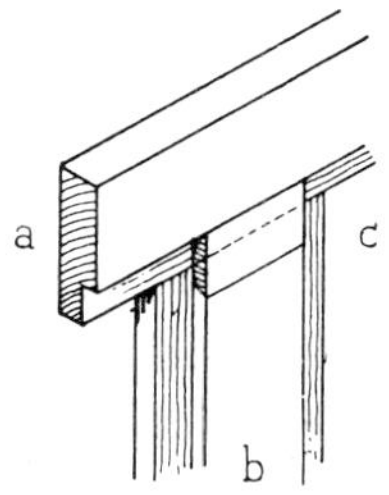

Abbildung 243.

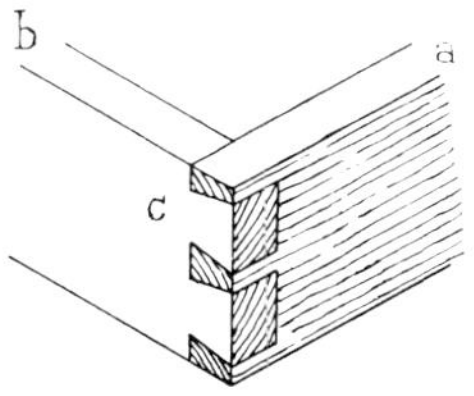

Abbildung 244.

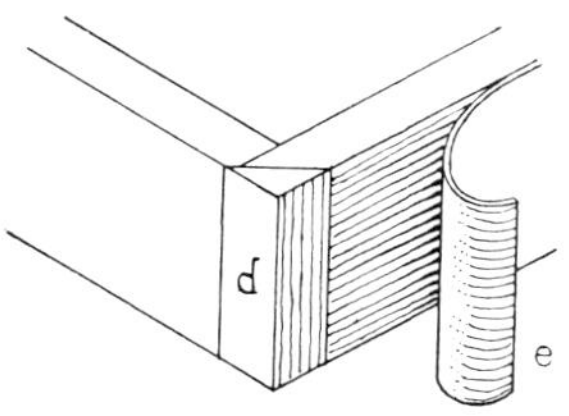

Abbildung 245.

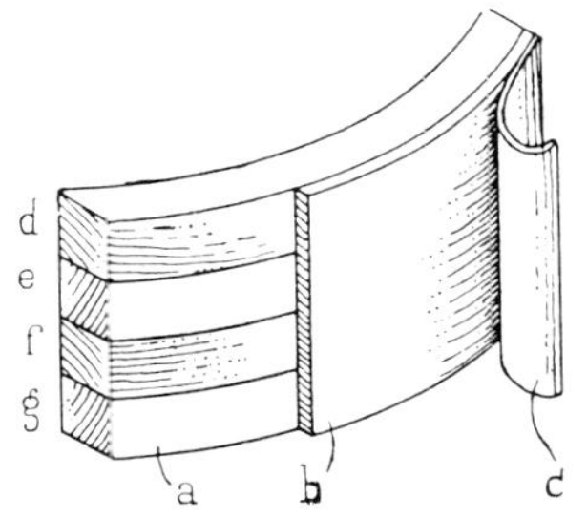

Abbildung 246.

Abbildung 237 richtig furnierte Platte, beiderseitig gleich furniert. Auch die Sperrholzplatte wird so furniert.
Abbildung 238 II, 239 II, 240 und 244 zeigen, wie das Blindholz, auf dem furniert werden soll, nicht sein darf.
Abbildung 238 I, 239 I, 241 bis 243, 245 und 246 zeigen, wie das Blindholz zusammengesetzt sein soll.

Fugen werden allemal sichtbar. Sind solche Fugen nicht etwa durch keilförmiges Zusammenschneiden der Hölzer zu vermeiden (Abbildung 239 und 241), so überleimt man sie mit dünnen Platten, um dadurch das Vortrocknen des einen Teiles des Holzes zu verhindern (Abbildung 242 und 243). Am deutlichsten wird sich aber immer das Hirnholz in den furnierten Flächen abzeichnen, wenn sich solches unbedeckt neben Langholz in einer Fläche des Blindholzes befindet (Abbildung 244). Zu verhindern ist das Vortrocknen des Hirnholzes nur durch ein Bedecken — durch

Kürzen und Überleimen — mit genügend dicken Langholzplatten (Abbildung 245) oder Blindfurnier (Abbildung 246). Auf das Blindfurnier folgt dann das echte Furnier (Abbildung 242 b und c).

Abbildung 238: Zwei aus Brettern verleimte Platten. In der einen Platte sind die Splintkanten (d und d) der Bretter aneinandergeleimt, in der anderen Platte ist Splintkante (d) an Kernkante (c) geleimt. In dem ersten Falle (d an d) schwindet das Holz gleichmäßig neben der Fuge, im anderen Falle (a an c) nicht, da entsteht eine Stufe.

Abbildung 247.

41

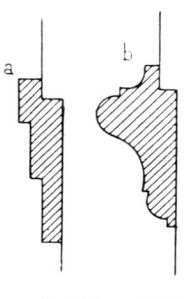

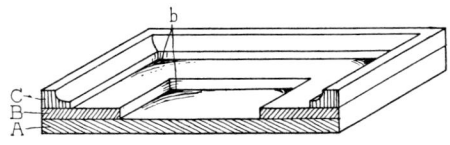

Abbildung 248 a.

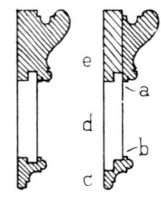

Abbildung 249.

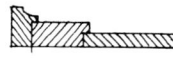

Abbildung 248 b.

Abbildung 250.

Abbildung 248 und 249: Beispiele für Formen, die nicht poliert werden können.

4.
Das Polieren.

Gegenstände, die gebeizt, gewachst, gefirnißt oder angestrichen werden, kann man vor diesen Prozeduren vollständig fertig zusammenbauen. Ist an einem Teil dieser Gegenstände ein Nachtrocknen zu erwarten, zum Beispiel das Nachtrocknen einer Füllung, so ist zu empfehlen, den Teil der Füllung, der in der Nut oder im Falz liegt, vor dem Einlegen der Füllung zu beizen oder zu färben, damit, wenn er durch das Schwinden des Holzes aus der Nut gezogen wird, er durch seine andere Färbung nicht den Gesamteindruck stört.

Eines anderen Zusammenbaues bedürfen Gegenstände, deren Flächen poliert werden sollen.

Das zu polierende Holz wird, nachdem es mit Hobel und Ziehklinge geglättet ist, sorgfältig mit Bimsstein und Leinöl geschliffen (und wenn nötig, auch gebeizt oder gefärbt). Sodann wird die Politur (Schellack und Spiritus) mittels eines Zeugballens und etwas Leinöl aufgerieben. Der mit Politur befeuchtete Ballen muß fortgesetzt in Bewegung gehalten werden, alle Teile der zu polierenden Fläche müssen möglichst gleichmäßig von ihm berührt werden. Der Ballen wird in Windungen (Abbildung 247) über die Fläche geführt. Mit der Schellacklösung wird Bimssteinmehl in die Poren des Holzes gerieben. Eine völlig glatte, gut polierte Fläche ist nur durch das Schließen aller Poren des Holzes zu erreichen. In einem anderen Polierverfahren füllt man zuerst die Holzporen durch Bespritzen mit Firnis oder Lack, schleift und poliert mit Ballen und der gewöhnlichen Schellackpolitur. Jetzt ist eine neue Politur im Handel, die Schering-Rapid-Politur, ein gutes Material, mit dem der relativ schnell und gut arbeiten kann, der die besondere Technik kennt.

Durch den Glanz, den die Flächen durch das Polieren erhalten, wird jede vorher nicht bemerkte Unebenheit der Fläche sichtbar. Auch jede spätere, durch das Nachtrocknen des Holzes bewirkte Formveränderung, wie zum Beispiel das Vortreten des Herbstholzes oder das ungleiche Schwinden des Holzes neben den Fugen, macht sich unangenehm bemerkbar. (Vgl. Abbildung 238 bis 246.)

Eine Fläche ist nur dann gut zu polieren, wenn sie so geformt ist, daß der Tischler sie mit dem Polierballen vollkommen bestreichen kann. Schmale ebene Flächen, wie im Profil Abbildung 249 a, sind deshalb nicht zu polieren. Die niederen Platten, Abbildung 249 b, sind beim Polieren weniger hinderlich als die hohen, Abbildung 249 a.

Auch eine Fläche mit einem erhöhten, eckig profilierten Rande (Abbildung 248) ist nicht überall zu polieren, weil der Tischler mit dem Polierballen nicht in die Ecken kommen kann. Es bleiben die häßlich wirkenden, blinden Ecken übrig (b, Abbildung 248 a). Muß eine umrahmte Platte mit dem Profil (Abbildung 248 a) angefertigt werden, so wird die Platte geteilt in A, B, C (Abbildung 248 a) oder nach Abbildung 248 b. Diese Teile werden einzeln fertig poliert, dann miteinander mittels Leim verbunden.

Hieraus geht hervor:

1. daß bei der Formgebung von Gegenständen, die poliert werden sollen, Flächen mit schmalen eckigen Vertiefungen zu vermeiden sind, und

2. daß, wenn vertiefte Ecken an einem Gegenstand unvermeidlich sind, der Gegenstand so zu konstruieren ist, daß die die Ecken bildenden Flächen poliert werden können, bevor sie endgültig miteinander verbunden werden, und daß ihre endgültige Verbindung ohne Beschädigung der polierten Flächen ausgeführt werden kann. Die Darstellungen (Abbildung 250 bis 253) zeigen, wie ein Gegenstand zu gliedern ist, damit die einzelnen Flächen poliert werden können.

Abbildung 250: Polierte Zierleisten dieser Art werden aus mehreren Teilen hergestellt und jeder Teil für sich poliert, damit nicht bei a und b blinde Ecken entstehen.

Abbildung 251: Polierte Schranktür. Der Rahmen a, der Kehlstoß b und die Füllung c werden für sich poliert. Sind alle Teile gut poliert, so wird in dem Rahmen a der Kehlstoß b verkröpft und eingeleimt, sodann die Füllung c eingelegt und mittels der eingestifteten Leisten d im Falz gehalten.

Abbildung 252: Schrankoberteil. Um blinde Ecken (g) zu vermeiden, werden die Teile a bis f bis auf das Polieren vollständig fertiggemacht, zusammengepaßt und gedübelt, dann poliert und danach dauernd fest miteinander verbunden — verleimt.

Abbildung 253 ist ein weiteres Beispiel für den durch das Polieren bedingten Zusammenbau.

Bei der Formgebung und der Teilung der Massen eines Gegenstandes ist zu vermeiden, daß zwei Teile so verbunden werden, daß sie miteinander eine Fläche bilden (Abbildung 254). Diese Fuge c bleibt immer unschön sichtbar. Wenn möglich, so gestalte man die Form der Gegenstände derart, daß dort, wo eine Fuge sein muß, der eine Teil ein paar Millimeter gegen den anderen vor- oder zurücksteht — also eine Ecke gebildet wird (c, Abbildung 255).

Auf polierten Flächen kann man nicht leimen, weil auf der Politur oder auf fettigem Holz der Leim nicht bindet. Selbst ein Verleimen auf einer von Politur befreiten Fläche ist immer unsicher, weil das beim Polieren ge-

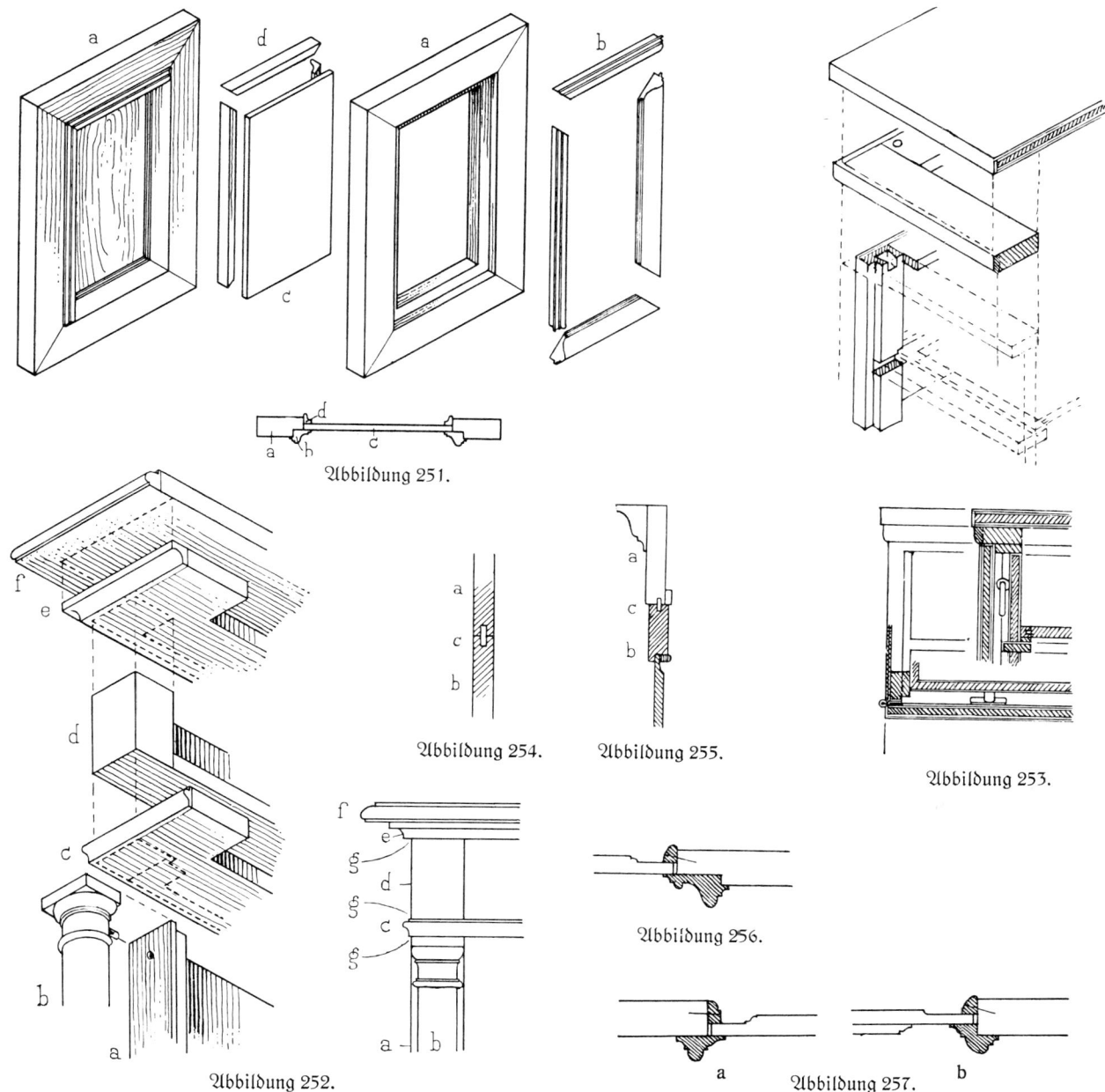

Abbildung 251.

Abbildung 254.   Abbildung 255.

Abbildung 253.

Abbildung 256.

Abbildung 252.   Abbildung 257.

Abbildung 251 bis 257: Allgemeines für die Konstruktion polierter Tischlerarbeiten.

brauchte Fett tiefer in das Holz eingedrungen sein kann, als Politur und Holz weggekratzt werden dürfen. Besser ist, die zu verleimenden Teile werden mit Flächen ver= bunden, die nicht erst mit Fetten oder dem Polierballen in Berührung gekommen sind. Aus diesem Grunde ist zum Beispiel die Befestigung eines Kehlstoßes nach Abbildung 256 besser als die nach Abbildung 257 a und b. Der Falz (Abbildung 256) wird bei aufmerksamer Ausführung des Polierens vom Polierballen nicht berührt werden, das Holz im Falz wird nicht ölig, der Leim kann binden. Wird ein Kehlstoß aber nach Abbildung 257 a oder b aufgeleimt und ist das Öl zu tief in die Poren des Holzes eingedrungen, so ist trotz des Abkratzens der Politur die Verbindung nicht haltbar.

*

Das bisher Gesagte gilt gleichmäßig für alle Tischler= arbeiten. In den nun folgenden Teilen dieses Buches sind die bewährten Konstruktionen der Bau= und Möbel=

tischlerarbeiten, nach Gruppen geordnet, dargestellt. Es sind für diese Erklärungen einfache Gebrauchsgegenstände gewählt. Das künstlerische Gestalten der Tischlerarbeiten ist nicht berührt. Auf dieses ist im III. Teil, „Die Kunst= form", hingewiesen, in einer Weise, die jedem ein indi= viduelles Kunstschaffen möglich macht. Es sind keine starren Regeln gegeben, sondern nur Hinweise und Er= klärungen der Vorbedingungen des Kunstschaffens und auf die Formensprache alter Kunst, als Anregung für Neu= bildungen.

Weiter sei hier noch bemerkt, daß statische Berechnungen der Festigkeit und Tragfähigkeit eines Möbels oder einer Bautischlerarbeit nicht gemacht werden. Für die allgemein gebräuchlichen Gegenstände sind die erforderlichen Holz= stärken und Verbindungsformen auf empirischem Wege gefunden worden. Für außergewöhnliche Zwecke wird durch Probeausführungen die Zweckmäßigkeit der projek= tierten Form und Konstruktion festgestellt.

Abbildung 258: Parkettfußboden.

5.

Fußböden.

Die Fußböden in Räumen, die zum dauernden Auf=
enthalt von Menschen bestimmt sind, bestehen meist
aus Holz. Beschränkt ist die Verwendung des Holzes für
die Fußböden nur durch seine geringe Dauer in feuchter Lage.

Die allgemeinen Forderungen an einen guten Fußboden
sind in gesundheitlicher und technischer Beziehung: Er soll
einen vollständig dichten Belag bilden, der sich von Staub
und Schmutz reinigen läßt; er soll eben, horizontal, hart,
widerstandsfähig sein und ein schönes Aussehen haben.

Bei der Verwendung des Holzes ist besonders das
Nachtrocknen zu beachten. Im Fußboden entstehen da=
durch offene Fugen, der Boden wird undicht, wenn das
Holz nicht zweckgemäß gewählt und gefügt ist.

Drei Konstruktionen sind gebräuchlich:
1. Der Bretterboden, Dielenfußboden.
2. Der Fischgratboden.
3. Der Parkettboden.

Alle diese Fußböden bedürfen eines guten soliden Auf=
lagers. Als solches dient in Häusern mit Holzbalkendecke
die Balkenlage (Abbildung 259). In Häusern mit ge=
wölbter oder gestreckter Steindecke müssen besondere
Lagerhölzer gelegt werden. Diese liegen rechtwinklig zur
Brettrichtung in Entfernungen von 0,70 bis 0,90 Meter
für 26 Millimeter Brettholz, in Entfernungen von 0,90 bis
1,30 Meter für 39 Millimeter Brettholz, in Entfernungen
von 1,30 bis 1,80 Meter für 52 Millimeter Bohlen.
Die Lagerhölzer ($^{10}/_{10}$, $^{10}/_{12}$ Zentimeter) werden in der
Aufschüttung der Decke horizontal eingebettet und zwischen
den Wänden festgekeilt (a, Abbildung 261a) oder an den
Deckenträgern befestigt (Abbildung 262 bis 267). Diese
Arbeit ist mit großer Sorgfalt auszuführen, denn anders
ist ein waagerechter festliegender Boden nicht zu erreichen.

Dort, wo Mauerfeuchtigkeit erwartet wird, sind die Lager=
hölzer durch Asphaltpappe oder ähnliches von der Mauer
zu trennen. Außerdem muß für die Luftzirkulation unter
dem Fußboden gesorgt werden. Für die Höhe des Fuß=
bodens respektive der Lagerhölzer ist die Höhe der Aus=
trittstufe der Treppe bestimmend. Dort beginnt das Aus=
wiegen des Bodens. Auch in Häusern mit Balkenlagen
wird die Höhe des Fußbodens durch die Höhe der obersten
Treppenstufe bedingt. Die Unebenheit der Balkenlage
wird durch Auffütterung der Balken oder Abdächsen be=
seitigt.

Die Lagerhölzer des Fußbodens über Gewölben werden
rechtwinklig zur Gewölberichtung gelegt. Das aufgeschüttete
Füllmaterial — Sand, Schlacke, Kieselgur — muß trocken
sein. Zwischen dem Scheitel des Gewölbes und den Lager=
hölzern bleibt ein Abstand von etwa 5 Zentimeter. In
nicht unterkellerten Räumen des Erdgeschosses soll der
Holzfußboden nicht auf der bloßen Erde verlegt werden.
Ist eine wasserundurchlässige Unterlage von Zement oder
Asphalt nicht zu bekommen, so muß ein gut ventilierter
Hohlraum von etwa 50 Zentimeter Höhe unter der Balken=
lage verlangt werden.

Für Dielenböden werden Tannenholz, Kiefernholz und
das Holz der Yellowpine und Pitchpine verarbeitet; für
Fischgratböden: Kiefern= und Eichenholz; für Parkett=
böden, je nach der Musterung, alle harten und mittelharten
Edelhölzer. Für die unbehobelten Blindböden unter Fisch=
grat= und Parkettböden wird Tannen= oder Kiefernholz
verwendet. Die Brettstärke der Blindböden beträgt etwa
25 Millimeter, die der Parkettafeln 20 bis 25 Milli=
meter, der Fischgratböden 25 Millimeter, der Dielenböden
25 bis 39 Millimeter.

44

Bei der Verwendung verschiedener Holz=
arten nebeneinander in einem Boden ist
es wesentlich, daß diese Hölzer die gleiche
Härte haben, damit bei gleicher Benutzung
das eine Holz nicht schneller als das andere
abgenutzt wird.

Der Bretter= und Riemen=
boden. Riemen sind 10 bis 15 Zenti=
meter breite Bretter. Man nimmt diese
schmalen Bretter, weil bei diesen durch
das Nachtrocknen des Holzes nicht so
breite Fugen entstehen wie zwischen breiten
Brettern. Die Fußbodenbretter werden
gespundet und gefedert, damit, wenn das
Holz nachtrocknet, der Boden nicht sofort
undicht wird und damit die Bretter auf
der ganzen Länge miteinander verbunden
sind und einzelne Bretter sich beim
Begehen des Bodens nicht durchbiegen.
Die Fugen zwischen breiten Brettern
können so breit werden, daß die Federn
die Fühlung mit dem nächsten Brett ver=
lieren, dann ist der Boden undicht. (Ab=
bildung 268 a bis d: Stumpf gefugt, über=
fälzt, gespundet und gefedert.)

Das Legen der Bretter beginnt an einer
Auflageseite der Balken (Abbildung 259 a).
Ein Brett wird dicht an die Wand quer
über die Balken gelegt und befestigt.
Dann das folgende angepaßt, mit Keilen
angetrieben, befestigt und so fort. Die
Kernseiten der Bretter werden nach unten
gelegt. Ist der ganze Boden zugelegt, so
wird er auf den Stößen behobelt und wer=
den die Fugen zwischen Wand und Boden
durch Leisten — Stoßleisten, Scheuer=
leisten, Sockelleisten, Wandbekleidung —
gedichtet.

Zum Schutz des Holzes wird der Boden
mit Öl oder Firnis getränkt oder mit
einem Farbanstrich versehen.

Sind die vorhandenen Brettlängen nicht
ausreichend, um einen Raum der Länge
oder Breite nach mit einer Brettlänge
decken zu können, so kann der Holzbelag
nach Abbildung 271 oder Abbildung 272
ausgeführt werden. Die Stoßfugen (Ab=
bildung 271) oder die zwischengefügten
Friese (Abbildung 272 und 269) sind auf
die Mitte der Balken zu verlegen.

Der Fischgratboden — Ka=
puziner= oder Stabfußboden
(Abbildung 260 und 273) — besteht aus
etwa 35 bis 70 Zentimeter langen, 6 bis
11 Zentimeter breiten und etwa 25 Milli=
meter starken genuteten und gefederten
Eichenholzriemen. Die Federn sind aus
Hartholz gemacht. Querholzfedern sind
besser als Langholzfedern. Der Fischgrat=
boden bedingt als Unterlage einen unbe=
hobelten Blindboden von etwa 25 Milli=
meter Dicke (Abbildung 260).

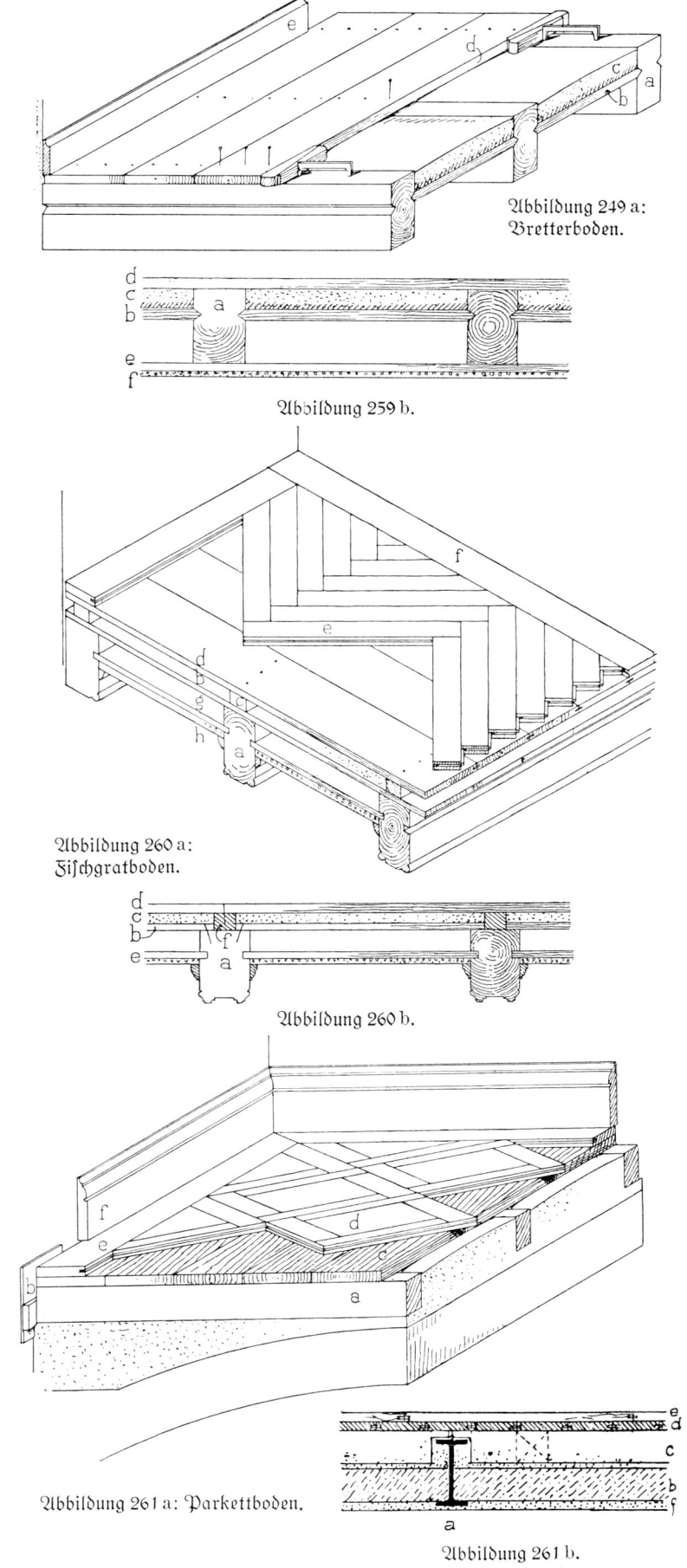

Abbildung 249 a:
Bretterboden.

Abbildung 259 b.

Abbildung 260 a:
Fischgratboden.

Abbildung 260 b.

Abbildung 261 a: Parkettboden.

Abbildung 261 b.

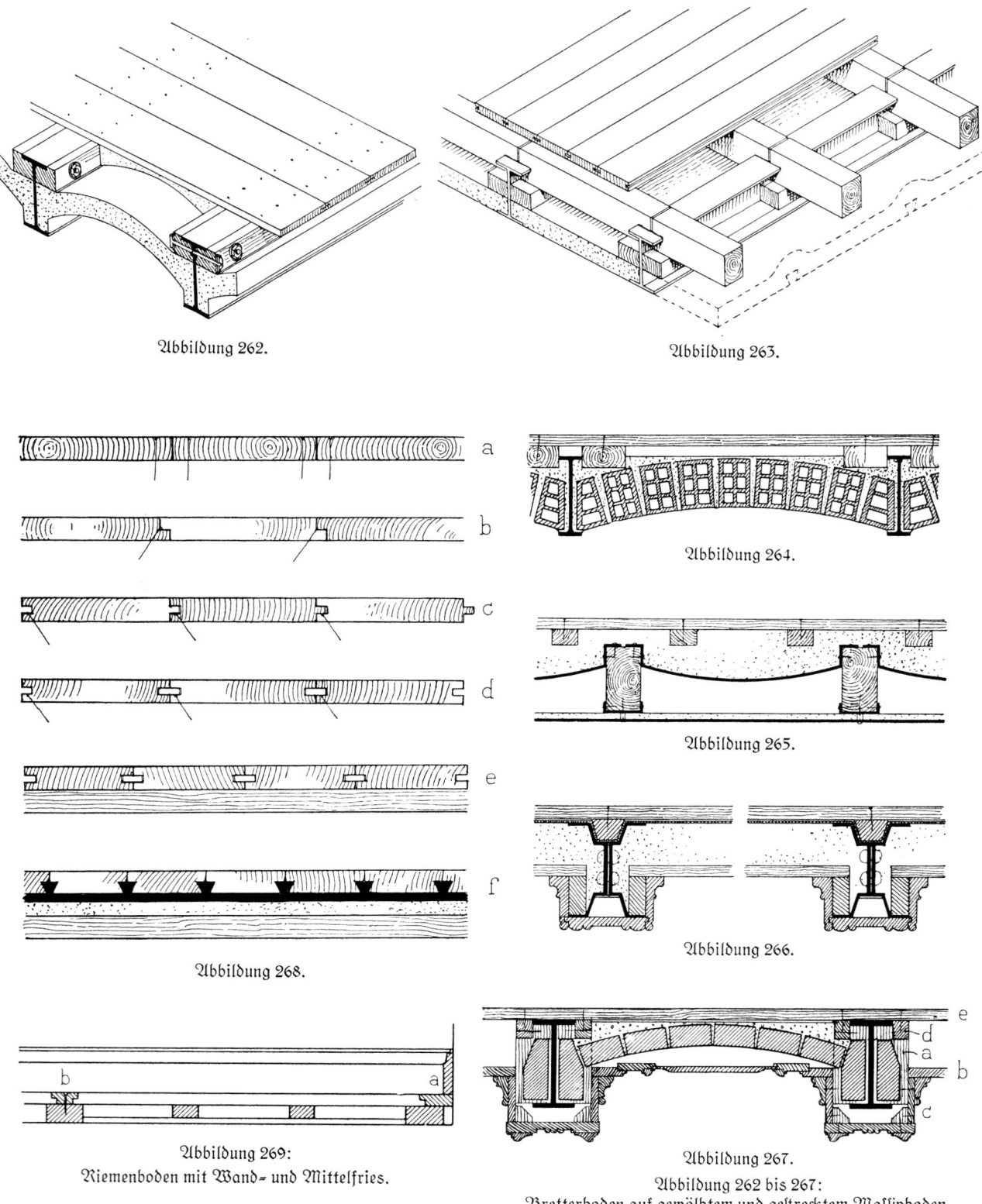

Abbildung 262.

Abbildung 263.

Abbildung 264.

Abbildung 265.

Abbildung 266.

Abbildung 268.

Abbildung 269:
Riemenboden mit Wand= und Mittelfries.

Abbildung 267.

Abbildung 262 bis 267:
Bretterboden auf gewölbtem und gestrecktem Massivboden.

Die Riemen werden bahnenweise gelegt, entweder in der Mittelachse oder an einer Wandseite begonnen. Vielfach wird an den Wänden wegen des besseren Aussehens oder der Festigkeit des Bodens ein Fries (der Wandfries) herumgeführt. In solchen Fällen wird zuerst der Wandfries gelegt und nach korrekter Einteilung der Bodenfläche mit dem Legen der Riemen begonnen, das bahnenweise fortgesetzt wird. Genagelt wird in den Nuten.

In Fenster= und Türnischen wird der Boden nach Abbildung 276 und 277 verlegt. Sind alle Riemen verlegt, so wird der Boden abgeputzt, gefirnißt oder gewachst.

Der Fischgratboden in Asphalt (Abbildung 268 f) ist sowohl auf Zement= wie auf Holzunterlage anzuwenden. Auf der Zementunterlage wird der Asphalt in einer Stärke von etwa 1 Zentimeter aufgelegt, auf Holzunterlage wird vorher eine etwa 2 Zentimeter dicke

46

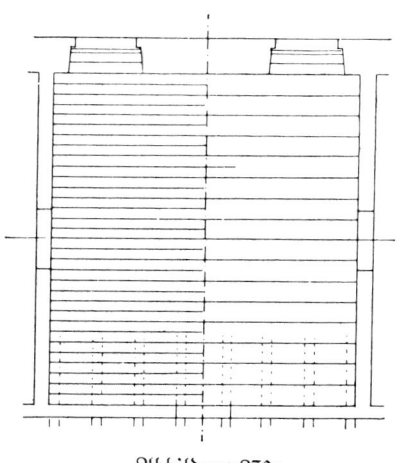

Abbildung 270:
Bretter= und Riemenboden.

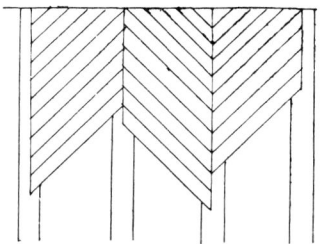

Abbildung 274: Franz. Fischgratboden.

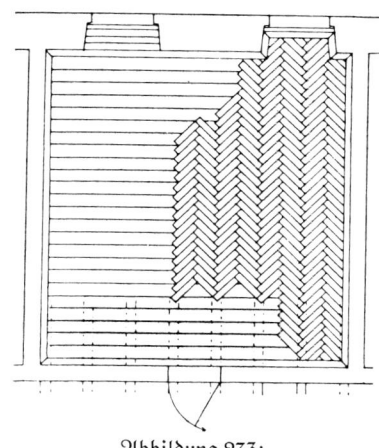

Abbildung 273:
Fischgratboden mit Wandfries.

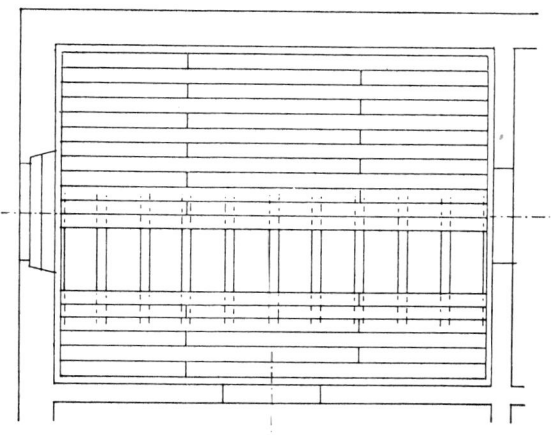

Abbildung 271: Riemenboden mit Stoßfugen und Wandfries.

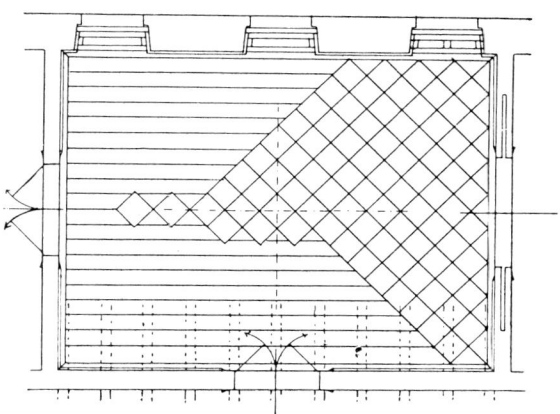

Abbildung 275: Parkettboden.

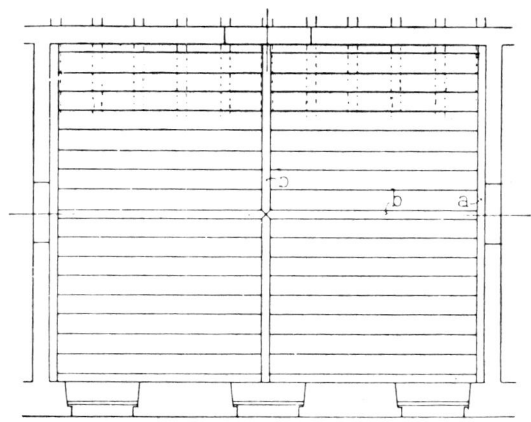

Abbildung 272: Riemenboden mit Wand= und Mittelfries.

Sandschicht aufgebracht. Der beim Verlegen des Bodens heiße Asphalt drückt sich in die schwalbenschwanzförmigen Auskehlungen der Riemen ein und hält dadurch die Riemen fest. Die Asphaltschicht hält die aufsteigende Feuchtigkeit vom Holz fern und gibt dem Boden die größtmögliche Dichtigkeit.

Der französische Fischgratboden wird — ohne Blind= boden — direkt auf die Balkenlage verlegt (Abbil= dung 274). Der Stoß der Riemen liegt auf den Balken.

Die Parkettböden (Abbildung 261a, 275, 278 und 279) bestehen aus etwa 30 bis 60 Zentimeter großen quadratischen, auf den Blindboden verlegten Tafeln von 20 bis 25 Millimeter Stärke. Die Tafeln werden durch Hirnholzfedern aneinandergehalten.

Die Parkettafeln bestehen — um die Formveränderung zu verhindern — aus Rahmen und Füllungen und darüber= geleimten Dickten oder nur aus verleimten Dickten (ge= sperrtem Holz). Die obere Dickte ist, je nach dem Parkett= muster, aus einer Reihe von verleimten Holzstücken einer oder mehrerer Holzarten zusammengesetzt.

Parkettböden erhalten Wandfriese (Abbildung 261a und 275).

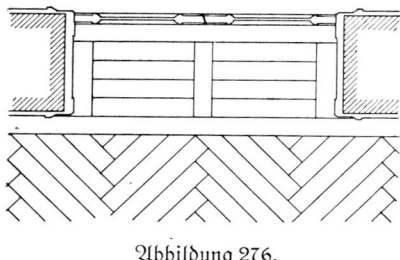

Abbildung 276.

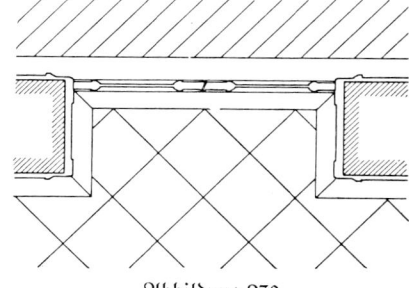

Abbildung 278.

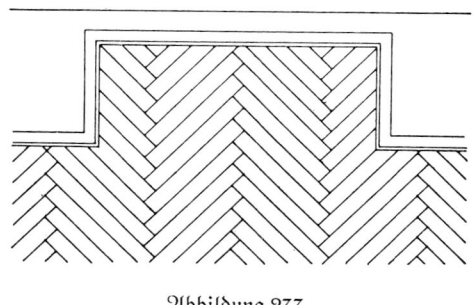

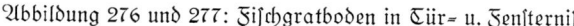

Abbildung 277.

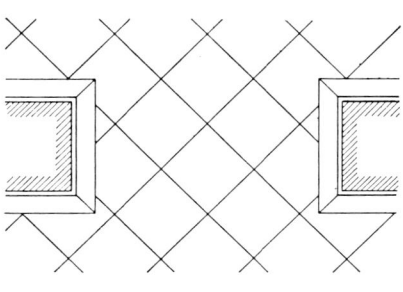

Abbildung 279.

Abbildung 276 und 277: Fiſchgratboden in Tür= u. Fenſterniſche.

Abbildung 278 und 279: Parkettboden in Türniſchen.

Das Verlegen der Parkettafeln beginnt in der Kreu=
zung der Bodenachſen und deren Richtung (Abbil=
dung 275).

Der fertig verlegte und abgeputzte Boden wird gewachſt.

Das Muſter des Parkettbodens muß den Raumver=
hältniſſen und der Form der Bodenfläche angepaßt ſein.
Zu große Muſter in kleinen Räumen laſſen den Raum
noch kleiner erſcheinen. Zu große Kontraſte in der Zu=
ſammenſtellung verſchiedener Hölzer beunruhigen. Zu=
ſammenſtellungen, die ein ſcheinbares Relief ergeben, ſind
zu vermeiden.

In Räumen, in denen mit einer Wandfeuchtigkeit ge=
rechnet werden muß, wird der Bodenbelag nicht dicht an
die Mauer angeſchloſſen, und die Stoßleiſten, die dieſe
Fuge decken, erhalten Luftlöcher oder Luftſchlitze, damit
eine Zirkulation der Luftſchicht unter dem Fußboden mit
der Luft im Raum ſtattfinden kann.

Die Zeichnungen zu Holzfußböden müſſen in der in
Abbildung 270 bis 275 dargeſtellten Weiſe, nur ent=
ſprechend größer, ausgeführt werden.

Abbildung 259a: a Balken, b Einſchubbretter, c Fül=
lung, d Bretter des Fußbodens, e Scheuerleiſte.

Abbildung 259b: e Deckenverſchalung, f Putz.

Abbildung 260: a Balken, b Bretter, c Aufſchieblinge,
d Blindbodenbretter, e Riemen des Fiſchgratbodens,
f Wandfries, g Einſchubbretter, h Putz. Die Füllung liegt

zwiſchen den Aufſchieblingen c auf der Bretterlage b.
Balkendecken wie Abbildung 260a und b werden nur
noch ſelten ausgeführt. Zur Feuerſicherheit des Hauſes
wird die untere Balkenſeite verſchalt, gerohrt und geputzt,
wie Abbildung 259b zeigt.

Abbildung 261: a Bodenrippen, b Iſolierpappe,
c Blindboden, d Tafeln des Parkettbodens, e Wand=
fries, f Scheuerleiſte.

Abbildung 262 bis 267: Fußböden auf geſtreckten und
gewölbten maſſiven Decken.

Abbildung 268: Schnitte durch verſchieden gefügte
Bretterböden: a ſtumpf gefugt, b überfälzt, c geſpundet,
d genutet und gefedert, e Bretterlage auf einen Blind=
boden, f Fiſchgratboden in Aſphalt.

Abbildung 269: Schnitt durch einen Riemenboden mit
Wand= und Mittelfries (vgl. Abbildung 272): a Wand=
fries, b Mittelfries.

Abbildung 270: Rechts: Dielen= oder Bretterboden,
links: Riemenboden.

Abbildung 272: Dielenboden mit Wand= und Mittel=
frieſen.

Abbildung 273: Fiſchgratboden.

Abbildung 274: Franzöſiſcher Fiſchgratboden.

Abbildung 275: Parkettboden.

Abbildung 276 bis 279: Verſchiedene Löſungen für das
Einfügen von Fiſchgratböden und Parkettböden in
Fenſter= und Türniſchen.

48

Abbildung 280: Haustor in Augsburg.

6.

Türen und Tore.

Haustüren, Haustore, Einfahrtstore, Zimmertüren usw.

Die Türen und Tore dienen dem Verkehr von Raum zu Raum oder ins Freie und sollen einen sicheren Verschluß der Räume sowie Schutz gegen Witterungs= unbilden gewähren. Die Türen sind für Fußgänger be= stimmt, die Tore für Pferde und Wagen.

Die notwendige Größe und Form einer Tür= oder Tor= öffnung ist vom besonderen Zweck abhängig. Türöffnungen für den Durchgang von Menschen müssen mindestens so groß sein, daß der Mensch aufrecht gehend bequem hin= durchgehen kann. Für Durchfahrtstore wird die Größe durch die Größe der die Durchfahrt passierenden Wagen bestimmt (Abbildung 281).

Gebräuchliche Abmessungen für Türen und Tore in Wohnhäusern sind:

Durchfahrtstore: 2,50 bis 3,50 Meter breit, mindestens 2,80 Meter hoch, mindestens 2,30 Meter breit zwischen den Torflügeln und deren Verzierungen;

Haustüren: 1,10 bis 2,25 Meter breit, mindestens 2,30 Meter hoch.

Türen:

für Säle 1,25 bis 2,25 Meter breit, 2,40 Meter hoch;

für Wohnzimmer 0,90 bis 1,25 Meter breit, min= destens 2,10 Meter hoch;

für kleine Wohnzimmer, einflügelig, 0,90 bis 1 Meter breit, mindestens 2 Meter hoch;

für Küchentüren 0,90 bis 1 Meter breit, mindestens 2 Meter hoch;

für Speisekammertüren, Tapetentüren usw. 0,60 bis 0,90 Meter breit, mindestens 2 Meter hoch.

49

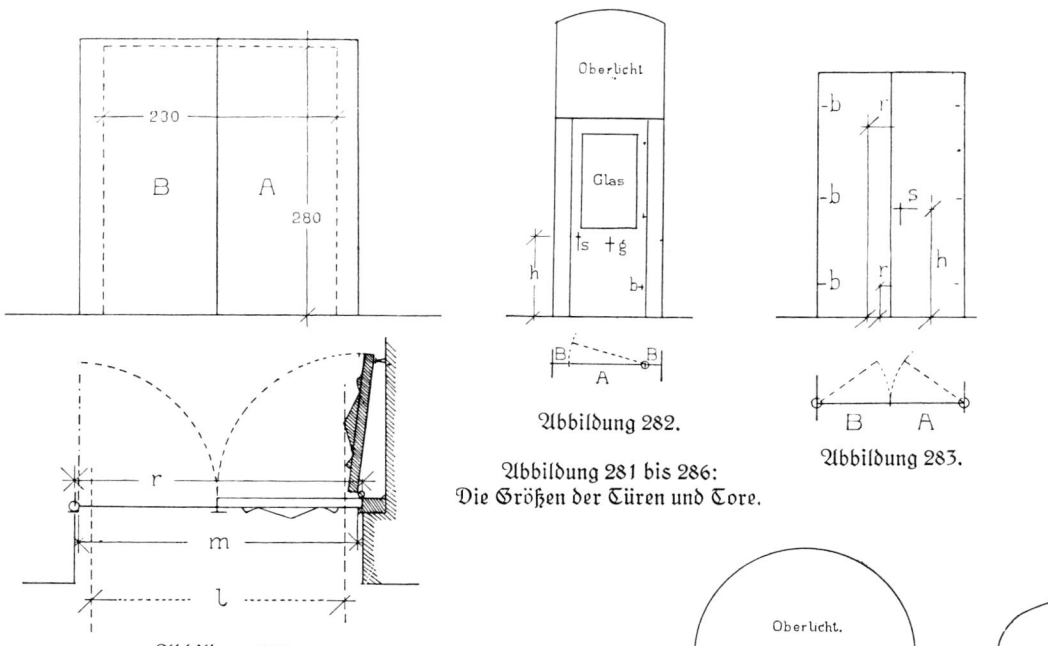

Abbildung 282.

Abbildung 281 bis 286:
Die Größen der Türen und Tore.

Abbildung 283. Abbildung 284.

Abbildung 281.

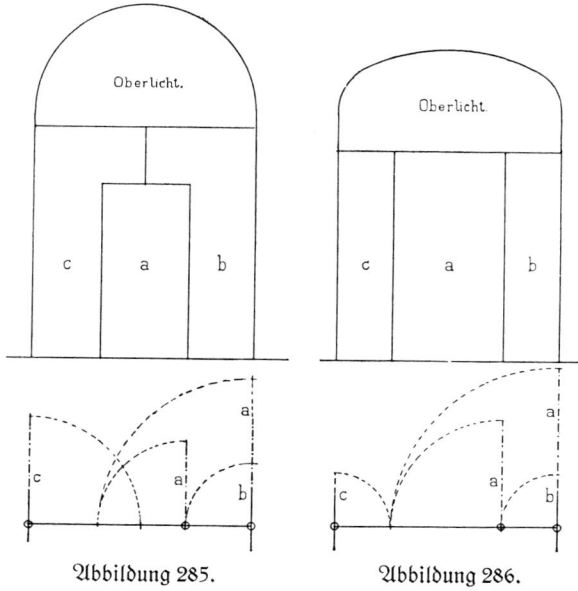

Abbildung 285. Abbildung 286.

Übermäßig große Wandöffnungen für Türen oder Tore werden durch Rahmenwerk so weit verkleinert, daß ein genügend großer Durchgang oder eine passend große Durchfahrt bleibt (Abbildung 281): Die Berliner Bau=polizeiverordnung verlangt für Durchfahrten eine lichte Öffnung von mindestens 2,30 Meter lichter Breite und 2,80 Meter lichter Höhe. Das Maß muß bei geöffneten Türflügeln zwischen den Flügeln und den eventuell an ihnen befestigten Verzierungen vorhanden sein (l). (r ist das Falzmaß, m das Lichtenmaß zwischen dem Türanschlag.)

Große Durchfahrtstore, die gleichzeitig auch Durch=gang für Fußgänger sind, werden vielfach so konstruiert, daß für die Fußgänger ein kleiner Türflügel innerhalb eines großen Torflügels vorhanden ist (Abbildung 285 und 286).

Zweiflügelige Türen unter 1,40 Meter Breite er=halten zwei ungleich breite Türflügel, von denen für ge=wöhnlich der breitere für den Durchgang geöffnet wird, damit eine lichte Durchgangsbreite von mindestens 0,65 Meter vorhanden ist (Abbildung 283 und 284). Um für solche Türen symmetrische Formen zu bekommen, werden zwei Schlagleisten auf jeder Türseite befestigt (Türen mit doppelter Schlagleiste); indes läßt sich das Unsymmetrische der beiden ungleich breiten Türflügel auch noch auf andere Weise verdecken, zum Beispiel durch ein entsprechend breites Mittelbrett.

Abbildung 282: B und B breite Teile des Futter=rahmens oder schmale Türflügel, die beim gewöhnlichen Verkehr festgestellt sind, im Bedarfsfalle jedoch mit dem Türflügel A geöffnet werden. b Türbänder, g Griff oder Türklopfer, s Schloß, h Schloßhöhe. Die Höhe ist so zu bemessen, daß der erwachsene Mensch Schloß und Griff bequem erreichen kann. Also nicht zu hoch, doch darf das gewöhnliche einfache Schloß auch nicht zu tief an der Tür befestigt werden, weil dann die Rahmenteile oberhalb und unterhalb des Schloßriegels sehr ungleich sind und der lange Teil, da er ungenügend befestigt ist, sich ver=zieht. Besonders konstruierte Schlösser können natür=lich für jede beliebige Schlüssellochhöhe eingerichtet

werden, ohne daß diese mit der Schließriegelhöhe zu=sammenfällt. Ein einzustemmendes Schloß soll nicht in der Höhe eines für die Festigkeit der Tür bedingten Mittel=querrahmenholzes eingelassen werden, weil dadurch der Zapfen des Querrahmenholzes ganz oder zum Teil weg=gestemmt werden muß und der Zusammenhang der Rahmenteile wesentlich geschwächt wird. Müssen Schloß= und Rahmenholzhöhe unbedingt zusammenfallen, dann darf kein einzustemmendes Schloß, sondern muß ein auf den Rahmen aufzuschraubendes Kastenschloß verwendet werden. Die Zahl der notwendigen Bänder (b) — Auf=satz=, Scharnierbänder usw. — ist von der Größe, der Höhe, der Schwere und der bedingten Festigkeit der Tür abhängig. Das obere und untere Türband, beide dürfen nicht sehr weit von den Enden des aufrechten Rahmen=holzes entfernt sein; ist dann die Entfernung zwischen diesen beiden Bändern verhältnismäßig groß oder ist der Türflügel sehr schwer, so müssen zwischen den beiden noch ein Band oder noch mehrere Bänder befestigt werden. Ebenso wie unter Umständen der Zweck eines Raumes bedingt, daß die diesen Raum abschließende Tür mittels zweier oder mehr für sich selbständiger Schlösser oder mittels eines Schlosses, durch das mehrere Schloßriegel bewegt werden, verschließbar ist.

50

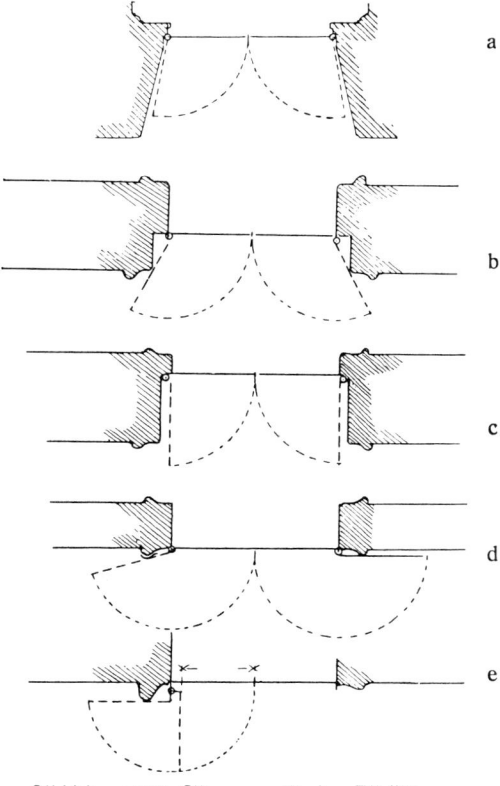

Abbildung 292: Tür am Mauerwerk befestigt.

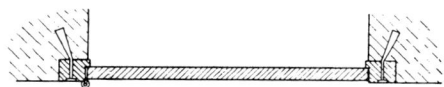

Abbildung 293: Tür mit Zarge.

Abbildung 287: Mauerprofile der Türöffnungen.

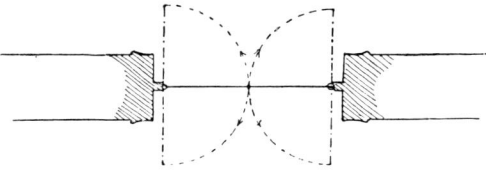

Abbildung 288: Mauerprofil einer Pendeltür.

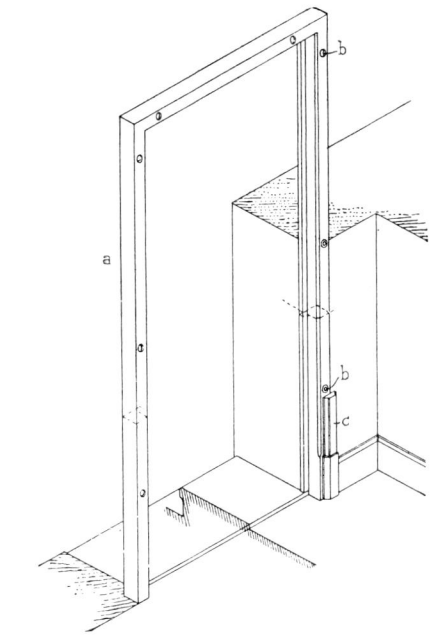

Abbildung 294: Haustürzarge in Hausteinwand.

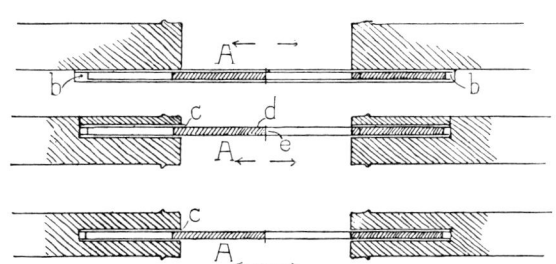

Abbildung 289: Mauerprofile für Schiebetüren.

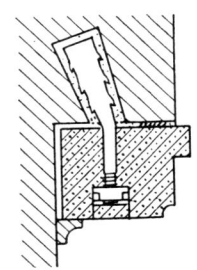 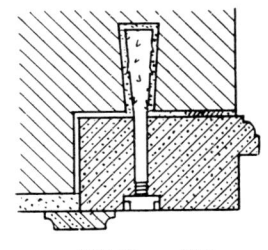

Abbildung 295. Steinschrauben. Abbildung 296.

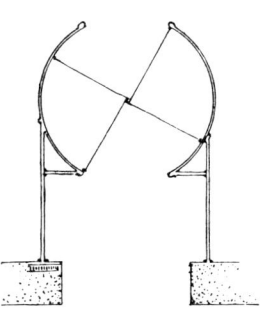

Abbildung 290:
Grundriß einer Drehtür.

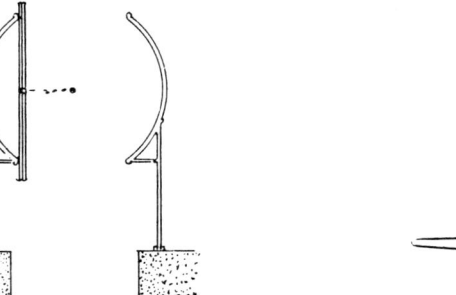

Abbildung 291:
Drehtür zusammengeklappt
und an die Seite geschoben.

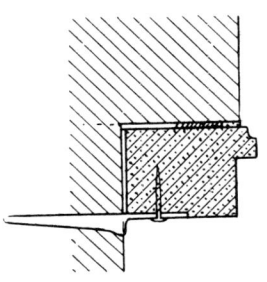

Abbildung 297: Bankeisen.

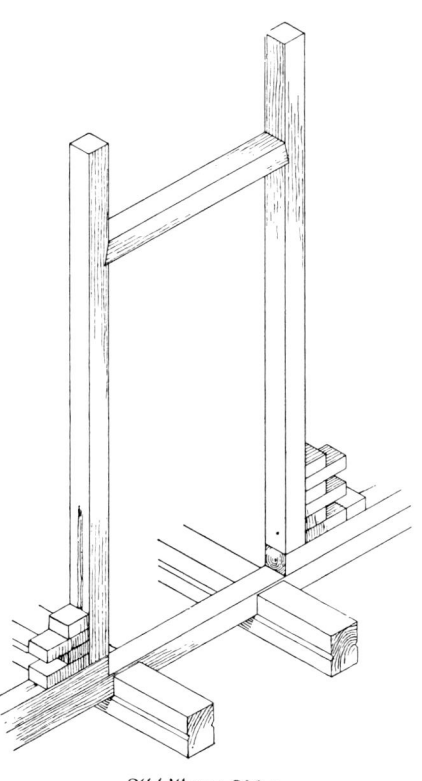

Abbildung 298 a.

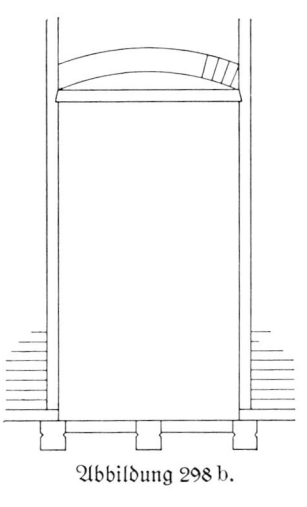

Abbildung 298 b.

Abbildung 298 a und b:
Pfoftengeftell in Riegelwand.

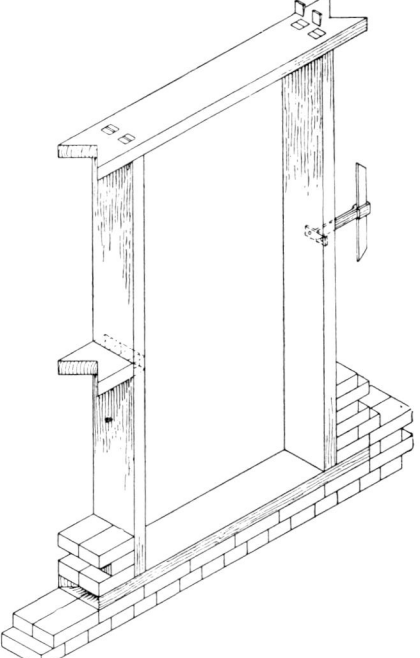

Abbildung 300.
Abbildung 299 und 300: Bohlenzarge.

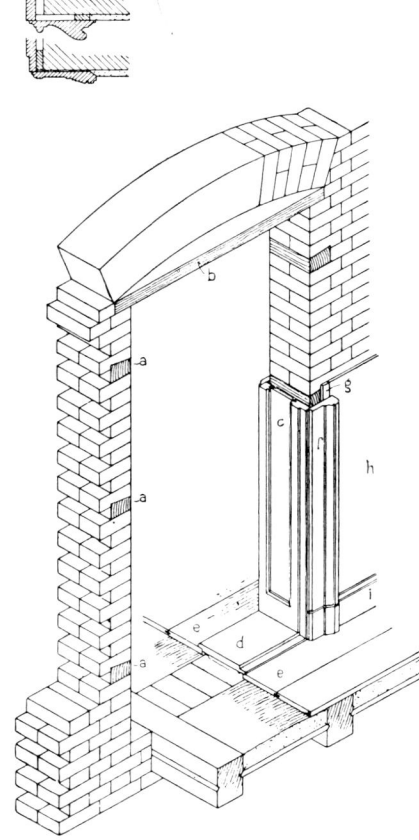

Abbildung 301:
Eingemauerte Holzftücke (Dübel) und überlagsbohle.

Abbildung 299.

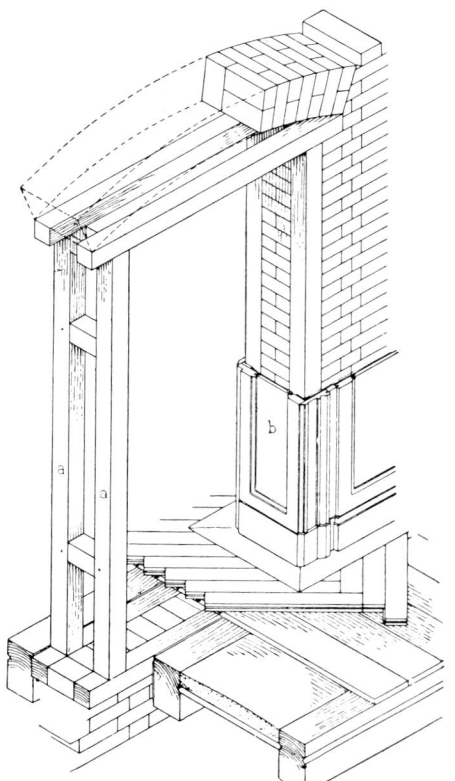

Abbildung 302: Blockzarge.

52

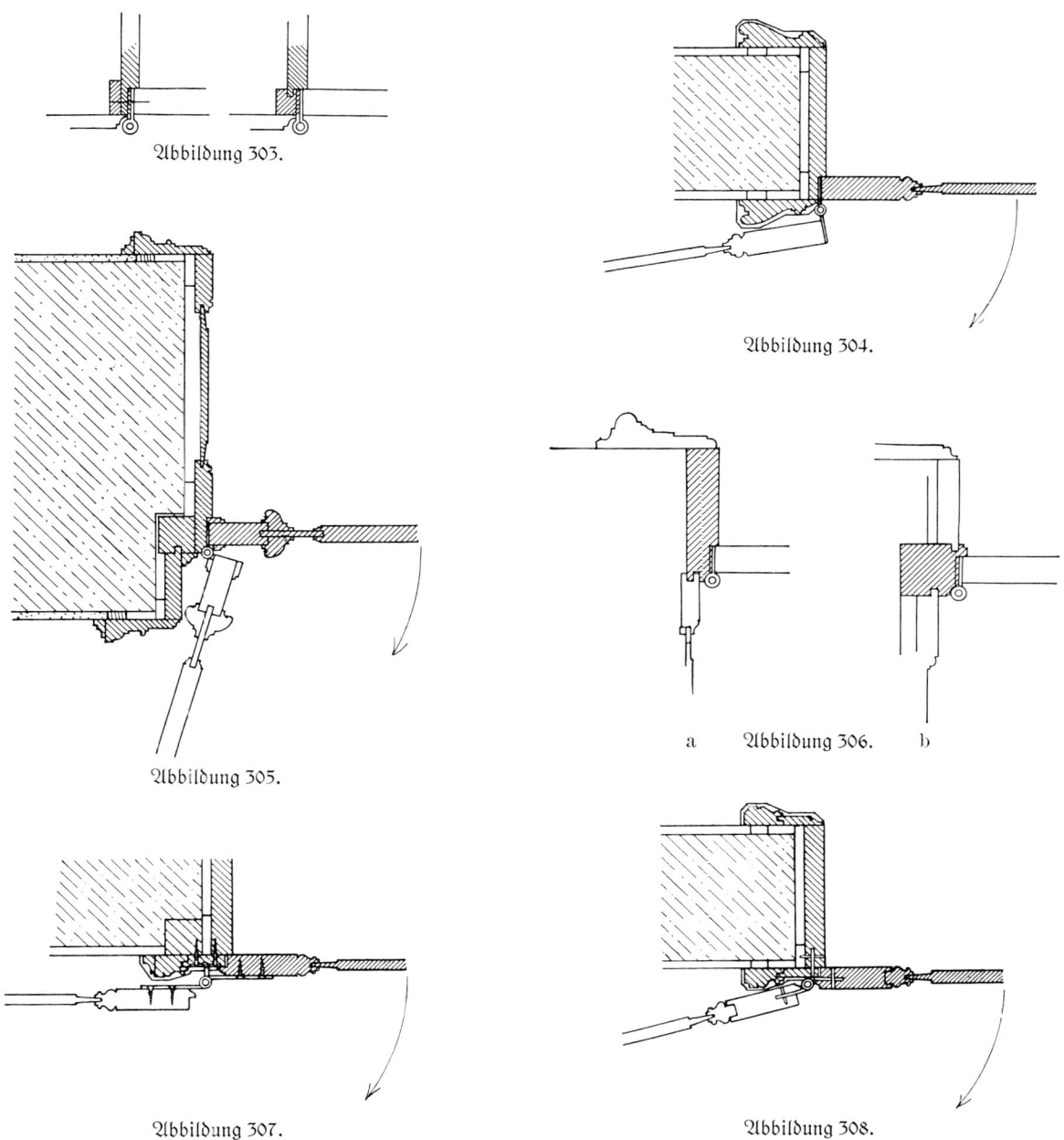

Abbildung 303.

Abbildung 304.

Abbildung 305.

a   Abbildung 306.   b

Abbildung 307.

Abbildung 308.

Abbildung 303 bis 308: Das Anschlagen der Zimmertüren.

Wie aus dem Vorstehenden hervorgeht, unterscheidet man nach der Zahl der Türflügel ein=, zwei= und mehr= flügelige Türen und Tore; ferner unterscheidet man nach der Art des Öffnens aufgehende Türen mit Schlagleisten (Abbildung 287), durchschlagende Türen (Pendeltüren, Abbildung 288), Schiebetüren (Abbildung 289) und Dreh= türen (Abbildung 290), und nach dem Ort: Haustüren und Tore (Außentüren), Zimmertüren, Küchentüren usw. (Innentüren).

Form und Zusammenbau der Außen= und der Innen= türen müssen verschieden sein. Türen an ständig feuchten Orten müssen anders zusammengebaut werden als solche an gleichmäßig trockenen Orten. In dem einen Falle darf kein Leim verwendet werden oder nur Kalkleim, und in einem anderen Falle darf unbedenklich verleimt und fur= niert werden.

Die Art des Öffnens und der Befestigung der Tür= flügel steht in engster Beziehung zu dem Zweck der Tür. Die meisten unserer Zimmertüren, Haustüren und Tore haben Türflügel, die um eine senkrechte Achse drehbar sind. Diese Türen werden an der einen Seite mittels Bänder, an der anderen Seite mittels Riegel oder Schlösser entweder direkt am Mauerwerk (Abbildung 292) oder an Futterrahmen (Abbildung 298 bis 350) be= festigt. Die erstere Art der Befestigung ist nur für unter= geordnete Türen gebräuchlich.

Für die Gestaltung einer Tür oder eines Tores ist somit wesentlich:

der Ort, für den die Tür bestimmt ist, die Bestim= mung des Baues und des betreffenden Innenraumes, die Architektur der Fassaden und des Innenraumes,

die Größe der Türöffnung, der Futterrahmen, der Türflügel und die Befestigung, der Beschlag.

Abbildung 309.

Abbildung 310.

Abbildung 311.

Abbildung 312.

Abbildung 313.

Abbildung 314.

Abbildung 315.

Abbildung 316.

Abbildung 317.

Abbildung 318.

Abbildung 310 bis 320: Beispiele für die Form von Zimmertüren.

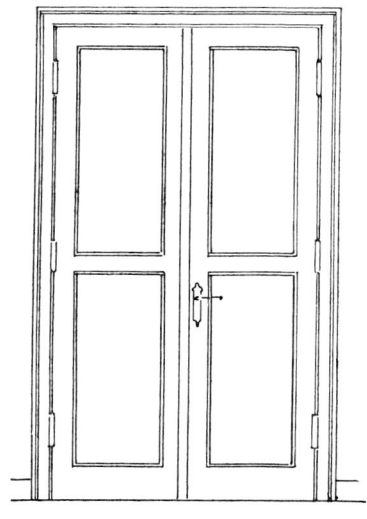

Abbildung 319.   Abbildung 321.   Abbildung 320.

Abbildung 283: b Türbänder, s Schloß, h Schloßhöhe, r und r Schubriegel zum Schließen des Flügels B. Riegel und Schloß sollen so konstruiert sein und sind so zu befestigen, daß sie von erwachsenen Menschen bequem zu erreichen sind, nicht zu hoch und nicht zu tief.

Abbildung 285: a Türflügel oder Pforte für den Fußgänger. a an b befestigt. c und b mit a Torflügel. (Vgl. Abbildung 286.)

Abbildung 287 a bis e weist auf die Befestigung der Haustüren und Tore in verschieden profilierten Wandöffnungen und die damit zusammenhängende Größe des Drehungswinkels der Tür= oder Torflügel.

Abbildung 289 a bis c: Schnitte durch drei verschiedene Schiebetüren — a: Die Türflügel (A) liegen vor der Wandfläche. b sind Hindernisse, damit die Türflügel nicht aus den Schienen gelangen. — b: Die Türflügel werden in Wandschlitze geschoben. Die eine Seite des Schlitzes wird durch die Mauer, die andere Seite durch eine Bretter= oder Rabitzwand gebildet. Die Türflügel A erhalten bei c einen Anschlag, der verhindert, daß sie zu weit aus dem Schlitz gezogen werden können. Ferner erhalten sie bei d und e zum Vorziehen und Zurückschieben verstellbare Griffe. Die Griffe sind derart verstellbar, daß sie beim Zusammenschieben beider Flügel und beim Einschieben der Flügel in die Schlitze nicht hinderlich sind. — c: Schlitz in der Mitte der Mauer.

Abbildung 290: Grundriß einer Drehtür. Die vier Türflügel werden gemeinsam bewegt, schließen jedoch in jeder Lage die Türöffnung. In Abbildung 291 ist diese Tür zusammengeklappt und an die Seite geschoben dargestellt. Hier ist also der Ein= und Ausgang völlig frei.

Abbildung 294: a der Futterrahmen einer Haustür, b Löcher für die Steinschrauben und deren Muttern (vgl. Abbildung 296), c Deckleiste für die Fuge zwischen Wand und Rahmen.

Abbildung 295 und 296: Zwei Formen von Steinschrauben. Die Form Abbildung 295 wird bei schmalem

Futterrahmen gebraucht. Abbildung 295, der Schraubenkopf ist versenkt und durch eine Holzscheibe verdeckt.

Abbildung 297: Bankeisen.

Abbildung 301: a Bohlenstücke (Holzdübel) zum Befestigen des Türfutters und der Türbekleidung, b Überlagsbohle zum Befestigen des oberen Futterrahmenschenkels und dessen Bekleidung, c Futterrahmen, d Schwelle, e Fußboden, f Futterrahmenbekleidung, g Putzleiste, h Wandputz, i Sockelleiste.

Abbildung 302: a Blockzarge, b Türfutter und Bekleidung.

Die Futterrahmen.

Die Futterrahmen der Haustüren und Tore bestehen aus drei Teilen, aus dem oberen Rahmenstück (oberen Rahmenschenkel) und den beiden aufrechten Rahmenschenkeln (Abbildung 294). Selten ist mit diesen ein vierter unterer Rahmenschenkel als Schwelle verbunden, weil eine Schwelle aus Holz zu bald abgenutzt ist. Die Rahmenschenkel werden an den Enden zusammengeschlitzt und mit Holznägeln aneinander befestigt (Abbildung 350). Die Schenkel werden aus massivem oder verleimtem Holz gearbeitet. In letzterem Falle werden starke Schenkel vielfach hohl verleimt, um ein gleichmäßiges Trocknen des Holzes, ohne Risse, zu erreichen (Abbildung 349 und 350).

Die senkrechten Rahmenschenkel setzen auf der Steinschwelle entweder stumpf auf, oder es werden zwischen Schenkel und Schwelle Metalldübel eingefügt (Abbildung 349). Am Mauerwerk wird der Futterrahmen mit Bankeisen (Abbildung 297), Steinschrauben und Muttern (Abbildung 295 und 296) oder an eingemauerten oder eingegipsten Holzdübeln (Abbildung 301) befestigt. Die äußere Fuge zwischen Rahmen und Mauer wird mit Mörtel verstrichen (bei Hausteinwänden werden die Fugen außerdem noch durch einen zwischengelegten Teerstrick gedichtet), die innere Fuge wird mit Mörtel verstrichen und, wo es möglich ist, noch mit einer Leiste bedeckt (Abbildung 295 und 296).

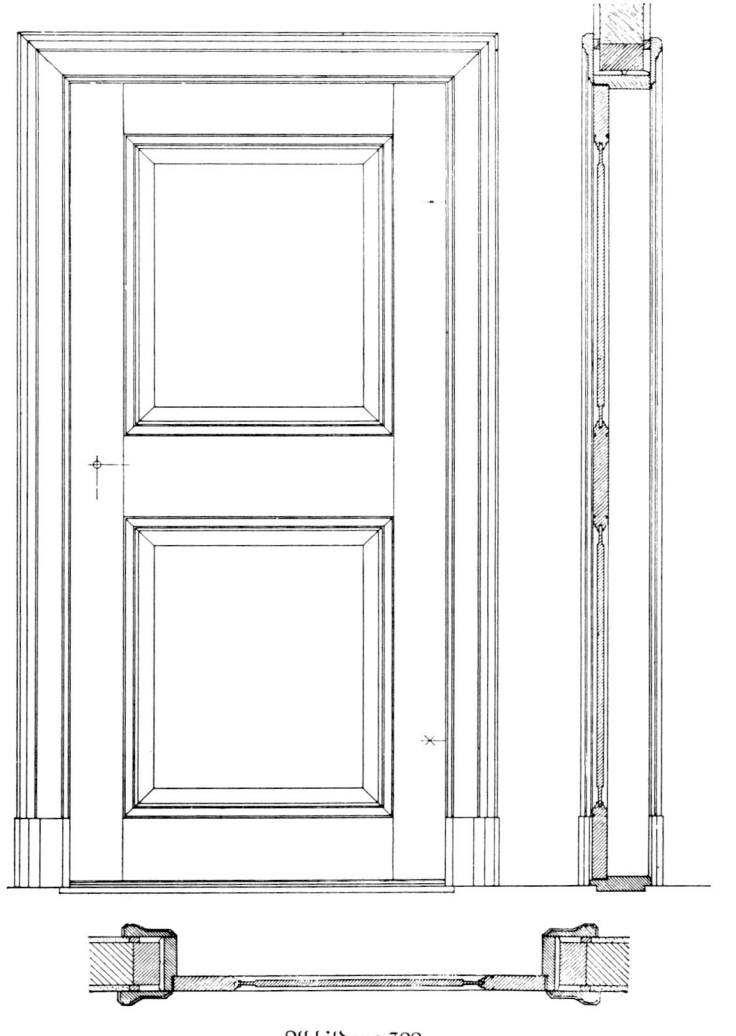

Abbildung 322.

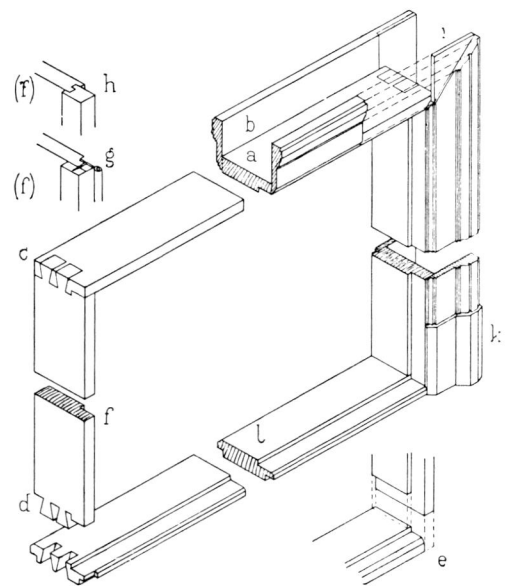

Abbildung 323.

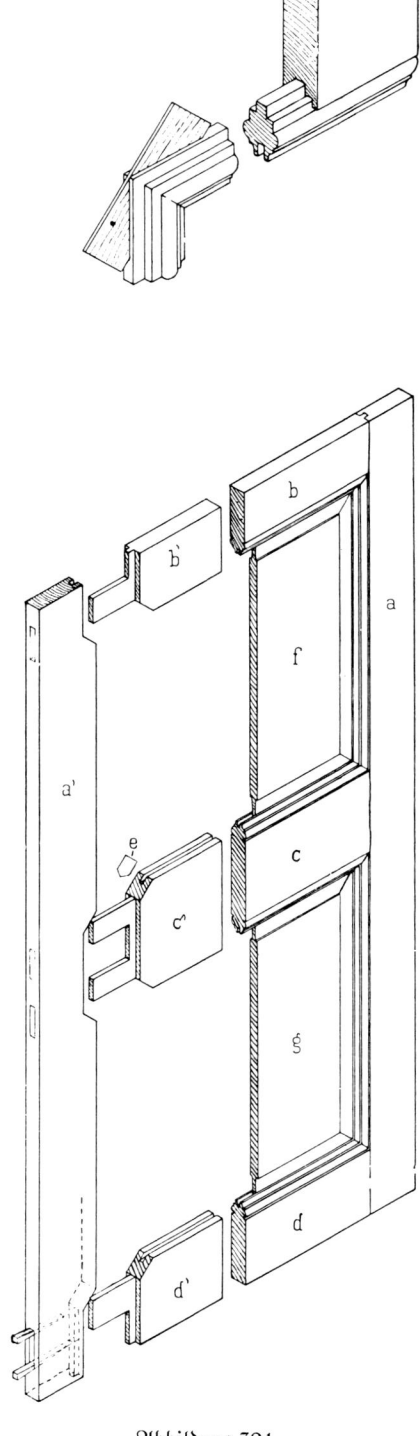

Abbildung 324.

Abbildung 322 bis 324:
Der Zusammenbau einer Zweifüllungstür mit schmalem Futter.

Abbildung 325.

Abbildung 325 und 326: Der Zusammenbau einer Dreifüllungstür mit gestemmtem Futter.

57

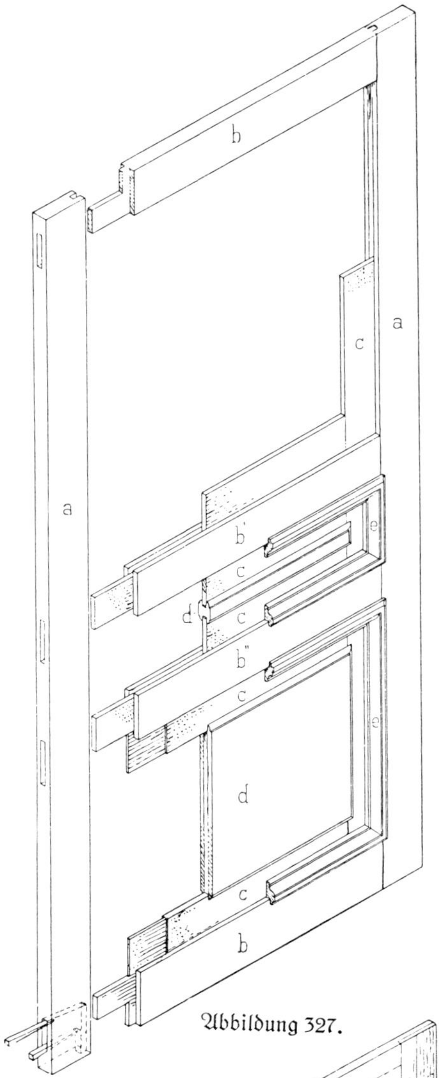

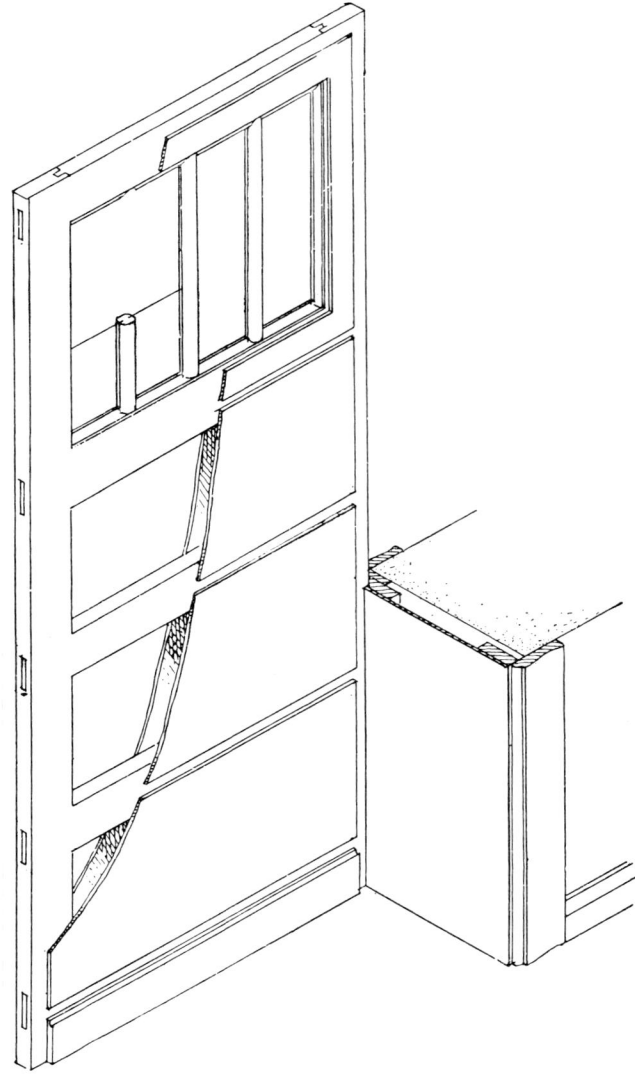

Abbildung 327.

Abbildung 328.

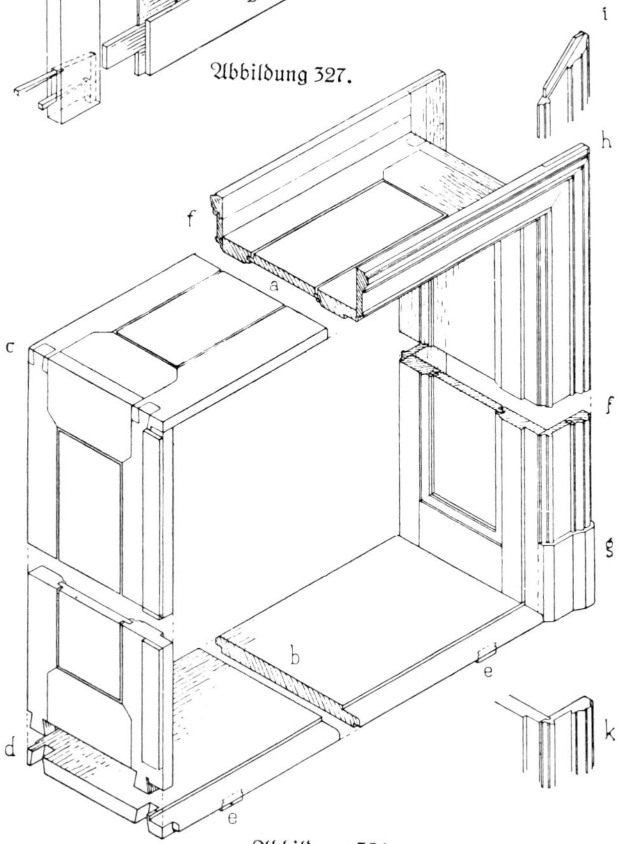

Abbildung 326.

Der Anschlag der Steinschwellen wird vielfach durch Eisenschienen geschützt. Diese geben einen besseren Türanschluß als die Steinkante.

Bei Riegelwänden wird der Futterrahmen an dem Pfostengestell befestigt (Abbildung 298 a und b).

Die Futterrahmen der Innentüren können ebenso wie die Außentüren direkt am Mauerwerk befestigt werden, doch ist diese Art nur für untergeordnete Türen im Gebrauch. Der besseren Tür gibt man einen Futterrahmen, der den dichten Anschluß des Türflügels möglich macht. Der Türflügel bekommt einen guten, dichten Anschlag durch Falz und Schwelle. Der Futterrahmen wird in der Riegelwand am Pfostengestell befestigt (Abbildung 298), in der massiven Wand an der Bohlenzarge (Abbildung 300), an eingemauerten Bohlenstücken und der Überlagsbohle (Abbildung 301) oder an der Blockzarge (Abbildung 302). Die Schwelle kann entweder höher als der Fußboden liegen und dadurch einen Anschlag für die Türflügel bilden oder mit dem Fußboden gleich liegen. Letzteres ist für Gesellschaftsräume gebräuchlich. Liegt die Schwelle mit dem Boden gleich, so wird sie nur zwischen den Schenkeln des Futterrahmens eingepreßt und auf den Bodenrippen befestigt (Abbildung 323 e), im anderen Falle wird sie vielfach mit den senkrechten Rahmenschenkeln zusammen-

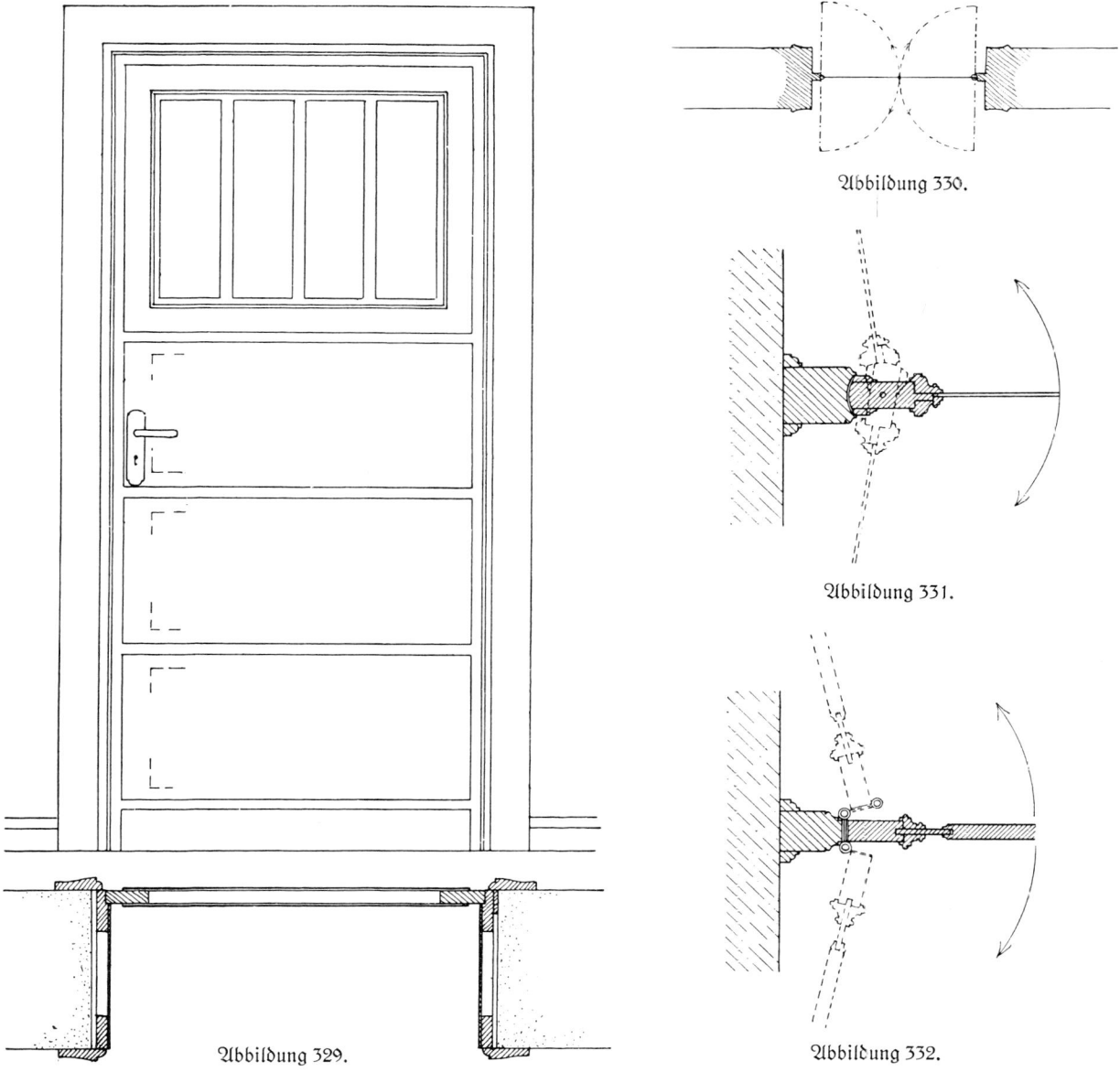

Abbildung 329.

Abbildung 330.

Abbildung 331.

Abbildung 332.

Abbildung 328 und 329:
Türrahmen, beiderseitig mit Sperrholzplatten beleimt.

Abbildung 330 bis 332: Das Anschlagen der Pendeltüren.

gezinkt (Abbildung 323 und 326). Über 15 Zentimeter breite Schwellen werden durch Gratleisten gegen das Werfen geschützt (Abbildung 326 e). Über 15 Zentimeter breite Jutterrahmen werden aus Rahmen und Füllungen gebildet (Abbildung 325).

Der Jutterrahmen ist mit einem Falz versehen, der den Türflügeln als Anschlag dient und den dichten Anschluß der Türflügel an den Jutterrahmen möglich macht (Abbildung 322 bis 329, 349).

Die Jutterrahmenprofile Abbildung 305 und 306 sind anzuwenden bei dickem Mauerwerk, wenn zu beiden Seiten der Tür eine Nische sein soll und die Türflügel beim Öffnen an die Mauerleibung schlagen müssen.

Die Fuge zwischen Jutterrahmen und Mauerwerk (Abbildung 304) oder zwischen Jutterrahmen, Zarge und Mauerwerk (Abbildung 307) wird durch eine Leiste — die Bekleidung — geschlossen. (Vgl. Abbildung 294, 322 bis 325.)

Von dem Profil der Bekleidung und des Jutterrahmens sowie von dem bedingten Öffnungswinkel der

Türflügel ist die Lage der Achse, um die sich die Türflügel drehen müssen, und die Form der Türbänder — Aufsatzbänder, Fischbänder, Scharniere, Lappenbänder usw. — abhängig (Abbildung 303 bis 308).

Abbildung 303a und b: Schließblech und Türbänder müssen im oder am Falzholz befestigt werden. Ist dieses sehr dünn, etwa so, wie Abbildung 303a zeigt, so wird der Teil des Jutterrahmens, an dem die Türbänder und das Schließblech befestigt werden sollen, durch eine hintergelegte Leiste verstärkt werden, oder der Falz muß so hergestellt sein, wie es Abbildung 303b zeigt.

Abbildung 308: Türflügel mit Fischbändern befestigt. Abbildung 307: Befestigung mit Schippebändern. Abbildung 303 bis 306: Befestigung mit Aufsatzbändern.

Die Türflügel:

Die einfachsten Tür= und Torflügel bestehen aus stumpf aneinandergefügten, gefederten, gedübelten oder gespundeten Brettern mit quer darüber genagelten oder geschraubten oder auf Grat eingeschobenen Leisten (Abbil-

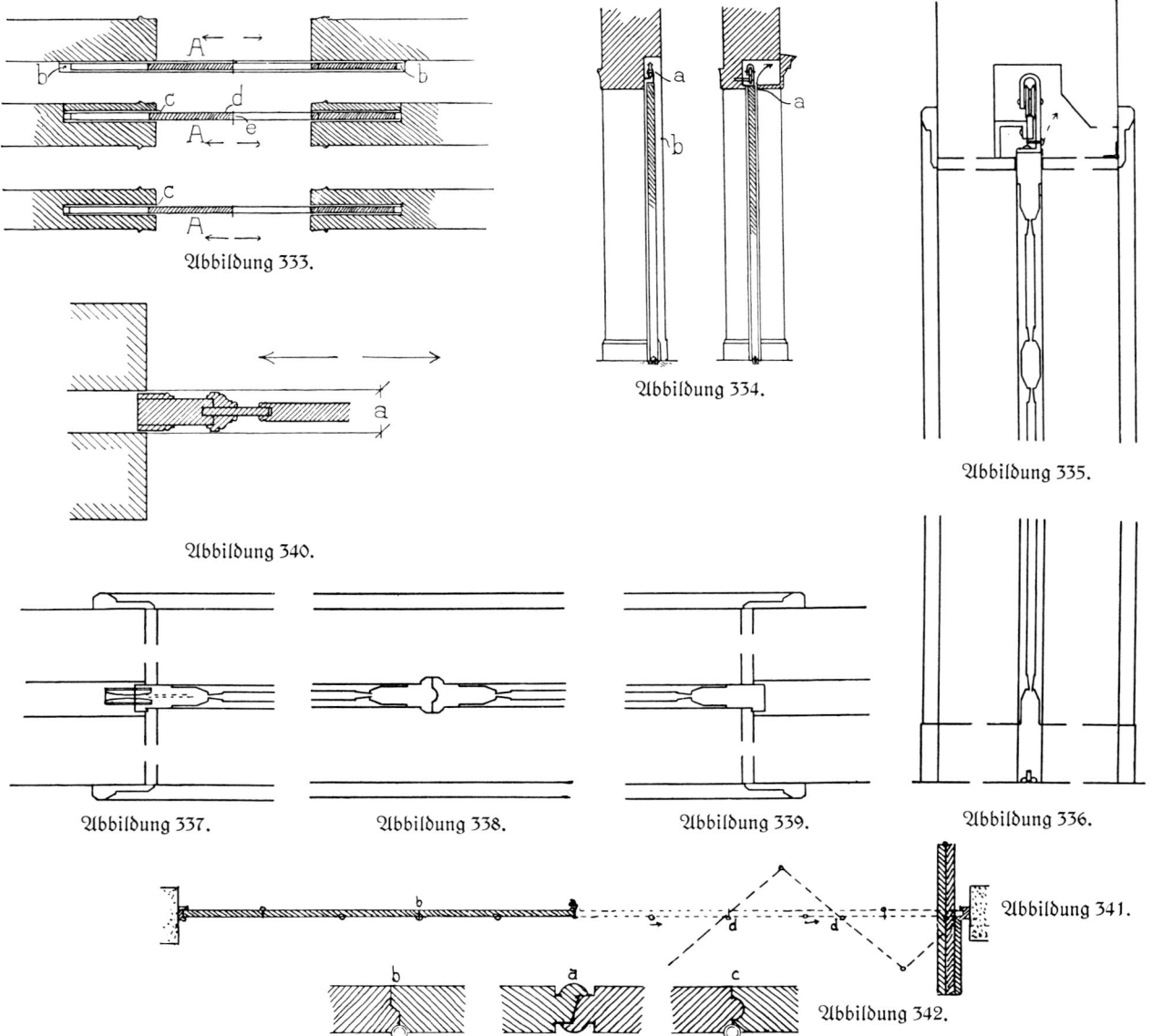

Abbildung 333.

Abbildung 334.

Abbildung 335.

Abbildung 340.

Abbildung 337.   Abbildung 338.   Abbildung 339.   Abbildung 336.

Abbildung 341.

Abbildung 342.

Abbildung 333 bis 340: Schiebetürprofile.   Abbildung 341 und 342: Harmonikatür — Grundriß.

dung 309). Für bessere Türen werden Rahmen mit Füllungen (Abbildung 310 bis 312, 316 bis 320), Rahmen mit überleimtem Sperrholz (Abbildung 314 und 315) oder glatte Sperrholzplatten (Abbildung 313) bevorzugt.

Abbildung 322 bis 324: Zweifüllungszimmertür. — Abbildung 324: Türflügel, a und a' Höhenschenkel des Türflügels, b oberer Rahmenschenkel, c mittlerer und d unterer Rahmenschenkel, f und g zweiseitig abgeplattete, eingeschobene Füllungen, e Zinkplättchen, die in die Gehrung eingelassen werden, damit diese bei eventuellem Nachtrocknen des Holzes nicht durchsichtig werden. Der Türrahmen ist zusammengestemmt und verkeilt. — Abbildung 323: Türfutter mit Bekleidung (b Bekleidung an den Ecken auf Gehrung zusammengeplattet [i]), k Sockel der Bekleidung, l Schwelle. Die Schenkel des Futterrahmens sind untereinander und mit der Schwelle zusammengezinkt (c und d). e zeigt eine zwischengeschobene Schwelle. g zeigt, wie der Falz (f) des Futterrahmens durch eine hintergelegte Leiste für die Befestigung der Türbänder verstärkt werden kann. h zeigt noch eine andere Art der Bildung der Futterrahmenschenkel mit starkem Falzteil.

Abbildung 325 und 327: Dreifüllungszimmertür. — Abbildung 327: Der Zusammenbau des Türflügels: a, a', b', b'' und b''' Rahmenhölzer, zusammengestemmt; c Federrahmen, d Füllungen, e eingelegte, geleimte und gestiftete Kehlstöße. — Abbildung 326: Türfutter und Bekleidung: Futter auf Gehrung gestemmt, Futterrahmen (a) und Schwelle (b) zusammengezinkt (c und d), e Gratleisten zum Geradehalten der Schwelle, f Bekleidung, g Sockel der Bekleidung, h Bekleidung auf Gehrung zusammengeplattet, i Bekleidung auf Gehrung und mit Feder zusammengefügt, k Verbindung von Futter und Bekleidung auf Nut und Feder — für polierte Türen gebräuchlich.

Abbildung 328 und 329: Der Türflügel besteht aus einem gestemmten Rahmen mit aufgeleimten Sperrholzplatten. In der oberen Türfüllung: Sprossen und Glas. Türfutter wie Türflügel: Gestemmter Rahmen, und auf diesen, in ganzer Länge, Sperrholzplatten geleimt.

Pendeltüren (Abbildung 330 bis 332): Der Zusammenbau der Türflügel dieser Türen unterscheidet sich nicht von dem der anderen inneren Türen. Die Befestigung des Futterrahmens ist ebenfalls dieselbe. Das Profil

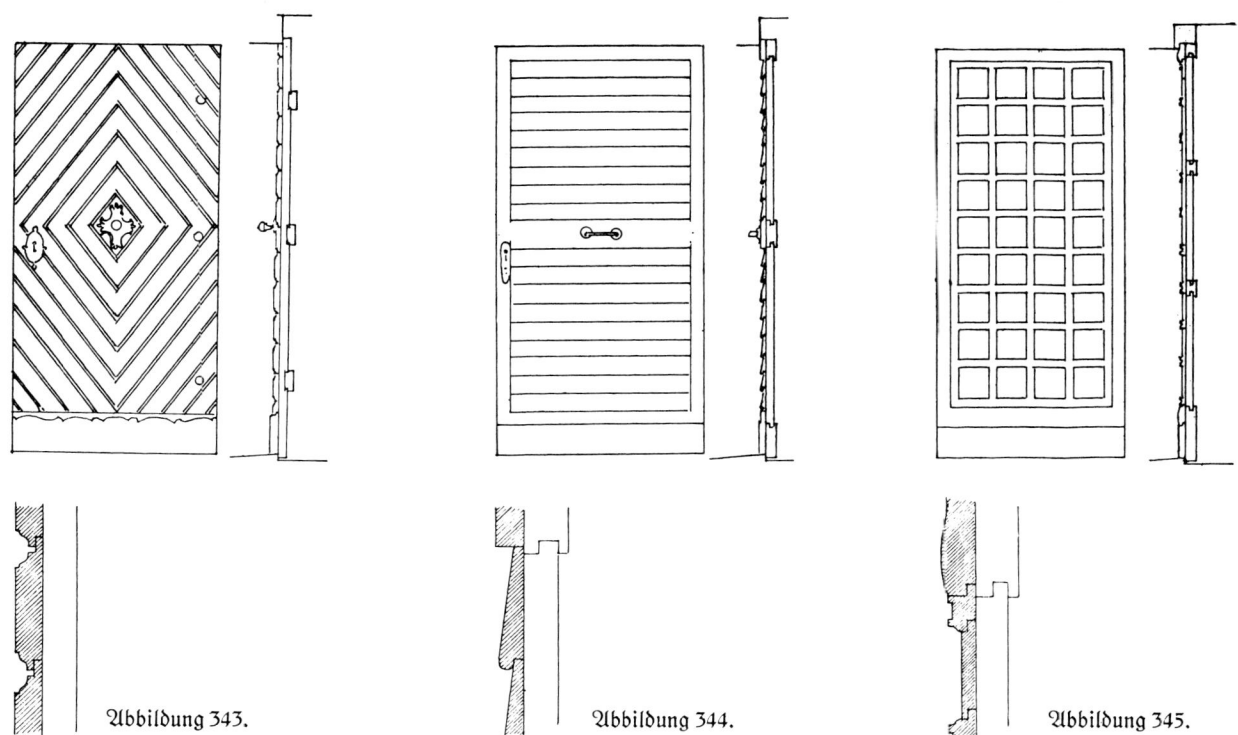

Abbildung 343.   Abbildung 344.   Abbildung 345.

Abbildung 343 bis 345: Beispiele für verdoppelte Haustüren.

des Futterrahmens weicht insofern von dem der anderen Türen ab, als der Anschlag fehlt, weil die Türflügel sich nach zwei Seiten hin durch den Rahmen bewegen. Die Türflügel können seitlich oder oben und unten mit Pendeltürbändern befestigt werden. Vorrichtungen zum Anhalten (Arretieren) der Türflügel bei erreichter größter Umdrehung und zum Zuwerfen der Türflügel können entweder besonders an den Türen befestigt werden oder in Verbindung mit den Bändern (Patentpendeltür=beschlag usw.) vorhanden sein. Griffe und Schloß, eventuell auch noch Riegel vervollständigen den Beschlag.

S c h i e b e t ü r e n (Abbildung 333 bis 340) werden da eingebaut, wo Klapptüren dem Verkehr hinderlich sind, z. B. zwischen Gesellschaftsräumen, die man zuzeiten durch möglichst breite Wandöffnungen vereinen muß. Da die Türflügel in Wandschlitze geschoben werden (Ab=bildung 333), so können die Öffnungen für diese Türen nahezu halb so breit wie die Wandbreite sein, wenn die Sicherheit des Hauses diese Breite zuläßt. Die Höhe der Öffnungen wird architektonisch bestimmt. Sind die zu

Abbildung 346.   Abbildung 347.   Abbildung 348.

Abbildung 346 bis 348, 349 und 350: Haustüren aus Rahmen mit Füllungen.

61

sperrenden Wandöffnungen breiter als die halbe Wandbreite, so konstruiert man Harmonikatüren (Abbildung 341 und 342).

Die Schiebetüren laufen auf Rollen oder Kugeln auf Schienen oder hängen mit Laufrollen an Schienen. Die letztere Art ist die gebräuchlichere. Diese Hänge- und Laufvorrichtung liegt oberhalb der Türen verdeckt, teils im Wandschlitz, teils hinter dem oberen Jutterrahmenstück. Bekleidung und Türfutter sind so zu konstruieren, daß sie jederzeit leicht entfernt werden können, um Reparaturen am Türbeschlag zu erledigen. Der Jutterrahmen dieser Türen ist durch einen Schlitz geteilt. Die Entfernung der beiden Teile voneinander bildet den Schlitz, durch den die Türen vor- und zurückgeschoben werden (Abbildung 340). Die Konstruktion der Türflügel ist gleich der der Klapptüren, nur ist bei der Profilierung Rücksicht auf die Breite des Schlitzes im Türfutter zu nehmen. Die Stoßfuge zwischen zwei Türen dichtet man durch das Profil Abbildung 338, den Wolfsrachen. Die Türflügel bekommen Führungen auf dem Fußboden im Schlitz und Anschlagleisten im Türfutter gegen das zu tiefe Hineinschieben der Tür in den Schlitz und gegen das zu weite Vorholen aus dem Schlitz (Abbildung 337 und 339). Verstellbare Griffe an den Türflügeln, seitlich und vorn, sowie das Schloß vervollständigen den Türbeschlag. Die Griffe dürfen beim Öffnen nicht hinderlich sein, sie müssen mit in den Jutterrahmenschlitz. Wie bei vielen Bautischlerarbeiten, so muß hier der Tischler den brauchbaren käuflichen Beschlag kennen, um seine Konstruktion den gegebenen Beschlagmaßen anzupassen. Abbildung 335 bis 339 zeigen den lotrechten und den waagerechten Schnitt durch eine Schiebetür.

Die Harmonikatür (Abbildung 341 und 342) besteht aus schmalen Türteilen, die untereinander und mit dem Jutterrahmen mittels Bänder verbunden sind und außerdem

Abbildung 349.

Abbildung 349 und 350: Beispiel für den Zusammenbau einer Haustür.

62

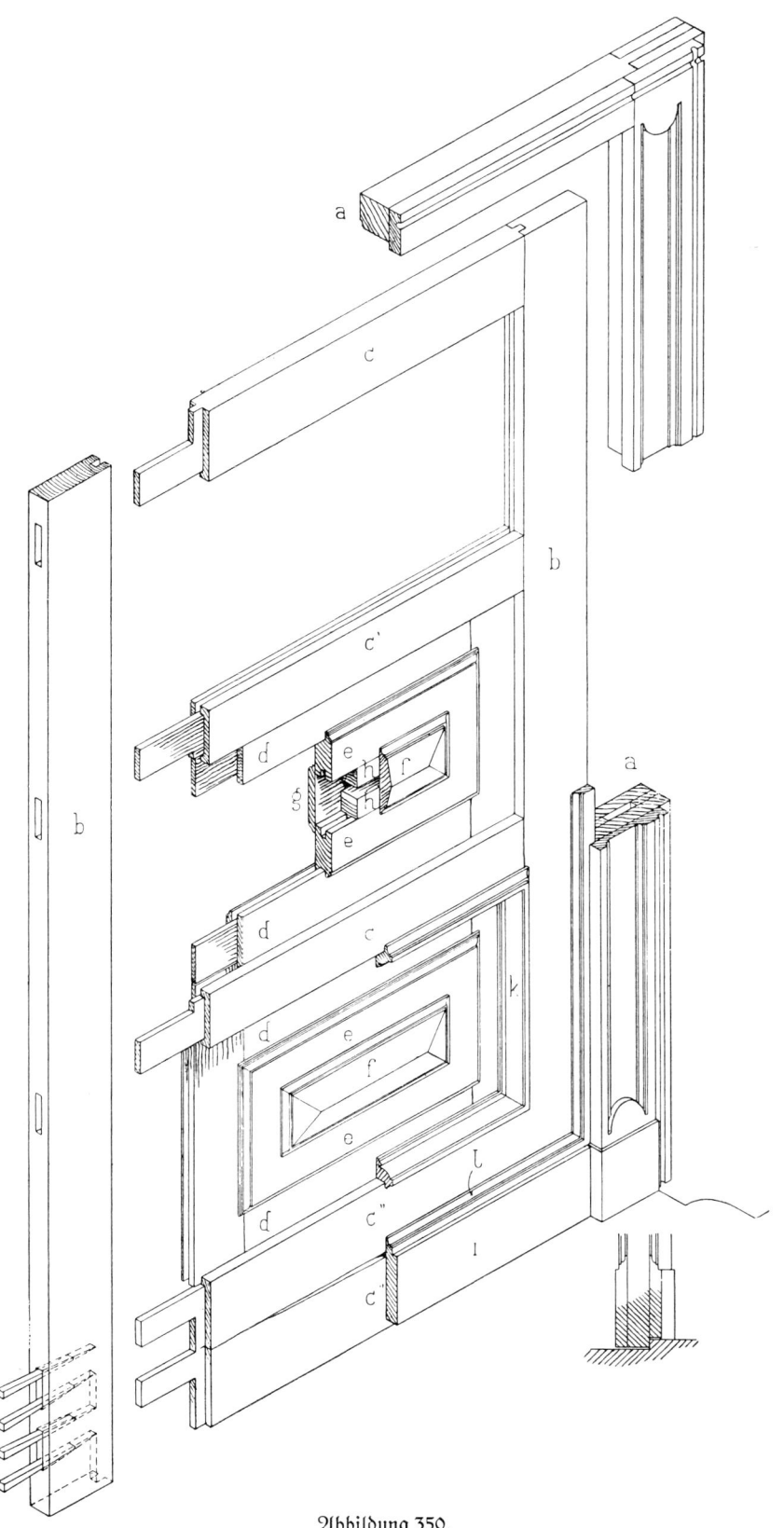

Abbildung 350.

mit Rollen an einer Schiene hinter dem oberen Futter= rahmenstück angehängt sind. Die Aufhänger sind oben in der Mitte der Türteile be= festigt (d Abbildung 341). In dem Fußboden eingelassen wird eine Metallnut als Gleitschiene für die unteren Drehzapfen (d Abbildung 431). Auseinander= gezogen ist die Harmonikatür eine trennende Holzwand. Die Türflügel können durch Riegel und Schlösser festgestellt und aneinandergebunden werden. Zusammengefaltet werden die Türflügel gegen die Mauer= fläche gelegt (Abbildung 341). Zum Dichten der Stoßfugen der gestreckten Türflügel wer= den die aufrechten Türkanten nach den Profilen a, b oder c Abbildung 342 gekehlt. Die Türflügel können als Rahmen mit Füllungen konstruiert wer= den oder aus glatten Sperr= holzplatten bestehen.

Die Konstruktion aller an= deren Innentüren, der Fall= türen, Tapetentüren, Polster= türen, Drehtüren ergibt sich aus dem Gesagten, den Illu= strationen und der Kenntnis des Zweckes.

Tapeten=, Leder= und Polster= türen sind mit Tapeten, Leder oder Polster bekleidete Tür= flügel aus Holz oder anderem zweckmäßig zu verwendenden Material, das sich wie das Holz zu einem stützenden Rah= men für das Deckmaterial ver= arbeiten läßt. Die Tapeten= bedeckung wird angewendet, um die Tür als solche zu verdecken. Die Polsterbedeckung wirkt schalldämpfend. Die Leder= bedeckung wird aus Schönheits= oder lokalen praktischen Grün= den verwendet.

Glastüren sind Türen aus Rahmenwerk mit Glasfüllun= gen. Die Glasfüllungen werden angewendet: um Licht in den hinter der Tür belegenen Raum gelangen zu lassen; um das Innere eines Raumes von außen durch die Glasfüllung übersehen zu können; aus Liebhaberei oder zur Erreichung von besonderen künstlerischen Effekten (Abbil= dung 321).

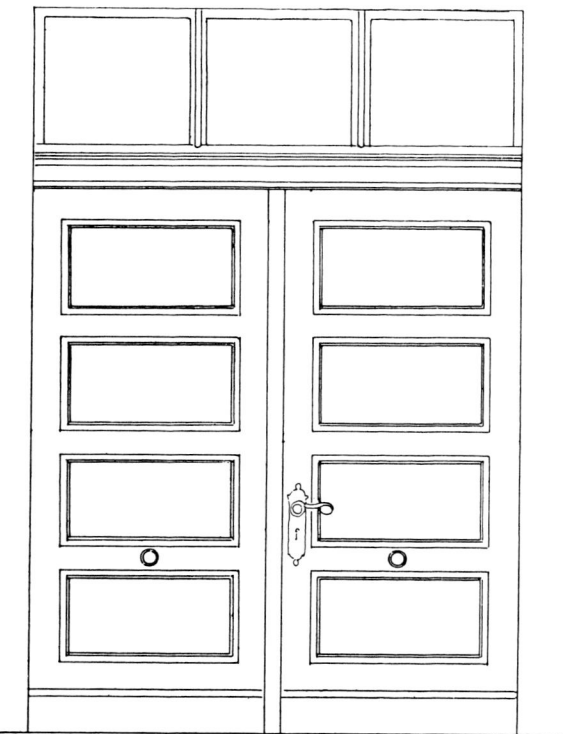

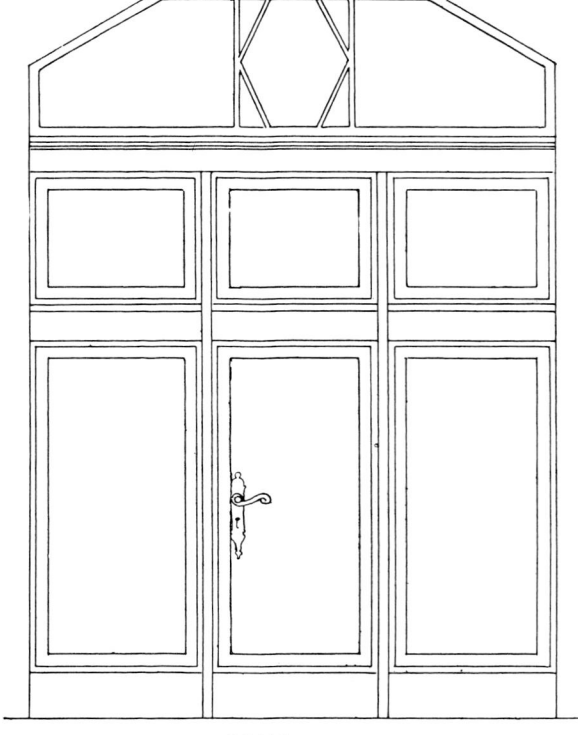

Abbildung 351.   Haustore.   Abbildung 352.

Haustüren und Haustore:

Die größte Aufmerkſamkeit iſt beim Bau von Haus=
türen und Toren dem Holz und den Holzverbindungen in
bezug auf das etwaige Arbeiten des Holzes zuzuwenden.
Der ſtete und häufig ſtarke Wechſel des Feuchtigkeits=
gehaltes der Außenluft läßt die hygroſkopiſche Eigenſchaft
des Holzes im ſtärkſten Maße zur Geltung kommen.

Sehr breite Rahmenhölzer ſind aus dieſem Grunde zu
vermeiden, oder das Holz iſt zu ſperren. Wenn möglich, ſo
ſollte für alle Teile, in erſter Linie aber für das Rahmen=
holz, nur ſchlichtes, parallel zur Faſer und rechtwinklig zu
den Jahresringen geſchnittenes Holz (Kernbretter oder
Kernbohlen) verwendet werden.

Verleimtes Holz ſteht im allgemeinen beſſer als
maſſives, doch darf an Haustüren nur mit beſonderer
Vorſicht verleimt werden. Die Leimfugen müſſen ge=
ſchützt liegen, damit die Feuchtigkeit nicht eindringen
kann. Die aufgeleimten Platten dürfen nicht ſo dünn
ſein, daß jeder feuchte Niederſchlag auf den Leim ein=
wirken kann; ſie dürfen aber auch nicht ſo ſtark oder
ſo geformt ſein, daß ſie beim Arbeiten — durch die Ein=
wirkung von Sonnenſchein und Regen — die Verbin=
dung ſprengen. Kehlſtöße und Zierwerk anderer Art
ſind auf der Außenſeite der Haustür nicht allein aufzu=
leimen, ſondern noch durch ihre Form oder durch Dübel,
Schrauben, Stifte uſw. zu befeſtigen. An dauernd feuchten
Orten ſollen nur maſſive Türen verwendet werden.

Das Profilieren der Außentüren muß im ſtrengſten
Sinne im Einklang mit der ſorgfältigſten Konstruktion ge=
ſchehen. So zum Beiſpiel wirft ſich das Holz von Profil=
leiſten nach Abbildung 355, weil der nicht aufgeleimte Teil
zu dünn und breit iſt.

Profile und anderweitige Verzierungen dürfen keine
Waſſernäpfe bilden. Die Form dieſer Teile muß ſo ſein,
daß das auf ſie fallende Waſſer abläuft, wenn möglich von
vorſtehenden Formen abtropft.

Abbildung 343 bis 350: Abbildung 343 bis 345: Ver=
doppelte Türen. Übereinandergreifende Brettchen ſind auf
eine Blindtafel genagelt oder geſchraubt. Abbildung 346:
Tür mit kleinen Glasfüllungen. Abbildung 347 und 348:
Türen mit Oberlicht. Abbildung 348: Die ſehr breite Mauer=
öffnung iſt durch breite Futterrahmenſchenkel (Zargen=
ſchenkel) verkleinert.

Abbildung 349 und 350: Dreifüllungshaustür. — Ab=
bildung 350: Zuſammenbau des Türflügels und des Futter=
rahmens: a Futterrahmen, aus Dickten verleimt, an den
Ecken zuſammengeſchlitzt, b und c ſenkrechte und waage=
rechte Rahmenſchenkel des Türflügels, d eingenuteter und
überſchobener mittlerer Rahmen, e innerer Rahmen; die
Spitzquadern f an der Außenfläche der Tür werden durch
angeſchraubte Nutklötze (h) gehalten, g Deckplatte an der
inneren Türfläche, k Kehlſtöße, eingeleimt und geſtiftet.

Abbildung 351 und 352: Tore. Das Tor (Abbildung 352)
iſt dreiteilig. Der untere mittlere Teil kann als Fuß=
gängerpforte geöffnet werden (vgl. Abbildung 286). Ab=
bildung 356 bis 359: Profile von Verdachungen auf
Zimmertüren. Abbildung 360 bis 366: Profile und Ver=
dachungen von Haustüren. Beiſpiele, wie der Zuſammen=
bau der Türen zu geſtalten iſt, um den Folgen des Schwin=
dens und Quellens des Holzes zu begegnen, und wie die
Leimfugen zweckmäßig angeordnet werden.

Bei der Formgebung der Außentüren und der Tore iſt
auf einen guten Schluß zwiſchen Mauer und Futterrahmen,
Futterrahmen und Türflügel zu achten. Das Eindringen
des Waſſers iſt durch Anſchlag und Waſſernaſe zu ver=
hindern (Abbildung 353 und 354).

Abbildung 353 zeigt einen Schnitt durch eine Haustür,
wie ſie nicht ſein ſoll. Die Fugen zwiſchen Mauer und Futter=
rahmen, Futterrahmen und Oberlicht, zwiſchen Futter=
rahmen und Türflügel ſind ſo, daß Wind und Regen ein=
dringen können, Abbildung 354 zeigt, in welcher Weiſe die
Fugen gedichtet und geſchützt werden können:

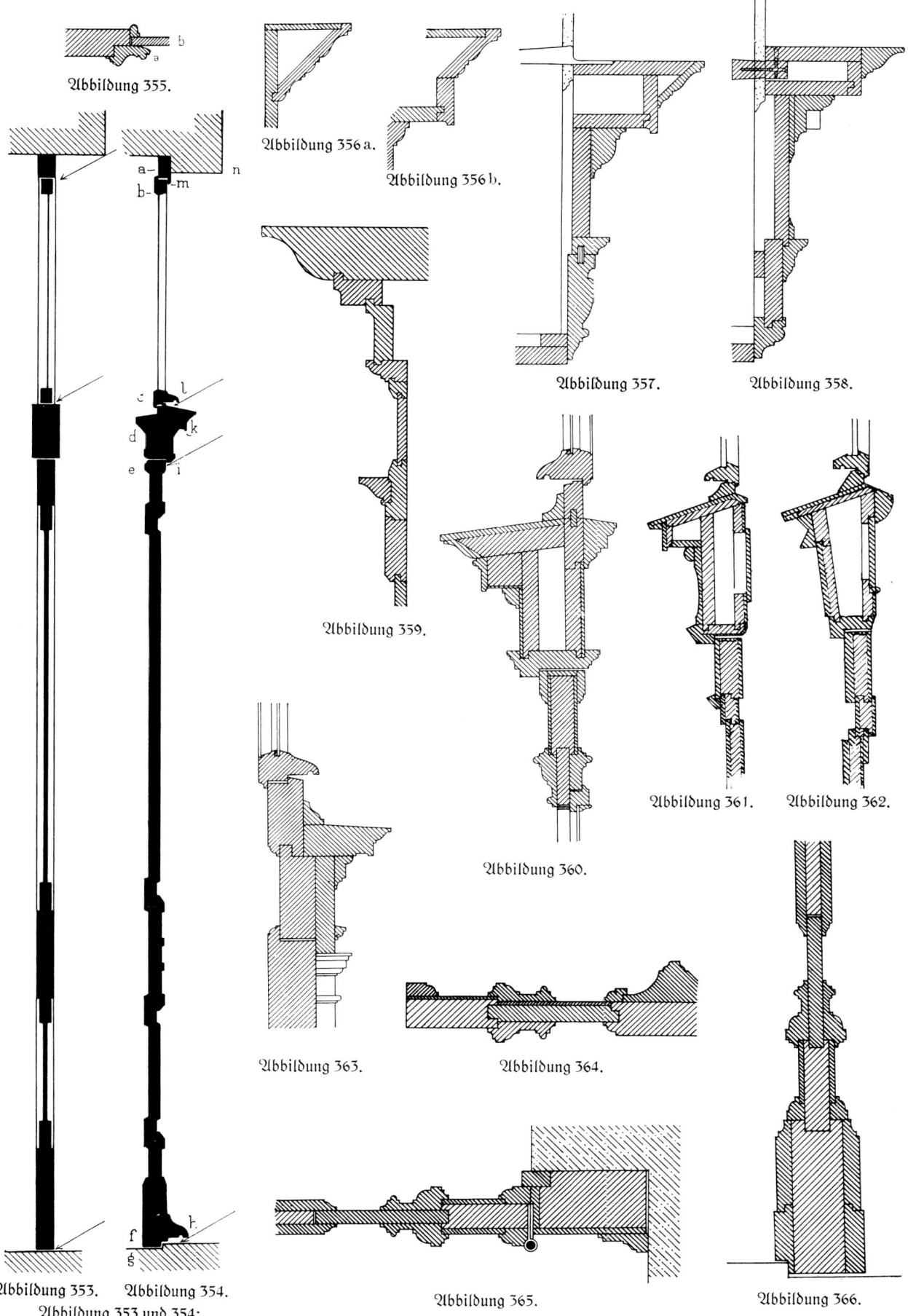

Abbildung 355.

Abbildung 356 a.

Abbildung 356 b.

Abbildung 357.

Abbildung 358.

Abbildung 359.

Abbildung 360.

Abbildung 361.

Abbildung 362.

Abbildung 363.

Abbildung 364.

Abbildung 365.

Abbildung 366.

Abbildung 353.   Abbildung 354.
Abbildung 353 und 354:
Profilbildung der Haustüren.

Abbildung 355 bis 365: Beispiele für den Zusammenbau der Haustüren und Tore.

65

Abbildung 367.
Lüneburger Rathaus. Tür in der alten Gerichtsstube. Ende des 16. Jahrhunderts.

Der Futterrahmen liegt im Mauerfalz. Der obere Rahmenschenkel des Oberlichtes ist abgefälzt und liegt im Falz des Futterrahmens (m), dadurch ist ein doppelter Anschlag gebildet, außerdem schützt der Mauervorsprung (n) diese Fuge. Der Kämpfer (d) hat außen Wasserschräge und Wassernase (k) und ist oben und unten abgefälzt; oben, um einen Anschlag für den Wetterschenkel (e) des Oberlichtes zu bilden, unten, um einen Anschlag (i) für das obere Rahmenstück (e) des Türflügels zu haben. Die kleine senkrechte äußere Fläche des Anschlages für das Oberlicht verhindert das Eintreten des Regens in den Falz. Außerdem wird dieser Falz noch durch die Wassernase (l) geschützt, d ist unten ausgefälzt, und dadurch ist ebenso wie oben zwischen b und a ein Anschlag gebildet. Die Fuge zwischen f und g ist so gut wie möglich durch die Wasser

nase (h) geschützt. Auch kann die Steinschwelle an der Straßen= oder der Hofseite schräg abfallen oder vor dem Anschlag eine kleine Erhöhung haben, wie der Kämpfer d gegen c l.

Durch die Befestigung der Schlösser, Riegel und Bänder darf die Festigkeit der Verbindung der Türhölzer nicht leiden (Abbildung 282 und 283).

Um das Eindringen der Feuchtigkeit in das Türholz zu verhindern, wird dasselbe mit einem Farbanstrich versehen, gefirnißt oder poliert. Der Farbanstrich hat den Nachteil, daß er das Material verdeckt und somit jede Wirkung desselben als solches verlorengeht; Firnis und Politur beeinträchtigen die Materialwirkung nicht, erhöhen sie noch, wenn sie richtig angewendet werden.

66

Abbildung 368. Fenster in einem Berliner Schulhause.
Architekt: Stadtbaurat Hoffmann.

7.

Fenster.

Zur Beleuchtung und Lüftung der Innenräume unserer Häuser sind in den Wänden oder Decken Öffnungen vorhanden, die, entsprechend ihrem Zweck, mit beweglichen Rahmen und Glasfüllungen geschlossen sind. Die Öffnungen in lotrechten Wänden nennen wir Fenster, Öffnungen in waagerechten oder schrägen Decken Oberlichte. Auch hochliegende Öffnungen über Türen und Tore nennt man Oberlichte. Ebenso bezeichnet man die diese Öffnungen abschließenden Rahmen und Glasfüllungen.

Größe und Formen dieser Öffnungen sind sehr verschieden. Bestimmend hierfür sind der Zweck des Hauses, die Größe der Innenräume, die Lage des Hauses und die künstlerische Gestaltungsidee des Architekten. Ein Mindestmaß der Lichtfläche der Öffnungen muß vorhanden sein. Aus praktischen Gründen werden die Maueröffnungen nie übermäßig groß gemacht, und sie werden deshalb auch nie durch breites Rahmenwerk beengt werden dürfen, und wiederum aus praktischen Gründen darf dieses Rahmenwerk, besteht es aus Holz, nicht breit sein. Die Fensteröffnungen sind heute in einem Raum vielleicht hoch und schmal, im anderen niedrig und breit oder rund; in einem Hause liegen die Öffnungen nahe dem Fußboden, im anderen nahe der Decke. Der Tischler hat selten Einfluß auf die Lage der Öffnungen. Diese sind fast allemal gegeben.

Die Fenster aus Holz und Glas — die anderen interessieren uns nicht — müssen oft nach Größe, Form und Zweck wesentlich verschieden konstruiert werden. Doch alle Fenster haben einen Rahmen, der mit dem Mauerwerk oder Fachwerk fest und dicht verbunden wird, den Futterrahmen. An und in diesem sind die beweglichen Rahmen mit den Glasfüllungen, die Fensterflügel, befestigt, oder die Glasscheiben sind in den Futterrahmen gestellt, wie zum Beispiel die Scheiben der Ladenfenster. Nach der Weise, wie die Fensterflügel praktisch bewegt werden müssen, sind die Fenster verschieden zu konstruieren, mit nach außen oder innen schlagenden Flügeln (Abbildung 369), mit Drehflügeln (Abbildung 372), mit Kippflügeln (Abbildung 374) oder als Schiebefenster (Abbildung 376). Die Konstruktion ist aber nicht nur von diesem abhängig, sondern auch von der Lage des Fensters, Größe und Form der Öffnung, Größe des Raumes sowie dem Zweck des Raumes und dem Stil des Baues. Zur Konstruktion des Fensters gehört der Metallbeschlag, die Bänder und Riegel. Diese werden nicht für jedes neue Fenster nach besonderen Maßen und Ideen angefertigt, das würde den Bau sehr verteuern. Häufig muß ein patentierter Beschlag verwendet werden. Mit dem Beschlag ist ein Teil der Konstruktion gegeben. Der andere Teil muß sich diesem anschließen.

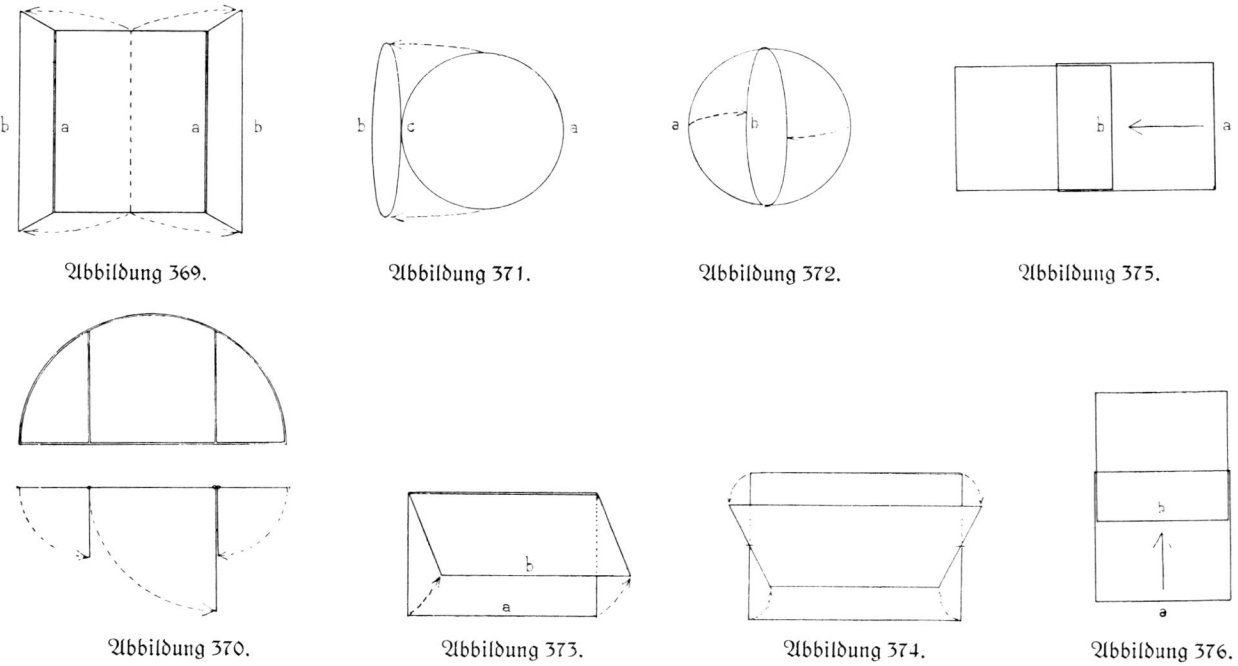

Abbildung 369. Abbildung 371. Abbildung 372. Abbildung 375.

Abbildung 370. Abbildung 373. Abbildung 374. Abbildung 376.

Abbildung 369 bis 376: Die Bewegungsrichtung der Fensterflügel.

Der Tischler muß selbstverständlich, bevor er ein Fenster entwirft, die Formen und Größen der zu verwendenden Beschläge haben. Patentierte Fensterkonstruktionen und Fensterbeschläge sind in großer Zahl vorhanden, für einfache Fenster, für Doppelfenster, für Lüftungsflügel usw. Einige Patentinhaber geben Lizenzen und Werkzeichnungen zum Bau ihrer Fenster. Die Patentbeschläge werden natürlich verkauft.

Allgemein wird von einem guten Fenster verlangt:

1. Es soll luft= und wasserdicht schließen.
2. Die Fensterflügel sollen sich leicht und bequem öffnen und schließen lassen.
3. Das Rahmenwerk soll nicht unnötig breit sein.
4. Das Rahmenwerk muß dem Stil des Baues und des Raumes entsprechend geformt sein.

Zu 1. Das Fenster soll luft= und wasserdicht schließen. Die Abbildungen 377 bis 378b zeigen Fensterprofile, wie sie nicht sein sollen; Wind und Wetter finden offene Fugen. (Abbildung 378a: M Mauerwerk, R Futterrahmen, F Flügelrahmen.)

Die Abbildungen 379 bis 381 zeigen, in welcher Weise die Mängel des Fensters Abbildung 377 beseitigt werden können. Abbildung 379 I: Fenster mit nach innen schlagenden Flügeln; a, d und g Futterrahmenteile; b, c, e und f Flügelrahmenteile. Der Futterrahmen liegt in einem Mauerfalz (vgl. Abbildung 377). Die Fugen zwischen Futterrahmen und Flügelrahmen sind durch den doppelten Falz (vgl. Abbildung 380 und 381) geschlossen und, wo erforderlich, noch durch Wassernasen (h, i und k) geschützt.

Abbildung 379 II: Fenster mit nach außen zu öffnenden Flügeln. Der Futterrahmen liegt mit der äußeren Mauerfläche bündig. Die Fuge s ist nicht geschützt, der Regen wird sehr bald zwischen Rahmen und Gemäuer eindringen. Ebensowenig sind die Fugen zwischen l und m, o und p gegen das Eindringen des Regens geschützt. Diese Fugen müssen durch Wetterbretter, Schutzbleche, Wassernasen (n und i) gedeckt werden. Die Fuge zwischen r und dem Ge=

mäuer ist durch die Wassernase w genügend geschützt. Die Fuge zwischen q und r ist durch den Anschlag v geschützt.

Abbildung 380 zeigt den Schluß zwischen Futter= und Flügelrahmen mittels einfachen schrägen Falzes: die Flächen a und b, c und d berühren einander immer, sie werden mittels des Fensterbeschlages — Vorreiber, Baskül= oder Espagnolettestangenverschluß — aneinandergehalten; der Verschluß bleibt dicht, ganz gleich, ob die Flächen e und f etwas näher oder etwas ferner voneinander sind. Beim Schwinden des Holzes werden die Flächen e und f sich voneinander entfernen, beim Quellen sich einander nähern.

Zu 2. Die Fensterflügel sollen sich bequem öffnen und schließen lassen. Dieses ist nicht allein von der Größe, Höhe und Form der Flügel, sondern auch vom Beschlag der Fenster abhängig. Nach außen aufschlagende Fensterflügel kommen heute nicht mehr in Betracht. Nach innen aufschlagende Flügel außergewöhnlicher Größe sind unpraktisch für Wohnräume gewöhnlicher Art. Sie verlangen wegen ihrer Schwere eine besondere Konstruktion und beengen, geöffnet, den Raum der Wohnung. Fensterflügel, 70 Zentimeter breit, sind schon sehr breit. An größeren, mehrflügeligen Fenstern werden alle Flügel nicht immer gleichzeitig geöffnet; doch alle Fensterflügel, die häufig geöffnet werden müssen, sollen einen Beschlag haben, der vom erwachsenen Menschen bequem erreichbar ist und leicht funktioniert. Zu einem guten Fenster ist ein guter, die Fensterflügel fest in den Falz drückender und festhaltender Beschlag ebenso wichtig wie das Falzprofil.

Zu 3. Schmales Rahmenholz muß nicht allein aus dem Grunde verlangt werden, weil das Fensterloch der Mauer klein ist, sondern auch weil das breite Holz durch Quellen und Schwinden mehr an Breite zu= und abnimmt als schmales und schmales Holz deshalb mehr ein dauernd dichtes Fenster sichert als ein breites Holz. Die Teilung des Fensters nach der Breite und Höhe durch Rahmenwerk und Sprossen wird zum Teil bedingt durch den praktischen Gebrauch, über 60 Zentimeter breite Flügel

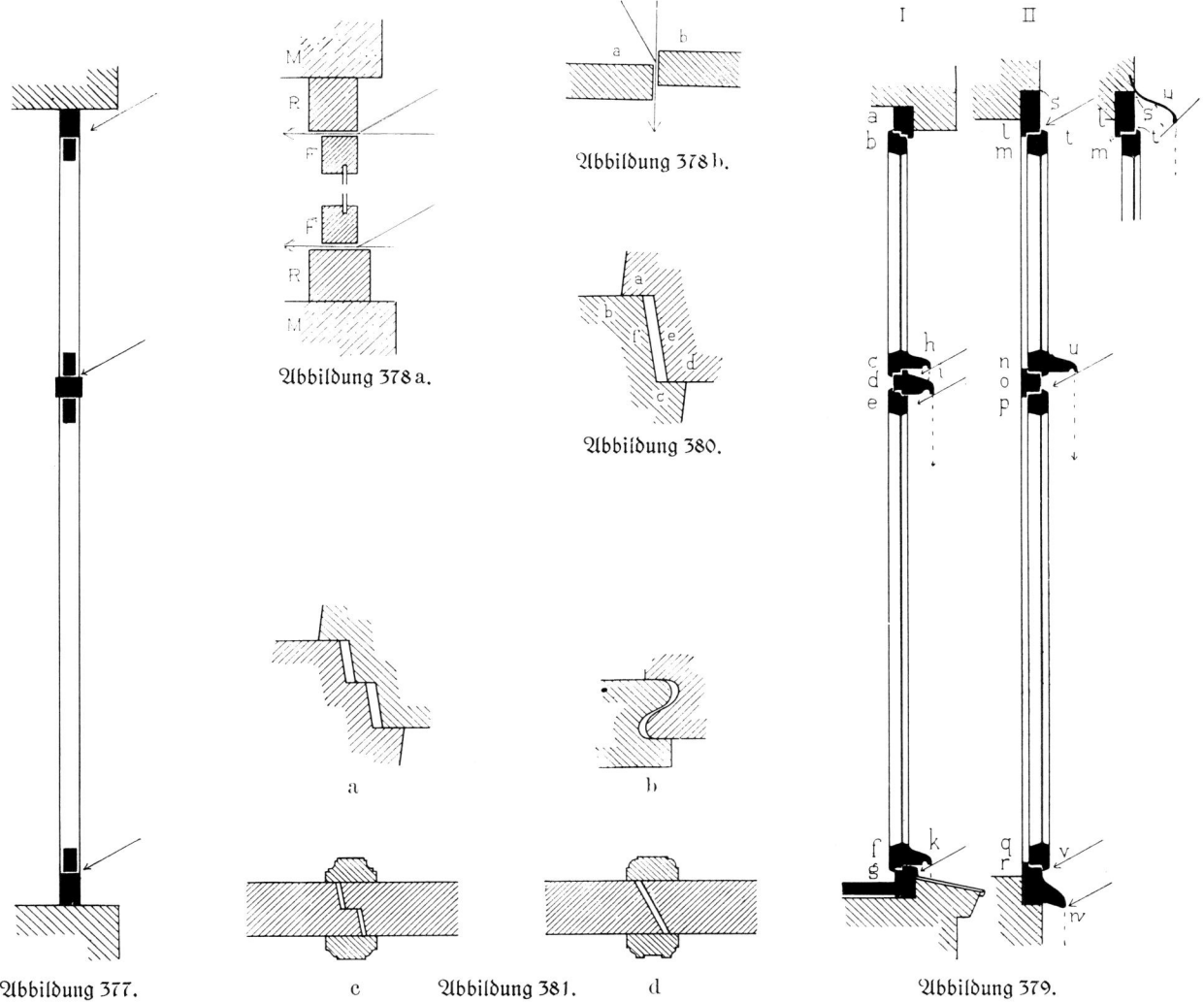

Abbildung 378 b.

Abbildung 378 a.

Abbildung 380.

Abbildung 377.

c   Abbildung 381.   d

Abbildung 379.

Abbildung 377 bis 381: Die Profilgeſtaltung der Fenſterrahmen.

werden unbequem. Die Sproſſenteilung der Fenſter wird heute jedoch nur aus künſtleriſchen Gründen gemacht. Glasſcheiben bekommt man in jeder Größe, und das Reinigen klein geteilter Sproſſenfenſter iſt viel teurer als das großer Scheiben (Abbildung 382 bis 392).

Zu 4. Das Rahmenwerk muß dem Stil des Hauſes entſprechen. Daran iſt unbedingt feſtzuhalten. Die Fenſter mit ihrem Rahmen= und Sproſſenwerk ſind ein weſent= licher Teil der Faſſaden, alſo des Baues. Eine beſtimmte Teilung der Fenſterfläche kann eine praktiſche Not= wendigkeit ſein; aber ebenſo verlangt die Durchführung eines baukünſtleriſchen Gedankens das Feſthalten an einer durch dieſen bedingten Teilung des Fenſters. In einem Bau mit ſchlichten Mauerflächen können durch Sproſſen geteilte Fenſter eine Notwendigkeit zur künſt= leriſchen Wirkung des Ganzen ſein.

Der Futterrahmen (Abbildung 393 bis 396) wird in dem Anſchlag des Mauerwerks mit aufgeſetzten oder eingelaſſenen und eingegipſten Bankeiſen (Abbildung 397 und 398) und in Sandſteinwänden mit eingebleiten Stein= ſchrauben und Muttern (Abbildung 399 und 400) be= feſtigt. Die Fuge zwiſchen Anſchlag und Rahmen wird bei gewöhnlichem Mauerwerk mit Mörtel verſtrichen, bei Sandſteingemäuer außerdem noch durch einen geteerten Hanfſtrang gedichtet. Die innere Fuge wird ebenfalls mit

Mörtel verſtrichen, womöglich noch durch Aufnageln einer Leiſte gedeckt. Der Futterrahmen kann aber auch, ſtumpf, ohne Mauerfalz in die Fenſteröffnung bündig der Außen= fläche der Mauer geſtellt, mit Bankeiſen oder an ein= gemauerten Holzdübeln befeſtigt und die Fuge zwiſchen Mauer und Rahmen mit Mörtel, Leiſten oder Eiſen= ſchienen abgedichtet werden (Abbildung 440 bis 443).

In Fachwerks=Wänden und Dachgauben können die Futter= rahmen nach Abbildung 422 bis 425 befeſtigt werden.

Der Futterrahmen beſteht aus den Höhenſchenkeln (den lotrechten Teilen des Rahmens), dem Oberſchenkel (dem oberen Querholz), dem Futterrahmenwetterſchenkel (dem unteren Querholz) und eventuell noch aus Kämpfer und Fenſterpfoſten (Fenſterkreuz). (Abbildung 393 bis 396.) Um den luft= und waſſerdichten Anſchluß des Flügelrahmens an den Futterrahmen zu erreichen, werden die Flügel= rahmen nicht ſtumpf in die Futterrahmen eingeſetzt, ſon= dern werden Anſchläge gebildet, die auch dann dicht ſchließen, wenn das Rahmenholz ſchwindet oder quillt. Für den Anſchluß des Flügels an den Höhenſchenkel wählt man eine der Formen Abbildung 401 bis 404. (401 Hinter= nut, 402 Kneiffalz oder S=Nut, 403 ſchräger Doppelfalz, 404 Wulſtfalz.) Der Oberſchenkel erhält den einfachen oder doppelten geraden oder ſchrägen Falz. Dieſen Falz erhalten auch die anderen Rahmenſchenkel. (Abbildung 413

69

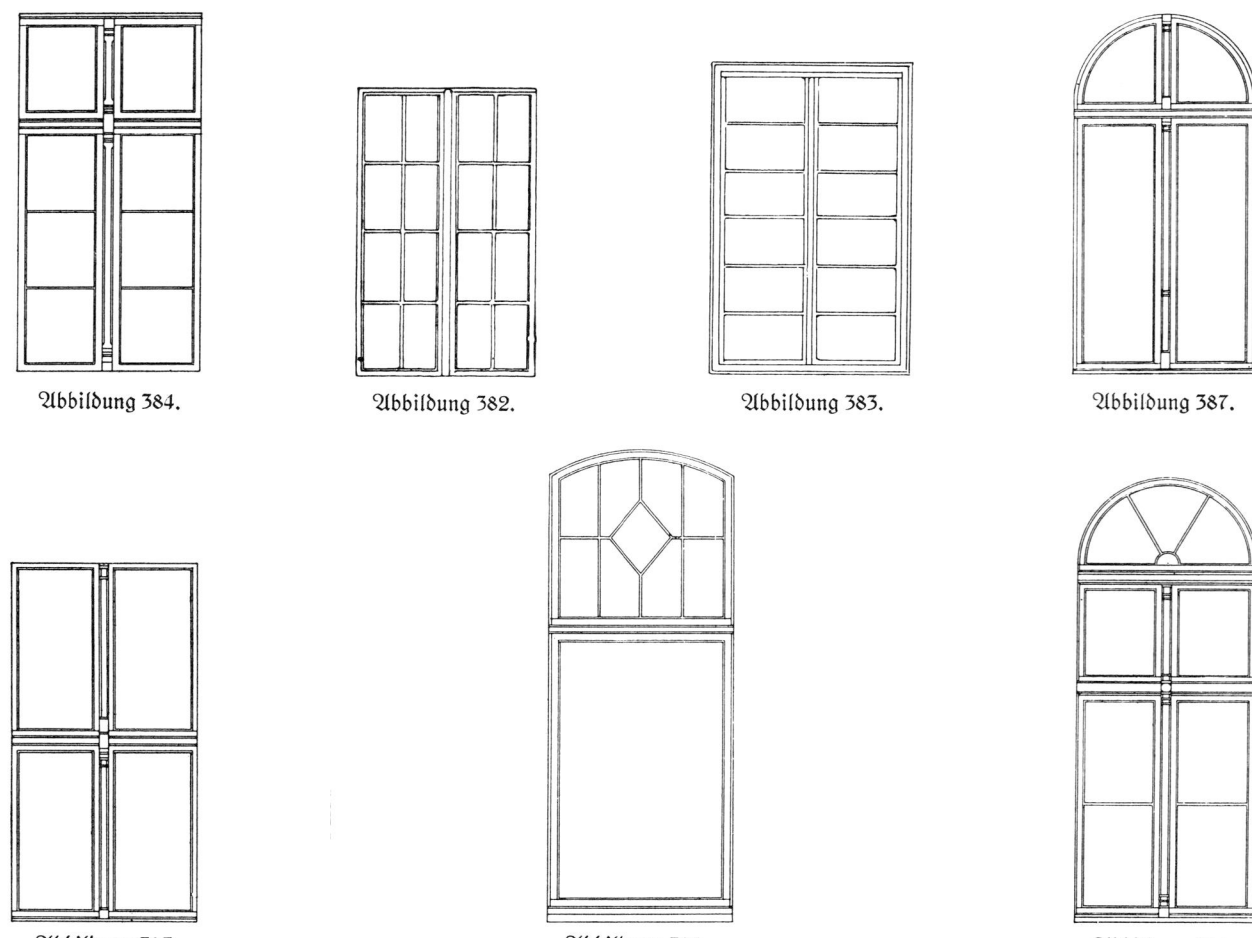

Abbildung 384.   Abbildung 382.   Abbildung 383.   Abbildung 387.

Abbildung 385.   Abbildung 386.   Abbildung 388.

Abbildung 384 bis 392: Fensterrahmen, Beispiele für die Teilung der Fensterfläche.

einfacher gerader Falz, Abbildung 406 doppelter gerader Falz, Abbildung 405 einfacher schräger Falz, Abbildung 417 schräger Doppelfalz, Abbildung 418 und 419 Wolfsrachen.) Der Wetterschenkel erhält für den Anschlag der Fenster= flügel ebenfalls einen einfachen oder doppelten Falz (Ab= bildung 407 bis 410). Dem Wetterschenkel ist besondere Aufmerksamkeit zu widmen. Es handelt sich hier nicht allein darum, das Eindringen des Regens zwischen Futter= und Flügelrahmen zu verhindern, sondern auch um den dichten Anschluß des Rahmens an die Sohlbank. Für die Form des Wetterschenkels kommt dabei in Betracht, ob die Sohlbank aus Backstein (Abbildung 407 und 408) oder aus Haustein (Abbildung 409 und 410) hergestellt ist.

Abbildung 407: Unterer Rahmenschenkel. Die Fuge zwischen Mauerwerk und Futterrahmen ist durch eine Zinkplatte gedeckt. In Abbildung 408 ist diese Fuge da= durch gedichtet, daß die Zinkabdeckung der Sohlbank über den Futterrahmen gezogen und daran festgenagelt ist.

Abbildung 409: Der Futterrahmenschenkel hat innen eine Schweißwasserrinne — wie sie an einfachen Fenstern notwendig ist. Ein Rohr leitet das Schweißwasser aus dieser Rinne nach außen. (Vgl. Abbildung 411.)

Abbildung 408 und 410: Die Wassernasen der Wetter= schenkel des Flügelrahmens sind aus verzinktem Eisen= blech gebildet.

Durch den Kämpfer (oder das Losholz, Abbildung 393) wird das Fenster der Höhe nach geteilt. Der Pfosten (das Setzholz, Abbildung 396, eine lotrechte Stütze) teilt das

Fenster nach der Breite. Losholz und Setzholz bilden das Fensterkreuz. Der Kämpfer erhält einen oberen und einen unteren Falz (den einfachen oder doppelten, geraden oder schrägen Falz), Wasserschräge und Wassernase (Abbil= dung 413 und 414). Der Fensterpfosten wird wie Ab= bildung 415 profiliert.

Die Verbindung der Rahmenteile untereinander und mit dem Fensterkreuz erfolgt durch Schlitzzapfen und Holz= nägel (Abbildung 446 und 449). Die Zapfenstärken sind abhängig von dem Profil des Rahmens.

Die Flügelrahmen. Die Schenkel dieser Rahmen sind gewöhnlich 50 Millimeter breit und je nach der Flügel= größe zwischen 36 und 50 Millimeter stark, sie haben an der äußeren Seite den Glasfalz, der 12 bis 15 Millimeter tief und 7 bis 8 Millimeter breit ist. Breite und Tiefe des Glasfalzes richten sich nach der Glasstärke. Nach der Innenseite des Rahmens zu ist die Kante, an der der Glasfalz liegt, abgefaßt oder gekehlt. Es wird dadurch die Ansicht des Rahmens schmaler. An der Außenkante des Rahmens liegen der Anschlag und der Falz, der dem Falz des Futterrahmens entsprechen muß (Abbildung 401 bis 419). Die Rahmenschenkel werden an den Ecken zu= sammengeschlitzt und mit Holznägeln aneinander befestigt. An Rahmenhölzer bis zu 40 Millimeter Stärke wird ein Zapfen angeschnitten, an Rahmenhölzer von 50 Millimeter Stärke zwei Zapfen (Abbildung 446 und 449). Die Zapfen= stärke und Lage ist abhängig von der Stärke des Anschlags und der Tiefe des Glasfalzes. Ein besonderes Profil hat

70

Abbildung 389.

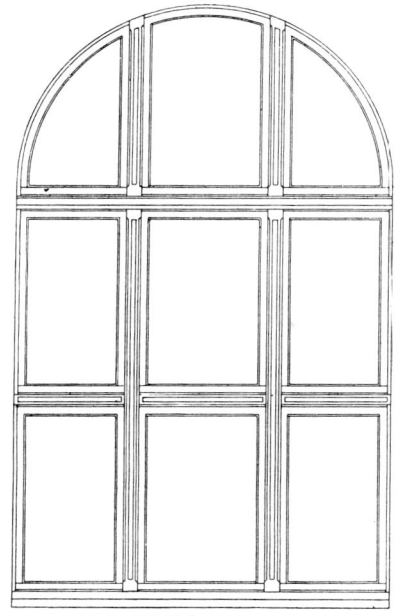

Abbildung 390.

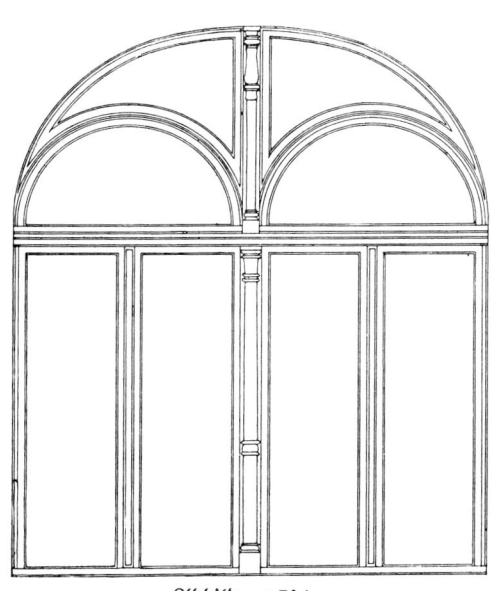

Abbildung 391.

Abbildung 392.

der Wetterschenkel durch die Wassernase (Abbildung 411) und durch die Glasnut (Abbildung 413 und 414). Der Schenkel hat in der Regel nicht den Glasfalz der anderen Rahmenschenkel (Abbildung 413 und 414). Und sind in einem Fenster, zum Beispiel einem zweiflügeligen Fenster ohne Setzholz, Flügelrahmen, die in der Mitte des Fensters gegen= und übereinanderschlagen, so weicht das Profil der mittleren Rahmenschenkel durch die Breite, die Schlag= leisten und den Falz von der Form der anderen ab. Die Breite der Schlagleisten ist abhängig von der Form des Falzes, schräger, einfacher oder doppelter Falz, und von der Art und den Maßen des gewählten Beschlages. Die Ansicht dieser Rahmenschenkel neben den Schlagleisten ist gewöhnlich schmaler als die des Höhenschenkels und des Oberschenkels.

Die Fläche der Fensterflügel muß aus praktischen Gründen oder architektonischen Erwägungen häufig durch Sprossen geteilt werden.

Sprossen aus Holz oder Eisen: Die Stärke der Sprossen ist abhängig vom Zweck. Aus praktischen Gründen können sie in einem Falle sehr schmal sein und in einem anderen Falle zugunsten der architektonischen Wirkung breit. Das Profil der Sprossen muß dem der Flügelrahmen gleichen. Die Glastafeln werden an den Sprossen ebenso befestigt wie in den Flügelrahmen. Abbildung 420 und 421 geben Beispiele für die Profile von Holz= und Eisensprossen.

Der Rundteil von Bogenfenstern wird aus Teilen nach Abbildung 427 und 428 mittels Hakenblatts zusammen= gesetzt.

71

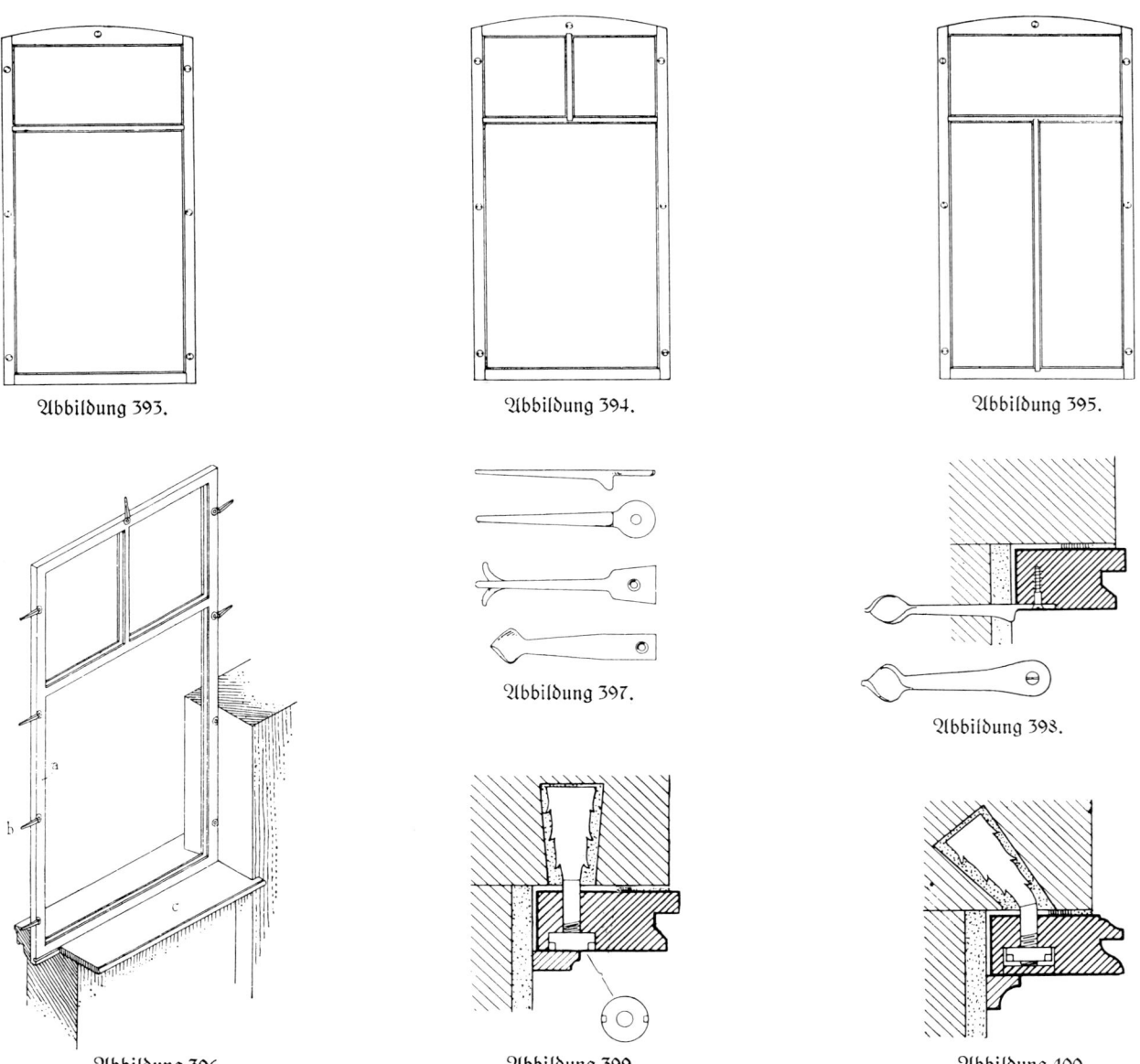

Abbildung 393.

Abbildung 394.

Abbildung 395.

Abbildung 397.

Abbildung 398.

Abbildung 396.

Abbildung 399.

Abbildung 400.

Abbildung 393 bis 400: Fensterfutterrahmen, Bankeisen und Steinschrauben.

Die oberen Flügelrahmen werden wie die unteren konstruiert, wenn die Drehachse lotrecht gerichtet ist. Sollen sich die Fensterflügel jedoch um eine waagerechte Achse drehen, so muß der Kneiffalz am Höhenschenkel fortfallen und durch den gewöhnlichen Falz ersetzt werden (Abbildung 430 und 431). Auch die Form Abbildung 429 ist für obere Fensterflügel im Gebrauch.

An Beschlag erhalten die Rahmen an den Ecken die Fensterwinkel oder Scheinecken; an der Seite mit dem Kneiffalz die Bänder: Winkelbänder oder Fischbänder. An der anderen Seite, wenn es ein einflügeliges Fenster ist, Vorreiber, Einreiber oder Stangenriegel. Ist es ein zweiflügeliges Fenster mit Pfosten, so werden doppelte Vorreiber, doppelte Einreiber oder Ruderverschluß gewählt. Ist es ein zweiflügeliges Fenster mit Schlagleisten, so findet Verwendung: der Triebstangenverschluß mit Hebelbewegung, der Basküleverschluß mit Zahnradbetrieb oder der Espagnolettestangenverschluß mit Ruder. Es ist hier nur ein Teil der im Handel vorhandenen Fensterbeschläge genannt. Hinweisen will ich nur noch auf die Beschläge,

welche es möglich machen, daß man hochgelegene Fensterflügel vom Zimmerboden aus öffnen und schließen und geöffnete Fenster feststellen kann.

Die Glasscheiben der Fenster schiebt man in die Nut des Wetterschenkels und legt sie in den Falz der anderen Schenkel, stiftet sie fest und verkittet Fuge und Falz mit Kreide und Leinöl.

Das Latteibrett (ein Brett, das den inneren Teil der Fensterbrüstung oben abschließt), das durch Feder und Nut mit dem Futterrahmen verbunden ist, ruht gewöhnlich noch auf der nach innen vorspringenden Fensterbrüstung. Fehlt diese oder hat sie einen ungenügenden Vorsprung, so ist das Latteibrett durch Konsolen zu stützen (Abbildung 450) oder in das seitliche Gemäuer — am besten in eine eisenbekleidete Nut (Abbildung 412) — einzulassen. Bei einfachen Fenstern erhält das Latteibrett eine Rinne zur Ableitung des Schweißwassers in einen unterhalb des Brettes befestigten Wasserkasten (Abbildung 411) oder nach außen (Abbildung 409).

72

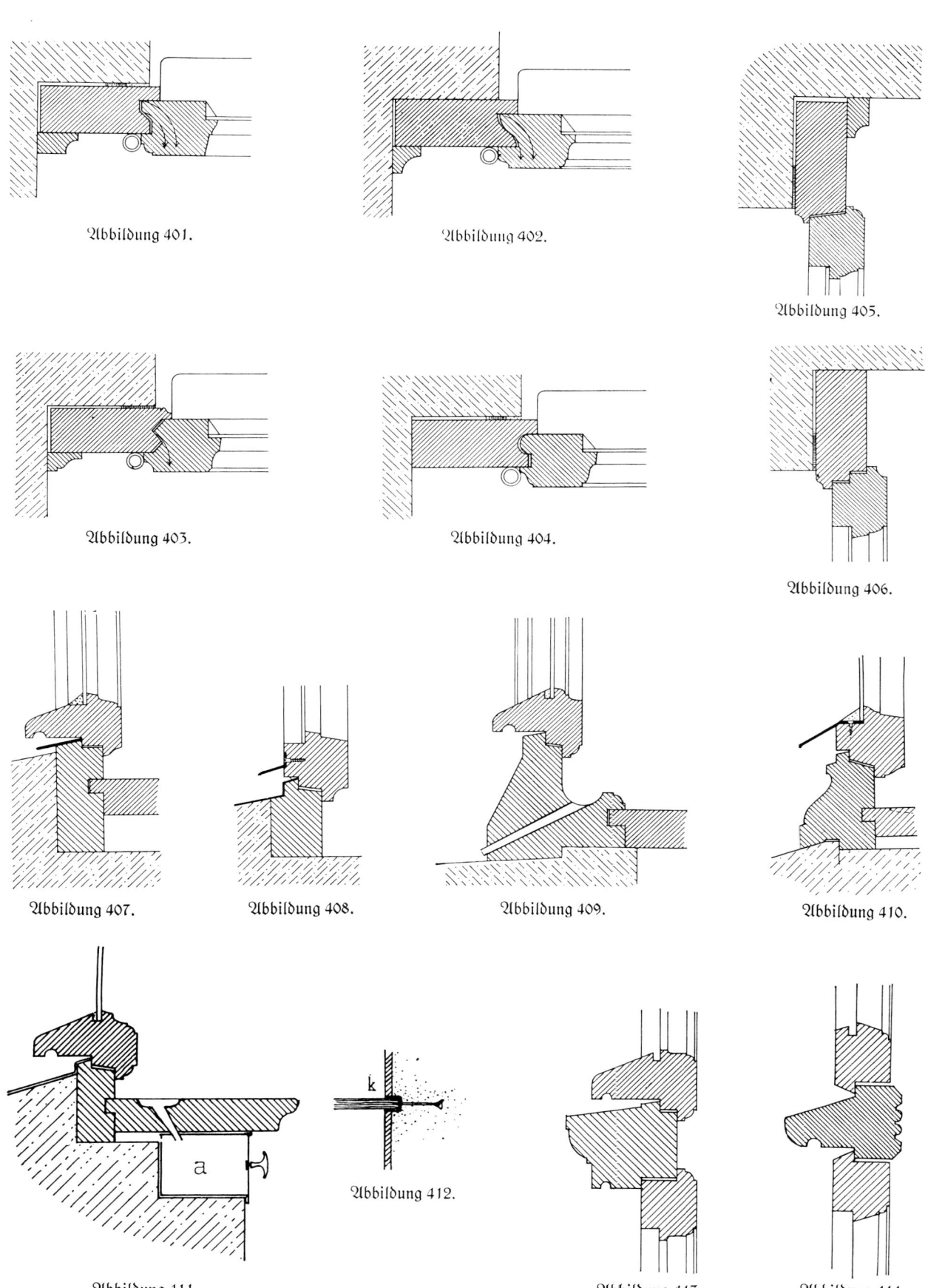

Abbildung 401.

Abbildung 402.

Abbildung 405.

Abbildung 403.

Abbildung 404.

Abbildung 406.

Abbildung 407.

Abbildung 408.

Abbildung 409.

Abbildung 410.

Abbildung 412.

Abbildung 411.

Abbildung 413.

Abbildung 414.

Abbildung 401 bis 404: Profile der lotrechten Rahmenschenkel. Abbildung 405 und 406: Obere Rahmenhölzer.
Abbildung 407 bis 410: Wetterschenkel (untere Rahmenhölzer). Abbildung 411: Rahmen mit Latteibrett und Wasserkasten.
Abbildung 412: Eiserne Einschiebenut für das Latteibrett. Abbildung 413 und 414: Losholzprofile.

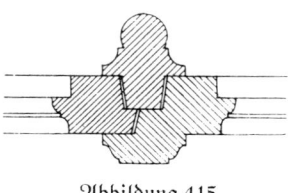

Abbildung 415.

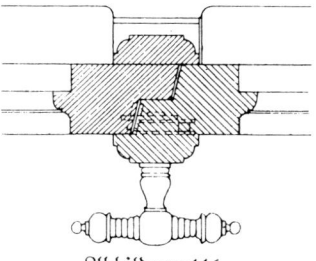

Abbildung 416.

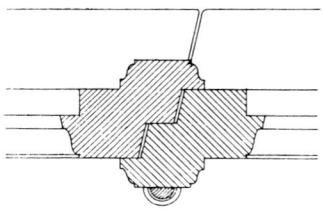

Abbildung 417.

Abbildung 415 bis 419:
Profile von Mittelrahmenhölzern mit Schlagleisten.

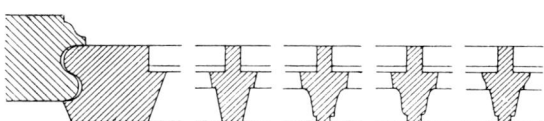

Abbildung 420: Holzsprossenprofile.

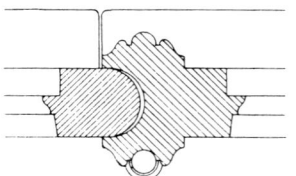

Abbildung 418.

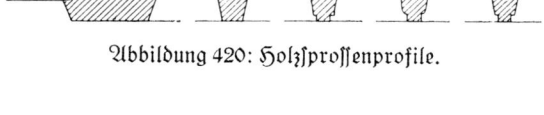

Abbildung 421: Eisensprossenprofile.

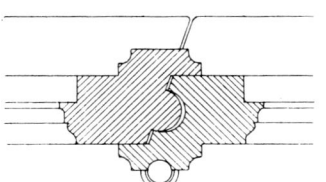

Abbildung 419.

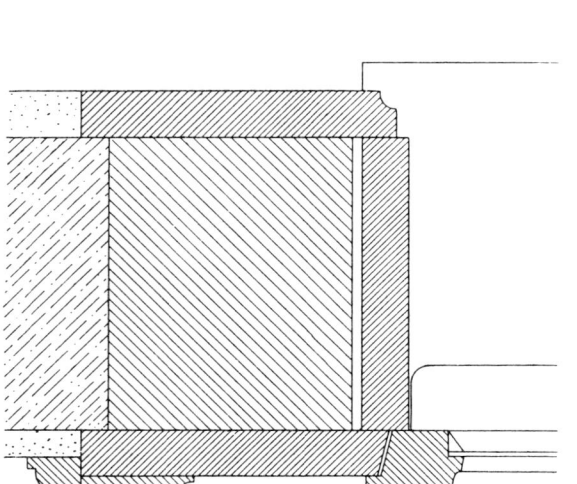

Abbildung 422.

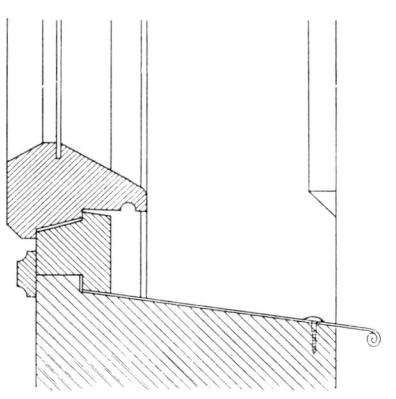

Abbildung 423.

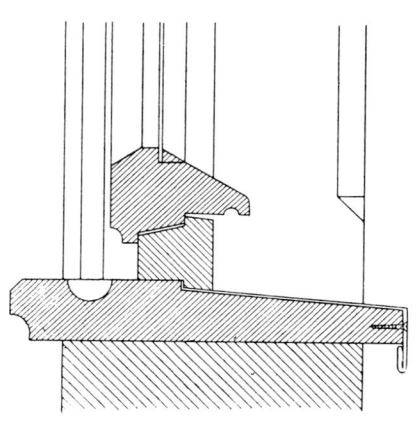

Abbildung 424.

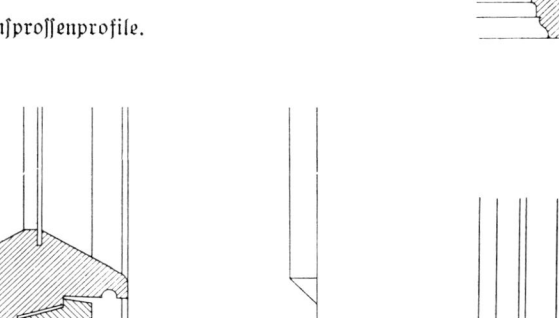

Abbildung 426.

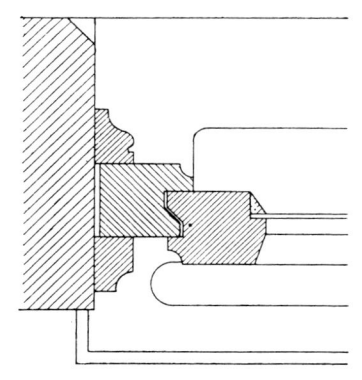

Abbildung 425.

Abbildung 422 bis 426: Fenster in Riegelwand.

74

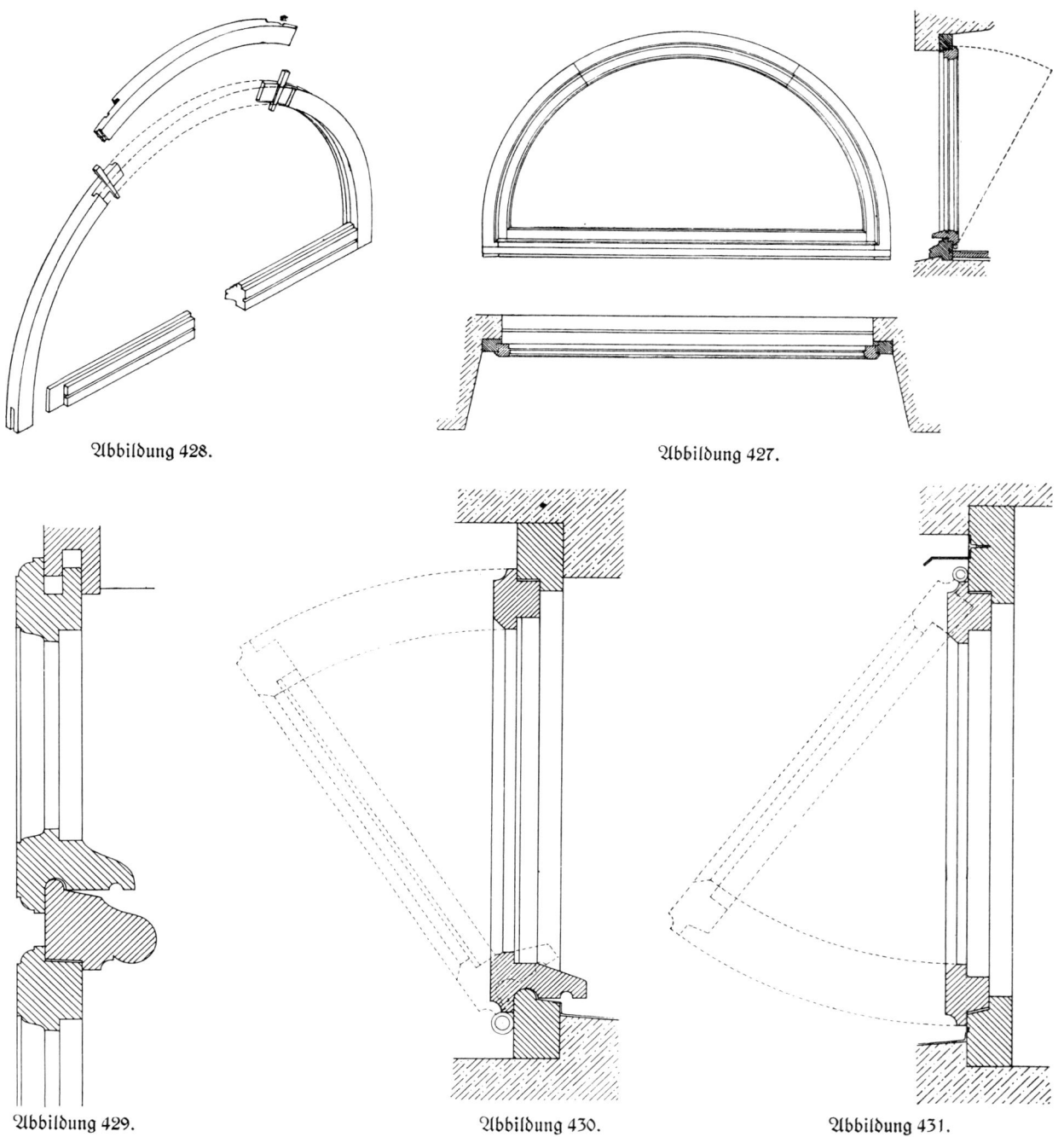

Abbildung 428.

Abbildung 427.

Abbildung 429.

Abbildung 430.

Abbildung 431.

Abbildung 430 und 431: Kippfenster.

Klappfenster drehen sich um eine an der Kante des oberen oder unteren Rahmenholzes liegende horizontale Achse (Abbildung 430 und 431).

Ist das Fenster nach innen zu öffnen, so legt man die Drehachse an die untere Kante, um das störende Herabfallen kalter Luft in der Nähe solcher Fenster möglichst zu vermeiden. Das Fenster öffnet sich dann nach der Decke zu. Zu demselben Zweck — gegen das läftige Herabfallen kalter Luft — werden vielfach seitlich am Fenster noch Blechbacken befestigt (Abbildung 430).

Muß sich ein Klappfenster nach außen öffnen, so muß die Drehachse am oberen Schenkel liegen und der Wasserschenkel sich nach außen bewegen, damit der auffallende Regen ins Freie abtropft (Abbildung 431).

Bei Klappfenstern fällt der Kneiffalz am Futterrahmen weg, er wird durch den gewöhnlichen Falz erfetzt. Der

Wasserschenkel behält bei nach innen schlagenden Fenstern (Abbildung 430) seine gewöhnliche Form.

Kippfenster werden um eine horizontale Achse — um zwei Zapfen in der Mitte der Höhenschenkel — bewegt (Abbildung 374). Der obere Teil muß sich nach innen, der untere nach außen bewegen, damit das Regenwasser nicht nach innen abläuft.

Alle einfachen Fenster haben zwei schwer zu befeitigende Übelstände: die Undichtigkeit ihrer Fugen — felbst bei forgfältiger Arbeit und gutem Material — und das Beschlagen der inneren Glasfläche mit Schwitzwasser bei kühlem Wetter.

Der eine Übelstand, das Beschlagen der Glasscheibe mit Schwitzwasser, ist zu verhindern durch die doppelte Verglasung nach der Art Abbildung 432 oder dadurch, daß ein

75

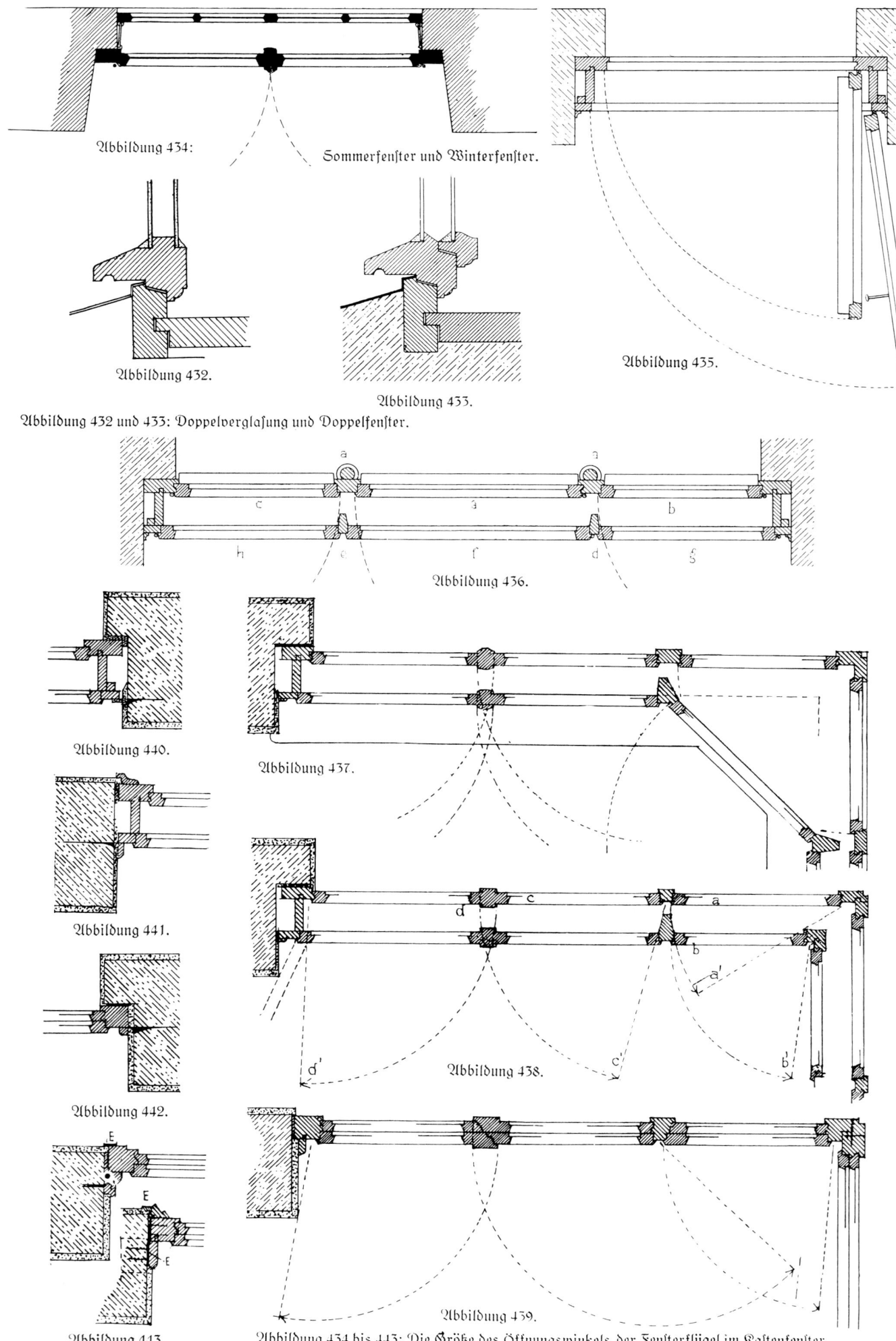

Abbildung 434:

Sommerfenster und Winterfenster.

Abbildung 432.

Abbildung 433.

Abbildung 432 und 433: Doppelverglasung und Doppelfenster.

Abbildung 435.

Abbildung 436.

Abbildung 440.

Abbildung 437.

Abbildung 441.

Abbildung 438.

Abbildung 442.

Abbildung 439.

Abbildung 443.

Abbildung 434 bis 443: Die Größe des Öffnungswinkels der Fensterflügel im Kastenfenster.

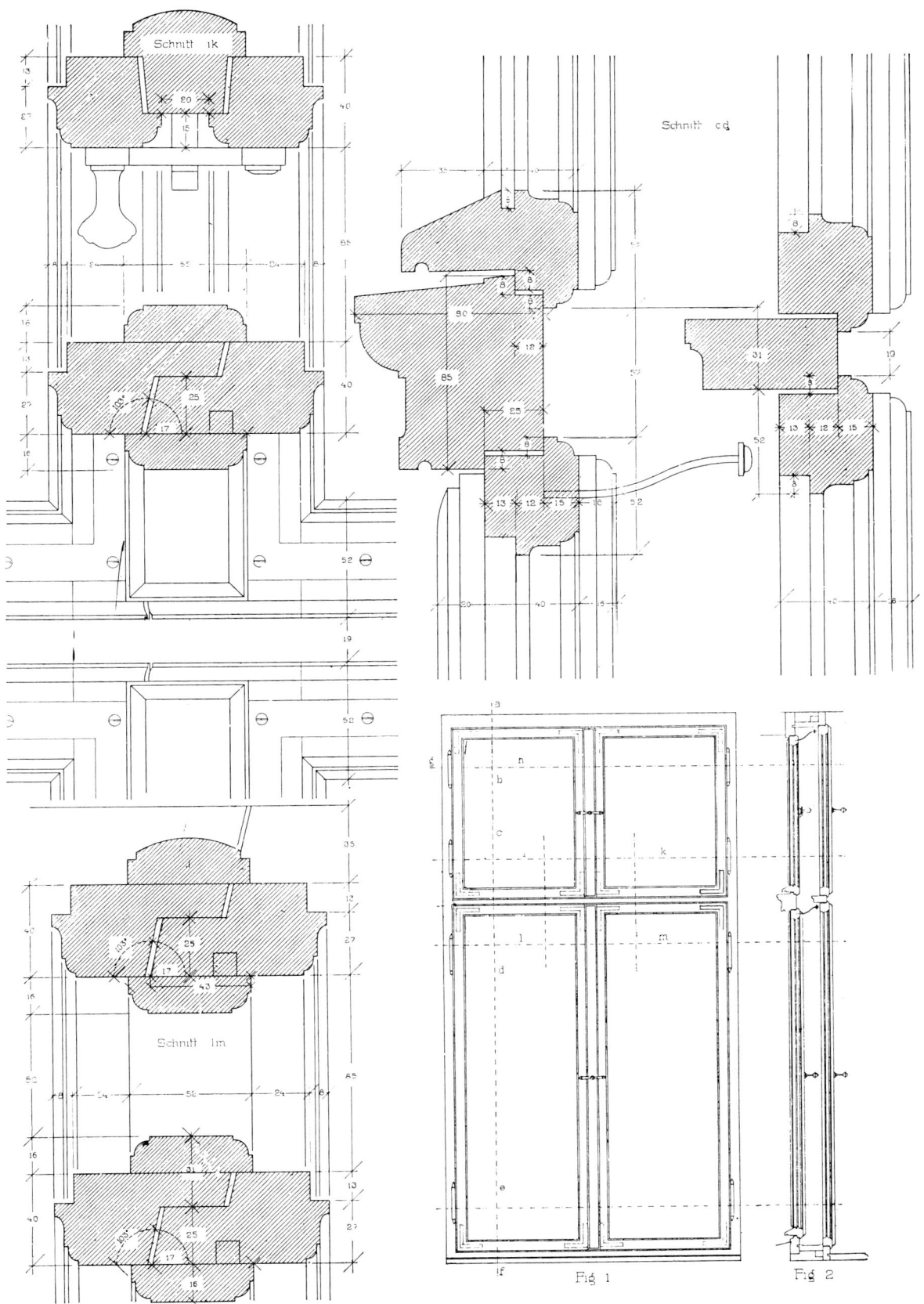

Abbildung 444.

Abbildung 444 bis 446: Ein Kastenfenster.

77

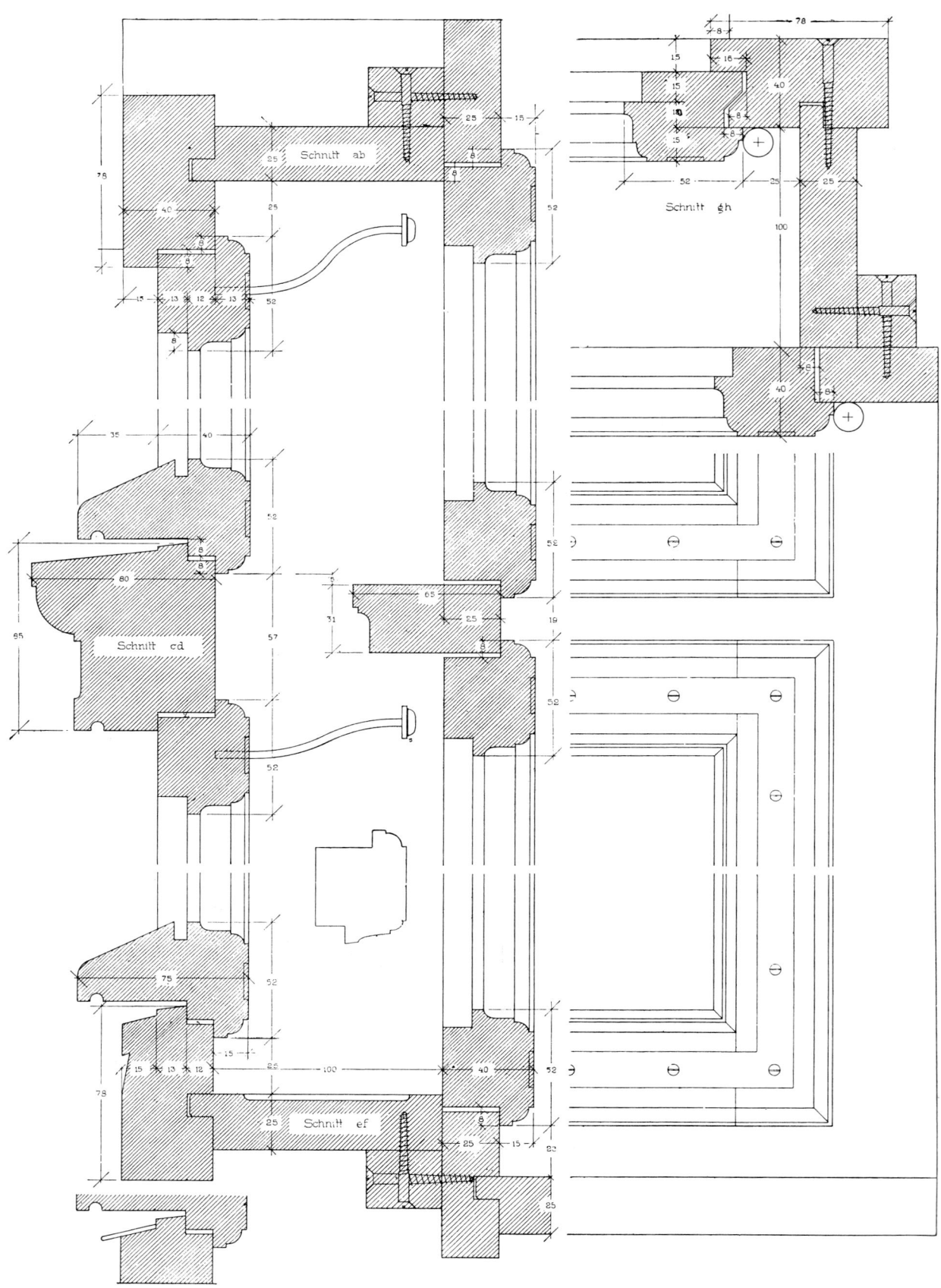

Schnitt ab

Schnitt gh

Schnitt cd

Schnitt ef

Abbildung 445.

78

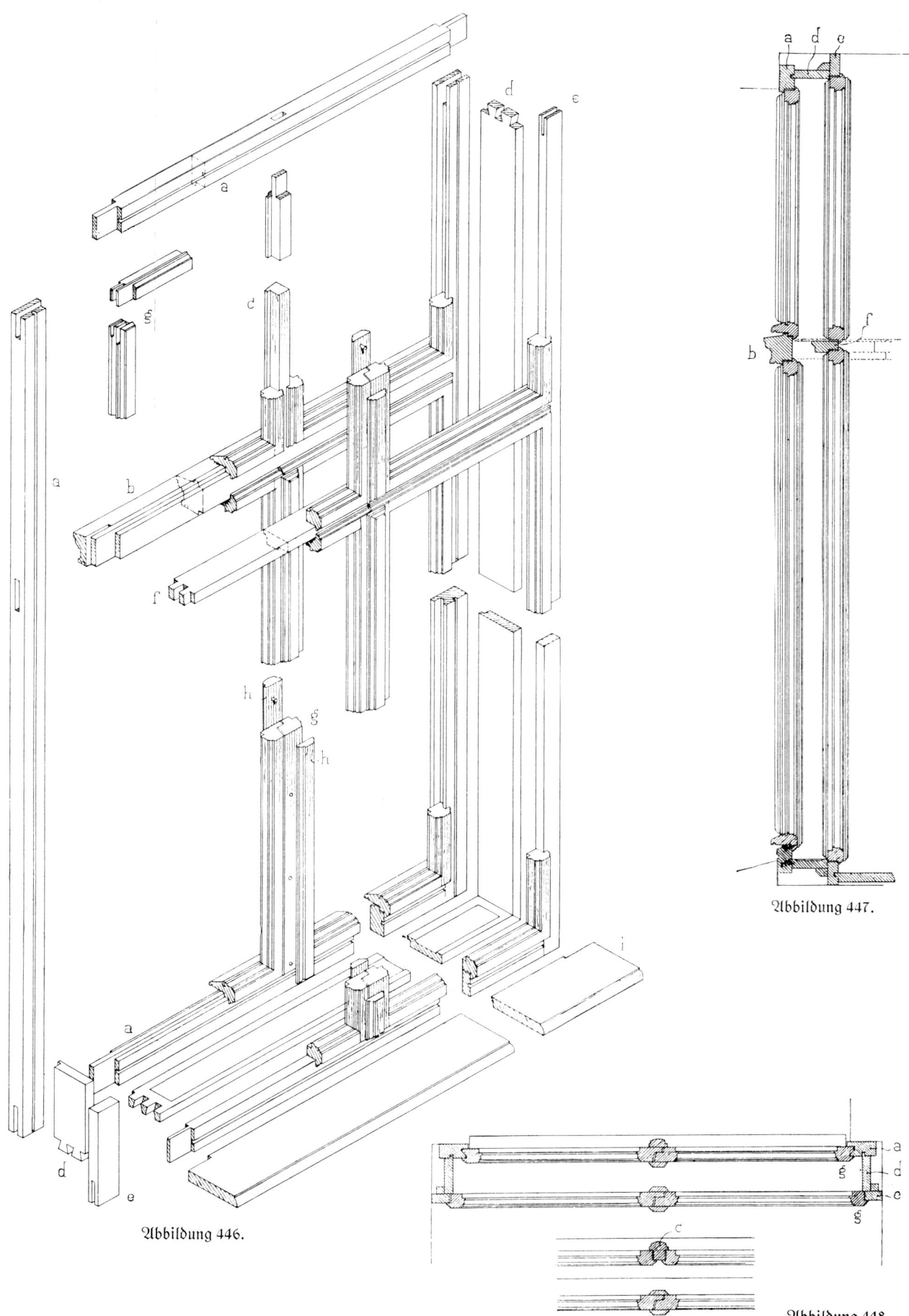

Abbildung 446.

Abbildung 447.

Abbildung 448.

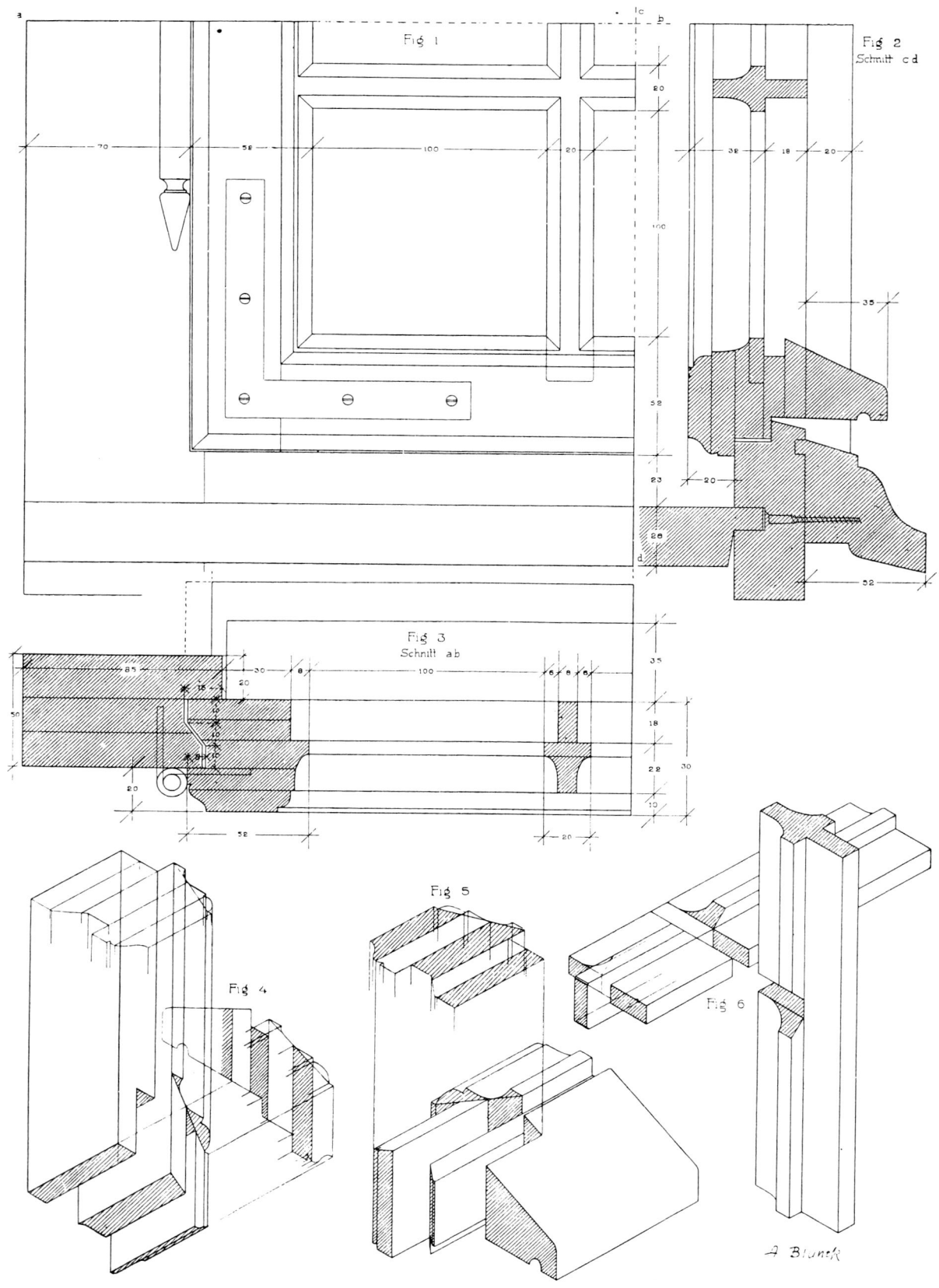

Fig 1

Fig 2
Schnitt c d

Fig 3
Schnitt a b

Fig 4

Fig 5

Fig 6

A Blunck

Abbildung 449:
Die Ecke von einem 50 Millimeter ſtarken Fenſterrahmen.

80

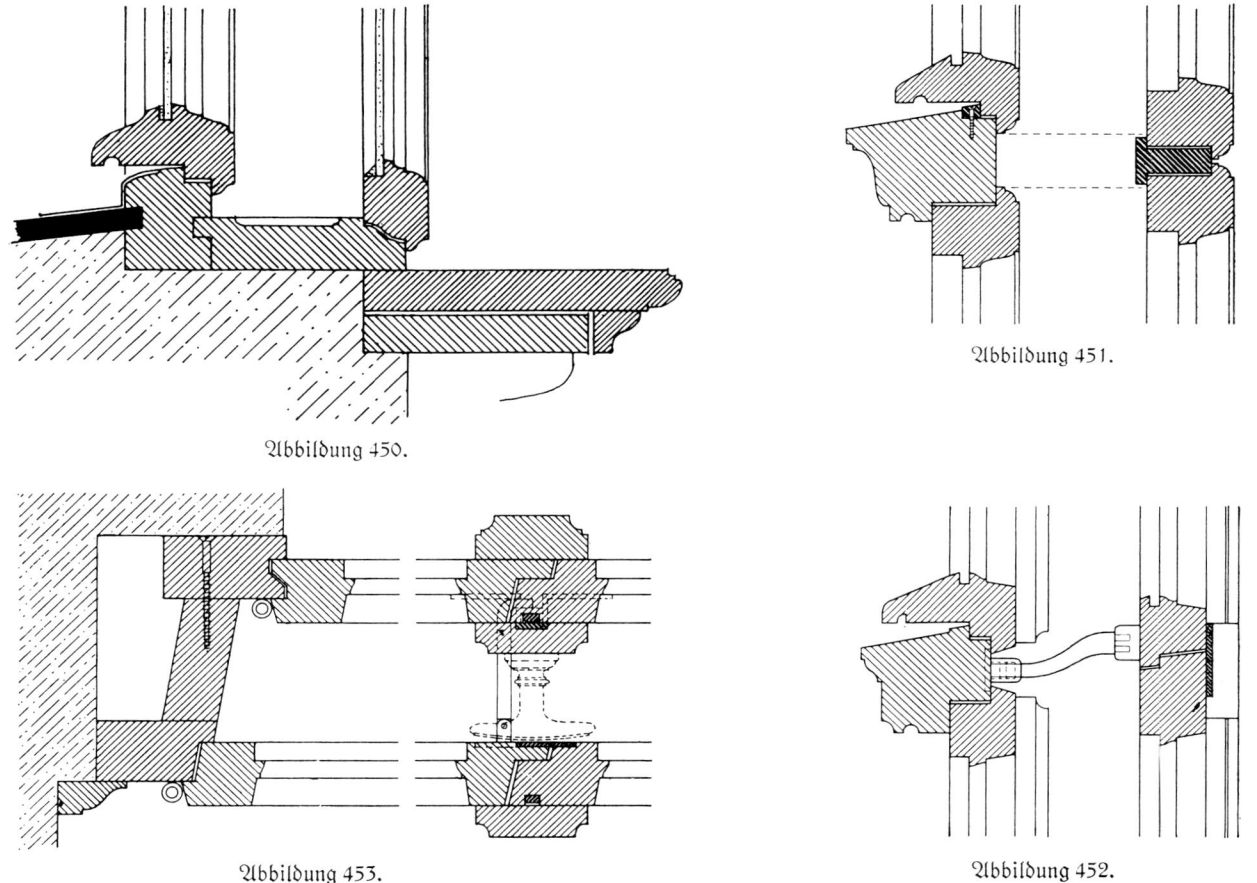

Abbildung 450.

Abbildung 451.

Abbildung 453.

Abbildung 452.

Abbildung 450 bis 453: Losholz= und Latteibrettprofile.

zweiter leichter Fenſterflügel nach der Art Abbildung 433 dem erſten angefügt wird. Die zweite Art hat für ſich, daß die inneren Glasflächen beider Gläſer zu jeder Zeit ge= reinigt werden können. (Sieringſche Fenſterkonſtruktion, Spenglers Panzerfenſter u. a.)

Beide Übelſtände einfacher Fenſter ſind bei Doppel= fenſtern (Abbildung 434 und 435) nicht vorhanden, des= halb nicht, weil zwiſchen den Fenſtern des Doppelfenſters eine ruhende Luftſchicht als ſchlechter Wärmeleiter vor= handen iſt. Die Entfernung zwiſchen den Fenſtern muß ſo groß ſein, wie der Beſchlag am äußeren Fenſter vortritt, etwa 8 bis 10 Zentimeter.

Man unterſcheidet zwei Arten Doppelfenſter:

die Vor= und Winterfenſter (in Verbindung mit den Hauptfenſtern) und die Kaſtenfenſter (Ab= bildung 434).

Die Vor= und Winterfenſter werden im Herbſt bei dem Eintritt der rauheren Witterung eingeſetzt und im Früh= jahr wieder entfernt. Dieſe Fenſter werden vor den Haupt= fenſtern befeſtigt, liegen mit der Faſſade in einer Ebene (Abbildung 434). Von dieſen Vorfenſtern ſind wieder zwei Arten vorhanden. Die einfacheren beſtehen aus einem durch Sproſſenwerk geteilten Rahmen, in welchem nur ein kleiner Lüftungsflügel — zum Drehen oder Schieben — vorhanden iſt. Das Putzen der äußeren Glasflächen dieſer Fenſter iſt nur von außen möglich. Die zweite, zweck= mäßigere Art wird ebenſo befeſtigt, hat aber Fenſterflügel, Fenſterkreuz uſw., iſt im weſentlichen alſo ebenſo gebildet wie das innere Fenſter. Die Fenſterflügel ſchlagen aber nach außen, und dadurch entſteht eine Reihe von Übel= ſtänden beim Öffnen und Feſtſtellen der Fenſterflügel bei

ſtürmiſchem Wetter und beim Reinigen der äußeren Fenſterflächen.

Die Übelſtände dieſer Vorfenſter führten dazu, das Winterfenſter nach innen zu verlegen und mit dem Sommerfenſter zu verbinden. So entſtand das Kaſtenfenſter, ſchlechthin Doppelfenſter genannt (Abbildung 435 u. f.). Das beſſere Fenſter iſt hier das äußere, es bleibt Winter und Sommer am Platz. Die Flügel beider Fenſter ſchlagen nach innen (Abbildung 435 und 436), die inneren Fenſterflügel ſind infolgedeſſen größer als die äußeren. Je breiter die inneren Fenſterflügel ſind, deſto mehr laſſen ſich die Flügel des äußeren Fenſters aufſchlagen (Abbildung 435). Siehe Abbildung 436, die Stellung der inneren Pfoſten bei dreiteiligen Fenſtern.

Bei gut ſchließenden Doppelfenſtern bildet ſich nicht leicht Schwitzwaſſer, infolgedeſſen bedarf es hier nicht be= ſonderer Vorrichtungen zum Ableiten des Waſſers. Zur Anſammlung etwaiger feuchter Niederſchläge wird das untere Zwiſchenfutter (Abbildung 446) ausgegründet.

Abbildung 444 bis 448: Vierflügeliges Kaſtenfenſter. Abbildung 1: Die innere Anſicht des Fenſters. 1 m, der Schnitt durch die Mittelrahmenhölzer und die Schlag= leiſten. Die Schlagleiſtenbreite iſt abhängig von der Breite des Doppelfalzes und der Lage der Nut für die Stangenriegel. i k, der Schnitt durch die Mittelrahmen= ſchenkel der oberen Fenſterflügel. Zwiſchen den äußeren oberen Fenſterflügeln iſt ein feſtſtehender Pfoſten. k m oder c d, der Schnitt durch das Losholz. Die Höhe des inneren Losholzes iſt abhängig von der Klobenbreite des Beſchlages und den beiden Flügelanſchlägen. Die Breite des äußeren Losholzes iſt abhängig von der Höhe des

81

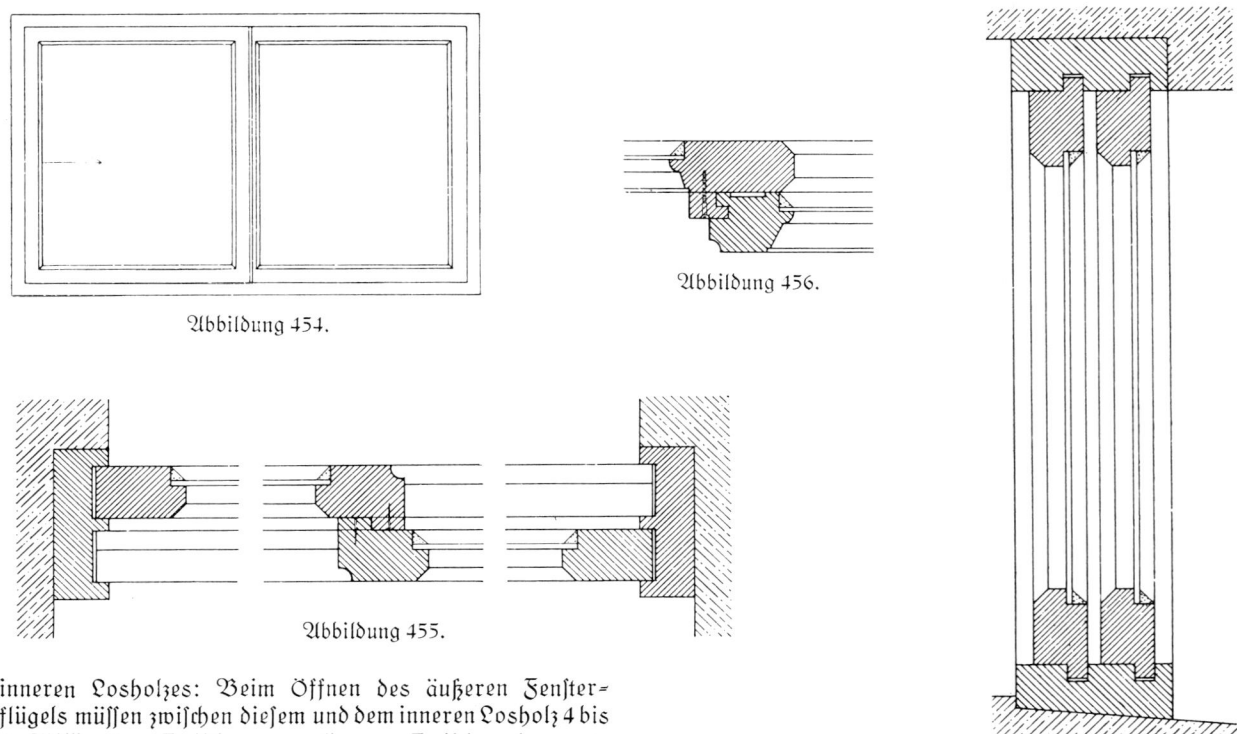

Abbildung 454.

Abbildung 456.

Abbildung 455.

Abbildung 457.

inneren Losholzes: Beim Öffnen des äußeren Fenster=
flügels müssen zwischen diesem und dem inneren Losholz 4 bis
5 Millimeter Zwischenraum liegen. Zwischen dem ge=
öffneten unteren äußeren Fensterflügel und dem inneren
Losholz muß so viel Raum liegen, daß der Flügel aus=
gehoben werden kann. g h (Abbildung 445), der Schnitt
durch die Futterrahmen und das Seitenfutter. a b, c d, e f
(Abbildung 445), der lotrechte Schnitt durch das Fenster.
Zu beachten sind die Falzmaße. Die Futter= und die
Flügelrahmen werden zusammengeschlitzt und die Verbin=
dung mit Holznägeln und Fensterwinkeln (Scheinecken) ge=
sichert. 4 Zentimeter starke Flügel= und Futterrahmen
werden einfach geschlitzt. Die Lage des Schlitzzapfens ist
abhängig von dem Profil des Kittfalzes und dem Flügel=
rahmenanschlag. Abbildung 446 zeigt deutlich den Zu=
sammenbau des Fensters.

Abbildung 449: Die untere Ecke eines 5 Zentimeter
starken Flügel= und Futterrahmens. Beachte das Rahmen=
profil und die Lage der Zapfen. Der Flügelrahmen ist
zweifach geschlitzt, der Futterrahmen einfach geschlitzt.
Abbildung 2 gibt das Profil des unteren Futterrahmen=
schenkels für die Hausteinbrüstung. Die Abbildungen 4
und 5 sind isometrische Darstellungen der Schlitzzapfen.
Abbildung 6: Die Kreuzung zweier Sprossen.

Das Latteibrett wird in besseren Häusern, entsprechend
der Raumausstattung, aus Edelholz gemacht, das auf dem
Kiefernbrett liegt, oder durch eine Marmorplatte ersetzt
(Abbildung 450). Steht vor der Fensterbrüstung ein Heiz=
körper, so bildet das Latteibrett den oberen Abschluß der
Ummantelung des Heizkörpers. Abbildung 450: Der
äußere Teil der Fensterbrüstung ist mit Schiefer abgedeckt.

Abbildung 452 und 453: Das innere Losholz fehlt. Die
inneren oberen Flügel werden mittels Haken festgestellt.

Schiebefenster werden da verwendet, wo die um
eine Achse drehbaren Fensterflügel hinderlich sind, und in
kleinen Ausmaßen an den Schalterfenstern der Bahn=
höfe, Postanstalten, Kassenräume.

Die Gründe, welche früher gegen die Verwendung
dieser Fenster in Wohnräumen vorhanden waren, be=
stehen heute nicht mehr. Neuere Konstruktionen schließen
luftdicht und klappern nicht, funktionieren gut. (Spenglers

Patentfenster, Stumpfs Fenster u. a.) Eine einfache
Konstruktion für ein kleines, waagerecht schiebbares
Fenster zeigen die Abbildungen 454 bis 457. Zwei andere
Formen für größere Fenster zeigen die Abbildungen 458
bis 460 und die Abbildungen 461 und 462. Bei diesen
letzten Formen sind Reparaturen einzelner Teile dadurch
erleichtert, daß die Laufschienen und die Deckplatten ge=
löst werden können.

Die wesentlichsten Bestandteile der Schiebefenster sind:
Der Futterrahmen mit den Führungsnuten oder Führungs=
schienen für die Fensterrahmen und Kasten für die Gegen=
gewichte sowie die Fensterrahmen und der Fensterbeschlag.

Die Ladenfenster. Die Holzrahmen waren eine
Zeitlang fast völlig durch die Eisenrahmen verdrängt. Heute
werden auch wieder Holzrahmen verlangt. Zumeist jedoch
werden die äußeren Rahmen aus Eisen gemacht mit Messing=,
Bronze= oder anderen Metallverkleidungen. Besonderer
Wert wird auf schöne seitliche und hintere Abschlüsse der
Auslagen aus Holz gelegt. Der vordere Fensterrahmen
muß schmal sein. Er soll dem Glas nur den nötigen Halt
geben und das Fenster, die Durchsicht, nicht beengen. Die
Auslage der Ladenfenster, das Fenster und die Auslage
sind ungemein mannigfaltig in der Form, richten sich nach
den Waren, die gezeigt, die anlocken sollen, richten sich
nach der kaufmännischen Anschauung des Ladenbesitzers.
Der eine will in seiner Auslage viel zeigen, der andere
nur einige Reklamestücke. Das Modengeschäft und der
Juwelier, diese beiden Kaufleute müssen verschieden große
Auslagen haben. Der Juwelier will seine Schmucksachen
dem Auge des Beschauers so nahe bringen, daß die feinen
Formen der Schmucksachen gesehen werden. Der Kostüm=
händler muß seine Ware so weit vom Beschauer stellen,
daß die Formen in ganzer Höhe und Breite übersehen
werden können. Es müssen auch der geeignete Hintergrund
und die passende Beleuchtung vorhanden sein. Viel Licht

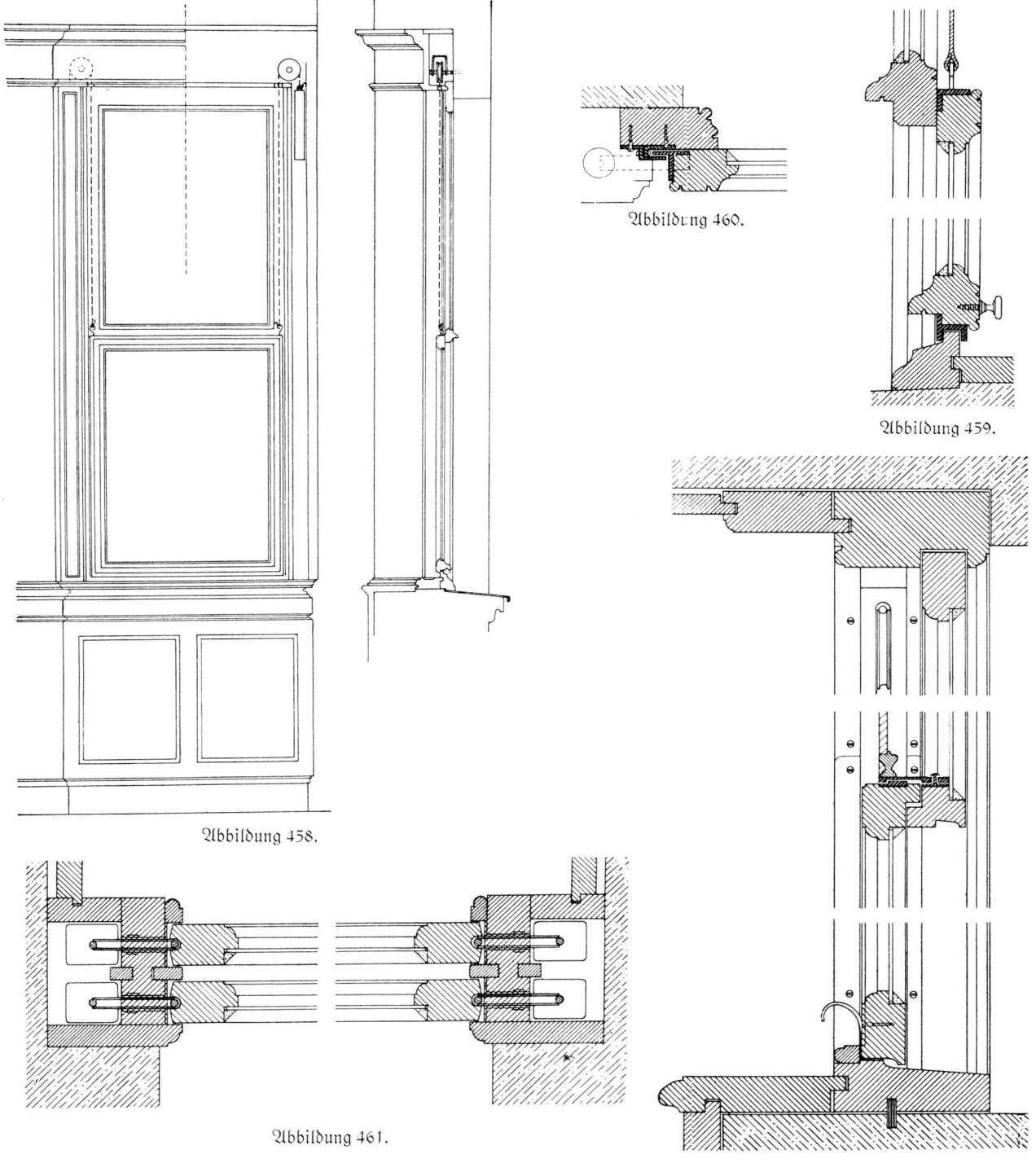

Abbildung 458.

Abbildung 460.

Abbildung 459.

Abbildung 461.

Abbildung 462.

Abbildung 454 bis 462: Schiebefensterprofile.

wird heute in den Auslagen verlangt — viel künstliches Licht am Abend. Die Auslage muß wirken, muß heraus= fallen gegenüber den Auslagen der Konkurrenzfirmen; aber der Beschauer vor der Auslage darf durch direktes Licht nicht geblendet werden. Er soll ruhig, kritisch be= trachten können und doch überrascht sein von dem Ge= sehenen. Die Gestaltung und Ausstattung des Schau= fensters ist Kunst geworden. Feste Regeln können für den Ladenfensterbau nicht gegeben werden. Doch über den Bau der Fensterrahmen kann einiges gesagt werden, das allgemein gültig ist. Der Rahmen des äußeren Fensters wird ohne Anschlag in die Fensteröffnung gestellt und so=

weit als nur möglich gegen die Straße vorgerückt, um im Laden Platz zu gewinnen. Der Rahmen wird mit Band= eisen oder Dübeln befestigt, die Fugen mit Mörtel und Anschlagschienen abgedichtet. Die Glastafeln werden, je nach der Lage des Fensters und der Ladengröße, von außen oder innen in den Rahmen gestellt, mit Leisten befestigt und verkittet (Abbildung 463 bis 465). Ist nur dieser eine Abschluß des Ladens vorhanden, so hat er alle üblen Eigen= schaften einfacher Fenster: die Schwitzwasserbildung, das Befrieren usw. Lüftungsöffnungen unterhalb und ober= halb des Fensters (Abbildung 466) verringern diese Un= annehmlichkeiten, sind aber nicht überall anwendbar, der

83

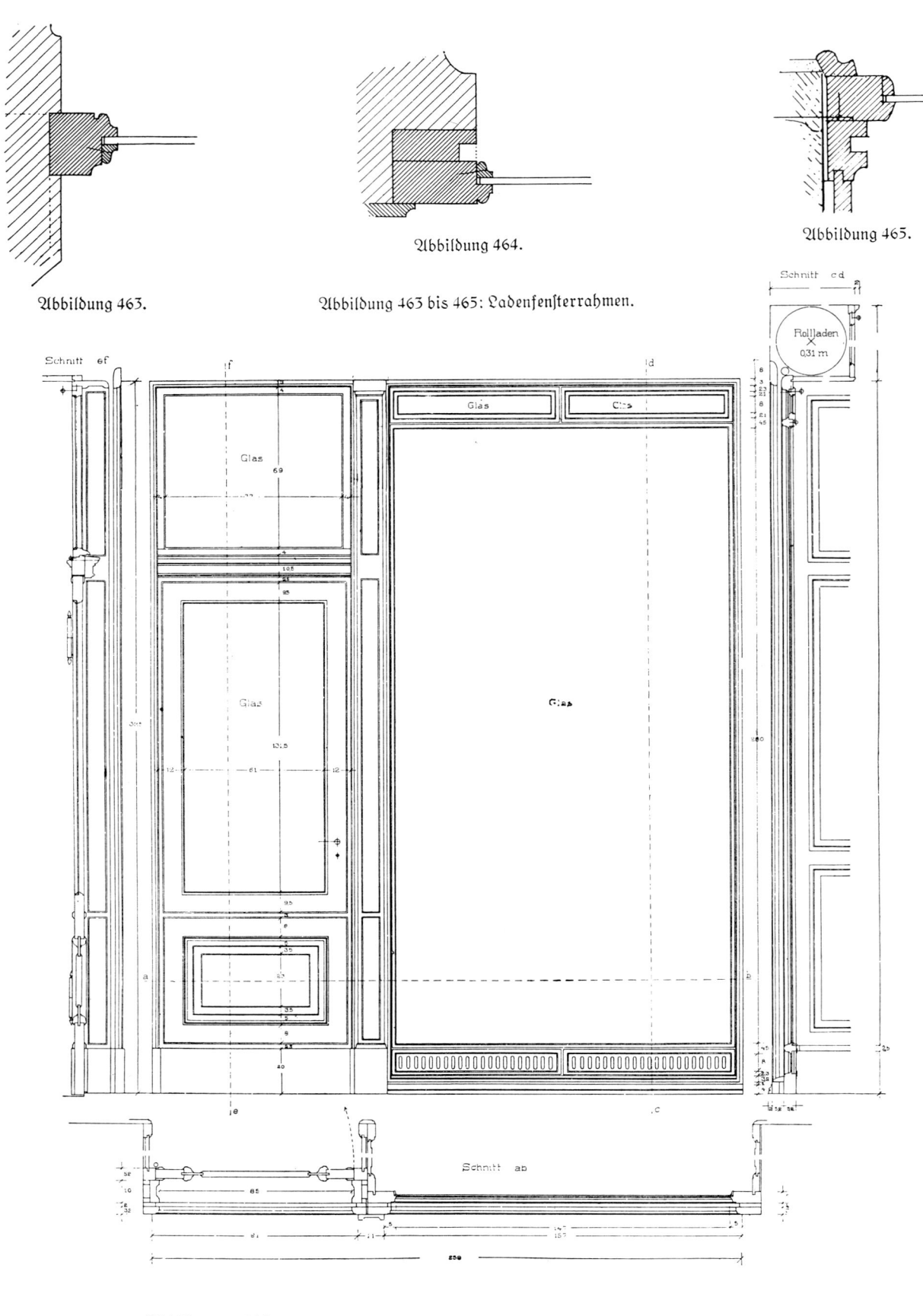

Abbildung 464.

Abbildung 463.

Abbildung 463 bis 465: Ladenfensterrahmen.

Abbildung 465.

Abbildung 463 bis 477.

Abbildung 466: Tür= und Fensterrahmen aus Holz.

84

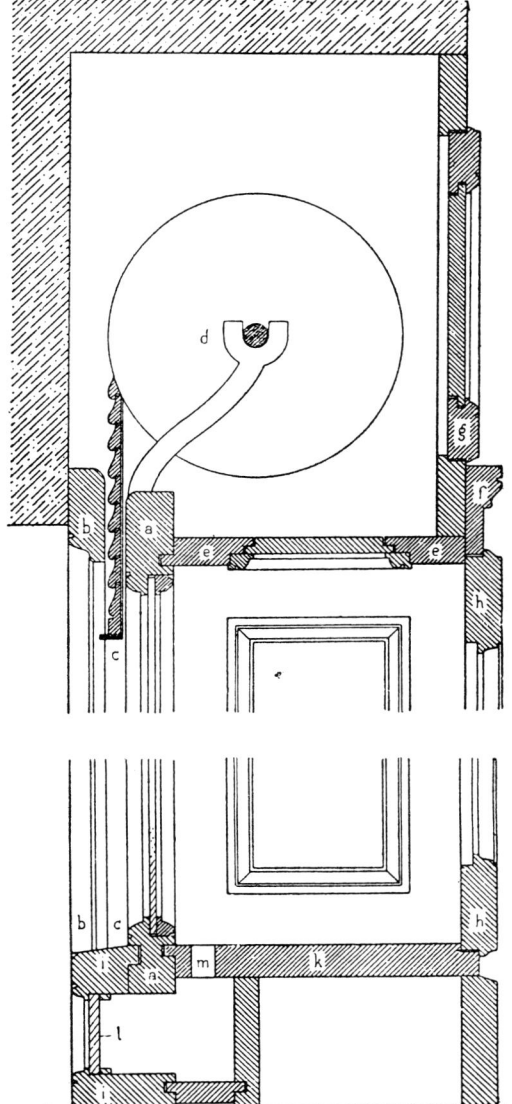

Abbildung 467.

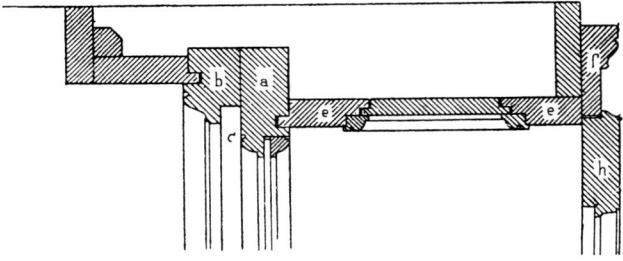

Abbildung 468.
Waagerechter und senkrechter Schnitt durch ein Ladenfenster
mit hinterer Glaswand.

Straßenstaub dringt durch die Öffnungen in den Laden. Bei kaltem, feuchtem Wetter die Luft am Fenster ständig erwärmen, das ist die beste Hilfe, und wo es möglich ist, die Fensterauslage durch eine dichtschließende Wand gegen den Laden abgrenzen — also ein Doppelfenster schaffen mit ruhender Luft als schlechtem Wärmeleiter. Diese Wand kann aus Glas und Holzrahmenwerk bestehen, um dem hinteren Laden Licht zuzuführen (Abbildung 475).

Die Schaufenster und ihre Auslagen werden heute an Festtagen und zur Nacht nicht mehr verhängt, sondern nur

noch gegen Einbruch geschützt. Mit Vorliebe werden Rollgitter vor und hinter dem Fenster befestigt, damit die Auslage auch an Festtagen und bei Nacht durch die Gitteröffnungen gesehen wird (Abbildung 469 bis 476). Geschäfte in sonniger Lage müssen ihre Schaufenster gegen die direkte Sonnenbestrahlung schützen. Dazu sind Markisen notwendig, die praktisch ihren Zweck erfüllen, den Vorschriften der Straßenpolizei entsprechen (Stangenhöhe über dem Straßenpflaster und Ausladung) und weder aufgerollt noch ausgespannt die Fassade des Ladens verunzieren. Und weiter noch ist die Anordnung der Lampen, des künstlichen Lichtes, vor dem Laden, an der Fassade und in der Auslage von größter Wichtigkeit. Licht ist ein Reklamemittel. Die Lampen in der Auslage sind gegen den Beschauer abzublenden oder verdeckt einzubauen. In der Fensteröffnung oder hinter derselben muß also mancherlei unentbehrliches Rüstzeug vorhanden sein, und das ist so einzubauen, daß das Fenster nur um das Allernotwendigste beengt wird, die Anlagen aber doch gut funktionieren. Da muß sein die Rolladenwalze mit dem Rolladen oder dem Rollgitter, die Antriebsstangen, die Nut für die Rolladenführung (Abbildung 467), die Walze für die Markise, die Ausladestangen, das Antriebsgestänge und der Raum für die Lampen. Die Abbildungen 463 bis 477 sind Beispiele für die Gestaltung der Auslagen und für die Fensterrahmen aus Holz.

Abbildung 463: Einfacher Rahmen. Das Glas an den Ladenseiten des Rahmens befestigt. Abbildung 464: Das Glas an der Straßenseite des Ladens befestigt. Auf dem Fensterrahmen eine Auffütterung mit Falz zur Bildung der Führungsnut für den Rolladen. Führungsnut kann ganz aus Eisen sein, dadurch wird die Auffütterung um etwa 2 Zentimeter niedriger.

Abbildung 465: Das Glas an der Straßenseite des Rahmens befestigt. Rollgitternut im Laden am Fensterrahmen.

Abbildung 466: Ladenfenster und Ladentür. Oberhalb und unterhalb des Fensters Lüftungsklappen. Vor dem Fenster und vor dem Türfutter eine Auffütterung zur Bildung der Rolladenführung. Hinter dem Träger, der die Fensteröffnung oben abschließt, der Kasten für den Rolladen.

Abbildung 467 und 468: Lotrechter und waagerechter Schnitt durch ein Ladenfenster, ähnlich dem Abbildung 466. Die Auslage ist hier durch eine Glaswand (im Holzrahmen) gegen den Laden abgeschlossen: a Fensterrahmen, b Auffütterung auf den Fensterrahmen, c Führungsnut für den Rolladen, d Rolladenbündel, e Bekleidung der Fensternische, f Bekleidung an der Fensternische im Laden, g Klappe am Rolladenkasten, h hinteres Fenster (Glaswand), i Fenstersockel mit dem Lüftungsgitter l, k Fensterbrett, m Lüftungsöffnungen.

Abbildung 469 bis 474: Beispiele für die Gestaltung von Auslagen: S = Straße, R = Rollgitter, G = Glas, H = Holz.

Abbildung 475 und 476: Grundriß, Aufriß und Schnitt eines modernen Schaufensters. Fassadenrahmen: Eisen mit Bronzeumkleidung; Seiten- und Rückwand: poliertes Holz, in der Rückwand Glasfüllungen, dahinter Vorhänge; G = Glas, R = Rollgitter; im Aufriß: L = Licht, M = Markise, R = Rollgitterballen.

Abbildung 477: Schaufenster, der Sockel aus Stein, die Fensterumrahmung der Fassade aus Holz, die Abschlußwände der Auslage aus Holz und Glas. Oben hinter dem Ladenfenster Lampen und Rollgitter, hochoben vor dem Fenster Lampen zur Beleuchtung des Firmenschildes.

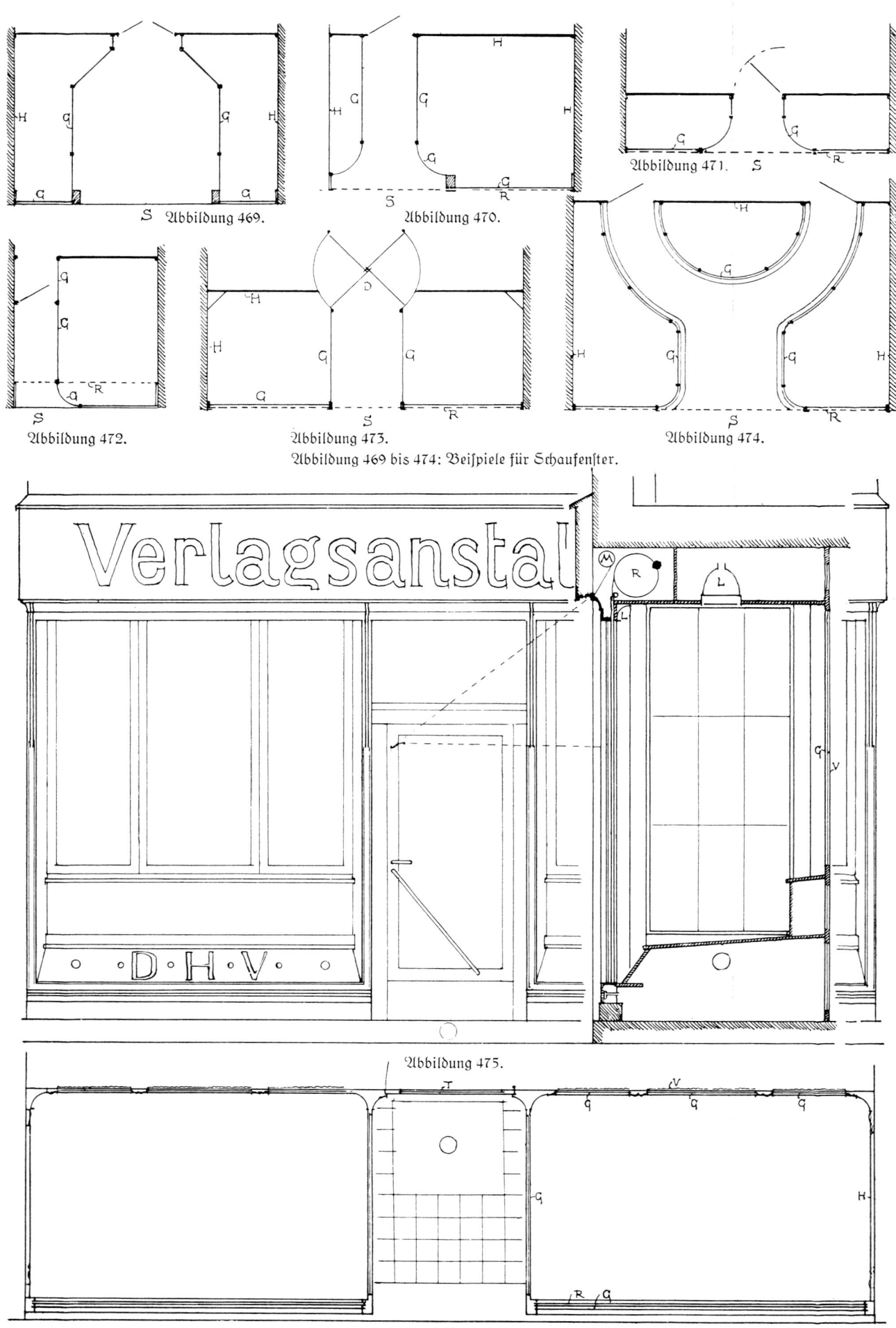

Abbildung 469.

Abbildung 470.

Abbildung 471.

Abbildung 472.

Abbildung 473.

Abbildung 474.

Abbildung 469 bis 474: Beispiele für Schaufenster.

Abbildung 475.

Abbildung 476.

Abbildung 475 und 476: Ein größeres Ladenfenster mit seitlicher Holzbekleidung der Auslage und hinterer Glaswand.

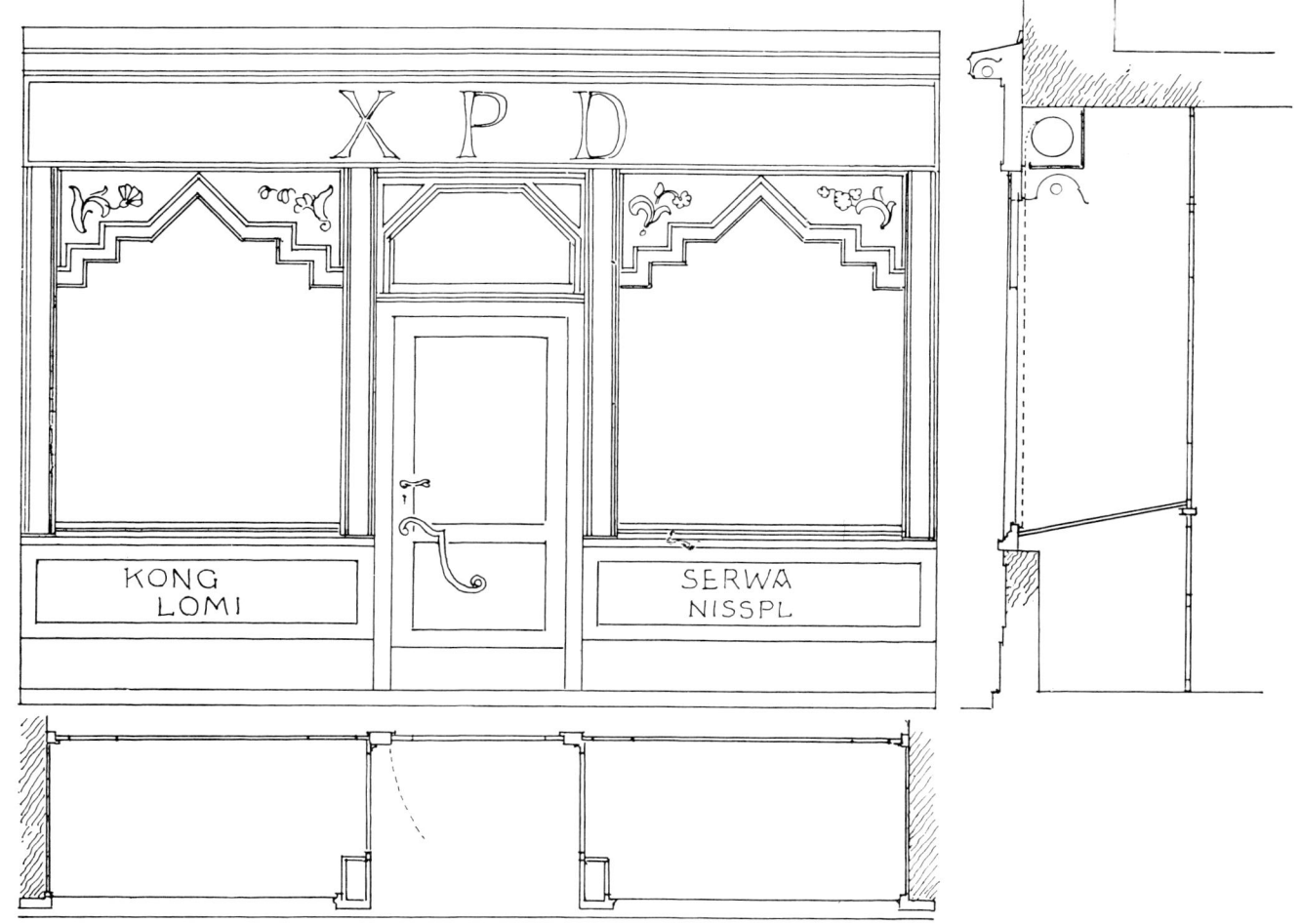

Abbildung 477: Schaufenster mit Holzumrahmung.

8.

Tür- und Fensterläden.

Tür- und Fensterläden werden angewendet, um die Türen und die Fenster gegen atmosphärische Niederschläge zu schützen, um Kälte und Hitze der Außenluft von den Innenräumen fernzuhalten, um den Schutz gegen Einbruch zu erhöhen und um das Tageslicht von den Zimmern mehr oder weniger abzusperren (Abbildung 478 bis 520).

Nach der Form und der Art der Bewegung und Unterbringung unterscheidet man:

Vorsetzläden,
Schlag- oder Anschlagläden,
Schiebeläden,
Klappläden,
Rolläden,
Zugjalousien.

Der Vorsetzladen kann innen oder außen am Fenster befestigt werden. Er besteht aus einer oder mehreren Tafeln gespundeter und behobelter Bretter mit aufgenagelten oder eingeschobenen Leisten oder aus gestemmten Rahmen mit Füllungen.

Die Benutzung dieser Art Läden ist umständlich, weil sie von ihrem Aufbewahrungsort geholt und nach der Benutzung wieder dorthin getragen werden müssen.

Außen sind sie nur an Erdgeschoß- oder Kellerfenstern verwendbar.

Die Vorsetzläden werden mit Vorreibern, Vorlegestangen, Haken oder Schraubenbolzen befestigt.

Die Klappläden (Abbildung 478 bis 499) können sowohl innen als auch außen in der Fensternische befestigt werden. Der Klappladen eines Fensters ist ein- oder zweiflügelig, jeder Flügel ist eventuell noch ein- oder mehrmals in Felder geteilt, die mittels Gelenkbänder aneinander befestigt sind. Die Breite dieser Felder wird zum Teil durch die Tiefe der Fensternische bestimmt.

Der Klappladen kann aus gehobelten und gespundeten oder auf Nut und Feder gefügten Brettern mit quer aufgeschraubten oder eingeschobenen Leisten bestehen (Abbildung 478) oder aus gestemmten Rahmen mit Füllungen (Abbildung 481).

Die Klappläden werden mit Aufsatz- oder Fischbändern und mit Schubriegeln, Vorlegestangen, Basküle- oder Espagnolettestangen (Abbildung 481, f) befestigt.

Bei allen inneren Läden besteht das Unangenehme, daß vor ihrem Schließen alles, was sich auf dem Latteibrett befindet, abgeräumt werden muß.

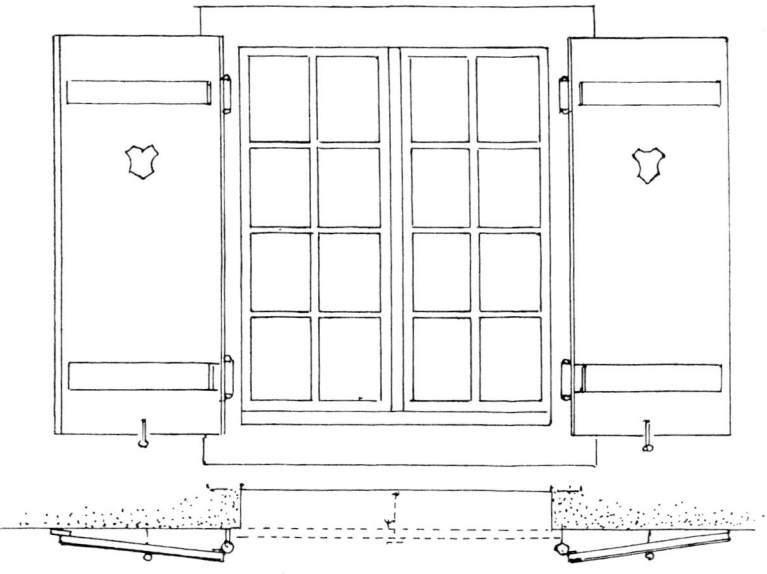

Abbildung 478: Schlagladen am Mauerwerk befestigt.

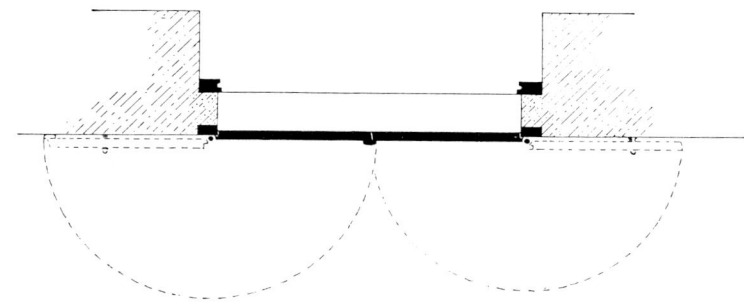

Abbildung 479: Schlagladen an der Holzzarge befestigt.

Schlagläden sind solche, die sich im geöffneten Zustande an die äußere Mauer anlegen (Abbildung 478). Sie sind praktisch, nur nicht überall anwendbar, weil die Mauer neben dem Fenster mindestens die Breite des Ladens haben muß.

Der Konstruktion nach unterscheidet man glatte Läden mit Hirnleisten oder Einschubleisten (Abbildung 478), gestemmte Läden mit geschlossenen Füllungen (Abbildung 486 und 487), gestemmte Läden mit feststehenden Jalousiebrettchen (sogenannte Sommerläden, Abbildung 489 und 492) und gestemmte Läden mit beweglichen Jalousiebrettchen (Abbildung 495).

Die Schlagläden macht man ein- oder zweiflügelig. Gewöhnliche Läden werden an eingemauerten Stützhaken mittels kurzer oder langer Bänder befestigt. Bessere Schlagläden erfordern Zargen nach Abbildung 479, 496 bis 499 und werden an diesen mit Winkel-, Schippe- oder Fischbändern befestigt. Der Verschluß kann durch Vorlegestangen, Schubriegel oder Haken bewirkt werden. Für die geöffneten Läden müssen an der Mauer Vorrichtungen zum Festhalten vorhanden sein. Doch sind auch Stellvorrichtungen vorhanden, mit denen man vom Zimmer aus, ohne die Fenster öffnen zu müssen, die Läden öffnen und schließen kann. Und noch eine andere Art der Befestigung besteht darin, daß hochgekröpfte Scharnierbänder auf den Fensterfutterrahmen aufgeschraubt werden. Diese Bänder bewirken, daß der Schlagladen dicht auf dem Fensterrahmen aufliegt, wenn er geschlossen ist, und geöffnet dicht an der Mauer liegt.

Schiebeläden werden beim Öffnen in einen Mauerschlitz geschoben. Das Öffnen und Schließen des Ladens erfolgt vom Zimmer aus durch Drehen einer Zahnradwelle. Ihre Verwendung ist von der Breite der Wandpfeiler und der Mauerstärke abhängig. Die Konstruktion des Ladens ist wie die der Schlagläden: Rahmenwerk mit Füllungen.

Die Rolläden aus Holz oder Eisen lassen sich mittels einer Aufzugvorrichtung — Zugriemen, Schnur-, Ketten- oder Stangengetriebe oder hydraulische Vorrichtung — in einer Nut auf- und abwärts bewegen (Abbildung 500 bis 515).

Die Anlage von Rolläden bedingt einen Raum zur Aufnahme der Walze mit dem Rolladen (Abbildung 507), Nuten, in die der Rolladen mit seinen seitlichen Rändern eingreift (Abbildung 506), und Aufzugvorrichtungen. Die bedingte Größe des Raumes zur Aufnahme des aufgewickelten Rolladens ist abhängig von der Größe (Länge, Breite, Dicke) des Rolladens. Die Art der anzuwendenden Aufzugvorrichtung wird teils durch die Schwere des Rolladens, teils durch örtliche Verhältnisse bedingt. In einem Falle genügt ein Zugriemen, im anderen Falle muß ein Stangengetriebe benutzt werden.

Weit ausladende Kämpfer vermeidet man hinter Rolläden, weil dadurch eine unpraktisch breite Auffütterung des Rahmens notwendig wird (Abbildung 506, 507, 515). Anderseits darf, namentlich bei großer Breite und Höhe des Rolladens, der Laden nicht der Glasscheibe zu nahe sein, weil durch das Durchbiegen des Ladens bei starkem Winddruck die Glasscheibe eingedrückt werden kann.

88

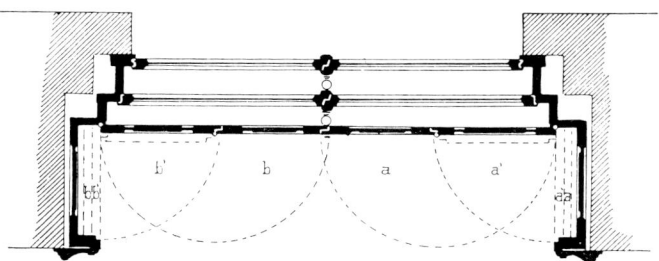

Abbildung 480: Grundriß eines geschlossenen Klappladens.

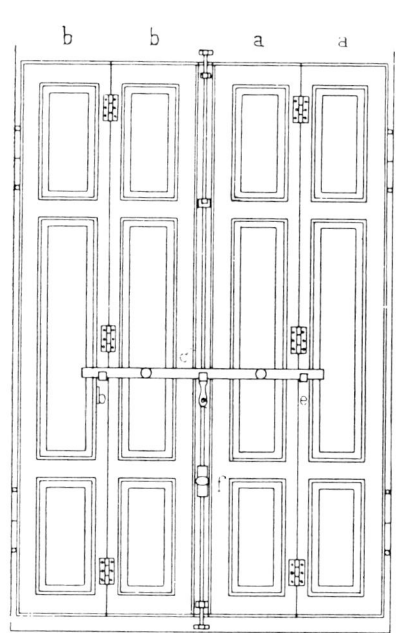

Abbildung 481:
Ansicht des geschlossenen Klappladens.

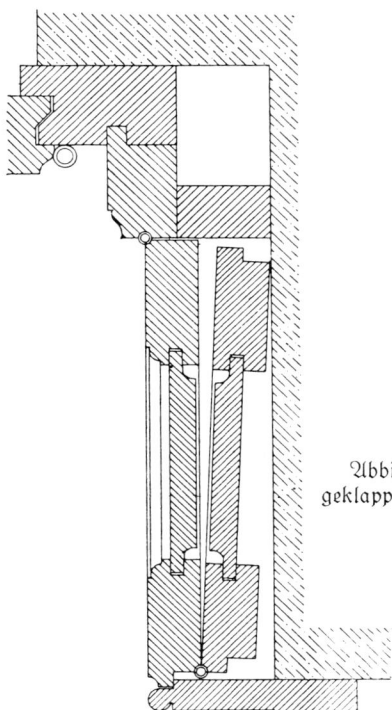

Abbildung 482.

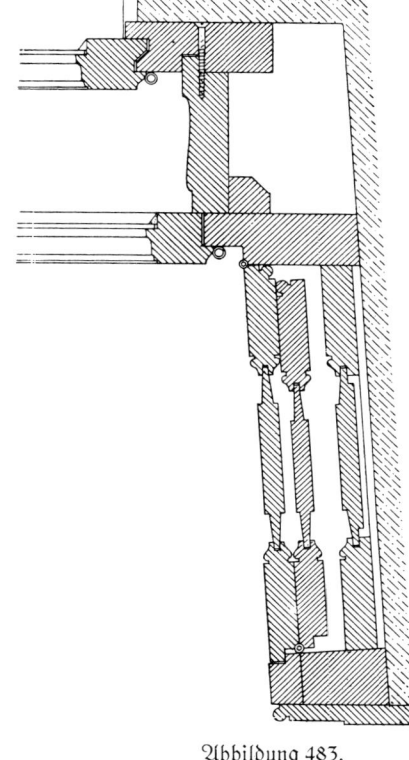

Abbildung 483.

Abbildung 482 bis 484: Drei Formen zusammen-
geklappter und gegen die Mauer gelegter Klappläden.

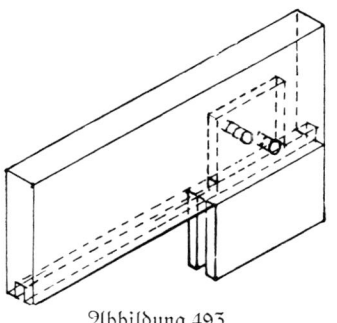

Abbildung 493.

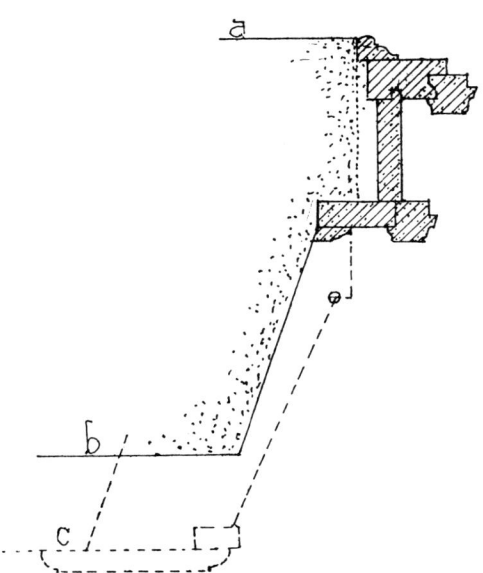

Abbildung 485.

Abbildung 455 bis 460:
Innere Klappläden, befestigt
am Fensterfutterrahmen.

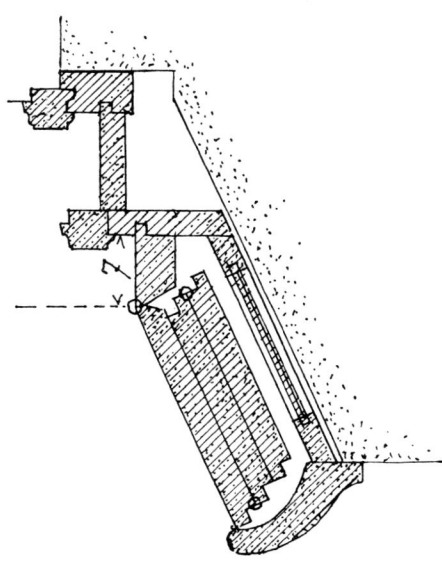

Abbildung 484.

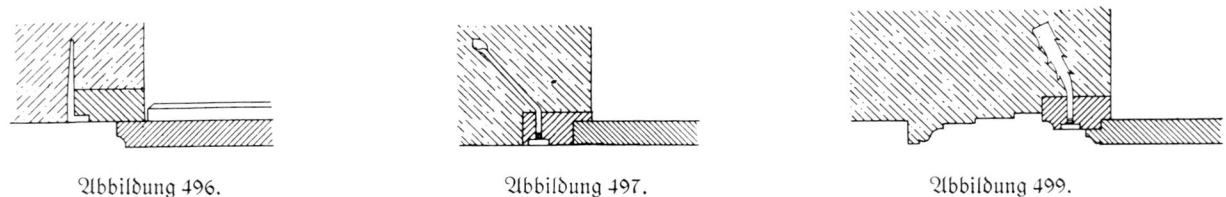

Abbildung 486. 　　　Abbildung 487. 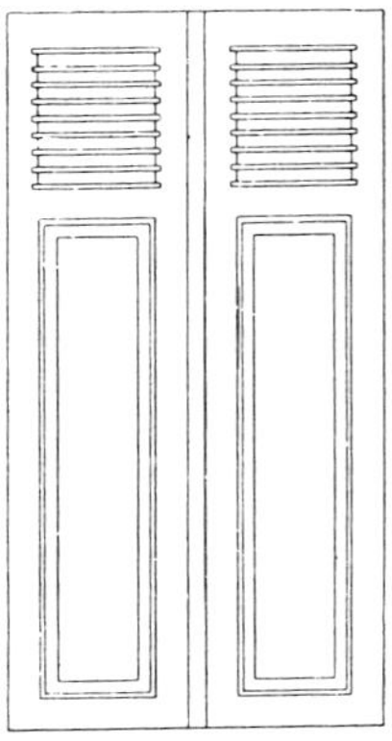　　　Abbildung 488. 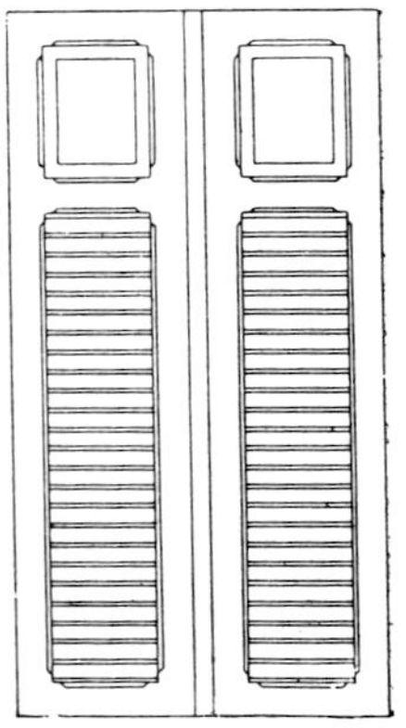　　　Abbildung 489.

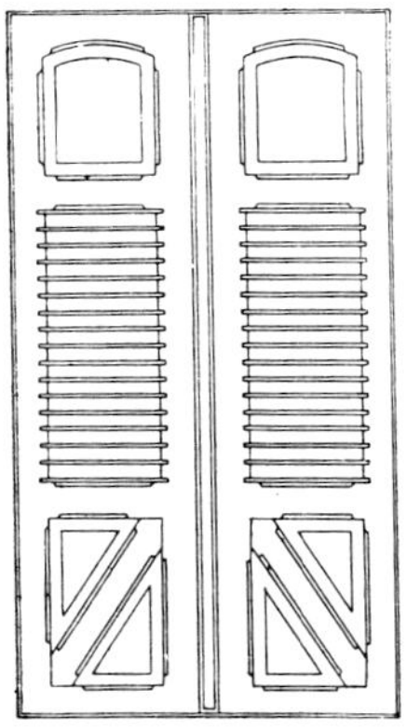

Abbildung 490.

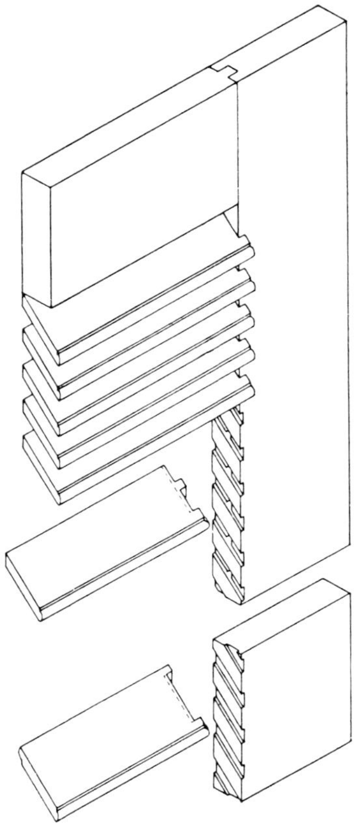

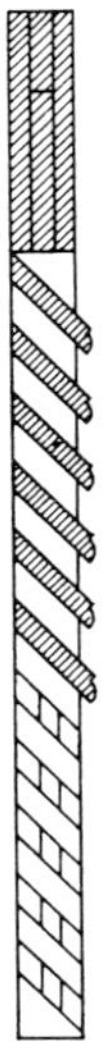

Abbildung 494. 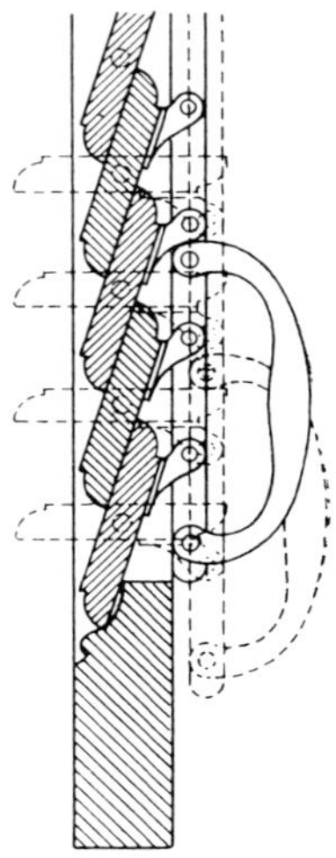　　Abbildung 495.

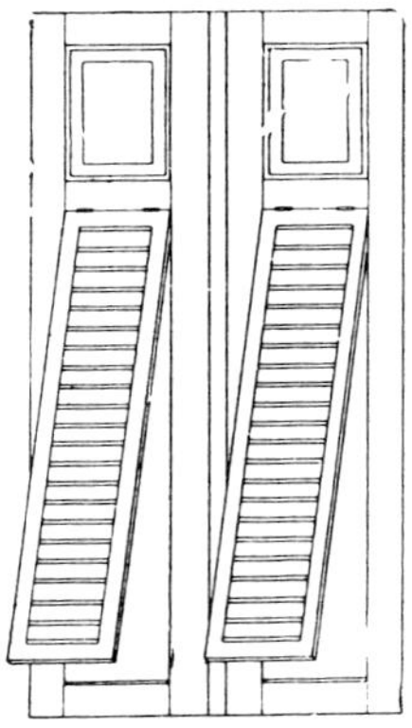

Abbildung 491.

Abbildung 492.

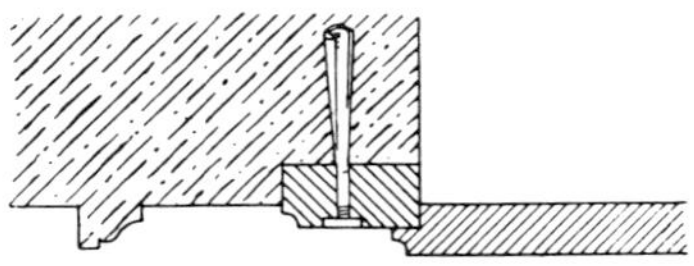

Abbildung 498.

Abbildung 486 und 487: Schlagladen mit dichten Füllungen.　Abbildung 488: In den oberen Füllungen der Schlagläden Jalousie=
brettchen.　Abbildung 489 bis 492: In den mittleren und unteren Füllungen Jalousiebrettchen.　Abbildung 491: Schlagladen mit
verstellbaren Rahmen und darin Jalousiebrettchen.　Abbildung 495: Rahmen mit verstellbaren Jalousiebrettchen.

Abbildung 496.　　　　　Abbildung 497.　　　　　Abbildung 499.

Abbildung 496 bis 499: Verschiedene Formen der Befestigung der Zargen am Mauerwerk.

90

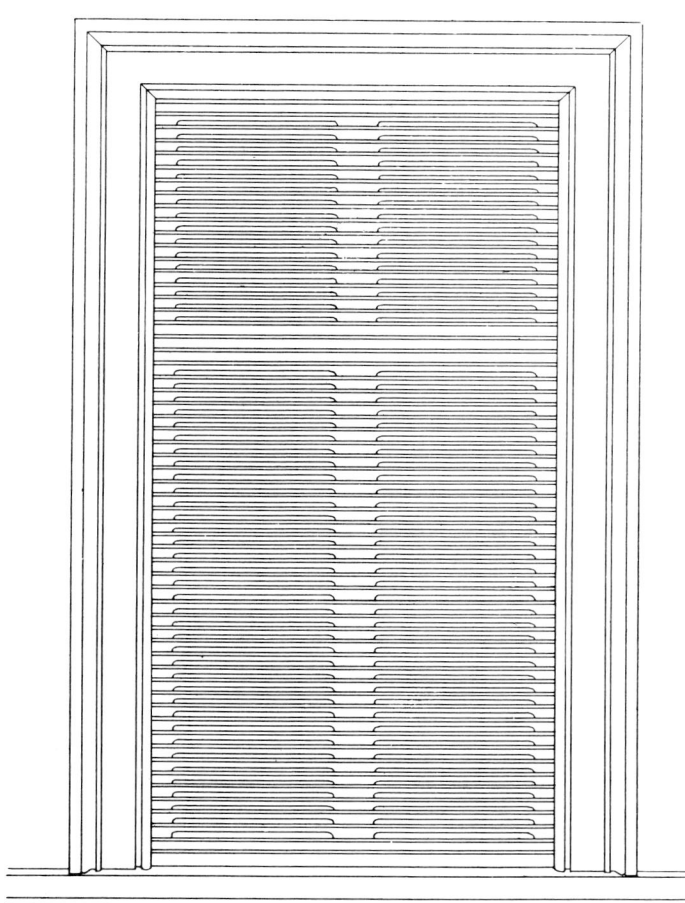

Abbildung 500.

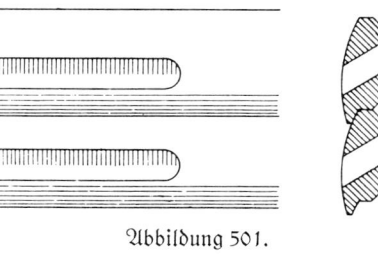

Abbildung 501.

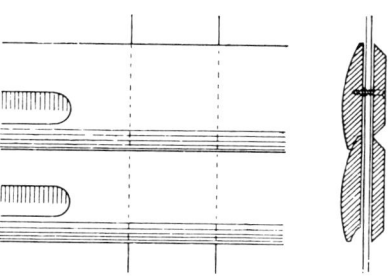

Abbildung 502.

Abbildung 500 bis 502: Rolladen mit Lichtschlitzen.

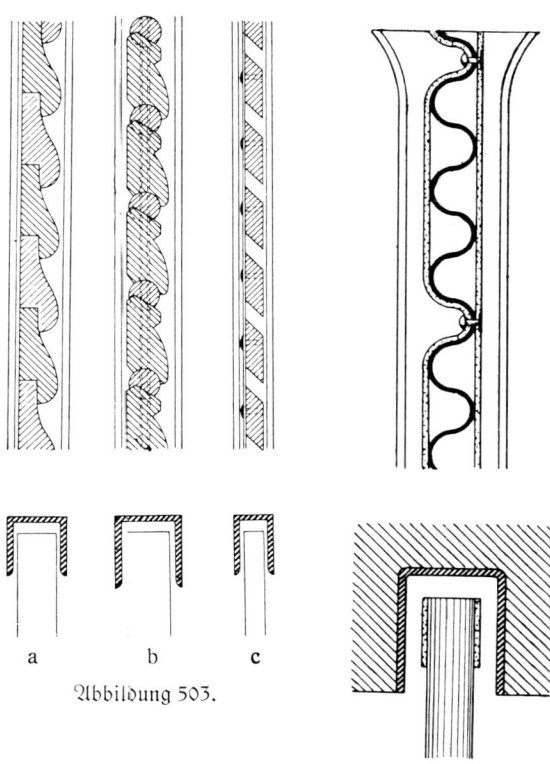

Abbildung 503.

Abbildung 504.

Abbildung 503 und 504: Rolladenprofile.

Abbildung 504: Rolladen aus Eisenblech.

Rolljalousien unterscheiden sich von Rolläden durch eine leichtere Bauart und dadurch, daß sich durchweg zwischen den Leisten Lichtschlitze befinden, die in den Rolläden nur vereinzelt vorkommen (Abbildung 500 und 501).

Die Durchmesser der Jalousien im aufgerollten Zustande sind:

Ladenhöhe	Durchmesser (Profil 15 Millimeter Stärke)
140 Zentimeter	18 Zentimeter
160 ,,	19 ,,
180 ,,	21 ,,
200 ,,	24 ,,
220 ,,	26 ,,
240 ,,	28 ,,
260 ,,	29 ,,
280 ,,	30 ,,
300 ,,	32 ,,
350 ,,	33 ,,
440 ,,	35 ,,

Nutenweite für Rolljalousien 10 bis 12 Zentimeter.

Zugjalousien unterscheiden sich von den Rolljalousien hauptsächlich dadurch, daß sie mittels der Zugschnüre nach oben zusammengezogen werden. Die Zugjalousien gewähren keine Sicherheit gegen Einbruch und keinen Schutz gegen Kälte, sie dienen nur dazu, die Sonnenstrahlen von den Zimmern abzuhalten (Abbildung 516 bis 520).

An diese Jalousien wird bei Neubauten gewöhnlich erst gedacht, wenn die Besitzer ein paar Wochen wohnen. Die Jalousien werden dann an der Sonnenseite des Hauses in den Fensteröffnungen vor den Fenstern am Fenster=

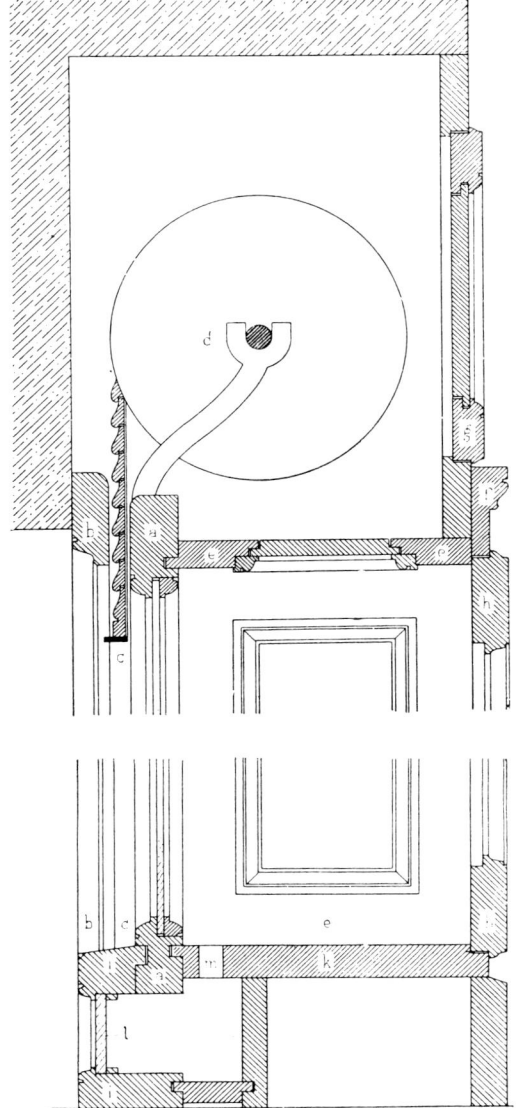

Abbildung 505.

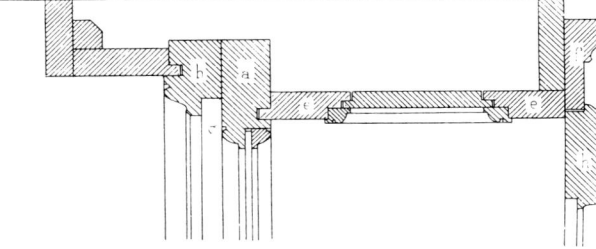

Abbildung 506.

Abbildung 505 bis 509:
Schaufenster und Wohnungsfenster mit Rolladen
in Holz= und Eisenführung.

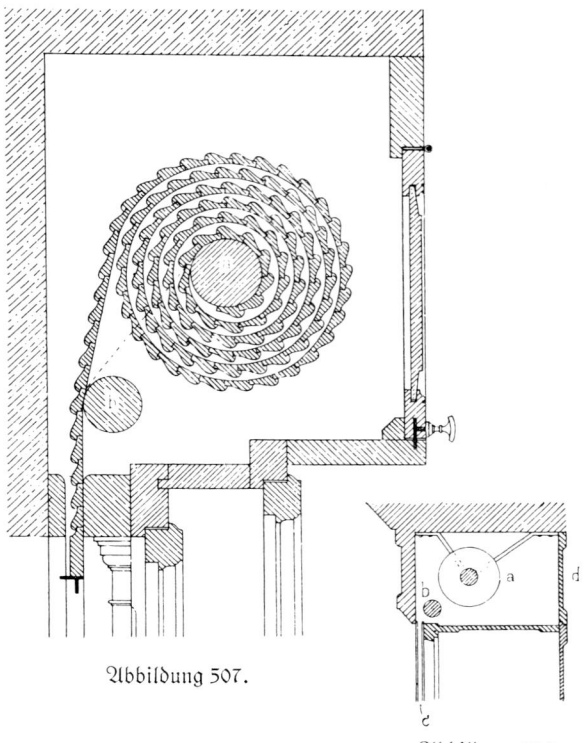

Abbildung 507.

Abbildung 508.

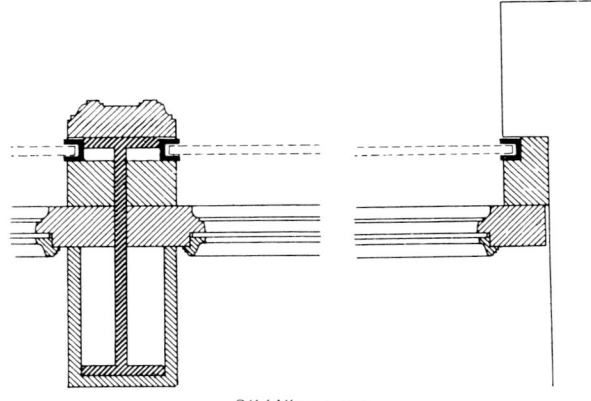

Abbildung 509.

Die Höhen der hochgezogenen Jalousien betragen bei
3,5 Millimeter starken Stäben und der Jalousielänge von

140 Zentimeter	=	18 Zentimeter
160 ,,	=	20 ,,
180 ,,	=	22 ,,
200 ,,	=	24 ,,
220 ,,	=	26 ,,
240 ,,	=	28 ,,
260 ,,	=	30 ,,
280 ,,	=	32 ,,
300 ,,	=	34 ,,
350 ,,	=	39 ,,

Bei der Sturzanlage (Abbildung 518) dürfen der Wasser=
schenkel und der Kämpfer 1½ Zentimeter Ausladung
haben. Sturzweite für Zugjalousien 10 bis 12 Zentimeter.

Abbildung 480 und 481: Grundriß und Aufriß eines
viergeteilten inneren Klappladens. Die Art des Zusammen=
klappens des Ladens zeigt der Grundriß (Abbildung 480).
Der zusammengeklappte, an die Mauer gelegte Laden er=
scheint wie eine Wandbekleidung (Abbildung 483).

sturz befestigt. Eine 2 Meter lange Jalousie, hochgezogen,
ist 24 Zentimeter hoch. Um soviel werden die Fenster=
öffnungen durch diese die Fassade nicht verbessernden Ge=
hänge verkleinert (Abbildung 517). Bei Neubauten kann
mit wenig Mehrkosten der Fenstersturz so geformt werden,
daß die Jalousie, hochgezogen, unsichtbar in der Mauer
hängt (Abbildung 518).

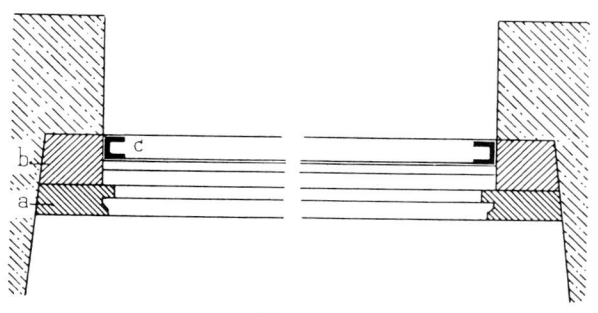

Abbildung 512.
Führungsnut aus Eisen, dem Holz angeschraubt.

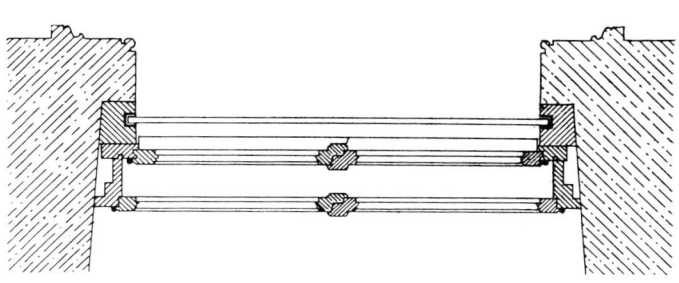

Abbildung 513.
Führungsnut aus Eisen, in Holz eingelassen.

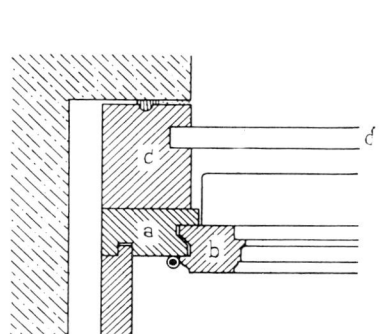

Abbildung 510.
Die Führungsnut für den Rolladen,
in Holz eingelassen.

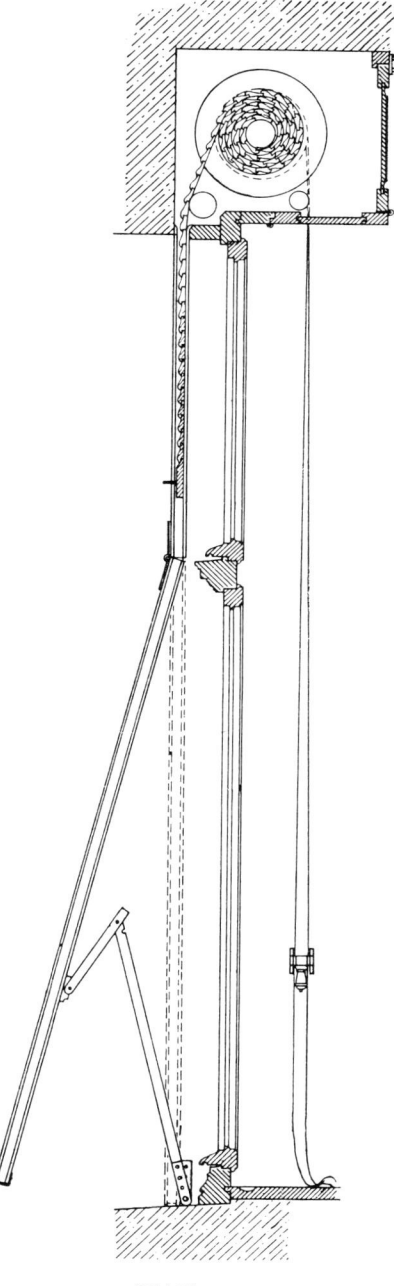

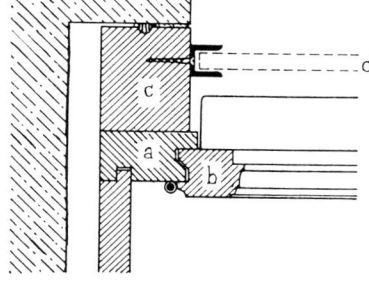

Abbildung 511.
Führungsnut aus Eisen, dem Holzrahmen angeschraubt.

Abbildung 514.
Vorderansicht eines Fensters mit Rolladen.

Abbildung 515.
Schnitt, Seitenansicht der verstellbaren
Nut für den Rolladen.

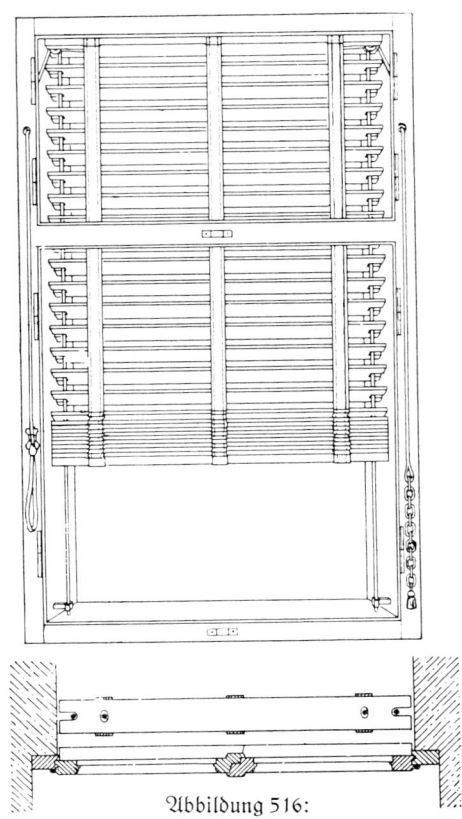

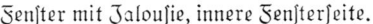

Abbildung 516:
Fenster mit Jalousie, innere Fensterseite.

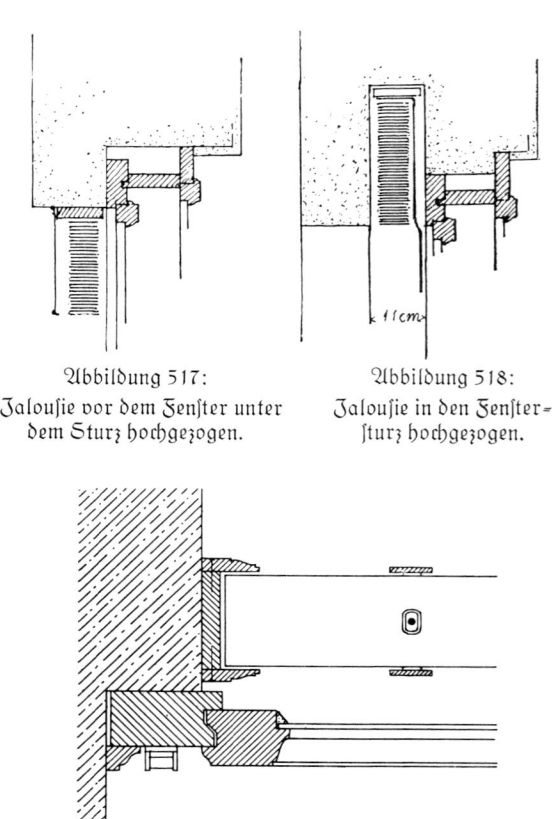

Abbildung 517:
Jalousie vor dem Fenster unter dem Sturz hochgezogen.

Abbildung 518:
Jalousie in den Fenster= sturz hochgezogen.

Abbildung 519: Jalousie in Brettführung.

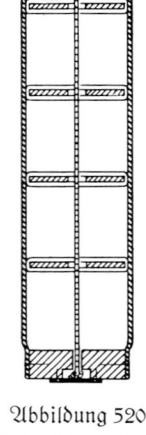

Abbildung 520:
Lotrechter Schnitt durch die Jalousie Abbildung 519.

Abbildung 481: Zum Festftellen der Mitte des ge= schloſſenen Ladens ſind hier vorhanden der Basküleper= ſchluß f und die Vorlegeſtange c, die in der Mitte und bei b und e in Klammern eingeſchoben iſt.

Abbildung 482 und 483: Zwei Horizontalſchnitte durch innere Klappläden. Iſt der Laden Abbildung 482 ge= ſchloſſen, ſo iſt die Mauerfläche der Fensterniſche ſichtbar. Hinter dem Laden Abbildung 483 befindet ſich noch eine Mauerbekleidung aus Holz. Durch den Laden Abbil= dung 482 wird der Fensterbeſchlag gedeckt, der Laden befindet ſich deshalb in entſprechender Entfernung von den Fensterflügeln. Dieſe Anordnung erfordert oben und unten am Futterrahmen des Fensters einen Anſchlag für den Laden. Der Laden Abbildung 483 liegt auf dem Rahmen der Fensterflügel auf, für vorſtehende Beſchlag= teile am Fenster ſind im Laden entſprechende Höhlungen oder Ausſchnitte vorhanden.

Abbildung 484: Dieſer Laden iſt dreigeteilt und liegt zuſammengeklappt in der vorgeſehenen Niſche. Dieſe An= ordnung kann nur in tiefen Fensterniſchen durchgeführt werden. (Maueranſchlag 13 Zentimeter, Kastenfenster 16,5 Zentimeter, Auffütterung 7 Zentimeter und die Klapp= ladenbreite etwa 25 Zentimeter, zuſammen 61 Zentimeter.)

Abbildung 485: Wird das Kastenfenster bündig der äußeren Mauerfläche eingeſetzt, ſo erreicht man dadurch eine 14 Zentimeter tiefere Niſche, und das Klappladen= profil Abbildung 484 würde bei c endigen. a b dann = 51 Zentimeter.

Abbildung 500 und 501: Rolladen mit Lichtſchlitzen.

Abbildung 502: Rolladen mit Stahlbändern.

Abbildung 503: Drei Stabprofile für Rolladen. Roll= laden auf Gurten und Stahlplättchen, 15 Millimeter ſtark, Gurtjalouſien 12 Millimeter ſtark.

Abbildung 505 und 506: Ladenfenster mit Rolladen: a Fensterrahmen, b Rahmen für die Führung des Roll=

ladens, c die Nut für den Laden, d Rolladenballen (Walze zum Aufwickeln des Ladens), g eine Klappe, um zu dem Rolladen, der Walze und dem oberen Teil der Aufzug= vorrichtung (Schnurſcheibe uſw.) gelangen zu können.

Abbildung 507: Doppelfenster mit Rolladen: a Walze zum Aufwickeln des Ladens, b eine Leitwalze, um zu ver= hindern, daß der Rolladen an der oberen Kante des Fensterrahmens einen Bruch erhält oder dort beim Auf= rollen klemmt.

Abbildung 508: a Rolladenwalze, b Leitwalze (wie Ab= bildung 507), d Klappe. (Vergleiche die Befeſtigungs= weiſe der Rolladenwalze in Abbildung 506 und 507.) Die Walze kann am Fensterrahmen, an der Decke und an dem ſeitlichen Mauerwerk der Fensterniſche befeſtigt werden.

Abbildung 509: Ladenfenster mit Rolladen, zwiſchen Mauerwerk und eiſernen Trägern befeſtigt. Der Roll= laden liegt ſeitlich in eiſerner Nut.

Abbildung 510 bis 513: Verſchiedene Formen der Nut= bildung für Rolläden: Abbildung 510 Nut im Futter= rahmen aus Holz; Abbildung 513 Nuteiſen eingelaſſen; Abbildung 511 und 512 Nuteiſen auf der Auffütterung aus Holz aufgeſchraubt.

Abbildung 514 und 515: Fenster mit verſtellbaren Roll= läden. Der untere Teil der eiſernen Führung der Roll= läden iſt verſtellbar, iſt hinauszuſchieben. Es iſt dadurch möglich, ſelbſt bei herabgelaſſenen Rolläden den Innen= raum zu lüften.

Abbildung 516: Fenster mit Zugjalouſie. Die an dem ſeitlichen Gemäuer befeſtigten Stangen verhindern eine Ortsveränderung der Jalouſie durch Winddruck.

Abbildung 519 und 520: Seitliche Führung der Jalouſie mittels Holzleiſten. Abbildung 519 Querſchnitt. Die Füh= rung der Jalouſie iſt aus Brettern gebildet. Abbildung 520 lotrechter Schnitt: In der Mitte die Aufzuggurte, links und rechts Stellgurte für die Jalouſiebrettchen.

94

Abbildung 521.

Treppe zur Güldenkammer im großen Saale des Bremer Rathauses. Anfang des 17. Jahrhunderts.

9.

Treppen.

Die Treppen dienen zur Vermittelung des Verkehrs zwischen Räumen und Stockwerken in verschiedenen Höhenlagen. Die allgemeinen Forderungen an die Treppen sind: größtmögliche Bequemlichkeit und Sicherheit des Verkehrs.

Betreffs der Treppen bestehen baupolizeiliche Vorschriften. Man unterscheidet unverbrennliche Treppen aus Stein, deren Stufen mit Holz belegt werden dürfen, und feuersichere Treppen aus Holz, deren untere Seiten gerohrt und geputzt sein müssen. Nebentreppen werden noch genehmigt, wenn eine Nutzungsbreite von 0,75 Meter zwischen Wand und Handlauf vorhanden ist. Die Haupttreppe in kleinen Häusern muß eine Nutzungsbreite von 1 Meter haben. Für Nebentreppen, Keller- und Bodentreppen wird noch eine Stufensteigung von höchstens 20 Zentimeter bei einer Auftrittsbreite von 23 Zentimeter genehmigt, während für Haupttreppen die Steigung höchstens 18 Zentimeter, die Auftrittsbreite in der Austragung mindestens 26 Zentimeter betragen muß. Kopfhöhe oberhalb der Stufenkanten, lotrecht gemessen, für Nebentreppen mindestens 2 Meter (Abbildung 526). Die

Baupolizeiverordnungen sind in den Gemeinden Deutschlands nicht gleich, es muß also von Fall zu Fall geprüft werden, welche Anlage genehmigt werden darf.

Allgemein muß verlangt werden:

1. ein bequemer sicherer Zugang zu den beiden Ausgängen der Treppe, dem Antritt und dem Austritt;

2. eine bequem zu begehende sichere Treppe mit Handlauf an mindestens einer Seite. Stufenbreite und -höhe sind unserer Bewegungsweise — der bequemen Schrittgröße und der bequemen Hebung der Füße und des Körpers — anzupassen.

3. Der Treppenraum muß am Tage wie bei Nacht genügend erhellt sein.

Stufenhöhe und -breite. Durch die Praxis ist festgestellt, daß Treppen mit Stufenhöhen von 14 bis 17 Zentimeter und Stufenbreiten von 34 bis 37 Zentimeter am bequemsten zu besteigen sind. Ferner daß, je höher eine Stufe ist, desto schmaler der Auftritt sein muß, und umgekehrt. Ein Verhältnis, das (bezeichnet h die Höhe einer Stufe, b die Breite) sich durch die Formeln $2h + b = 65$ Zentimeter und $h + b = 47$ Zentimeter

ausdrücken läßt. Letzteres Steigungs=
verhältnis ist für Treppen mit notwendig
hohen oder niedrigen Stufen geeigneter
als ersteres. Keine Stufenhöhe soll jedoch
über 23 Zentimeter und unter 12 Zenti=
meter betragen.

Das Begehen steiler Treppen (mit ent=
sprechend schmalem Auftritt) kann durch
geeignetes Profilieren der Stufenvorder=
fläche — Vorziehen der Stufenkanten um
4 bis 5 Zentimeter — bequemer gestaltet
werden (Abbildung 525).

Abbildung 522: Der Mensch hat in der
Ebene eine Schrittlänge von durchschnitt=
lich 60 bis 64 Zentimeter, er hebt den Fuß
dahingegen bequem nur 30 bis 32 Zenti=
meter. Von diesem ausgehend, lassen sich
Auftritt und Steigung in der folgenden
Weise ermitteln: Eine Anzahl Schritt=
längen (64 Zentimeter) werden auf eine
Horizontale abgetragen, eine Anzahl
Schritthöhen (32 Zentimeter) auf eine im
Endpunkt dieser Horizontalen errichtete
Senkrechte. Die Teilpunkte beider Linien
werden (nach Abbildung 522) verbunden
und der Steigungswinkel der Treppe von a
aus aufgetragen. (Siehe a b und a c.) Die
mit Hilfe dieser Linien für Stufenhöhe und
Auftritt gefundenen Maße sind überein=
stimmend mit der Regel: 2 Stufenhöhen
+ 1 Auftritt = 64 Zentimeter. 2 h + b
= 64 Zentimeter.

Abbildung 523: Nach der Formel 2 h + b
= 64 Zentimeter muß der Auftritt in
Treppen mit 10 Zentimeter Stufenhöhe
44 Zentimeter (ohne Vorsprung der
Stufenkante — Abbildung 525) breit sein,
das ist zu breit. In diesem Falle erhält
man ein geeigneteres Maß für den Auf=
tritt, wenn man die Formel h + b =
47 Zentimeter anwendet. Nach dieser muß
der Auftritt 37 Zentimeter breit sein. Für
die Ermittelung der Auftrittsbreite bei
Stufenhöhen von 14 bis 19 Zentimeter ist
die erste Formel passend.

Abbildung 525: Bei gewöhnlichen Holz=
treppen tritt das Futterbrett — auch
Setzstufe, Stoßstufe, Stoßbrett genannt —
um 4 bis 5 Zentimeter gegen die vordere
Kante der Trittstufe zurück, um soviel
wird also der Auftritt breiter.

Stufenzahl, Stufenhöhe und Auftritts=
breite werden durch die Größe der zu über=
windenden Steigung (Geschoßhöhe usw.)
und das bequeme Begehen der Treppe
bestimmt oder durch die Größe der Stei=
gung und den für die Treppe vorhandenen
Raum (Abbildung 609 bis 617).

In beiden Fällen können Stufenzahl,
Stufenhöhe und Auftrittsbreite einer Stufe
nach den Formeln:

$$h = \frac{S}{x} \qquad b = \frac{T+b}{x} = \frac{T}{x-1} \qquad x = \frac{2S+T+b}{64}$$

gefunden werden, wenn die Stufenzahl

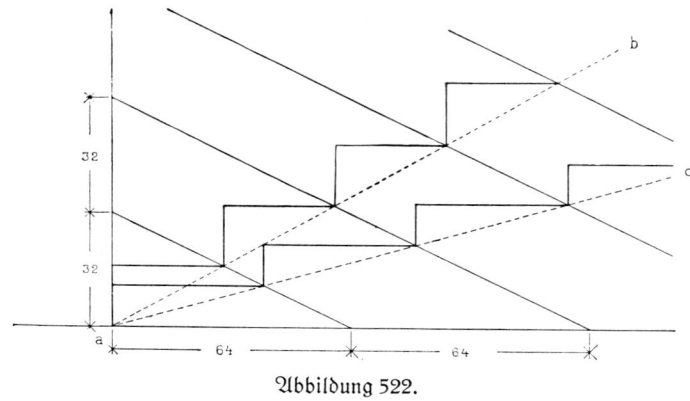

Abbildung 522.

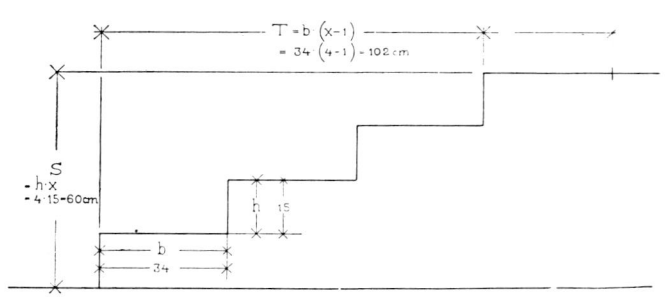

Abbildung 523.

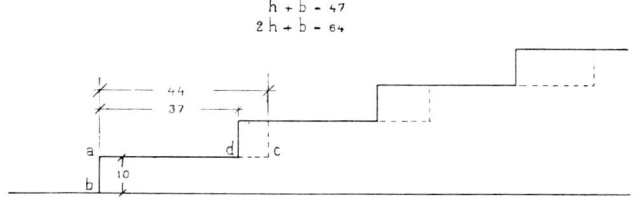

Abbildung 524.

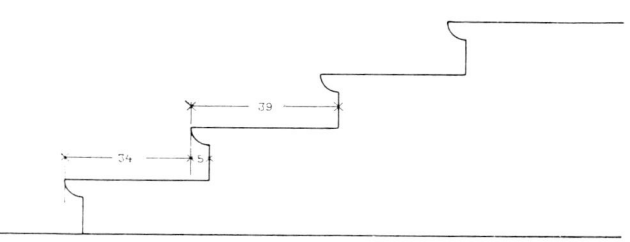

Abbildung 525.

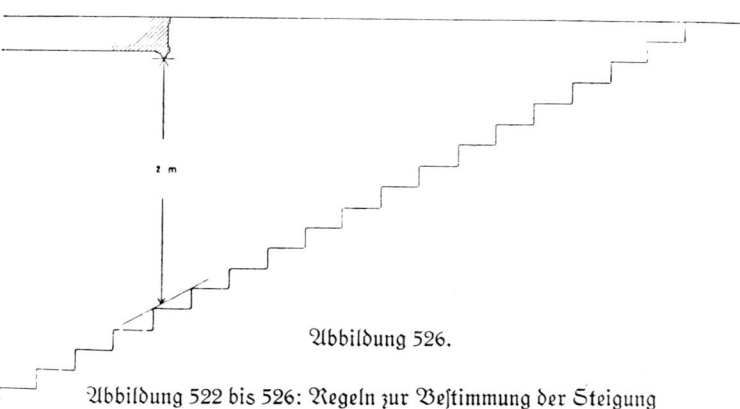

Abbildung 526.

Abbildung 522 bis 526: Regeln zur Bestimmung der Steigung
und der Auftrittsbreite der Treppenstufen.

96

Abbildung 527.　　Abbildung 528.　　Abbildung 529.　　Abbildung 530.

Abbildung 531.　　Abbildung 532.　　Abbildung 533.　　Abbildung 534.

Abbildung 535.　　　　Abbildung 536.　　　　Abbildung 537.

Abbildung 527 bis 545: Beispiele für die Form und die Anordnung der Treppenläufe.

mit x bezeichnet wird, die gesamte durch die Treppe zu überwindende Steigung mit S und die Summe aller Auf= trittsbreiten in der Mittellinie (ohne das, was durch das Vorziehen der Stufenkanten gewonnen wird) mit T, und wenn das Steigungsverhältnis 2 h + b = 64 Zentimeter ist. (Vgl. Abbildung 612 bis 619.) Die Breite der Treppen ist in allen Rissen mit B bezeichnet.

Die Treppenbreite muß dem besonderen Zweck angepaßt werden. Für Treppen in untergeordneten Häusern und für Nebentreppen ist eine Breite von 1 Meter, für Treppen in besseren Wohnhäusern eine Breite von 1,25 bis 1,50 Meter gebräuchlich. Keine Treppe soll unter 0,75 Meter Nutzungsbreite haben.

Für die Stufenfolge ist zu beachten: Das Be= steigen einer langen, aus mehreren Läufen und Podesten bestehenden Treppe ist angenehmer als das Besteigen einer Treppe mit gleicher Stufenzahl und Größe ohne Podeste (Abbildung 527 bis 545). Durch die Podeste wird das Besteigen einer langen Treppe angenehm unterbrochen. Die Podeste müssen mindestens so breit sein wie die Treppen= läufe. Die Länge der Podeste ist nach dem vorhandenen Raum und nach der Schrittgröße beim Besteigen der Treppenläufe zu bemessen, damit ununterbrochen die gleiche Schrittgröße wie beim Besteigen der Treppenläufe auch beim Begehen der Podeste und beim neuen Ansteigen beibehalten werden kann. Kein Treppenlauf sollte über 15 Stufen und unter 3 Stufen haben.

Die Form der Auftrittsflächen der Stufen in Treppen mit krummem Lauf muß notwendigerweise anders sein als in Treppen mit geradem Lauf (Abbildung 527 bis 537).

97

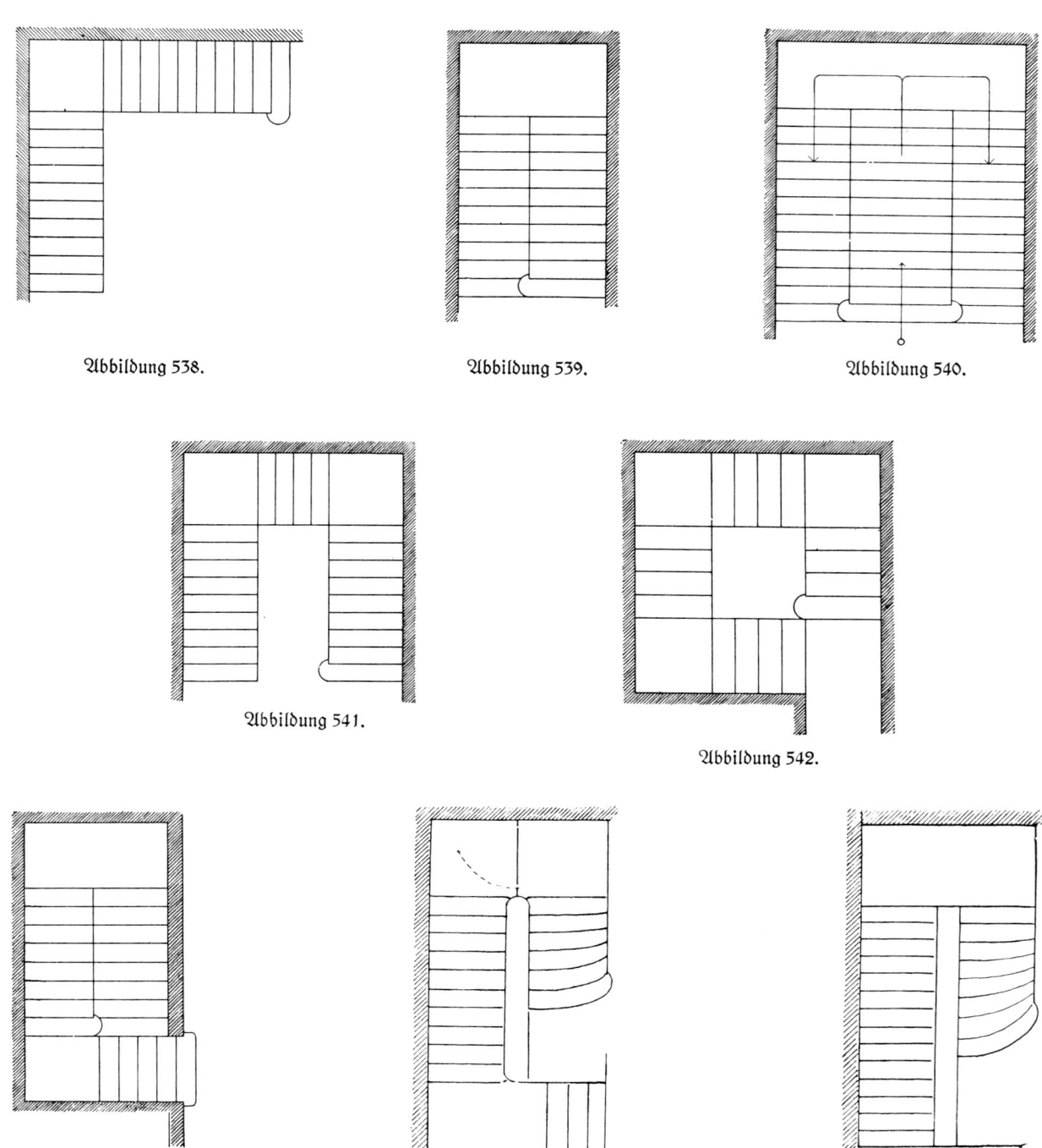

Abbildung 538.

Abbildung 539.

Abbildung 540.

Abbildung 541.

Abbildung 542.

Abbildung 543.

Abbildung 544.

Abbildung 545.

Muß sich nun in einer Treppe ein gerader Laufteil an einen krummen anschließen oder umgekehrt, so werden in der Mittellinie der Treppe alle Stufen gleich breit sein müssen, an den Enden der Stufen aber nicht alle gleich breit sein können (Abbildung 530). Weicht der, der eine solche Treppe besteigt, von der Mittellinie ab, so hat er ungleiche, lange und kurze Schritte auszuführen, er hat verschieden große Treppensteigungen zu überwinden. Diese Unbequemlichkeit kann zum Teil durch das sogenannte Verziehen der Stufen (Abbildung 612) behoben werden. Eine allmähliche Veränderung der Stufenform nach Abbildung 612 ist immer einer schroffen nach Abbildung 609 vorzuziehen. Die keilförmigen Stufen dürfen an den schmalsten Stellen nicht unter 10 Zentimeter breit sein.

Nach der Anlage der Treppen unterscheidet man innere oder Stockwerktreppen, äußere oder Freitreppen; freitragende und unterstützte Treppen, gerade und gerade gebrochene Treppen (Abbildung 527 und 538), Treppen mit viertel und halber Wendung (Abbildung 530 bis 535); gewundene (krumme) Treppen (Abbildung 536), ovale und runde Treppen, Wendeltreppen (Abbildung 537), Podesttreppen (Abbildung 538 bis 545);

nach der Anzahl der durch Podeste getrennten Läufe einer Treppe: ein=, zwei= und mehrläufige oder mehrarmige Treppen (Abbildung 538 bis 545);

nach dem Zweck und Ort: Haupt=, Neben=, Keller=, Bodentreppen;

98

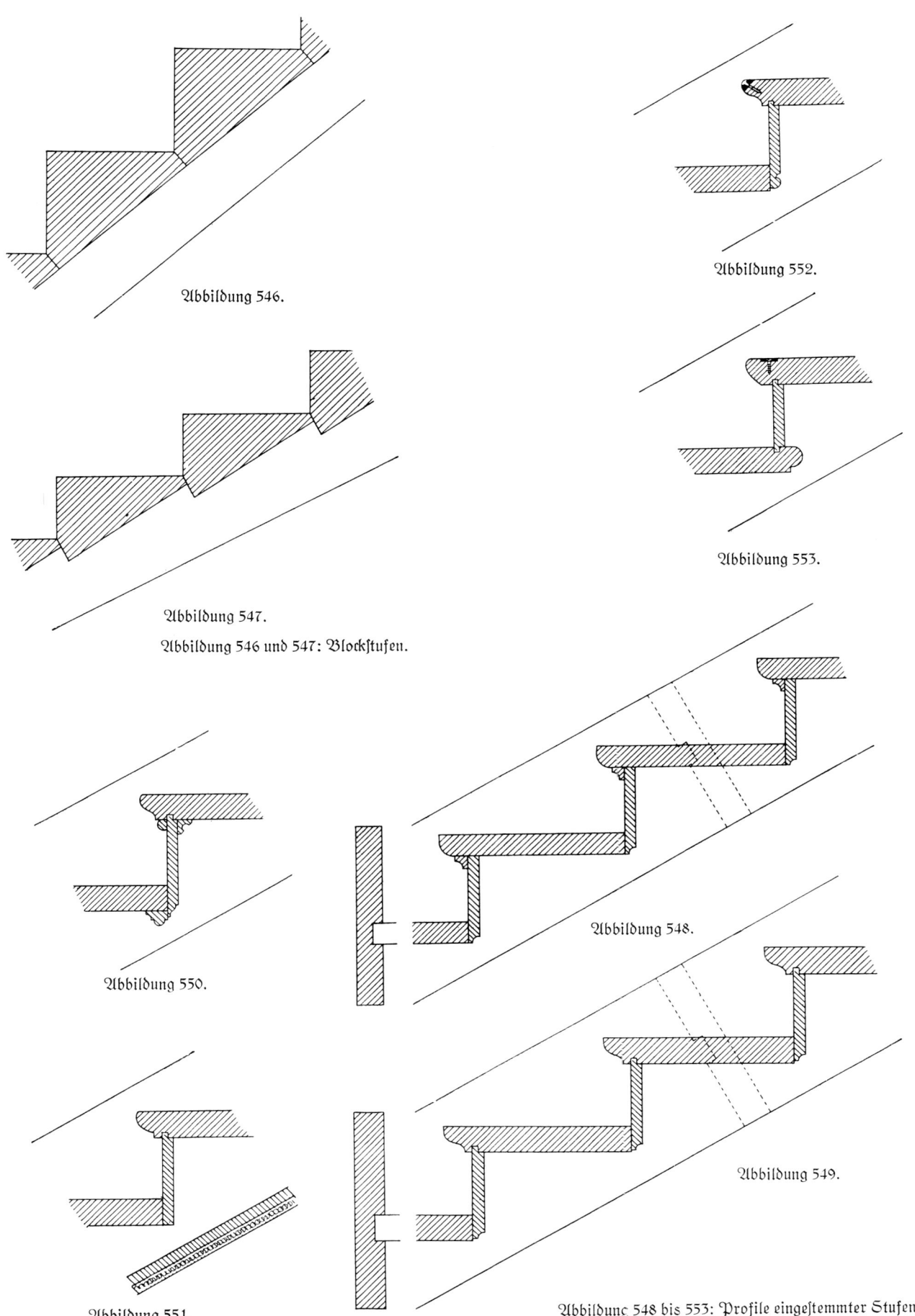

Abbildung 546.

Abbildung 547.

Abbildung 546 und 547: Blockstufen.

Abbildung 550.

Abbildung 551.

Abbildung 548.

Abbildung 549.

Abbildung 552.

Abbildung 553.

Abbildung 548 bis 553: Profile eingestemmter Stufen.

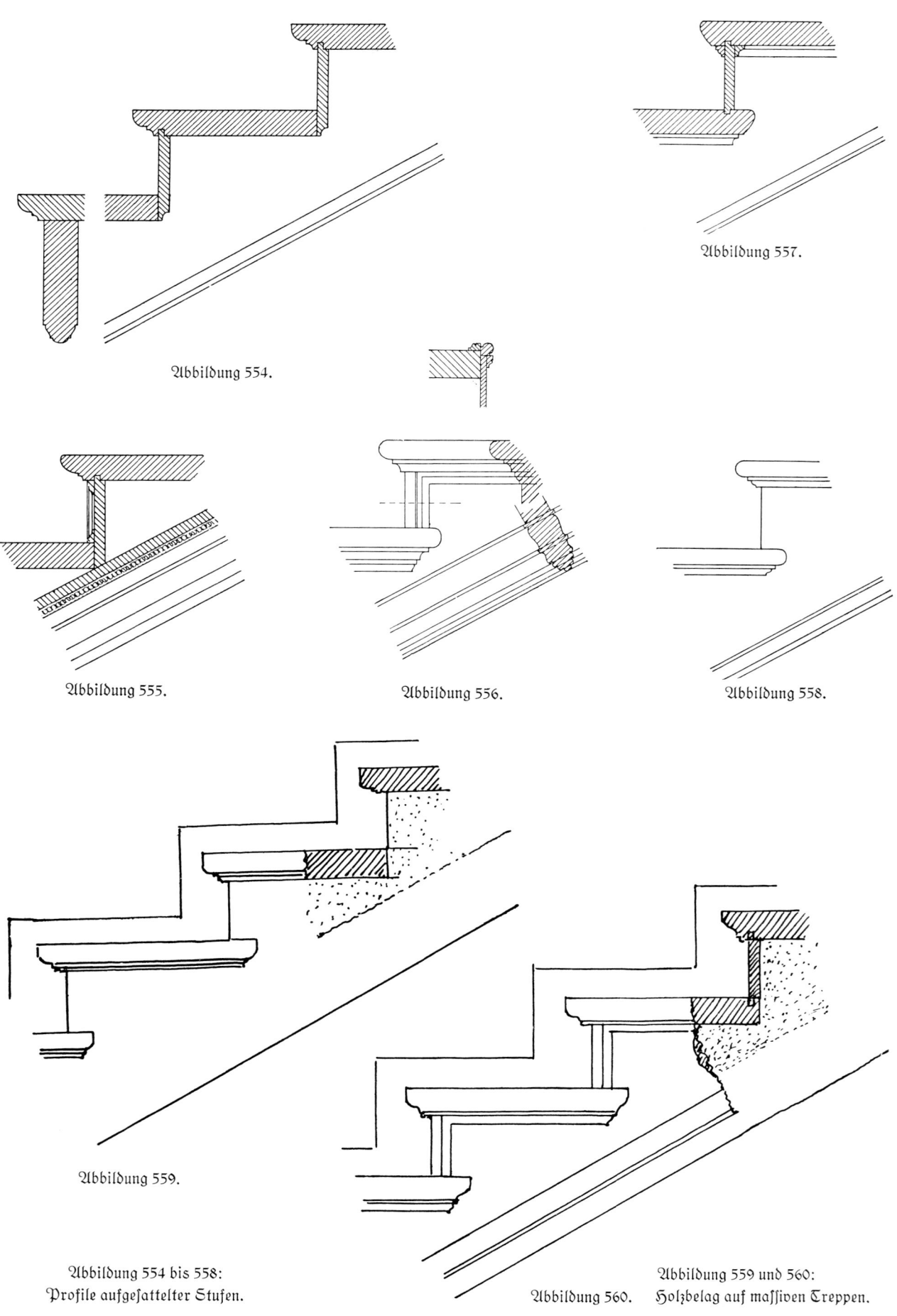

Abbildung 554.

Abbildung 555.

Abbildung 556.

Abbildung 557.

Abbildung 558.

Abbildung 559.

Abbildung 560.

Abbildung 554 bis 558:
Profile aufgesattelter Stufen.

Abbildung 559 und 560:
Holzbelag auf massiven Treppen.

100

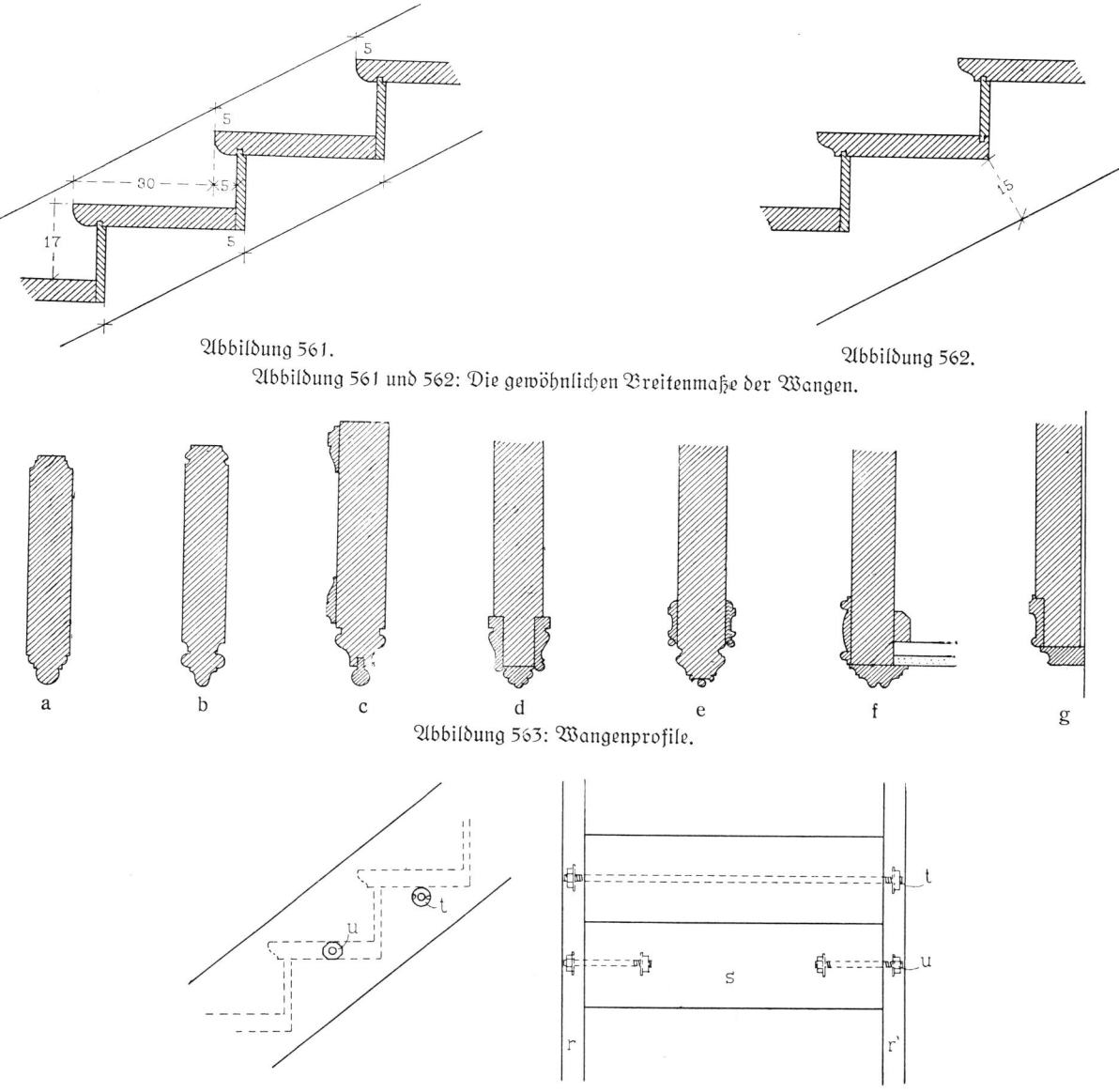

Abbildung 561.　　　　　　　　　　　　　　　　Abbildung 562.

Abbildung 561 und 562: Die gewöhnlichen Breitenmaße der Wangen.

Abbildung 563: Wangenprofile.

Abbildung 564: Treppenschrauben, Treppenanker.

nach der verwendeten Holzart und deren Bearbeitung: Kiefer=, Föhren=, Eichentreppen, gestrichene, gebeizte, ge=firnißte, gewachste, polierte, geschnitzte Treppen;

nach der Konstruktion der Stufen: Treppen mit Block=stufen (Abbildung 546 und 547), Treppen mit eingeschobenen Trittbrettern (Abbildung 574), Treppen mit eingestemmten Stufen (Abbildung 548 bis 553) oder Treppen mit auf=gesattelten Stufen (Abbildung 554 bis 558) — einge=schobene, eingestemmte oder aufgesattelte Treppen.

Für den Treppenbau wird fast ausschließlich Tannen=, Kiefern=, Föhren= und Eichenholz verarbeitet. Letztere Holzart selten massiv — Stufen und Wangen aus Kiefern=holz oder Fichtenholz werden nur mit starkem Eichen=furnier beleimt.

Bestandteile der Holztreppen sind: Stufen, Wangen, Podeste, Stützen, Handlehnen (Brüstungen), Bekleidungen unterhalb der Treppenläufe und der Podeste.

Die Stufen können aus vollem Holze oder Brett=holz hergestellt werden. Danach unterscheidet man Block=stufen, eingeschobene, eingestemmte oder aufgesattelte Stufen (Abbildung 546 bis 558). Die Blockstufen sind aus vollem Holz gearbeitet und mittels Schrauben oder Nägel auf den Wangen befestigt (Abbildung 546). Die anderen Stufen

werden aus starkem Brett= oder Bohlenholz gemacht und bestehen aus zwei Teilen, aus Trittstufen (Abbildung 575 e) und Setzstufen (Abbildung 575 d). Eingeschobene Stufen haben nur Trittbretter (Abbildung 572).

Eingeschobene Stufen werden auf Grat 1½ bis 2 Zenti=meter in die Wangen eingeschoben. Der Sicherheit halber werden bei Treppen dieser Art einzelne Stufen — die erste, mittlere und letzte — eingezapft und verkeilt (Ab=bildung 574), oder es werden Anker (Treppenschrauben) zum Zusammenhalten der Wangen und Stufen verwendet (Abbildung 564). Eingestemmte Stufen werden 2 Zenti=meter in die Wangen eingelassen (Abbildung 548). Wangen und Stufen werden durch Treppenschrauben zusammen=gehalten (Abbildung 564). Aufgesattelte Stufen werden auf entsprechend ausgeschnittenen Wangen aufgeschraubt oder aufgenagelt (Abbildung 554).

Die Setzstufen — Stoßstufen, Futterstufen oder Futter=bretter — liegen zwischen den Trittstufen und dienen zur Verstärkung der Trittstufen und als Füllung (Abbildung 548 bis 558). Treppen, in denen Trittstufen und Futterstufen nicht fest aufeinanderliegen, karren. Zum besseren Schluß zwischen Tritt= und Futterstufen werden die oberen Kanten der Futterstufen der Länge nach etwas rund bestoßen und

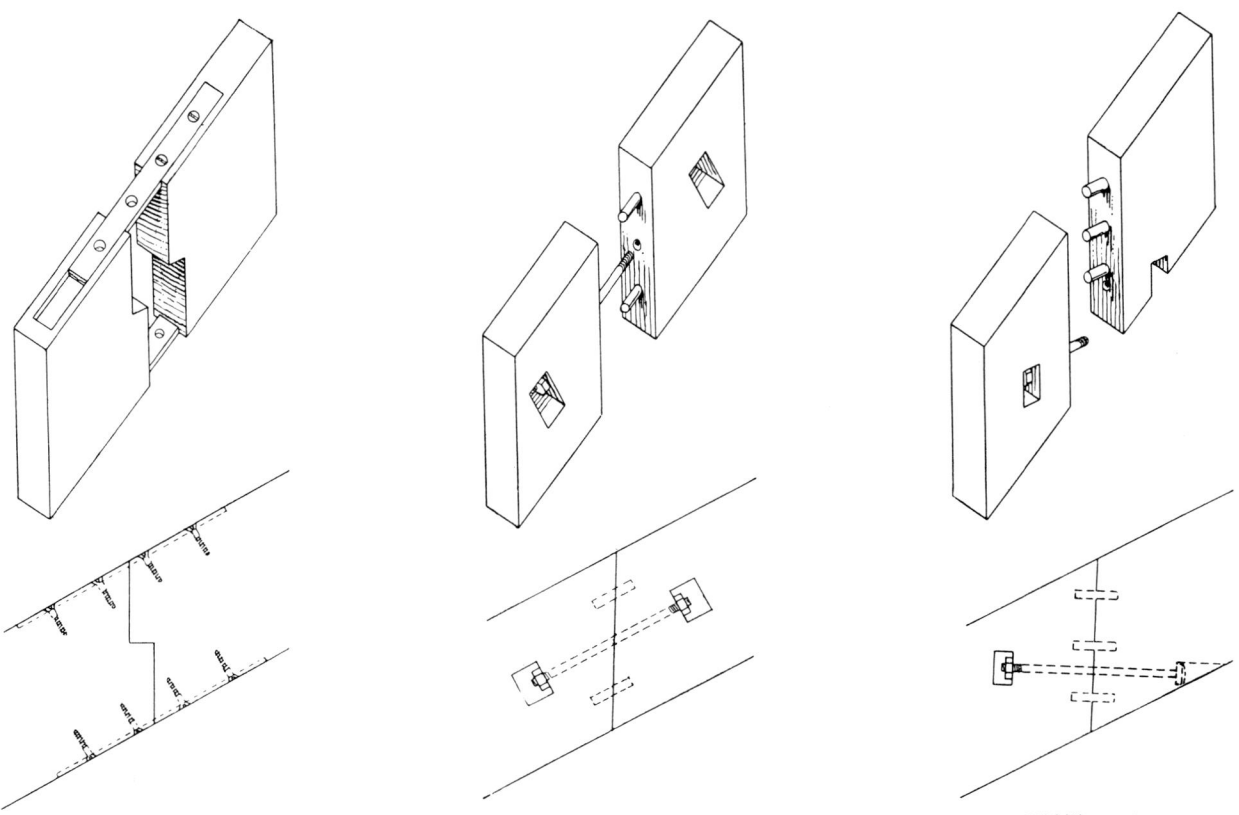

Abbildung 565.   Abbildung 566.   Abbildung 567.

Abbildung 565 bis 568: Verschiedene Formen der Längsverbindung zweier Wangenstücke.

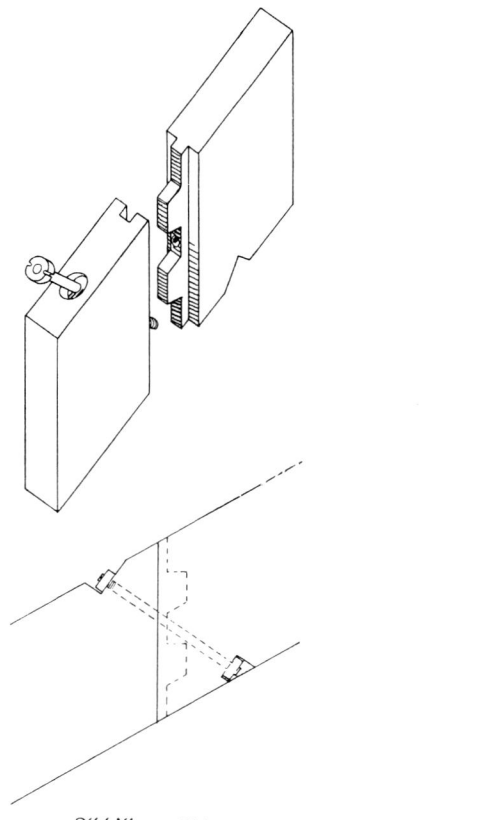

Abbildung 568.

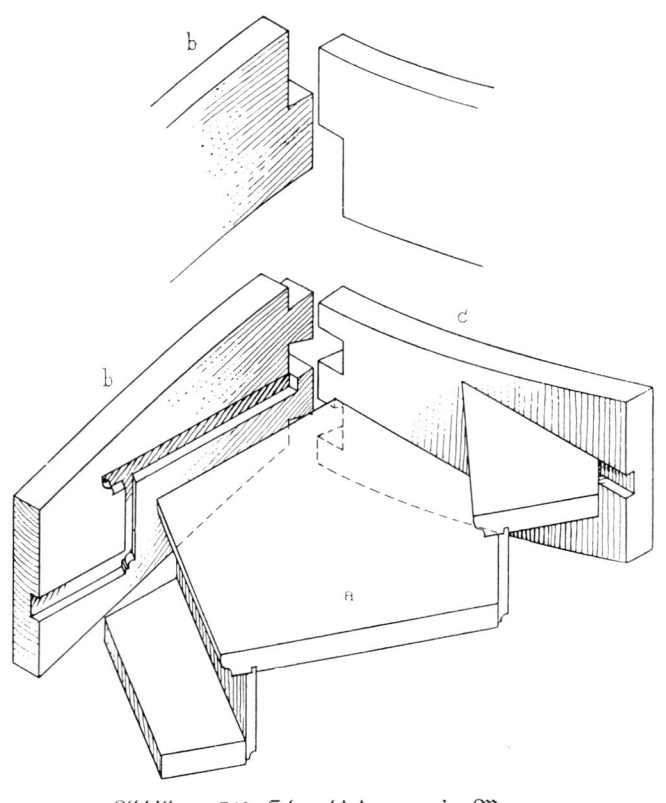

Abbildung 569: Eckverbindung zweier Wangen.

102

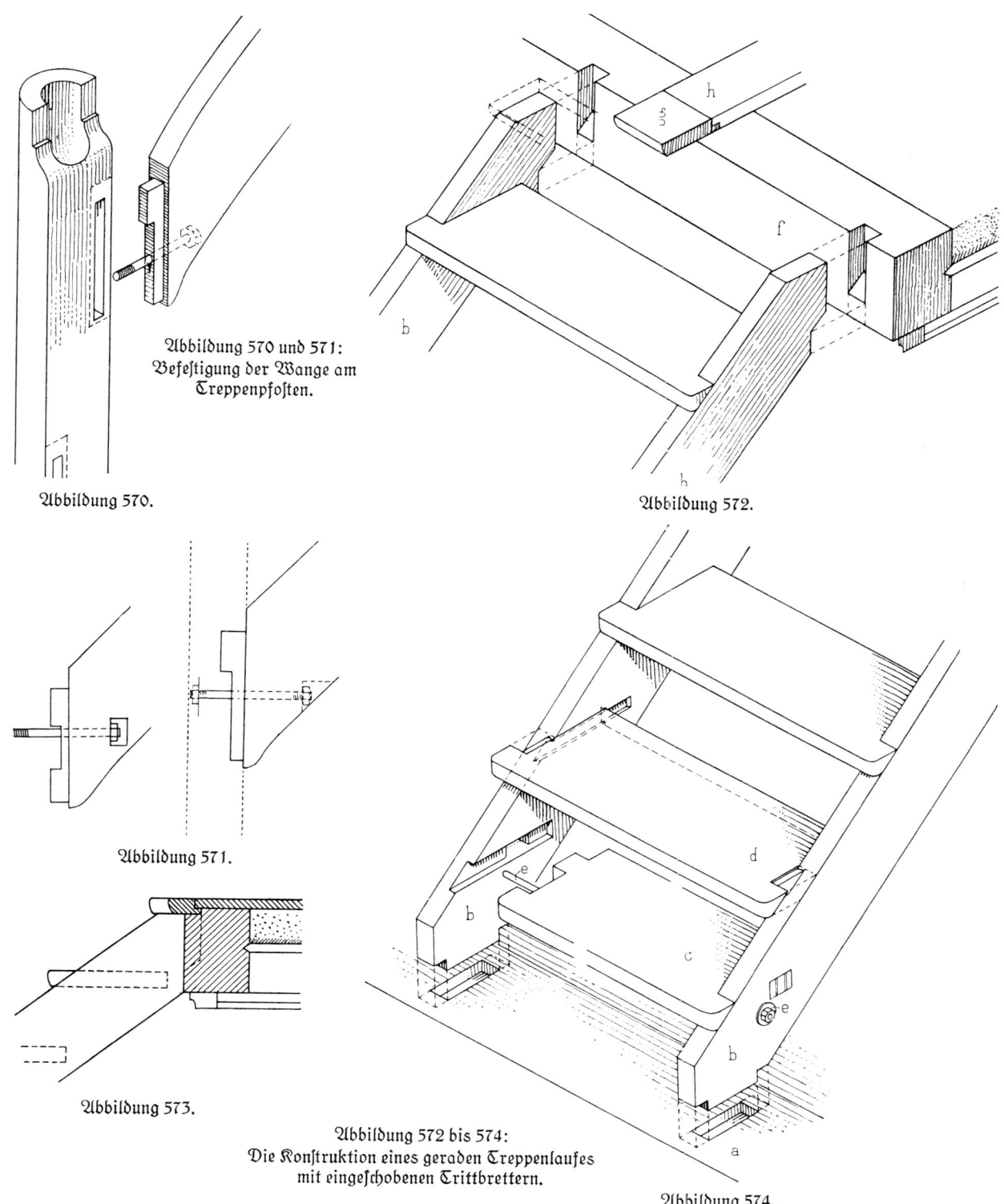

Abbildung 570 und 571:
Befestigung der Wange am
Treppenpfosten.

Abbildung 570.

Abbildung 571.

Abbildung 572.

Abbildung 573.

Abbildung 572 bis 574:
Die Konstruktion eines geraden Treppenlaufes
mit eingeschobenen Trittbrettern.

Abbildung 574.

vor der Befestigung an der unteren Trittstufe so gegen die obere gepreßt, daß auch die Enden festen Anschluß haben.

Die Trittstufen macht man in 1 Meter breiten Treppen für Wohnhäuser 4 Zentimeter stark, 5 Zentimeter stark in Treppen bis 1,50 Meter Breite. Futterstufen nimmt man 15 bis 20 Millimeter stark.

Die Stufen massiver Treppen dürfen mit Holz belegt werden. Man belegt die Trittflächen mit Bohlen oder bekleidet Trittfläche, Stoßfläche und Seite der Treppe mit Holz (Abbildung 559 und 560). Zur Befestigung dieser Stufenbekleidung werden Blindwangen eingemauert.

Abbildung 564: r und r' Treppenwangen, s Trittstufe, u kurze Treppenschraube, in Stufe und Wange eingelassen, t lange Treppenschraube dicht unter einer Stufe von Wange zu Wange.

Die Abbildungen 551 und 555 zeigen Treppen, deren untere Seiten verschalt und mit Rohrputz versehen sind.

Die Wangen sind die Träger der Stufen und damit auch die Träger der Lasten, die auf der Treppe auf= und abwärts bewegt werden. Form und Stärke der Wangen ergeben sich demgemäß aus Stufenform (Abbildung 561 und 562) und Belastung.

103

Für 1 Meter breite Treppen mit eingestemmten Stufen für Wohnhäuser sind 5 bis 6 Zentimeter starke Wangen gebräuchlich; für 1,25 bis 1,50 Meter breite Treppen 6 bis 7 Zentimeter starke Wangen. Wangen mit aufgesattelten Stufen 1 Zentimeter stärker.

Die Wangen werden bezeichnet nach Form, Lage und Befestigung: als freitragende, wenn sie nur an den Enden unterstützt sind; als Wand=wangen, wenn sie seitwärts an eine Wand an=gelehnt sind, als innere oder äußere Wangen bei Winkeltreppen oder Treppen mit krummen Läufen (Abbildung 536).

Die Wangen gerader Treppen können der ganzen Länge nach aus einem Stück gearbeitet werden. Die Wangen der Winkeltreppen und der Treppen mit viertel, halber, dreiviertel oder ganzer Wendung werden aus geraden und krum=men Teilen (Krümmlingen) zusammengesetzt und mittels Zinken, Zapfen, Dübel, Eisenschienen, Schrauben und anderem aneinander befestigt (Ab=bildung 565 bis 571).

Abbildung 563 zeigt eine Reihe von Wangen=profilen. Das Profil f ist von einer unten ver=schalten und mit Rohrputz versehenen Treppe; g ist das Profil einer Wandwange. Die Wand=wangen können nicht dicht an die Wand angepaßt werden; um einen dichten Anschluß zu erlangen, wird die Fuge zwischen Wand und Wange mittels einer Deckleiste geschlossen.

Abbildung 565 bis 568: Längsverbindungen von Wangenteilen — Verbindungen von geraden und gekrümmten Teilen und von gekrümmten Teilen der Wangen von Wendeltreppen.

Abbildung 569: Wenn eine Winkeltreppe voll=ständig zusammengebaut und dann aufgerichtet werden kann, ist eine andere Eckverbindung der Wangen möglich, als wenn die Treppe zwischen

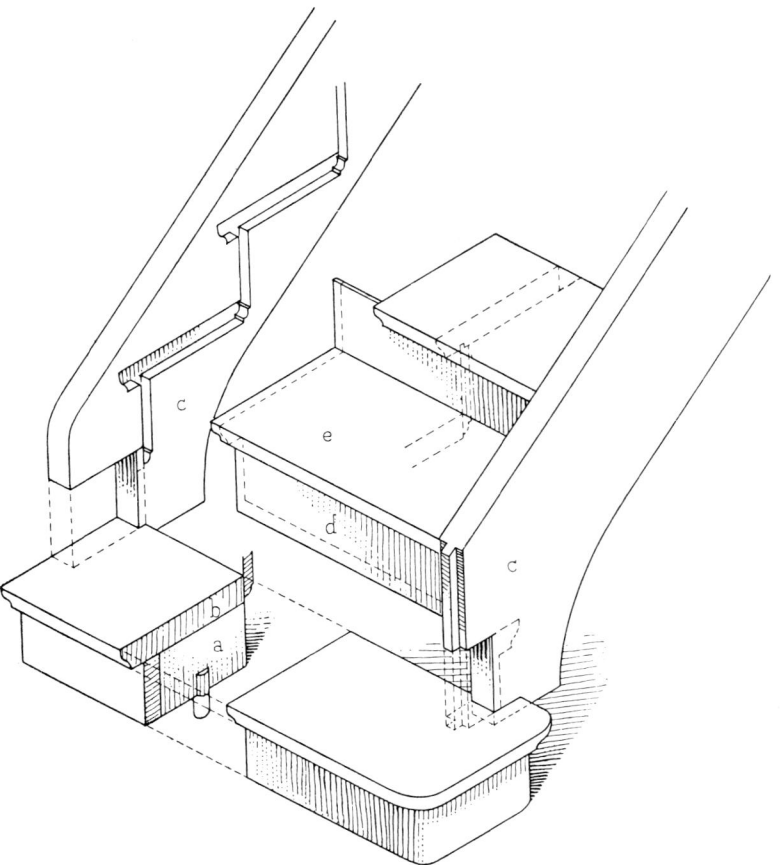

Abbildung 575.

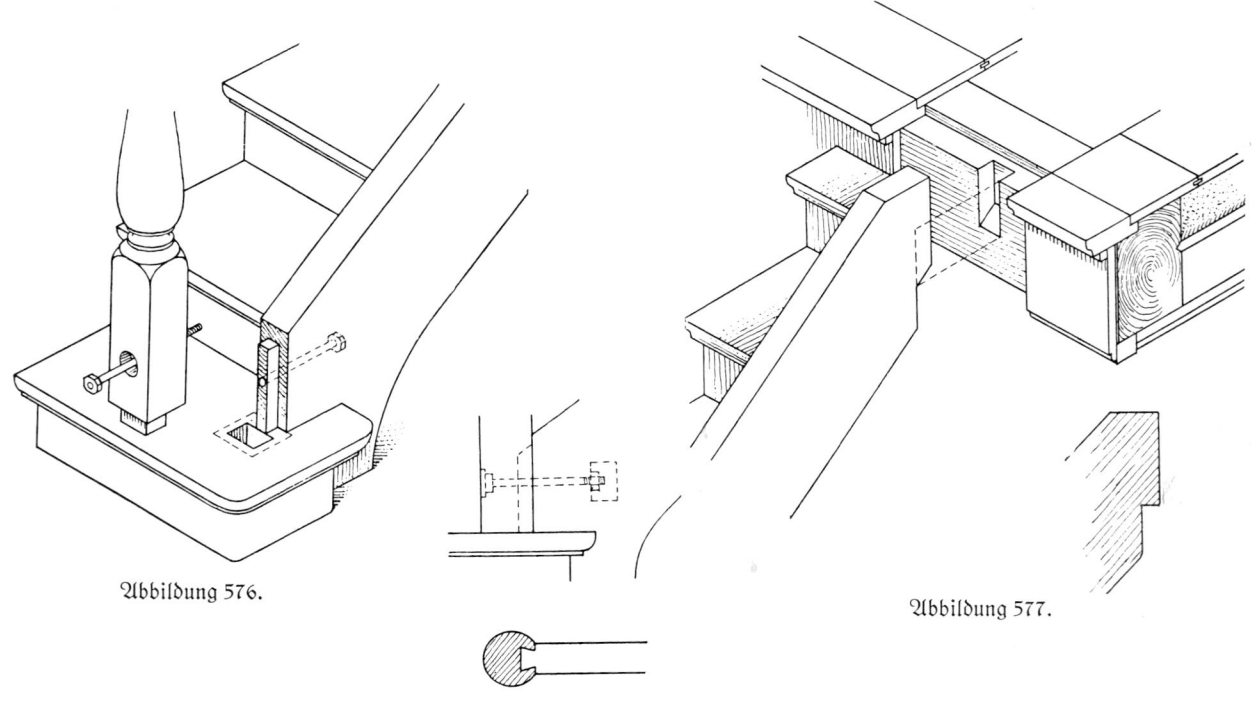

Abbildung 576.

Abbildung 577.

Abbildung 578.

Abbildung 575 bis 578: Die Konstruktion eines Treppenlaufes mit eingestemmten Stufen.

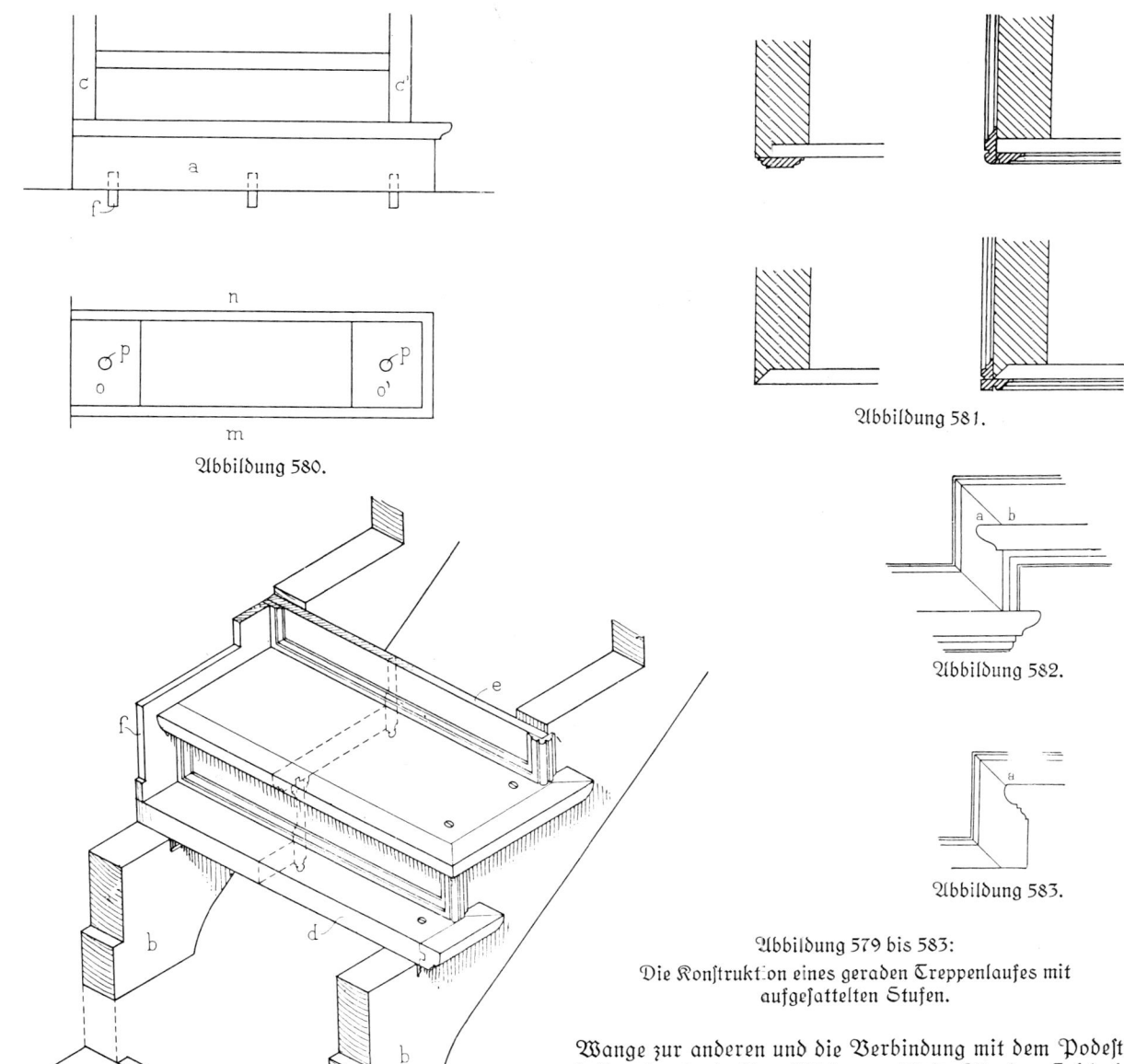

Abbildung 580.

Abbildung 581.

Abbildung 582.

Abbildung 583.

Abbildung 579.

Abbildung 579 bis 583:
Die Konstruktion eines geraden Treppenlaufes mit
aufgesattelten Stufen.

Wange zur anderen und die Verbindung mit dem Podest=
balken durch ein Kropfstück vermittelt. Wo der Geschoß=
balken oder der Podestbalken nicht genügend Fläche zum
Aufnehmen der Wangen bietet, muß starkes Bohlenholz
vor dem Balken, zur Vermittelung des sicheren Wangen=
anschlusses, befestigt werden (Abbildung 572 bis 591).

Gleich hohe Wangenansätze mehrerer Treppenläufe an
einem Balken sind zu erreichen, wenn die Stufen in der
in Abbildung 587 und 588 dargestellten Weise angeordnet
werden. In anderen Fällen ist die ungleiche Höhe des
Wangenansatzes nur durch die Schweifung der unteren
Wangenkante oder durch Zierwerk auszugleichen (Ab=
bildung 590 und 591).

Abbildung 572 bis 574, die Konstruktion einer Treppe
mit eingeschobenen Stufen. Die Stufen (d) sind auf Grat
eingeschoben. Die Verbindung zwischen Stufen und
Wangen wird noch dadurch gesichert, daß einige Stufen
(unten in der Treppe, in der Mitte und oben) mit Zapfen
eingestemmt (c) oder im mittleren Teil der Treppe
Treppenschrauben (e) eingelegt werden, die das seitliche
Ausweichen der Wangen, das Abziehen von den Stufen,
verhindern. Bei a und f sind die Wangen in den Fuß=
boden und den Deckenbalken eingelassen, hier sind
Treppenschrauben unnötig. c Antrittsstufe, g Austritts=
stufe (Antritt, Austritt), a unterer Fußboden, h oberer
Fußboden.

dem Gemäuer am Orte ihrer Bestimmung zusammengesetzt
werden muß. Im ersteren Falle werden die Wangen viel=
fach zusammengezinkt (b und c), und im letzteren Falle
können die Wandwangen häufig nur übereinandergehakt
werden (b' und c').

Abbildung 470 und 471: Verbindungen zwischen Wangen
und Pfosten.

Die unteren und oberen Enden der Wangen legen sich
mit Klauen gegen Block= oder Kastenstufen, gegen
Podestbalken oder gegen einen gleichzeitig als Geländer=
pfosten dienenden, auf dem Podestbalken aufgeschnittenen
Pfosten, oder endlich wird der Übergang von einer

105

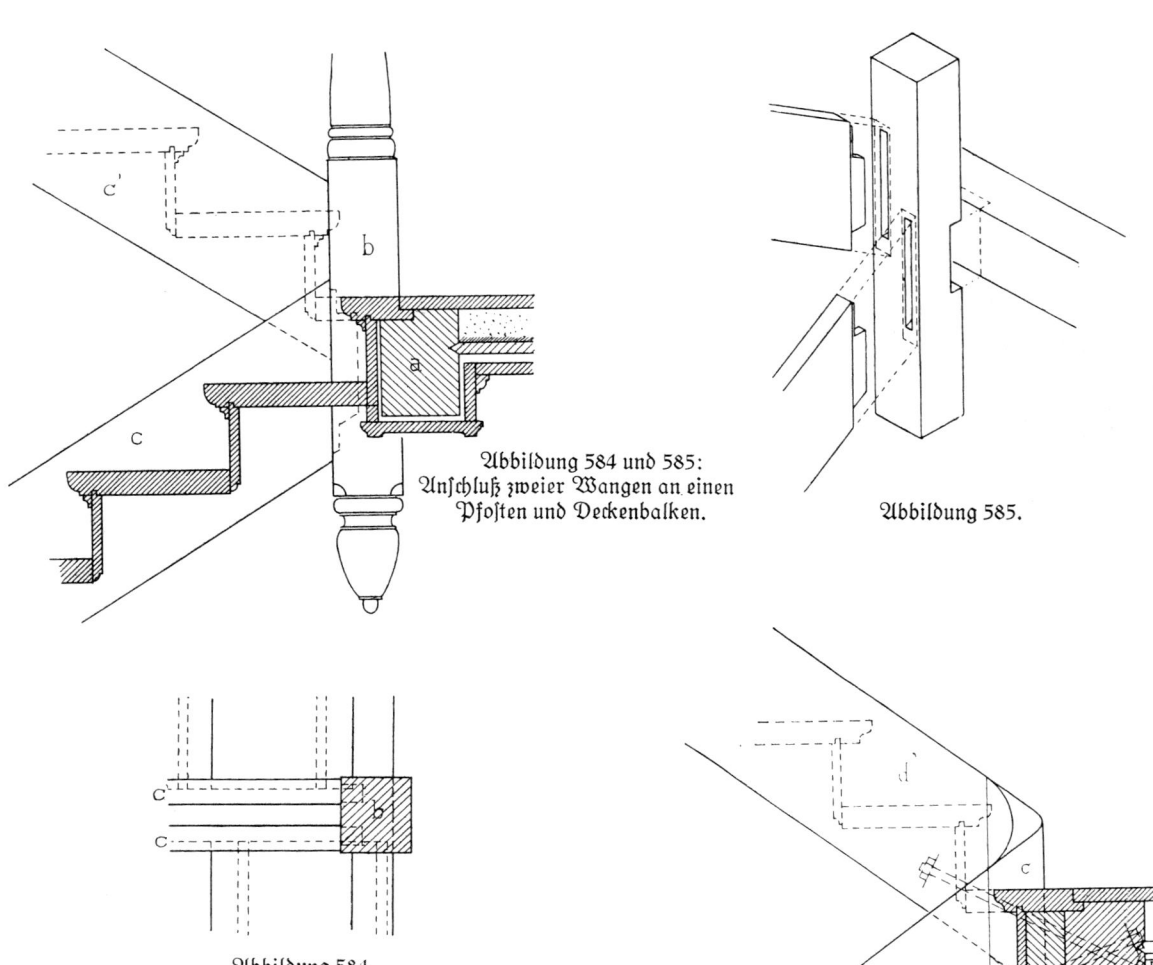

Abbildung 584 und 585:
Anschluß zweier Wangen an einen
Pfosten und Deckenbalken.

Abbildung 585.

Abbildung 584.

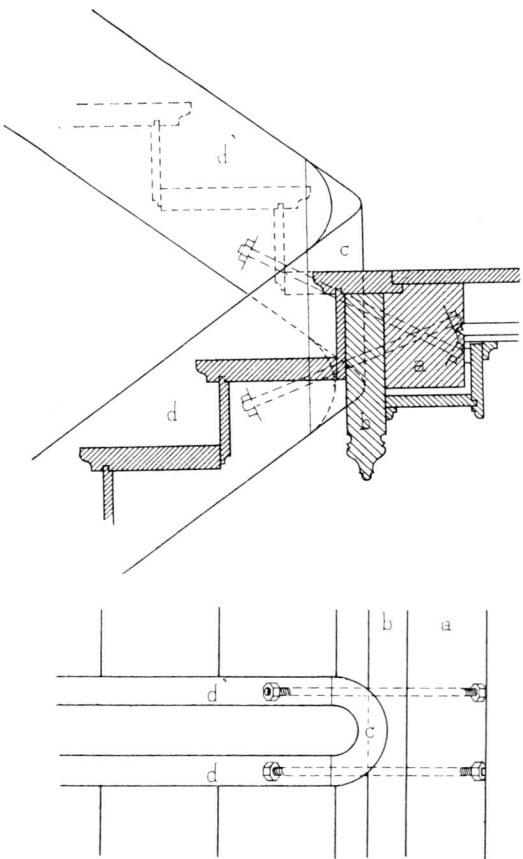

Abbildung 586: Anschluß der Wangen an einen Krümm=
ling und an den Deckenbalken.

Abbildung 575 bis 578, die Konstruktion des geraden
Laufes einer Treppe mit eingestemmten Stufen. Tritt=
bretter und Stoßbretter der Stufen sind 2 Zentimeter tief
in die Wangen eingestemmt. Die Wangen sind auf die
Blockstufe a aufgesetzt. Diese ist oben und seitlich mit
dem Trittbrett b und dem Stoßbrett bekleidet. Die Block=
stufe ist auf dem Fußboden mit Dübel befestigt. Oben
greifen die Wangen mit Klauen in den Deckenbalken
ein. Die Bekleidung des Balkens, die Austrittsstufe der
Treppe und die Verbindung dieser Stufe mit dem Fuß=
boden sind durch die Abbildung erklärt. Die oberen und
unteren Enden der Wangen sind somit in ihrer Lage be=
festigt. Treppenschrauben wird man nur zwischen den
Wangen langer Treppen einlegen, um Wangen und
Stufen zusammenzuhalten. Dient die Treppe dem Ver=
kehr zwischen zwei Wohngeschossen, so muß die untere
Seite verschalt, gerohrt und geputzt werden, um sie feuer=
sicher zu machen. Die linke Wange liegt neben der Wand,
die rechte ist Freiwange, und muß auf diese eine Brüstung
mit Handlauf aufgesetzt werden (Abbildung 600). Dabei
ist es von größter Wichtigkeit, daß der Endpfosten, der
der Brüstung Halt geben soll, fest mit Wange und Block=
stufe verbunden ist. Das kann (Abbildung 578) durch Ein=
zapfen des Pfostens in die Blockstufe, durch Federzapfen
zwischen Wange und Pfosten und Bolzenschraube mit
Mutter geschehen. Der Federzapfen verhindert die seit=
liche Verschiebung des Pfostens. Dem gleichen Zweck
dient der Grat Abbildung 578. Zur Befestigung der
Eck= und Endpfosten der Brüstungen benutzt man auch
Winkeleisen, die in den Fußboden und den Pfosten ein=
gelassen und angeschraubt werden.

Abbildung 579, 580 und 589, die Konstruktion des
geraden Laufes einer aufgesattelten Treppe. Die Tritt=
bretter sind auf den Wangen festgeschraubt. Die Stoß=
bretter sind mit den Trittbrettern durch Nuten und
Federn verbunden. Die unteren Enden der Wangen sind
an die Kastenstufe gelegt und die oberen Enden sind durch
Zapfen mit dem Rahmen verbunden, der das Zwischen=
glied zwischen Treppenlauf und Balkenlage oder Podest
ist. Die Kastenstufe ist mit dem Geschoßbalken mittels
Schrauben verbunden.

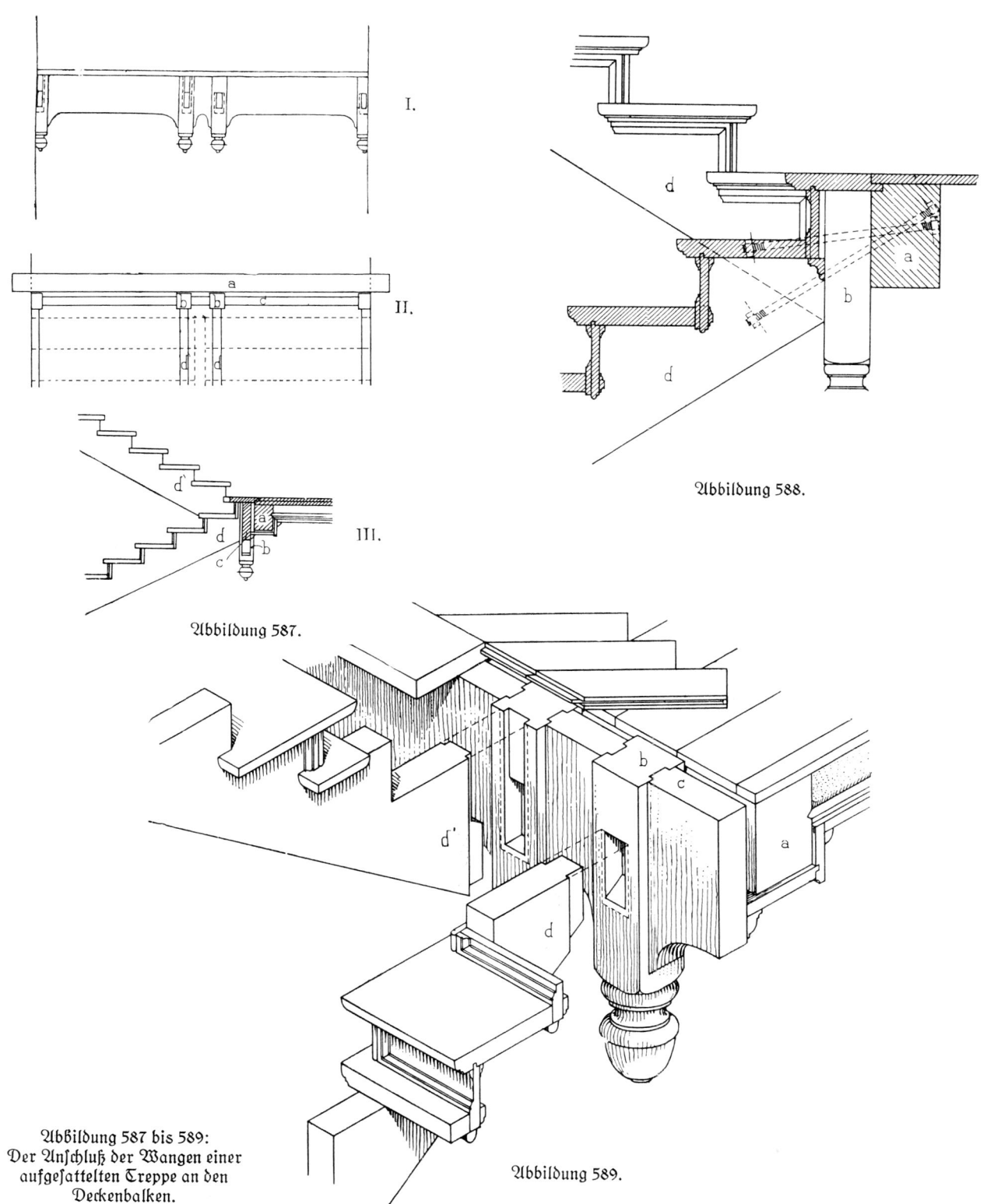

Abbildung 588.

Abbildung 587.

Abbildung 587 bis 589:
Der Anſchluß der Wangen einer
aufgeſattelten Treppe an den
Deckenbalken.

Abbildung 589.

Bei aufgeſattelten Stufen wird die Gliederung (das Profil) der Vorderkante der Trittſtufen an der Hirnſeite der Trittſtufen herumgeführt. Weil aber das Anarbeiten des Profils an der Hirnſeite der Trittſtufen Schwierigkeiten bereitet, ſo ſetzt man eine Hirnleiſte an die Stufe (Abbildung 579).

Das Stoßbrett aufgeſattelter Stufen wird häufig mit Leiſten umrahmt. Abbildung 579 iſt dafür ein Beiſpiel.

Abbildung 581 gibt Beiſpiele für den Anſchluß des Stoßbrettes an die Wange und für Profile der Umrahmungsleiſten und der Eckbildung. An der Wandſeite

wird um die aufgeſattelten Stufen eine Scheuerleiſte herumgeführt. Abbildung 582 und 583 ſind zwei vielangewendete Formen ſolcher Leiſten.

Liegen die Treppenläufe in einem Treppenraume dicht nebeneinander, ſo iſt darauf zu achten, daß der Handlauf der einen Treppe ſo weit von der Wange und dem Handlauf der anderen Treppe entfernt iſt, daß die auf dem Handlauf auf- und abwärtsgleitende Hand unbehindert iſt. Die dicht nebeneinanderliegenden Freiwangen ſolcher Treppen können beide nach Abbildung 577 zwiſchen Geſchoß- und Podeſtbalken befeſtigt werden; oder iſt die

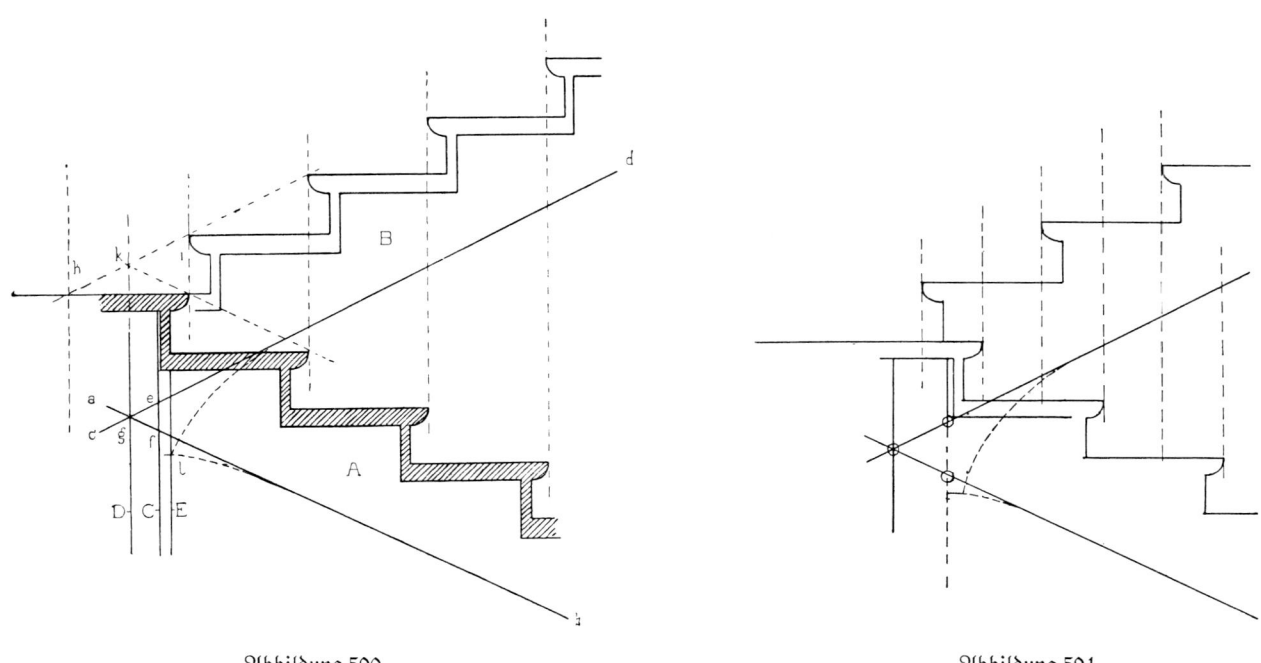

Abbildung 590.   Abbildung 591.

Abbildung 590 und 591: Der Anschluß der Wangen an den Deckenbalken und die Lage der Stufen.

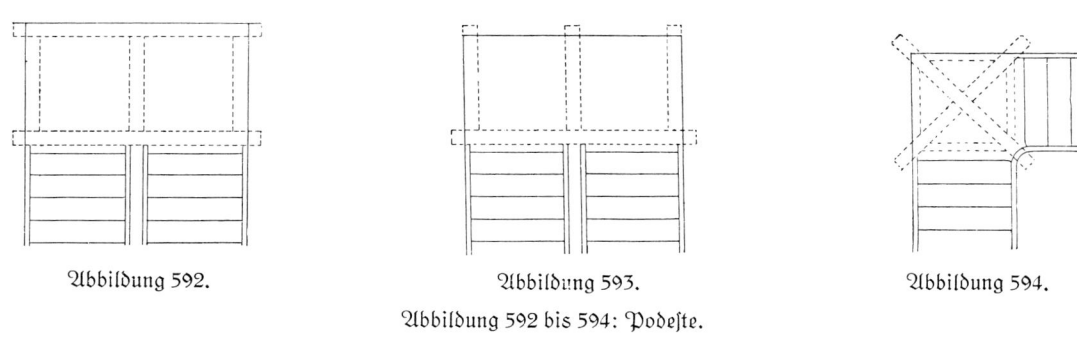

Abbildung 592.   Abbildung 593.   Abbildung 594.

Abbildung 592 bis 594: Podeste.

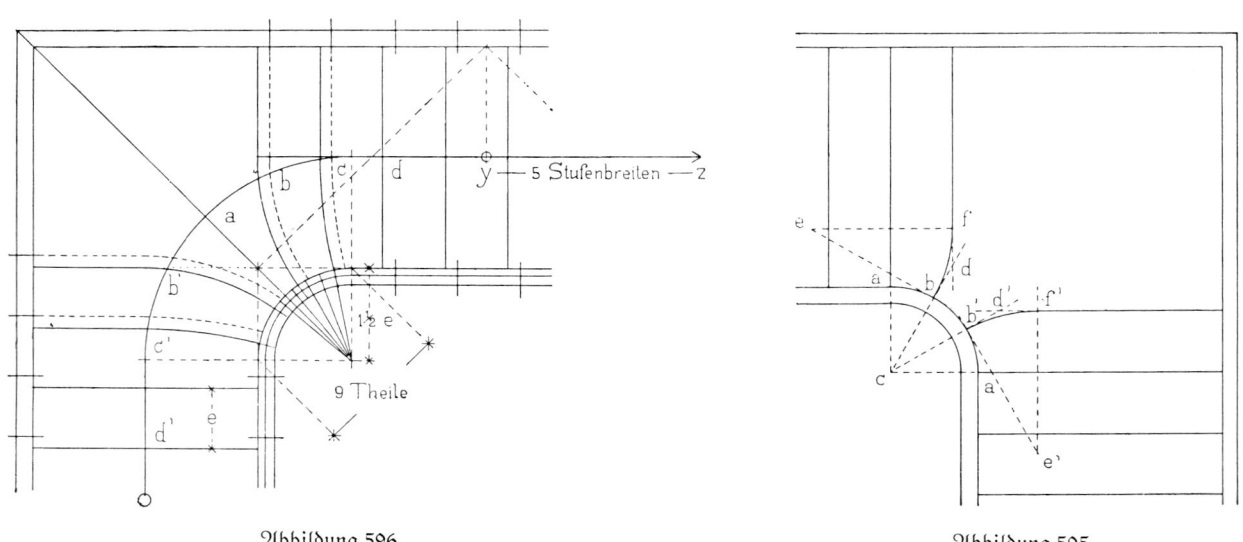

Abbildung 596.   Abbildung 595.

Abbildung 595 und 596: Der Anschluß der Treppenläufe an kleine Eckpodeste.

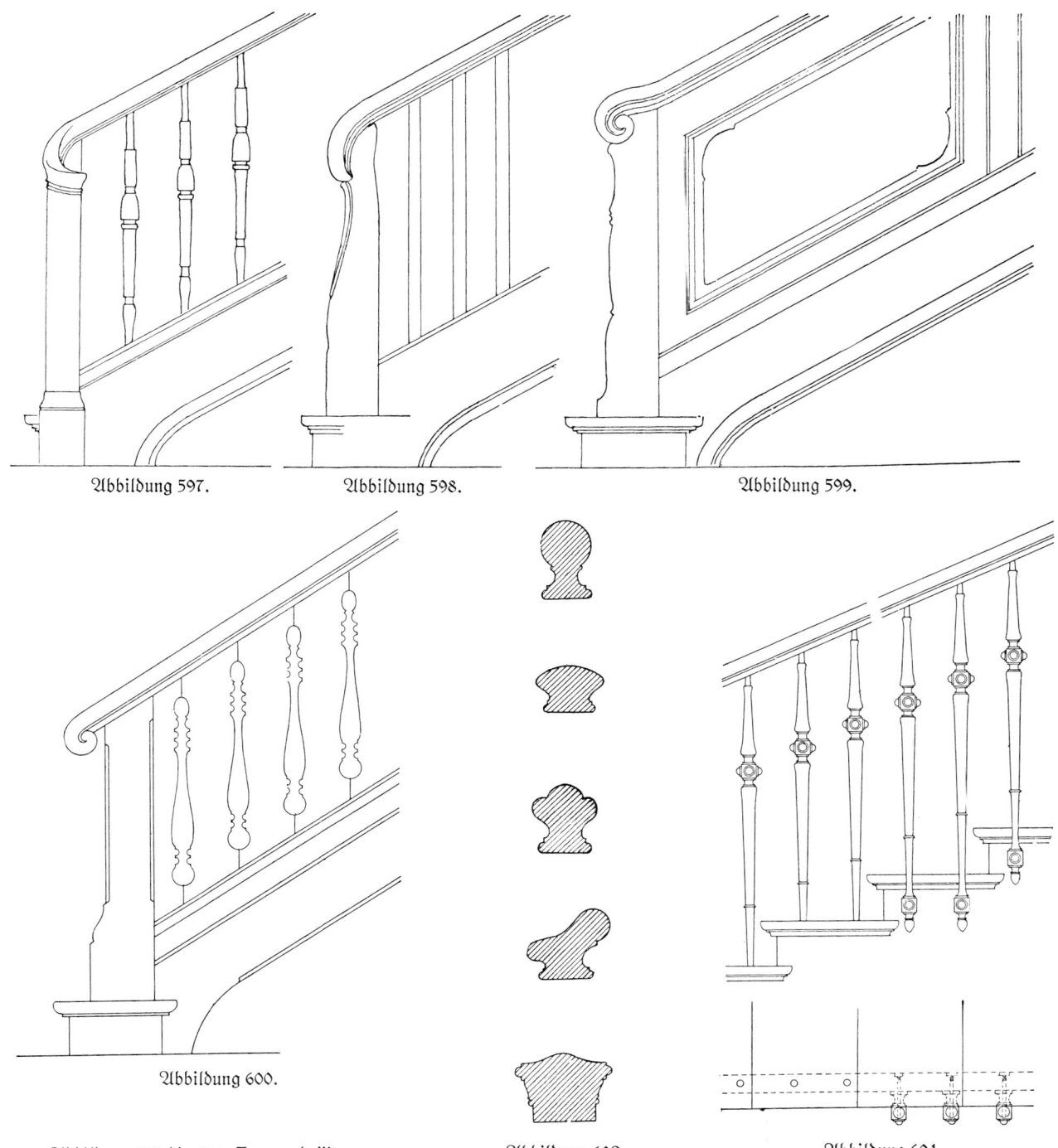

Abbildung 597.　　　　　Abbildung 598.　　　　　　　Abbildung 599.

Abbildung 600.

Abbildung 597 bis 601: Treppenbrüstungen.　　　Abbildung 602.　　　Abbildung 601.

Anschlußfläche der Balken zu schmal, so wird ein Zwischen= glied benutzt, ein Pfosten nach Abbildung 584 und 585, ein Kropfstück oder Krümmling nach Abbildung 586 oder ein Rahmen nach Abbildung 587 bis 589. Der Pfosten wird mit dem Balken überschnitten, die Wangen werden in den Pfosten eingezapft und eventuell alle Teile mit= einander verbolzt. Ebenso werden die Wangen an dem Krümmling und an dem Rahmen befestigt. Der nach oben verlängerte Pfosten (Abbildung 584) ist die Stütze für Handlauf und Brüstung.

Für die Form der Treppe ist noch zu beachten, daß die Kantenlinie der Wangen und des Krümmlings fließend ineinander übergehen. Das gilt auch für den Handlauf, und wird die Konstruktion Abbildung 589 gewählt, dann muß darauf geachtet werden, daß die unteren Kanten in

gleicher Höhe an den Rahmen ansetzen. Abbildung 587: I, II und III zeigen Grund=, Auf= und Seitenriß des Rahmens. Abbildung 588 weist besonders auf die Stufen= lage hin, die in enger Beziehung zum Ansatz der Wangen ist. Vergleiche Abbildung 590 und 591 mit 588. In Ab= bildung 590 liegen die Stufenkanten lotrecht übereinander. Die Wangenlinien treffen sich in g. Ist D g k die vordere Podestfläche, so liegen die Ansätze gleich hoch. Ist C e' jedoch die Anschlußfläche, so wird diese bei e und f von den Wangen getroffen und der gleich hohe Anschluß ist nur durch das Verziehen der unteren Wangenkanten nach 1 zu erreichen. Ebenso ist es Abbildung 591. Auch hier kann der gleich hohe Wangenansatz, wenn Stufenlage und Podestbreite gegeben sind, nur durch das Verziehen der Wangenkanten erreicht werden.

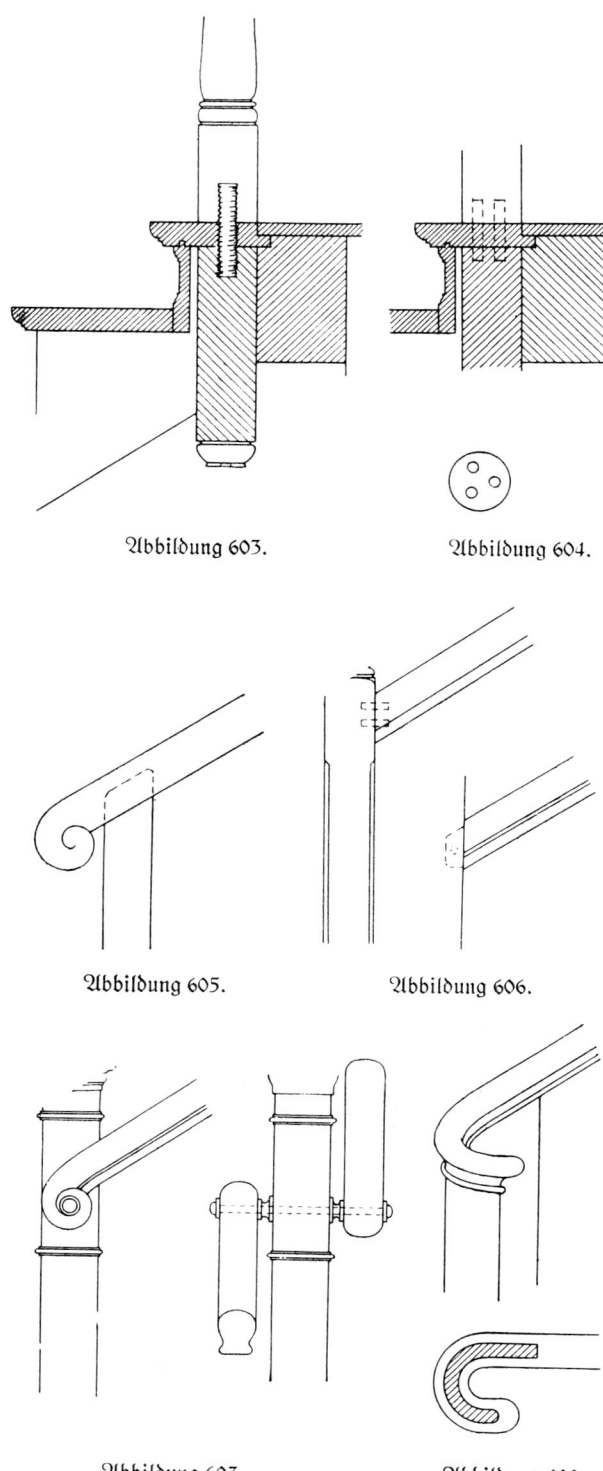

Abbildung 603.   Abbildung 604.

Abbildung 605.   Abbildung 606.

Abbildung 607.   Abbildung 608.

Abbildung 597 bis 608: Brüstungspfosten, Befestigung und
Anschluß des Handlaufes.

Die Podeste werden durch Balkenlagen oder Rahmen
und Träger aus Holz oder Eisen und der oberen und der
unteren Bekleidung gebildet (Abbildung 592 bis 594).
Die Podestform muß den sicheren Anschluß der Treppen=
läufe gestatten. Die Tragfähigkeit der Podeste muß
der Schwere der Treppenläufe und der Treppenbelastung
entsprechen.

Sind die Eckpodeste sehr klein, so kann das Begehen
der Treppen durch das Verziehen der Stufen nach Ab=
bildung 595 und 596 bequemer werden.

Abbildung 595: $ab = bb' = b'a'$, $be \perp be$, $b'c \perp b'e$,
$e'f' \perp f'd'$, $ef \perp fd$, e und e' Mittelpunkte der Kreisbogen
bf und $f'b'$.

Abbildung 596: $ab = bc = cd$, Wangenbogen in neun
gleiche Teile, y ist Mittelpunkt für die Kreislinie b, z
Mittelpunkt für die Kreislinie C.

Treppengeländer, Brüstungen und Handläufe
(Abbildung 597 bis 608) dienen zur Sicherheit des Ver=
kehrs und zur Bequemlichkeit. Liegt die Treppe neben
einer Wand, so genügt für eine 1 Meter breite Treppe
eine Brüstung mit Handlauf. Liegt die Treppe ganz frei,
so muß an jeder Seite eine Brüstung vorhanden sein.
Muß eine breitere Treppe zwei Handläufe haben und ist
eine Wandseite vorhanden, so genügt hier eine gekehlte
Leiste, ein Stab oder eine starke Schnur. Die Stärke der
Brüstung muß dem Verkehr auf der Treppe entsprechen.
In Wohnhäusern soll das Gitterwerk so sein, daß Kinder
nicht hindurchkriechen können. Die Höhe des Handlaufs
oberhalb der Vorderkante der Stufen oder des Fußbodens
beträgt gewöhnlich 90 Zentimeter.

Abbildung 597 bis 601 sind Beispiele für den Anschluß
der Treppenwange an den Fußboden oder der Kasten=
stufe, für Endpfostenformen und Brüstungsformen: Ab=
bildung 597 gedrehte Stäbe, Abbildung 598 flach ge=
rundete Leisten, Abbildung 599 Rahmen mit Füllungen,
Abbildung 600 ausgeschweifte Bretter, Abbildung 601
gedrehte Stäbe an der Wange, nicht auf der Wange be=
festigt, um die nutzbare Breite der Treppe zu vergrößern.

Abbildung 602: Handlaufprofile.

Abbildung 603 und 604: Anschluß des Brüstungs=
pfostens an die Podestbohle mittels Schraube oder Dübel.

Abbildung 605 bis 608 zeigen Anschlüsse des Hand=
laufs an den Pfosten, viereckige, runde und gekehlte
Pfosten.

*

Eine Treppe, für deren Anlage ausreichender Raum
und ausreichende Unterstützung der Treppenenden vor=
handen sind, bietet weder in der Anlage noch in der Kon=
struktion die geringste Schwierigkeit. Die Treppenbreite
wird nach dem Verkehr bestimmt, Treppenlauflängen,
Podeste usw. durch Stockwerkshöhe und bequeme Stufen=
höhe und =breite (Abbildung 609 bis 617).

Sehr viel schwieriger ist die Aufgabe, wenn der Raum
des Treppenhauses die Freiheit der Anlage beschränkt,
wenn die Form des Treppenhauses die Konstruktions=
schwierigkeiten erhöht, wenn es Mühe macht, bequeme
Zugänge, Steigung und Treppenbreite zu erreichen und
die Treppe in solch beengtem Treppenraum auch noch
zusammengebaut werden muß.

Ist es nicht möglich, gerade Läufe und dazwischenliegende
Podeste bilden zu können, so muß versucht werden, durch
gerade und krumme Läufe (mit oder ohne Podeste) die
nötigen Stufen mit dem möglichst bequemen Steigungs=
verhältnis in die Treppe zu bringen. Der Konstrukteur
hat dabei zu beachten:

1. daß die Stufen in dem krummen Teil des Treppen=
laufs an ihrem schmalen Ende genügend breit — ent=
sprechend ihrer Belastung — in oder auf den Wangen
ruhen (nach den Vorschriften für öffentliche Bauten

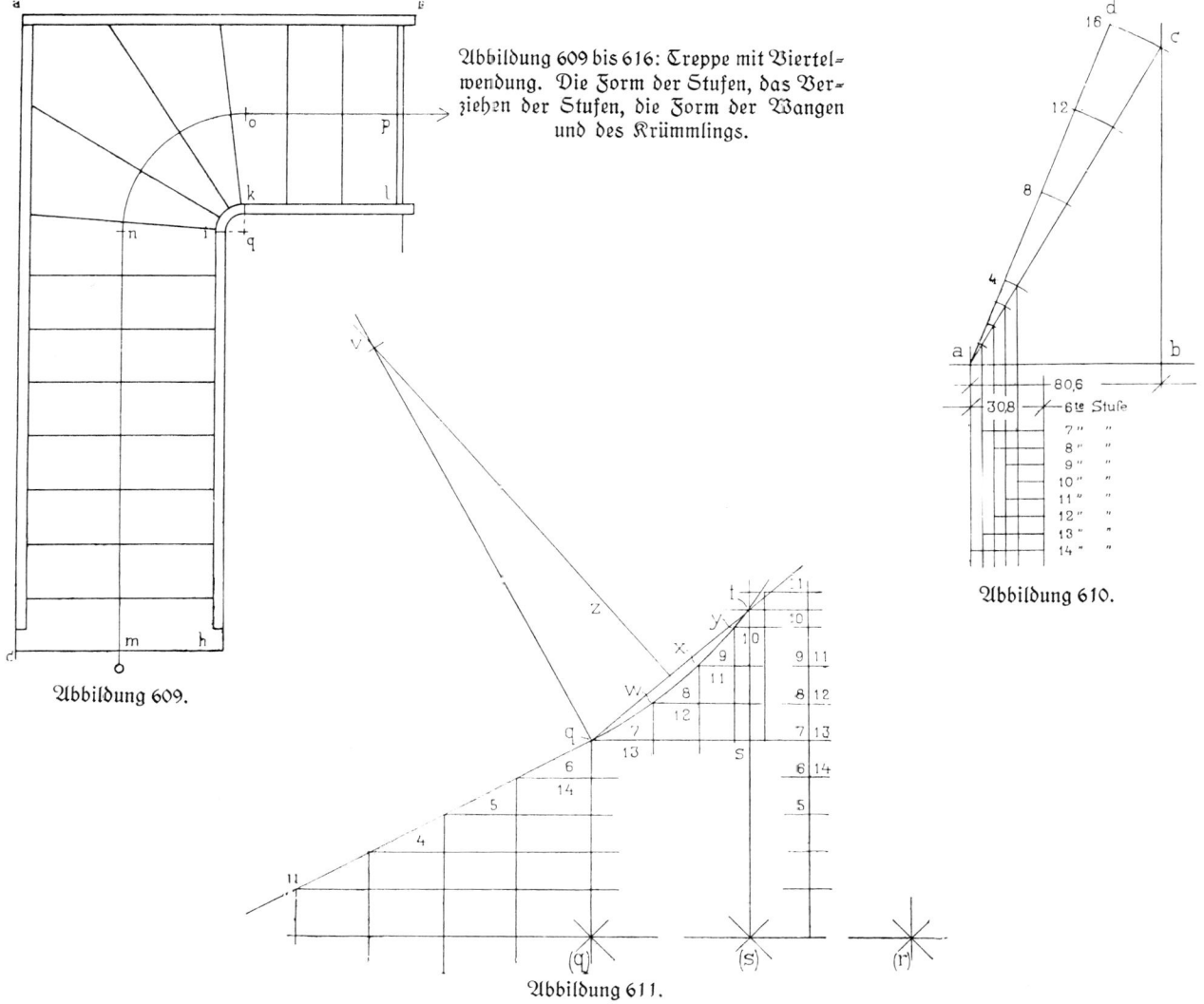

Abbildung 609 bis 616: Treppe mit Viertel=
wendung. Die Form der Stufen, das Ver=
ziehen der Stufen, die Form der Wangen
und des Krümmlings.

Abbildung 610.

Abbildung 609.

Abbildung 611.

müffen die Spitzstufen an ihren schmalen Ende mindestens 10 Zentimeter Auftritt haben; in Treppen mit einge= stemmten Stufen werden die schmalen Enden der Spitz= stufen tiefer eingelassen als die anderen, breiten Enden — in Wendeltreppen bis zu 5 Zentimeter);

2. daß, um Schmutzwinkel zu vermeiden, die Border= flächen der Futterstufen keinen sehr spitzen Winkel mit den Seitenflächen der Wangen bilden, und

3. daß ein schroffer Wechsel von stark spitzwinkeligen zu rechtwinkeligen Stufen, oder umgekehrt, beim Be= steigen der Treppen Unbequemlichkeiten verursacht, die durch das Verziehen der Stufen (Abbildung 595, 596, 609 bis 612, 617) gemildert werden können. Es ist zu vermeiden, daß durch das Einstemmen der Futterbretter neben den Stoßfugen der Wangen zu kurzes Holz entsteht oder das Holz neben Dübeln, Zapfen oder Federn ge= schwächt wird. Bei Treppen mit eingestemmten Stufen ist zu beachten, daß an der Stelle, wo die Verbindung — die Stoßfuge — zwischen zwei Wangenteilen liegt, eine Stufe in beide Wangenteile eingreift, es wird dadurch eine senkrechte Verschiebung der Wangenteile zueinander verhindert und die Tragfähigkeit der Treppe vergrößert (Abbildung 612 und 569).

Beim Verziehen der Stufen ist auf die dadurch ent= stehende Wangenform zu achten. Vielfach sind alle Wangenseiten sichtbar, der über und unter den Stufen vorspringende Teil der inneren Wangenseiten soll oder muß möglichst der Form der Stufenreihe folgen, es sollen aber auch die Kurven der Wangenkanten und die äußeren Wangenflächen eine gefällige Form haben. In Fällen, wo nun durch gleichmäßige Abstände der Wangenkanten von den Stufenkanten zu ungleiche Breiten der äußeren Wangenflächen entstehen oder die Wangen zu schwach werden (Abbildung 615 und 618), muß in dem krummen Teil der Wangen der Abstand der Wangenkanten von den Stufenkanten in wenig bemerkbarer Weise gegenüber dem des geraden Teiles vergrößert werden.

Auf die Schweifung der Wangen ist außer in den be= reits bezeichneten Fällen noch bei Wangenanschlüssen an Podesten (Abbildung 595 und 596) zu achten. Durch Ab= wicklung der inneren und äußeren Wangenfläche und der Trägerbekleidung ist zu untersuchen, ob nicht unschöne Krümmungen durch gleiche Abstände der Wangenkanten von den Stufenkanten entstehen. Sehr häufig muß, um eine beßere Wangenform zu erlangen, die Stufenform ge= ändert werden.   *

111

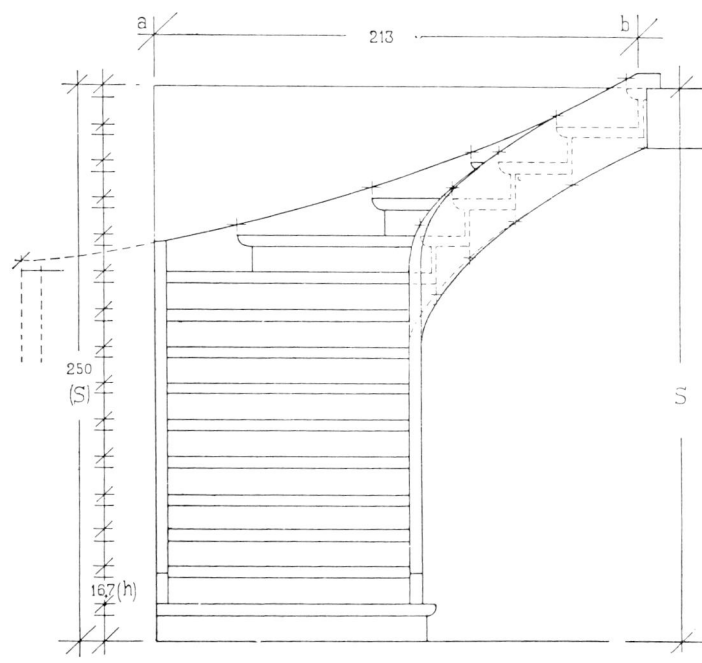

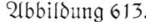

a — 213 — b

250 (S)

167 (h)

S

Abbildung 613.

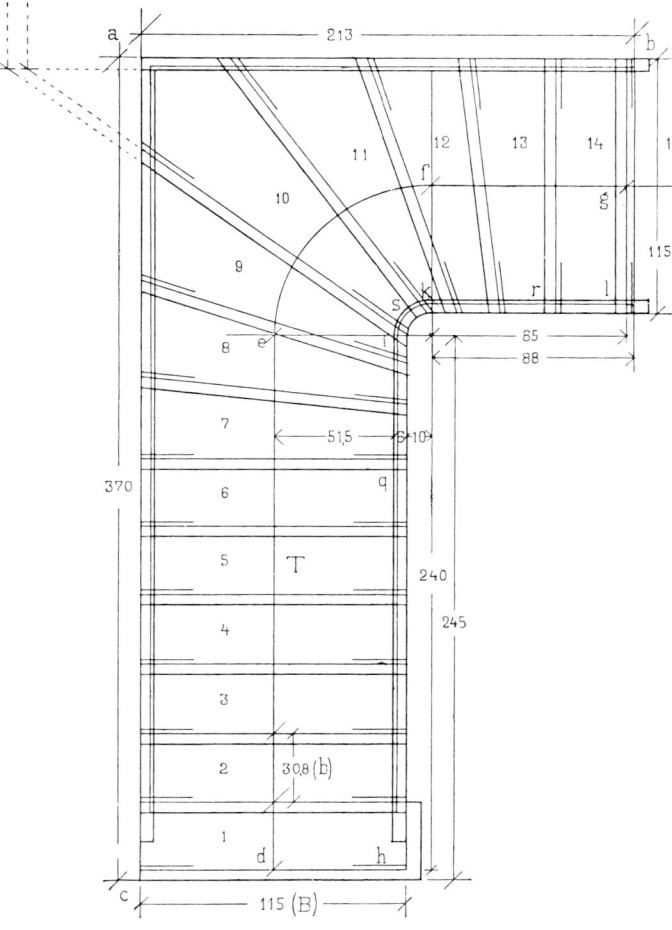

a — 213 — b

11 · 12 · 13 · 14 · 15

10 · f

9 · g

8 · e

115

85

88

7 · 51,5 · 8·10

370 · 6 · q · 240

5 · T · 245

4

3

2 · 30,8 (b)

1

c — 115 (B) —

d · h

Abbildung 612.

Die Treppenzeichnung. Ist der Treppenraum gegeben, so wird dieser zuerst abgelotet, um festzustellen, ob die Wände im Lot sind und wie der Treppenaustritt liegt. Gleichzeitig mit dem Loten werden gemessen: die

Höhen, die Breiten, die Längen und die Winkel. Sodann werden die Balkenlagen mit der Wasserwaage geprüft, um sich zu überzeugen, daß sie waagerecht verlegt sind. Vielleicht ist das nicht der Fall, dann müssen die niedrigen Teile der Balkenlage aufgefüttert werden. Wenn alle Maße vorhanden sind, dann beginnt das Zeichnen mit dem Aufreißen des Treppenraumes.

Durch Berechnung und Skizzieren wird ein Treppenlauf bestimmt, in welchem die erforderliche Anzahl Stufen in praktischer Form, eventuell Podeste, vorhanden sind, und der auch sonst noch all den Forderungen genügt, die infolge des besonderen Zweckes der Treppe gestellt werden müssen. Sodann wird der Lauf der projektierten Treppe — Richtung, Breite, Mittellinie, Wangenstärke usw. — zuerst im Grundriß gezeichnet. Nach Kenntnis der genauen Lage und Länge der Mittellinie (T) und der genauen Steigung (S) werden die genaue Höhe und Breite der Stufen bestimmt, die Stufenbreite im Grundriß auf der Mittellinie abgetragen und die Richtung der Stufen festgelegt (Abbildung 609).

Nach der ersten Anlage (Abbildung 609) werden die Stufen des Treppenwinkels verzogen und der Grundriß (Abbildung 612) angenommen.

Abbildung 609 bis 616: Gegeben: a b = 213 Zentimeter, a c = 370 Zentimeter, B = 115 Zentimeter, S = 250 Zentimeter, 2 h + b = 64 Zentimeter.

Abbildung 609 zeigt den Grundriß einer Treppe von derselben Steigung und Größe wie Abbildung 612, mit dem Unterschiede, daß Abbildung 612 vier Stufen verzogen sind.

Die Abbildungen 610 und 611 zeigen zwei verschiedene Hilfskonstruktionen für das Verziehen. Abbildung 610: Angenommen, die Stufen 8 bis 13 (Abbildung 609) sollen verzogen werden, so wird die Differenz zwischen den Bogenlängen n o und i k ermittelt. Die ist gleich a b Abbildung 610. a b (Abbildung 610) ist in 16 gleiche Teile zu teilen. Um soviel, wie $\frac{1}{16}$ a b beträgt, wird die 7. und 13. Stufe an der inneren Wangenfläche der Freiwange schmäler gemacht als die anderen Stufen im geraden Laufteil der Treppe. Die Differenz zwischen Bogen e f und i k beträgt 80,8 Zentimeter. Folglich die Breite der 7. und 13. Stufe an der Freiwange = 30,8 Zentimeter

$$\frac{80,8 \text{ Zentimeter}}{16} = 25,75 \text{ Zentimeter}.$$ Die 8. und 13. Stufe wird um $\frac{2}{16}$ a b schmäler, die 9. und 14. um $\frac{3}{16}$ a b und die 10. um $\frac{4}{16}$ a b schmäler als die 6. und 14. Stufe.

Wenn die 6. und die 14. Stufe nun auch noch mit zu verziehen gewesen wären, dann hätte a b Abbildung 610 in 1 + 2 + 3 + 4 + 5 + 4 + 3 + 2 + 1 = 25 Teile geteilt werden müssen.

Abbildung 611: Die Stufenbreite der 7. bis 13. Stufe an der inneren Wange sind hier wie folgt ermittelt: (q) (s) (r) = q s r Abbildung 612. q u zeigt den Steigungswinkel der 1. bis 6. Stufe, s t = der Steigung der 7., 8. und 9. Stufe und der halben Steigung der 10. Stufe (s t ist also gleich der halben Steigung von der 7. bis zur 13. Stufe). Der Punkt t ist mit q durch eine Gerade zu verbinden und auf deren Mitte die Senkrechte z zu errichten. q v ⊥ u q. v ist der Mittelpunkt des Bogens q w x y t. Von s q aufwärts werden die Höhenpunkte der 7., 8. Stufe usw. aufgetragen und durch die Waagerechte gezogen, die die Bogenlinie q t schneiden. Die Senkrechten durch die Schnittpunkte w x y schneiden auf der Horizontalen q s die Breite der 7., 8. Stufe usw. ab.

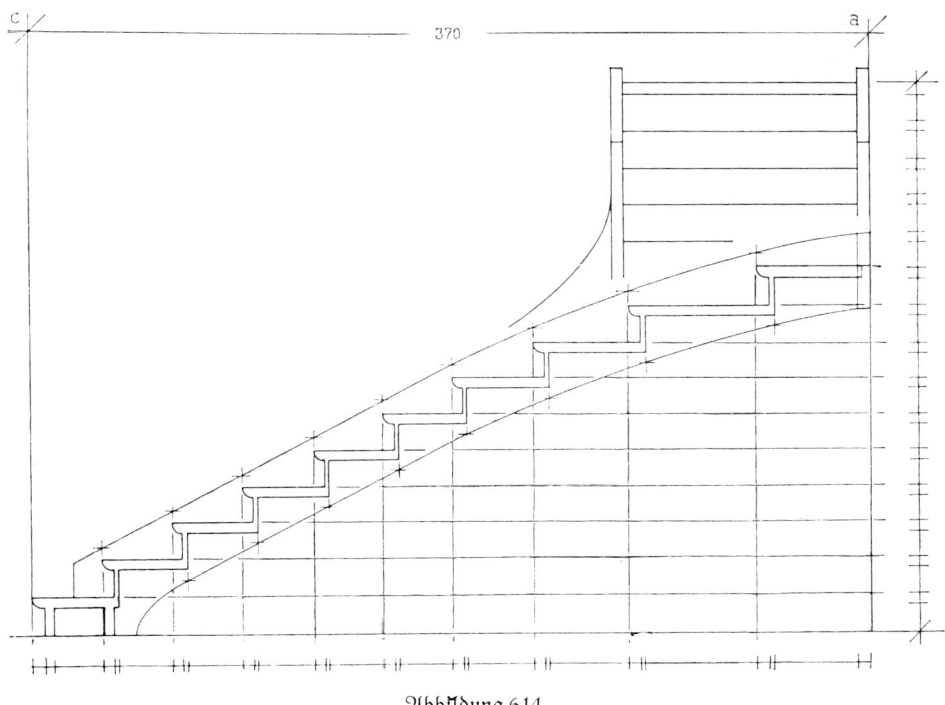

370

Abbildung 614.

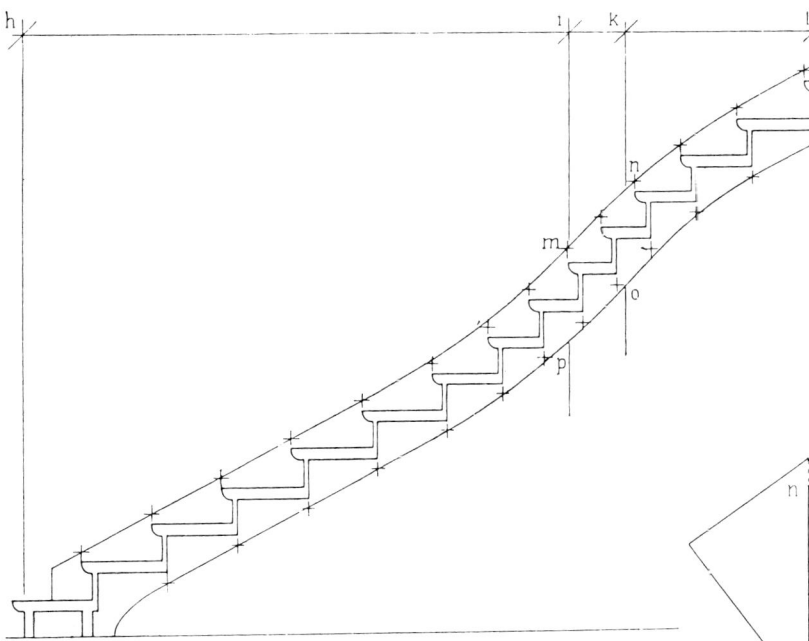

Abbildung 615.

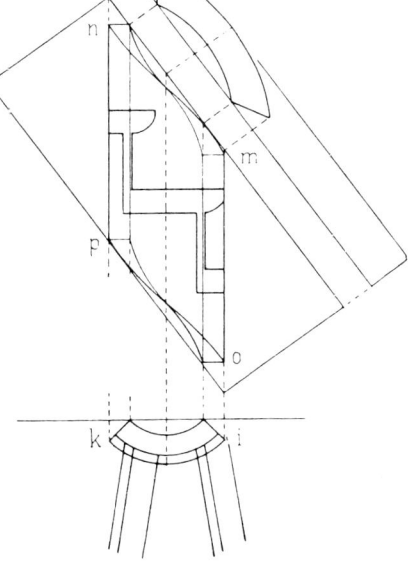

Abbildung 616.

Nach der Darstellung des Grundrisses folgt die des Aufrisses (Abbildung 613). Zuerst werden die Stufenhöhen gezeichnet, dann die Stufenlängen und die Wangen. Genügt ein Aufriß nicht, um die Form — die Schweifung — der Wangen vollständig festzustellen, so müssen deren mehrere gezeichnet werden (Abbildung 613 und 616). Ergeben sich aus diesen Darstellungen bei immer gleichen Abständen der Wangenkanten von den Stufenkanten unschöne Schweifungen der Wangen (Abbildung 615), so müssen, wenn eine geringe Veränderung der Größen dieser Abstände (vgl. den Wangenteil m n o p) nicht genügt, die Richtungen der Stufen geändert werden.

113

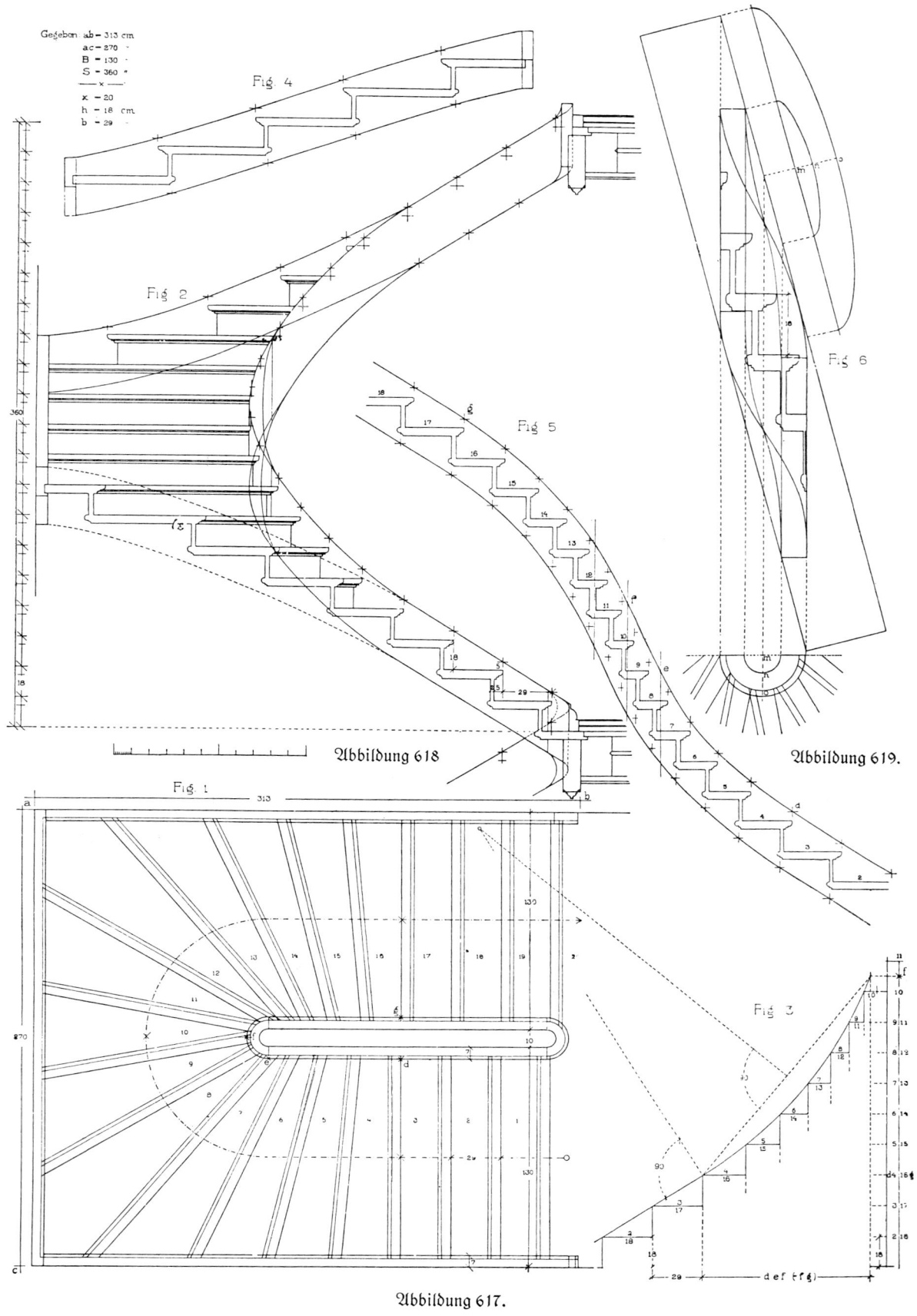

Gegeben ab = 313 cm
ac = 270 ·
B = 130 ·
S = 360 °
—— x ——
x = 20
h = 18 cm
b = 29

Fig. 4

Fig 2

Fig. 6

Fig 5

Abbildung 618

Abbildung 619.

Fig 1

Fig 3

Abbildung 617.

Abbildung 617 bis 619: Treppe mit halber Wendung.

114

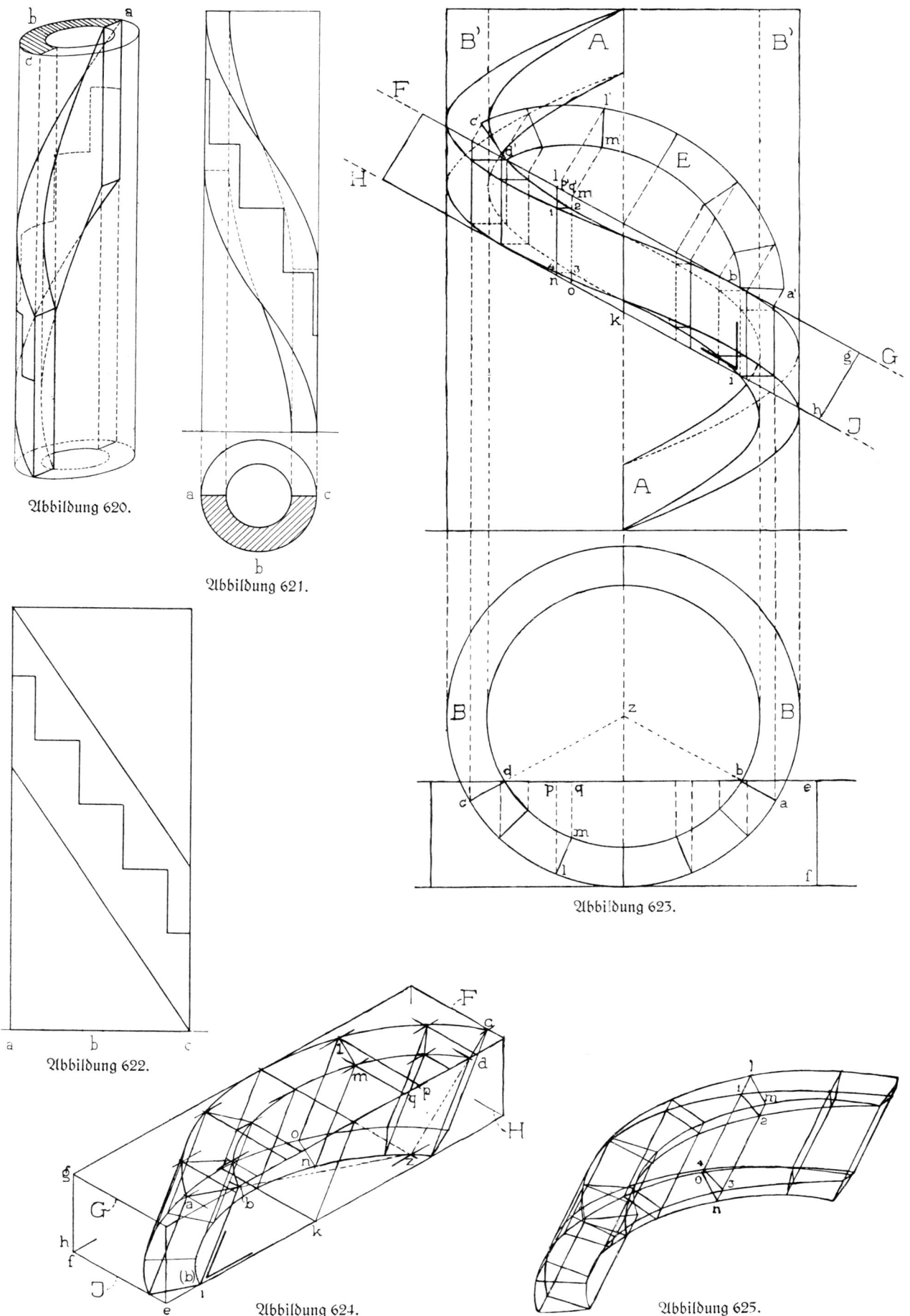

Abbildung 620.

Abbildung 621.

Abbildung 622.

Abbildung 623.

Abbildung 624.

Abbildung 625.

115

Abbildung 620 bis 627:
Der Krümmling und die Ermittelung der
Werkſchablone zu ſeiner Herſtellung.

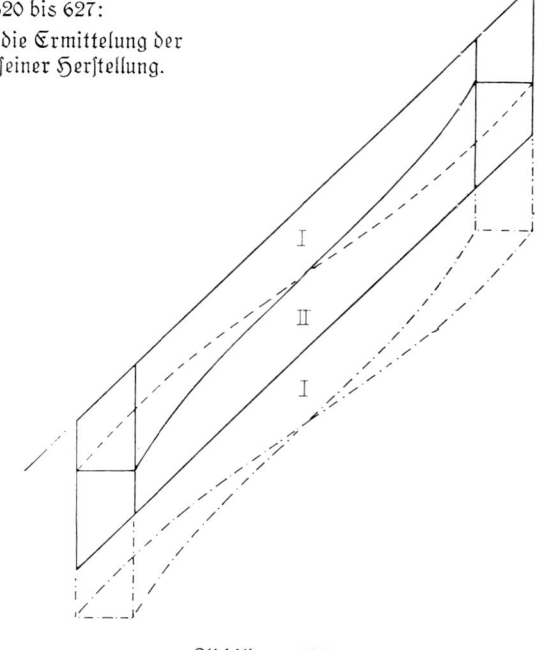

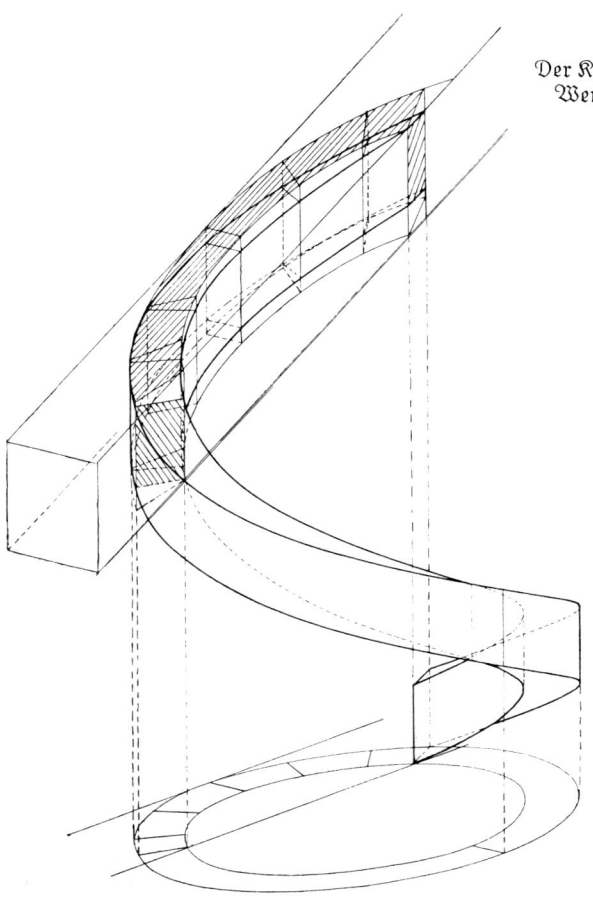

Abbildung 626.

Abbildung 627.

Iſt ſo die durch den Zweck bedingte Form endgültig be=
ſtimmt, dann werden die Handlehne — die Brüſtung —
und das Zierwerk hinzugefügt.

Für die Ausführung einfacher Treppen genügt vielfach
eine Maßſkizze und Profildarſtellungen der Kehlungen in
der wirklichen Größe. In anderen Fällen muß ein Teil
des Grundriſſes oder der ganze Grundriß in der wirk=
lichen Größe auf eine entſprechend große ebene Fläche —
den Treppenboden — gezeichnet werden, und es müſſen
für die Wangen, für die Brüſtung und das Zierwerk
Werkzeichnungen in der Ausführungsgröße der Formen
aufgetragen werden.

So ſind zum Beiſpiel für Herſtellung krummer Wangen
oder Wangenteile allemal Schablonen in der wirklichen
Größe der Wangenſtücke zu zeichnen (Abbildung 616 und
620 bis 626). Die Formen dieſer Schablonen ergeben ſich
aus den Formen der Wangenteile und den Formen des
Rohmaterials. Werden Krümmlinge durch Biegen und
Verleimen von Dickten in oder über Formen hergeſtellt,
ſo ergibt ſich das Profil dieſer Formen aus dem Grund=
riß des Krümmlings (Abbildung 621). Krumme Teile der
Handläufe werden häufig, um Material zu ſparen, nach
der in Abbildung 627 dargeſtellten Weiſe geſchweift und
verleimt. I wird von II abgetrennt und unter II geleimt.

Abbildung 616: Grundriß und Aufriß des Krümm=
lings i k, Abbildung 612. (Vgl. Abbildung 615, m n o p
iſt die abgewickelte innere Fläche des Krümmlings.) Ab=

bildung 616 zeigt noch die Höhe und Breite des Holz=
ſtückes, das zur Herſtellung des Krümmlings erforderlich
iſt, ſowie die Streckſchablone für die Vorzeichnung der
Schweifung der Seitenflächen desſelben.

Abbildung 620 bis 622: Schmale Krümmlinge werden
aus aufrechtem Holz gearbeitet. Für einen Krümmling
(Abbildung 620) iſt a b c (Abbildung 621) die Schablone
für das Kehlen des Holzes. Abbildung 622 zeigt die ab=
gewickelte äußere Fläche des Krümmlings (innere
Wangenfläche).

Die Abbildungen 620 bis 626 ſollen das Ermitteln der
Streckſchablone und deren Verwendung erklären.

Die Wange A A (Abbildung 623) muß aus drei Teilen
zuſammengeſetzt werden. Das Holz, das für die Her=
ſtellung eines Teiles notwendig iſt, muß e f breit, g h hoch
und F G lang ſein (vgl. Abbildung 624). Die Form der
Streckſchablone (E) ergibt ſich aus der Durchdringung
der verlängerten Wangenflächen (Zylinderfläche B B′)
und der Flächen F G und H I des Holzes.

Iſt die Schablone E vorhanden und das Holz ent=
ſprechend vorgearbeitet, ſo werden die Riſſe für die aus=
zuführenden Schweifungen, wie Abbildung 624 zeigt, ge=
zeichnet. < b i k = < b′ i k Abbildung 623. Sind die
Schweifungen ausgeführt und die Seitenflächen der
Wangenſtücken korrekt vorhanden (behobelt), dann werden
die Riſſe für die oberen und unteren Flächen (für das
Kanten) nach Abbildung 625 gezeichnet. Die Maße für
das Auftragen dieſer Kantenriſſe werden aus dem Aufriß
Abbildung 623 genommen: Siehe I 1, m 2, n 3 und o 4
in Abbildung 625 und 623.

Abbildung 617 bis 619: Eine Treppe mit halber Wen=
dung. Figur 1: Grundriß, die Stufen verzogen nach Figur 3
(vgl. Abbildung 610 und 611). Figur 2: Aufriß. Figur 5:
Die abgewickelte innere Wangenfläche. Zu beachten die
Verbreiterung der Wange über die Kreuzreihe hinaus.
Figur 4: Wange a c (Abbildung 617). Figur 6: Krümmling.

Abbildung 628. Entwurf: Architekt H. Muthesius. Ausführung: Deutsche Werkstätten AG., Hellerau.

10.

Wandbekleidungen.

Wandbekleidungen aus Holz macht man:
um auf der Wand einen schlechten Wärmeleiter zu haben,

um eine Wandbedeckung zu haben, die gegen Stoßen und Kratzen widerstandsfähiger ist als gewöhnlicher Mörtelputz.

um akustisch zu wirken

und aus Schönheitsgründen.

Mit dem Verlangen nach Zweckmäßigkeit wird hier immer das Verlangen nach Schönheit verbunden sein. Durch den Zweck wird der Umfang der Wandbekleidung bestimmt. Wird die Bekleidung gemacht, um einen schlechten Wärmeleiter auf der Wand zu haben, so wird die ganze Wandfläche bekleidet. Wird für ein Gastzimmer eine Schutzbekleidung verlangt, weil die Gäste den Wandputz vielfach durch Zurückstoßen der Stühle beschädigen, so wird eine Bekleidung in der Höhe von 1 Meter genügen. Der Stuhl ist etwa 90 Zentimeter hoch.

Die Eigenschaften des Holzes und der Zweck führen dazu, die Bekleidungen vorwiegend aus dünnem Brettholz zu bilden; dadurch wird Material gespart und der Raum nicht unnötig verkleinert. Bei der Wahl der Formen und der Holzverbindungen muß das Arbeiten des Holzes durch Quellen und Schwinden berücksichtigt werden; besonders wenn mit vorhandener oder kommender Wandfeuchtigkeit gerechnet werden muß. Holzbekleidungen werden niemals ganz dicht auf die Wand gelegt; ist aber Wandfeuchtigkeit vorhanden, so muß für eine ausreichende Zirkulation der Luft zwischen Wand und Bekleidung gesorgt werden. Auch kann das Holz imprägniert oder eine Isoliermasse auf die Wand aufgetragen werden. Das Holz ist immer in solchen Längen vorhanden, daß die Bekleidung der Wände unserer Wohnräume in der Breite der Wände in einer Länge des Holzes gemacht werden könnte. Doch macht man solches aus praktischen Gründen nicht. Sind große ebene Wandflächen gegeben, so wird im Entwurf eine Form gewählt, die diese Länge teilt.

Von unseren Hölzern wird zumeist das Kiefernholz verarbeitet, als Deckholz und als Blindholz. Durch Kiefernholz ist eine gute dekorative Wirkung zu erreichen, wenn die Form gut gewählt wird, die Zeichnung der Jahresringe für die Flächenbelebung benutzt und eine entsprechende Oberflächenbehandlung — bürsten, beizen, ölen, firnissen usw. — angewendet wird. Auch die Äste im Holz können zur Belebung der Fläche beitragen. Das astreiche Holz der Zirbelkiefer zum Beispiel wird gern in dieser Weise benutzt. Dem Kiefernholz folgen nach dem Grade der Verwendung das Tannen- und das Eichenholz, und dann

117

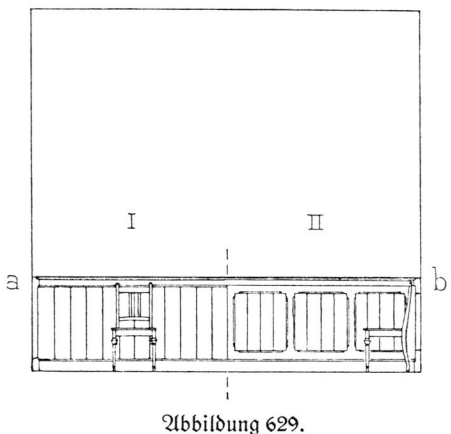

Abbildung 629.

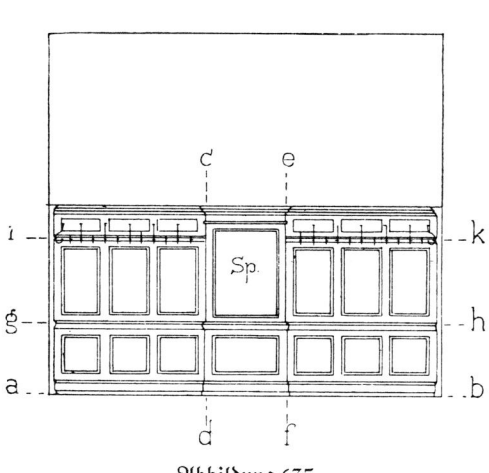

Abbildung 635.

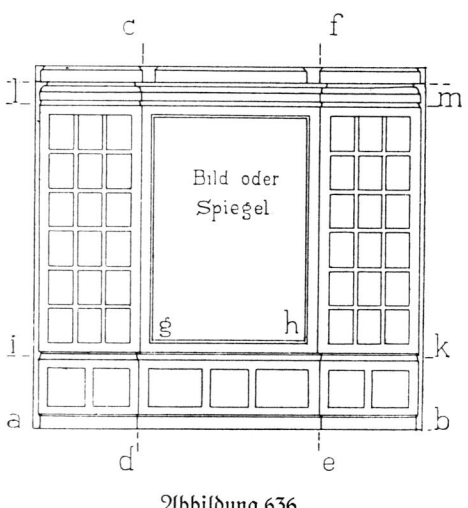

Bild oder Spiegel

Abbildung 636.

Abbildung 629, 635 und 636:
Die praktische Teilung großer Wandbekleidungen.

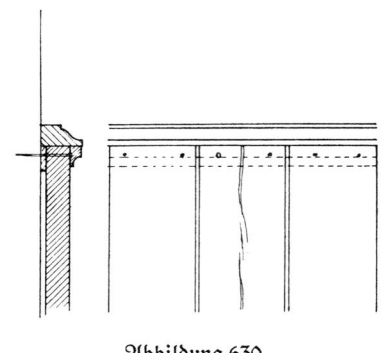

Abbildung 630.

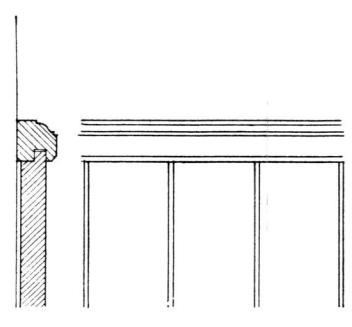

Abbildung 631.

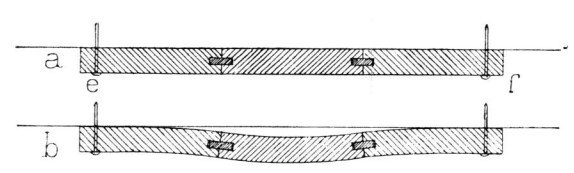

Abbildung 632.

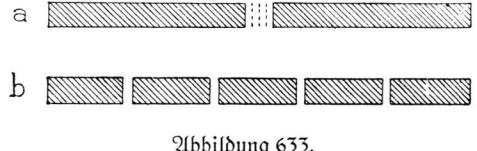

Abbildung 633.

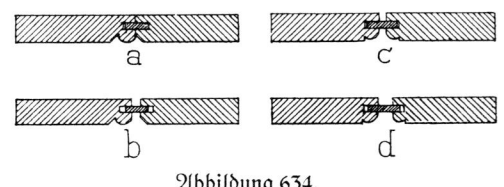

Abbildung 634.

Abbildung 630 bis 634:
Das Schwinden und Quellen des Holzes.

118

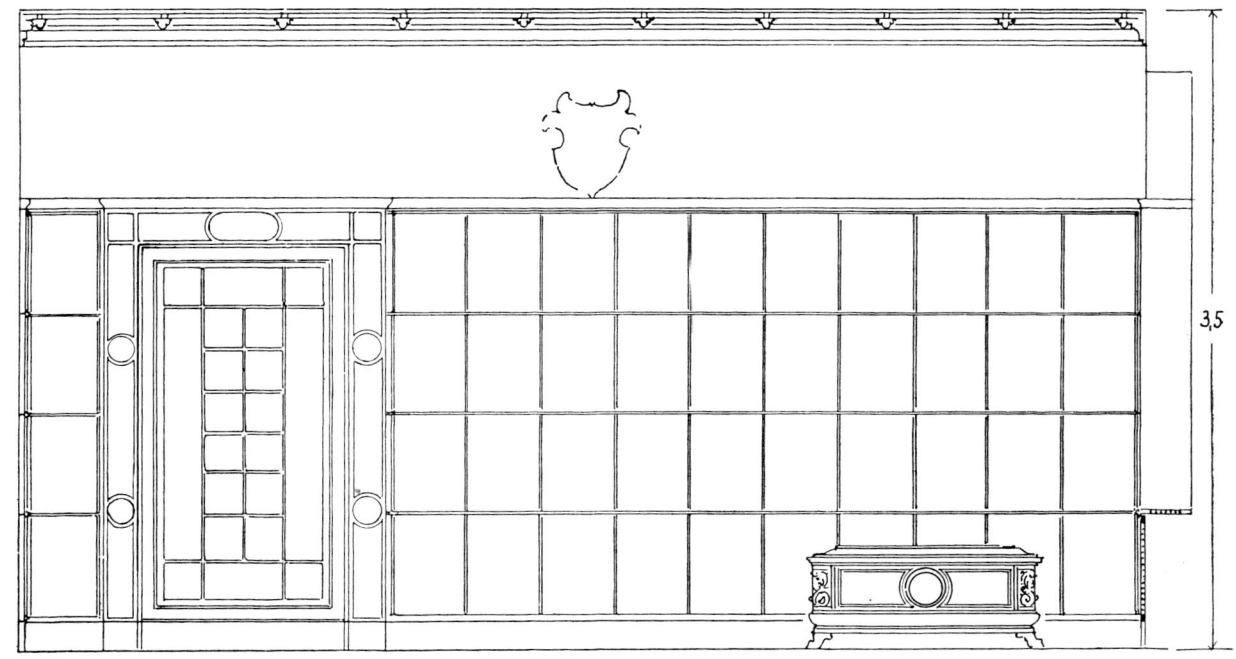

Abbildung 637.

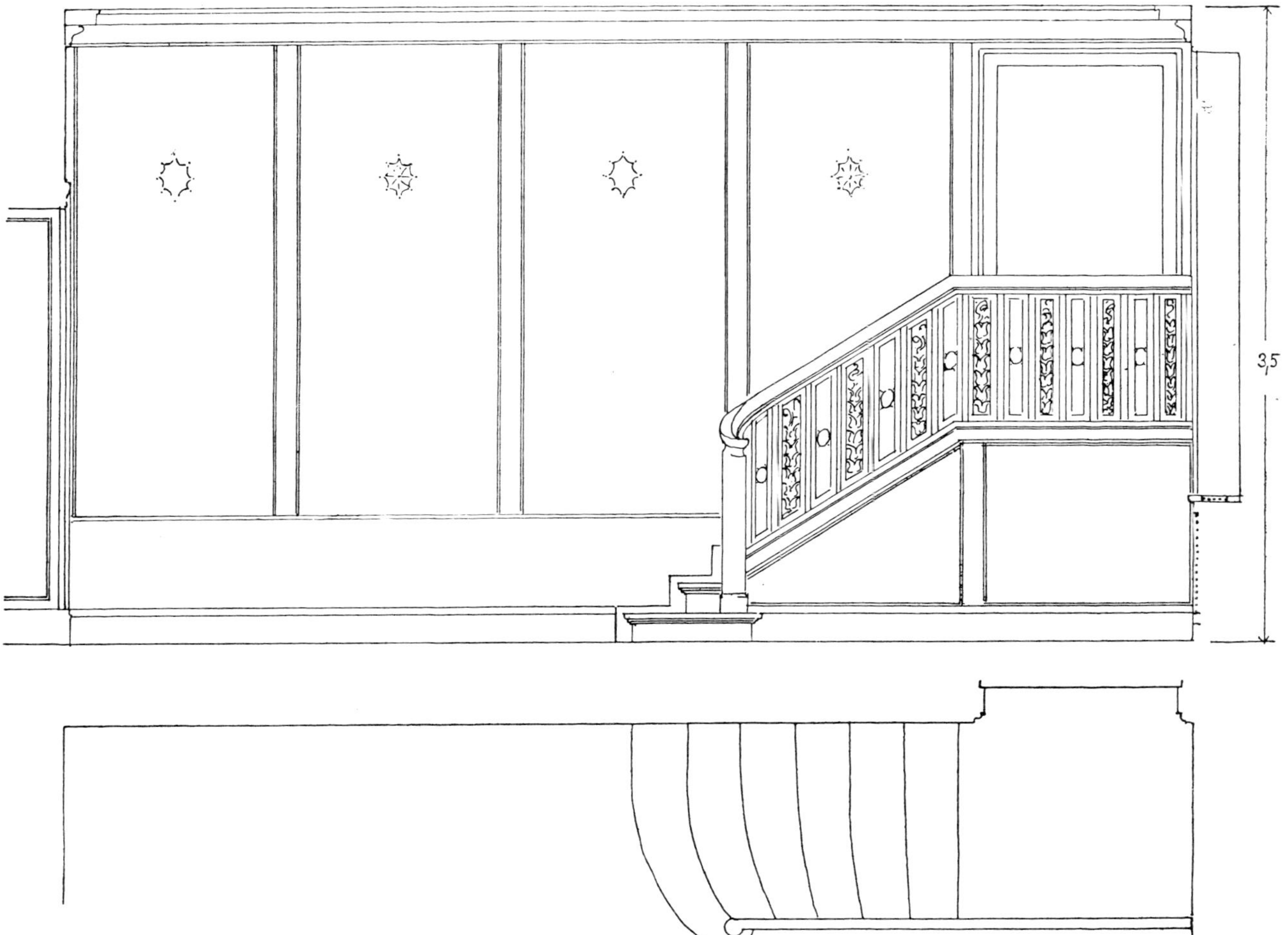

Abbildung 638.

Abbildung 637 und 638: Wandbekleidungen aus Sperrholzplatten.

Abbildung 639:

Wandbekleidung zwiſchen Fenſtern und Heizkörperbekleidungen.

folgen alle Edelhölzer, wie in der Möbeltiſchlerei. Die Konſtruktion der Wandbekleidungen gleicht der der Kaſtenmöbel in allen Teilen.

Die einfachſte Bekleidung iſt die, in der nicht zu breite gefederte und geſtäbte Bretter aufrecht zwiſchen zwei Leiſten nach Abbildung 629 I, 630 und 631 befeſtigt werden. Abbildung 633 weiſt auf die Folgen des Schwindens ſchmaler und breiter Bretter, auf die verſchiedenen Fugenbreiten. Man wählt ſchmale Bretter, damit die Fugen ſchmal bleiben. Man ſtäbt die Brettkanten (Abbildung 634), damit das Nachtrocknen der Bretter nicht bemerkt wird. Befeſtigt man die Bretter nach Abbildung 632, die Brettkanten liegen feſt aneinander, ſo wird jedes Quellen des Holzes die Bekleidung wellig machen. Iſt das Quellen zu erwarten, ſo dürfen die Bretter nicht dicht aneinandergenagelt werden (vgl. Abbildung 634 c). Werden breite Bretter an den Rändern nach Abbildung 630 gut genagelt, ſo reißt das Holz beim Schwinden. Die Befeſtigung 631 läßt dem Holze die Bewegungsfreiheit. Die Bretter ſind in die Nut der Leiſte eingeſchoben.

Abbildung 629 II: In einem Rahmenwerk dieſer Art können große, breite Füllungen vorhanden ſein. Die Füllungsbretter, genutet und gefedert, werden nicht genagelt und nicht verleimt, ſondern nur in eine Nut oder in einen Falz gelegt.

Abbildung 635: Wandbekleidung in einem Gaſtzimmer, etwa 1,90 Meter hoch. Dieſe Bekleidung iſt in der Werkſtatt in ſieben Teilen hergeſtellt. Die Buchſtaben a b, c d uſw. bezeichnen die Stoßfugen und die Leiſten auf der Wand, an denen die zuſammengedübelten und überfälzten ſieben Teile angeſchraubt ſind. Die Schrauben verdecken eingeleimte Zinkleiſten. In der Höhe i k ſind Garderobehaken befeſtigt. Ebenſo bezeichnen in Abbildung 636 die Buchſtaben d c e f uſw. die Stoßfugen der Teile, aus denen dieſe Wandbekleidung an der Wand zuſammengeſetzt

iſt. Abbildung 635 und 636 ſind Beiſpiele für die Teilung großer Bekleidungen zum Zwecke erleichterter Arbeit. Die Konſtruktion der Rahmen und der Füllungen, das Befeſtigen der Kehlleiſten, das Furnieren und Polieren, dieſe Technik gleicht der der Kaſtenmöbel in allen Teilen. Nur hier wird die Wandſeite nicht abgeputzt, weil man ſie nicht ſehen kann. In neuerer Zeit wird das fabrikmäßig hergeſtellte Sperrholz gern verarbeitet. Es wird in quadratmetergroßen Platten geliefert. Mittels dieſer Platten kann man großflächige eigenartige Vertäfelungen herſtellen. Die Sperrholzplatten werden als Füllungen in Rahmen gelegt oder die Platten werden zur Verſtärkung auf Blindrahmen geleimt und die Stoßfugen durch ſchmale Leiſten gedeckt. Die Abbildungen 637 bis 639 ſind Beiſpiele.

Die Holzbekleidung in einem Raum wird, wenn im Hauſe eine Zentralheizung vorhanden iſt, um die Heizkörper herumgeführt. Für die Bekleidung der Heizkörper iſt zu beachten: Das Rahmenwerk muß etwa 6 Zentimeter vom Heizkörper entfernt ſein, iſt eventuell noch durch einen Asbeſtbelag zu ſchützen. Die Bekleidung kann nur aus Rahmen mit eingeſchloſſenem Gitterwerk beſtehen, damit die kalte Luft am Boden zuziehen und die erwärmte Luft oben abziehen kann. Und die Bekleidung muß abnehmbar ſein oder abnehmbare Teile haben, Türen oder Öffnungen, ſo daß die Regulierhebel der Heizung ſchnell erreichbar und Reparaturen am Heizkörper ohne Störungen auszuführen ſind (Abbildung 640 und 641). Beim Entwerfen der Wandbekleidung iſt folgendes zu beachten: Mit dem Ingenieur, der die elektriſchen Anlagen auszuführen hat, iſt gemeinſam zu beſtimmen die Lage der Schalter, der Stechdoſen und der Druckknöpfe, damit die Doſen im Bilde der Bekleidung nicht ſtören. In der Fenſterniſche können unangenehme Überraſchungen entſtehen, wenn hier Gurtenaufroller und Jalouſieſchnüre vorhanden ſind und der Entwerfende vergeſſen hat, dieſe Teile praktiſch einzuordnen. Schon beim Entwerfen der

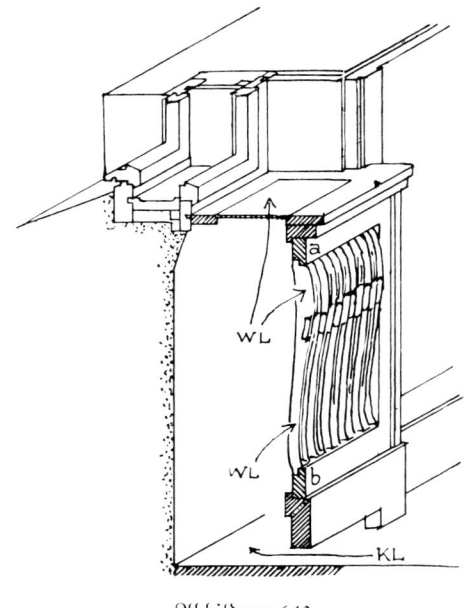

Abbildung 640.

Abbildung 640 und 641:
Heizkörperbekleidungen.
W L = warme Luft, K L = kalte Luft, a b Tür.

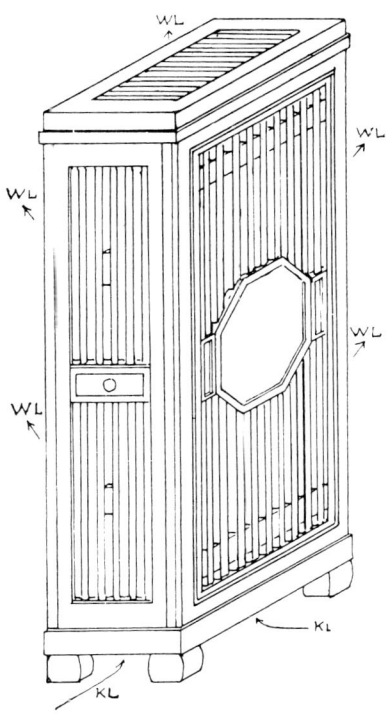

Abbildung 641.

Fensterrahmen muß der Anschluß der Wandbekleidung berücksichtigt werden. Es kann sonst vorkommen, daß die Futterrahmenfläche zu schmal zur Aufnahme der Bekleidung ist (Abbildung 654 und 655).

Ein seltener, aber doch vorkommender Fall ist es, wenn ein Tischler ohne Hilfe des Zimmermanns in einem Raume eine Holzwand aufrichten und bekleiden muß. Es ist dafür zuerst eine Unterkonstruktion aus Kantholz zu verbinden, diese mit eisernen Dübeln oder Winkeln an der Balkenlage zu befestigen und mit Steineisen oder Bolzen an das Mauerwerk zu binden. Für die Täfelung der Wand gilt das vorher Gesagte (Abbildung 642 bis 653).

Sind Holzbekleidungen großer Wandflächen anzufertigen, so haben auf die Gestaltung Einfluß, wie immer, das Material und die Technik. Wir wissen zum Beispiel, in welcher Weise das Polieren den Zusammenbau beeinflußt. Die Technik hat hier andere Aufgaben zu lösen als im Möbelbau. Die großen Wandbekleidungen sollen einheitlich wirken, müssen aber in Teilen in der Werkstatt angefertigt werden, die an Ort und Stelle zusammenzusetzen sind. Fugen und Befestigungen dürfen nicht störend wirken. Die Erfüllung dieser Forderung kann durch die Gestaltung erschwert und erleichtert werden. Dies zu erklären, ist der Zweck der in den Abbildungen 654 bis 705 gegebenen Beispiele.

Abbildung 654 und 655: Als oberen Abschluß einer Bekleidung wird ein ausladendes Profil verlangt. An den Mauern zwischen den Fenstern ist dieses Profil für die Seitenflächen nicht möglich, weil es (c Abbildung 654 b) auf den Fensterflügelrahmen stoßen würde. Soll das Fenster rechtwinklig geöffnet werden können, so darf die Bekleidung nur wenig vortreten. Die einfachste Lösung ist hier das Paßstück a, auf das das Profil b verkröpft wird.

Abbildung 655 zeigt eine Wandbekleidung zwischen zwei Fenstern und die Bekleidung eines Heizkörpers. Bei der Formgebung dieser Teile sind außer dem vorher Erwähnten

noch zu beachten: die Höhe des Hebels i für den Fenstervorschluß, (eventuell) der Durchlaß und die Befestigung (h) der Zugvorrichtung für die Jalousie, die Art und der Ort der Reguliervorrichtungen (f) der Heizung, die Vorreiber oder Einreiber (g) zum Festhalten des vorderen Teiles der Bekleidung des Heizkörpers, die Öffnungen d und e für den Zuzug und Abzug der Luft nach und von dem Heizkörper und eventuell noch die Schaltvorrichtungen (b) für die elektrische Beleuchtung c.

Abbildung 656: An einem Durchgang ist das weit ausladende Profil a hinderlich; b ist besser, a wird auf b verkröpft. Die Türbekleidung b (Abbildung 657) kann das Profil a nicht aufnehmen. Beide werden verlangt. Das Paßstück c macht solches möglich.

Abbildung 658: Wird das Profil b vor der Türbekleidung a auf ein Paßstück verkröpft, so hat der Tischler leichte Arbeit. Muß a das Profil b aufnehmen, so wird die Arbeit erschwert.

Abbildung 659: Für den Tischler eine bequeme Lösung. Das Profil b ist um die Türbekleidung herumgeführt.

Abbildung 660, links: Das Profil a wird von dem Pilaster b aufgenommen; rechts: Das Profil a' wird von der Vorlage b' aufgenommen. Beide Formen sind leicht ausführbar.

Die Abbildungen 661, 662 und 663 zeigen, wie Profile von einer Fläche aufgenommen werden können, ohne daß dem Tischler dadurch technische Schwierigkeiten bereitet werden. Abbildung 662: Das Profil a wird von der Platte b, das Profil c von der Platte d aufgenommen usw. Abbildung 663 zeigt eine ähnliche Lösung wie Abbildung 662.

Die Abbildungen 664 und 665 zeigen dagegen eine für den Tischler unpraktische Lösung. Das Anpassen der Kehlleiste a an b ist sehr umständlich. (Siehe die komplizierte Durchdringung Abbildung 665 c.)

121

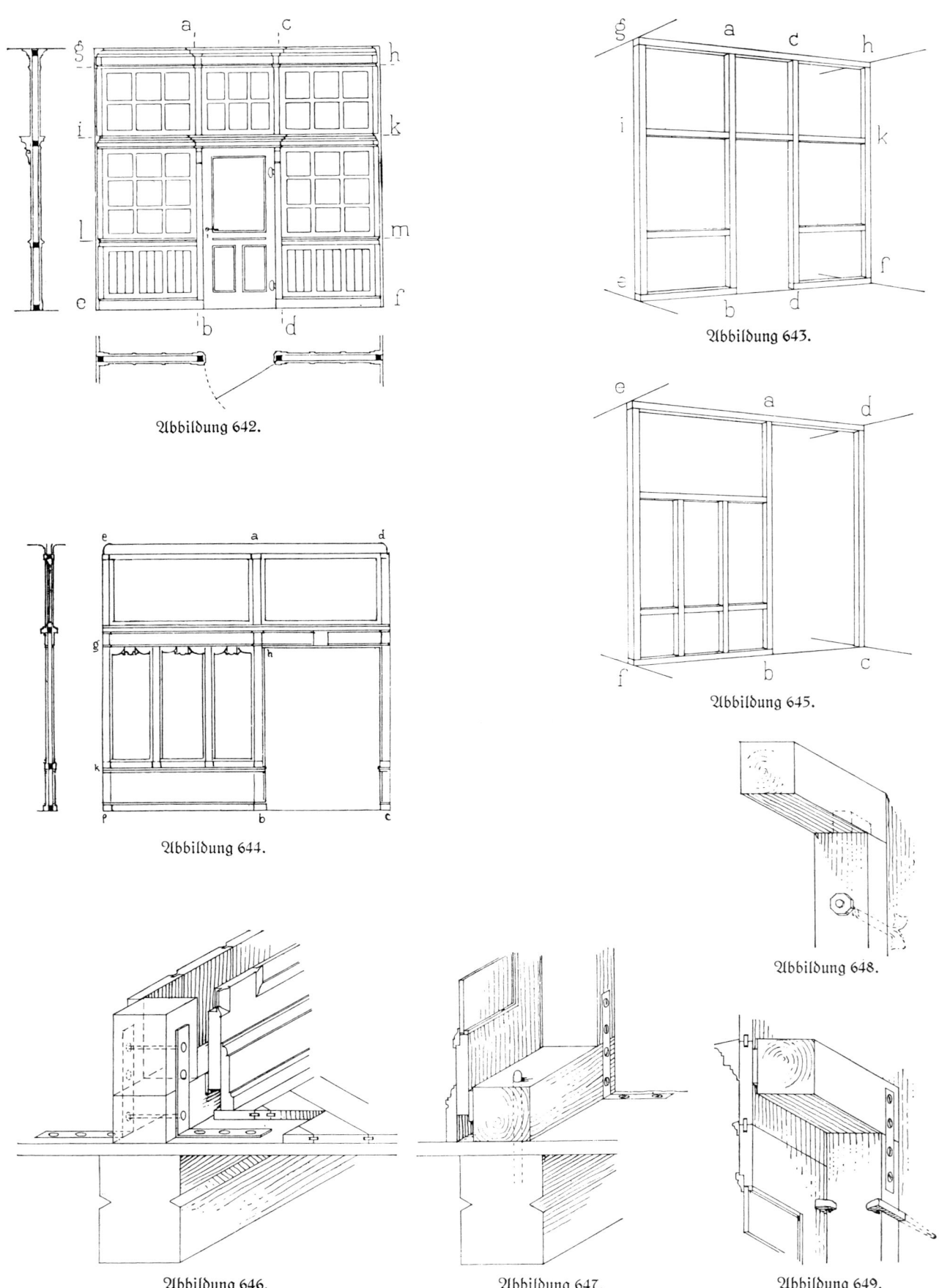

Abbildung 642.

Abbildung 643.

Abbildung 644.

Abbildung 645.

Abbildung 648.

Abbildung 646.

Abbildung 647.

Abbildung 649.

Abbildung 642 und 644: Die Bekleidung eines Pfostengestells mit Holzplatten. Abbildung 643 und 645: Pfosten- und Riegelwand. Abbildung 646 bis 649: Befestigung der Pfostenwand an Wand und Fußboden.

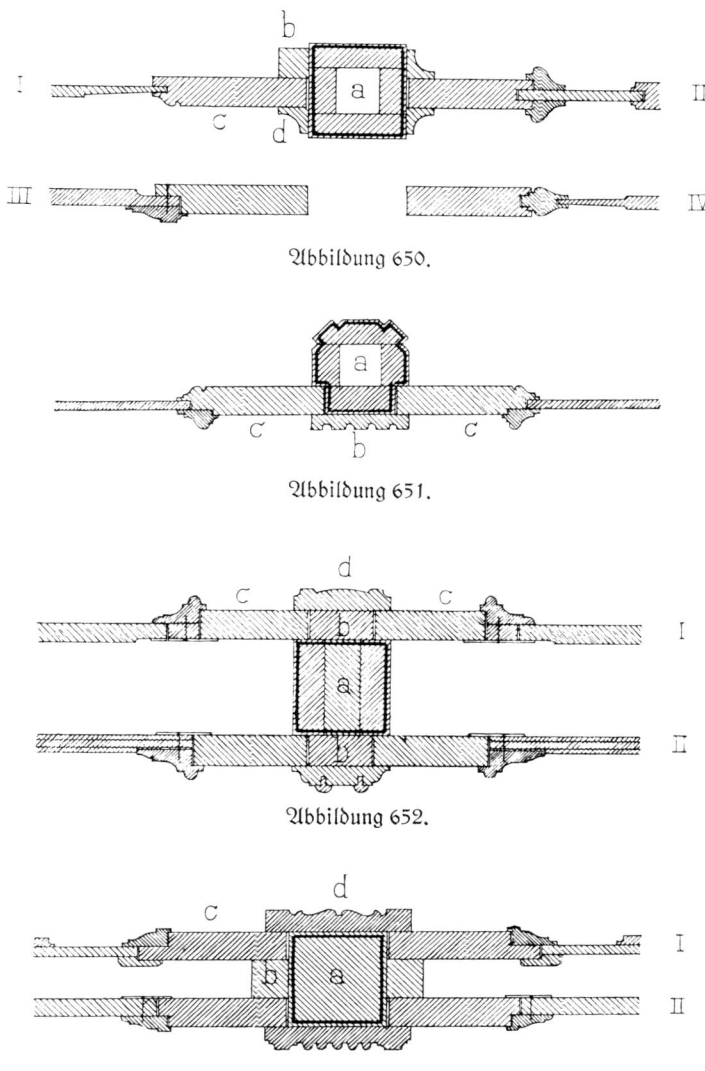

Abbildung 650.

Abbildung 651.

Abbildung 652.

Abbildung 653.

Abbildung 650 und 651, 652 und 653: Der Zusammenbau der Rahmen, Füllungen und Pfosten einer Holzwand. Abbildung 650 und 651: Einfache Wand. Abbildung 652 und 653: Doppelte Wand. Abbildung 658 I und III: Je eine Schauseite. Abbildung 650 II und IV und Abbildung 651: Zweiseitig sichtbar.

Abbildung 652 I: Füllungen und Kehlstoß werden mit kleinen angeschraubten Eisenplatten an Rahmen C gehalten. Abbildung 652 II: Füllungen aus Sperrholzplatten, Befestigung wie Abbildung 652 I. Abbildung 653: Füllungen werden durch eingeleimte Kehlstöße und angeschraubte Schienen gehalten.

Abbildung 666 bis 699: Diese Abbildungen zeigen verschiedene Formen der Befestigung der Wandbekleidungen an Mauerwerk, Holz und Eisen. Selten, daß eine Wandbekleidung direkt am Mauerwerk oder Eisen befestigt werden kann. Fast immer wird ein Zwischenglied eingefügt; Holzdübel, die eingemauert oder eingegipst, Leisten, die mit Mauereisen befestigt werden, Holzstücke, Bohlen usw., die mit Schrauben und Klammern am Eisen festgemacht werden. Am Mauerwerk ist dieses Zwischenglied notwendig, da die Mauerfläche niemals so eben ist, daß an dieser die Holzvertäfelung ohne weiteres nach Lot und Waage zu befestigen ist. Sehr häufig ist ein Abstand der Holzbekleidung von 1 bis 2 Zentimeter von der Wand notwendig, weil die Wand zeitweise feucht ist. Auch für die korrekte Befestigung der Holzbekleidungen am reinen Eisengerüst ist die Unterkonstruktion eine Notwendigkeit. Wesentlich verschieden ist die Art der Befestigung von Holzbekleidungen, die mit Ölfarbe angestrichen werden, von der polierter Bekleidungen. Im ersteren Falle werden die Holzplatten angenagelt, angeschraubt oder mit Bankeisen befestigt und die entstandenen Löcher verkittet. Anders, wenn die Tafeln oder Rahmen in der Werkstatt völlig fertig poliert sind, zusammengepaßt usw., dann darf die polierte Fläche durch die Befestigungen nicht leiden. Der Zusammenbau ist so zu wählen, daß das Befestigungsmaterial, Nägel oder Schrauben, verdeckt wird.

Die Sockelleisten (Abbildung 666 bis 670) sind angeschraubt oder angenagelt. Die Leisten Abbildung 669 und 670 haben Lüftungslöcher, damit die Luft unter dem Fußboden und hinter der Leiste zirkulieren kann. Die Leiste Abbildung 671 ist verdeckt befestigt, mit dem Fußboden durch Dübel mit dem eingemauerten Holzstück b durch Schrauben von der Nut aus verbunden. Die Deckleiste ist eingenutet und eingeleimt.

123

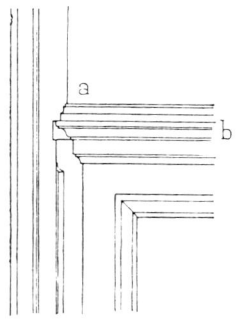

Abbildung 654a.

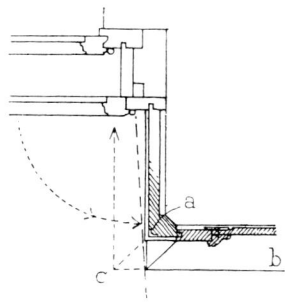

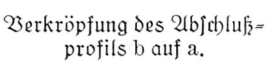

Abbildung 654b.

Verkröpfung des Abschluß=
profils b auf a.

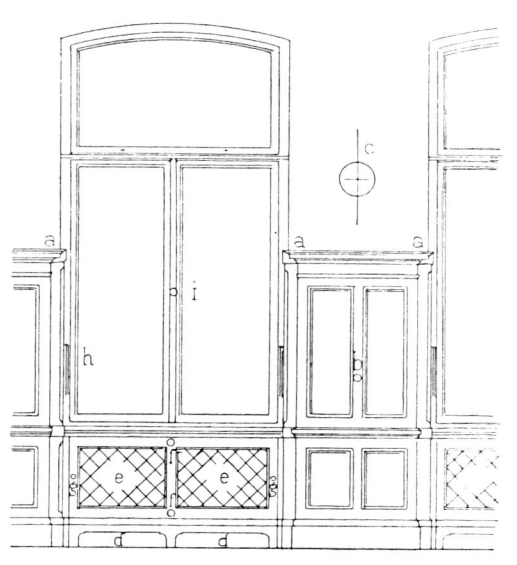

Abbildung 655.

Abbildung 654 bis 657: Einfluß der Technik auf die
Form. Abbildung 655: Wandbekleidung und Heizkörper=
bekleidung an der Fensterwand. d Luftzuflußöffnungen
zum Heizkörper, e Gitter für die aufsteigende warme
Luft, f Hebel, g Einreiber an dem abnehmbaren vorderen
Rahmen, b Schaltdose, h Markisenschnur, i Oliven am
Fensterverschluß, a Verkröpfung auf das Paßstück,
c Wandarm für das elektrische Licht.

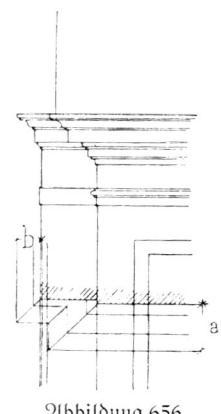

Abbildung 656.

Verkröpfung des Profils a
neben einem Durchgang.

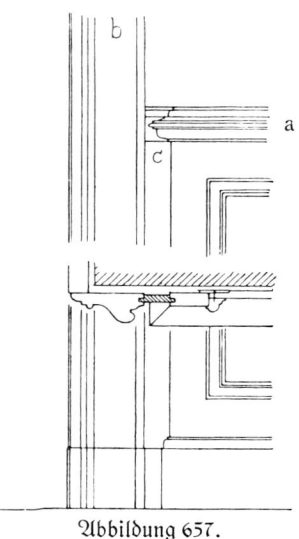

Abbildung 657.

Verkröpfung des Profils a auf
c, das Paßstück, weil die Tür=
bekleidung a nicht aufnehmen
kann.

Die Wandbekleidungen Abbildung 672, 674 und 675
sind angenagelt oder angeschraubt. Die Bekleidungen
Abbildung 673, 676 und 677 sind verdeckt befestigt, mit
Dübel am Fußboden und oben mit Bankeisen (Abbil=
dung 673), mit Schrauben am Holzdübel b (Abbildung 676)
oder an Haken angehängt (Abbildung 677). Die Deck=
leisten, oben, sind angedübelt oder eingenutet und geleimt.
Die Bekleidungen (Abbildung 674 und 675) haben Lüf=
tungslöcher zur Zirkulation der Luft hinter den Vertäfe=
lungen. Die Wandbekleidungen (Abbildung 676 und 677)
sind aus Rahmen und Sperrholzplatten zusammengebaut.
Der Rahmen (Abbildung 676) ist furniert.

Die Abbildung 678 zeigt, wie die Schraube, mit der die
Bekleidung befestigt ist, durch ein eingeleimtes Plättchen (a)
gleicher Holzart wie der Rahmen verdeckt werden kann.
Abbildung 679: Die Schrauben sind durch eingeleimte
Knöpfe verdeckt. Abbildung 680: Bekleidung an Bank=
eisen befestigt und die Deckleiste in gleichen Abständen
mit Messingschrauben festgemacht. Abbildung 681: Die
Schrauben durch aufgeleimte und verdeckt gestiftete Leiste
Knöpfe verdeckt. Abbildung 680: Bekleidung an Bank=
eisen befestigt, Deckleiste genutet, überschoben und ge=
leimt. Abbildung 684: Die Befestigung durch die ein=
genutete Deckleiste verdeckt. Die Form der Deckplatte a
Abbildung 682 ist nicht so praktisch wie die Abbildung 679
und 684, weil hier eine Ungenauigkeit des Vorsprungs c
nicht so leicht zu erkennen ist wie bei c Abbildung 682.
Nur durch Einnuten der Deckleiste, wie in Abbildung 676,
kann die gleiche Plattenbreite erreicht werden.

Abbildung 685 bis 692 sind Beispiele für die verdeckte
Befestigung glatter, polierter Bekleidungen. Abbildung
685b ist an c geleimt. c mit b wird an a angehakt. b zeigt
den verwendeten Beschlag. An b wird das Blech mit dem
Haken befestigt, an a das Blech mit dem Hakenloch. Die
Ecke ist durch eingeleimten furnierten Viertelstab gebildet.
Abbildung 686: b ist mittels der Eisen c an Dübeln be=
festigt. a ist an den gleichen Eisen angeschraubt, der Eck=
stab dann mit Dübel und Leim befestigt. Abbildung 687
und 688: Die Platte b ist unten angedübelt, oben an
Bankeisen befestigt. Die Platte a mit dem Eckstab ist mit
dem Beschlag e an b angehakt. Abbildung 689: Die
großen furnierten und polierten Sperrholzplatten sind an
den Kanten abgefälzt und mit schmalem Abstand an Holz=
dübeln angeschraubt. Die Leiste a füllt Falz und Abstand
und ist eingeleimt. Abbildung 690: In den Falz der Platte b
ist die Platte c gelegt. Die beiden Platten sind gemein=

124

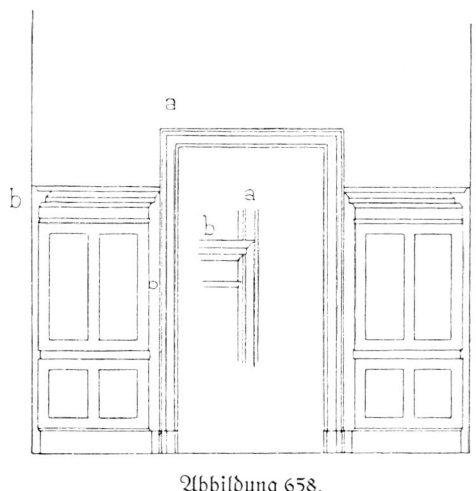

Abbildung 658.

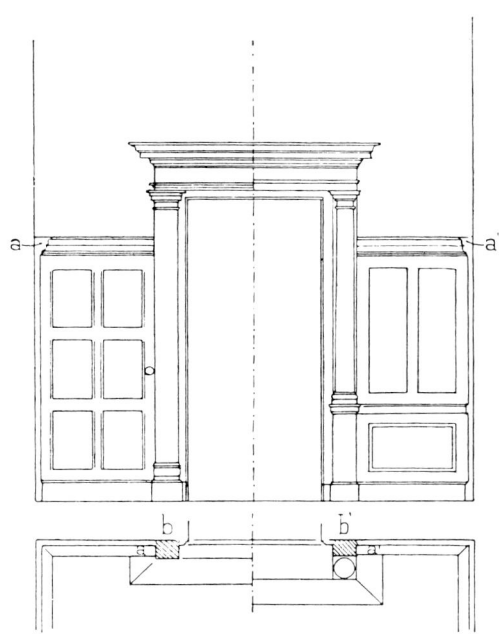

Abbildung 660.

Abbildung 659.

Abbildung 661.

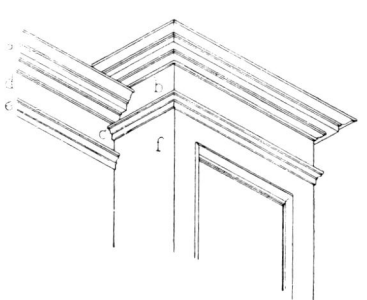

Abbildung 662.

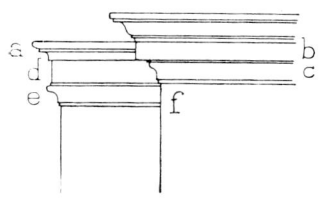

Abbildung 663.

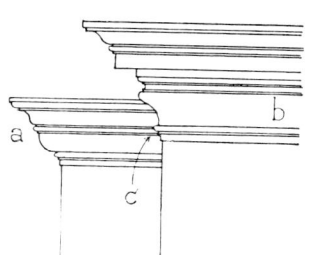

Abbildung 664.

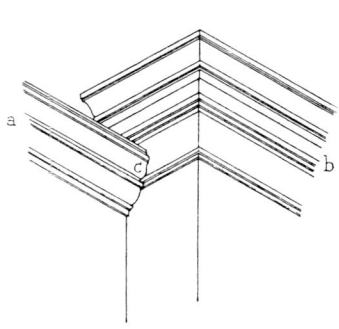

Abbildung 665.

Abbildung 658 bis 665: Einfluß der Technik auf die Form.

125

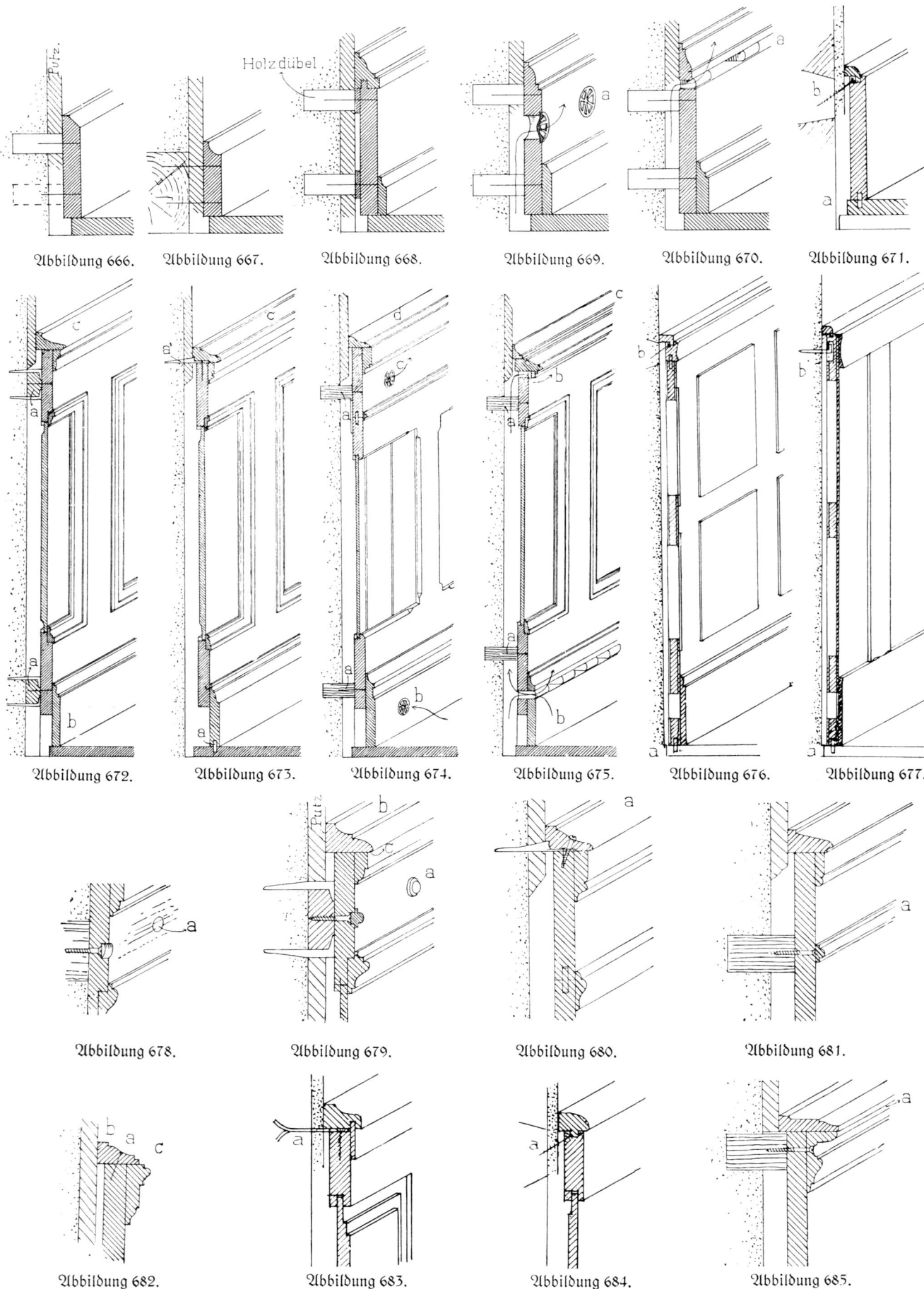

Abbildung 666.　　Abbildung 667.　　Abbildung 668.　　Abbildung 669.　　Abbildung 670.　　Abbildung 671.

Abbildung 672.　　Abbildung 673.　　Abbildung 674.　　Abbildung 675.　　Abbildung 676.　　Abbildung 677.

Abbildung 678.　　Abbildung 679.　　Abbildung 680.　　Abbildung 681.

Abbildung 682.　　Abbildung 683.　　Abbildung 684.　　Abbildung 685.

Abbildung 666 bis 684: Die Befestigung der Sockelleisten und Wandbekleidungen.

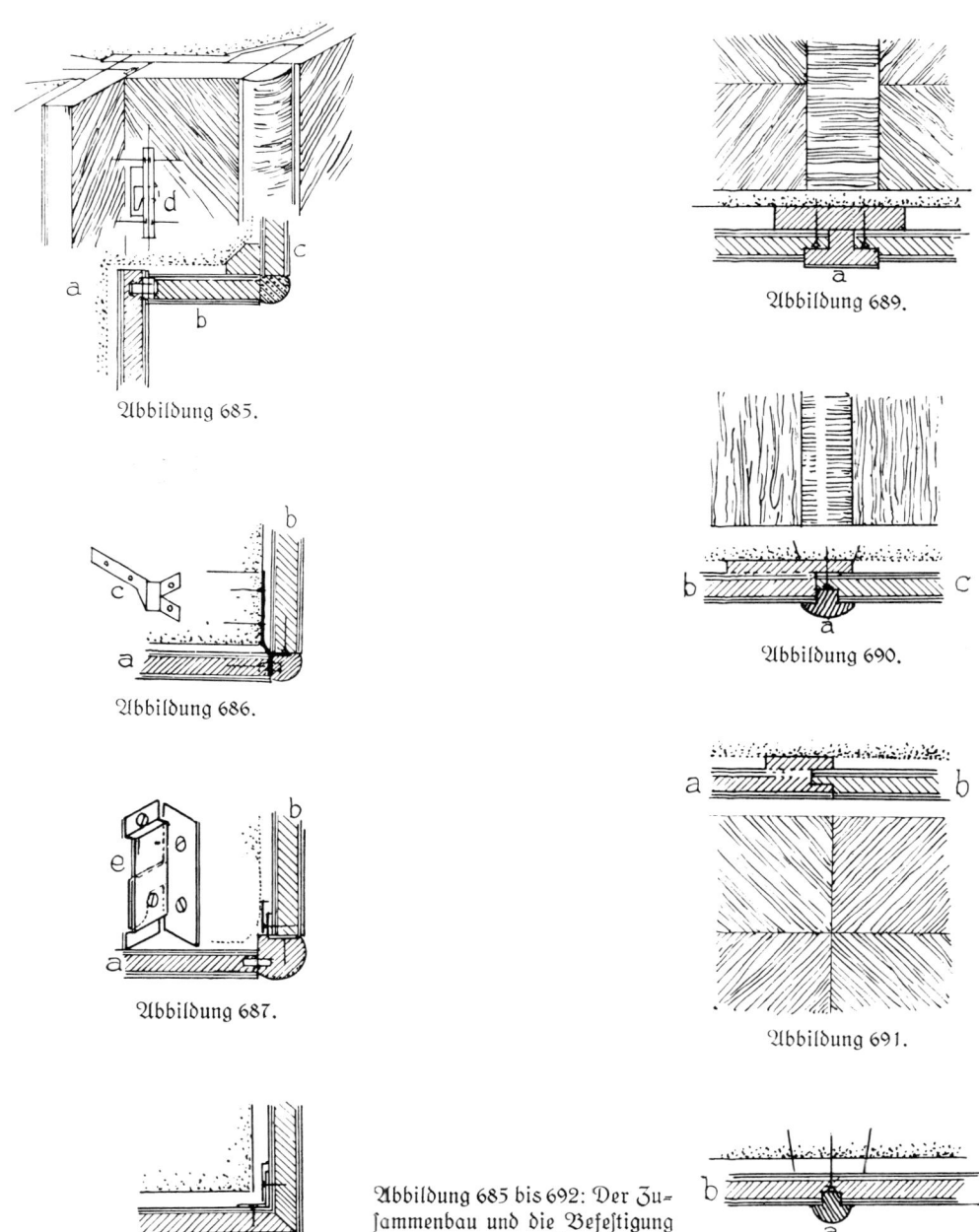

Abbildung 685.

Abbildung 686.

Abbildung 687.

Abbildung 688.

Abbildung 689.

Abbildung 690.

Abbildung 691.

Abbildung 692.

Abbildung 685 bis 692: Der Zu=
sammenbau und die Befestigung
glatter, polierter Wandbeklei=
dungen.

jam angeschraubt. In die zwischen b und c gebildete Nut
ist die Leiste a eingeleimt. Abbildung 691: a ist in der Nut
an Dübeln angeschraubt. b ist in die Nut von a einge=
schoben. Abbildung 692: Eine große Platte mußte außer
an den Rändern auch noch in der Mitte an Dübeln und
Leisten befestigt werden. Es wurde eine Nut gebildet, in
diese die Schrauben eingesetzt und die Leiste a eingeleimt.

Abbildung 693: Die Ecke eines Parkettbodens und
einer polierten Holzbekleidung der unteren Teile der
Zimmerwände. Vom Parkettboden ist sichtbar der Blind=
boden, der Wandfries (a) und eine Parkettafel. Die
polierte Holzbekleidung ist in Werkstatt vollständig fertig=
gemacht und im Bau auf dem Wandfries a des Parkett=
bodens mit Dübeln, oben an der Mauer mittels Bankeisen
(b) mit Schrauben befestigt. Nach dieser Befestigung ist
die obere, aufgedübelte Deckleiste mit Leim festgemacht.

In der Ecke greifen die Tafeln mit Nut und Feder in=
einander. Die Abbildungen 694 bis 696 zeigen, wie man
die Rahmen, Füllungen und Kehlstöße solcher Holzbeklei=
dungen mittels kleiner, an der Rückseite der Bekleidung
aufgeschraubter Eisenbleche miteinander verbinden kann.
Abbildung 696 zeigt solche Bleche auf der Rückseite einer
Rahmenecke.

In Abbildung 697 sind sechs Eckverbindungen für Wand=
bekleidungen dargestellt.

Abbildung 698 und 699: Beispiele für das Profil der
Stoßfuge größerer Teile einer Wandbekleidung in einer
Ebene — Rahmen mit Füllungen oder großen Sperrholz=
platten.

Abbildung 698, III und IV: Der Teil a ist auf Fußboden
und an Wandleisten befestigt. Auf diesem ist der Teil b
aufgesetzt und das Verschieben dieses Teiles durch Dübel

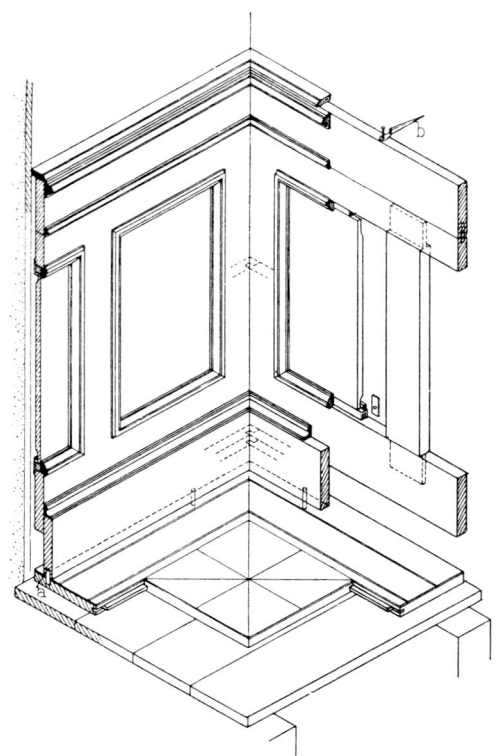

Abbildung 693.

Abbildung 693 bis 696: Der Zusammenbau polierter Wandbekleidungen und verdeckte Befestigung an Fußboden und Wand.

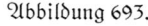

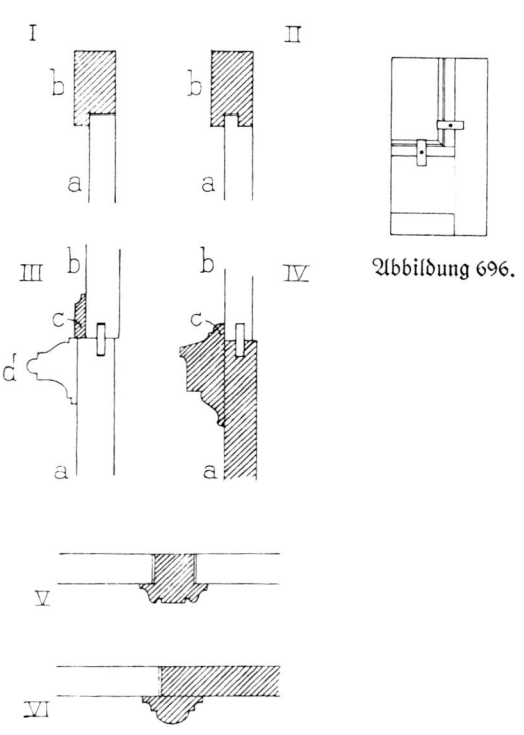

Abbildung 698.

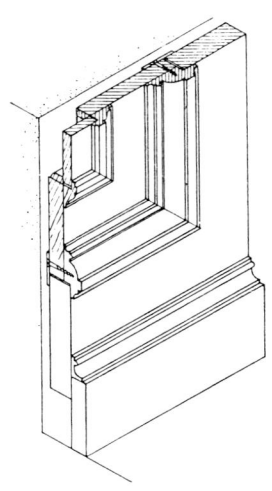

Abbildung 694.

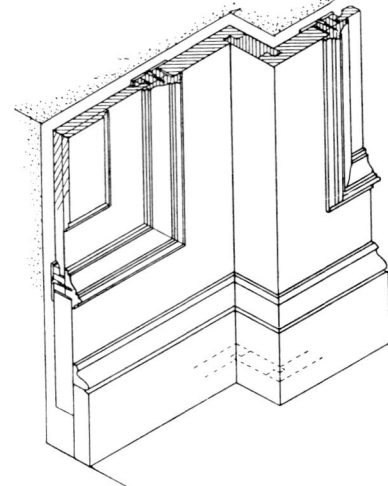

Abbildung 695.

Abbildung 696.

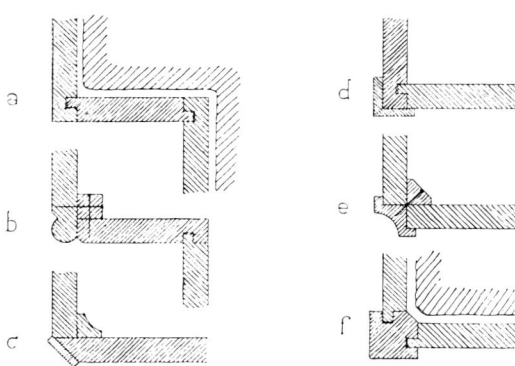

Abbildung 697: Eckverbindungen.

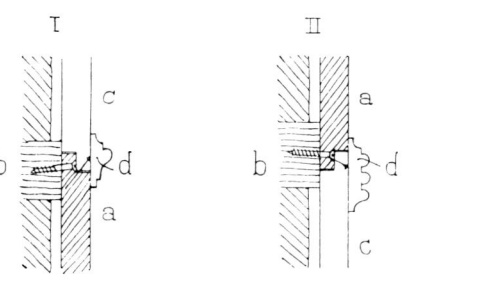

Abbildung 699.

Abbildung 698 und 699: Die Stoßfuge großer Tafeln einer Wandbekleidung (Rahmen mit Füllungen oder Sperrholzplatten) und die verdeckte Befestigung an Dübeln oder Leisten.

128

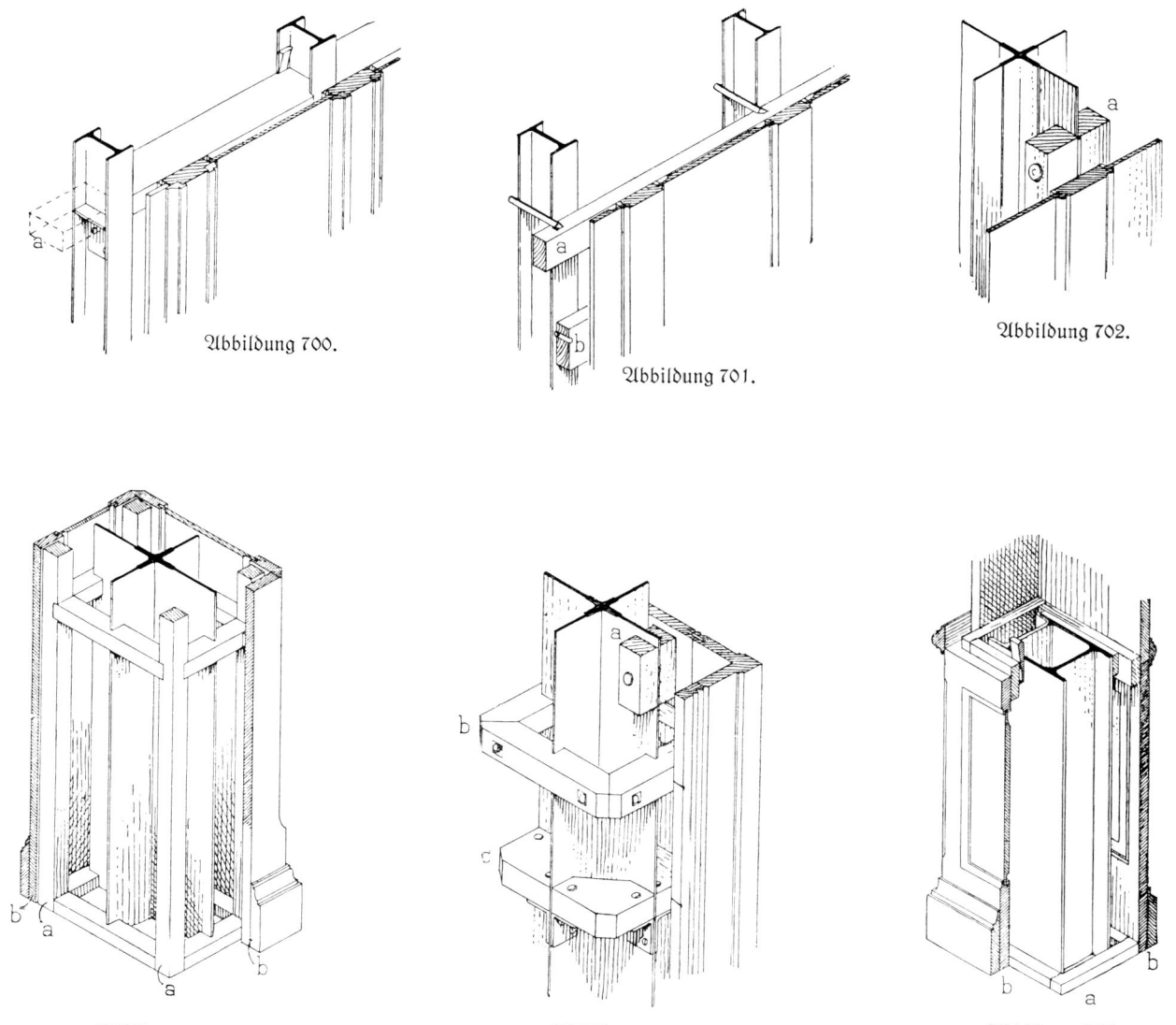

Abbildung 700.

Abbildung 701.

Abbildung 702.

Abbildung 703.

Abbildung 704.

Abbildung 705.

Abbildung 700 bis 705: Befestigung der Holzbekleidung an eisernen Trägern und Rahmen.

verhindert. Die Kehlleisten c decken die Fuge. Abbildung 698, I und II zeigen, wie die aufgesetzten Tafeln oben mittels der Leisten b an Wandleisten festgemacht werden können. Abbildung 698, V und VI geben Beispiele für lotrechte Stoßfugen: V, die schraffierte Leiste, ist zwischen zwei Platten auf eine Wandleiste aufgeschraubt und hält die Platten. Sollte das Holz der Platten durch Nachtrocknen schwinden, so ist solches doch dem Auge, durch die Form der Deckleiste, unsichtbar. Vergleiche die Formen I und II: In die Leiste b ist die Platte a eingeschoben. VI, die schraffierte Platte, ist an Wandleisten befestigt, die anstoßende Platte wird durch die Deckleiste gehalten.

Abbildung 699, I, II und III: Zwei Platten stoßen in waagerechter Fuge zusammen. Platte a ist zuerst an ein-

gegipsten Holzdübeln, an Wandleisten oder mittels Bankeisen befestigt. Dann ist Platte c an a gebracht und mit Schrauben, Stiften oder Dübeln festgemacht. Die angedübelten und aufgeleimten Leisten d decken die Fuge zwischen a und c.

Abbildung 700 bis 705: Das Bekleiden von Eisenkonstruktionsteilen mit Holz und das Bekleiden von ummauerter oder mit Beton ummantelter eiserner Stützen erfordert immer eine Subkonstruktion, ein Lattunwerk oder eingemauerter Holzdübel, um die Holzbekleidung sachgemäß befestigen zu können. Die in Abbildung 700 bis 705 angeführten Beispiele sind durch die Darstellung erklärt.

129

Abbildung 706: Holzdecke im Fürstenzimmer im Augsburger Rathaus. Anfang des 17. Jahrhunderts.

11.

Deckenbekleidungen.

Diese Bekleidungen werden fast nur zu Verschönerungs-
zwecken ausgeführt. Selten, daß heute noch Bekleidungen unter Balkenlagen nach Abbildung 712 und 713
gemacht werden. Auch scheinbar tragende Balkendecken
sind Bekleidungen unter gerohrten und geputzten Balkenlagen, gewölbten oder gestreckten massiven Decken.

Bei allen Deckenbekleidungen muß für den Zusammenbau und die Befestigung besonders das Nachtrocknen
des Holzes berücksichtigt werden. Das nicht zu ver-
hindernde Nachtrocknen darf die Verbindungen nicht
lösen, auch dürfen dadurch keine offenen Fugen sichtbar
werden. Zur Befestigung der Deckenbekleidungen benutzt man gewöhnlich ein Zwischenglied (Unterkonstruktion). Einzelne Holzstücke oder ein Leistennetz, das der
tragenden Decke angeschraubt ist oder mit Klammern,
Schrauben, eingemauerten Dübeln oder Bolzen an der
massiven Decke oder den eisernen Trägern festgemacht
ist, machen das korrekte Verbinden und Anhängen der
Deckenvertäfelung möglich (Abbildung 721 bis 736).
Die Befestigungsmittel sind unsichtbar zu machen oder als
Teil der Form durchzubilden (Abbildung 714 bis 720).

Betreffs des Materials gilt das Seite 117 und 120 für
die Wandbekleidungen Gesagte ebenfalls. Auch für diese
Bekleidungen wird jetzt viel das Sperrholz verarbeitet.
Sperrholz, durch aufgeleimtes Rahmenwerk verstärkt, ist
ein leichtes und gutes Material für große Flächen.

Abbildung 707: Felderdecke aus Sperrholzplatten und
Leisten. Abbildung 708: Gothische Balkendecken. Ab-
bildung 709: Renaissancedecke. Abbildung 710, I und II:
Neuere Decken im Renaissancestil. Abbildung 711: Neue
Decke, Barock.

Abbildung 710, I und II: Schnitt und Grundriß zweier
Felderdecken. Die Buchstaben a bis m bezeichnen die
Rahmenteilung der Decken, die auch durch den Schnitt
erklärt ist. Beim Befestigen der Decke I werden zuerst
die Teile c befestigt, dann a und b, weiter dann die Teile d
und e. Die Teile a, b, c und die obere Kante von d werden an den Leisten o festgemacht (siehe die Leisten a, Abbildung 726). Die untere Kante von d wird entweder
an o mittels Trageisen angehängt oder an eingemauerten
Holzträgern r befestigt. Die Teile e werden an r und

130

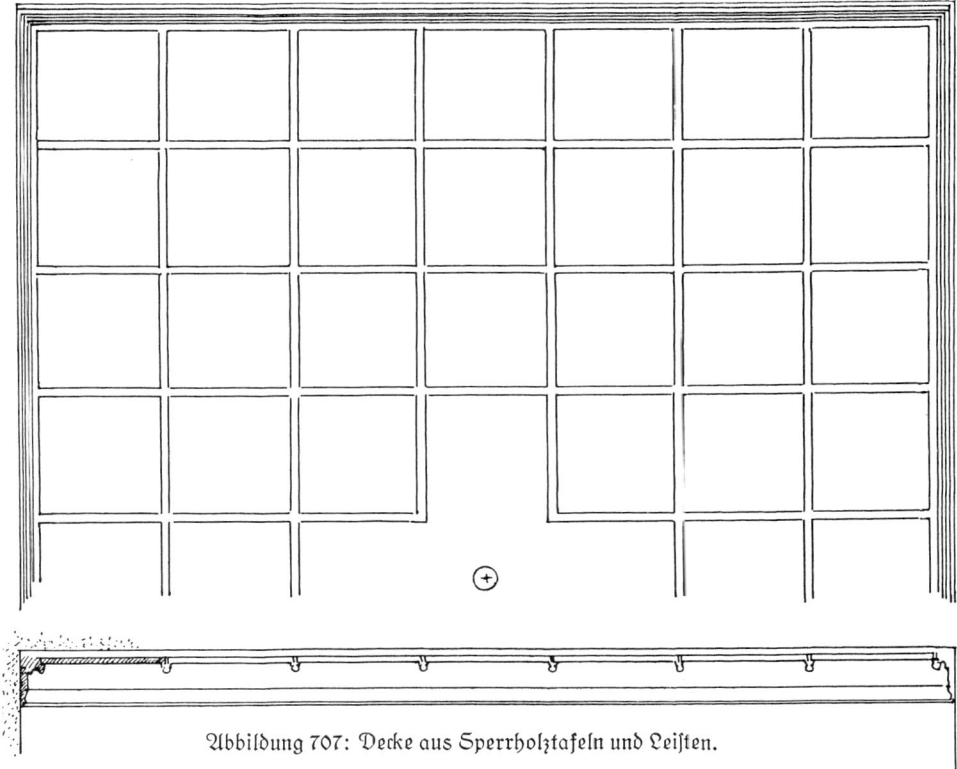

Abbildung 707: Decke aus Sperrholztafeln und Leisten.

an eingemauerten Holzdübeln p festgemacht. Beim Be=
festigen der Decke II werden zuerst die Teile h und k
befestigt. q ist eine Verzierung, die als solche zur Unter=
brechung der langen Linien des Wandfriefes da ist, die
aber auch noch den Zweck hat, eine Stoßfuge zu decken.
Der Wandfries für eine Wandseite mußte der Länge
nach aus zwei Teilen hergestellt werden, diese Teile
stoßen hinter der Kartusche q zusammen. Bei beiden
Decken sind einzelne Rahmen mit Gitterwerk gefüllt,
um die schlechte Zimmerluft (L) durch Abzugskanäle nach
oben abzuleiten.

Bei dem Entwerfen der Deckenbekleidung ist darauf zu
achten, daß es möglich ist, die Teile in solcher Reihenfolge
an der vorhandenen Decke festzumachen, daß die Arbeiter
alle Fugen durch die verdeckt liegenden Schrauben oder
Schließen dichten können (Abbildung 732, 735, 736).

Die Abbildung 711 zeigt eine Decke gleicher Größe
wie die Abbildung 710, I und II, jedoch viel einfacher im
Profil und in der Flächenteilung. Es sind hier größere
Flächen vorhanden als in denen der Abbildung 710. In der
neueren Decke (Abbildung 711) wurde es durch die
Verwendung von Sperrholzplatten möglich, große glatte
Holzflächen herzustellen. In den Decken Abbildung 710
kommt besonders der Rahmenbau zur Geltung. Decke
Abbildung 711. Zuerst die Teile c an Hängeeisen befestigt,
dann die Teile d und b und zwischen diesen die aufrechten
Teile eingesetzt. Zwischen b und c durchbrochene Fül=
lungen zur Lüftung des Raumes. Der Wandfries ist bei e
verkröpft, um den Fries nicht in ganzer Länge aus einem
Stück Holz machen zu müssen.

Die Fuge zwischen Wand und Deckenbekleidung ist
durch eine Gesimsleiste zu decken (Abbildung 717). Hat
diese Leiste einen kleinen Umfang, so kann sie an der
Deckenbekleidung befestigt werden; im anderen Falle ist
sie mittels (zu verdeckender) Mauereisen oder an ein=

gelassenen Holzdübeln zu befestigen. Die größeren,
schweren Gesimsleisten erhalten wiederum zur Deckung der
Wandfuge eine leicht anzupassende Deckleiste (Abbildung
718 bis 720).

Abbildung 712: Zwischen den Balken (a) sind die
Füllungen (b) an Leisten befestigt. Die Leiste c deckt die
Fuge zwischen Füllung und Balken. Die Füllungsbretter
sind genutet und gefedert.

Abbildung 713: Die Füllung b ist mit Schrauben an d
befestigt. Die Füllungsbretter b sind mit Feder und Nut
an den Leisten c gebunden. Die Verschalung a ist am
Balken befestigt.

Abbildung 714: Hier ist zuerst die Balkenbekleidung
befestigt, dann mit den Dübeln c die Füllung b. b ist
gleich b in Abbildung 713.

Abbildung 715: Die Seitenflächen und die unteren
Flächen der Balken sind behobelt und gekehlt. Und unter
der gerohrten und geputzten Füllung sind am Balken
gekehlte Leisten befestigt.

Decken der Art Abbildung 712 bis 715 werden nur noch
selten gemacht. Will der Bauherr Holzdecken dieser Art,
so werden Scheinbalkendecken den gerohrten und geputzten
Decken oder den gestreckten massiven Decken angehängt.
Diese Bauweise ist feuersicherer als die der Abbildung 712
bis 715.

Abbildung 716: Diese Scheinbalkendecke ist unter einer
gerohrten und geputzten Decke befestigt. Die Listen a
sind zuerst festgemacht, zwischen diesen die Bretter b mit
den Schienen c' befestigt, dann die Scheinbalken d und
zuletzt das Wandbrett e mit der Leiste f.

Abbildung 717: Die Deckleiste a ist an Wanddübeln
befestigt. Genagelt oder geschraubt wird in der großen
Hohlkehle, damit die Schrauben= oder Nagelköpfe von
unten nicht sichtbar sind.

131

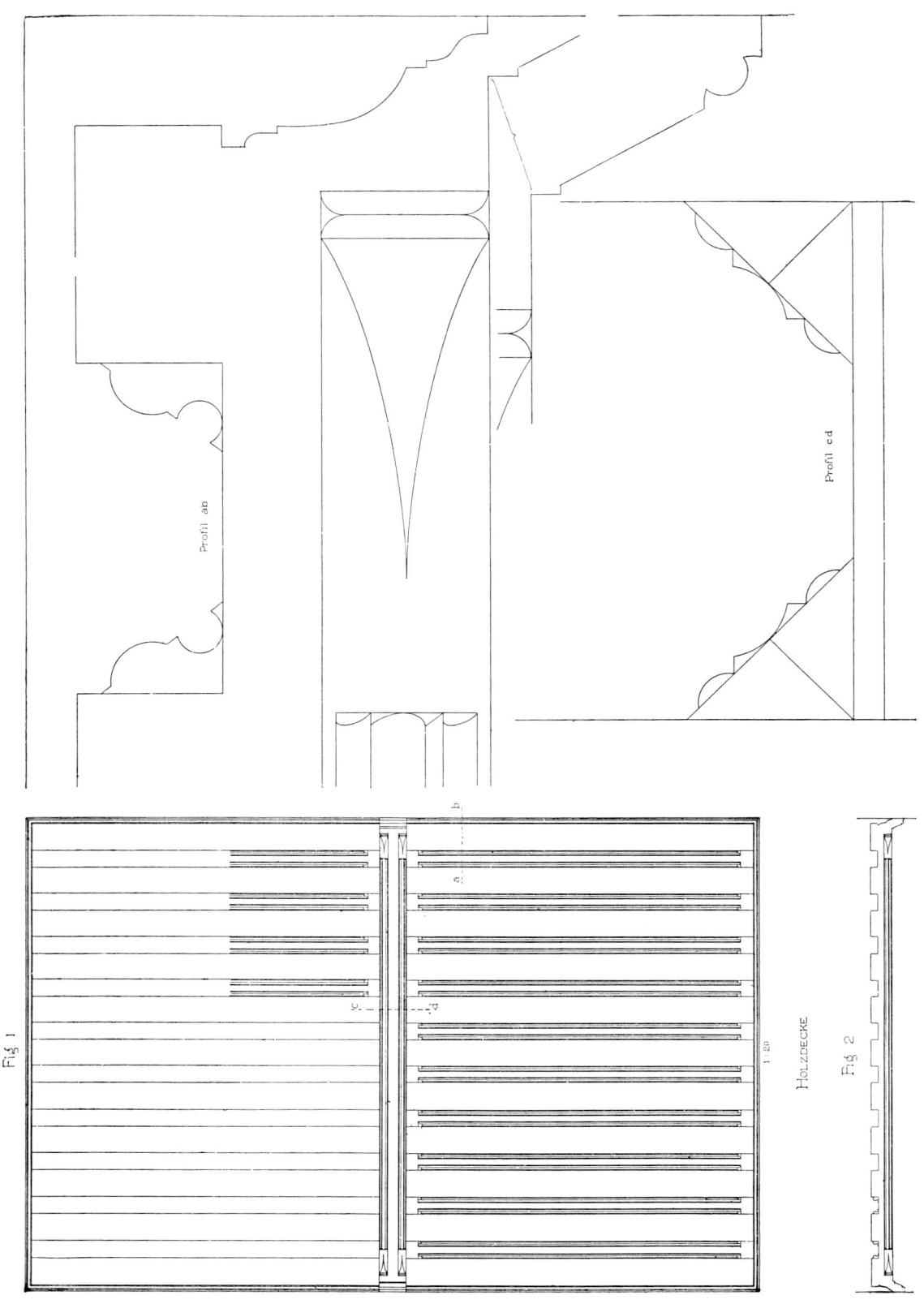

Profil ab

Profil cd

Fig 1

HOLZDECKE

Fig 2

Abbildung 708: Gotische Decke.

Abbildung 718: Das Befestigungsmaterial ist verdeckt durch die Rosetten c, die Zahnschnitteile i und die Nuten.

Abbildung 719: Der Fries (a) mit der darüber befindlichen Platte ist durch die Schrauben (b) mit eingemauerten Bohlenstücken verbunden. Die Konsole e decken die Schraubenköpfe. Die Konsole werden mit tiefliegenden Stiften (f) an a befestigt. c ist durch die Nut mit a verbunden und wird in der Nut d genagelt. e hat nach der Wand zu gegen a einen Vorsprung, damit das Anpassen dieser Leiste an das Mauerwerk erleichtert wird.

Abbildung 720: a ist an b so befestigt, daß das Holz schwinden kann. c ist an e und weiter mit dem Eisenblech d

132

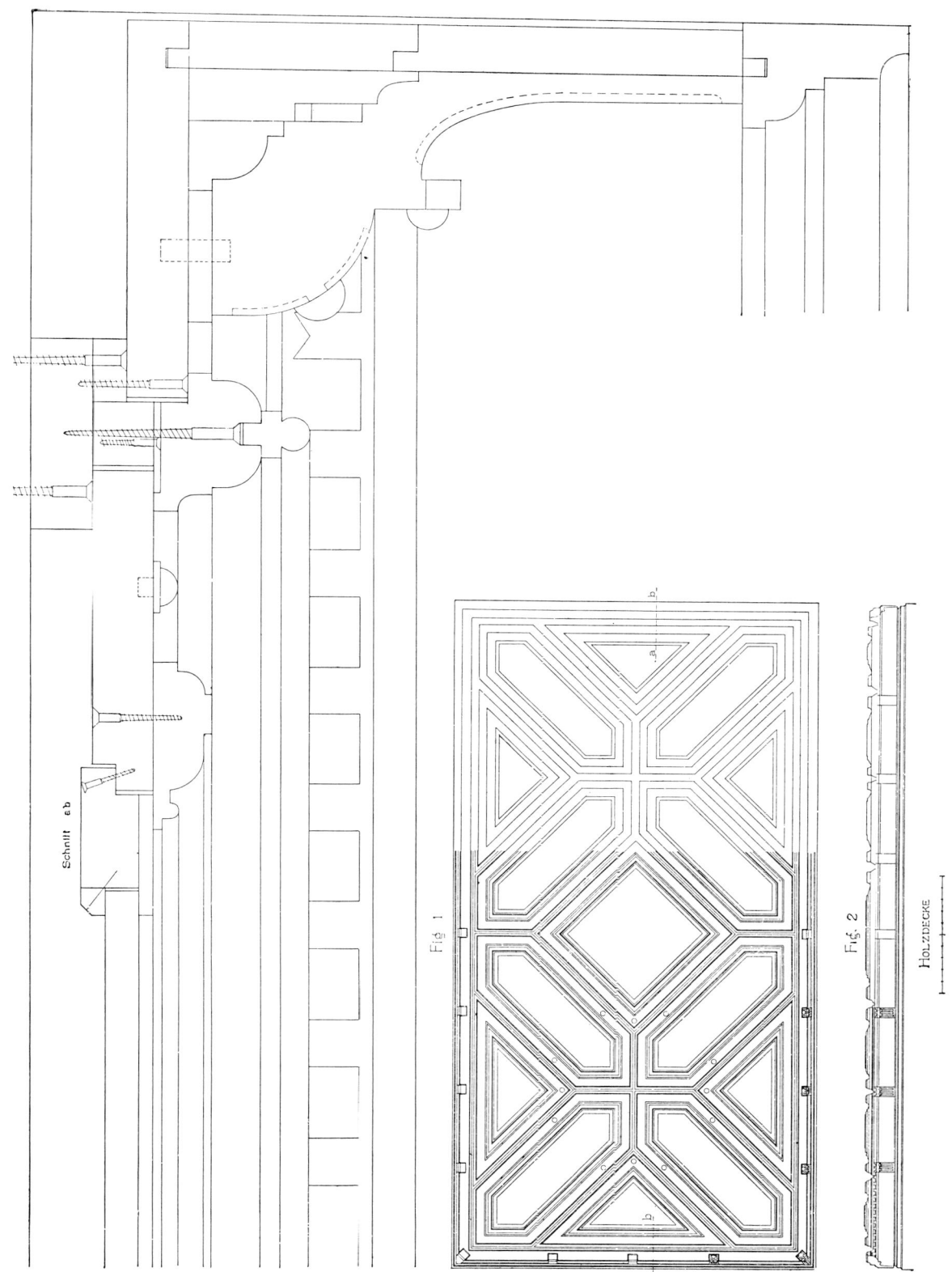

Abbildung 709: Renaissancedecke.

an a befestigt (vgl. die Abbildung 852). Diese Befestigung gestattet ebenfalls ein Schwinden des Holzes. Das Eisenblech d wird durch eine Kehlleiste verdeckt. Zuletzt wird f und h an e und g festgemacht. Die Nägel oder Schrauben zum Befestigen von f an g können durch den Zahnschnitt i verdeckt werden.

Die Abbildungen 721 bis 725 sind Beispiele der Befestigung hölzerner Bekleidungen an eisernen Trägern, gewölbten oder gestreckten massiven Decken.

Die Holzklötze oder Holzleisten, an denen die Bekleidungen befestigt sind, liegen eingemauert zwischen den Eisenträgern quer zu deren Richtung oder werden an den

133

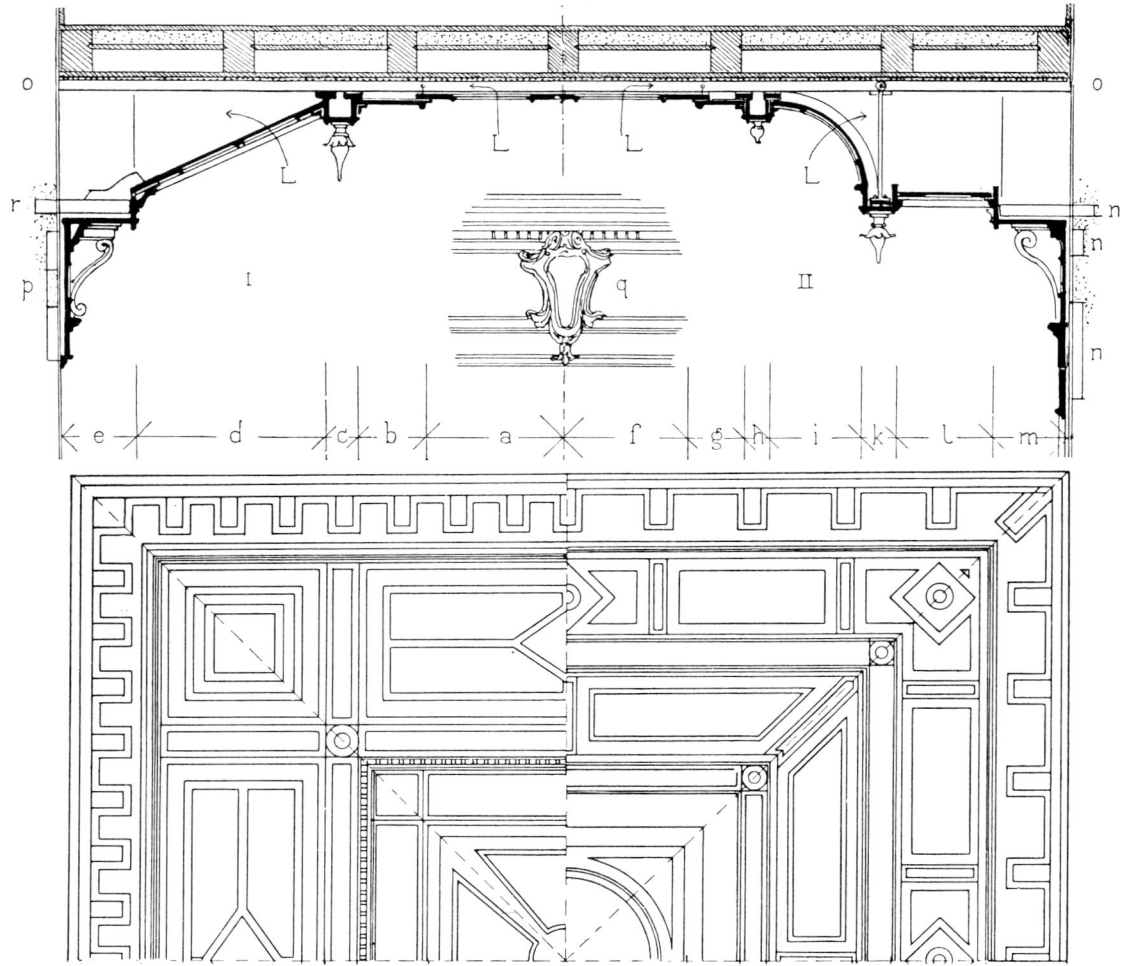

Abbildung 710: Zwei Deckenbekleidungen, zusammengesetzt aus Rahmen mit Füllungen, Zierleisten und wenigem anderen Zierwerk.

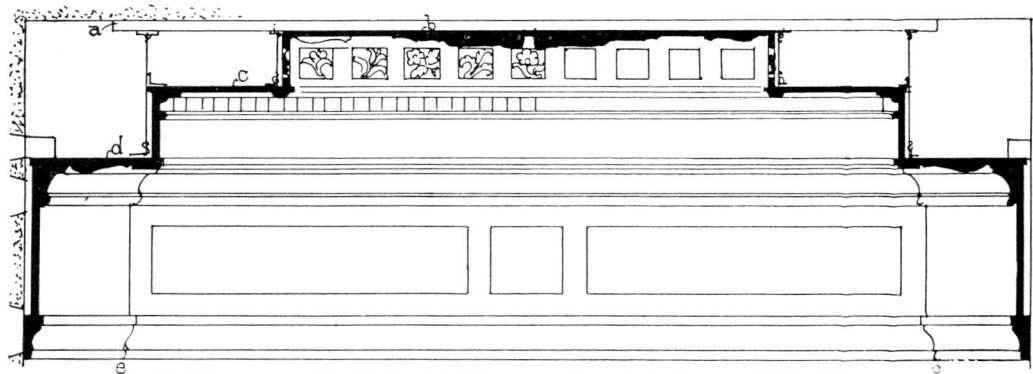

Abbildung 711: Eine Deckenbekleidung aus Sperrholzplatten und Zierleisten.

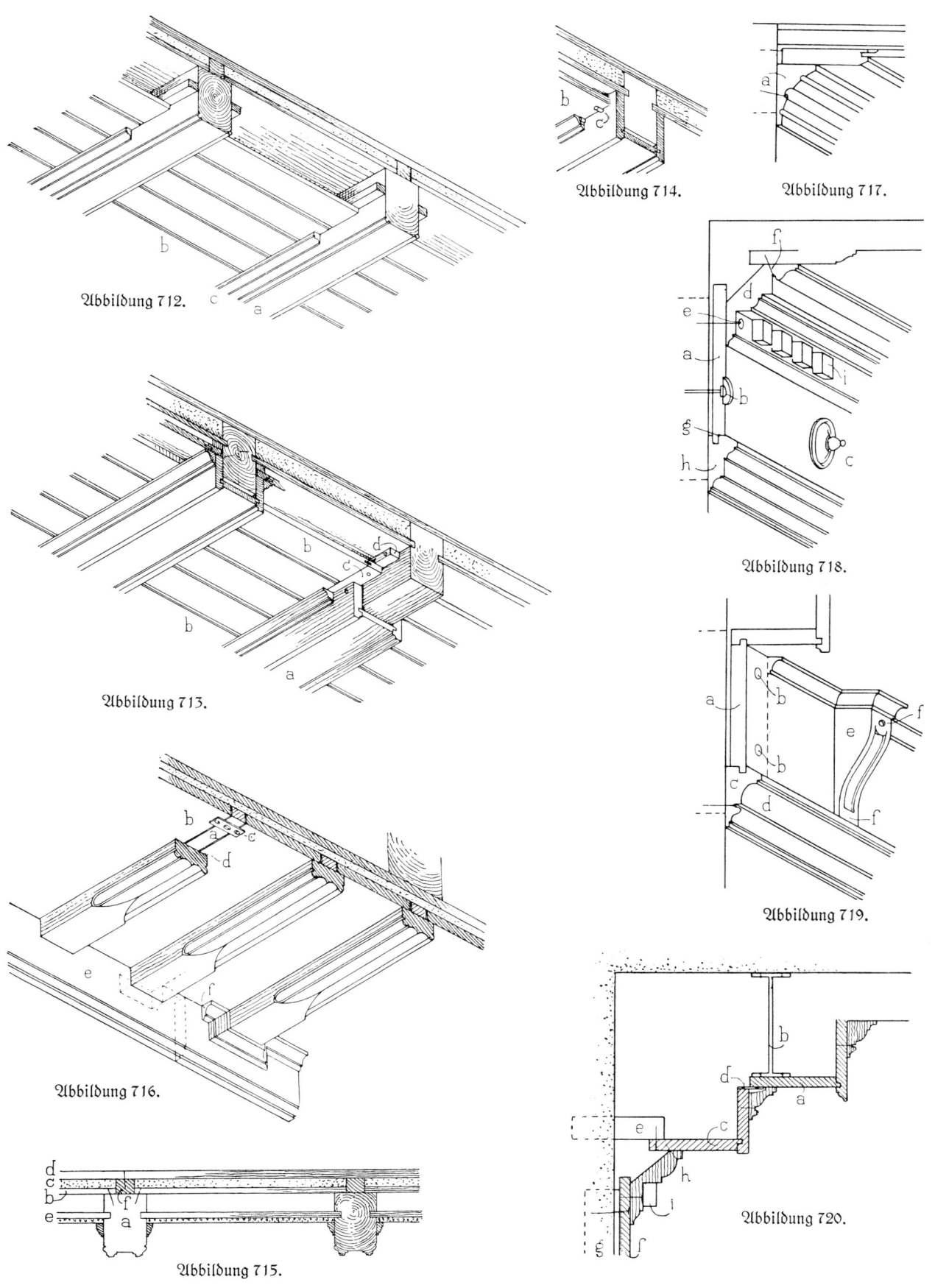

Abbildung 712.

Abbildung 713.

Abbildung 716.

Abbildung 715.

Abbildung 714.

Abbildung 717.

Abbildung 718.

Abbildung 719.

Abbildung 720.

Abbildung 712 bis 715: Bekleidungen unter Balkendecken, und Abbildung 716: Eine Scheinbalkendecke als Bekleidung einer gerohrten und geputzten Decke.

Abbildung 717 bis 720: Beispiele für die verdeckte Befestigung von Wandfriesen unter Decken.

135

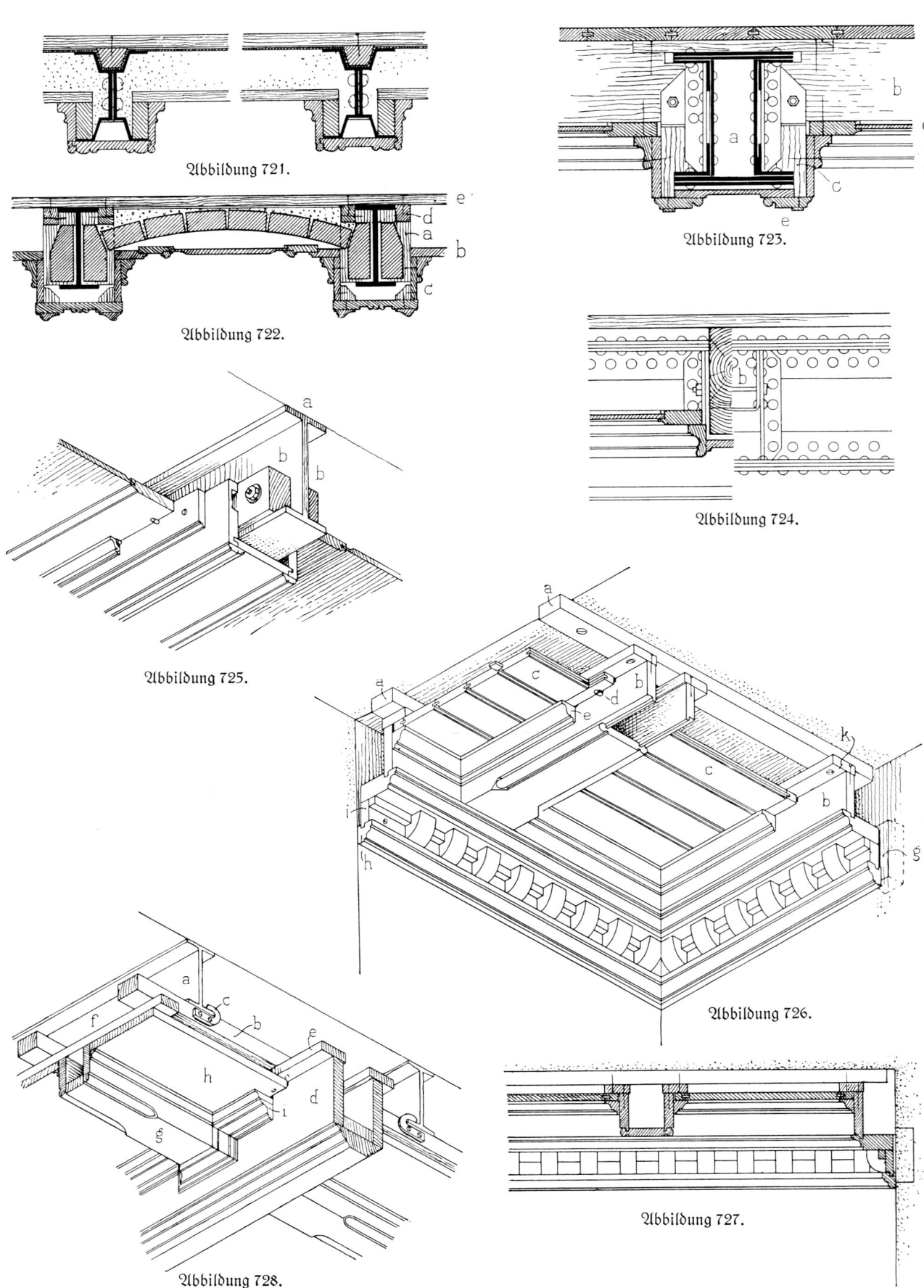

Abbildung 721.

Abbildung 722.

Abbildung 723.

Abbildung 724.

Abbildung 725.

Abbildung 726.

Abbildung 727.

Abbildung 728.

Abbildung 721 bis 725: Die Verbindung der Holzbekleidung mit den Massivdecken. Abbildung 726 bis 728: Die Konstruktion der Scheinbalkendecken.

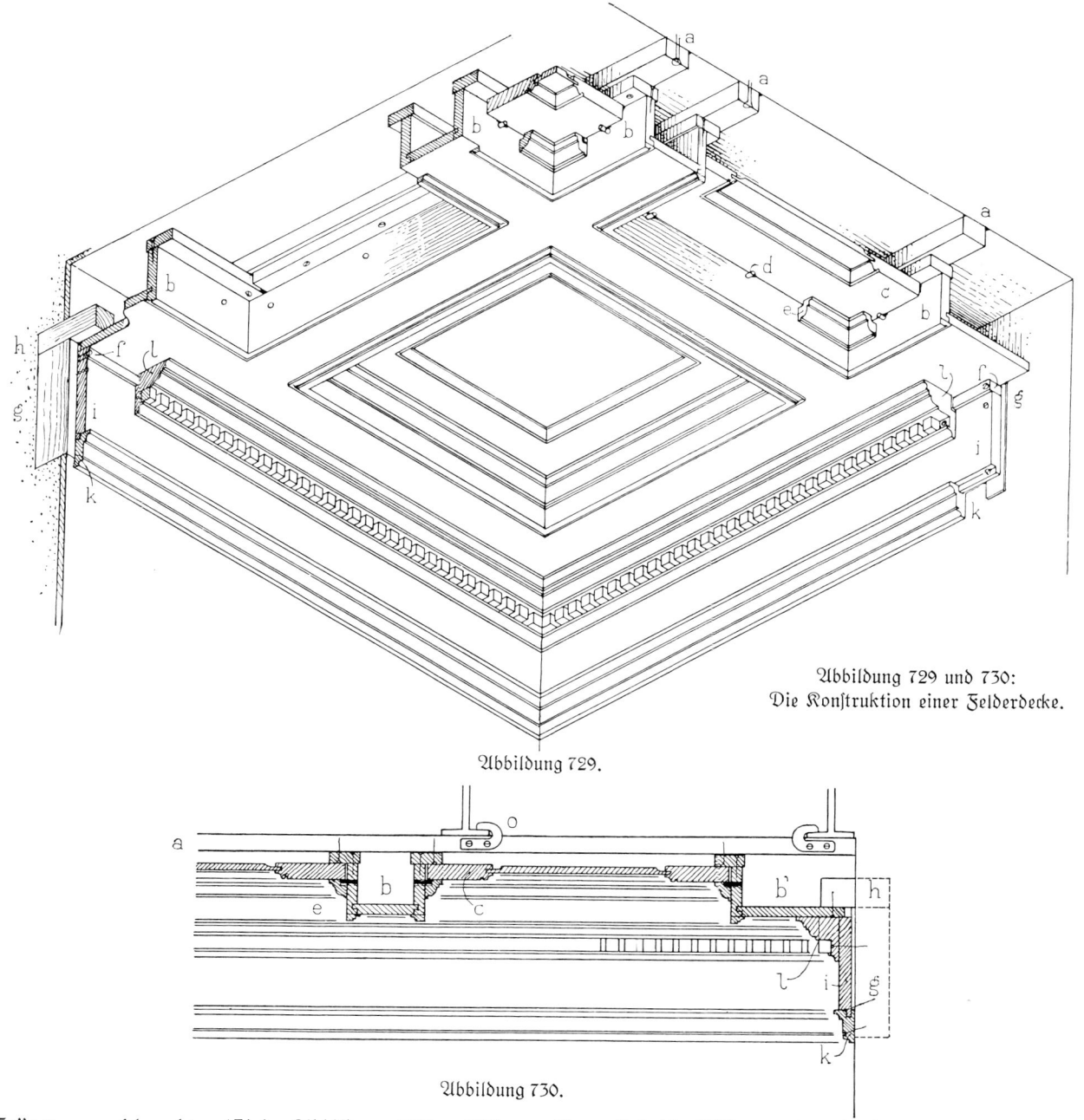

Abbildung 729.

Abbildung 729 und 730:
Die Konstruktion einer Felderdecke.

Abbildung 730.

Trägern angeschraubt. (Siehe Abbildung 722 a, 724 c, 725 b.) Zur Befestigung von Bekleidungen an gemauerten Gewölben werden Latten; Dübel oder Trageisen einge= mauert oder eingegipst.

Abbildung 726: Diese Deckenbekleidung ist aus Schein= balken und Füllungen (sogenannte Balkendecke) zusammen= gesetzt.

Unter der feuersicheren Decke ist ein System von Leisten (a) befestigt und an diesen die Bekleidung. Die Scheinbalken b sind an den Leisten a mit Schrauben festgemacht. Zwischen und an den Balken b sind die Füllungsbretter c im Rahmen mit den Dübeln d befestigt. Die Leisten c werden zuletzt eingestiftet. Der Wandfries ist an eingegipsten Holz= dübeln (g) angeschraubt. Die Schraubenköpfe und Löcher sind durch Konsole verdeckt.

Abbildung 727: Schnitt durch die Balkendecke Abbil= dung 726.

Abbildung 728: Balkendecke. Der Balken d ist an den Leisten b, und diese sind mittels der Haken c an den eisernen Trägern a befestigt. An den Leisten b sind die Querleisten f und an diesen die Balken g angeschraubt.

Dann sind die Füllungen h und die Kehlleisten i an den Scheinbalken d und g befestigt.

Abbildung 729: Felderdecke. Die Friese b sind zuerst befestigt, dann die Füllungen c (die Felder). Zuletzt die Zier= leisten e, der Wandfries i k und die Zierleiste l.

Abbildung 730: Schnitt durch die Decke Abbildung 729.

Die Abbildungen 731 bis 736 zeigen, wie die Friese an der Kreuzung zusammengehalten werden können: durch die Schrauben c Abbildung 731, durch die Schraubbolzen Ab= bildung 736 oder durch den Keilverschluß m Abbildung 734 und 735. Mit entscheidend für die Wahl des Verschlusses ist das Deckenprofil. Die Arbeiter müssen bei dem Zu= sammenbau der Deckenbekleidung unter der Decke an die Schließen herankommen können. Wenn das nicht der Fall ist, dann nützt die beste Schraube nichts. Der Zusammen= bau (Abbildung 731 und 732) ist in vielen Fällen gut an= wendbar. Die Eisen a werden zuerst angeschraubt, an diesen die Friese b; dann werden alle Friese mit den Schrauben c fest und dicht zusammengezogen. Zuletzt wer= den die Rahmen d mit den Füllungen eingesetzt und an den Leisten a (Abbildung 733) sowie an b befestigt.

137

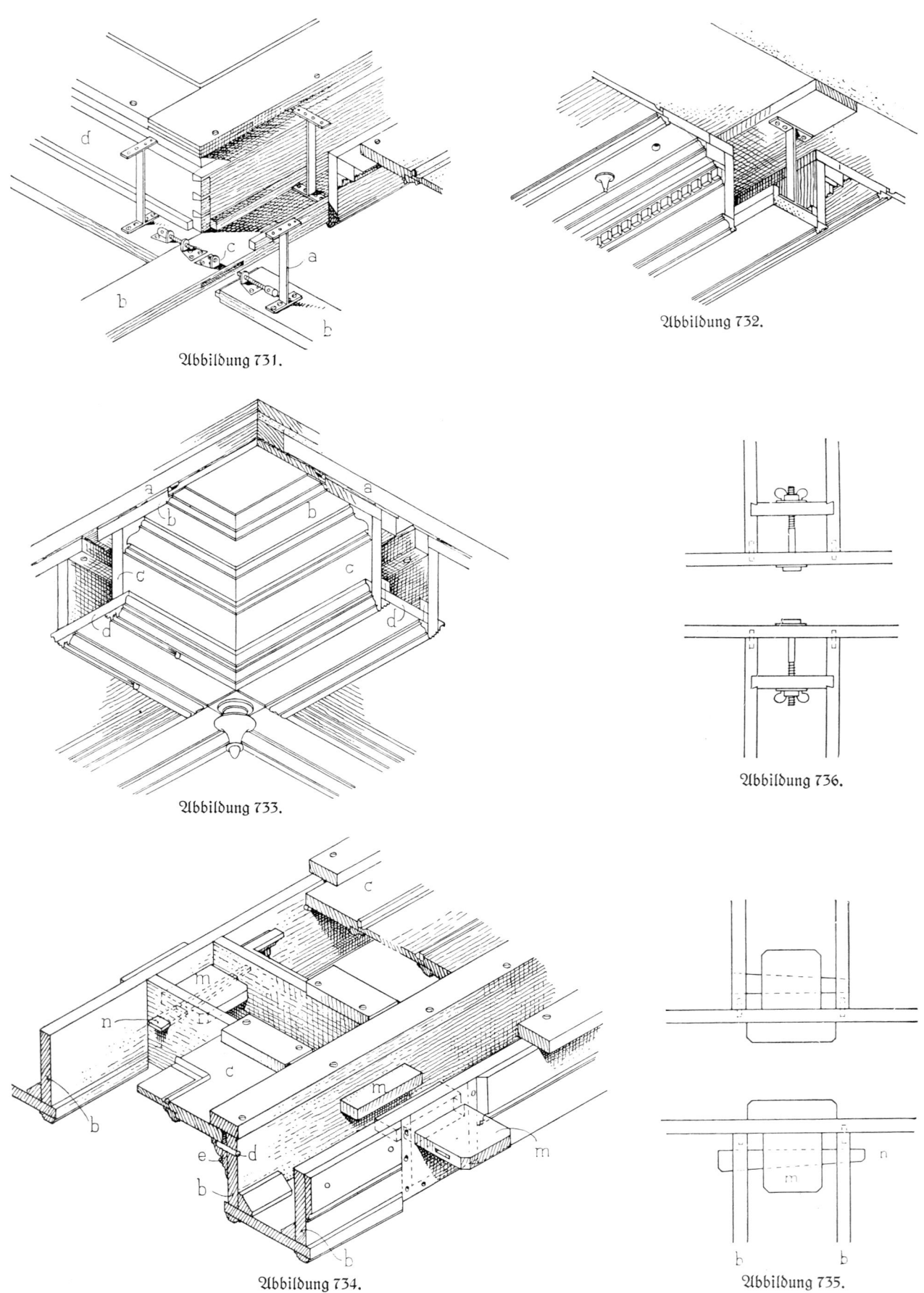

Abbildung 731.

Abbildung 732.

Abbildung 733.

Abbildung 736.

Abbildung 734.

Abbildung 735.

Abbildung 731 bis 736: Der Zusammenbau der Friese da, wo sich zwei kreuzen oder zwei einen Winkel bilden.

Abbildung 737: Sitzecke.
Entwurf: Architekt H. Tessenow.

Landesverein Sächsischer Heimatschutz.
Ausführung: Deutsche Werkstätten AG., Hellerau.

12.

Sitzmöbel.

Stuhl (Sessel), Lehnstuhl (Lehnsessel, Armstuhl), Schemel (Bock, Hocker), Bank, Sofa.

Der Zweck dieser Möbel ist, dem Menschen ein bequemer, sicherer Sitz zu sein: am Arbeitstisch, am Eßtisch, im Gesellschaftszimmer oder in bequemer Ruhelage. Diesen verschiedenen Zwecken entsprechend sind auch Größe, Form und Material der Sitzmöbel verschieden.

Die Sitzfläche. Erfahrungsgemäß ist die Höhe einer Sitzfläche vom Boden dann am angenehmsten, wenn bei horizontaler Auflage der Oberschenkel des Sitzenden und senkrechter Stellung der Unterschenkel die Füße in ganzer Länge den Boden berühren (Abbildung 738). Ein Sitz, der höher oder niedriger ist als dieser, ist unbequem zu erreichen und zu verlassen (Abbildung 740 und 741). Kleine Abweichungen der Sitzhöhe von dieser Regel werden durch den besonderen Zweck eines Sitzmöbels und die Mode bedingt.

Abbildung 738: Alle Maße sind in Zentimetern angegeben. T bedeutet Tischhöhe, A Armlehnenhöhe.

Die Breite und Tiefe der Sitzfläche sind nach dem näheren Zweck des Sitzmöbels (Abbildung 742 bis 747) zu bestimmen. Die Sitzfläche eines Schemels kann kleiner sein als die eines Stuhles und diese kleiner als die eines

Sessels, und ein Gerät, das zum Sitzen und zum Liegen dient, muß eine unserer Körpergröße entsprechende Länge und Breite haben. Sitzflächen, deren Form der Körperform angepaßt, also etwas hohl sind, bieten einen sichereren Sitz als runde gewölbte Flächen; Polster mit runder Oberfläche sind nicht zu den runden Sitzflächen zu zählen, da beim Sitzen das Polster durch die Last des menschlichen Körpers zusammengedrückt wird, beim Sitzen also eine hohle Fläche vorhanden ist. Ist für einen bestimmten Zweck ein übermäßig hoher Sitz erforderlich, so sind für das bequeme Erreichen und Verlassen des Sitzes sowie als Stütze für die Füße während des Sitzens Stufen und Trittbretter zu schaffen (Abbildung 742).

Abbildung 745: Bei vorn und hinten geschweiften Sitzflächen ist die Sitztiefe in der Mitte der Sitzfläche von vorn nach hinten zu messen.

Die Lage der Sitzfläche wird im allgemeinen horizontal sein müssen. Nach vorn geneigte Sitzflächen sind unpraktisch. Nach hinten geneigte Sitzflächen sind für Stühle, Lehnstühle, Sofas dann gut, wenn ein besonders sicherer Sitz erreicht werden soll, weil der Körper durch die Neigung der Sitzfläche gegen die Rückenlehne gedrängt wird (Abbildung 743).

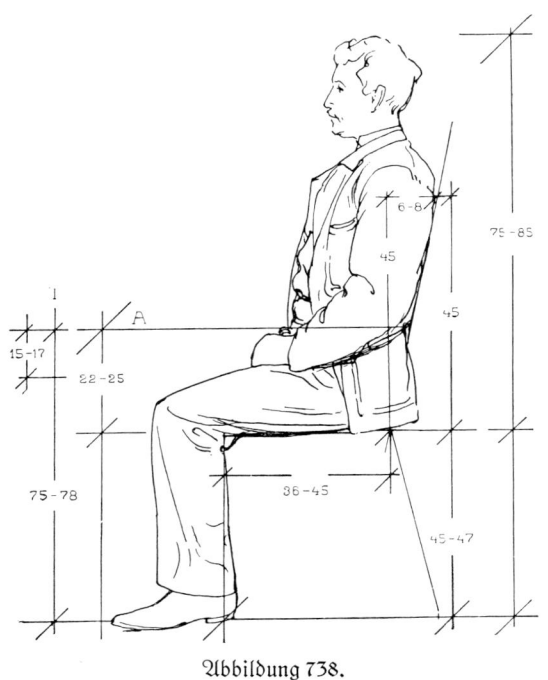

Abbildung 738.

Abbildung 739.

Für die Form und Stellung der Stützen des Sitzes gilt im allgemeinen, daß, je breiter die Grundfläche des Stuhles, desto sicherer der Sitz ist (Abbildung 743 und 744).

Zwischen den Vorderfüßen der Stühle, Lehnstühle und Sofas soll nicht unnötig viel Riegelwerk (Stege usw.) befestigt werden, namentlich nicht zwischen ihren unteren Teilen, weil dadurch die Bewegung der Unterschenkel des Sitzenden behindert wird (Abbildung 747).

Abbildung 744: Bei gewöhnlich gebräuchlicher Neigung der Rückenlehne R T dürfen die Stuhlfüße lotrecht gegen den Boden gerichtet sein (S v, T u), das Möbel bietet doch einen sicheren Sitz. (Vgl. Abbildung 745). Bei außergewöhnlicher Neigung der Lehne muß jedoch die Grundfläche des Stuhles entsprechend vergrößert, müssen die Hinterstollen des Stuhles schräg gestellt (T u') oder entsprechend hinausgerückt werden. (Vgl. Abbildung 743.)

Ein Sitz mit der Grundfläche v' u' ist natürlich sicherer als ein solcher mit der Grundfläche v u. Das Schrägstellen der vorderen Füße darf nicht übertrieben werden, weil, abgesehen von der größeren Grundfläche, die solch ein Möbel beansprucht, die schräg vorstehenden Füße dem Verkehr hinderlich sind.

Bei der Bemessung der Stuhlhöhe ist das mehr oder minder starke Zusammendrücken des Polsters durch den Sitzenden in Betracht zu ziehen, je nachdem ein Polster weich oder hart ist (Abbildung 748).

Die Rückenlehne dient als Stütze des Rückens. Sie erfüllt diesen Zweck am besten, wenn sie etwas nach hinten geneigt (etwa 10 Grad) und so hoch ist, daß sie bis zur Höhe der Armhöhle reicht und in der Breite der des Oberkörpers entspricht. Eine etwas hohle Rückenlehne ist besser als eine ebene. Eine runde Fläche ist hier ebenso unpraktisch wie als Sitzfläche. Bei der Gestaltung der Rückenlehne ist immer danach zu trachten, mindestens drei Punkten des Rückens eine Stütze zu geben, einem in der Höhe der Lendenwirbel, zweien in der Höhe der Schulterblätter (Abbildung 738).

Abbildung 740.

Abbildung 738 bis 747:
Die Normalmaße der Sitzmöbel.

Abbildung 741.

140

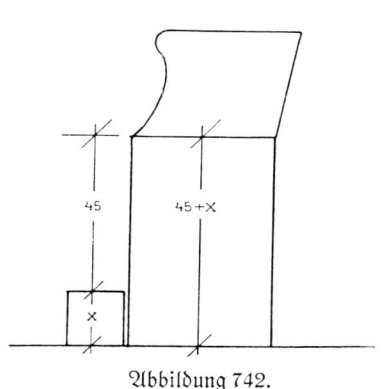

Abbildung 742.

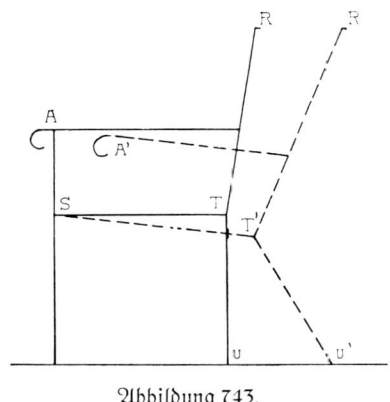

Abbildung 743.

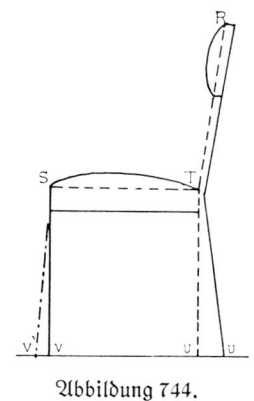

Abbildung 744.

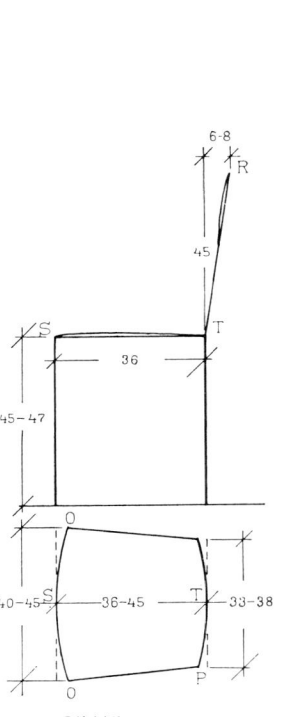

Abbildung 745.

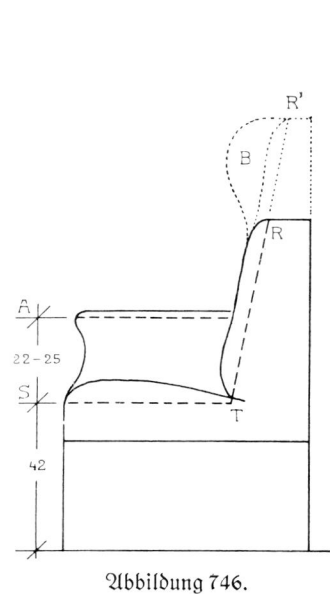

Abbildung 746.

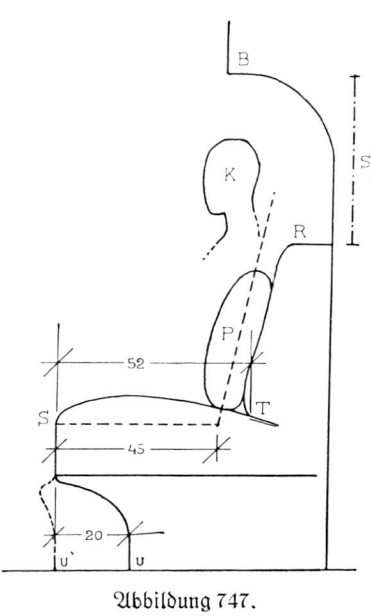

Abbildung 747.

Abbildung 748: Die Sitzpolſterhöhe und die Höhe des tragenden Geſtells.

Höhere Rückenlehnen als die in Abbildung 738 und 744 bis 747 dargestellten haben als solche keinen praktischen Wert, es sei denn, daß sie so hoch sind, daß der Kopf angelehnt werden kann (R′ Abbildung 746).

Für Sitzmöbel mit Rückenlehne ist eine tiefere Sitzfläche gebräuchlich als für solche ohne Lehne — aber nicht tiefer, als daß bei bequemer Anlehnung des Rückens die Vorderkante des Sitzes die Kniekehlen des Sitzenden berührt (Abbildung 738).

Sitzflächen, die aus irgendeinem Grunde größere Tiefen haben müssen — weil sie zum Beispiel zeitweilig auch als Lager dienen (siehe Sofa), werden, um ein bequemes Anlehnen des Rückens zu ermöglichen, niedriger gebaut als gewöhnliche Stühle, oder sie werden im Bedarfsfalle durch Polster (Kissen) verschmälert. (Vgl. Abbildung 747.)

Abbildung 746: R′ Polsterhöhe, wenn der Kopf angelehnt werden soll. — B Polsterbacke zum seitlichen Anlehnen des Kopfes.

Abbildung 747: Die für den sitzenden Menschen zu große Sitztiefe (52 Zentimeter) ist durch das Kissen P entsprechend verkleinert. B Baldachin.

Bei Sitzmöbeln mit vollem Unterbau — wie es bei Truhen und bisweilen bei Bänken und Sofas der Fall ist — darf der Unterbau nicht vor den Sitz vortreten, damit der Sitzende nicht in der Haltung der Füße beengt wird und die Profile beschädigt. (Vgl. das Profil S u′ und S u.)

Die Armlehnen verfehlen ihren Zweck, wenn sie so niedrig sind, daß sie nur durch unbequemes Neigen des Körpers zu erreichen sind, oder wenn sie so hoch sind, daß das Auflegen der Arme ebenfalls nicht mehr bequem ist.

Die beste Höhe für diese Lehnen ist, wenn bei bequemem Sitz und bei bequemer Lage des Rückens, gleicher Lage des Oberarmes, ohne Hebung der Schulter der Unterarm in horizontaler Lage in ganzer Länge die Lehne berührt (Abbildung 738).

Die Armlehnen müssen möglichst so lang sein, daß ihre freien Enden als Angriffspunkte und Stützpunkte für die Hände beim Verlassen des Sitzes benutzt werden können (Abbildung 743).

Die mindeste Entfernung zwischen den Armlehnen ergibt sich aus der Körperbreite und der Kleidung derjenigen, die den Stuhl benutzen sollen (Abbildung 739).

Die Höhe der Armlehnen kann von der Stuhlbreite abhängig werden, wenn bei außergewöhnlicher Breite des

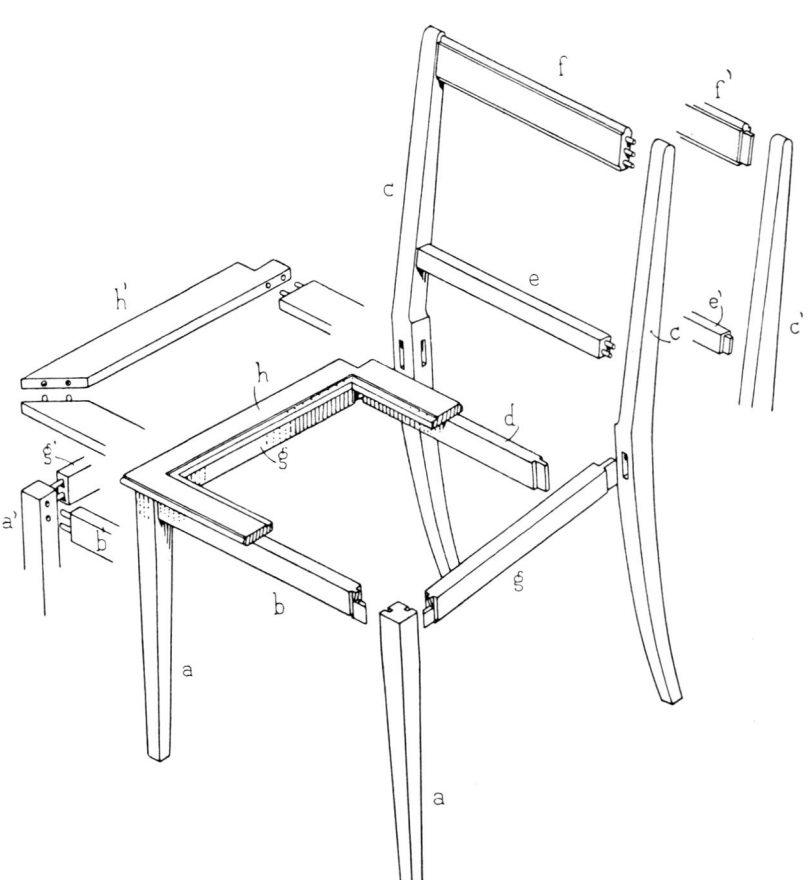

Abbildung 749: Der Zusammenbau eines einfachen Stuhles mit Rohrgeflechtsitz.

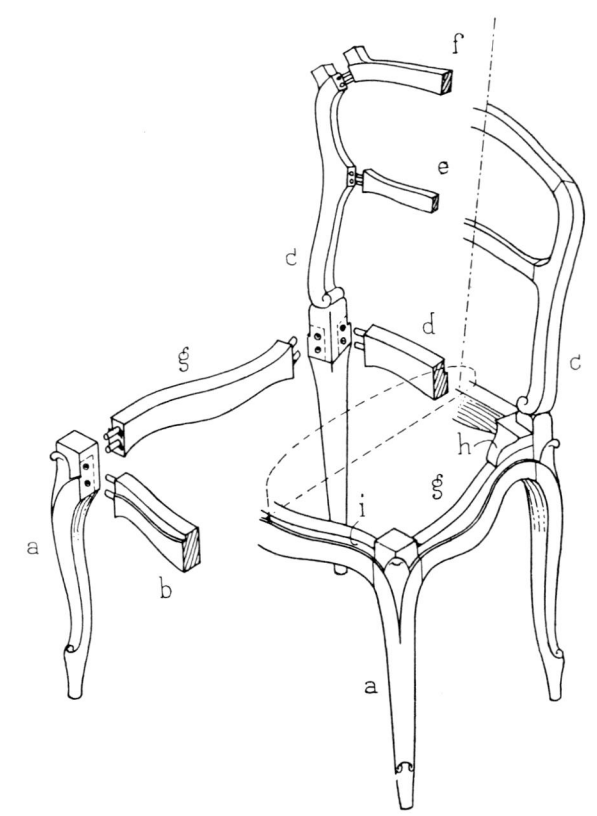

Abbildung 750: Der Zusammenbau eines Rokokostuhles mit Sitzpolster.

142

Stuhles volles Aufliegen der Unter=
arme gefordert wird (Abbildung 739).

Die Sitzmöbel: Schemel (Bock,
Hocker), Stuhl (Sessel), Lehnstuhl (Lehn=
sessel, Armstuhl), Bank und Sofa unter=
scheiden sich voneinander durch die
Breite und Länge ihrer Sitzflächen und
das Vorhandensein oder Fehlen der
Lehnen für Arme und Rücken.

Je nach dem besonderen Zweck des
Sitzmöbels ist die Sitzfläche groß oder
klein, die Rückenlehne hoch und breit
oder niedrig und schmal auszubilden —
ist es mit oder ohne Rückenlehne oder
mit Rücken= und Armlehne zu versehen.

Bei eingebauten Sitzmöbeln ist noch
darauf zu achten, daß die Nische für
den Sitzenden hoch genug ist und er sich
beim Niedersetzen oder Aufstehen nicht
den Kopf stoßen kann (Abbildung 747).

Der Schemel bietet eine Sitzfläche,
hat aber keine Stütze zum Anlehnen
des Oberkörpers (Rückenlehne), wie sie
der Stuhl hat. Der Lehnstuhl hat außer
einer Sitzfläche Stützen für die Arme
und den Rücken. Der Stuhl hat nur
Sitzfläche und Rückenlehne. Eine Bank
kann ein Möbel sein mit und ohne
Arm= und Rückenlehne. Ein Sofa ist
ein Möbel ähnlich dem Lehnstuhl, nur
von größerer Breite.

Schemel, Stuhl und Lehnstuhl sind
Sitzmöbel für eine Person; Bank, Sofa
(Diwan, Chaiselongue, dos à dos) sind
mehrsitzige Möbel, darum die ihrem
Zweck entsprechende größere Breite der
Sitzfläche. Bank, Sofa, Diwan, Chaise=
longue werden als Sitz und als Lager
verwendet, darum die der Länge und
Breite des menschlichen Körpers entsprechende Lagerfläche.

Sitzmöbel, die nicht ausschließlich von einer bestimmten
Person benutzt werden sollen, also unsere allgemein ge=
bräuchlichen Zimmermöbel, müssen Größen und Formen be=
kommen, die möglichst vielen genehm sind, sogenannte Durch=
schnittsmaße (Normalmaße, Abbildung 738, 745 und 747).

Ein Sitzmöbel kann für einen Ort bestimmt oder be=
weglich sein. Je nach diesem näheren Zweck wird das
Material zu wählen und die Form zu gestalten sein. Ein
an einem Ort verbleibender Sitz darf schwerer gestaltet
werden als einer, der viel hin und her bewegt (getragen)
werden soll. Ein Sitz, der immer nur kurze Zeit benutzt
wird, kann aus anderem Material gefertigt werden,
andere Formen bekommen als einer, auf dem ein Mensch
lange Zeit bequem sitzen will.

Bei der Auswahl des Materials zur Herstellung von
Sitzmöbeln sind Form und Zweck zu berücksichtigen. So
eignet sich leicht brüchiges Holz nicht für zierliche Möbel
mit geschweiften Formen.

Wenn das Holz seiner Härte wegen in besonderen Fällen
zur Herstellung der Sitzflächen und Lehnenflächen unge=
eignet ist, so ist der Sitz aus Holzrahmen mit Rohr=,
Binsen= oder Gurtengeflecht oder aus Rahmen mit
Polsterung und Überzügen aus gewebten Stoffen, Leder
usw. herzustellen (Abbildung 744 bis 748).

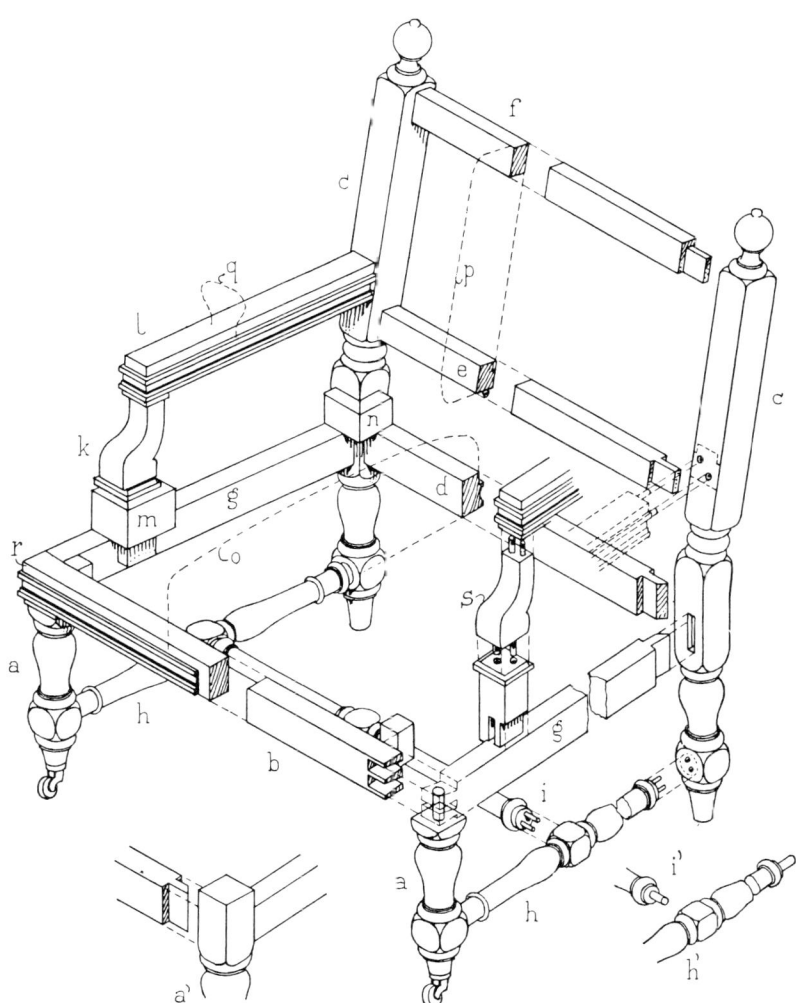

Abbildung 751: Der Zusammenbau eines Polsterstuhles mit Armlehnen.

Höhe, Breite und Tiefe der die Polster tragenden
Gestelle der Sitzmöbel sind abhängig von der Höhe und
der Befestigung der Polster (Abbildung 748). Die Sitz=
höhe eines Stuhles bleibt dieselbe, ob nun das Polster
niedrig oder hoch ist. Nach der Polsterhöhe richtet sich
dahingegen die Höhe des das Polster tragenden Rahmens.

Sitz=, Arm= und Rückenlehne können je nach dem Zweck
oder Verlangen aus gleichem oder verschiedenartigem
Material hergestellt werden. So zum Beispiel kann der
Sitz eines Lehnstuhles gepolstert sein, Arm= und Rücken=
lehne aber nicht.

Abbildung 748 a bis f: Das Sitzpolster kann ganz dünn,
flach und hart sein (a) und es kann sehr hoch und weich
sein (d), es kann mit dem Rahmenwerk — den Stollen und
der Zarge — fest verbunden sein (b und d) oder, auf
einem eingelegten Rahmen befestigt, mit diesem beweglich
sein (c und e), oder ein hohes loses Polster auf einem
gurtenbespannten Rahmen bildet den Sitz (f). Von der
Höhe des Polsters und der Art seiner Befestigung ist die
Höhe der Sitzstützen, der Stollen und der Zarge abhängig.

Ebenso ist von der Dicke der Polsterung der Rücken=
lehne die Tiefe des ganzen Sitzmöbels abhängig. Je dicker
die Polsterung, desto tiefer muß das Gestell sein. (Vgl. die
Sitztiefe ST [Abbildung 744, 746, 747], vgl. die Dicke der
Rückenpolster dieser Möbel und deren Tiefe.) Für die

Konstruktion der zu überpolsternden Armlehnengestelle gilt das gleiche wie für die Sitz= und Rückenlehnen= gestelle.

Für die Art und Weise des Zu= sammenbaues der Sitzmöbel geben die Abbildungen 749 bis 756 Bei= spiele. Der Zusammenbau anderer Sitzmöbel — Klappstühle, Klavier= böcke usw. — ergibt sich aus diesen Beispielen und aus dem Zusammen= bau der Kastenmöbel II 15. Viele mit Decken oder Polster belegte Sitzmöbel sind Kasten oder Truhen. Thronartige Sitze haben häufig einen Kasten als Unterbau und haben eine hohe geschlossene Rückwand mit einem Baldachin. Wie Kasten sind in vielen Fällen die Sitze, welche man mit Wandbekleidungen fest verbindet; Sitze, die frei vortreten oder in Nischen eingebaut sind.

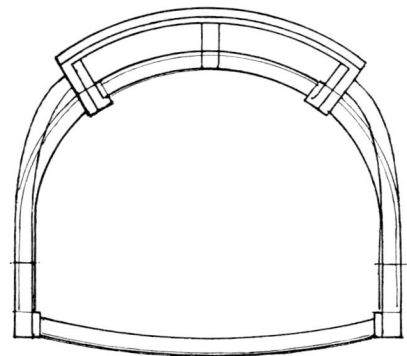

Abbildung 752:
Polsterstuhl mit losem Sitzpolster und flachem Rücken= und Seitenpolster.

Große, schwere Stühle, Bänke, Sofas usw., die häufig von einem Platz an den anderen bewegt werden, erhalten zur leichteren Fortbewegung unter allen oder nur unter den beiden vorderen Füßen Rollen (Abbildung 751), oder sie werden wie die großen Schrankmöbel auseinandernehmbar gebaut.

Abbildung 749: Rohrstuhl — a und a Vorderfüße, b vorderes Zargenstück, g und g seitliche Zargenstücke, c und c Hinterstollen, d hinteres Zargenstück, e Rücklehnenmittelstück, f Rücklehnenkopfstück, h Rahmen des Sitzes. Diese Stuhlteile können mittels Zapfen oder Dübel und Leim verbunden werden (vgl. die Verbindung zwischen a′, b′ und g′ und zwischen a, b und g). a, a und b bilden den Vorderbock des Stuhles, c, c, d, e und f den Hinterbock.

Abbildung 750: Polsterstuhl (Rokokostuhl) — a Vorderfüße, c Hinterfüße (Hinterstollen), b, g und d Zargenstücke, e und f Mittel= und Kopfstück der Rückenlehne, i Polsterfalz zum Befestigen des Polsterbezuges, h Polsterklotz zum Befestigen des Polsters am Hinterstollen.

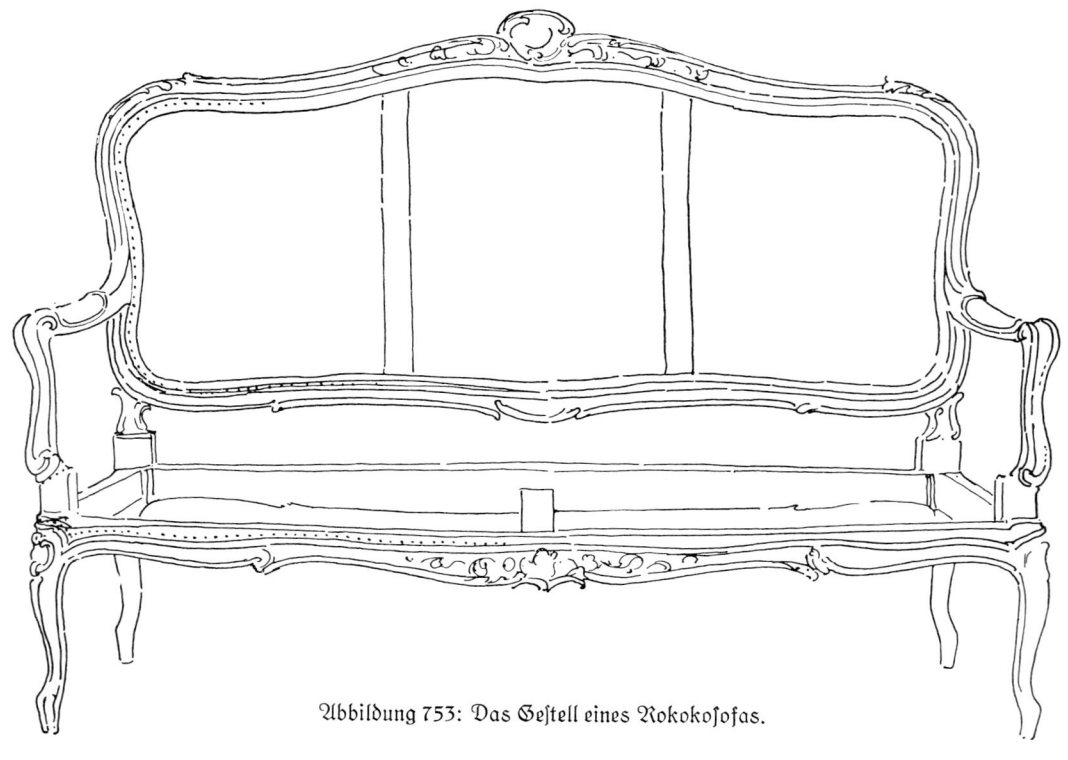

Abbildung 753: Das Gestell eines Rokokosofas.

144

Abbildung 751: Armstuhl — Sitz, Rückenlehne und Armlehne gepolstert. c, e, d, e und f Hinterbock des Stuhles, b, g, g und d Rahmen für das Sitzpolster, a, a und b Vorderbock, h, h und i Verbindung (Steg) zwischen dem unteren Teil der vier Füße, k und l Armlehne, m und n Polsterklötze zum Befestigen des Sitzpolsters an den Hinterstollen und an den Armlehnenstützen, o, p und q Polsterprofile.

Polstermöbel, das ist der Sammelname für alle ganz oder teilweise gepolsterten Sitzmöbel. Es ist nun gleich, wie die Polster befestigt werden. Ein Teil des tragenden Holzgerüstes wird durch das Polster oder durch den am Holzgerüst befestigten Bezug immer verdeckt, mindestens ein Streifen Holz von 3 Zentimeter längs des Polsterrandes; aber es kann auch mehr Holz bedeckt werden oder alles. Damit wird zugegeben, daß die Form des Polsters und der Polsterbezug wesentlich für die Erscheinung eines Polstermöbels sind. Ein Möbel mit sichtbarem schmalem Holz wird immer leichter wirken als ein ähnlich geformtes mit sichtbar breitem Holz. (Vgl. Abbildung 737, 754 bis 756). Die Konstruktion der Gestelle der Polstermöbel ist einfach. Das Holzgestell ist der Träger des Polsters und Erhalter der Form. Für ein breites Polster wird ein Rahmen gebildet, mit Gurten oder Rohrgeflecht

Abbildung 754.
Entwurf: Prof. Bruno Paul.   Ausführung: Deutsche Werkstätten AG., Hellerau.

bespannt und das Polster darüber aufgebaut. Ist der Rahmen lang, wie zum Beispiel der Sitz und die Rückenlehne Abbildung 753, so bekommt der Rahmen in der Querrichtung eine, auch zwei Spreizen zur Verstärkung des Rahmens gegen den Gurtendruck. Die Rahmen für die Sitzpolster der Stühle Abbildung 750 bis 752 haben keine Mittelstücke. Das Holz der Zarge ist stark genug und verträgt den Gurtendruck. Ist die Sitzfläche jedoch kreisrund oder oval, so ist häufig eine Spreize in Richtung von vorn nach hinten notwendig, wenn im Rahmen quer zu dieser Richtung viel kurzes Holz vorhanden ist. Ist das Polster hohl wie die Rückenlehne Abbildung 752, so müssen ein oder zwei Mittelstücke eingefügt werden, damit die Gurtenbespannung die bedingte Form hat. Für schmale Polster, zum Beispiel die der Armlehnen Abbildung 751, genügt ein Brett als Stütze.

Werden an den Sitzmöbeln die Hinterstollen für die Rückenlehne hochgeführt und die Stützen der Armlehne an der Zarge, dem Rahmen des Sitzpolsters, befestigt, so müssen an Hinterstollen und Armlehnenstütze sogenannte Polsterklötze, zur Befestigung der Polsterbezüge, angeleimt werden. (Siehe Abbildung 750 h, Abbildung 751 m und n und 753.)

Das Entwerfen neuer Formen für geschweifte Sitzmöbel ist keine einfache Arbeit. Dazu gehört viel Erfahrung. Der sicherste Weg zur Vermeidung von Fehlformen ist: man nimmt einen alten Stuhl, dessen Form in bezug auf Größe, Form und Lage der Sitzfläche und Lehne dem gedachten Stuhl möglichst nahekommt, übernimmt von dem alten Stuhl die Maße, welche im neuen Stuhl das bequeme Sitzen und Anlehnen sichern, und gibt diesem Bedingten den gedachten neuen Rahmen.

Die neuen Formen geschweifter Möbel sind sehr schwer nur durch Zeichnung für die Werkstatt zu fixieren. Fast immer muß ein Modell gemacht werden, an dem geändert wird, bis das Gewollte erreicht ist.

Abb. 755: Backenfessel. Architekt Prof. Paul Grießer, Bielefeld.

145

Abbildung 756. Entwurf: Prof. Bruno Paul. Ausführung: Deutsche Werkstätten AG., Hellerau.

13.

Tische.

Küchentische, Waschtische, Schreibtische, Ausziehtische, Salontische usw.

Die Tische dienen dem Menschen zur Erleichterung vieler stehend oder sitzend auszuführender Beschäftigungen, sie dienen zur Aufstellung von vielerlei Dingen, Gerät und Zierwerk aller Art, auch können die Tische selbst Ziergerät sein.

Bei der Gestaltung der Tische sind demnach zu berücksichtigen: die Gestalt und Größe des Menschen, die Arten der Arbeiten und Unterhaltungen, die an Tischen sitzend oder stehend ausgeführt werden, der Raum, in dem die Tische verwendet werden, die Eigenschaften des Materials und die Technik.

Bei der Gestaltung der Tische, an denen der Mensch stehend arbeiten soll, kommen mithin in Betracht die Art der Arbeit und die Größe der Menschen. Eine zierliche Arbeit ist den Augen näher auszuführen als eine grobe. Zur Ausführung der einen Arbeit muß der Körper nach vorn gebeugt werden, zur Ausführung der anderen wird die gerade, aufrechte Haltung des Körpers gefordert. Zum Beispiel ist die Höhe eines Waschtisches nach der Körperhaltung eines sich waschenden Menschen zu bemessen (Abbildung 757). Es würde unpraktisch sein, den Tisch so hoch zu bauen, daß der sich waschende Mensch sich nicht genügend bücken könnte, um das zum Waschen benutzte Wasser von den Händen und vom Kopfe in das Waschbecken abtropfen zu lassen. Ein Stehpult ist zu niedrig, wenn der Mensch an ihm mit gekrümmtem Rücken und zusammengedrückter Brust arbeiten muß, zu hoch, wenn die Arbeit den Augen zu sehr genähert ist und die Arme beim Arbeiten unbequem gehoben werden müssen (Abbildung 758).

Bei der Formgebung der Tische, an denen sitzend zu arbeiten ist, kommen außer der Art der zu verrichtenden Arbeit die Größe und Form des zweckmäßig zu benutzenden Sitzmöbels und die Größe des sitzenden Menschen in Betracht. Der Tisch darf nicht übermäßig hoch oder niedrig sein, und das die Tischplatte tragende Gestell darf den Unterkörper nicht unbequem einengen oder den Sitzenden unzweckmäßig weit vom Tischplattenrande fernhalten (Abbildung 759).

Abbildung 759: Die Tischzarge soll entweder so weit hinter der Blattkante liegen, daß der am Tisch Sitzende durch sie in seinen Bewegungen nicht belästigt wird, oder sie soll so schmal sein, daß die Oberschenkel des Sitzenden zwischen Tischzarge und Sitz Platz haben.

146

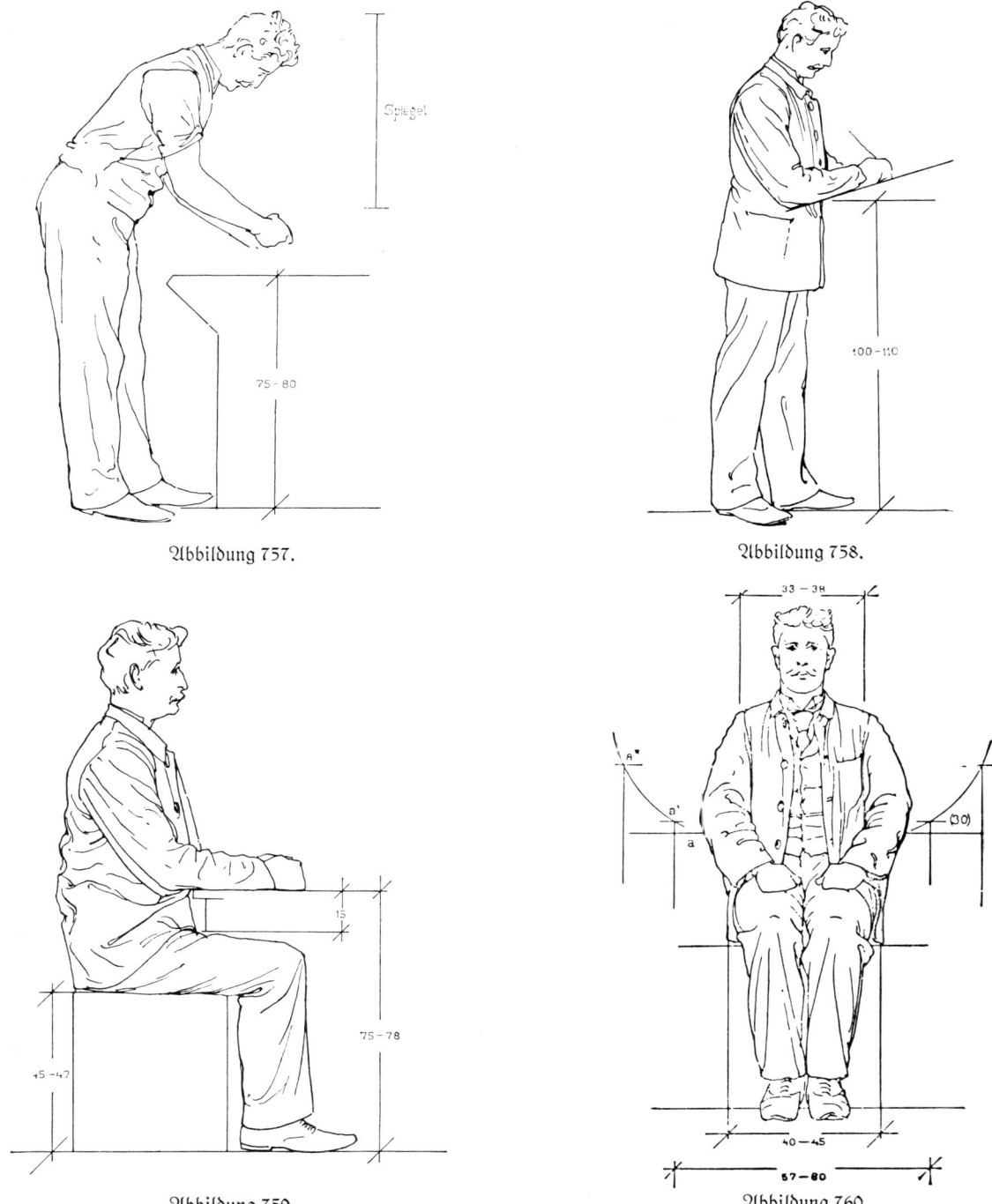

Abbildung 757.

Abbildung 758.

Abbildung 759.

Abbildung 760.

Abbildung 757 bis 760: Wie hoch muß der Tisch sein?

Die gewöhnliche Tischhöhe für den sitzenden Menschen (normale Sitzhöhe, Abbildung 759) wird bestimmt durch die Höhe der horizontal ausgestreckten, nach unten gewendeten inneren Handfläche bei horizontaler Lage des Unterarmes, senkrechter Haltung des Oberarmes und des Oberkörpers (Abbildung 759). Bei dieser Körperhaltung gibt die Gesamtbreite des Körpers in der Höhe der Ellenbogen das Maß der Platzbreite, die für den am Tisch sitzenden Menschen vorhanden sein muß (Abbildung 760).

Für die Gestaltung allgemein zu benutzender Tische sind, ebenso wie für den Bau von allgemein zu benutzenden Sitzmöbeln, Durchschnittshöhenmaße (Normalmaße) gebräuchlich (Abbildung 759). Die Höhen der Kindertische

sind den Körpergrößen der Kinder anzupassen. Die Maße werden in der in Abbildung 759 bezeichneten Weise gefunden.

Aus der Berücksichtigung dieser allgemeinen Forderungen sowie der vielfach einander ähnlichen örtlichen Verhältnisse und der gleichen Art der Verwendung sind eine Reihe charakteristischer Tischformen entstanden (Abbildung 756 bis 813). Sie unterscheiden sich im wesentlichen nur durch die verschiedenen Formen und Befestigungen der Hauptteile der Tische, der Tischplatte und der Tischplattenstütze.

Man unterscheidet nach Form und Konstruktion Tische mit viereckigen, fünf=, sechs= und achteckigen Tischplatten.

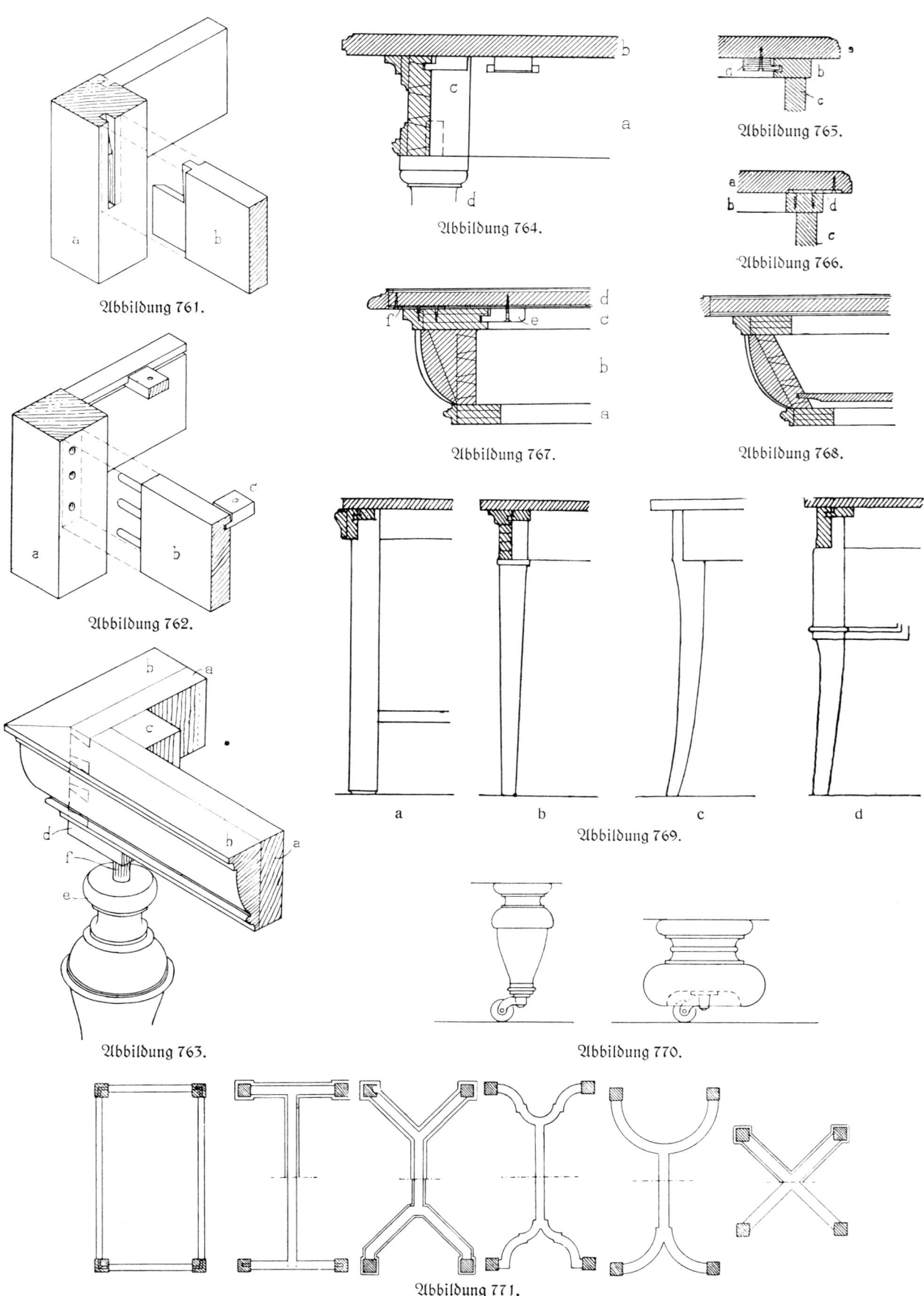

Abbildung 761.

Abbildung 762.

Abbildung 763.

Abbildung 764.

Abbildung 765.

Abbildung 766.

Abbildung 767.

Abbildung 768.

a   b   c   d

Abbildung 769.

Abbildung 770.

Abbildung 771.

Abbildung 761 bis 769: Der Zusammenbau der Tischzarge und die Verbindung der Zarge mit der Tischplatte, die Tischfüße.
Abbildung 771: Stegformen.

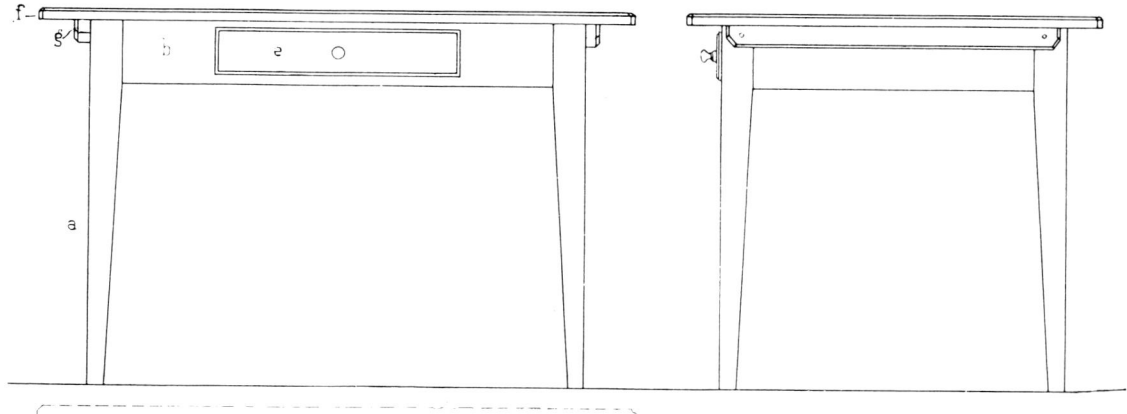

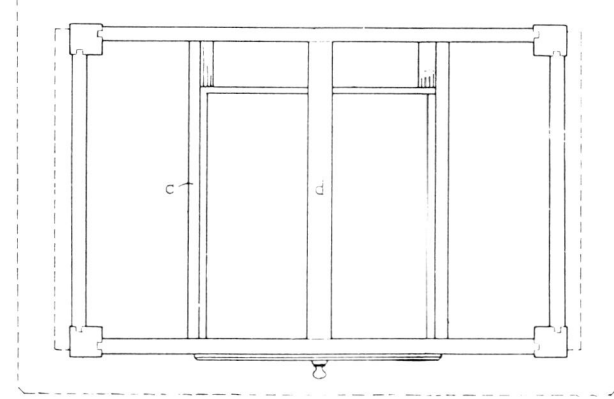

Abbildung 772.

Tische mit runden, ovalen oder ge=
fchweiften Tifchplatten (Abbildung 756
und 813), Ausziehtifche (Abbildung 798),
Kuliffentifche (Abbildung 802), Klapp=
tifche (Abbildung 786 bis 791), drei=
beinige, vier= und mehrbeinige Tifche,
Brettwand= (Stirnwand=) Tifche
(Abbildung 779), Sägebocktifche (Ab=
bildung 778) und Tifche, deren Platten
auf einer (Abbildung 782) oder meh=
reren Säulen ruhen oder auf Konfole
gelegt find.

Man unterfcheidet nach dem Mate=
rial und deffen Bearbeitung: Nuß=
baum=, Eichen=, Föhrentifche; —
Tifche mit Marmorplatten, mit
Bronzebefchlägen; — geftrichene, ge=
beizte, gewachfte, polierte oder ver=
goldete Tifche ufw.

Man bezeichnet die Tifche nach ihrer
Verwendung als Küchentifche, Zimmer=
tifche, Bureautifche, Arbeits= und
Ziertifche, Sofatifche, Salontifche,
Wafchtifche, Toilettentifche, Spieltifche,
Ausftellungstifche ufw.

Die Tifchplatte foll aus fol=
chem Holz gemacht werden, das mög=
lichft wenig Neigung zum Werfen be=
fitzt. Die Bretter der Tifchplatte
müffen fo verbunden werden, daß
nachteilige Folgen für die Form der
Platte durch etwaiges Arbeiten des
Holzes — Nachtrocknen ufw. — nicht
entftehen können. (Vergleiche: Das
Verleimen des Holzes, das Sperren,
die Umrahmung, die Grat= und Hirn=
leiften.)

Die Verbindung zwifchen Tifchplatte
und Unterbau kann eine dauernd fefte
oder nur eine zeitweilige fein, oder die
Platte kann auf dem Unterbau dreh=
bar fein (Abbildung 787 bis 791). Das
Verfchieben von lofe auf den Unter=
bau gelegten Tifchplatten wird durch
Dübel oder Leiften verhindert (Ab=
bildung 799).

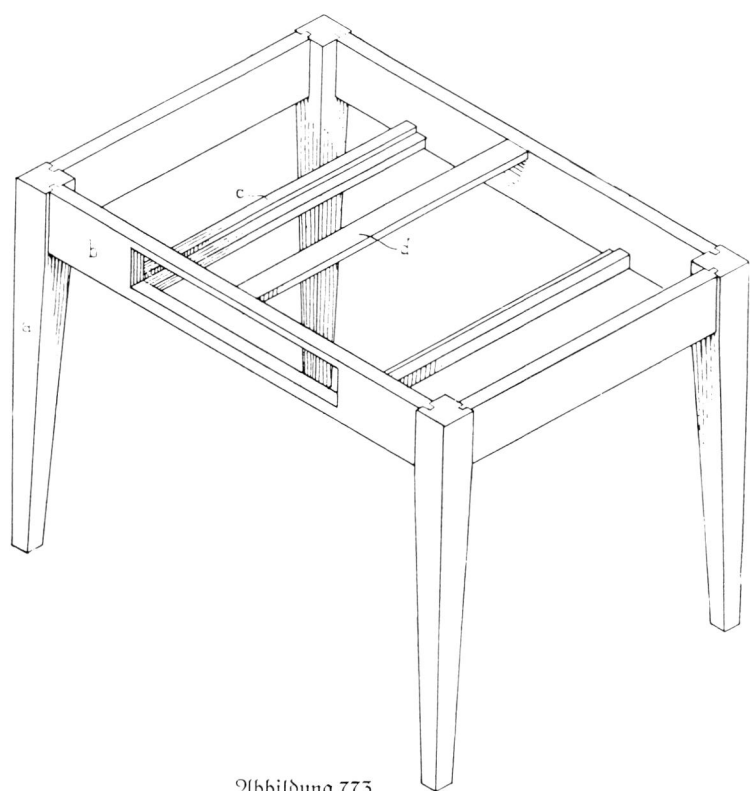

Abbildung 773.

Abbildung 772 und 773: Die Konftruktion eines einfachen Tifches.

149

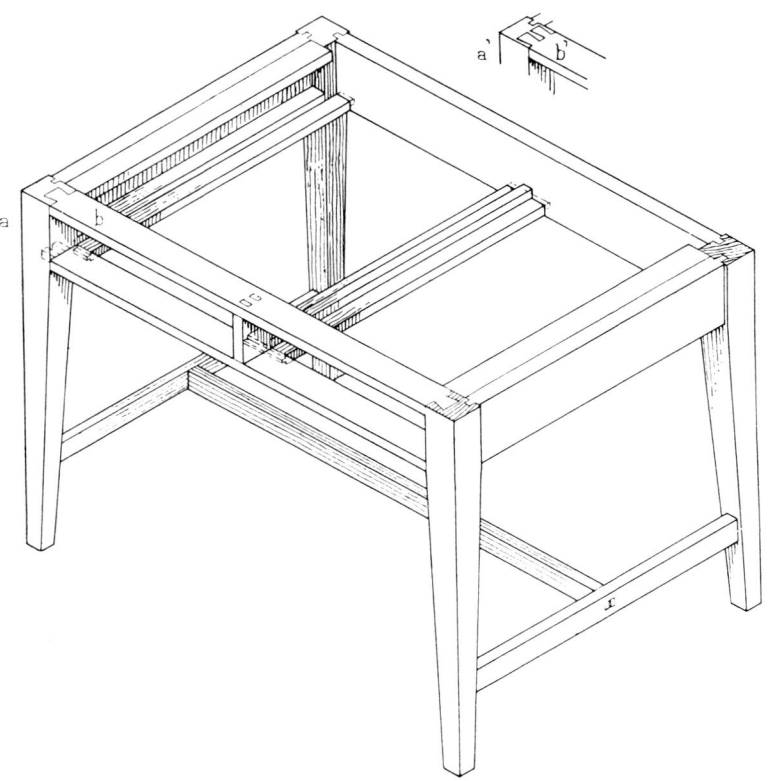

Abbildung 774: Die Konstruktion eines Tisches mit zwei
Schiebekasten und Stegverbindung zwischen den Tischfüßen.

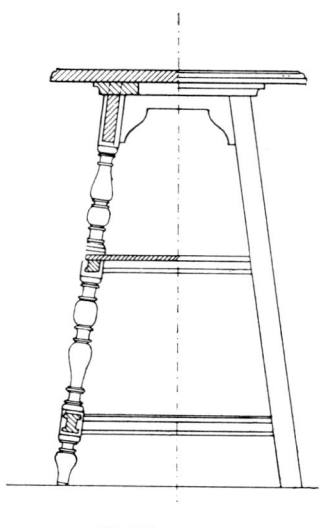

Abbildung 776.

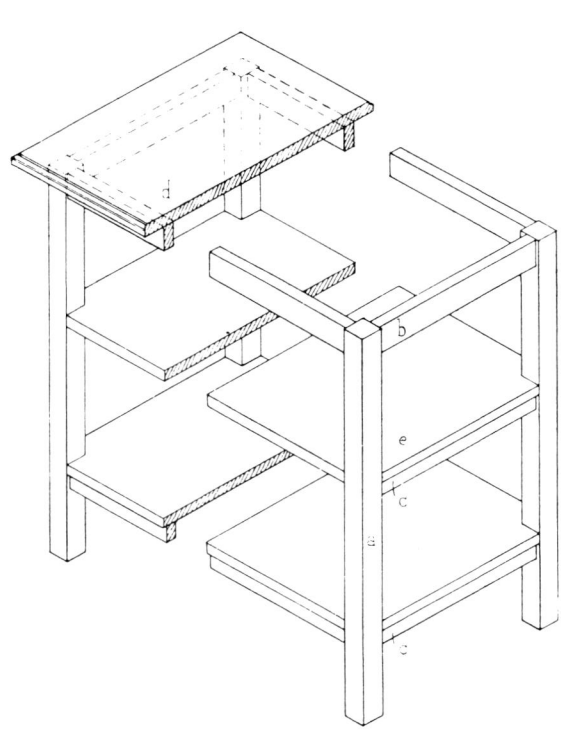

Abbildung 775:

Tisch, zwischen den Tischfüßen Böden eingebaut.

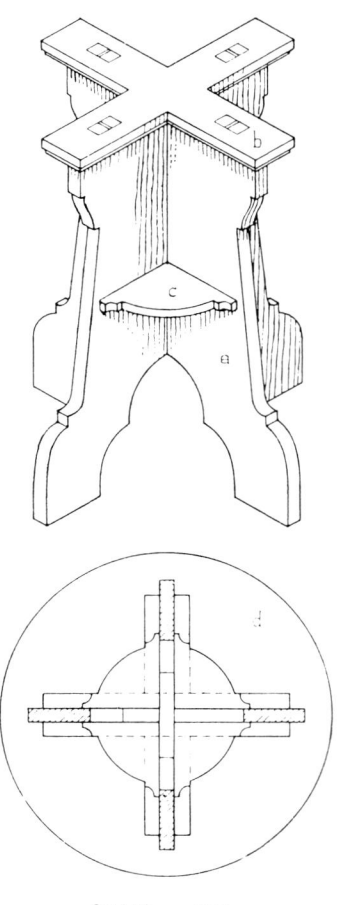

Abbildung 777:

Runder Tisch. Fußgestell aus Brettern.

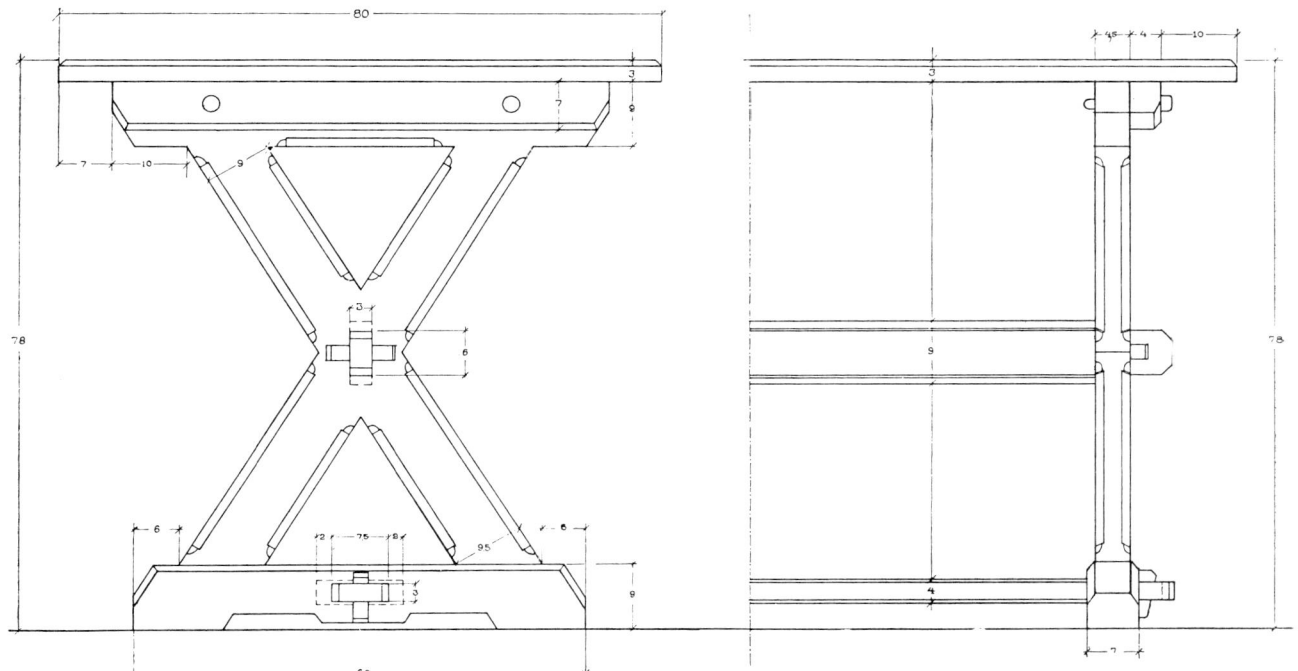

Abbildung 778: Sägebocktisch.

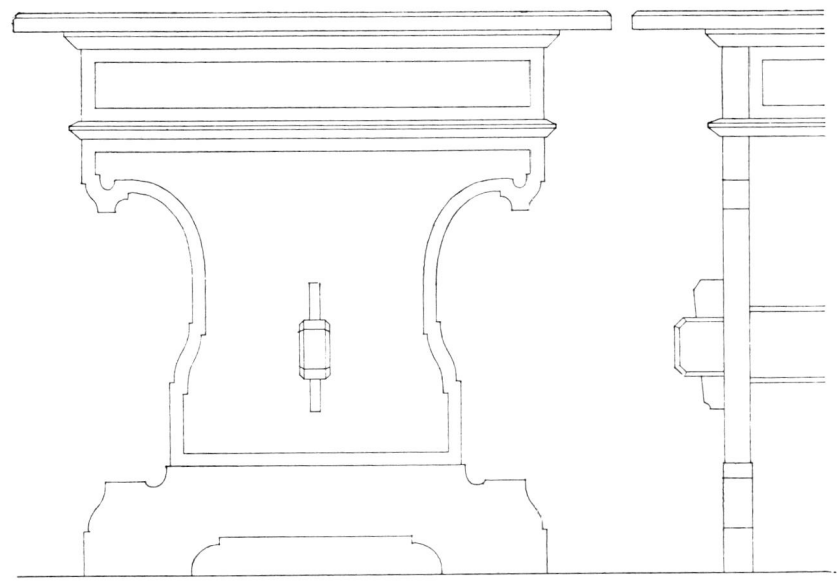

Abbildung 779: Stirnbrettisch (gotisch).

Muß die Platte allseitig fest mit dem Unterbau verbunden sein, so darf sie nur dann ringsum mit diesem
verleimt werden, wenn ein Arbeiten des Holzes der
Platte und des Unterbaues nicht zu befürchten ist. Sonst
ist die Befestigung so zu gestalten, daß das Holz sich
ungehindert bewegen kann. Zu erreichen ist solche Verbindung durch Anwendung von Nutklötzen (Abbildung 764), Eisenschienen (Abbildung 766) und Gratleisten (Abbildung 778). Aufgenagelte oder -geschraubte
Platten kommen nur für ganz untergeordnete Tische in
Betracht.

Der Unterbau ist im allgemeinen so zu formen,
daß für die Verrichtungen auf dem Tische genügend
Sicherheit vorhanden ist, daß aber auch für die am Tische

Arbeitenden und deren notwendige Bewegungen unter-
halb der Platte genügend
Raum vor oder zwischen den
Stützen oder der Stütze vorhanden ist, jedenfalls keine
unnötige Einengung statt-
findet (Abbildung 759).

Der Unterbau ist je nach
dem Zweck des Tisches leicht,
zierlich, tragbar, verstellbar,
zusammenklappbar, ausein-
andernehmbar oder schwer,
an einen Ort gebunden, zu
gestalten. Schwere und häufig
zu bewegende Tische werden
auf Rollen gestellt.

Der Unterbau kann aus
einer Stütze oder aus einer
Reihe untereinander verbundener Stützen, aus Rahmenwerk, Kasten oder Schränken
(Schreibtische usw.) bestehen
(Abbildung 773 bis 813). Diese Vorbilder zeigen auch
den gebräuchlichen Zusammenbau einfacher Tische, sofern
der Unterbau nicht als Schrank oder schrankartig gebildet
ist. (Über den Zusammenbau von Kasten und Schränken
siehe II 15.)

Abbildung 761: Die Tischzarge ist zusammengestemmt.

Abbildung 762: Die Zarge ist zusammengedübelt, c Nutklötze zur Befestigung der Tischplatte.

Abbildung 763: Zarge (a) zusammengezinkt. Die Kehlleisten b sind auf a geleimt. c ist eine eingeleimte Leiste,
um dem untergedübelten Fuß (e) genügend Halt zu geben.
f Dübel, d Zierplatte. Statt Dübel verwendet man auch
lange starke Schrauben.

Abbildung 764: Der gleiche Zargenzusammenbau wie
Abbildung 763.

Abbildung 765: b c Zarge, d Nutklotz, a Tischplatte.

Abbildung 766: b c Zarge, d Eisenschiene, a Tisch=
platte.

Abbildung 767: Die Zarge besteht aus einem oberen
und unteren Rahmen (a und c) und aus Eck= und Seiten=
stücken zur Verbindung beider Rahmen. Zwischen diesen
Stücken ist der Schiebekasten b eingefügt (Abbildung 772
und 773). Für die Befestigung des Blattes werden zwei
verschiedene Formen gezeigt. Die Befestigung mittels
der Eisenschienen f ist im vorliegenden Falle die bessere,
weil das Blatt dadurch näher der Kante befestigt wird,
als anderfalls durch Nutklötze (e). Ist das Blatt bei e
befestigt, so kann sich der Teil bis zur Kante (f e) immer
noch werfen — hohl ziehen.

Abbildung 768 zeigt die gleiche Zargenform wie Ab=
bildung 767. Anders als dort ist der Zusammenbau des
Schiebekastens.

Abbildung 769: Vier Tischfußformen und Zargen=
profile. Die Tischfüße sind viereckig.

Abbildung 770a und b: a Rolle sichtbar, b Rolle ein=
gelassen, unsichtbar. Im letzteren Falle muß die Höhlung
im Fuß so groß sein, daß die Rolle sich darin nach allen

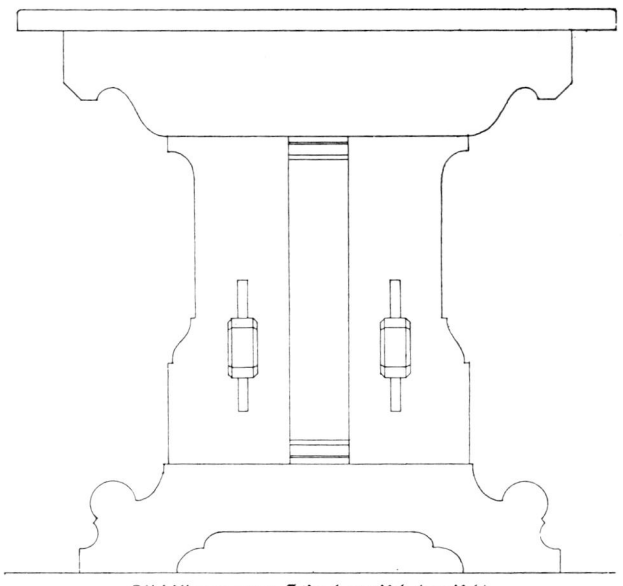

Abbildung 780: Stirnbrettisch (gotisch).

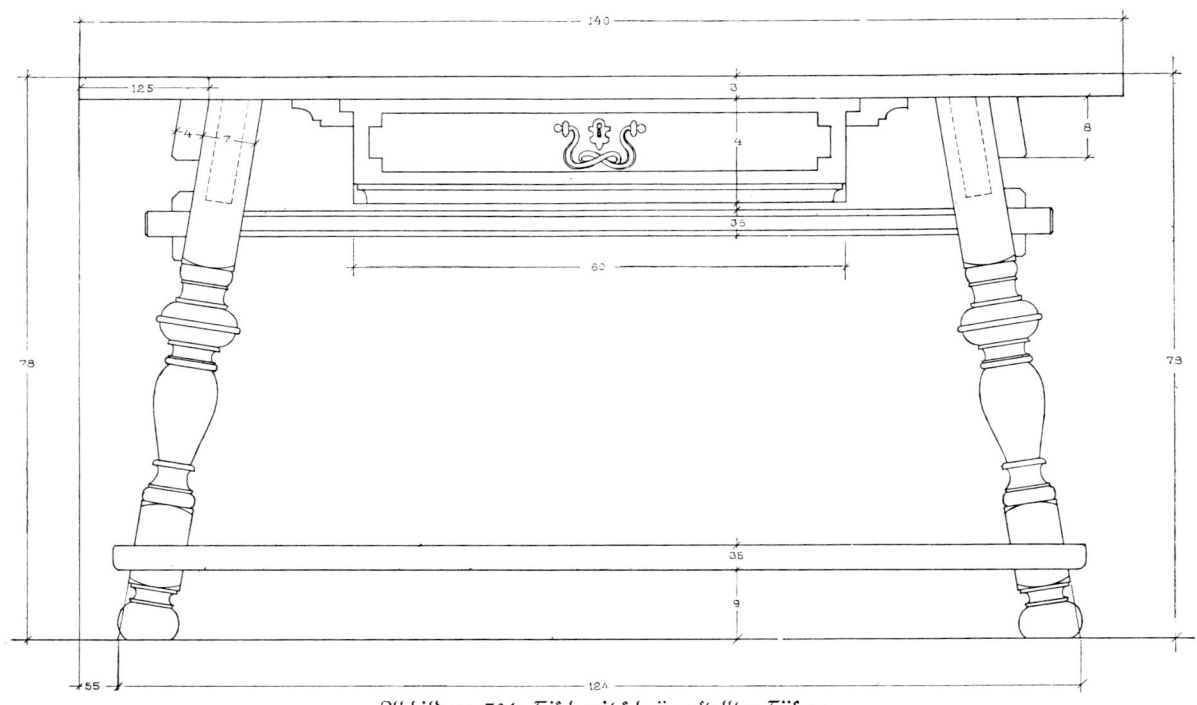

Abbildung 781: Tisch mit schräggestellten Füßen.

Richtungen drehen kann. Neuerdings sind auch Kugel=
rollen im Gebrauch.

Abbildung 771 zeigt verschiedene Stegformen (vgl. Ab=
bildung 774 und 804). Die Stege werden zwischengedübelt
oder in die Tischfüße eingezapft (Abbildung 802), auch
kann der Fuß aus zwei Teilen bestehen, die mit dem Steg
durch Dübel oder Schrauben zusammengehalten werden.

Abbildung 772 und 773: Küchentisch. Die Tischplatte (f)
ist mit Gratleisten (g) am Gestell befestigt, a Tischfüße,
b Zarge, c und d Führungsleisten für den Schiebekasten e.

Abbildung 774: Ähnlich einfacher Tisch wie der in der
Abbildung 772. Die unteren Enden der Tischfüße sind

hier durch Stege verbunden. In der Tischzarge sind zwei
Schiebekasten eingefügt.

Abbildung 775 und 776: Etagentische, Staffeltische.
Außer der eigentlichen Platte sind hier in verschiedener
Höhe noch eine oder mehrere Platten im Gestell an=
gebracht.

Abbildung 778: Sägebocktisch. Die beiden Stirnseiten
des Unterbaues bestehen aus den kreuzweise übereinander=
geblatteten Stützen und dem waagerechten unteren und
oberen Holz. In diese beiden sind die sägebockartig ge=
kreuzten mittleren Hölzer eingezapft. Die Stirnseiten

152

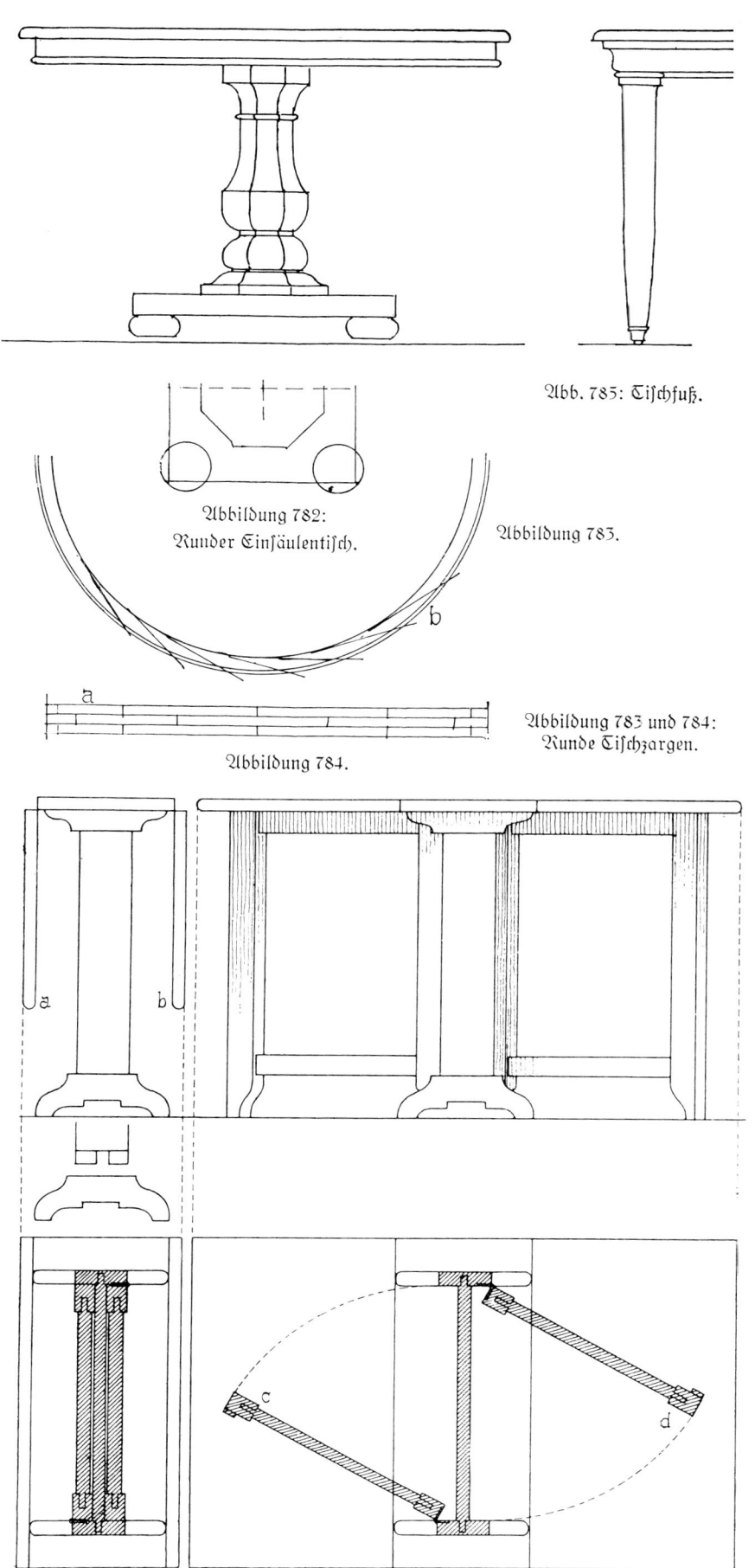

Abb. 785: Tischfuß.

Abbildung 782:
Runder Einsäulentisch.

Abbildung 783.

a

Abbildung 784.

Abbildung 783 und 784:
Runde Tischzargen.

a   b

c

d

Abbildung 786: Klapptisch.

werden durch zwei einge-
zapfte und durch Holzkeile
befestigte Riegel zusammengehalten. Die Tischplatte ist
durch zwei an ihrer unteren
Seite auf Grat eingeschobene
Leisten und Holznägel am
Unterbau befestigt.

Abbildung 779: Gotischer
Stirnwandtisch. Unter der
Platte eine Zarge mit Schiebekasten. An den Schmalseiten
des Tisches Stirnwände, da-
zwischen ein eingezapfter, mit
Holzkeilen befestigter Riegel.

Abbildung 780: Gotischer
Tisch, ähnlich dem Abbil-
dung 779. Auf dem unteren
Querholz der Stirnwände
zwei aufgerichtete Bohlenstücke als Stützen, darüber
unter der Platte ein Querholz und zwischen diesen Stirn-
wänden zwei Riegel.

Abbildung 781: Ein Re-
naissancetisch. Der Unterbau
besteht aus einem Rahmen
mit schräggestellten Füßen;
zwischen diesen, an den Lang-
seiten des Tisches, oben, ein-
gezapfte Riegel, an den
Schmalseiten   eingestemmte
Zargenstücke. Unter der
Platte Gratleisten und diese
durch Nägel mit den Zargen-
stücken der Schmalseiten des
Bockes verbunden. Unter der
Platte hängend ein Schiebekasten.

Abbildung 782: Ein runder
Einsäulentisch, furniert und
poliert. Die Zarge zu diesem
Tisch kann nach Abb. 784
aus Rippenstücken verleimt
werden und mit Blind- und
Edelfurnier bedeckt werden
oder aus keilförmigen Stücken
nach Abbildung 783 verleimt
und wie vor furniert werden.

Klapp-, Auszieh- und
Kulissentische aller Art
sind durch das Bedürfnis entstanden, zeitweilig mit Leichtigkeit die Tischfläche ver-
größeren und sie nach dem
Gebrauch auf eine Größe
verringern zu können, die
dem regelmäßigen Bedarf
genügt und zu gewöhnlichen
Zeiten den Raum nicht un-
nötig beengt. Bei Klapptischen
wird dieses bewirkt durch
Aufschlagen der Klappen oder
durch   Auseinanderklappen

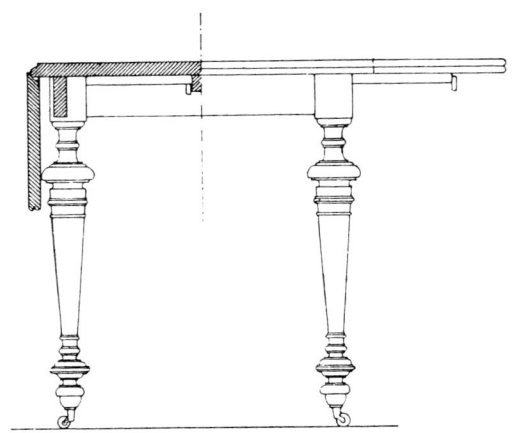

Abbildung 787.

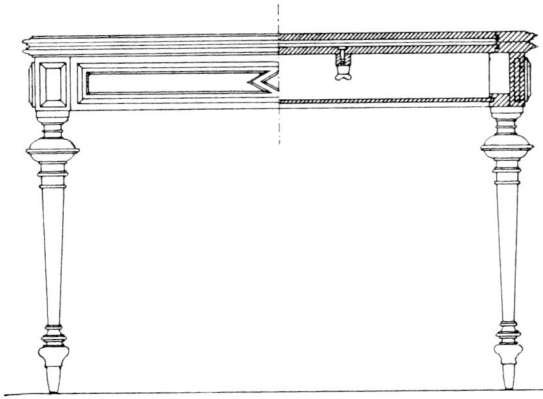

Abbildung 790.

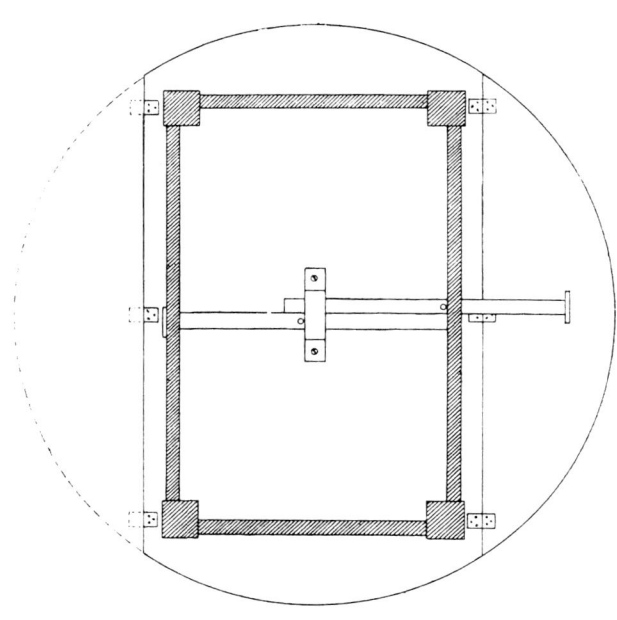

Abbildung 788.

Abbildung 787 bis 792: Klapptische.

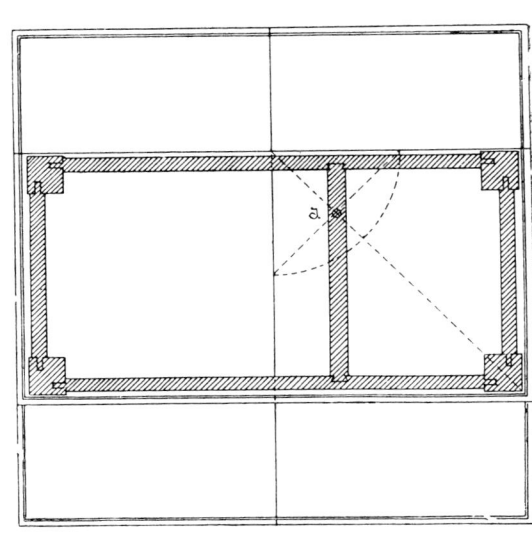

Abbildung 791.

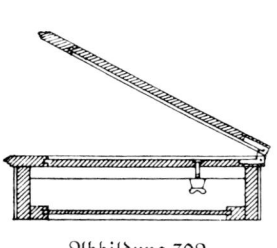

Abbildung 789.　　　　Abbildung 792.

der doppelten Platte (Abbildung 786 bis 792), bei Aus=
ziehtischen durch Vorziehen von Verlängerungsplatten
(Abbildung 793 bis 799), bei Kulissentischen durch Aus=
einanderziehen der Tischhälften und Einfügen von Reserve=
platten — Einlagen (Abbildung 802 bis 811).

Mit Kulissen, nach denen die eine Art Tische benannt
sind, werden die unter der Platte, an der Platte oder an
der Zarge befestigten, ineinander verschiebbaren Leisten
zum Tragen der Einlagen bezeichnet (Abbildung 801).

Gebräuchliche Größen für die Platten der Auszieh=
und Kulissentische sind:

　　　　110 zu 140 Zentimeter,
　　　　115 zu 150 Zentimeter,
　　　　120 zu 160 Zentimeter usw.

Die Einlagen haben gewöhnlich eine Breite von 60 bis
65 Zentimeter (Platzbreite für eine Person respektive
zwei sich gegenübersitzende Personen).

Ausziel= und Kulissentische werden meist als Speise=
tische benutzt.

Die Größe der Speisetische ist nicht allein von der
Größe und Form des Speiseraumes und von der Zahl
der gleichzeitig Speisenden abhängig, sondern auch von der

154

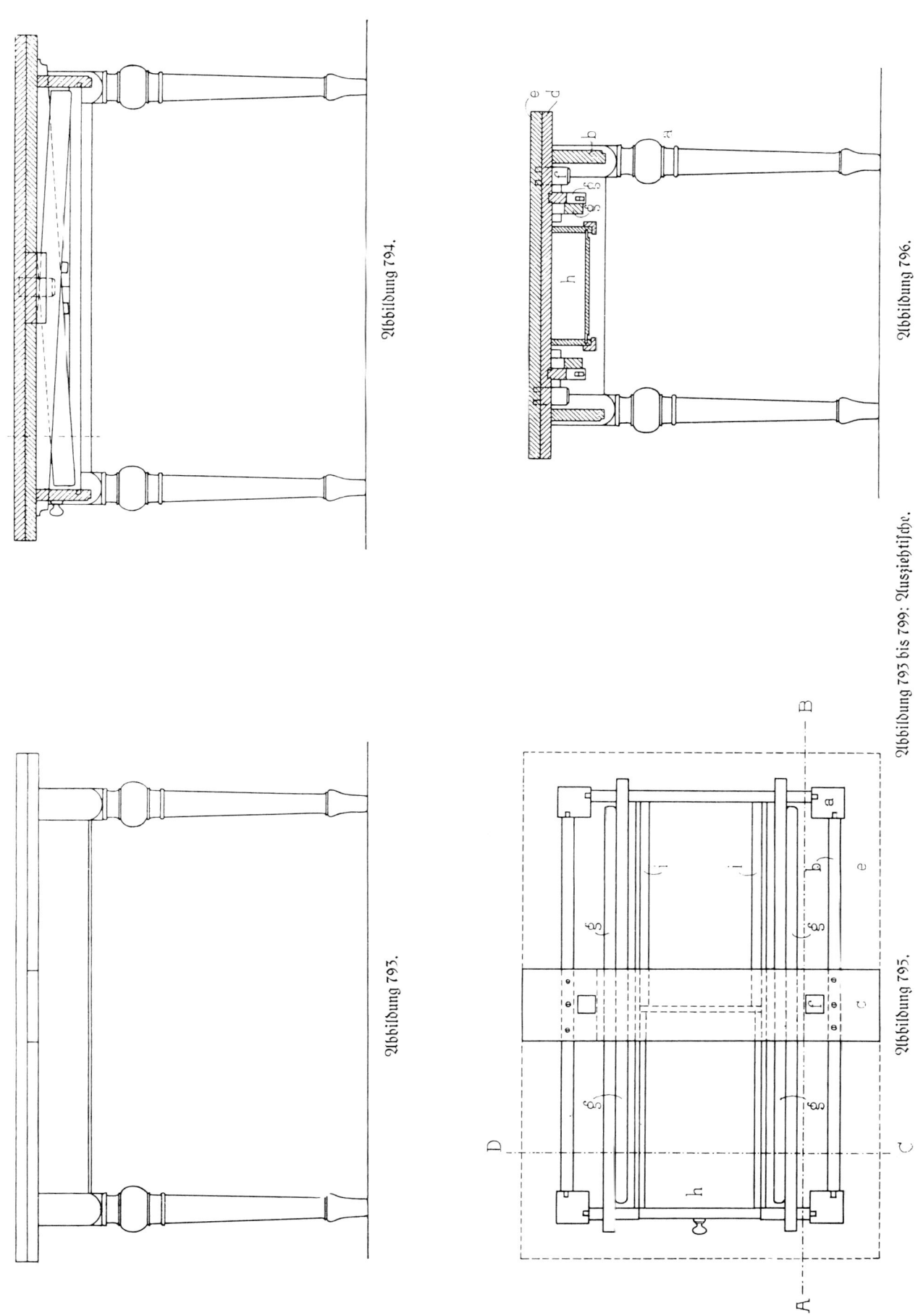

Abbildung 794.

Abbildung 796.

Abbildung 793.

Abbildung 793 bis 799: Ausziehtische.

Abbildung 795.

155

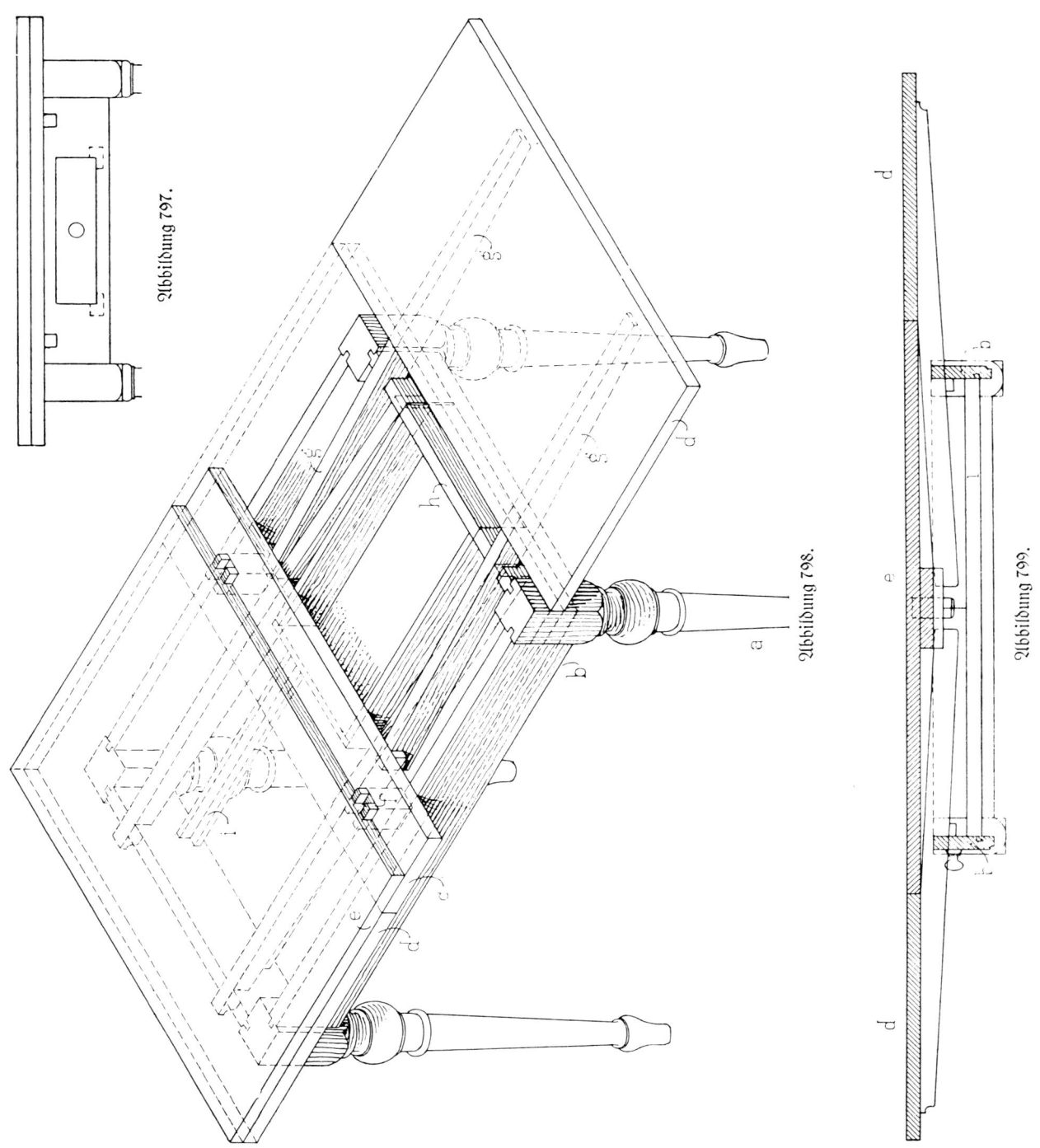

Abbildung 797.

Abbildung 798.

Abbildung 799.

Art des Speisens, von der Art und Zahl der Schüsseln und Gläser, der Größe und Form des Ziergerätes und des sonstigen Tafelschmuckes. In einem Falle genügt vielleicht eine Tafelbreite von 80 Zentimeter, im anderen sind 120 Zentimeter erforderlich.

Mindestmaße für Speisetische sind, vorausgesetzt, daß alle vier Seiten besetzt werden:

für 4 Personen 80 × 120 Zentimeter,
für 6 Personen 80 × 150 Zentimeter,
für 8 Personen 80 × 200 Zentimeter,
oder 100 × 200 Zentimeter usw.

An Konferenztischen — Sitzungstischen — ist für eine Person ebenfalls eine Platzbreite von mindestens 60 Zentimeter zu fordern. Die Form dieser Tische ist abhängig von der Größe und der Form des vorhandenen Raumes, der eventuell vorhandenen Platz= oder Rang= ordnung der Konferenzteilnehmer oder der besonders erforderlichen Gruppierung der betreffenden Personen. Es sind lange, runde oder hufeisenförmige Tische.

Abbildung 786: Klapptisch. Die Klappen a und b werden aufgeklappt und durch die drehbaren Stützen c d in waagerechter Lage gehalten.

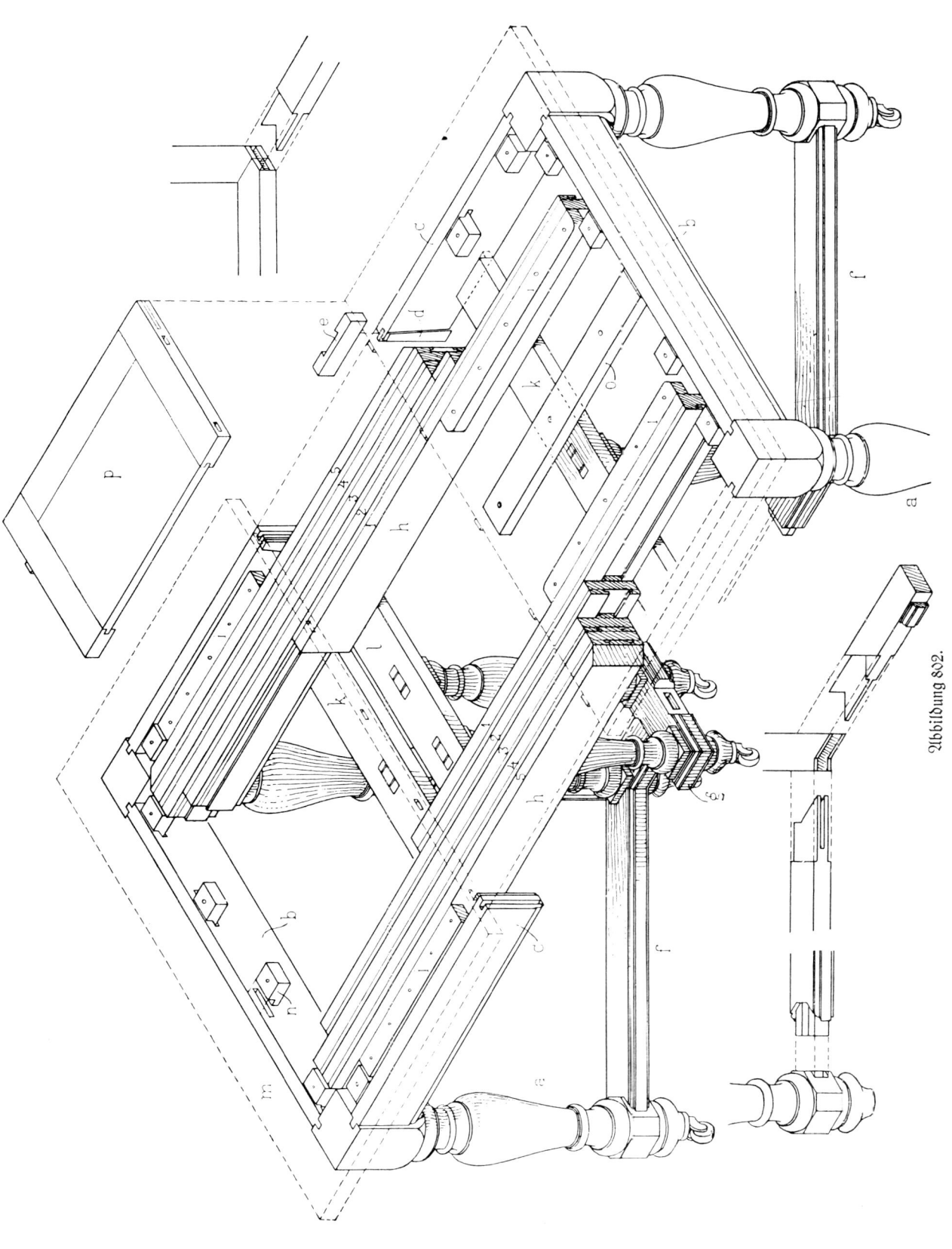

Abbildung 802.

157

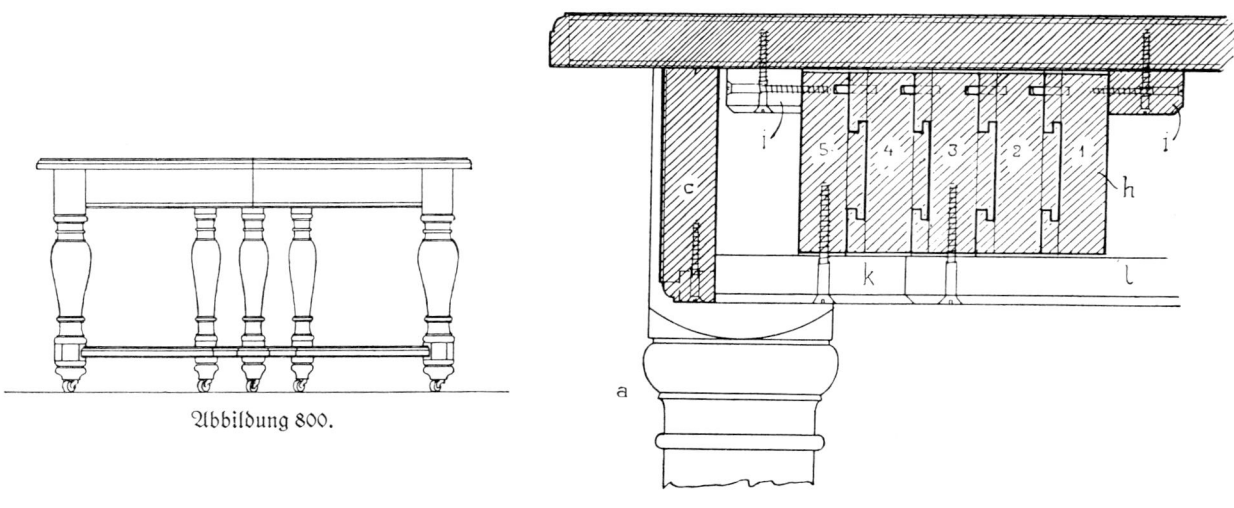

Abbildung 800.

Abbildung 801.

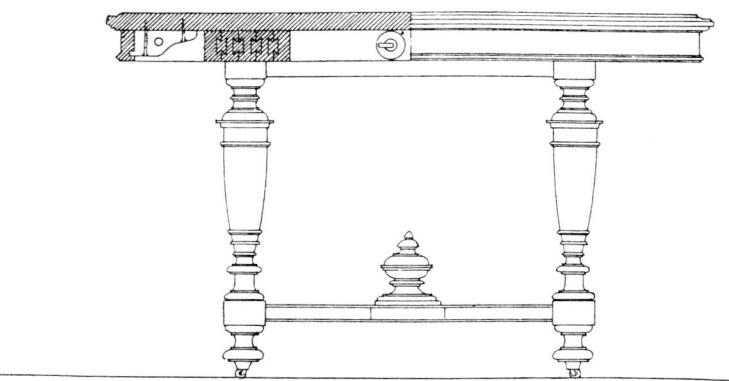

Abbildung 800 bis 811: Ausziehtische, Kulissentische.

Abbildung 803.

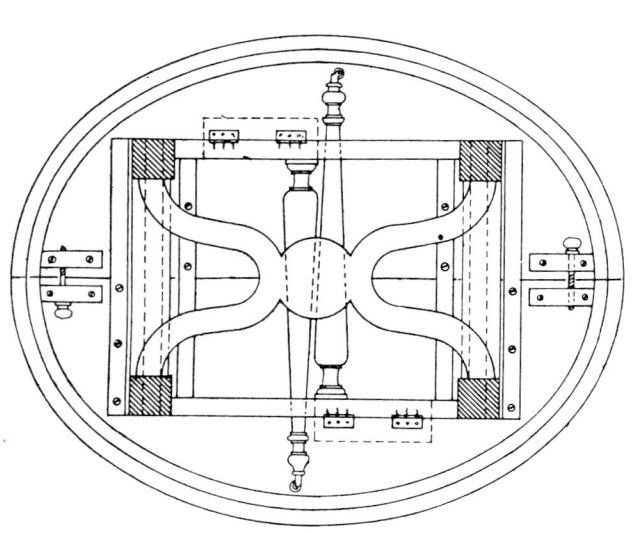

Abbildung 804.

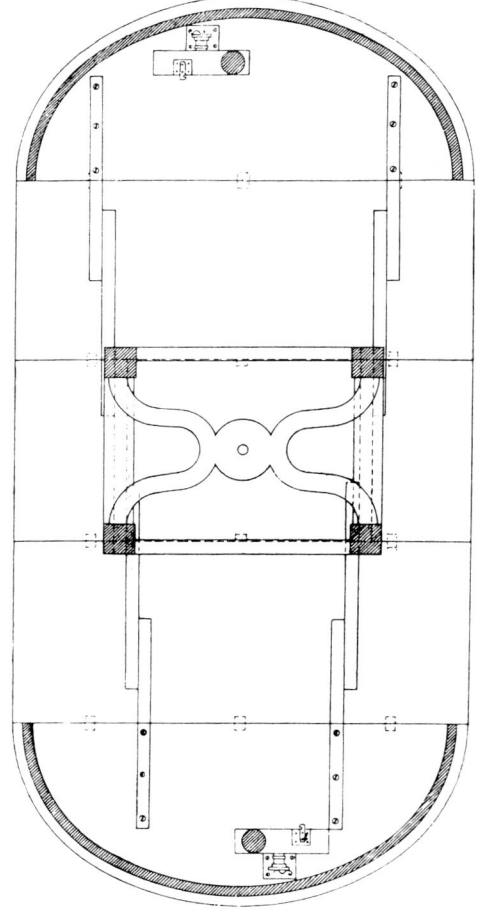

Abbildung 805.

158

Abbildung 787 bis 789: Klapptisch. In dieser Kon=
struktion werden die Klappen mittels Schieber in waage=
rechter Lage gehalten. Abbildung 787: Aufriß und Schnitt.
Abbildung 788: Grundriß. Abbildung 789: Das Profil
der Platte und das Band.

Abbildung 790 bis 792: Klapptisch. Hier besteht die
Platte aus zwei mittels Scharniere aneinander befestigten
Hälften. Soll die Tischplatte vergrößert werden, so wird
sie um die Achse a gedreht, dann auseinandergeklappt.

Abbildung 793 bis 799: Ausziehtisch. Abbildung 793
zeigt die Ansicht des Tisches, Abbildung 795 den Grund=
riß, Abbildung 794 die Schnittfläche A B (Abbildung 795)

und die dahinterliegenden Teile, Abbildung 796 die
Schnittfläche C D und die dahinterliegenden Teile, in der
Richtung A B gesehen. Abbildung 799 zeigt einen Schnitt
durch den Tisch mit ausgezogenen Schiebern (d und d).
Abbildung 797 die Ansicht der Schmalseite des Tisches
— der Seite mit dem Schiebekasten h. Abbildung 798,
die isometrische Darstellung der Tischkonstruktion — die
eine Hälfte der Platte e fehlt, der eine Schieber ist vor=
gezogen.

Die Platte e liegt lose auf dem Unterbau, die Dübel f
verhindern die seitliche Verschiebung, c ist auf der Zarge
befestigt. Die Trageleisten g sind an den Schiebern d

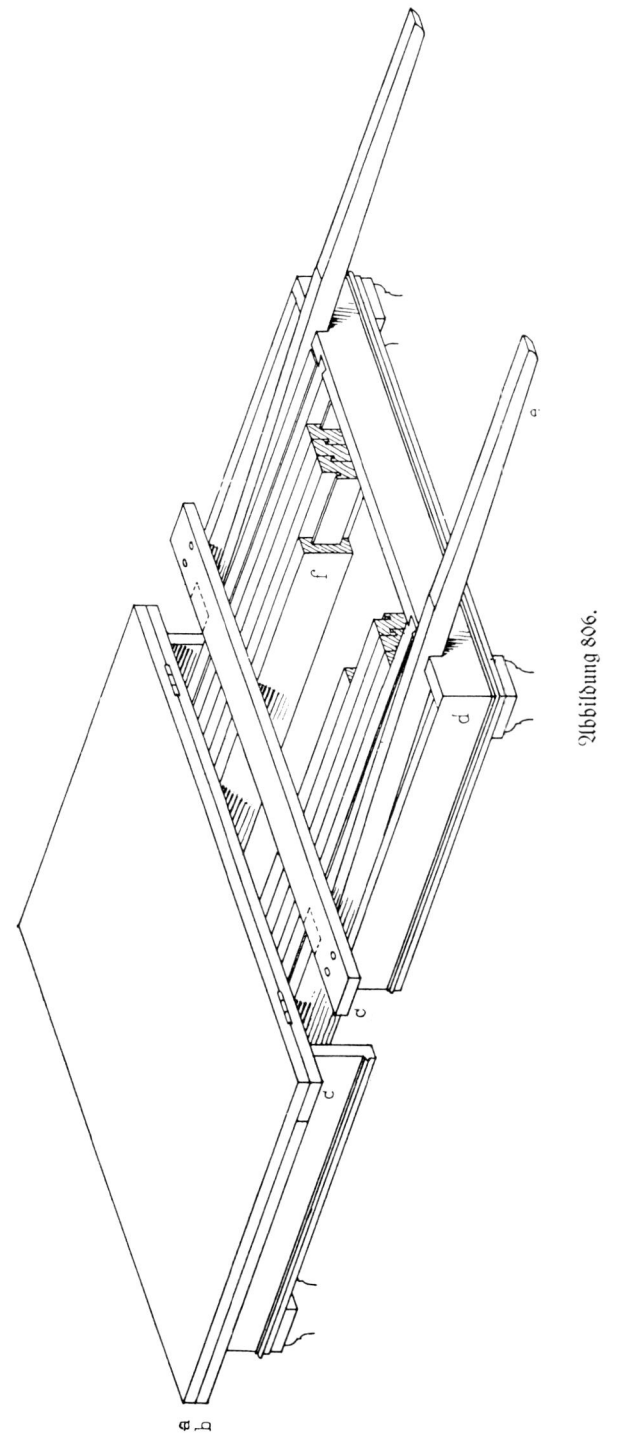

Abbildung 806.

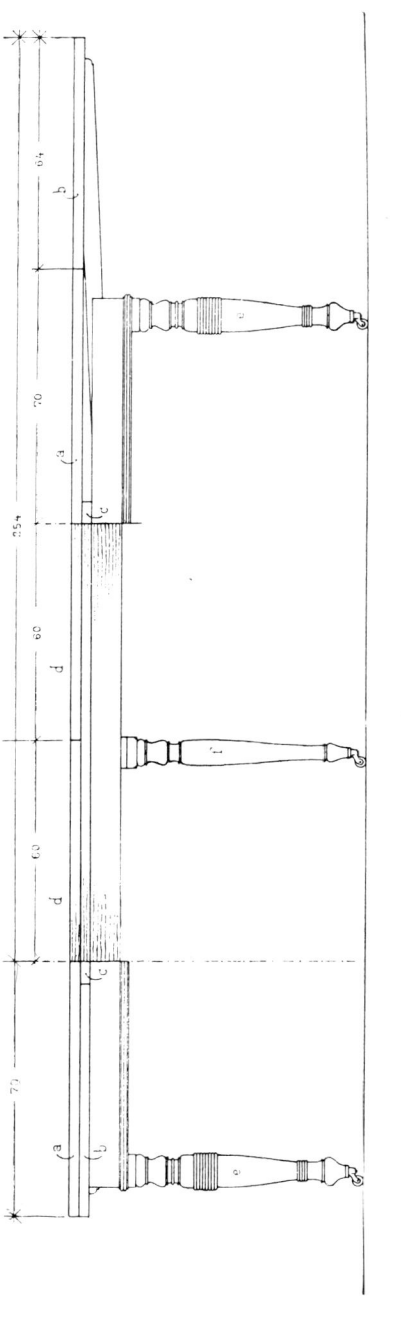

Abbildung 807.

159

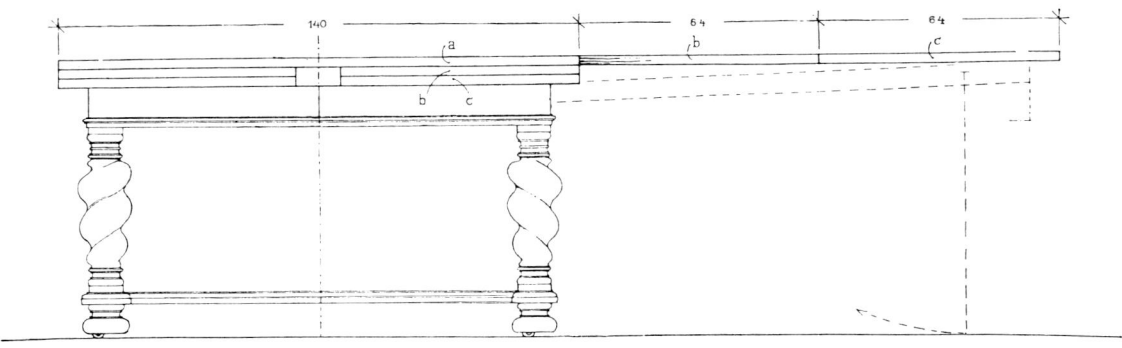

Abbildung 808.

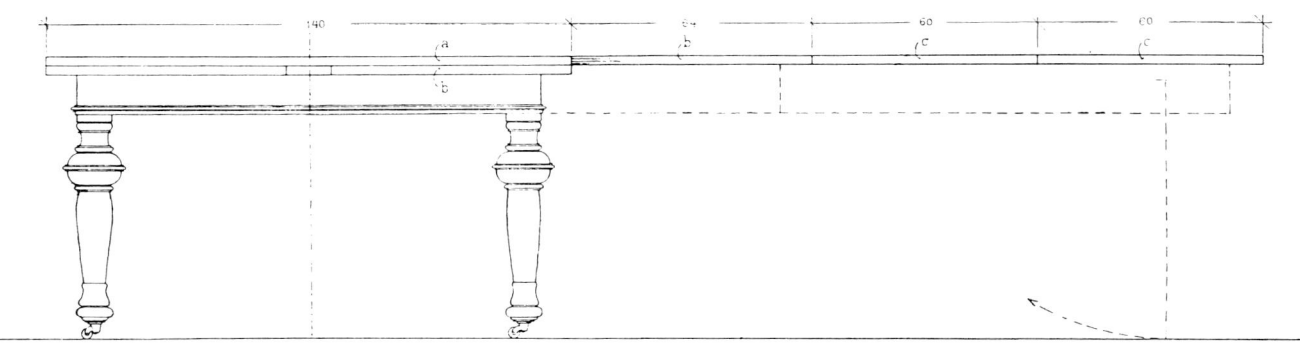

Abbildung 809.

mit Schrauben befestigt (oder werden auf Grat einge=
schoben). i und i sind Führungsleisten des Schiebekastens h.

Abbildung 800 bis 802: Gewöhnlicher Kulissentisch.
Abbildung 800 zeigt die Ansicht des Tisches, Abbil=
dung 801: Schnitt durch die Kulissen. Abbildung 802:
Darstellung der Konstruktion — a Füße, b kurze Zargen,
c lange, in der Mitte geteilte Zargen, f und g Steg,
h Kulissen (Züge), i Leisten, mittels deren die Kulissen (h)
an der Tischplatte befestigt (angeschraubt) sind, k Brücken
zur Verbindung der Teile der langen Zargen und zum
Aufnehmen des oberen Endes zweier Mittelfüße, l Brücke,
an den Kulissen 3 befestigt, verbindet die Kulissen 3 mit=
einander und mit der Mittelstütze g. Die Stütze g ver=
hindert am auseinandergezogenen Tisch das Durchdrücken
der Kulissen nach unten. n Nutklötze zur Befestigung der
Platte (vielfach wird in der Mitte der Platte ein langer
Nutklotz (o) angeschraubt, um dadurch der etwa vor=
handenen Neigung zum Werfen entgegenzuwirken), m eine
Hälfte der Tischplatte, d und e Gratleisten und Schließen
zum Zusammenhalten der beiden Zargenteile der langen
Zarge und der Tischhälften.

Die Zargenteile c sind über Ende genutet und gefedert,
die beiden Hälften der Tischplatte (m) sind stumpf gefügt
und gedübelt. Die Dübel verhindern eine Verschiebung
der Fuge, verhindern das Durchdrücken des einen Teiles
der Platte. Die Einlagen sind in der gleichen Weise
gedübelt. p Teil einer Einlage.

Ist die gewöhnliche Plattengröße (Abbildung 800) nicht
ausreichend, so werden die Schließen e gelöst, die Tisch=
hälften auseinandergezogen und 1, 2 oder mehr Einlagen
zwischen den Platten m eingelegt. Natürlich lassen sich
nicht unbegrenzt viel Einlagen einfügen, da die Kulissen
immer nur für eine bestimmte Anzahl ausreichen, zum
Beispiel für 4 oder 6 Einlagen. Jede Einlage vergrößert
den Tisch für 2 Personen.

Abbildung 803 bis 805: Ovaler Kulissentisch mit vier
Füßen, Stegverbindung, zwei Fallfüßen und drei Einlagen.

Sollen die Einlagen benutzt werden, so werden unter=
halb der Tischplatte die Schrauben, welche die beiden
Hälften der Platte zusammenhalten, gelöst, dann die beiden
Hälften der Platte, die an Kulissen befestigt sind, ausein=
andergezogen, die Fallfüße als Stützen niedergelassen und
die Einlagen eingefügt. In dieser Konstruktion bleiben die
vier Tischfüße in ihrer Lage zueinander, auch bei ausein=
andergezogener Platte.

Abbildung 806 bis 811: Vier verschiedene Formen
moderner Ausziehtische.

Abbildung 806 und 807: Baukes Tisch. Dieser Tisch
verbindet die Vorzüge des alten Ausziehtisches (Ab=
bildung 798) mit denen des Kulissentisches (Abbildung 800).
Im vorliegenden Beispiel ist die Tischplatte (a) 1,40 Meter
lang, sind die Schieber (b) 64 Zentimeter und die Ein=
lagen (d) 60 Zentimeter breit. Soll die Tischplatte nur
um weniges vergrößert werden, so wird der eine oder

Abbildung 810.

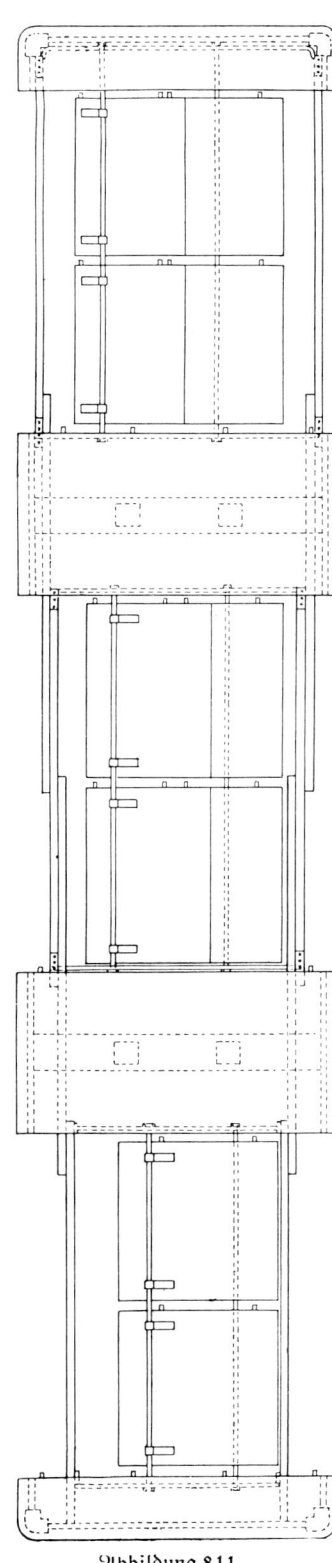

Abbildung 811.

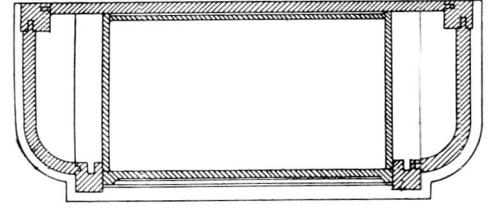

Abbildung 812.

Wandziertisch (Mitte des 18. Jahrhunderts).

es werden die beiden Schieber vorgezogen. Ist die so vergrößerte Platte noch nicht ausreichend, dann müssen die Einlagen geholt und zwischengefügt werden. Um die Einlagen einlegen zu können, werden die Schließen in der Mitte der langen Zargen gelöst und die Tischhälften auseinandergezogen. Eine oder mehrere Mittelstützen (f) verhindern das Durchbiegen der Züge. Als Mittelstützen können solche in der Form g (Abbildung 802) oder Fall= füße (Abbildung 804) verwendet werden, bei sehr großen Tischen vielleicht beide Formen nebeneinander.

Das Ausziehen — Hin= und Herschieben — des Ge= stelles bei Ausziehtischen der Art Abbildung 802 und 807 wird vielfach lästig und als unpraktisch empfunden, weil

Abbildung 813. Entwurf: Profeſſor Bruno Paul. Ausführung: Deutſche Werkſtätten AG., Hellerau.

durch das Hin- und Herziehen des Geſtelles der Boden — der Teppich — ſehr abgenutzt wird. Dieſer Übelſtand iſt bei den Tiſchen der Art Abbildung 808 und 809 nicht vorhanden. Bei dem Auseinanderziehen dieſer Tiſche behalten die vier gewöhnlich benutzten Füße ihre Stellung zueinander, und für den verlängerten Teil der Zarge und Platte dienen Fallfüße als Stützen.

Bei neueren Tiſchen werden Fallfüße angewendet, die automatiſch mit dem Vorziehen der Verlängerungen fallen und beim Zurückſchieben derſelben ebenſo gehoben werden.

Der Tiſch Abbildung 808 — Ruſcheweyh-Tiſch — iſt ſo konſtruiert, daß unter der Platte a noch zwei oder mehr Platten (b und c) zum Vorziehen vorhanden ſind.

Der Tiſch Abbildung 809 — Spinn- und Menke-Tiſch — iſt ſo konſtruiert, daß außer der Platte a und zwei Schiebern b noch eine Anzahl Verlängerungsplatten (c) vorhanden ſind. Um dieſe Verlängerungen zu ſtützen, werden Züge (Kuliſſen) mit einem auslösbaren Teil der kurzen Zarge vorgezogen und die Fallfüße niedergelaſſen.

Eine von allen bisher vorgeführten Tiſchen weſentlich abweichende Konſtruktion zeigt der A. T. Heymannſche Tiſch (Abbildung 810 und 811). Der Tiſch iſt ſo konſtruiert, daß alle verfügbaren Verlängerungsplatten ſtets zur Hand ſind. Sie lagern unter der Platte. Muß der Tiſch verlängert werden, ſo wird ein Teil oder werden alle Teile auseinandergezogen, die Einlagen gehoben, auseinandergeklappt und befeſtigt.

Abbildung 814. Entwurf: Profeſſor Bruno Paul. Ausführung: Deutſche Werkſtätten AG., Hellerau.

14.

Betten — Bettgeſtelle.

Das Bett muß ein vollkommenes Ruhen ermöglichen. Die bequemſte Ruhelage des menſchlichen Körpers iſt die horizontal ausgeſtreckte Lage, in der alle Glieder gleichmäßig ruhen können. Das Lager muß bequem erreichbar ſein, es darf nicht zu hoch über dem Fußboden und nicht zu nahe dem Fußboden ſein. Kann man auf dem Bettrand bequem ſitzen, ſo iſt das im allgemeinen die richtige Höhe für das Lager.

Bei der Ausführung eines ſolchen Bettes beſteht die Arbeit des Tiſchlers in der Anfertigung eines Geſtelles oder Rahmens zur Aufnahme der Polſter — Matratzen, Kiſſen uſw. Die gebräuchlichſten Maße (Lichtenmaße) der Bettgeſtelle für ausgewachſene Menſchen ſind: Breite 0,90 bis 1,10 Meter (das Doppelbett bis 2,25 Meter breit), Länge 1,90 bis 2,00 Meter, Lagerhöhe vom Boden 0,40 bis 0,45 Meter. Kinderbettſtellen werden, entſprechend der Größe der Kinderkörper, kleiner gebaut.

Das Bettgeſtell zur Aufnahme der Polſter kann in paſſender Größe 1. aus einer Platte auf Stützen von der entſprechenden Höhe beſtehen (Pritſche), 2. aus einem auf Stützen ruhenden kaſtenartigen Rahmenwerk mit einem Bretterboden oder mit Gurten beziehungsweiſe Stahlfedern beſpannten Rahmen als Einlage, 3. aus einem auseinandernehmbaren Rahmenwerk, das aus Seitenſtücken, Haupt- und Fußſtück und Matratzenrahmen oder Stahlfederrahmen als Bettboden beſteht. Die letzte Art der Konſtruktion des Bettgeſtelles iſt die gebräuchlichſte, ſie erleichtert ſeinen Transport. Unter den Bettgeſtellen befeſtigt man vielfach Rollen, damit das Bett ohne große Mühe im Zimmer hin und her geſchoben werden kann, um Wand und Boden hinter und unter dem Bett möglichſt oft reinigen zu können.

Mit Bezug auf das Reinigen des Bettgeſtelles iſt bei der Formgebung das Bilden von Ecken und Winkeln, die das Anſammeln von Schmutz begünſtigen, zu vermeiden.

Für den Zuſammenbau dieſer Bettgeſtelle kommen drei Grundformen in Betracht, deren Verſchiedenheit hauptſächlich in der voneinander abweichenden Bildung der Bettenden liegt. Die Bettenden — Haupt- und Fußende — können: 1. aus Stollen, Riegeln und Füllungen (Abbildung 816, I) beſtehen, 2. aus Stollen und Rahmen mit Füllungen (Abbildung 816, II), 3. aus Rahmenwerk mit Füllungen und angebildeten oder angefügten Füßen

163

nach Abbildung 819a oder 4. aus gesperrten Platten (Abbildung 819b).

Abbildung 816, I. a und a Bettstollen, b und c Riegel, d Füllung, e Bett- seiten. Abbildung 816, II. f und f Bettstollen, i Rahmen mit der Füllung k und den angedübelten oberen und unteren Fries- stücken g und h, l Bett- seiten, m Trageleisten des Bettbodens, n, n, o und p Rahmenhölzer des Bett- bodens.

Die Bettgestellseiten werden aus vollem Holze ohne und mit Hirnleisten oder aus gesperrtem Holze gemacht (Abbildung 816 e, e′, e″). An den Bett- seiten sind innen die Trage- leisten für den Bettboden befestigt (Abb. 816 m).

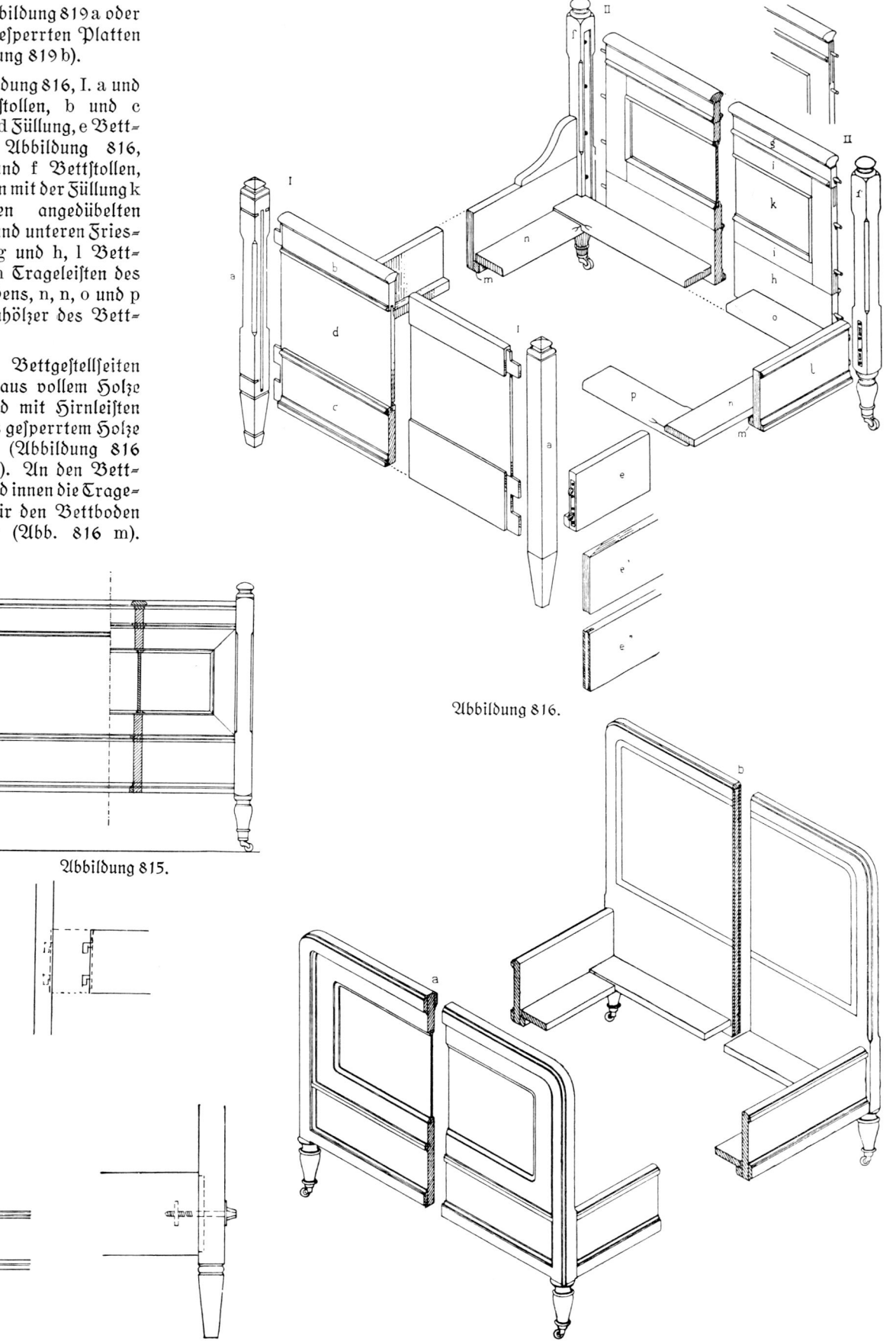

Abbildung 816.

Abbildung 815.

Abbildung 818. Abbildung 817. Abbildung 819.

Abbildung 815 bis 819: Beispiele für den Zusammenbau der Bettgestelle.

Abbildung 820: Bett, Zeit Ludwigs XVI.

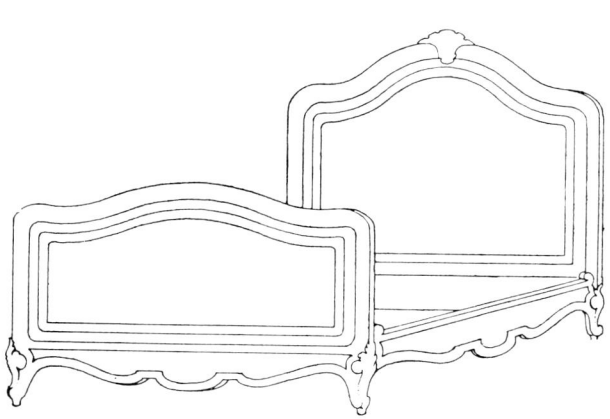

Abbildung 821: Bett, Rokoko.

Die Bettenden und Bettseiten werden verbunden durch Schrauben (Abbildung 817) und durch Haken (Abbildung 818).

Die Abbildungen 823 und 824 geben zwei Grundformen für Bettgestelle mit Baldachinen, sogenannte Himmelbetten. Der Zusammenbau des oberen Teiles dieser Gestelle ergibt sich aus dem vorher Gesagten.

Die Gestelle für Kinderbetten werden ebenso gebaut wie die Betten der Erwachsenen. Nur kommt es hierbei, weil sie kleiner sind, viel häufiger vor, daß Bettenden und -seiten fest miteinander verbunden und verleimt werden. Man versieht diese Betten auch wohl mit einer Schutzvorrichtung — Gitterwerk, Netz — gegen das Hinausfallen der Kinder (Abbildung 826).

Die Abbildungen 827 und 828 geben zwei Formen für Kinderwiegen. Die Wiege Abbildung 827 besteht aus einem Bettgestell oben beschriebener Art und den Wiegebrettern unter den Bettstollen. Die Wiege Abbildung 828 besteht aus einem Kasten (oder Korb) für die Bettkissen und einem Gestell, in dem dieser hängt. Die hohen Endigungen der Kastenstützen dienen zum Befestigen von Vorhängen.

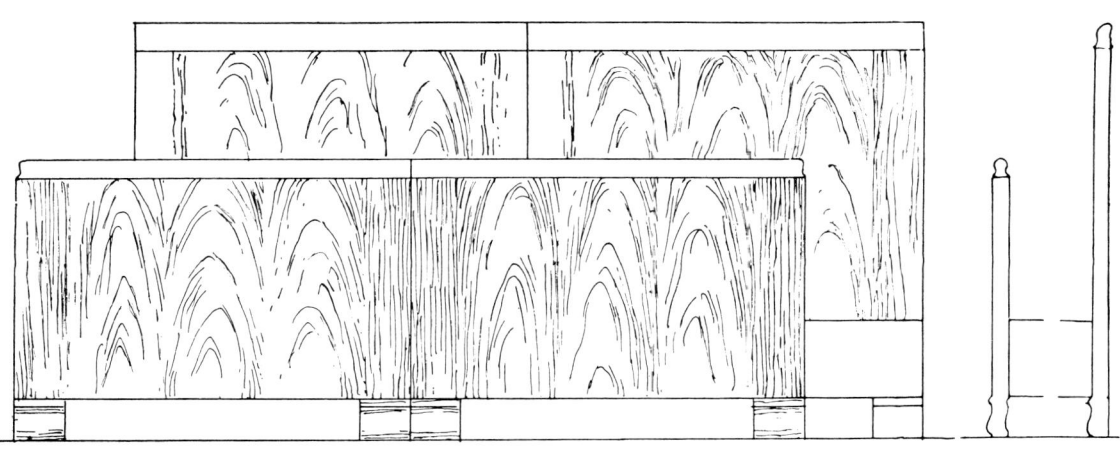

Abbildung 822: Bett, moderne Form.

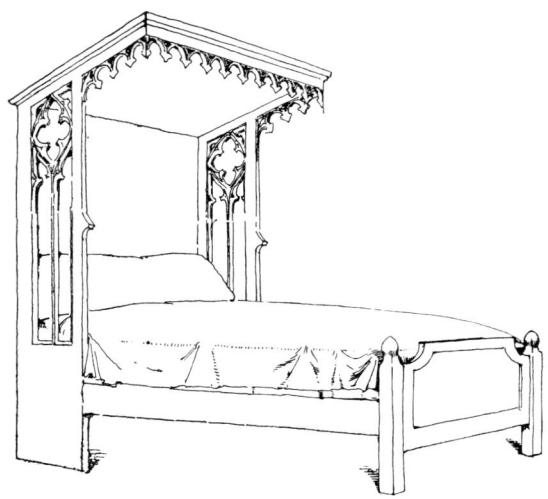

Abbildung 823: Bett, gotische Form.

Abbildung 824: Bett, Zeit der Renaissance.

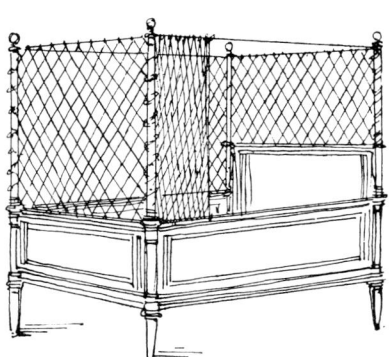

Abbildung 826: Kinderbett mit Schutznetz.

Abbildung 825: Bett, Zeit Ludwigs XVI.

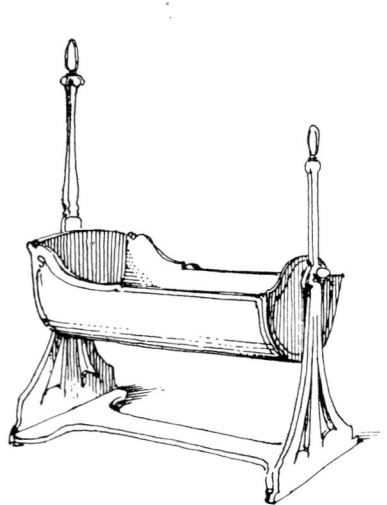

Abbildung 828: Wiege, Ende des 19. Jahrhunderts.

Abbildung 827: Wiege, Renaissance.

Abbildung 829.

Entwurf: Architekt H. Muthesius.

15.

Kastenmöbel — Schränke.

Küchenschränke, Bücherschränke, Salonschränke, Kommoden, Truhen usw.

Kasten und Schränke dienen zum Schutze und zur Aufbewahrung von Dingen verschiedenster Art: Kleidung, Wäsche, Bücher, Instrumente, Schmuck u. a. m. Form und Größe der Kastenmöbel sind von ihrem besonderen Zweck abhängig:

von der Form, der Größe, dem Material und der Bestimmung der Dinge, die sie aufnehmen sollen,

von dem Ort ihrer Bestimmung — Wohnraum, Geschäftsraum, Festraum — und

von dem für diese Möbel zu verarbeitenden Holz, den Eigenschaften des Holzes und den Möglichkeiten der Technik.

Die körperliche Größe und die Arbeitsfähigkeit des Menschen haben auf die Ausmaße der Kastenmöbel einen ebenso großen Einfluß wie auf Tisch, Stuhl und Bett. Die Dinge des täglichen Gebrauchs, die in Schränken stehen oder liegen, müssen bequem erreichbar sein. Schrankräume, die wir, auf dem Fußboden stehend, nicht erreichen können, sind meist unnötig, weil ihre Benutzung für uns zu umständlich ist (Abbildung 831). Warum da höhere Schränke

bauen? Da auch noch andere praktische Gründe gegen den Bau übergroßer Schränke sprechen, als da sind: Gründe in Beziehung auf die Herstellungskosten, die Wohnungsgrößen, die Instandhaltung und den Transport.

Material, Technik und Kunstanschauung wirken auf die Formgestaltung und in Verbindung damit auf den Zusammenbau, auf die Konstruktion. In rückliegender Zeit waren zwei Systeme herrschend, der Brettbau und der Stollenbau. In dem einen kam das breite Brett in dem Zusammenbau und in der Form zur Geltung, in dem anderen bestand das formgebende, tragende Gerüst aus Stollen (Pfosten) und Riegelwerk, in das Bretter als Füllungen und Türen eingesetzt waren.

Allmählich ist aus diesen eine Konstruktion entstanden, die den Eigenschaften des Holzes, den Wirkungen des Schwindens und Quellens und dem Wirken neuerer Technik entsprach. Innerhalb einer als Ganzes abgeschlossenen Konstruktion konnten die Teile, welche durch technische Mittel nicht zum Stehen zu bringen waren, sich bewegen. Dem Auge waren die Wirkungen der Bewegung des Holzes nicht sichtbar und der auszuführende Gegenstand konnte in Teile zerlegt in der Werkstatt, jeder Teil für

167

Abbildung 830.
Architekt Max Heidrich. Werkstätten Bernard Stadler, AG., Paderborn.

sich, fertiggemacht, mit den anderen zusammengepaßt, poliert und erst dann endgültig fest zusammengebaut und verleimt werden (Abbildung 922). Ein außerordentlicher Fortschritt der Technik; dieser Zusammenbau beherrschte bis zur Gegenwart die Form schrankartiger Möbel. In ihm kommt besonders die Rahmenbildung zur Geltung, weil durch die Umrahmung von Tafeln formbeständige Platten gebildet werden können. In neuerer Zeit ist eine Wandlung eingetreten, hervorgegangen aus der neueren Technik zur Herstellung von Sperrholz und der Vorliebe für großflächige Formen sowie dem Bestreben nach sachlicher Einfachheit der Form und der Nutzung der im Edelholze vorhandenen Schönheit des Materials durch Form und Flächenbehandlung (Abbildung 756, 814, 952 und 953).

In den folgenden Ausführungen werden mit Hilfe einiger Beispiele diese Konstruktionsmethoden näher erklärt. Die Form der Möbel wird durch die aus der Eigenschaft des Holzes hervorgegangene Konstruktion stark beeinflußt. Das wird im Kunsthandwerk wohl immer so sein. Auch die neuere Technik beeinflußt die Form. Es wäre falsch, wollte man Möglichkeiten, die uns durch die Benutzung modernster Hilfsmaschinen geboten werden, unbeachtet lassen und nicht Formen wählen, die mit Hilfe dieser Maschinen ausführbar sind, wenn diese Formen ebenso gut und billiger herstellbar sind als das bisher Gebotene. Maschinenarbeit als solche muß nicht schlecht sein. Kann der Hausrat der Minderbemittelten durch die Maschinenarbeit technisch und künstlerisch verbessert werden, so wird die neue Arbeitsmethode Freunde und Verbreitung finden und die Form der Möbel beeinflussen.

Der Deckelkasten (Abbildung 832) ist aus Brettern zusammengeleimt und gestiftet. Die Seiten des Kastens quellen und schwinden miteinander in gleicher Richtung. Das Bodenbrett wird durch das Schwinden schmaler. Dies zeigt sich durch eine unschöne Veränderung der äußeren Form. Auch der lose aufliegende, an den Rändern abgefalzte Deckel verändert seine Form durch das Schwinden des Holzes, seine obere Fläche wird hohl. Das ist die zweite unschöne Veränderung der äußeren Form des Kastens, außerdem schließt der Deckel den Kastenraum nicht mehr ab. Und noch etwas stört den Gebrauch des Kastens. Die Eckverbindung der Seiten bewährt sich nicht. Die Leimfuge zwischen Hirnholz und Langholz leistet einem seitlichen Druck nur geringen Widerstand. Auf welche Weise können solche Formveränderungen vermieden werden? — Durch Rahmenbau und Sperrholz. — Das Zusammenzinken der Kastenseiten nach Abbildung 833 gibt eine gute Eckverbindung, doch hat diese den Nachteil, daß das Hirnholz der Zinken vortrocknet. Durch das Zinken auf Gehrung (Abbildung 835 a), durch das Zusammenstoßen der Seiten auf Gehrung und das Einleimen einer Feder (Abbildung 835 b) oder das Einleimen eines Eckstückes (Abbildung 835 c) wird eine Eckverbindung geschaffen, die alles Hirnholz deckt. Wird diesem Kranz der Seiten ein Bodenbrett untergeleimt, so verhindert man damit das Wegtrocknen des Kastenbodens von den Seiten, aber man verhindert nicht, daß das Bodenbrett in der Mitte reißt, wenn das Holz stark schwindet. Beständig wird die Form dadurch, daß Seiten, Boden und Deckel aus Rahmen mit Füllungen (Abbildung 834, 836, 838) oder aus Sperrholz (Abbildung 839) gemacht werden, daß man die Seiten zusammen-

168

dübelt und leimt und den Boden unter die Seiten leimt. Kasten dieser Art kann man in jeder Weise verzieren, furnieren, polieren und mit Leisten umleimen. Abbildung 837 zeigt Eckbildungen. Die Kastendeckel befestigt man mit Bändern und Schlössern, klappbar und verschließbar. Für größere Kasten dieser Art, Truhen und ähnliche Möbel, formt man zum oberen und unteren Abschluß des Kranzes der Seiten Rahmen, verbindet diese durch Dübel und Leim mit den Seiten. Die Rahmen geben den Seiten einen guten Halt. In den Bodenrahmen wird die Bodenfüllung gelegt, und an dem oberen Rahmen wird der Deckel befestigt.

S c h r ä n k e. Diese Möbel kann man, wie den vorher besprochenen Kasten, aus Rahmenwerk mit Füllungen oder aus Sperrholz fest zusammenbauen und mit Türen oder Klappen verschließen oder in diese Schränke Kasten einschieben (Abbildung 918 bis 944).

In dem Schrank (Abbildung 840) sind die Seiten, der Boden und die Decke zusammengezinkt. Diese Teile schwinden miteinander in der Richtung der Tiefe des Schrankes. Die Rückwand ist als Füllung in die Nuten der Beistöße d an den Schrankseiten und in die Nut der Decke eingeschoben und an der Bodenplatte befestigt. Die Rückwand hält den zusammengezinkten Rahmen im Winkel. Die Tür (Rahmen mit Füllung) ist mit Aufsatz- oder Fischbändern und Schloß oder Riegel festgemacht. Muß in einen solchen Schrank ein Zwischenboden eingelegt werden, so schiebt man die Trageleisten (g) am besten auf Grat in die Seiten. Müssen Zierleisten um Decke und Boden gelegt werden, so können diese

Abbildung 831:
Wodurch wird die Höhe eines Schrankes bestimmt?

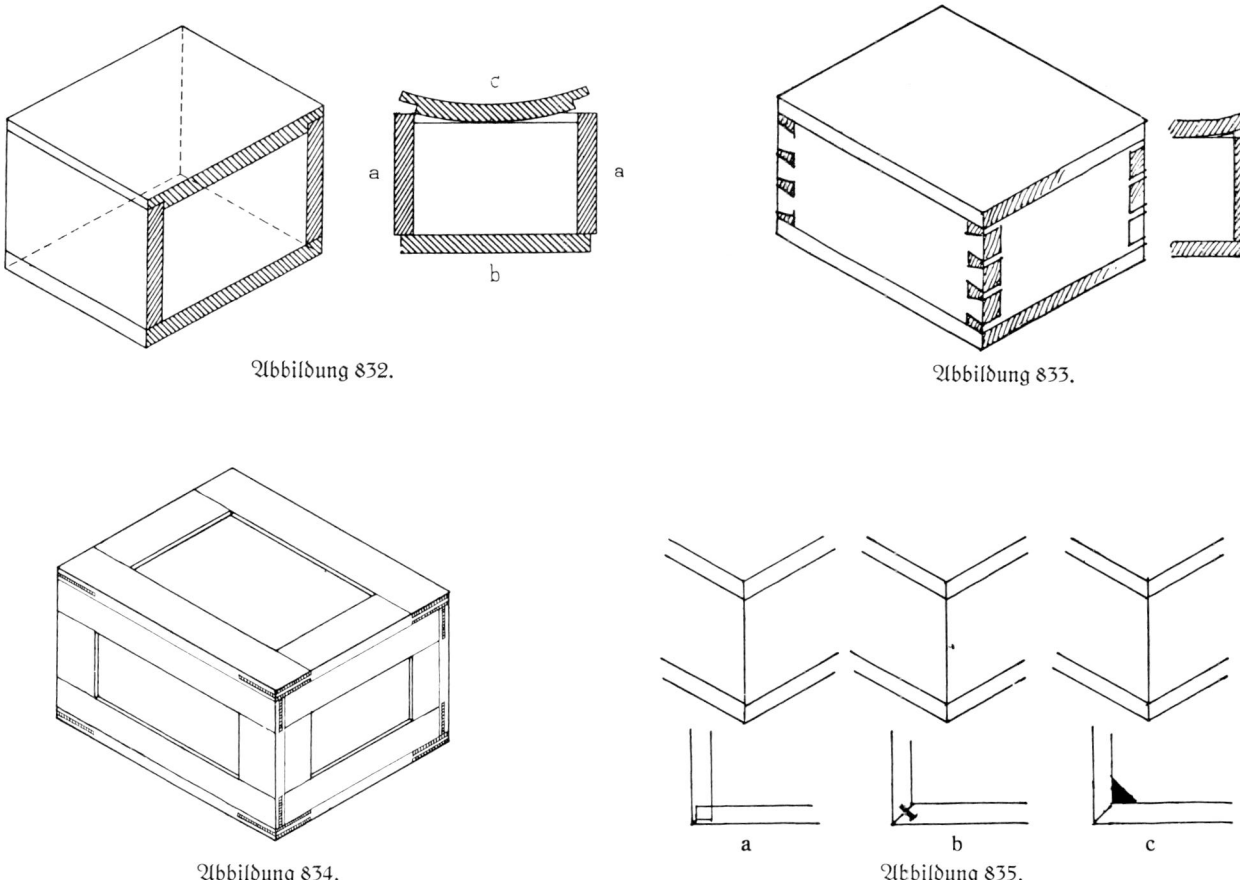

Abbildung 832.

Abbildung 833.

Abbildung 834.

Abbildung 835.

Abbildung 832 bis 839: Beispiele für den Zusammenbau nicht formbeständiger Kasten und formbeständiger Kasten.

169

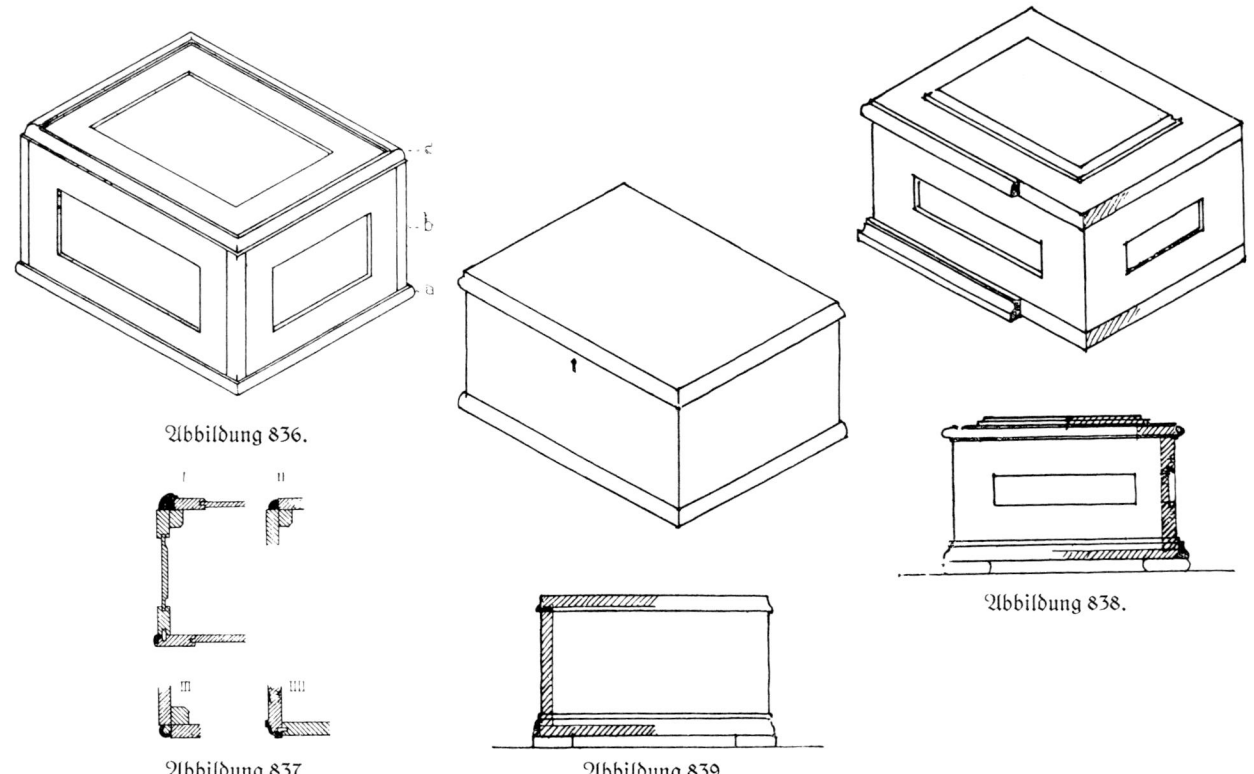

Abbildung 836.

Abbildung 837.

Abbildung 839.

Abbildung 838.

Leiften unbedenklich an die vorderen Kantenflächen der Decke und des Bodens geleimt werden — Langholz an Langholz. Aber die Seiten — Langholz auf Querholz! Hier wird neben dem Leimen immer noch genagelt werden müffen. Diefer Zufammenbau wird für gute Möbel nicht angewandt, für polierte Möbel ift er nicht brauchbar.

Die Konftruktion Abbildung 841 ift beffer, diefe macht es möglich, daß der Sockel und der Kranz mit umleimten Leiften, die Seiten und die Rückwand, jeder Teil für fich, vollftändig fertiggemacht, eventuell poliert werden können und zuletzt alle Teile aneinandergeleimt werden.

Die Seiten c haben Rahmen mit Füllungen. Der Boden befteht aus dem Rahmen a und der Füllung e. Die Füllung e ift in eine Nut der Rückwand d eingefchoben

und am Vorderftück von a befeftigt, bildet hier den unteren Anfchlag für die Tür (fiehe Schnitt). Die Decke hat ebenfalls einen Rahmen mit Füllung. Boden und Decke find mit den Seiten zufammengedübelt. Die Rückwand d (Rückwand im Rahmen) ift in einen Falz gelegt und mit Schrauben befeftigt. Der Rückwandrahmen verändert fich nicht; ift er gut in den Falz eingepaßt, fo ift die Winkelform des Schrankes gefichert. Zierleiften find oben und unten am Schrank umgeleimt — überall ift Langholz mit Langholz verbunden.

Abbildung 840 bis 846: Die Befchaffenheit der Rückwand, die Art ihrer Befeftigung zwifchen Seiten, Boden und Decke find von wefentlichem Einfluß auf die Feftigkeit des ganzen Gegenftandes. Erft durch die Rückwand erhält

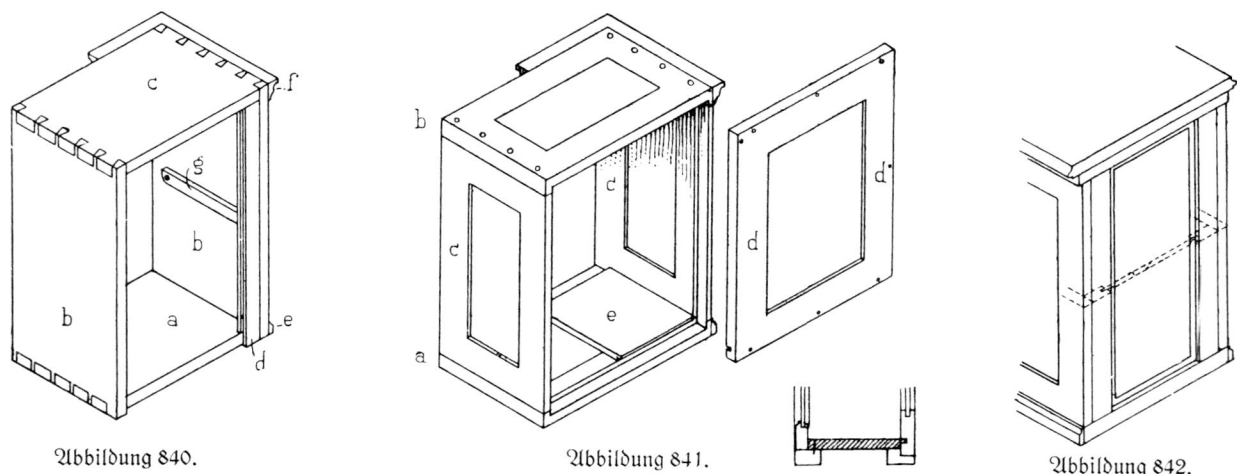

Abbildung 840.

Abbildung 841.

Abbildung 842.

Abbildung 840 bis 849: Verfchiedene Konftruktionsweifen für den Bau einfacher Schränke.

170

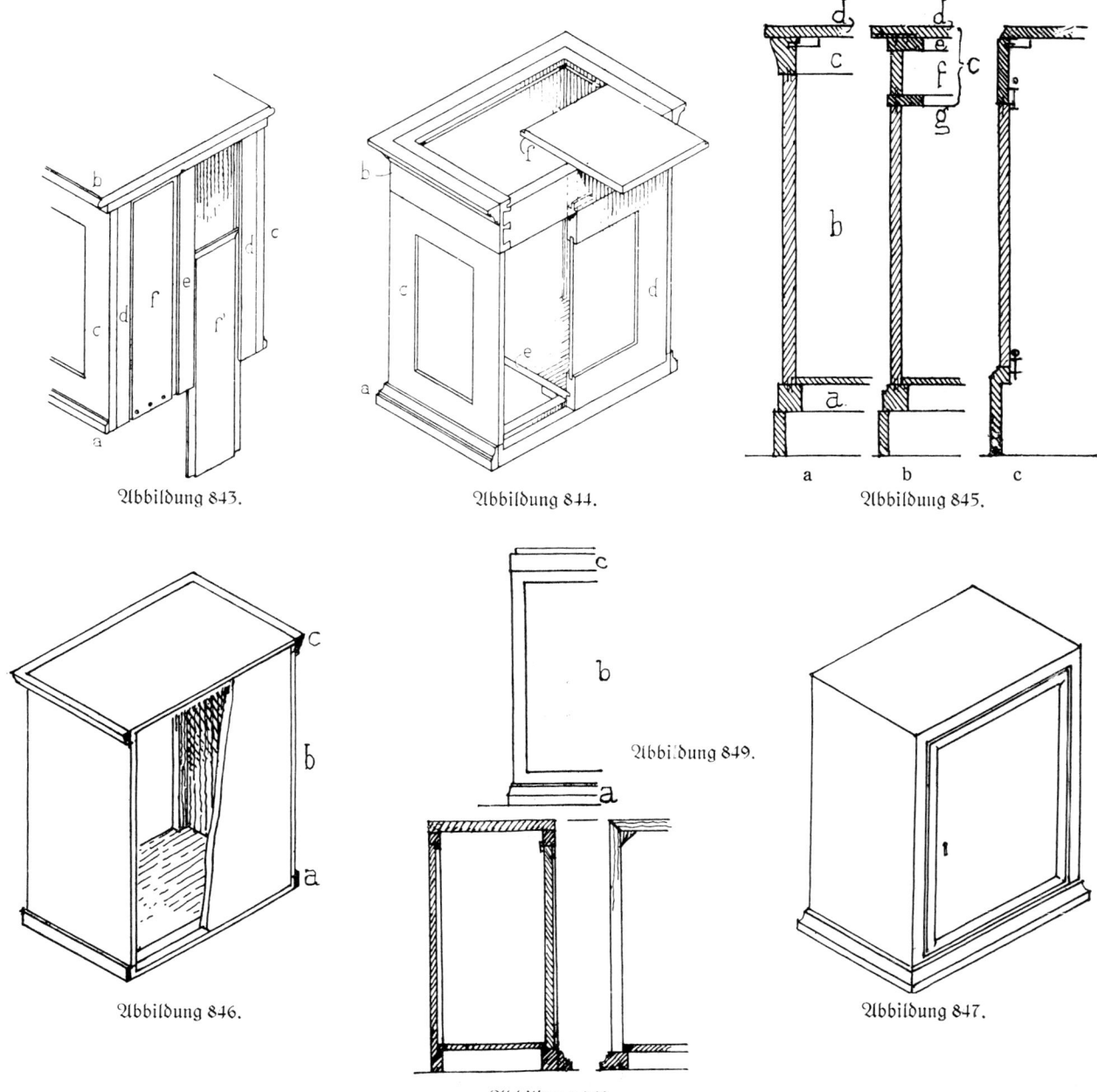

Abbildung 843.

Abbildung 844.

Abbildung 845.

Abbildung 846.

Abbildung 849.

Abbildung 847.

Abbildung 848.

der Kasten die nötige Festigkeit gegen seitlichen Druck. Schließt die Rückwand nicht überall dicht an Seiten, Boden und Deckel, so bleibt der Kasten wacklig. Die Abbildungen 841, 843, 846 zeigen drei verschiedene Formen der Rückwandbildung. Die Form Abbildung 841 ist besser als die Abbildung 843, weil der Rahmen (d) die größte Sicherheit gegen eine Formveränderung durch das Schwinden des Holzes bietet. Die Sperrholzplatte Abbildung 846 ist ebensogut wie der Rahmen Abbildung 841.

Das Einnuten des Bodens (e) in die Rückwand (Abbildung 841 und 844) wird ausgeführt, um zu verhindern, daß sich eine offene Fuge zwischen Boden und Rückwand bildet, wenn der Boden nachtrocknet. Der Boden wird nur auf dem vorderen Rahmenstück aufgeleimt und wird seitwärts und hinten mit Nutklötzen (Abbildung 844) befestigt, damit das Holz sich ungehindert bewegen kann.

Abbildung 842: Die Seiten sind zwischen Bodenrahmen und Deckenrahmen (Sockel und Kranz) mittels Dübels be-

festigt. Die Deckenplatte ist am Kranz mit Nutklötzen befestigt. An die Seiten sind Beistöße geleimt, und die Rückwand als Füllung ist zwischen Sockel, Kranz und Seiten in Nuten eingelassen.

Abbildung 843: Die Rückwandbretter sind zwischen den Beistößen (d) und dem Mittelstück (e) eingeschoben.

Abbildung 844: a unterer Kranz, b oberer Kranz, c Seiten, d Rückwand, f Decke. Guter Zusammenbau. Alle Teile können vor dem Verleimen furniert und poliert werden. Der hohe Kranz b ist zusammengezinkt.

Abbildung 845 a, b und c: Drei Schrankprofile. Abbildung 845 a: Voller Sockel, a Sockelrahmen, b Seite, c Blattrahmen. b mit a und c zusammengedübelt. Blatt d mit c durch Nutklötze verbunden. Abbildung 845 b: c Kranz. — g Laufboden, f Schiebekasten, e Blattrahmen, d Blatt (Platte, Decke), an c mit Schiene gebunden. Abbildung 845 c: Sockel, Decke und Kranz, gedübelt und mit Schrauben verbunden. Decke am Kranz mit Nut-

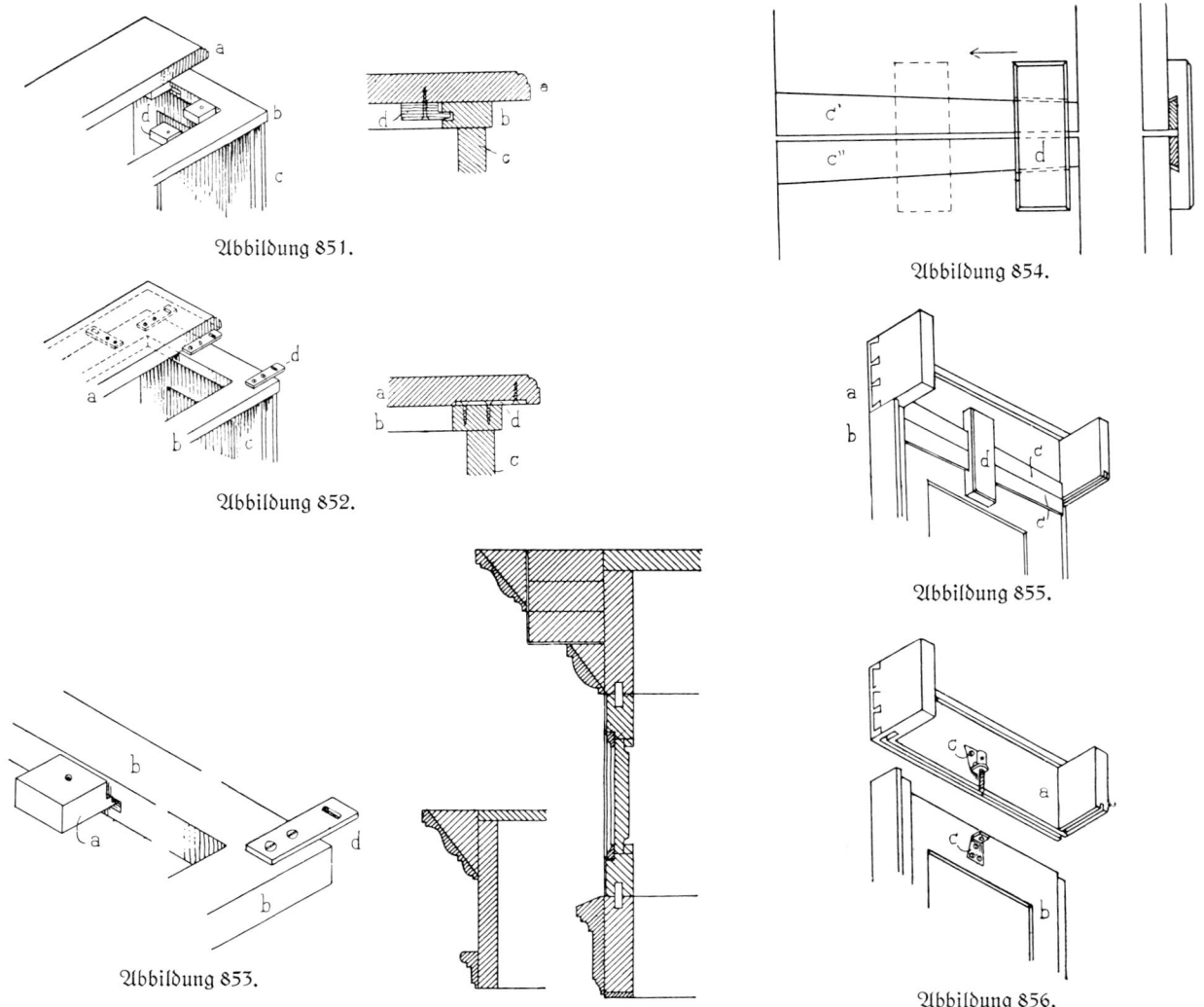

Abbildung 851.

Abbildung 852.

Abbildung 853.

Abbildung 850.
Der Zusammenbau
eines hohen Schrankkranzes.

Abbildung 854.

Abbildung 855.

Abbildung 856.

Abbildung 851 bis 853:
Nutklötze oder Eisenschienen zur Verbindung
der Schrankplatte mit dem Unterbau?

Abbildung 854 bis 856: Holzschließen oder
Schrauben in auseinandernehmbaren Möbeln?

klötzen befestigt. Zu beachten sind die Profile, die Aus=
ladung der Platte.

Abbildung 846: Seiten, Boden, Decke, Rückwand und
Tür aus Sperrholz gemacht. a, b und c zusammengedübelt.

Das Gegenstück hierzu ist in Abbildung 847 und 848
dargestellt. Hier sind Seiten und Decke aus Sperrholz
untereinander und mit dem Sockel fest verleimt, und um
die rechtwinklige Form dieses Baues zu sichern, sind an
der Vorderseite und der Rückseite Rahmen eingeleimt.
Alles Hirnholz ist gut gedeckt, das Ganze ist furniert und
poliert. Eine ähnliche Form zeigt Abbildung 849, jedoch
zusammengebaut, wie in Abbildung 846 gezeigt.

Hohe Kränze baut man aus mehreren übereinander=
liegenden Rahmen zusammen (Abbildung 850), die hinteren
Ecken dieser Rahmen werden gezinkt, die vorderen auf
Gehrung verleimt und durch Einlagen gesichert, um an den
äußeren Flächen kein Hirnholz zu haben.

Abbildung 851 bis 853: Die Nutklötze (Abbildung 851, d)
und die Eisen (Abbildung 852, d) gestatten die Bewegung
— Schwinden und Quellen — des Holzes der Schrank=
platten. Bei der Anwendung des einen oder anderen
Befestigungsmittels ist folgendes zu beachten. Ist (Abbil=
dung 851) die Schrankplatte a am Rahmen b zu befestigen,

so sind die Nutklötze d für die Befestigung der Seiten=
ränder des Blattes sehr gut, für den vorderen und
hinteren Blattrand jedoch nicht, weil zwischen Nutklotz
und Blattkante eine verhältnismäßig große Entfernung
vorhanden ist und der Nutklotz deshalb nicht das Werfen
des vorderen und hinteren Blattrandes verhindern kann.
Das Blatt a wird sich vom Rahmen b nach oben werfen,
die Oberfläche wird hohl werden. Um nun solches zu ver=
hindern, wird das Blatt vorn auf dem Rahmen auf=
geleimt oder es werden vorn die Eisen d (Abbildung 852)
angewendet. Das Blatt wird dadurch näher der Kante
befestigt, kann sich nicht werfen, kann aber schwinden, weil
die Schrauben, mit denen es befestigt worden ist, sich im
Schlitz des Eisens hin und her bewegen können (vgl. Ab=
bildung 853, d).

Große Schränke (Bücherschränke, Kleiderschränke usw.)
werden so konstruiert, daß sie auseinandernehmbar sind und
in die Teile: Sockel, Seiten, Kranz, Rückwand, Zwischen=
wand, Böden und Türen zerlegt werden können. Beim
Zusammenbau werden Sockel und Seiten, Seiten und
Kranz mittels Schließen oder Schrauben verbunden
(Abbildung 854 bis 856). Andere große Schränke werden
so geformt, daß die durch die Form bezeichneten Teile als
selbständig abgeschlossene Schränke zu bauen sind, die mit=

172

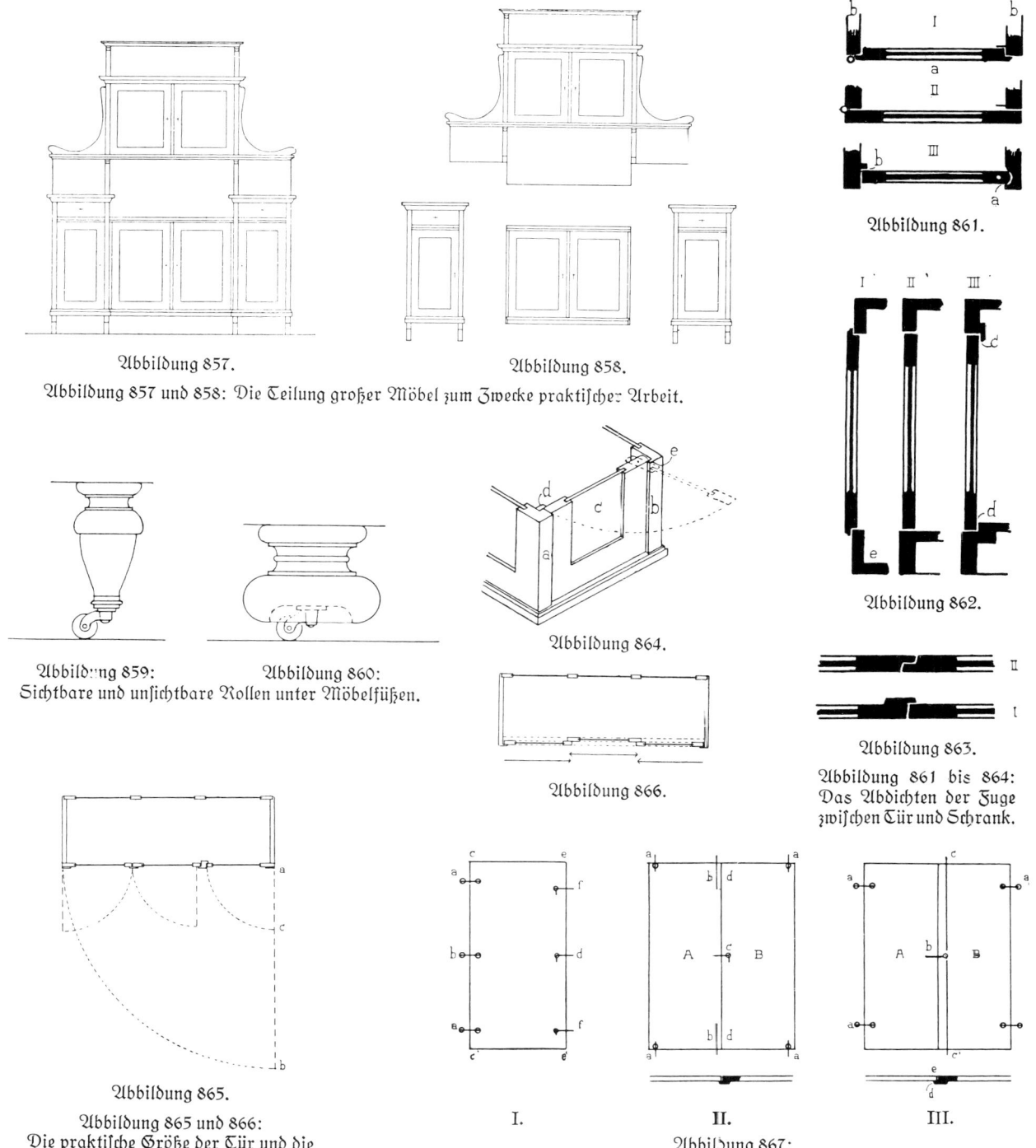

Abbildung 857.

Abbildung 858.

Abbildung 857 und 858: Die Teilung großer Möbel zum Zwecke praktischer Arbeit.

Abbildung 861.

Abbildung 859: Abbildung 860:
Sichtbare und unsichtbare Rollen unter Möbelfüßen.

Abbildung 864.

Abbildung 862.

Abbildung 866.

Abbildung 863.

Abbildung 861 bis 864:
Das Abdichten der Fuge
zwischen Tür und Schrank.

Abbildung 865.

Abbildung 865 und 866:
Die praktische Größe der Tür und die
Bewegungsrichtung der Tür beim Öffnen.

I. II. III.

Abbildung 867:
In welcher Weise kann die Tür befestigt werden, mit welchem Beschlag?

einander verbunden, mit Schrauben zusammengehalten, ein Ganzes sind (Abbildung 857 und 858).

Eine andere Art des Zusammenbaues zeigen die Abbildungen 930 bis 934, den Stollenbau. In diesem besteht das tragende Gerüst aus senkrechten Stollen und waagerechten Riegeln. Diese Teile werden durch Zapfen, Dübel, Schwalbenschwänze miteinander verbunden. Zwischen diesen Stollen und Riegeln sind als Füllungen: die Schrankseiten, die Rückwände, die Böden und die Decken oder Platten mittels Dübel, Nuten, Nutklötze befestigt und die Türen mit Türbändern und Schlössern. Die Füllungen macht man aus verleimten Brettern, aus Rahmen mit Füllungen oder aus Sperrholzplatten.

Kasten und Schränke, die gestrichen, gebeizt, geölt oder gewachst werden, dürfen vor dieser Behandlung fest zusammengebaut werden; sollen sie aber poliert werden, so muß jede Fläche, die von einem erhöhten Rahmen umgeben ist, für sich, vor dem Zusammenbau mit dem Rahmen poliert werden. (Siehe „Das Polieren".)

Schränke, die hin und her geschoben werden, stellt man auf Rollen (Abbildung 859 und 860).

Türen, Klappen und Deckel unterscheiden sich durch Lage und Befestigung.

Mit Türen bezeichnet man den senkrechten, um eine senkrechte Achse drehbaren oder senkrecht seitwärts, aufwärts oder abwärts verschiebbaren Abschluß einer Öff=

173

nung (Türen und Schiebetüren); mit Klappe bezeichnet man den senkrechten, schrägen oder horizontalen, um eine horizontale Achse drehbaren Abschluß, und Deckel nennt man den oberen, um eine Achse drehbaren oder lose aufliegenden Abschluß eines Kastens (Abbildung 832).

Gebrauchszweck und Kunstform sind bestimmend für die eine oder andere Form. Ist zum Beispiel ein vorderer Abschluß für ein durch Seiten, Boden, Decke und Rückwand gebildetes Fach notwendig, aber vor dem Fache nicht genügend Raum vorhanden, um eine drehbare Tür, die das Fach in ganzer Breite schließt, anwenden zu können, so müssen entweder zwei, drei oder mehr Türflügel nebeneinanderliegen, oder ist auch das den örtlichen Verhältnissen und dem Zwecke nach nicht ausführbar, so müssen Schiebetüren oder Rollädenverschlüsse gemacht werden (Abbildung 861, 866, 896).

Von allzu breiten und großen einflügeligen Türen oder Klappen muß vielfach aus Schönheits- und aus praktischen Gründen abgeraten werden, weil mit der Größe des Türflügels seine Schwere zunimmt, die Konstruktion und Befestigung der großen Türen mehr Schwierigkeiten bereitet als die der kleinen und weil das Gewicht großer geöffneter Türen den Schwerpunkt des ganzen Gegenstandes unvorteilhaft verschiebt (Abbildung 865), vielleicht so, daß das Ganze dadurch nach der Türseite zu kippt.

Türen, Klappen und Deckel können stumpf aufliegen, ganz oder halb in einen Falz gelegt werden (Abbildung 861 und 862, I Tür überfälzt, II Tür vorschlagend, III Tür im Falz). Die Fuge zwischen zwei Türflügeln wird nach Abbildung 863 I oder II gedichtet. Die Tür II hält weniger staubdicht als die anderen. Abbildung 862: I bis III zeigen neben dem Türanschlag den Kern des Sockels und des Kranzes. Ist ein Schrank wie I gebildet, so sind die Ecken (e) des Schrankbodens schwer zu reinigen, in Schränken nach II und III ist das dahingegen nicht der Fall, nur daß hier der innere Schrankraum um die Sockelhöhe niedriger ist als der im Schrank I. Die Tür I ist überfälzt und hat dadurch einen Anschlag. Die Tür III hat den Anschlag bei c und d. Durch den Anschlag schließen die Türen I und III dichter als Tür II.

Abbildung 867, I bis III: Drei verschiedene Arten der Türbefestigung. Die Tür I ist mit drei Bändern (a, b und a, Aufsatzbänder oder Scharniere) an der einen Seite befestigt, an der anderen Seite mit Vorreiber, Einreiber, aufgeschraubten oder eingestemmten Schlössern (f, d, f). Die Zahl der Bänder oder Schlösser, die zur Befestigung einer Tür notwendig ist, wird bedingt durch Größe der Tür und Zweck des Gegenstandes. Für eine kleinere Tür genügen meistens zwei Bänder (a und a) und ein Schloß (d). Ist dahingegen die Tür sehr hoch, muß bei nur zwei Bändern und einem Schloß oder Vorreiber ein Verziehen der Rahmenhölzer befürchtet werden, so müssen drei oder vier Bänder oder ein von oben bis unten durchgehendes Scharnierband an der einen Seite verwendet werden und an der anderen entsprechend viele Einreiber, Schlösser oder ähnliches. Ebenso sind Zahl und Stärke der Schlösser und Bänder an einem möglichst einbruchsicheren Kasten anders zu bemessen als an einem jedermann zugänglichen Kasten. II. Zweiflügelige Tür: Die Türflügel A und B sind mit den Stiftbändern a, den Riegeln b und dem Schloß (Vorreiber oder ähnlichem) c befestigt. Die Riegel b können so konstruiert und befestigt sein, daß sie nur zurück oder vorzuschieben sind, wenn der Türflügel B geöffnet ist; sie können aber auch derart sein, daß sie mit Schließen des

Türflügels B selbsttätig vorgeschoben und beim Öffnen von B ebenso zurückgeschoben werden. III. Die Flügeltüren sind mit den Bändern a und dem Stangenschloß b c c' befestigt. Der Flügel A wird durch den Anschlag d der Tür B und durch die Riegel des Stangenschlosses verschlossen gehalten.

Zur Befestigung der Türen an der Bandseite hat man Stiftbänder, Aufsatzbänder, Scharnierbänder, Fischbänder oder unsichtbare Bänder (Abbildung 868 bis 881). An der anderen Türseite der Schloßseite kann die Tür mit Vorreibern, Einreibern, Schnepperschloß, aufgeschraubtem oder eingestemmtem Schloß, mit Riegel oder Haken befestigt werden, je nachdem, welche Sicherheit der Verschluß bieten soll. Die aufgeschraubten und eingestemmten Schlösser haben mannigfache Formen, vom gewöhnlichen Einriegelschloß bis zum komplizierten Stangen- und Sicherheitsschloß.

Die Stiftbänder werden an der unteren und oberen Türkante angeschlagen. Die Drehachse liegt in der Mitte der Stifte (Abbildung 868 bis 870). An der Bandseite liegt der Anschlag vor der Tür, an der Schloßseite hinter der Tür. Die Tür liegt ganz im Falz. Der Öffnungswinkel der Tür ist abhängig von der Lage der Achse. Abbildung 869 zeigt, wie weit die Tür zu öffnen ist, je nachdem der Stift die Lage I, II oder III hat. Doch je größer der Öffnungswinkel, also je weiter der Drehzapfen (Stift) hier nach rechts geschoben wird, desto mehr beengt die geöffnete Tür die Türöffnung. Abbildung 870 zeigt den Einfluß des Türprofils auf die Lage des Stiftes. Der Stift mußte schon weit nach rechts geschoben werden, um die Tür nur rechtwinklig öffnen zu können.

Aufsatz- und Scharnierbänder erscheinen im Grundriß gleich. Die Breite der Bänder ist im Grundriß nicht zu erkennen. Das Band kann 3 Zentimeter breit sein oder so breit wie die Tür hoch ist (durchgehendes Band). Aufsatzbänder haben nie diese Breite oder Höhe, sie bestehen aus zwei Teilen. Der an der Tür befestigte Teil wird auf den Zapfen des anderen Teiles gesetzt. Aufsatzbänder müssen da verwandt werden, wo die Tür zeitweilig ausgehoben werden muß. Die Bänder können sichtbar auf Tür und Schrankseite befestigt (z. B. Abbildung 874) oder die Lappen im Falz verdeckt werden (nach Abbildung 874).

Scharnierbänder sind überall verwendbar, wo die Tür dauernd am Orte bleibt. Man verwendet mehrere schmale Bänder an einer Tür oder ein langes Band in der ganzen Höhe der Tür. Das Band dichtet dann die Fuge zwischen Tür und Schrankseite. Die Lappen der Scharnierbänder können sichtbar auf Tür und Schrankseiten geschraubt werden oder auf die Falzseiten, sie sind dann bei geschlossener Tür nicht sichtbar. Besondere Formen der Schrankseite oder der Tür können besonders geformte Bandlappen bedingen, gekröpfte Bänder (Abbildung 873 bis 876) oder besonders lange Bandlappen, um die Achse vorzuschieben (Abbildung 877). Auch der Fall ist möglich, daß das Profil der Schrankseite oder die Türlage dem bedingten Öffnungswinkel der Tür angepaßt werden muß (vgl. Abbildung 871 und 874).

Abbildung 871: Die Tür tritt etwas gegen die Vorderfläche der Seite, der Lisene, zurück.

Abbildung 872: Der eine Bandlappen ist im Falz an der Schrankseite befestigt, der andere Lappen sichtbar auf der Tür. Um den Öffnungswinkel zu vergrößern, ist die Lisene abgefaßt.

Abbildung 873: Anschlag vor der Tür. Deshalb ist der eine Bandlappen gekröpft.

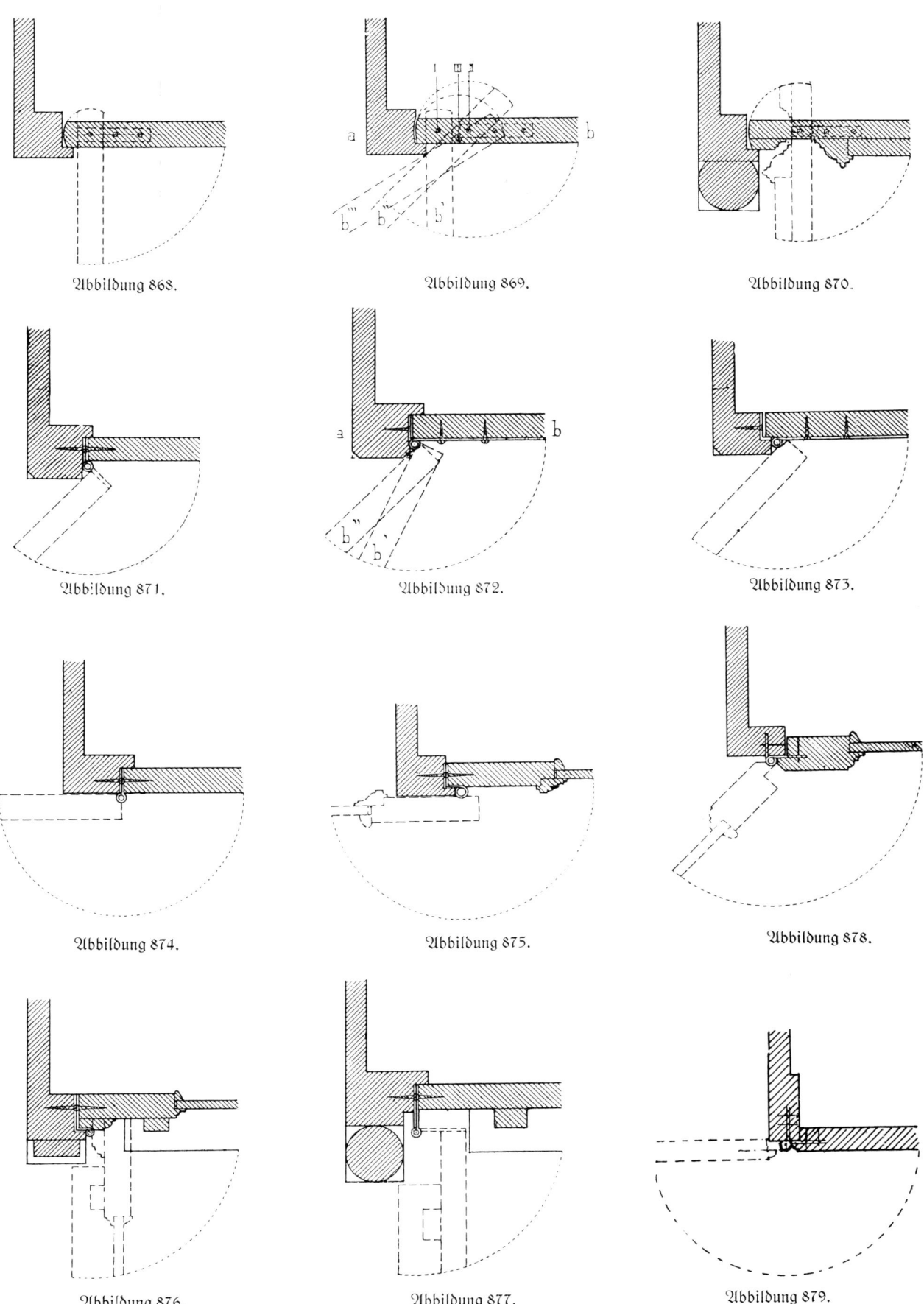

Abbildung 868.

Abbildung 869.

Abbildung 870.

Abbildung 871.

Abbildung 872.

Abbildung 873.

Abbildung 874.

Abbildung 875.

Abbildung 878.

Abbildung 876.

Abbildung 877.

Abbildung 879.

Abbildung 868 bis 870 und 883: Das Anschlagen der Türen mit Stiftbändern. Abbildung 871 bis 877 und 880: Das Anschlagen mit Aufsatz- und mit Scharnierbändern. Abbildung 878 und 879: Fischbänder.

175

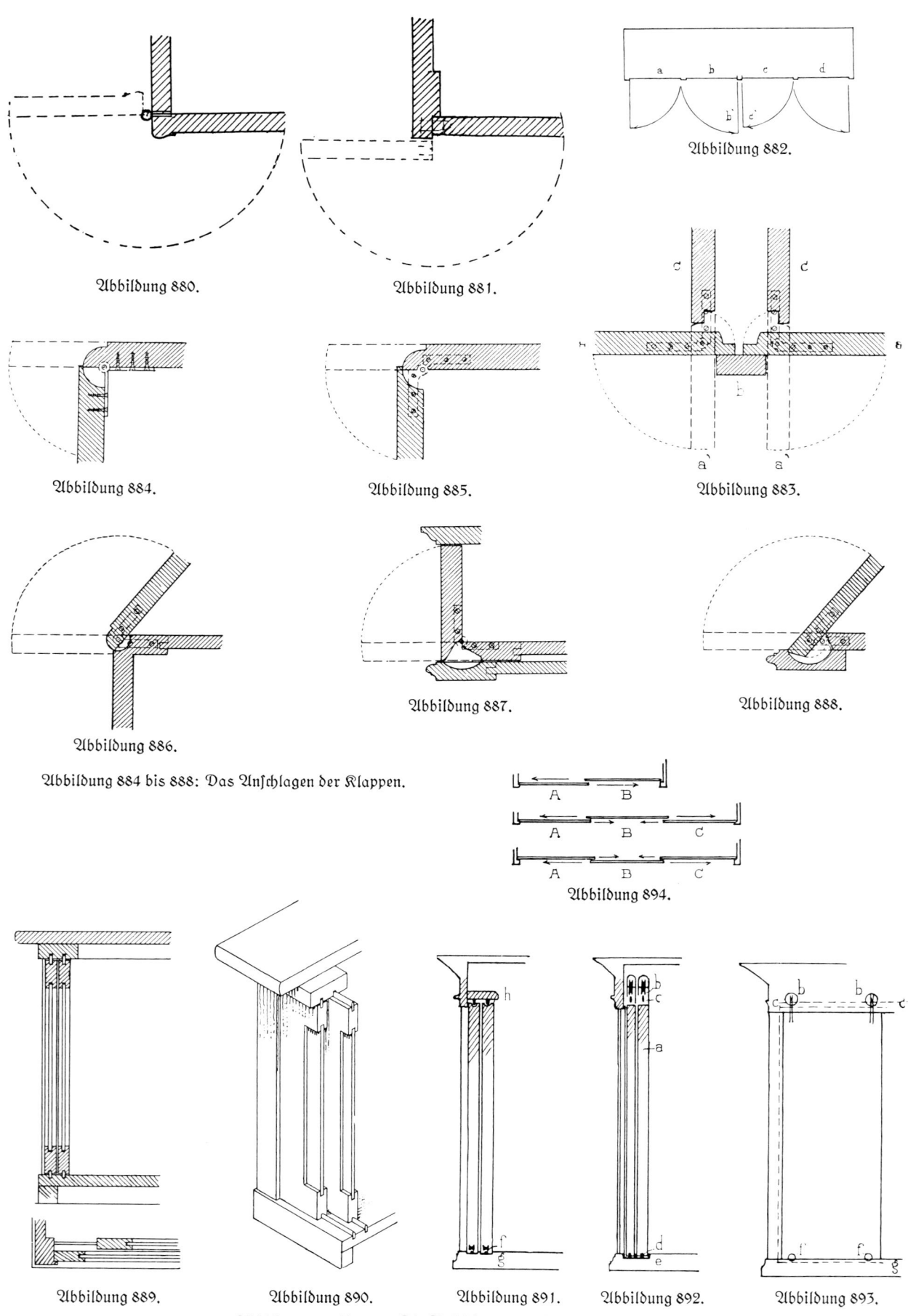

Abbildung 880.

Abbildung 881.

Abbildung 882.

Abbildung 884.

Abbildung 885.

Abbildung 883.

Abbildung 886.

Abbildung 887.

Abbildung 888.

Abbildung 884 bis 888: Das Anschlagen der Klappen.

Abbildung 894.

Abbildung 889.

Abbildung 890.

Abbildung 891.

Abbildung 892.

Abbildung 893.

Abbildung 889 bis 894: Die Befestigung der Schiebetüren.

176

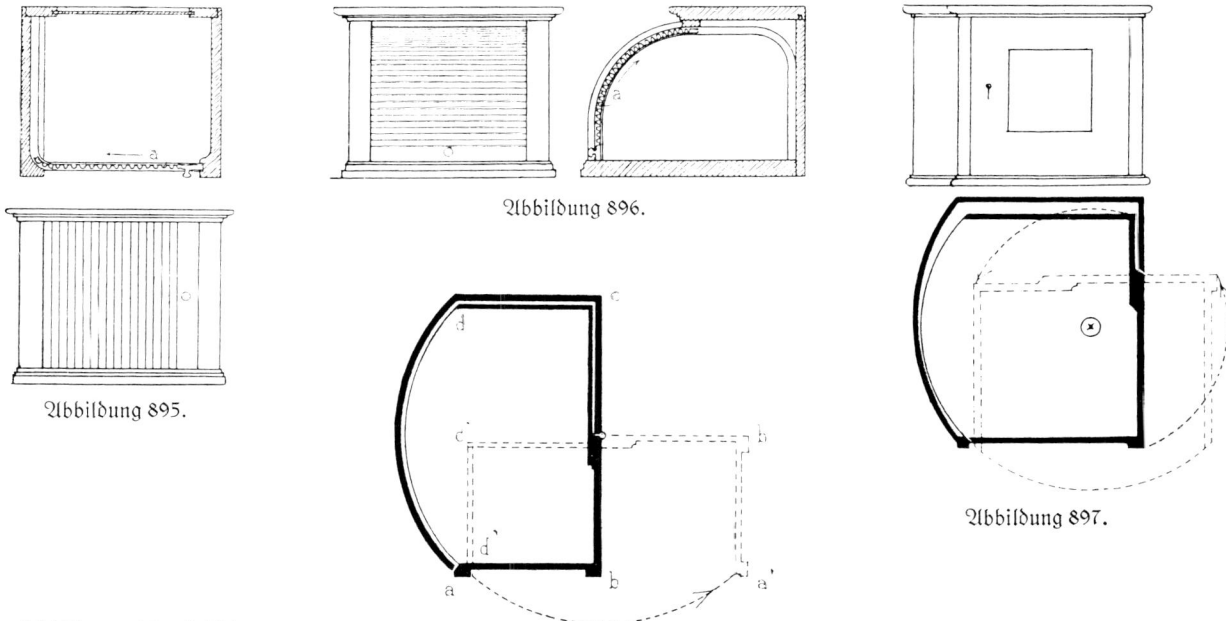

Abbildung 896.

Abbildung 895.

Abbildung 897.

Abbildung 898.

Abbildung 895 und 896:
Der Rolladen im Möbelbau.

Abbildung 897 und 898: Der Drehkasten.

Abbildung 874: Lisenenfläche und Türfläche liegen in einer Ebene. Beide Bandlappen im Falz befestigt. Tür kann um 180 Grad geöffnet werden.

Abbildung 875: Tür kann ebenso weit geöffnet werden, weil der Anschlag so weit vortritt wie die Zapfenwalze.

Abbildung 876: Beide Blattlappen gekröpft.

Fischbänder unterscheiden sich von den gewöhnlichen Aufsatzbändern nur dadurch, daß die Bandlappen anders gearbeitet sind. Die Lappen werden eingestemmt. Der eine in den Türrahmen, der andere in die Schrankseite (Abbildung 878 und 879). Die Fischbänder werden für überfälzte Türen verwendet.

Abbildung 880: Langes Scharnierband an einer vorschlagenden Tür. Diese Befestigung hat den Vorteil, daß bei geöffneter Tür der ganze verfügbare Schrankraum zu übersehen ist.

Der Beschlag Abbildung 881 bietet den gleichen Vorteil und noch einen anderen. Das Band wird im Falz an der Schrankseite und der Türkante befestigt und ist bei geschlossener Tür unsichtbar.

Durch Abbildung 883 wird noch auf ein Stiftband hingewiesen, das an vier- und mehrtürigen Schränken verwendet wird und hier in Verbindung mit dem Kantenprofil der Türen bewirkt, daß die gleichzeitig geöffneten mittleren Türen nicht gegeneinanderschlagen (vgl. Abbildung 882).

Abbildung 884 bis 888 zeigen fünf Anschlagformen für Klappen.

Abbildung 884 und 885 zeigen die Kantenprofile und Bänder an Tischklappen. Die Klappen werden gehoben und dann gestützt.

Die Formen Abbildung 886 bis 888 sind für Schreibtischklappen im Gebrauch.

Die Form Abbildung 887 für vor- und rückschiebbare Schreibplatten und für Schiebekasten, deren Vorderstück nach dem Vorziehen des Kastens zum bequemeren Abheben des Inhalts niedergelegt wird.

Die Schreibtischklappen Abbildung 886 und 888 müssen niedergelegt, als Schreibplatten, durch waagerecht vorziehbare Schieber gestützt werden. Ein neuerer geschützter Klappenbeschlag macht dieses Stützen unnötig. Bei diesem Beschlag sind die Stifte, um die die Platte gedreht wird, in Schlitzen verschiebbar. Die Klappe wird niedergelegt, dann etwas zurückgeschoben unter einen Anschlag. Die Platte liegt zwischen Anschlag und Vorderkante des Unterbaues in waagerechter Lage fest und sicher (Abbildung 951).

Sind die um lotrechte Achsen drehbare Türen aus irgendeinem Grunde für den Verschluß eines Schrankes unmöglich, so kann man die Türen schiebbar, nach der Seite, nach oben oder unten, kann also Schiebetüren konstruieren (Abbildung 894). Auch mit Rolladen ist ein Verschluß für kleine und große Schränke herzustellen. Doch wird ein größerer Schrank mit solchem Verschluß nicht in jeden Raum hineinpassen (Abbildung 895 und 896). Ganz abweichend von den bisher erklärten Formen ist die, einen Kasten dadurch zu verschließen, daß man ihn samt seinem Inhalt dreht (Abbildung 897 und 898). Solche Formen findet man vereinzelt im Unterbau von Schreibtischen und in Toilettentischen.

Schiebetüren, die zur Seite geschoben werden, davon müssen mindestens zwei in jedem Schrankteil vorhanden sein. Dann kann entweder die linke oder die rechte Schrankhälfte geöffnet werden. Für diese Türen müssen Führungsnuten oder Schienen vorhanden sein und eventuell noch Rollen. Für kleine Türen genügt die Form 889 und 890. Größere Türen bekommen unten Gleitrollen nach Abbildung 891. Große schwere Türen hängt man mit Rollen an Schienen nach Abbildung 892. Abbildung 893 gibt die Ansicht solcher Rollen. Abbildung 894 zeigt, in welcher Weise die Türen geschoben werden können. Die gewöhnliche Form ist, es sind zwei Führungsnuten vorhanden und die Türen werden aneinander vorbeigeschoben. Doch ist es mit modernem Beschlag möglich, die Türen beim Schließen des Schrankes in eine Ebene zu rücken. In kleinen Schränken sind Schiebetüren im Gebrauch, die

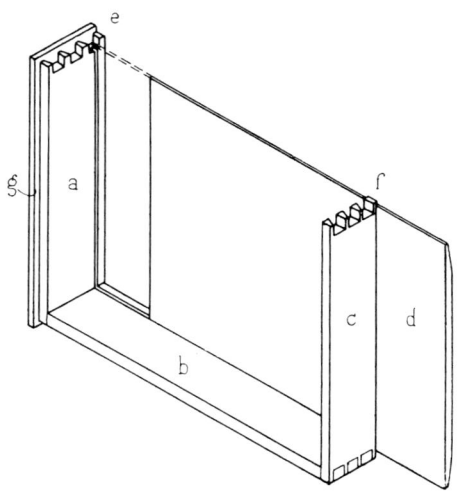

Abbildung 899.

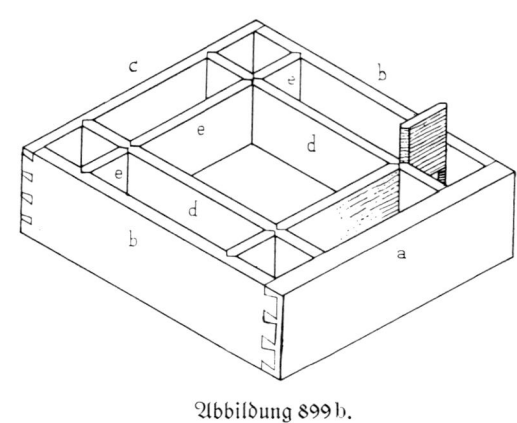

Abbildung 899 b.

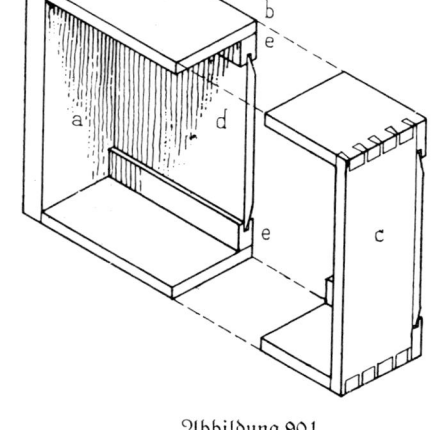

Abbildung 901.

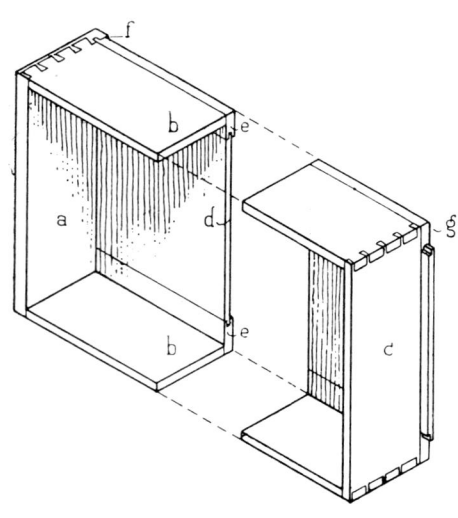

Abbildung 903.

Abbildung 899 bis 917: Der Bau der Schiebekasten.

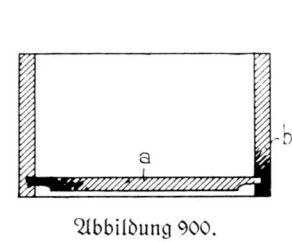

Abbildung 900.

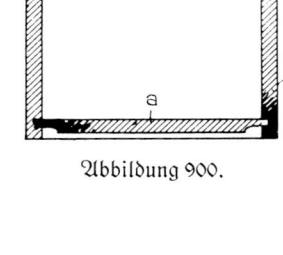

Abbildung 902.

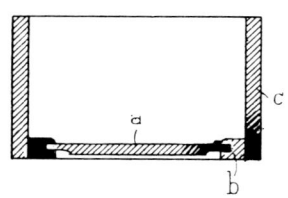

Abbildung 904.

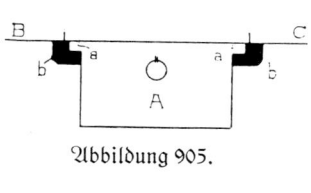

Abbildung 905.

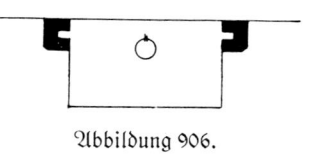

Abbildung 906.

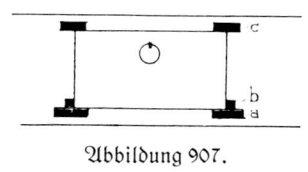

Abbildung 907.

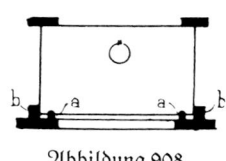

Abbildung 908.

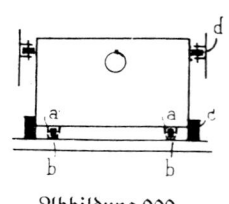

Abbildung 909.

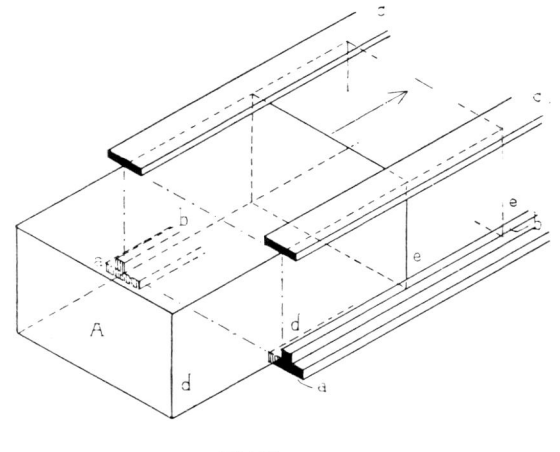

Abbildung 910.

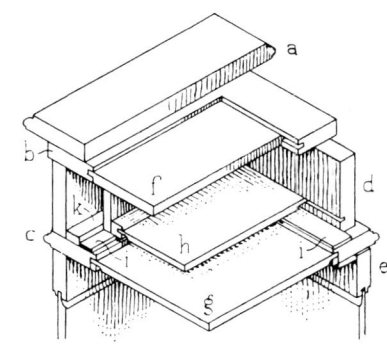

Abbildung 915.

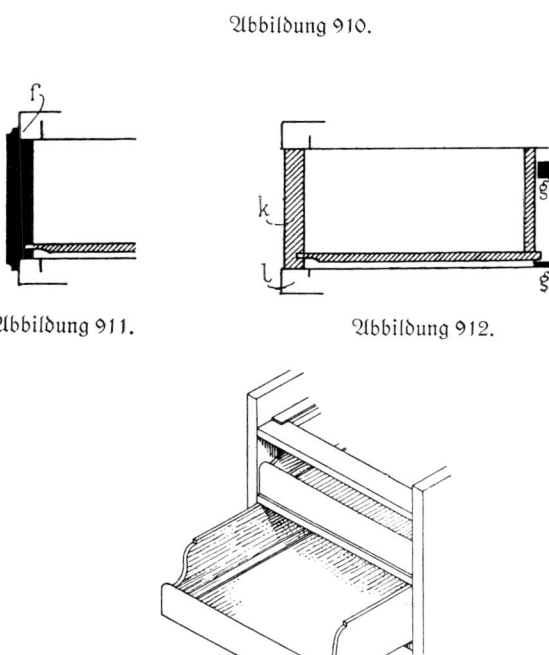

Abbildung 911.　　　　Abbildung 912.

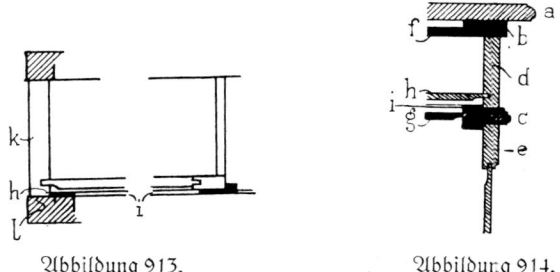

Abbildung 913.　　　　Abbildung 914.

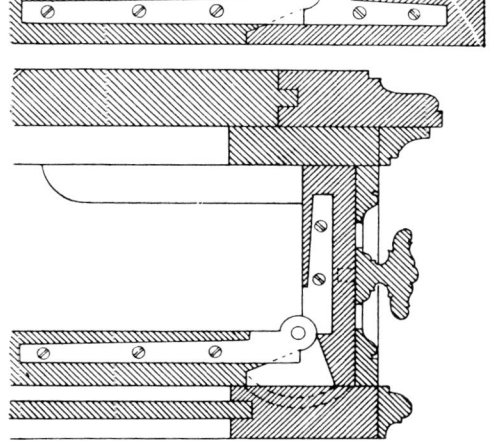

Abbildung 916.

Abbildung 899 bis 917: Der Bau der Schiebekasten.

Abbildung 917.

zuerst waagerecht nach oben gedreht, dann in den Schrank hineingeschoben werden. Bei dieser Konstruktion ist in jedem Schrank nur eine Tür.

Die Schiebetüren werden beim Schließen des Schrankes seitlich in Nuten geschoben. Unten bilden die Führungs= schienen Nuten und ebenso schließen oben, außen und innen Schutzbretter dicht an die Türrahmen. Auch die Mittel= rahmenhölzer liegen dicht aneinander. Als Beschlag hat man für diese Türen die Gleitschienen, die Rollen, tief= liegende Schiebegriffe, Kantenriegel und Schlösser.

Den Rolladen in kleinen Schränken kann man zur Seite, nach unten oder nach oben schieben. In größeren Schrän= ken schiebt man den Rolladen nach unten oder nach oben. (Vgl. Abbildung 895, 896 und 936.) Für jeden Rolladen müssen Führungsnuten vorhanden sein und Raum für den zurückzuschiebenden Rolladen. Die Führungsnuten im Schrank dürfen nur in große Bogen oder Gerade ver= laufen. In spiralförmigen Windungen der Nut klemmt sich der Rolladen beim Hineinschieben fest, weil zuviel Reibung entsteht. Der Rolladen bekommt an der An= schlußleiste Schiebegriffe und Schloß.

Schiebekasten bestehen (Abbildung 899) aus Seiten= stücken (b), Vorder= und Hinterstück (a und c) und Boden (d) — eventuell noch aus Deckel und Fächer= teilungen (Abbildung 899, b). Die Seitenstücke werden mit dem Vorderstück meist verdeckt zusammengezinkt (Ab= bildung 899 bis 903). Der Boden kann: 1. in eine in den Seitenstücken und dem Vorderstück befindliche Nut eingeschoben werden (Abbildung 899 und 912); 2. wenn diese Nut die Seitenstücke zu sehr schwächt, in einen Beistoß eingeschoben werden, der den Seiten angeleimt wird (Abbildung 901 und 902); 3. als Rahmen mit Füllung unter die Seiten geleimt werden (Abbildung 903, 904 und 913).

Die Schiebekasten werden an Gestellen oder Platten an= gehängt (Abbildung 905 und 906) oder in Gestelle, Kasten, Schränke so eingebaut, daß diese sie vollständig oder von fünf Seiten einschließen und nur die Vorderseite

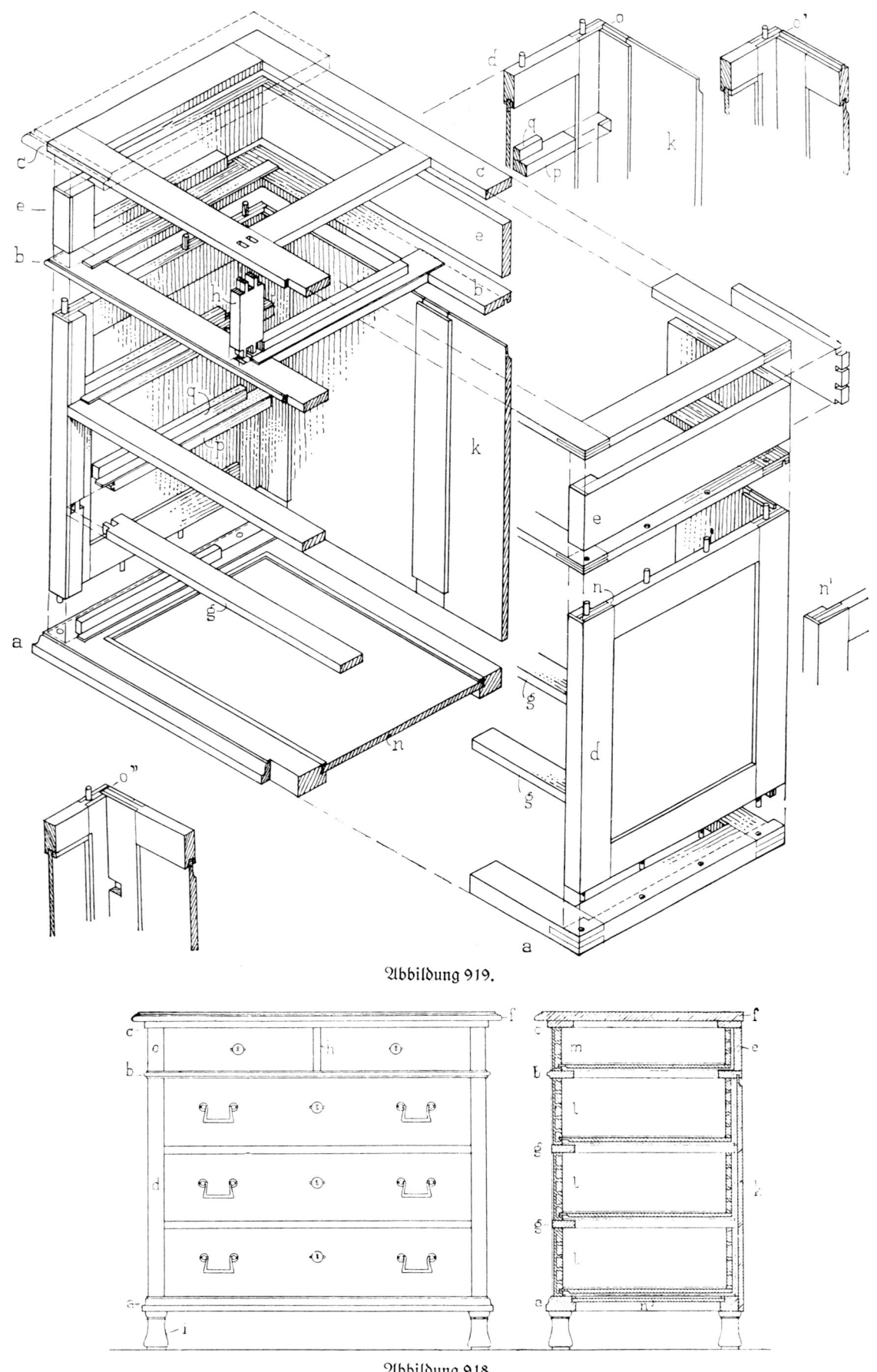

Abbildung 919.

Abbildung 918.

Abbildung 918 und 919: Die Konstruktion einer Kommode.

180

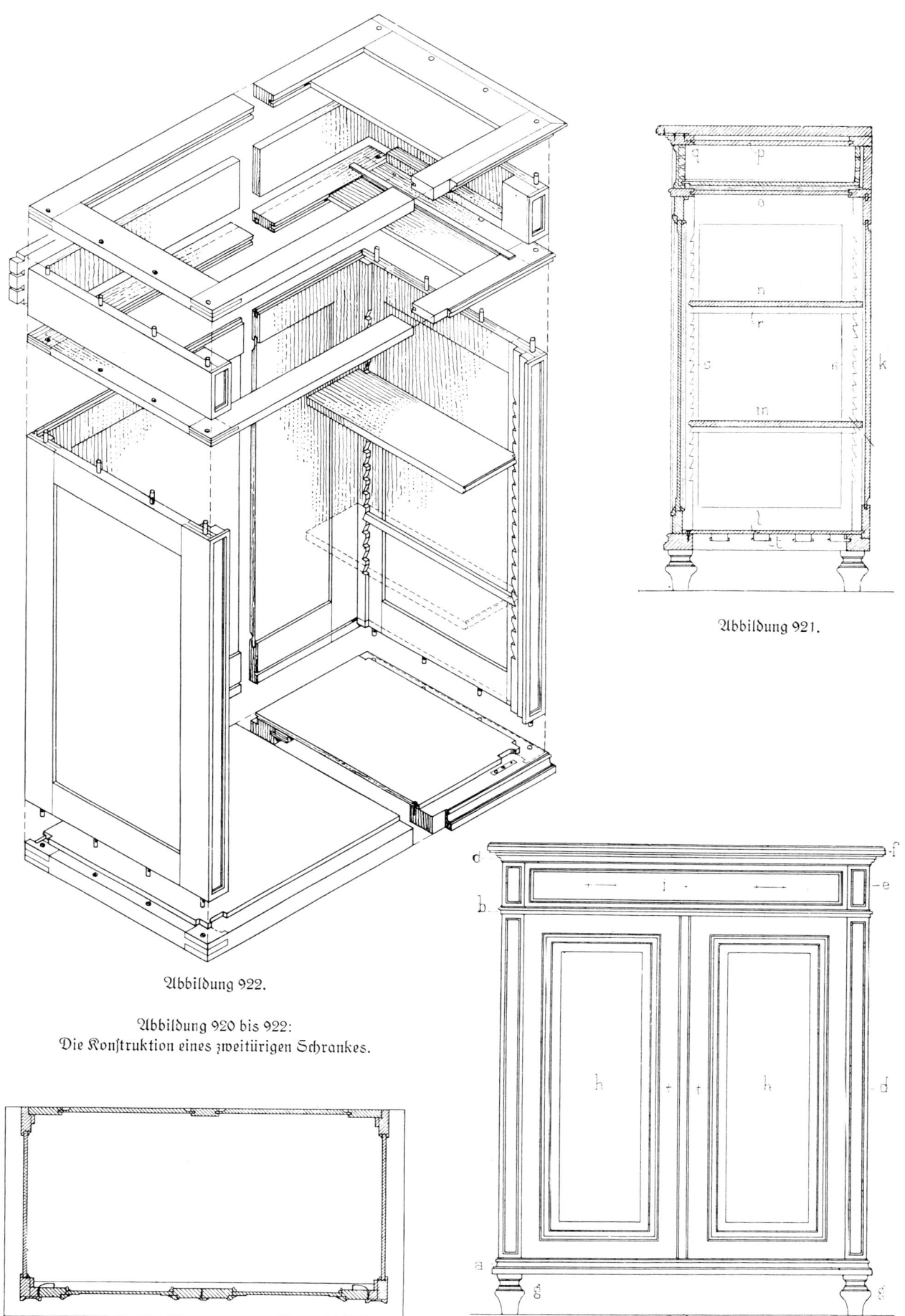

Abbildung 921.

Abbildung 922.

Abbildung 920 bis 922:
Die Konstruktion eines zweitürigen Schrankes.

Abbildung 920.

181

ſichtbar iſt. Die angehängten Schiebekaſten haben ſeitliche Führungsleiſten. Die Führungsleiſten b b ſind an der Platte B C feſtgeſchraubt, die Leiſten a a, aus Hartholz, ſind am Schiebekaſten befeſtigt. Die anderen Schiebe= kaſten werden zwiſchen Lauf=, Streich= und Kippleiſten bewegt. Abbildung 907 und 910: a Laufleiſte, b Streich= leiſte, c Kippleiſte, e Stoßleiſte.

Um das zu tiefe Einführen der Schiebekaſten in die Ge= ſtelle zu verhindern, werden auf den Laufleiſten oder am Kaſtenvorderſtück Anſchläge befeſtigt. (e Abbildung 910, f' Abbildung 911, g Abbildung 912, h Abbildung 913.) Der Anſchlag f Abbildung 911 deckt gleichzeitig die Fuge zwiſchen Kaſtenvorderſtück und Geſtell.

Das Schleifen der Seiten der Schiebekaſten auf dem Vorderſtück des Laufbodens kann vermieden werden, wenn die Laufleiſten ein paar Millimeter höher als das Vorderſtück liegen (Abbildung 913 und 914, i).

Um die Reibung großer, ſchwerer Kaſten zu ver= ringern, verwendet man Stäbe aus hartem Holz als Laufleiſten (a Abbildung 908) oder man ſtellt die Kaſten auf Schienen und Rollen (Abbildung 909).

Zur Sicherheit gegen das Eindringen des Staubes in die Schiebekaſten ſchiebt oder legt man zwiſchen den Laufleiſten und zwiſchen den Kippleiſten Füllungen (Ab= bildung 914 und 915, f und g). Die obere Füllung (f) hat außerdem noch den Zweck, das Stauen der im Kaſten befindlichen Dinge an der vorderen oberen Einfaſſung zu verhindern.

Zum Vorziehen der Kaſten werden im Vorderſtück Griffe oder Knöpfe befeſtigt oder Einſchnitte gemacht. Durch Einlaſſen oder Aufſchrauben von Schlöſſern in oder an dem Vorderſtück macht man die Kaſten verſchließbar.

Die Schiebekaſtenform Abbildung 916, ſogenannter Zug, iſt da anzuwenden, wo das hohe Kaſtenvorderſtück der Benutzung des Kaſtens hinderlich iſt. Dieſe Züge werden vollſtändig eingebaut und vorn durch Klappen oder Türen geſchützt.

Noch eine andere Schiebekaſtenform zeigt Abbildung 917. Das Vorderſtück des Kaſtens iſt, nachdem der Kaſten vorgezogen, niederzuklappen.

Abbildung 899: a Vorderſtück, g Anſchlag, e Nut, b Seitenſtück, c Hinterſtück, d Boden (Holzfaſer parallel zum Vorderſtück).

Abbildung 901: e Beiſtoß, d Bodenfüllung (Holzfaſer parallel zum Vorderſtück und in der Nut beweglich).

Abbildung 903: b Kaſtenſeiten, e Hirnleiſten an d. Dieſe Leiſten ſind nur mit einem kleinen Teil von d (vorn am Kaſtenvorderſtück) verleimt, mit dem anderen Teil nicht, damit ſich d zwiſchen beiden Leiſten bewegen (ſchwinden) kann. Die Leiſten e ſind an die unteren Flächen der

Abbildung 923.

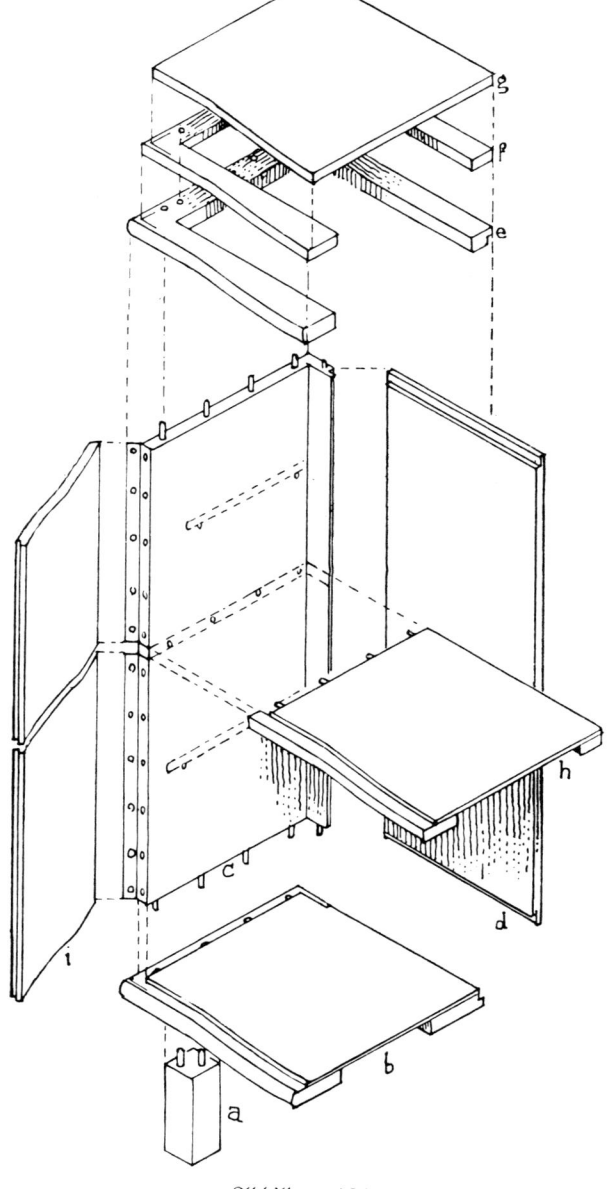

Abbildung 924.

Abbildung 923 und 924: Die Konſtruktion eines viertürigen Schrankes aus furnierten Sperrholztafeln.

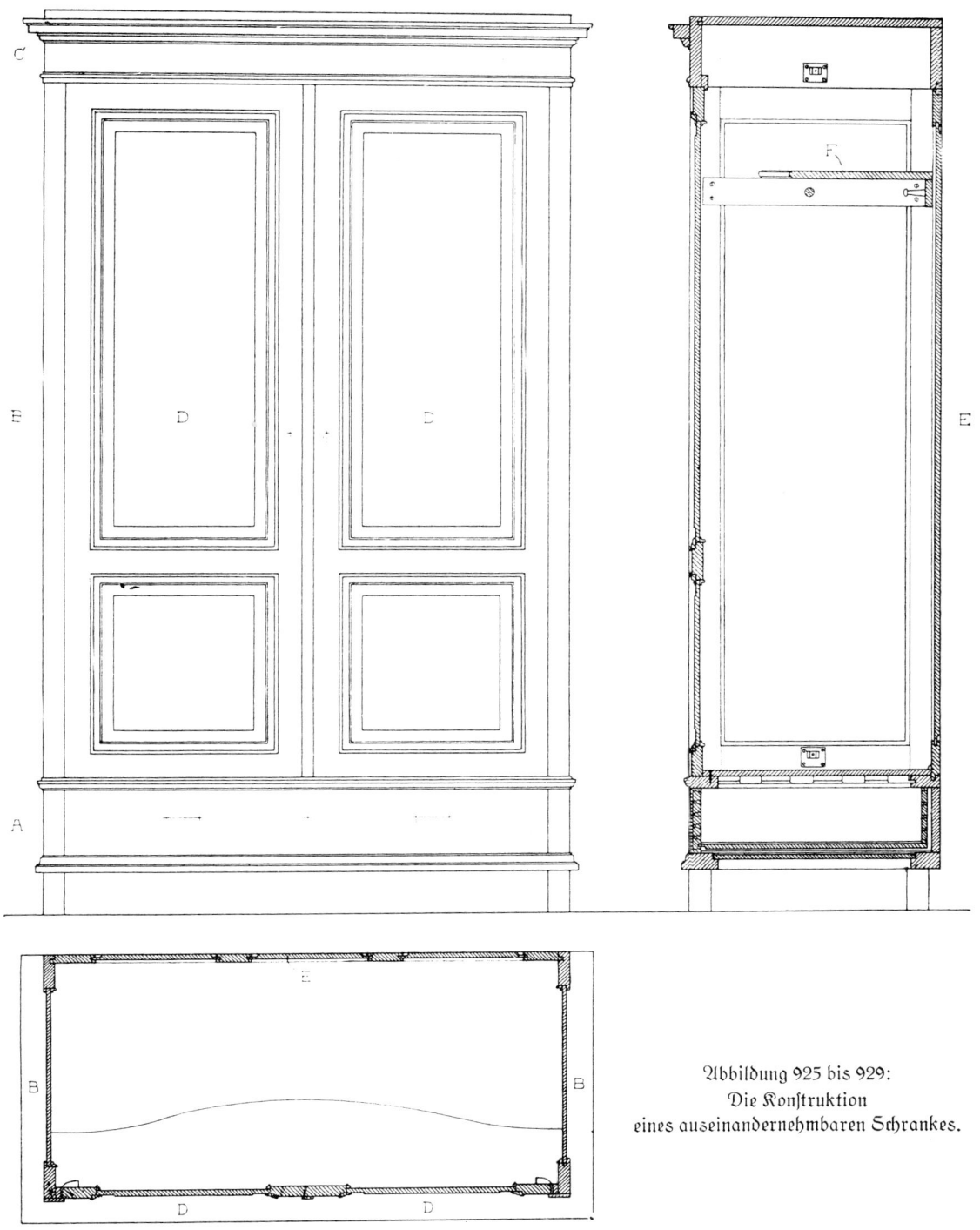

Abbildung 925.

Abbildung 925 bis 929:
Die Konstruktion
eines auseinandernehmbaren Schrankes.

Kaſtenleiſten geleimt und mit d zuſammen im Vorderſtück
des Kaſtens mit Feder und Leim befeſtigt.

Abbildung 909: b Laufſchienen auf dem Laufboden,
a Rollen unter dem Schiebekaſten und auf dem Laufboden, c Streichleiſten, d ſeitliche Rollen.

Abbildung 911: Das Kaſtenvorderſtück iſt abgefalzt (f),
dadurch iſt ein Anſchlag vorhanden, der das zu tiefe Ein-
ſchieben des Kaſtens verhindert. Dieſer Anſchlag f deckt
gleichzeitig die Fuge zwiſchen dem Kaſtenvorderſtück und
dem Geſtellvorderſtück und bildet einen Schutz gegen das
Eindringen des Staubes durch dieſe Fuge.

Abbildung 912: k Kaſtenvorderſtück, l Laufboden,
g Anſchlagleiſten auf dem Laufboden oder an dem Hinterſtück des Geſtelles, um zu verhindern, daß der Kaſten zu
tief in das Geſtell geſchoben wird.

Abbildung 913: h Anſchlag. Um das Schleifen der
Kaſtenſeite auf l zu verhindern, iſt auf l unter den Kaſtenſeiten die Leiſte i aufgeleimt. (Vgl. Abbildung 914 und 915.)

Abbildung 914 und 915: e Tür. c Laufboden mit der
Füllung g. g verhindert das Eindringen des von unten
kommenden Staubes in den Kaſten. i Laufleiſten, k Streich-
leiſte, b oberer Rahmen (Blattrahmen) mit der Füllung f.
Liegt das Blatt a (die Platte) loſe auf dem Unterteil b,
wie es der Fall iſt, wenn a aus Marmor, ſo würde man,
wenn die Füllung f nicht vorhanden iſt, das Innere des
Schiebekaſtens nach dem Abheben der Platte a unterſuchen

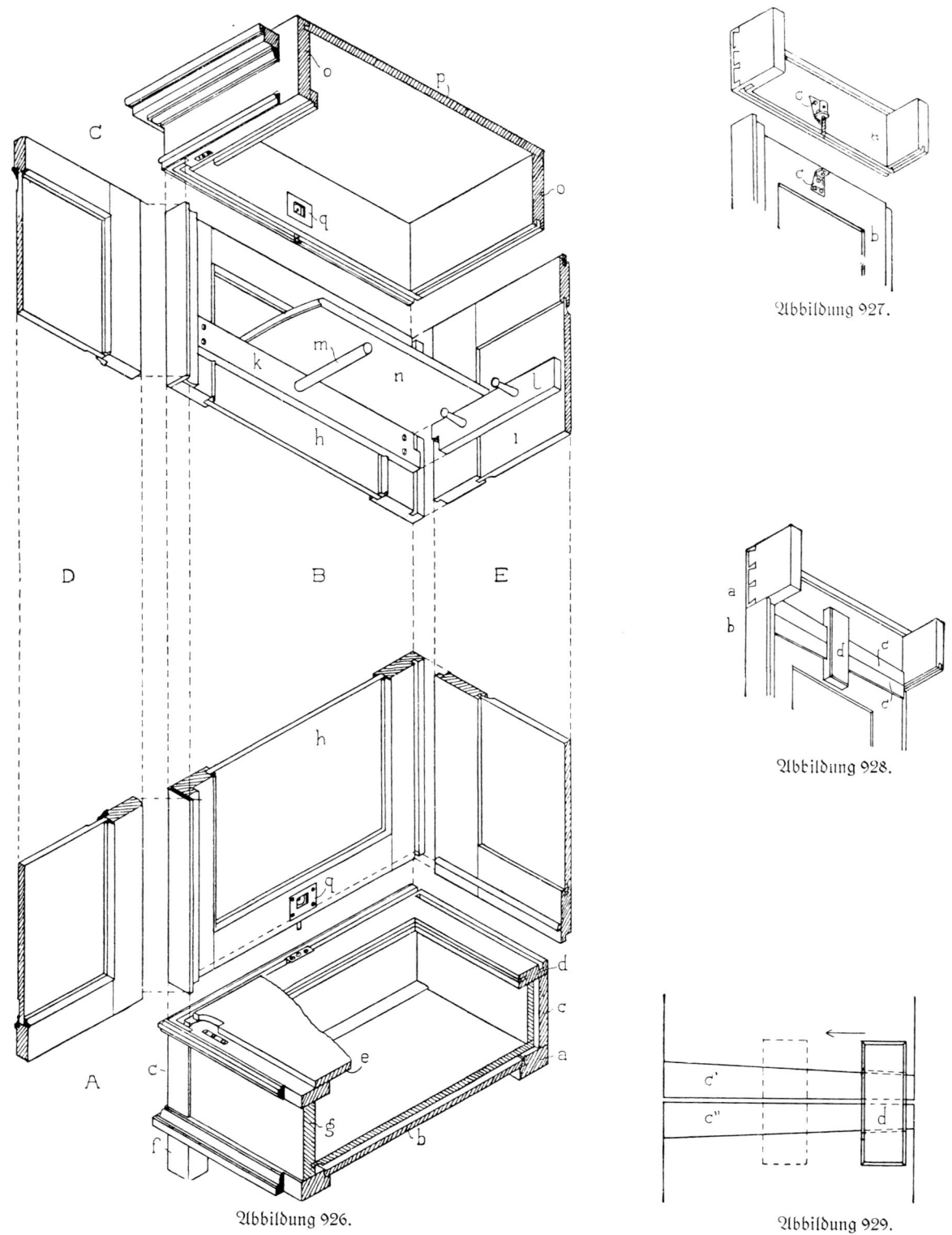

Abbildung 927.

Abbildung 928.

Abbildung 926.

Abbildung 929.

können. f verhindert auch noch, daß der Inhalt des Schiebekastens sich an dem Vorderstück des Rahmens b stauen kann.

Zwischenböden. Die Träger der Zwischenböden können feste Leisten, verlegbare Leisten oder Stifte sein, die an den Schrankseiten oder in besonderen Gestellen befestigt sind. (Siehe die Zahnleisten und Trageleisten s und r Abbildung 921 und 922 und die Trageleisten für p in Abbildung 933.)

Die festen Trageleisten dürfen jedoch niemals so befestigt werden, daß sie das Holz der Seiten am Arbeiten hindern (Abbildung 840, g). Diese Leisten werden angeschraubt, auf Grat eingeschoben, eingeleimt; letzteres aber nur dann in ganzer Länge, wenn das Holz, an dem sie befestigt sind, gesperrt ist.

Abbildung 918: Aufriß und Seitenriß einer einfachen Kommode. Den Zusammenbau dieses Gegenstandes zeigt Abbildung 919. Vergleiche die Verbindungen n und n'

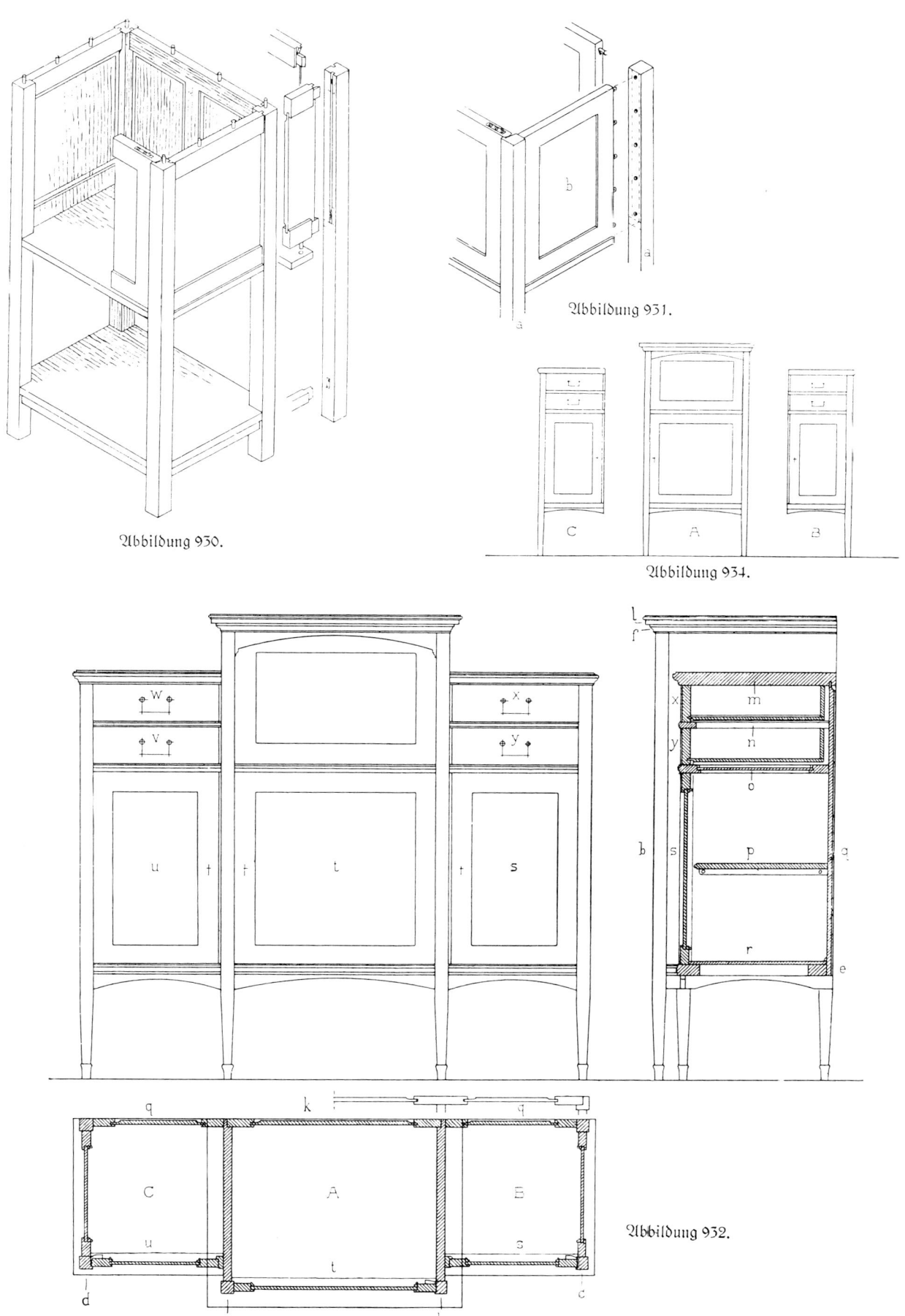

Abbildung 931.

Abbildung 930.

Abbildung 934.

Abbildung 932.

Abbildung 930 bis 933: Die Konstruktion der Stollenschränke.

185

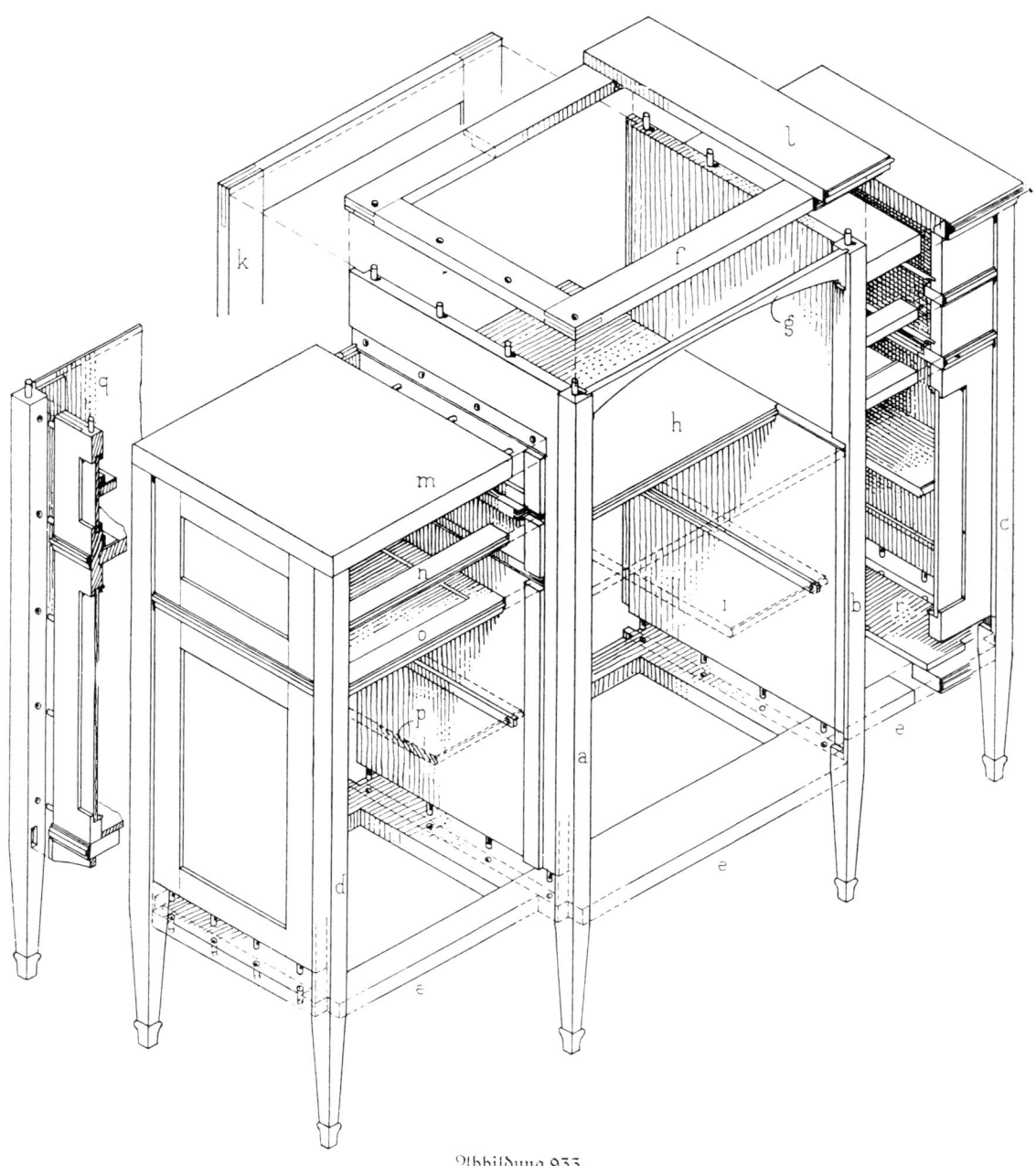

Abbildung 933.

Abbildung 935: Das Vergrößern oder Verkleinern der Profile.

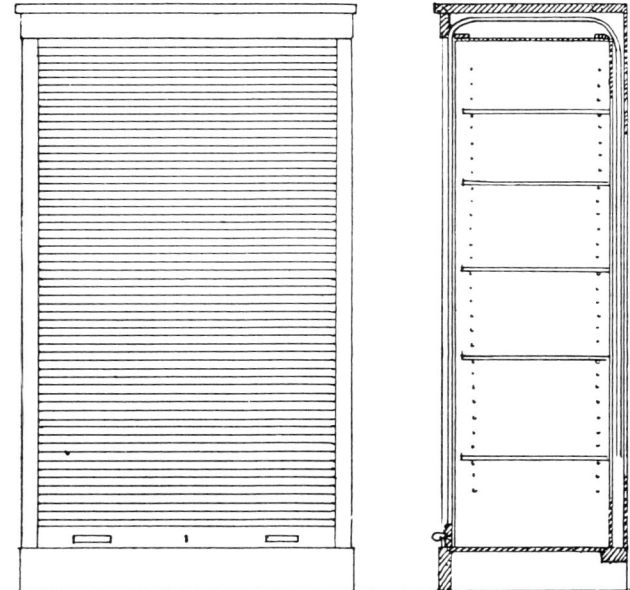

Abbildung 936: Schrank mit Rolladen.

und das II, 1, 3 und 4 Gesagte. o, o′ und o″ zeigen drei verschiedene Rückwandkonstruktionen: o eingeschobene Rückwand, o′ die Rückwandfüllungen in den seitlichen und den oberen Beistoß eingeschoben, o″ eingelegte Rückwand (Rahmen mit Füllungen). Die Lauf= und Streichleisten p und q sind im Vorderstück (g) befestigt und liegen im Rückwandbeistoß (o) oder im Rahmen der Rückwand (o″) lose auf, damit ihre Befestigung der Bewegung des Holzes der Kommodenseiten nicht hinderlich wird. a Sockel=rahmen, n Füllung (eingelegt und mit Leisten befestigt); die Füße l mit Dübeln befestigt; d Seiten mit eingelegten Füllungen, an den Seiten vorn: angeleimte Verdoppe=lungen, hinten: angeleimte Beistöße; b Laufboden (Rahmen), c Blattrahmen; c, e und b miteinander verleimt; b, d und a zusammengedübelt und verleimt; h zwischen b und e eingezapft; die Laufleiste g zwischen den Seiten eingezapft; die Deckplatte f mit Eisenschienen an c befestigt (Abbil=dung 852); n′ Keilschlitz.

Abbildung 920 und 921: Grundriß und Aufriß von einem zweitürigen Schrank. Die Füße g am Sockelrahmen a ge=dübelt und geleimt; der Sockelrahmen zusammengeschlitzt, auf diesem die Bodenplatte, der vordere Rand auf a geleimt, die Seitenränder und der hintere Rand mit Nutklötzen an a befestigt; der hintere Rand der Boden=platte abgefälzt und in den Rückwandrahmen k einge=schoben; die Seiten d bestehen aus Rahmen mit ein=gelegten Füllungen, vorn an den Rahmen der Seiten Verdoppelungen, um die Lisenenbreite und den Tür=anschlag zu haben; b Laufboden, c Blattrahmen, e hoher Kranzteil; b, e und c zusammengedübelt (Kranz), b, d und a ebenfalls zusammengedübelt; im Laufboden b die eingelegte Füllung o; die Deckplatte f mit Eisenschienen befestigt; die Rückwand (Rahmen und Füllung) eingelegt. Im Schrank ein Schiebekasten und zwei verlegbare Böden; die Trageleisten dieser Böden sind zwischen den Zahn=leisten verlegbar. Die Türen haben eingelegte Kehlleisten, die mit den Türrahmen den Falz für die eingelegten Füllungen bilden. Die Platte f und die Füllungen der Seiten d und der Türen h sind aus Sperrholz gemacht. Der Schrank ist innen und außen furniert, außen poliert. Die vorgeleimten Leisten des Sockels, der Lisenen, der

Schlagleiste, der Türen, des Schiebekastens, des Lauf=bodens und der Platte sind aus vollem Edelholz gemacht, passend zu dem Furnier der Rahmen und Füllungen. Die Türen sind mit Stiftbändern und Stangenschloß befestigt. Dieser Schrank zeigt den charakteristischen Zusammenbau der Kastenmöbel, deren Teile vor dem letzten Verleimen poliert werden.

Abbildung 923 und 924: Kleiner polierter viertüriger Schrank aus furnierten Sperrholzplatten. b Sockelrahmen mit angedübelten Füßen (a) und aufgeleimter Bodenplatte, c Seiten mit angeleimtem Beistoß, Kranzrahmen (ef) und Deckplatte (g) sind zusammengedübelt und verleimt. Die Rückwand (d) ist in einen Falz gelegt und mit Schrauben befestigt. Der Zwischenboden (h) ist durch Dübel und Leim befestigt. Die Einlegeböden liegen auf Stiften. Die Türen (i) sind mit langen Bändern und Stangenschlössern angeschlagen.

Die Abbildungen 925 und 926 zeigen den Zusammenbau eines einfachen Kleiderschrankes, der für den Transport in die Teile: Sockel und Schiebekasten A, Seiten B, Kranz C, Türen D, Rückwand E, Hutboden n, Kleider=stange m und die Hakenleiste l zerlegt werden kann. Die vier Schrauben q halten die Schrankteile zusammen. Durch die Rückwand E behalten die Seiten B die lotrechte Lage. Die Darstellungen der Abbildungen 927 bis 929 zeigen zwei andere Formen der Verbindung des Sockels und des Kranzes mit den Seiten: Abbildung 927, c eine andere Schraubenform als q (Abbildung 926); Abbildung 928 und 929: Holzschließen. d und c (Abbildung 929) werden aus Hartholz gemacht, die beiden Teile c werden an die Schrankseiten geleimt.

Abbildung 930: Kleiner Stollenschrank. Die Schrank=platte und die halbe Tür fehlen. Die Konstruktion wird ja durch die Abbildung verständlich wiedergegeben. Die vier aufrechten Stollen und die in diese eingezapften waage=rechten Riegel bilden das Gerüst für die Rückwand, die Seiten, die Böden, die Platte und die Tür. Rückwand= und Seitenfüllungen sind eingenutet, die Platte ist aufge=dübelt. Die Tür ist mit Stiftbändern und Schloß befestigt. Der Schrankboden ist untergedübelt, der untere Boden liegt auf dem Riegelkranz.

Abbildung 931: Die Konstruktion weicht etwas von der Abbildung 930 ab. Seiten und Rückwand sind aus Rahmen mit Füllungen gebaut und die Rahmen sind an die Stollen gedübelt. Es fehlen hier die eingestemmten Riegel der Konstruktion Abbildung 930.

Abbildung 932 und 933: Dreiteiliger Stollenschrank. Der Rahmen e ist für alle drei Schrankteile A, B und C vorhanden. Auf e sind die Seiten des Mittelschrankes befestigt. Die Stollen a und b sind vorgeleimt. Die Schrankseiten werden oben durch den Rahmen f zu=sammengehalten. Die Zwischenböden i und h sind von hinten eingeschoben. Die Rückwand k hält diesen Schrankteil im Winkel. Sodann sind die Seitenteile der Seitenschränke B und C auf e befestigt, und ist durch die Platte m oben die Verbindung mit den Seiten des Mittelschrankes hergestellt. Danach sind die Laufböden und die Zwischenböden eingefügt und die Rückwand q eingelegt. (q kann auch zuerst den Seiten des Mittel=schrankes angefügt werden und dann die Befestigung der anderen Teile der Seitenschränke folgen.)

Abbildung 934 zeigt noch einen anderen Zusammenbau für den Schrank Abbildung 932: Jeder der drei Schrank=teile A, B und C wird für sich zusammengebaut und zuletzt werden alle drei Teile zu einem Ganzen verbunden.

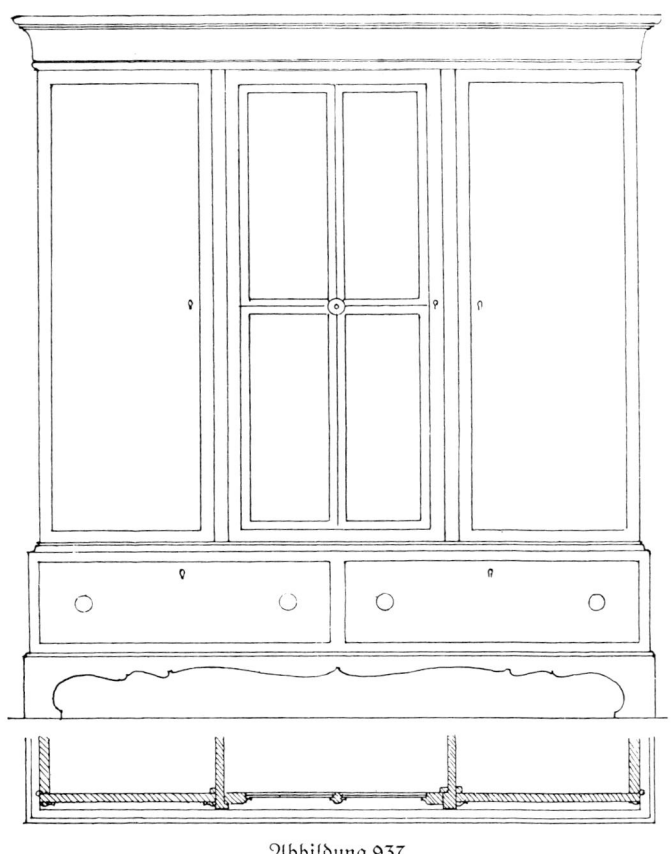

Abbildung 937.

Abbildung 939.

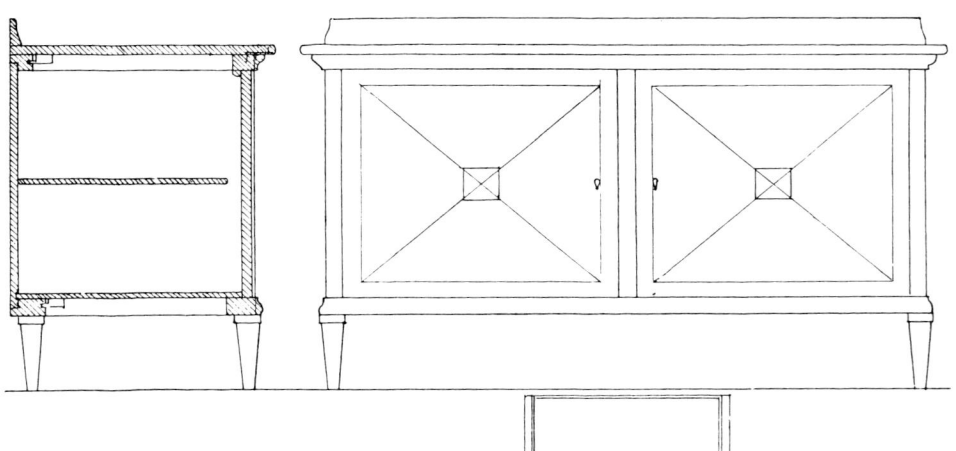

Abbildung 938.

Abbildung 937 bis 944:
Beiſpiele für die Geſtaltung neuer Möbel.

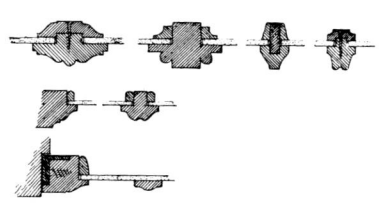

Abbildung 940.

188

Abbildung 941.

Abbildung 942.

Abbildung 935 zeigt, wie Profile vergrößert oder ver= kleinert werden können. Soll A so verkleinert werden, daß die Höhe a b = a′ b′, so wird m n ⊥ a b gezogen und a′ b′ ∥ a b in beliebiger Entfernung von a b gezeich= net. Von a aus durch a′ die Gerade a a′ n gezeichnet, um den Punkt n zu finden. Die übrige Konstruktion ergibt sich aus der Darstellung.

Abbildung 936: Aktenschrank mit Rolladenverschluß. Seiten, Boden, Rückwand und Platte aus Sperrholz= platten, ebenso die Einlegeböden und die innere Rückwand. Der Rolladen liegt in Führungsnuten. Unten am Rolladen eine Leiste mit Griffen und Schloß. Soll der Schrank ge= öffnet werden, so wird der Rolladen an den Griffen ge= hoben und in den Führungsnuten nach hinten zwischen die beiden Rückwände geschoben.

Abbildung 937: Moderner Wohnzimmerschrank. In der Mitteltür Glasfüllungen. Alle breiten Schrankteile sind aus Sperrholz gemacht. Die Außenseite des Schrankes ist poliert.

Abbildung 938: Büfett. Dieser Gegenstand in gleicher Weise wie der Schrank Abbildung 937 aus furnierten Sperrholzplatten zusammengebaut. Alle großen Flächen sind glatt. Nur um Sockel= und Blattrahmen sind Kehl= leisten geleimt. Auch die Schutzleiste am hinteren Platten= rand ist gekehlt.

Abbildung 939: Halb eingebauter Glasschrank. Ab= bildung 940: Sprossenprofile. Die Rahmen großer Glas= türen mit schmalem Holz werden auf einem Metallrahmen festgeschraubt oder in einem Metallrahmen befestigt.

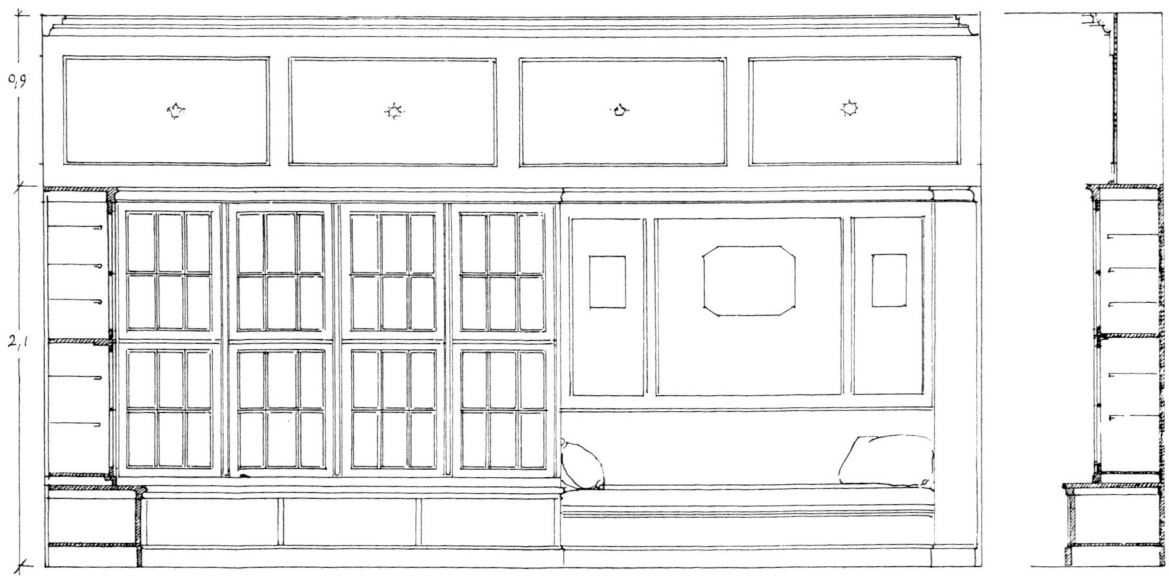

Abbildung 943.

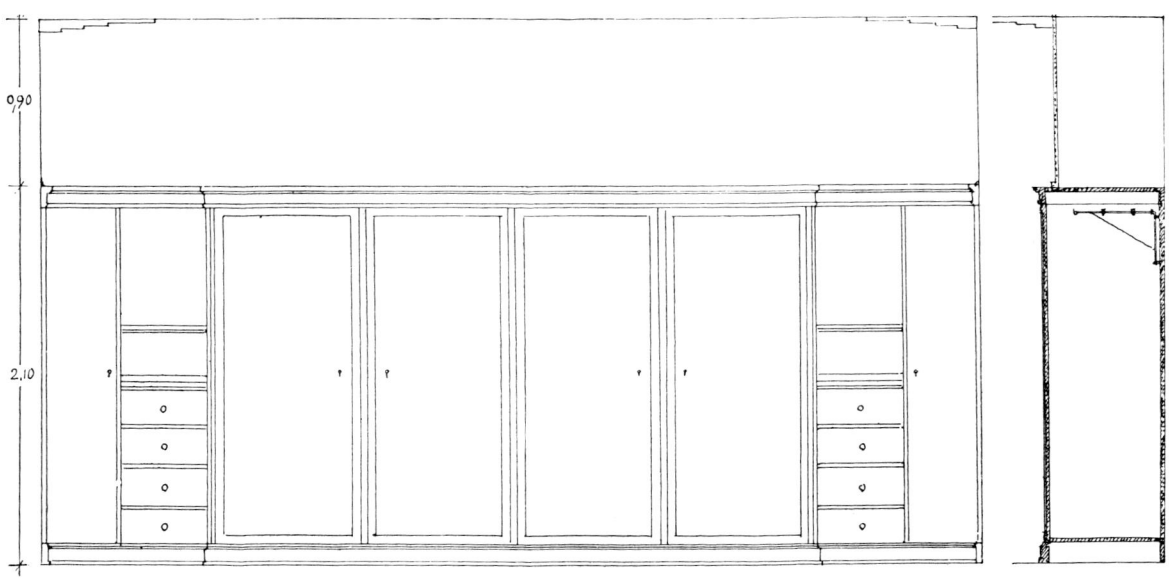

Abbildung 944.

Abbildung 941 und 942: Zwei Büfettformen, alle Flächen furniert. Die Schnitte zeigen die Form der auf den Kern aufgeleimten, gekehlten und furnierten Leisten.

Abbildung 943: Eingebaute Bücherschränke mit Glastüren und Wandbekleidungen aus Sperrholz.

Abbildung 944: Eingebaute Garderobeschränke. Türen aus Sperrholz und furniert.

Abbildung 945 und 947: Kombinierte Möbel alter Form.

Abbildung 945: Kommode und Waschtisch.

Abbildung 946 und 947: Kommode, Waschtisch und Schreibtisch.

Abbildung 948 und 950: Schreibtische, alte Form.

Abbildung 948 und 949: Schreibtisch mit runder, auf= und rückwärts schiebbarer Klappe — sogenanntes Zylinderbureau, alte Form.

Abbildung 950: Schreibtisch mit als Schreibplatte niederlegbarer Klappe.

Abbildung 951: Schnitt durch den oberen Teil eines modernen Schreibschrankes. Die Klappe wird niedergelegt, etwas unter einen Anschlag zurückgeschoben und liegt damit ohne jede weitere Stütze als Schreibplatte waagerecht fest.

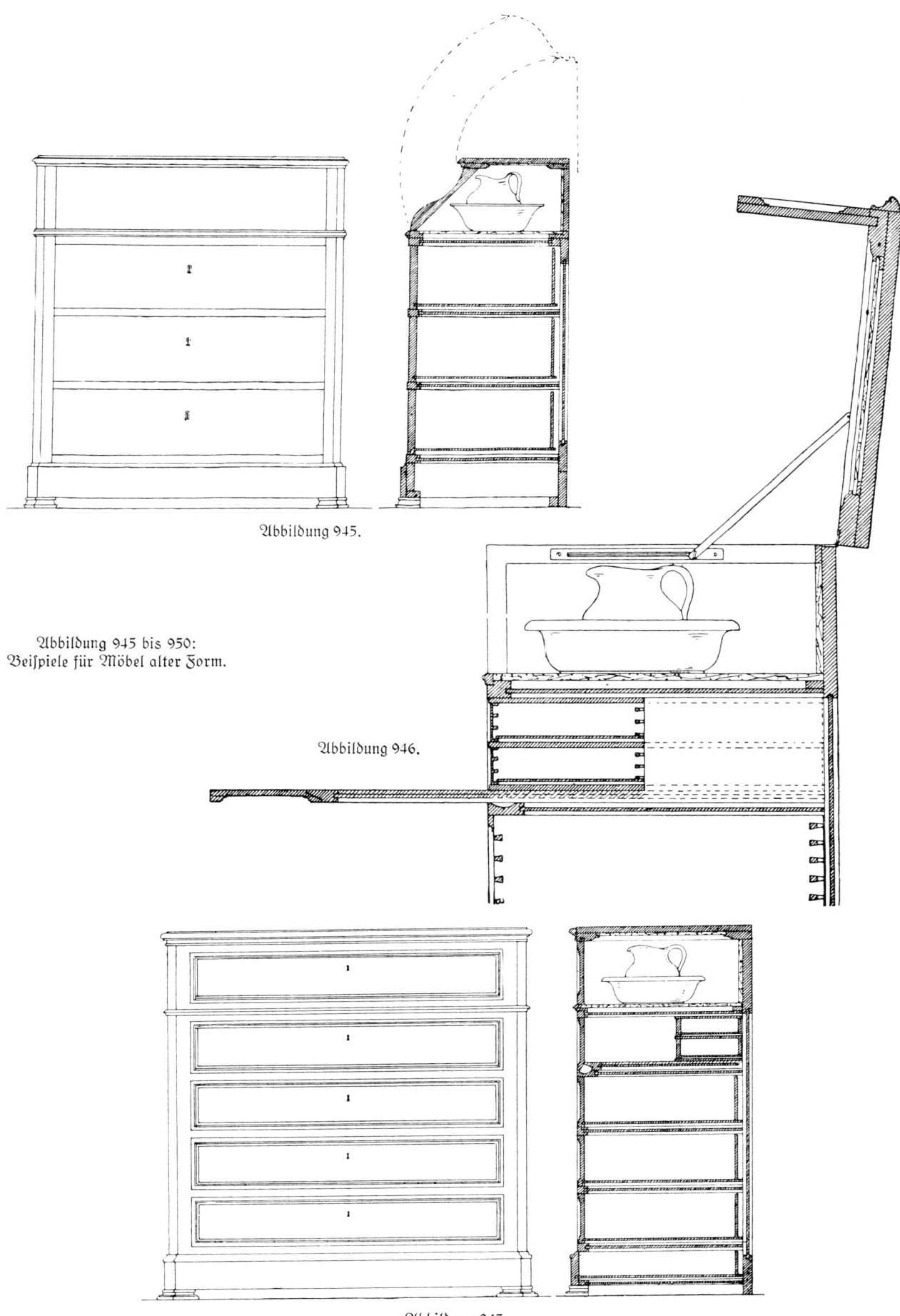

Abbildung 945.

Abbildung 945 bis 950:
Beispiele für Möbel alter Form.

Abbildung 946.

Abbildung 947.

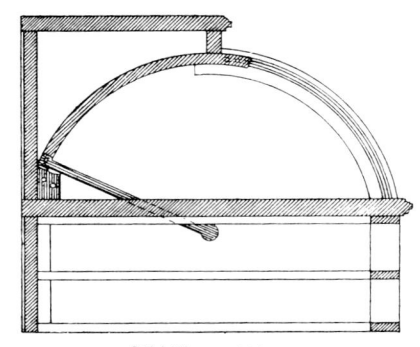

Abbildung 949.

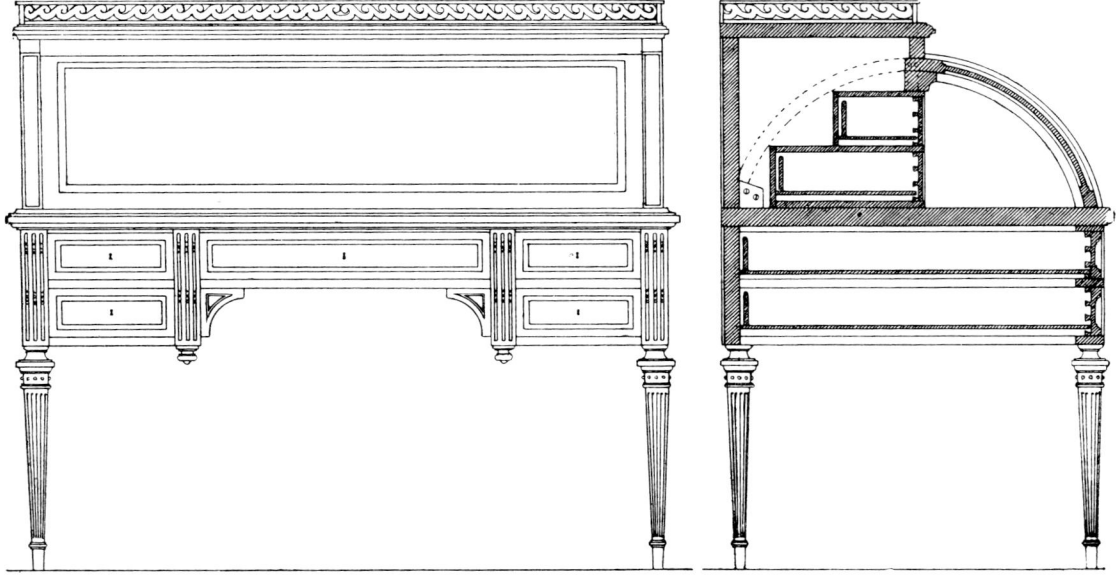

Abbildung 948.

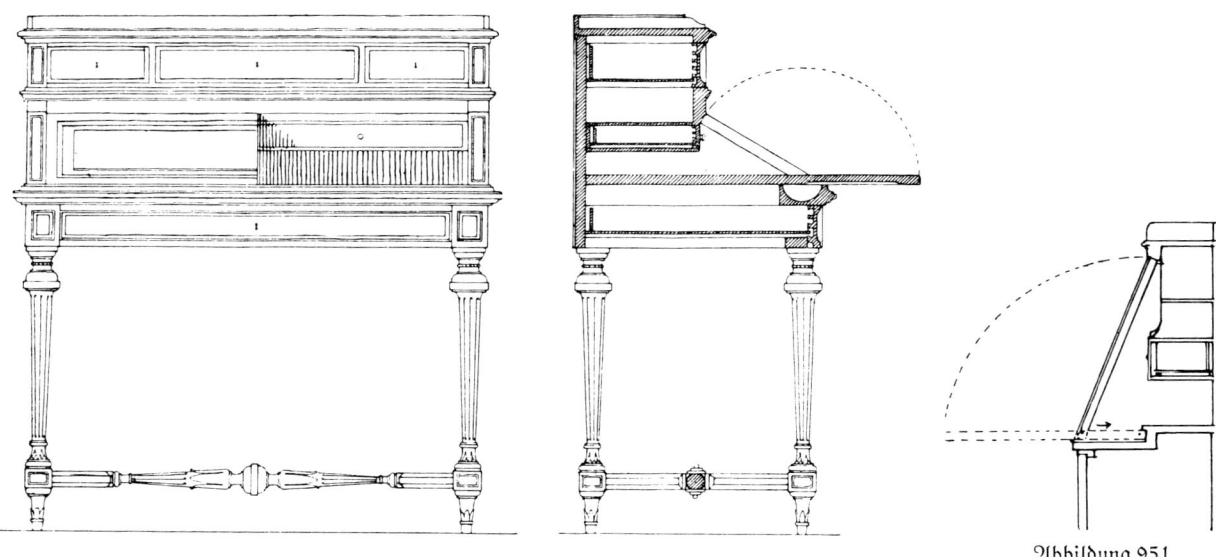

Abbildung 951.

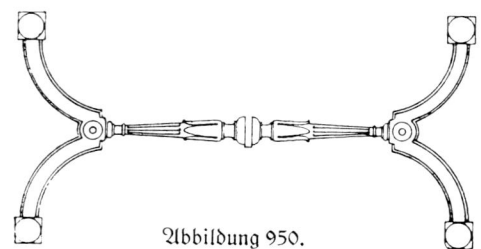

Abbildung 950.

192

Abbildung 952: Bücherschrank, kaukasisch Nußbaum. Architekt: Prof. Paul Grießer, Bielefeld.

Schrank für Herrenwäsche,
Kirschbaum poliert.

Prof. Paul Grießer,
Bielefeld.

Abbildung 953.

Abbildung 954. Prof. Bruno Paul. Deutsche Werkstätten AG., Hellerau.

16.

Spiegel.

Spiegel nennt man glatte Flächen, welche die auf sie fallenden Lichtstrahlen zurückwerfen. Treffen diese zurückgeworfenen Lichtstrahlen unser Auge, so sehen wir im Spiegel ein Bild des Gegenstandes, von dem die Lichtstrahlen ausgegangen sind. Das Bild, welches der Spiegel zurückgibt, nennt man Spiegelbild. Nur undurchsichtige Körper mit lückenloser, gutgeschliffener, polierter und ebener Fläche geben gute, wahre Spiegelbilder. Gekrümmte glatte Flächen verkleinern, vergrößern oder verzerren die Bilder. Die spiegelnden Flächen sind Körpergrenzen oder Grenzflächen von Flüssigkeiten. Nach der spiegelnden Masse unterscheidet man Glas-, Metall-, Wasserspiegel usw. Nach der Form der spiegelnden Fläche unterscheidet man ebene Spiegel (Planspiegel), hohle Spiegel (Konkavspiegel), runde Spiegel (Konvexspiegel) und wellige Spiegel. Spiegel im gewöhnlichen Sinne sind unsere ebenen Zimmer- und Toilettenspiegel, auf der Rückseite versilberte Glasscheiben (Planspiegel). (Die Quecksilberspiegel, mit Zinnamalgam belegte Glasscheiben, sind heute wohl überall durch die Silberspiegel verdrängt.)

Die Spiegelung. Die auf eine spiegelnde Fläche einfallenden Lichtstrahlen werden nach dem Gesetz, „der Ausfallswinkel ist gleich dem Einfallswinkel", zurückgeworfen. Zur Erklärung: Errichtet man in dem Punkt, wo der einfallende Lichtstrahl die spiegelnde Fläche trifft (siehe Abbildung 955, L S einfallender Lichtstrahl), eine Senkrechte zur Fläche, das Einfallslot E S und denkt sich eine Ebene, in der das Einfallslot und der einfallende Strahl liegen, e f g h, Abbildung 957, die Einfallsebene, so liegt der zurückgeworfene Lichtstrahl L′ ebenfalls in dieser Ebene. Der Winkel, den der zurückgeworfene Lichtstrahl mit dem Einfallstor bildet, ist gleich dem Winkel zwischen Einfallslot und einfallendem Lichtstrahl — Ausfallswinkel E S L′ (Abbildung 955 bis 957) gleich Einfallswinkel E S L. Für uns ist besonders die Wirkung der Planspiegel wichtig. Das, was von uns durch die Spiegelung ebener Flächen wahrgenommen wird, scheint uns in der Richtung der in unser Auge gedrungenen Lichtstrahlen zu liegen (Abbildung 958), also hinter dem Spiegel, und so weit entfernt zu sein wie die ganze Wegelänge der vom Gegenstande der

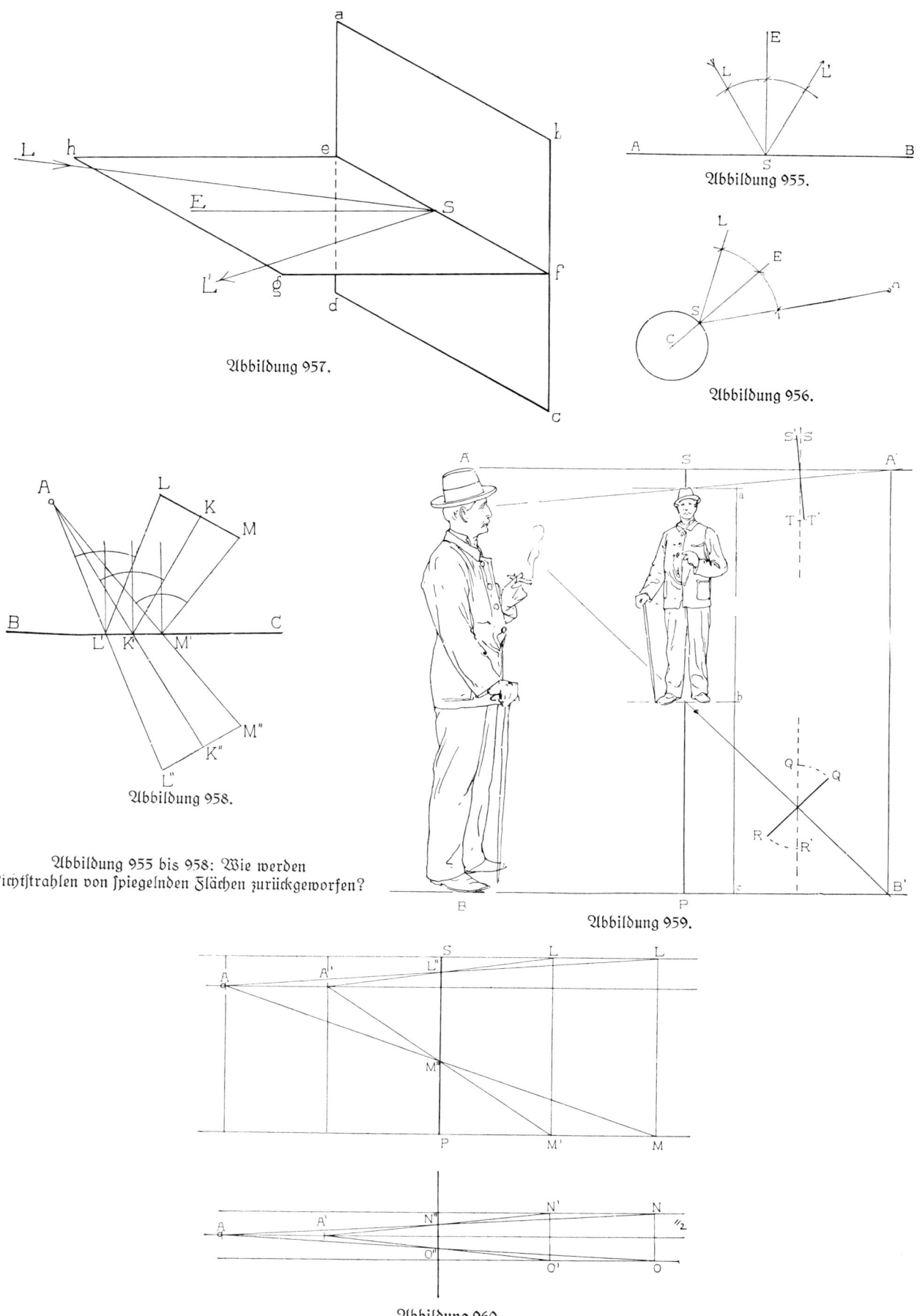

Abbildung 955.

Abbildung 956.

Abbildung 957.

Abbildung 958.

Abbildung 955 bis 958: Wie werden
Lichtstrahlen von spiegelnden Flächen zurückgeworfen?

Abbildung 959.

Abbildung 960.
Abbildung 959 bis 961: Wie groß muß ein Planspiegel für einen bestimmten Zweck sein?

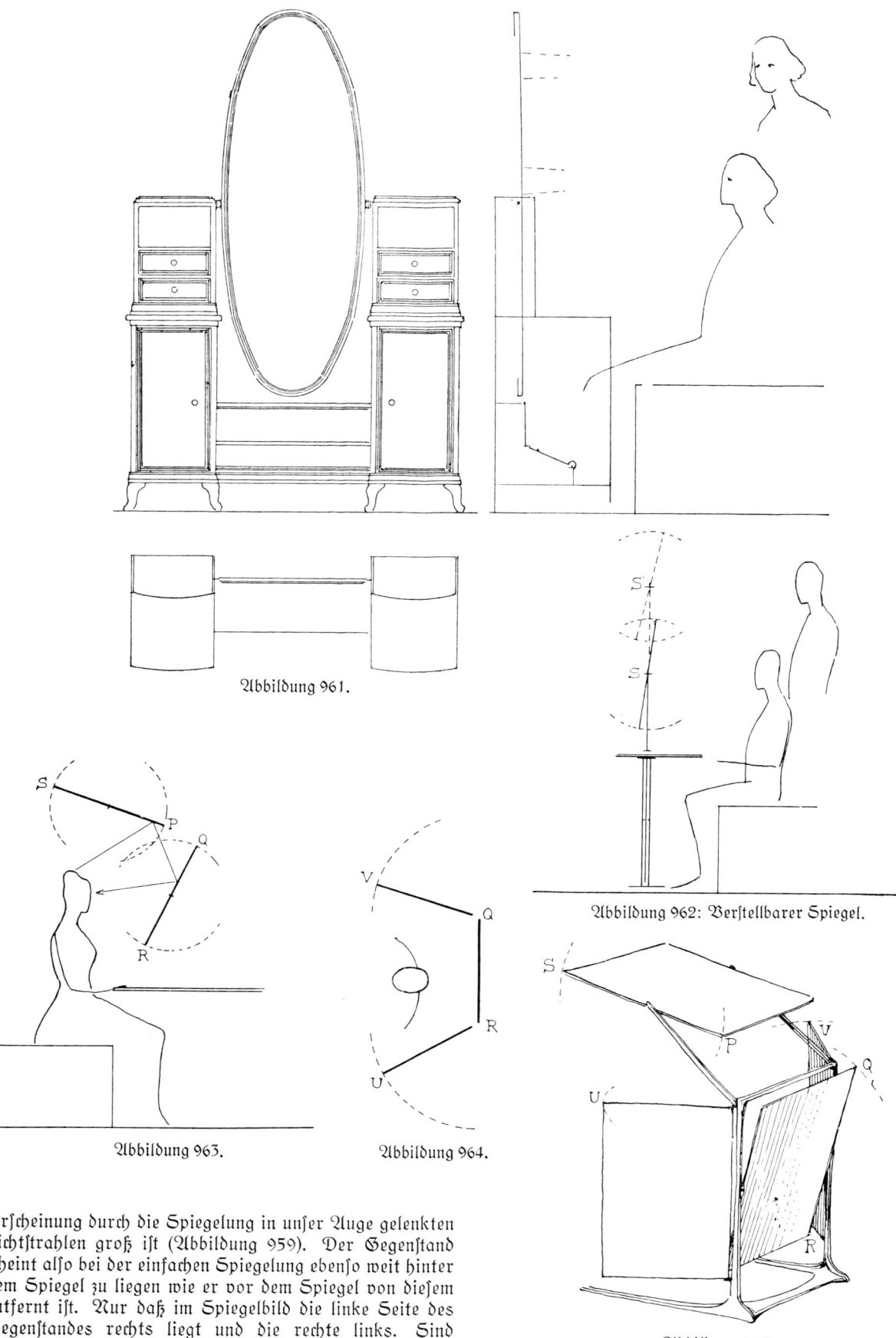

Abbildung 961.

Abbildung 962: Verstellbarer Spiegel.

Abbildung 963.

Abbildung 964.

Abbildung 965.

Erscheinung durch die Spiegelung in unser Auge gelenkten Lichtstrahlen groß ist (Abbildung 959). Der Gegenstand scheint also bei der einfachen Spiegelung ebenso weit hinter dem Spiegel zu liegen wie er vor dem Spiegel von diesem entfernt ist. Nur daß im Spiegelbild die linke Seite des Gegenstandes rechts liegt und die rechte links. Sind mehrere Spiegel in geeigneter Lage zueinander und zum Auge vorhanden, so kann das Spiegelbild, von Spiegel zu Spiegel zurückgeworfen, zuletzt von unserem Auge gesehen werden (Abbildung 963 bis 965).

Abbildung 963 bis 965: Vier verstellbare Spiegel in einem Gerüst. Ein Toilettenspiegel, in dem man beim Frisieren die Seitenflächen und die obere Seite des Kopfes sehen kann.

196

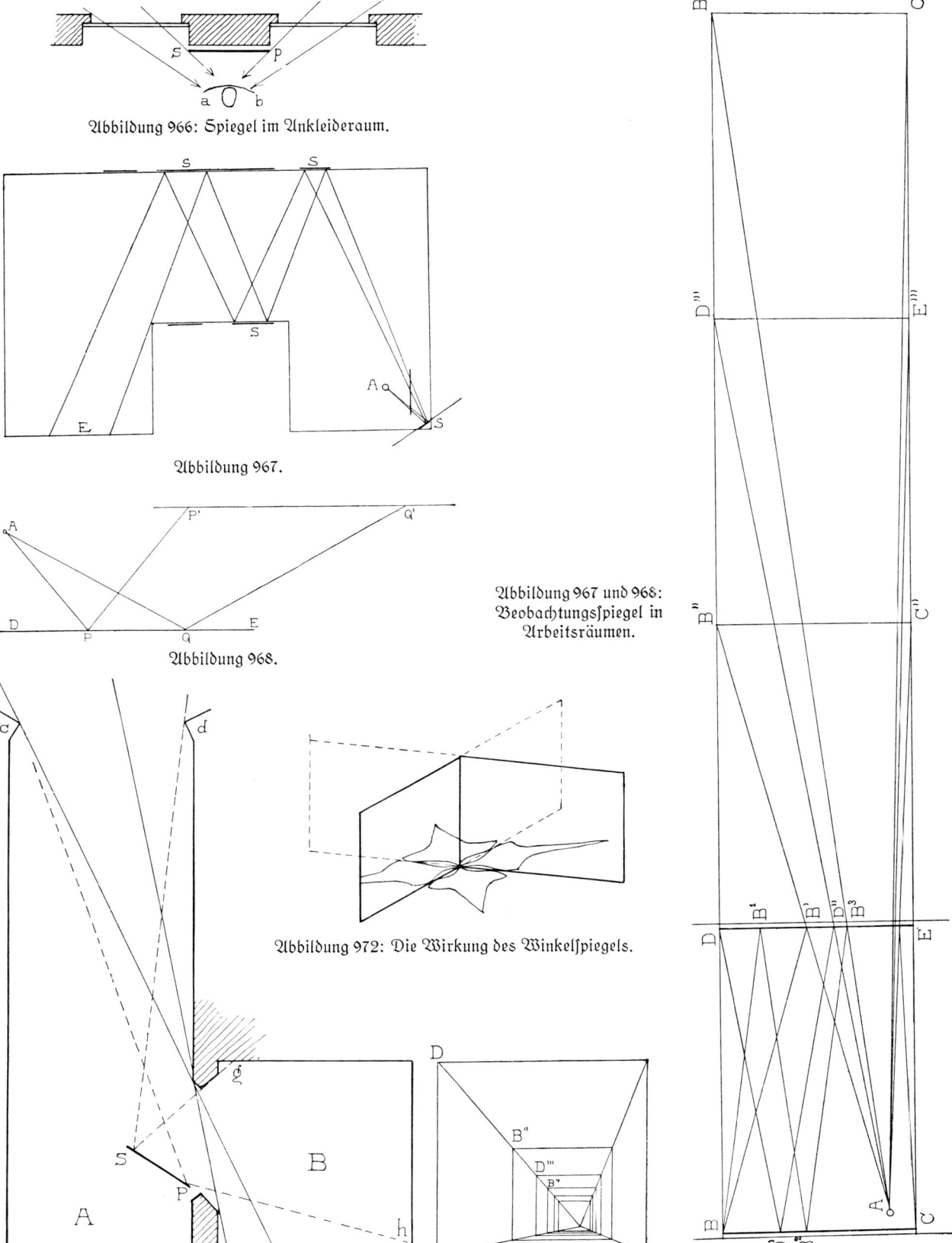

Abbildung 966: Spiegel im Ankleideraum.

Abbildung 967.

Abbildung 968.

Abbildung 967 und 968:
Beobachtungsspiegel in
Arbeitsräumen.

Abbildung 972: Die Wirkung des Winkelspiegels.

Abbildung 971.

Abbildung 970.

Abbildung 969:
Die Aufhellung eines ungenügend hellen Raumes durch Spiegel.

Abbildung 970 und 971:
Die Spiegelung täuscht über die wahre
Raumbreite.

197

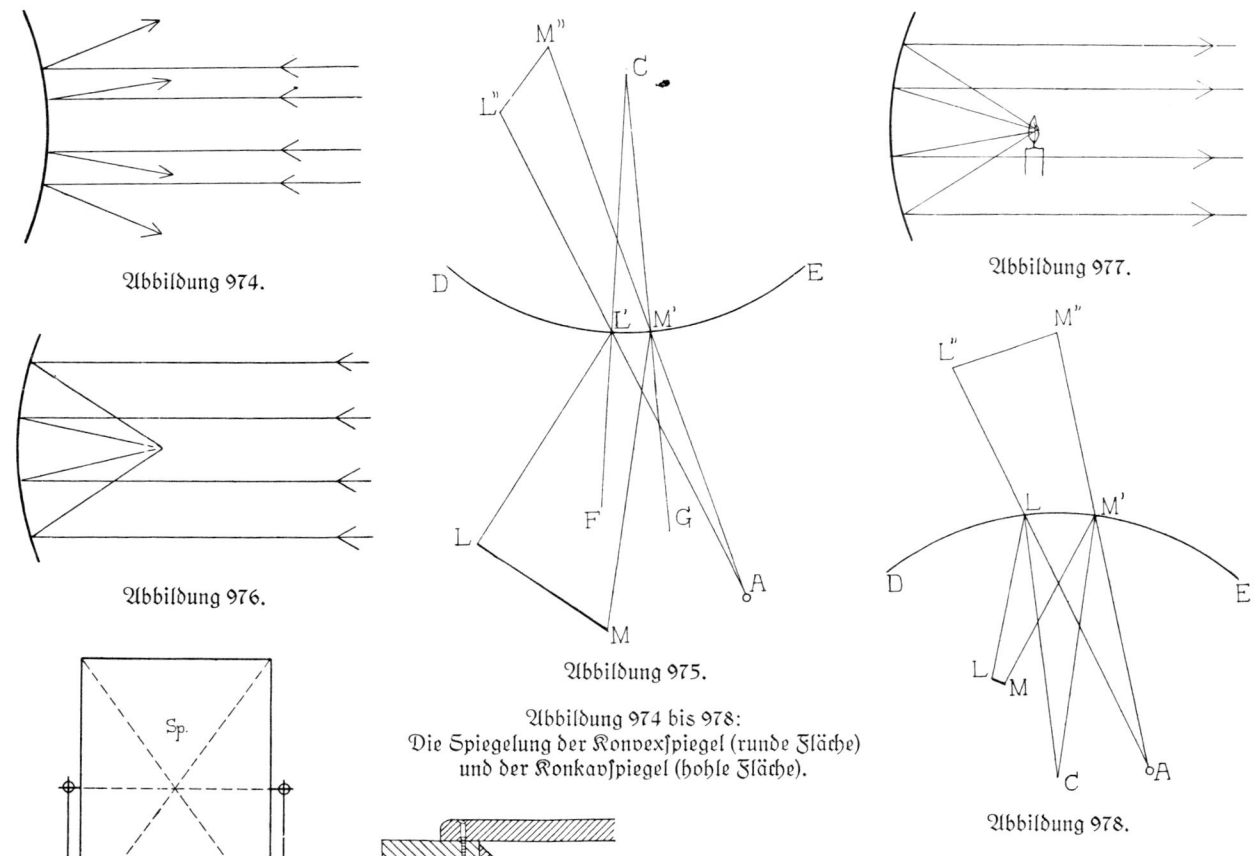

Abbildung 974.

Abbildung 977.

Abbildung 976.

Abbildung 975.

Abbildung 974 bis 978:
Die Spiegelung der Konvexspiegel (runde Fläche)
und der Konkavspiegel (hohle Fläche).

Abbildung 978.

Abbildung 979:
Die Lage der Achse drehbarer Spiegel.

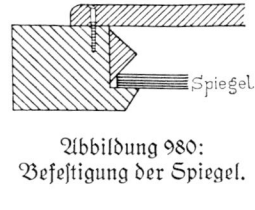

Abbildung 980:
Befestigung der Spiegel.

Die Verwendung der Spiegel in unseren Wohn= und Geschäftsräumen ist eine vielfache; sie dienen dem prak= tischen Gebrauch, der Verzierung und der Täuschung. In den Wohnräumen werden die Spiegel zumeist für die Toilette, in den Wasch= und Ankleideräumen gebraucht, in der Form von Handspiegeln, festen Spiegeln und beweg= lichen Spiegeln. Die Größe und die Höhe der festen Spiegel in Möbeln und an den Wänden sind abhängig davon, ob wir vor ihnen stehen oder sitzen wollen (Abbildung 959 und 962), ob wir unsere ganze Figur oder nur einen Teil derselben im Spiegel sehen wollen oder ob wir vor dem Spiegel Bewegungen beobachten wollen. Das Spiegel= bild ist nach der Höhe und Breite halb so groß wie wir lang und breit sind. Als Höchstmaß für die Augen= höhe des stehenden erwachsenen Menschen können wir 1,80 Meter annehmen, für die des sitzenden 1,30 Meter, für die Körperbreite 0,60 Meter und für die Kopfhöhe ohne Frisur und Hut 0,22 Meter. In den Ankleide= räumen sind im Gebrauch senkrecht verstellbare Spiegel (Abbildung 962) und drehbar verstellbare einfache und kombinierbare Spiegel (Abbildung 963 bis 965), um alle Seiten des Kopfes im Spiegel sehen zu können. Auch in anderen Teilen der Wohnung werden an geeigneten Plätzen Spiegel befestigt, um im Vorbeigehen sehen zu können, ob die Garderobe und die Frisur in Ordnung sind. Die Toilettenspiegel sind nur da zu befestigen oder auf= zustellen, wo der sich Beobachtende gut von vorn beleuchtet ist; für den Tagesgebrauch am Fenster, vor dem Fenster oder zwischen zwei Fenstern (Abbildung 966), für den Nachtgebrauch da, wo eine ausreichende künstliche Be= leuchtung vorhanden ist.

Die Spiegel finden auch dort praktische Verwendung, wo in einem unübersichtlichen Raum von einer Stelle aus alle Vorgänge kontrolliert werden müssen. Zum Beispiel

Abbildung 973:
Vortäuschung des Vollrunden durch Spiegelung.

198

kann in einem Raum mit dem Grundriß Abbildung 967 der Beobachter A mittels der Spiegel S den Eingang E überwachen, oder Abbildung 968: Der Beobachter A kann mittels der Spiegel P und Q die ihm sonst nicht sichtbaren Plätze P′ und Q′ sehen.

Ein Arbeitsraum (Abbildung 969) liegt an einem schmalen, hoch umbauten Lichtschacht A. Infolge des steil einfallenden Lichtes ist dieser Raum am Tage nicht genügend hell. Durch vor den Fenstern befestigte Spiegel, die das steil abfallende Licht auffangen und gegen die Decke des Raumes B werfen, wird auch dieser Raum genügend hell.

Die Spiegel zur Täuschung über die Raumgrenzen: Ein Geschäftsmann möchte seinen Verkaufsraum größer erscheinen lassen als er ist und läßt die ganze hintere Wand des Raumes mit einem Spiegel bekleiden. Von der Straße aus erscheint der Raum noch einmal so tief wie vorher.

In einem anderen, ähnlichen Falle erscheint ein Raum unendlich lang (Abbildung 970 und 971). Zwei gegenüberliegende Wände sind mit Spiegeln bekleidet (B C und D E). Die Spiegelbilder der beiden Wände und der Dinge zwischen diesen Wänden werden vielmals hin und her zurückgeworfen, bis unser Auge die Grenzen der Bilder nicht mehr wahrnimmt.

In ein Schaufenster legt der Kaufmann einen Gegenstand zwischen zwei einen Winkel bildende Spiegel. Durch das Hin- und Herwerfen der Spiegelbilder erscheint eine sternartige Auslage, in der der Gegenstand sovielmal vorhanden ist wie der Spiegelwinkel in 360 Grad enthalten ist (Abbildung 972).

In einem Festsaal sind Spiegel zur Täuschung über die Raumgröße in die Wandbekleidung eingebaut. Um nun aber zu verhindern, daß Menschen gegen das Glas laufen, sind große halbe Blumenschalen vor die Spiegel gestellt.

Die fehlende Hälfte dieser Schalen wird für das Auge durch die Spiegel ergänzt (Abbildung 973).

Das sind ein paar Beispiele praktischer Verwendung der Planspiegel.

Als Teile der Verzierung von Wänden und Decken hat man die Spiegel in den mannigfachsten Formen vielfach verwendet.

Durch die Abbildungen 974 bis 978 wird nur ganz kurz auf Eigenschaften der Konkav- und der Konvexspiegel hingewiesen, denn diese Spiegel kommen für uns nur als Ziergegenstände in Betracht. Konvexspiegel zerstreuen das parallel auf sie fallende Licht (Abbildung 974). Konvexspiegel geben aufrechtstehende verkleinerte Bilder. Die Bilder sehr naher Gegenstände sind stark gekrümmt und verzerrt (Abbildung 975). L″ M″ ist das Spiegelbild von L M. Konkavspiegel sammeln das parallel auf die Fläche fallende Licht in dem Brennpunkt und zerstreuen es dann. Die Lichtstrahlen von einer Lichtquelle im Brennpunkt des Spiegels werden von diesem in paralleler Richtung zurückgeworfen (Abbildung 976 und 977). Die Konkavspiegel geben vergrößerte Bilder (Abbildung 978). L″ M″ ist das Spiegelbild von L M.

Abbildung 979: Drehbare Spiegel werden so befestigt, daß die Spiegelhälften zu beiden Seiten der Achse gleich schwer sind.

Abbildung 980: Das Spiegelglas wird im Rahmen mit keilförmigen Leisten befestigt. Die belegte Seite des Glases schützt man durch eine Holzplatte, eventuell durch Rahmen mit Füllungen. Ist ein Spiegelglas in eine Tür zu befestigen, so ist die Glastafel am oberen Rande und unten an der Bandseite der Tür besonders fest dem Rahmen anzuschließen, damit die Last des Glases an der Bandseite den Türrahmen drückt.

Schlußwort.

In dem Vorstehenden (Seite 1 bis 199) sind die Hauptgruppen der Arbeiten des Tischlers durch Beispiele erklärt. Beispiele, welche bewährte Konstruktionen und praktische Formen zeigen, alte und neue Methoden des Zusammenbaues der Möbel und der Bauarbeiten: Den Brettbau, den Rahmenbau, den Stollenbau und die Sperrholzverwendung. Im Rahmen dieses Buches können nicht alle alten und neuen und neuesten Erzeugnisse des Tischlers im Bilde vorgeführt werden; das ist auch, um den Zweck des Buches zu erreichen, nicht notwendig. Warum, auf das Neueste von heute folgt morgen das Allerneueste und so weiter. Doch was bleibt, solange das Holz der Werkstoff des Tischlers ist, das sind die Eigenschaften des Holzes und die sich daraus ergebenden Verarbeitungsmöglichkeiten und der aus diesen sich ergebende Einfluß auf die Gestaltung der Tischlerarbeiten. Den muß der Tischler unbedingt kennen. Diese Kenntnisse will dieses Buch vermitteln. Es

sind Abbildungen und Erklärungen gegeben, die ermöglichen, daß jede neue Aufgabe fachgemäß angefaßt werden kann, daß für neue Formen die richtige Konstruktion aus Altem, Bewährtem abgeleitet wird und daß Gebrauchsgegenstände einfacher Art in Größe und Form sachlich richtig gestaltet werden können.

Werden nach den neuesten Anleitungen für jeden anzufertigenden Gegenstand Größe, Form und Konstruktion bestimmt, so führt ein derartiges Arbeiten zur sachlichen, praktischen Formgebung, zur Erfüllung der ersten allgemeinen Aufgabe des Handwerkers.

Der folgende dritte Teil dieses Buches lehrt die weitere Aufgabe des Tischlers, die Veredelung der Formen, die durch den Zweck der Gebrauchsgegenstände bedingt sind, damit diese Gegenstände durch Schönheit ebenso befriedigen wie durch praktische Brauchbarkeit.

TEIL III

DIE KUNSTFORM

Allgemeine Richtlinien für das Gestalten der Tischlerarbeiten

von

A. BLUNCK

Berlin 1932

Verlagsanstalt des Deutschen Holzarbeiter-Verbandes, G. m. b. H.
Berlin SO 16

III

Inhalt

1. Die Einführung .... Seite 1
2. Die Form (Verkürzungen, Beleuchtungseffekte, Farbe, Kontraste) .... „ 8
3. Unser Sehen .... „ 22
4. Die Formensprache .... „ 28
5. Die Grundlagen des Ornaments (Motive) und das Ornament als solches .... „ 58

1.

Einführung.

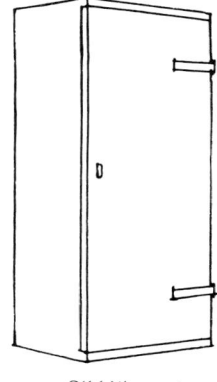

Abbildung 1.

Ein Behälter, 1 Meter breit, 0,5 Meter tief und 1,8 Meter hoch, aus dichtgefügten Brettern, behobelt, feſt zuſammengebaut, mit einer verſchließbaren Tür und fünf Zwiſchenböden, kann ſehr wohl ſeinem Zweck als ſtaubdichter Be= hälter für Wäſche= und Kleidungs= ſtücke genügen, obgleich er äußer= lich nur ganz glatt iſt, alſo die Form einer großen aufrechtſtehenden Kiſte hat (Abbildung 1). Wohlgefallen wird aber wohl niemand beim An= blick eines ſolchen Schrankes emp= finden. Jeder wird ſich einen Schrank ſchönerer Form wünſchen; denn all= gemein iſt das Verlangen des menſchlichen Geiſtes, daß die zur Befriedigung der körperlichen Bedürfniſſe, zur Bequemlichkeit und zum Wohlbefinden notwendigen Gegenſtände neben ihrer praktiſch nutzbaren Geſtaltung auch ſo kunſtvoll und ſchön ſind, wie Zweck und Mittel es geſtatten.

Die Aufgabe des Handwerkers und Künſtlers iſt, dieſem Verlangen nachzukommen, ſich die Kenntniſſe anzueignen und die Fähigkeiten auszubilden, die zur Ausübung dieſer Tätigkeit erforderlich ſind:

Das Verſtändnis für die Bedürfniſſe, zu denen die betreffenden Gegenſtände geſchaffen werden,
die Kenntnis der Technik des Tiſchlers und
das Verſtändnis für die Kunſt und das Schöne.

Für die erſte Forderung muß der Handwerker ſich mit den Sitten und Gebräuchen der Menſchen der Geſell= ſchaftsklaſſe vertraut machen, für die er arbeiten will oder arbeiten muß.

Die zweite Forderung, die Kenntnis der Technik, kann nur in der Werkſtatt erworben werden. Der zweite Teil dieſes Werkes, „Die Konſtruktion", iſt eine Ergänzung der Werkſtattlehre — kein Erſatz dieſer Lehre.

Die dritte Forderung: Das Verſtändnis für die Kunſt und das Schöne, ſoll durch die folgenden Ausführungen geweckt werden.

*

Mit Kunſt, abgeleitet von Können, bezeichnet man im allgemeinen jede durch Übung erlangte Fertigkeit und bezeichnet dieſe Kunſt näher nach der Art der ausgeübten Fertigkeit.

Kunſt im engeren Sinne iſt jedoch nicht die mechaniſche Ausübung einer Kunſtfertigkeit, ſondern die Anwendung der Kunſtfertigkeit zur Darſtellung eigener Ideen und Empfindungen und zur Bildung von Formen, Bildern, Farbenharmonien und Beleuchtungseffekten, die in harmo= niſch abgeſchloſſener Weiſe den Zweck ihrer Exiſtenz zum Ausdruck bringen. Ein in dieſem Sinne geſchaffenes Kunſtwerk iſt ein Ganzes, dem nichts hinzugefügt werden, von dem nichts hinweggenommen werden kann, ohne die Harmonie des Ganzen zu ſtören. Es iſt ein Werk, das an dem ihm angewieſenen Platz ein folgerechtes Er= gebnis aus Zweck und Mittel iſt. Die Kunſtform eines Gerätes iſt nicht ein beliebig gewähltes Kleid, das der Gebrauchsform angehängt werden kann. Beides, Zweck= form und Kunſtform, iſt eins, ſoll eins ſein, ſoll aus einem Guß entſtanden ſein. Zum Beiſpiel ein Kirſch= kern mit einem eingeſchnitzten „Vaterunſer" iſt kein Kunſtwerk im engeren Sinne, obgleich die Ausführung eine hohe Kunſtfertigkeit in der Führung der Nadel ver= langt, weil die Ritzung des „Vaterunſer" und die Form des Kirſchkernes nicht durcheinander bedingt ſind. Ebenſo iſt eine mit Kunſtfertigkeit ausgeführte reichgeſchnitzte Stütze, deren Form keine Beziehung zu ihrer Funktion, zu ihrer beſonderen Beſtimmung hat, kein vollwertiges Kunſtwerk. Und ebenſowenig iſt ein Schrank ein Kunſt= werk, deſſen Verzierungen überflüſſig erſcheinen, alſo überflüſſig ſind. Erſt wenn die Geſamtform ein ab= geſchloſſenes Ganzes bildet, in dem alle Teile zueinander

1

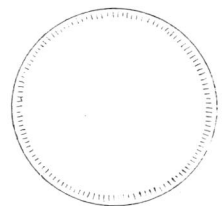

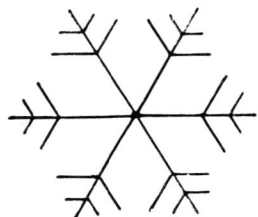
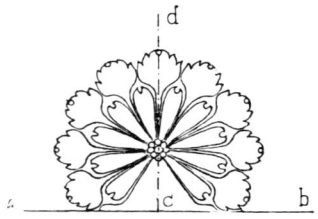

Abbildung 2.   Abbildung 3.   Abbildung 4.

und zum Ganzen sich harmonisch aneinanderreihen, ist eine der Eigenschaften des Kunstwerkes vorhanden. Doch die Kunstfertigkeit ist nicht Nebensache — ohne eine in ihrer Art vollendete Technik ist kein Kunstwerk denkbar.

Ein Kunstwerk übt auf das Empfinden des Beschauers einen Einfluß aus. Das zum Werk verarbeitete Material ist gleichsam sprechend geworden. Wir empfinden den Zweck des Werkes, des Ganzen und seiner Teile. Besonders die klassische griechische Kunst redet in diesem Sinne eine verständliche Sprache. Betrachten wir den Tempelbau in seiner vollendeten Form. Klar, deutlich zeigt diese die Richtung des Baues, Vorderseite, Rückseite. Es spiegelt das Zierwerk die Bestimmung des Tempels wider. Der Unterbau, die Stützen, die Decke, das Dach haben Formen, die ihre Funktionen kennzeichnen: Zum Beispiel die Säule hat Fuß, Schaft und Kapitell. Der Fuß verbindet die Säule mit dem Unterbau. Der Säulenschaft mit seinen Kannelüren und der Schwellung zeigt uns die aufwärtsstrebende Richtung und hat den Ausdruck der Kraft, die tragen kann. Das Kapitell schließt die Säule nach oben hin ab, zeigt das der Last entgegengerichtete Streben der Säule und das Lasten des Gebälkes. In diesem Tempelbau ist Ebenmaß des Ganzen und aller Teile in höchster Vollendung vorhanden.

Betrachten wir die Kunstwerke der Völker und das Werden der Kunstformen, so kommen wir zu der Erkenntnis, daß die Kunstform nicht das Ergebnis tiefer wissenschaftlicher Forschung ist, sondern die Frucht liebevoller Beobachtung der Natur. Sitten, Gebräuche, geistige und religiöse Begriffe geben Anregungen, Formengebilde der Natur, des Handwerks und der Kunst geben Motive für die Veredelung der Gebrauchsformen des Gerätes und deren Verzierungen. Die Formen der Motive werden bald naturalistisch, bald in abstrakter Weise in der Gesamtform dieser Gegenstände oder deren Ornament nachgebildet, je nach Zweck, nach Auffassung und nach Darstellungsmöglichkeit. Denn mit jeder Darstellung ist eine Umbildung der Form des Motivs, bedingt durch die Eigenschaften des Werkstoffes, durch die anzuwendende Technik und das Empfinden des Darstellers verbunden, ein Stilisieren der Form. Die Natur wurde die große Lehrmeisterin der Künstler. Der Beobachtung der Natur folgte die Erkenntnis, daß die Natur ihrem Gestaltungstrieb, also sich selbst, durch allgemeine Gestaltungsgesetze eine Beschränkung auferlegt und trotzdem unendlich viele und verschiedenartige Gebilde hervorbringt, so daß der Künstler nicht anders kann, als diesem Vorbild zu folgen. Die Natur ist dem Künstler durch ihre mannigfaltigen Gebilde zu einer unerschöpflichen Quelle der Anregungen geworden. Die Geschichte der Kunst lehrt, daß die Künstler immer wieder zur Naturbeobachtung zurückkehrten, wenn die Kunst durch Weiterbildung übernommener Kunstformen schal geworden war.

Schönheit ist keine Begleiterscheinung technisch vollendeter Arbeit. Praktisch verwendbare Gegenstände sind als solche nicht notwendig schön. Diese Gegenstände können jedoch schön sein, ohne dadurch an Nutzbarkeit zu verlieren.

Schön nennen wir Werke der Kunst und Gebilde der Natur, die unser Gemüt ganz für sich einnehmen und deren Erscheinung Wohlgefallen erregt. Das Schöne ist also nicht eigentlich Eigenschaft des Objektes, als vielmehr eine Wirkung verschiedener, gleichzeitig tätiger Momente innerhalb und außerhalb des Objektes, dem wir dieses Prädikat zulegen. Eine besondere Form des Objektes ist jedoch immer bedingt, weil die Momente, die nicht in ihm liegen, doch von ihm reflektiert werden.

Schön nennen wir Werke der Kunst, wenn die ästhetischen Eigenschaften des Formal-Schönen vorhanden sind, wie Naturgebilde sie haben. Diese Eigenschaften, Symmetrie, Proportion, Richtung, können durch Beleuchtung und Umgebung besonders gehoben werden. Die Momente, welche zur Erzielung besonderer Wirkung zusammen tätig sein können, sind:

Größe, Form, Material, Beleuchtung und Lage und Entfernung des Objektes vom Auge des Beschauers.

Die Umgebung (Größen, Formen, Farben, Beleuchtung).

Das Sehvermögen des Schauenden, da eine Form, eine Erscheinung nur durch unser Auge wahrgenommen werden kann.

Das Formenverständnis, der Grad des Kunstverständnisses des Beschauers.

Gegenüber der Erkenntnis, daß die Wirkung einer Form oder einer Erscheinung durch die verschiedensten Umstände günstig oder ungünstig beeinflußt werden kann, lehrt nun doch die Kunstgeschichte, daß Kunstwerke nur vorübergehend nicht ihre volle Anerkennung finden. Die Erscheinung und ihre Einwirkung auf uns ist zu beeinflussen, die Form, bleibt sie unbeschädigt, behält ihre Eigenschaften. Sind die ästhetischen Eigenschaften des Formal-Schönen vorhanden, so wird das Gebilde immer wieder als schön anerkannt werden. Naturformen und Kunstformen offenbaren die gleichen Gestaltungsprinzipien: Symmetrie, Proportion, Richtung. So viele Male nun auch im Laufe der Zeiten die Kunstrichtung ihren Weg geändert hat, den Stil wechselte, das Schönheitsideal andere Formen angenommen hat, die Gestaltungsmomente für die Kunst sind, wie in der Natur, die gleichen geblieben.

Abbildung 6.

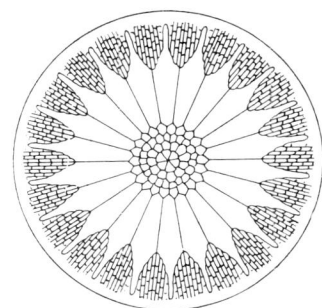

Abbildung 5.

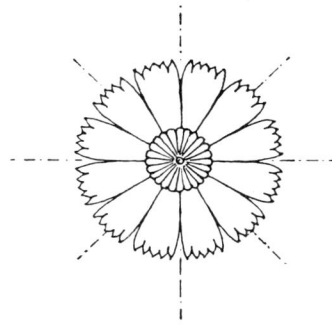

Abbildung 7.

Symmetrie, Proportion, Richtung sind Kollektiv= begriffe. Diese Gestaltungsgesetze treten in mannigfachster Weise in Tätigkeit. Entweder alle zu einem vereint oder das eine schlummernd, oder das eine Prinzip als Autorität herrschend, die anderen nur gleichsam mitklingend. Zur Veranschaulichung dieser Begriffe diene das Folgende.

*

Die Reihung. Vollständig in sich abgeschlossene Formen, ohne Beziehung zur Außenwelt, sind Kugel und Kristalle (Abbildung 2 und 3). Die Kugel ist von absoluter allseitiger Gleichmäßigkeit. Für diese Art Formen ist nur das Zentrum als Kraftmittelpunkt vorhanden, zu dem alle Teile Richtung und Beziehung haben. Diese Körper sind allseitig gerichtet, daher richtungslos. Symmetrie, Proportion, Richtung sind für sie als Ganzes eins. Erst wenn aus dem Ganzen ein Teil herausgebrochen wird und die Stücke für sich be= trachtet werden, treten Symmetrie und Proportion her= vor (Abbildung 4; a b Symmetrieachse, c d proportionale Achse). Wird ein Strahl aus dem Schneekristall (Ab= bildung 3) herausgebrochen, so zeigt sich an diesem Symmetrie und proportionale Entwicklung. Die Be= ziehung aller Teile eines Körpers oder einer Figur zur Mitte, die in sich geschlossene Reihung gleicher Elemente mit gleicher Beziehung zur eingeschlossenen Mitte ist Eurhythmie. Diese eurhythmische Ordnung finden wir in der Natur in Kristallen (Abbildung 3), in Blumen (Abbildung 7), in niederen Lebewesen (Abbil= dung 5 und 6). (Abbildung 5: eine Urpflanze, Asterolampra eximia [Greville], Gruppe der einzelligen Schachtellinge; Abbildung 6: ein Urtier, Heliodiscus glyphodon [Haeckel], aus der Familie der Phacodiscida, der Scheibenstrahlinge.)

In der Kunstform ist Eurhythmie besonders im Rahmen vorhanden — durch die Beziehung aller Teile des Rahmens zur eingeschlossenen Mitte. Ohne Rahmen kein ab= geschlossenes Bild. Um den Abschluß eines Fußbodens, einer Wand, einer Decke, einer Füllung durch Form oder Verzierung zu zeigen, müssen diese Flächen umrahmt werden. Die Blattwellen des Architravs (griech. Tempel) sind, im Grundriß gesehen, abschließende Umrahmungen. Die Gliederung der eurhythmischen Figur erfolgt nach bestimmten Gesetzen der Wiederkehr gleicher Formen: in einfacher Reihe (Abbildung 8), in alternierender Reihe (Abbildung 9), wenn zwei ungleiche Formen in abwechselnder Reihe einander folgen, und in der durch Hauptformen

unterbrochenen einfachen und alternierenden Reihe (Ab= bildung 10, 11, 12). Die Gliederung der Reihe (Abbil= dung 12) darf ein bestimmtes Maß nicht überschreiten, das Auge darf nicht verwirrt werden, es muß das gleich= mäßige Heben und Senken der Formen, die in gleichen Intervallen folgenden Ruhepunkte erkennen können — Bedingung rhythmischer Bewegung.

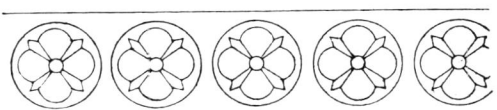

Abbildung 8.

Abbildung 9.

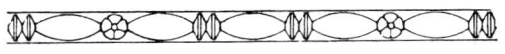

Abbildung 10.

Abbildung 11.

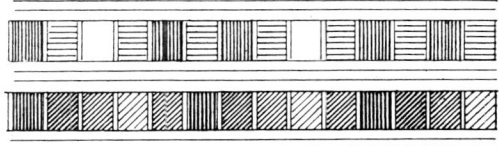

Abbildung 12.

3

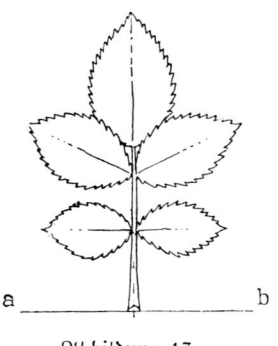

Abbildung 13.

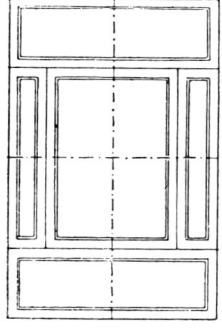

Abbildung 14.

Abbildung 15.

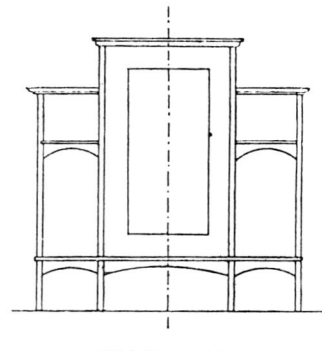

Abbildung 16.

Symmetrie (Gleichmaß). Strenge Symmetrie ist in einem Gebilde, wenn völlige Gleichheit der Elemente rechts und links einer sichtbaren oder angenommenen Mittellinie vorhanden, wenn die eine Hälfte in bezug auf die Mittellinie das Spiegelbild der anderen Hälfte ist. Abbildung 13: Rosenblatt (a b Symmetrieachse), Abbildung 14: Teil einer Deckentäfelung (zweifach symmetrisch), Abbildung 16: Schrank, Abbildung 15: Ornament.

Sind rechts und links der Mittellinie die ungleichen Teile im Gleichgewicht, so ist das Massengleichheit — Ebenmaß. Abbildung 17: Ornament, Abbildung 18 a und b: Von einem altdeutschen Titelblatt, Abbildung 19: Schrank, Abbildung 20: Ornament (Aldegrever), Abbildung 21: Holzgeschnitztes Rokoko-Ornament, Abbildung 25: Stehender Mann.

Symmetrie ist in den Formen Abbildung 5, 6, 7, wenn Mittellinien durch die Mitte der Figuren angenommen werden. Da zwei und mehr Mittellinien in jeder Figur

möglich sind, so sind diese richtungslos. In der Kreisfläche und in der Kugel kann man die Zahl der möglichen Mittellinien bis ins Unendliche steigern. Alle diese Formen sind richtungslos und in sich abgeschlossen. In ganz anderer Bedeutung tritt die Symmetrie in der Pflanzenwelt hervor. Die Pflanze hat Beziehung zum Boden, in dem sie wurzelt. Symmetrie ist hier immer mit Proportionalität verbunden. Das Rosenblatt, Abbildung 13, ist in bezug zur Mittellinie von links zu rechts symmetrisch, in der Richtung der Mittellinie des Stengels proportional gegliedert. Der Baum, Abbildung 22: Die Ordnung der Äste um den Stamm oder um die Mittellinie mit dem Schwerpunkt ist eurhythmisch. Die Entwicklung in der Mittelrichtung ist proportional. Der Baum erscheint uns in der Ansicht symmetrisch. Symmetrie ist in der Form der Zweige und der Blätter, Eurhythmie in der Form der Blüte und der Frucht.

Die vier Felder, Abbildung 23, sind mit geflügelten Köpfen gefüllt. Die Flügel sind in den Feldern symmetrisch

Abbildung 18 a.

Abbildung 17.

Abbildung 18 b.

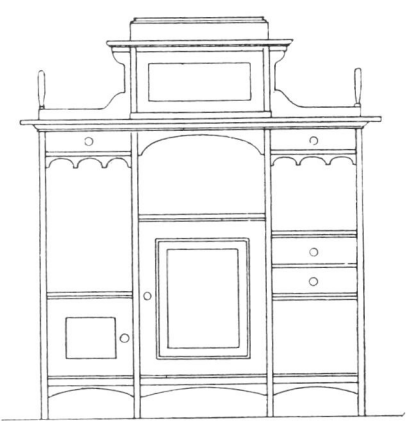

Abbildung 19.

Abbildung 21.

Abbildung 20.

geordnet und in allen Feldern gleich geformt. Die Größe der Köpfe ist ebenfalls gleich, nur Lage und Form sind ungleich. Es ist uns nicht unangenehm, wenn wir in einer Reihe die gleiche Tierform immer wieder sehen. Wir sehen in einem Tierbild das Bild der Art, dagegen im Bild eines Menschen das Bild dieses Menschen, und das sehen wir nicht gern viele Male in einer Reihung.

In der Tierwelt treten die formalen Eigenschaften klarer hervor als in den Gebilden der Pflanzenwelt. Der Körper aller höheren Tiere ist symmetrisch geformt.

Symmetrisch gestaltete Formen sind abgeschlossen — ohne Symmetrie kein formaler Abschluß.

In den Naturgebilden kommt die strenge Symmetrie selten zur vollen Entwicklung, obgleich die Formen uns symmetrisch erscheinen. Durch eine Hemmung in der Entwicklung wird die beabsichtigte Form nicht voll erreicht. Gebilde der Natur üben gerade durch diese Zufälligkeiten vielmals einen unerklärlichen Reiz auf den Beschauer aus. Auch in der Kunst ist es so — doch hier beabsichtigt. Wir finden Formen, die, aus großer Entfernung gesehen, symmetrisch erscheinen, in der Nähe betrachtet aber absichtlich nicht in allen Teilen symmetrisch sind, oder Formen, die beim flüchtigen Sehen symmetrisch scheinen, an denen man dann bei längerer Beobachtung mehr und mehr interessante Abweichungen entdeckt. Diese Freiheit innerhalb des Gesetzes hat einen besonderen Reiz, da der Formeninhalt sich nicht sofort offenbart (Abbildung 18a, 18b, 20 und 23).

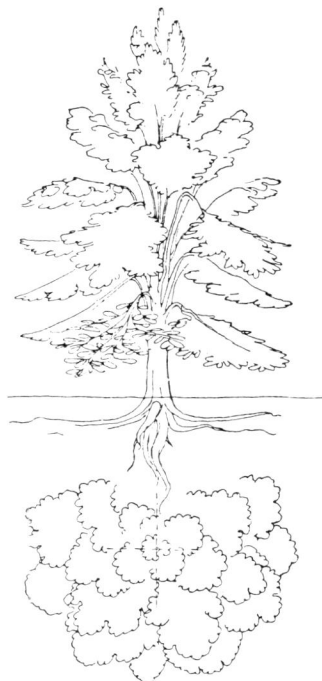

Abbildung 22.

Abbildung 23.

5

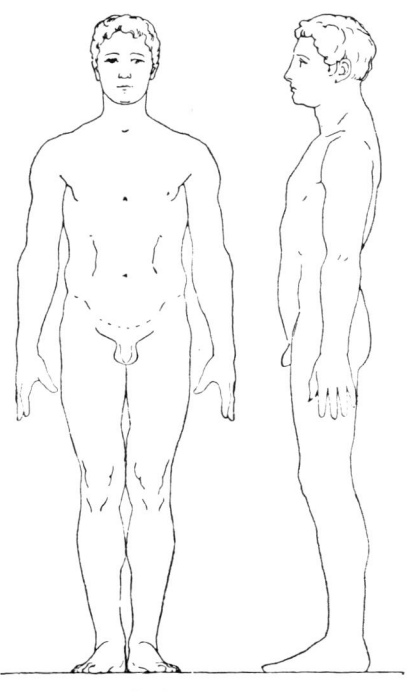

Abbildung 24.

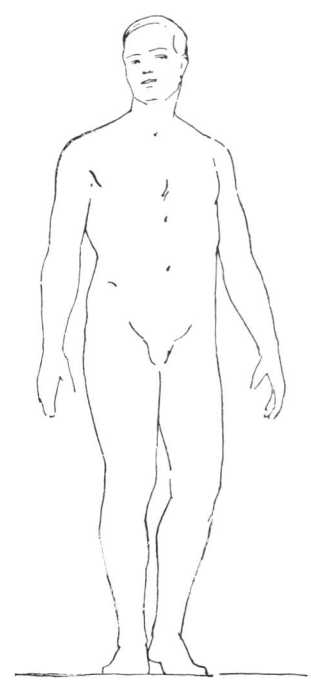

Abbildung 25.

Proportion und Richtung. Proportion ist das Verhältnis ungleicher Größen zueinander, das unser Schönheitsgefühl befriedigt. Proportionalität steht in der Natur immer in Beziehung zur Richtung der Lebenskraft und der Willensrichtung, wirkt mit diesen und in Verbindung mit Symmetrie oder mit Eurhythmie oder mit beiden formgestaltend. In der Natur entstehen durch das Zusammenwirken, das Miteinander- oder Gegeneinanderwirken der verschiedenen Kräfte und den Grad der Kraftentfaltung der einzelnen Zentren die unendlich vielen und mannigfach verschieden geformten Gebilde unerklärlich reizvoll schöner Form und schöner Erscheinung. Das Schöne proportional zueinander gestimmter Größen (Formen, Farben, Beleuchtungseffekte) wird von unserem Auge gesehen und von unserem Gemüt empfunden. Die gesetzmäßige Tätigkeit der gestaltenden Kräfte empfinden wir, jeder Verstoß gegen das Gesetz ist unserem Empfinden unangenehm, aber in keiner Weise kann dieses Gesetz ausreichend erklärt werden.

Der beste Weg ist: Beispiele geben. Ein jeder muß dann selbst beobachten und vergleichen. Der männliche Körper, Abbildung 24 und 25, ist in der Richtung von unten nach oben proportional gegliedert; Proportionalität ist in der Richtung von vorn nach hinten vorhanden, Symmetrie ist in den beiden Körperhälften links und rechts zur senkrechten Mittellinie.

Abbildung 26: Ein griechischer Tempel. In der Richtung der Mittellinie von vorn nach hinten liegt die Richtung des Baues. Rechts und links zu dieser Mitte sind die Hälften symmetrisch. In der Richtung nach oben herrscht Proportionalität.

Abbildung 27: Ein Bett. Der Vergleich der Formen Abbildung 26 und 27 läßt erkennen, daß für die Form des Baues die Gestaltungsmomente in ähnlicher Weise tätig waren wie in der Form Abbildung 26.

Abbildung 28: In der Anlage des Grabmals ist Eurhythmie als Gestaltungsprinzip herrschend. Die Teile des Hügels oberhalb des Grabes haben nur Beziehung zur eingeschlossenen Mitte. Ebenso die Steine des Steinkranzes, der das Grabmal abschließt.

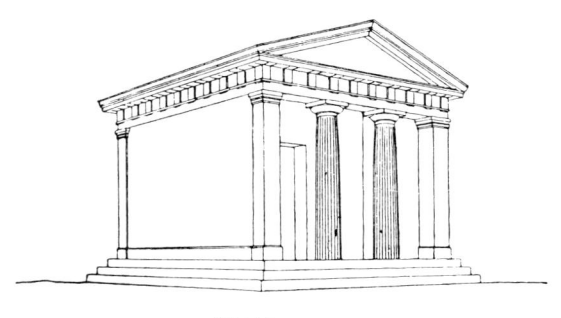

Abbildung 26.

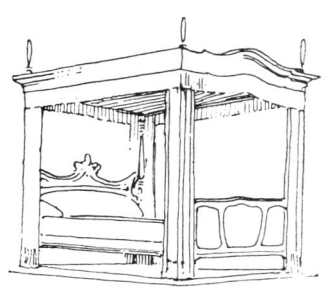

Abbildung 27.

Abbildung 28.

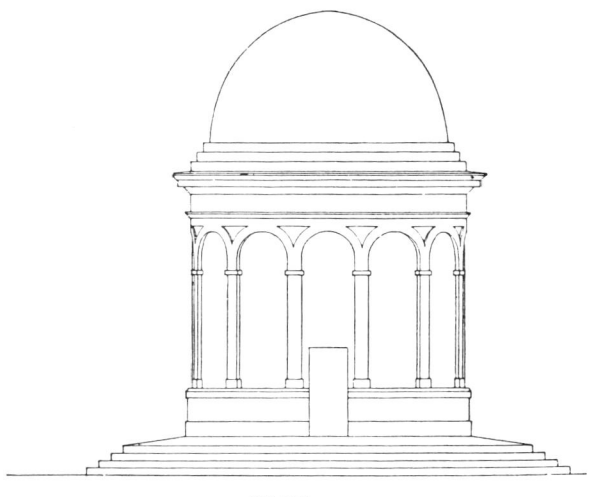

Abbildung 29.

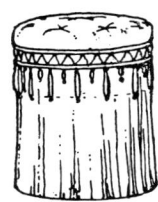

Abbildung 30.

Abbildung 29: Eurhythmisch ordnen sich die archi=
tektonischen Elemente dieses Zentralbaues um den Mittel=
raum. Herrschend ist in diesem Bau die Proportionalität
der Höhenentwicklung. Die Ansicht ist für unser Auge
symmetrisch.

Abbildung 30: Ein Sitzmöbel. In der Form das gleiche
Gestaltungsprinzip wie in der Form Abbildung 29.

Abbildung 31: In dieser Flächenteilung herrscht das
proportionale Prinzip.

Abbildung 32: Ein gotischer Turm. In dieser Form
herrscht die senkrechte Richtung mit ihrer proportionalen
Teilung. Die Ansicht erscheint symmetrisch, im Grundriß
erkennt man jedoch, daß die Formelemente eurhythmisch
um die Mitte gereiht sind.

Abbildung 33: In diesem Gerüst zum Aufstellen von
Vasen ist ein ähnliches Gestaltungsprinzip wie in Ab=
bildung 32.

Beobachten und vergleichen — Natur und Kunst.
Jede Form, jede Erscheinung bis in alle Einzelheiten
durcharbeiten. Bei der Beobachtung der Kunstwerke
Form und Erscheinung durchforschen, um die Gestaltungs=
idee zu erfassen. Die Materialbehandlung (die Technik)
und die Beleuchtung studieren. Sehen, wie in der Ge=
samtform und all ihren Einzelheiten die Höhen und Tiefen
wechseln, wie die Materialfarbe, wie das Licht und wie
die Beleuchtungseffekte sind. Die folgenden Erklärungen
sollen den Anfänger in die Beobachtungstätigkeit ein=
führen. Die Anleitungen geben ihm gleichfalls Richt=
linien für die Gestaltung neuer, eigener Arbeiten.

*

Den Stoff gibt dem Künstler die Welt nur allzu frei=
        giebig,
Der Gehalt entspringt freiwillig aus der Fülle seines
        Innern.
Aber die Form, ob sie schon vorzüglich im Genie liegt,
will erkannt, will bedacht sein, und hier wird Besonnen=
heit gefordert, daß Form, Stoff und Gehalt sich zu=
einander schicken, sich ineinander fügen, einander durch=
dringen.   Goethe.

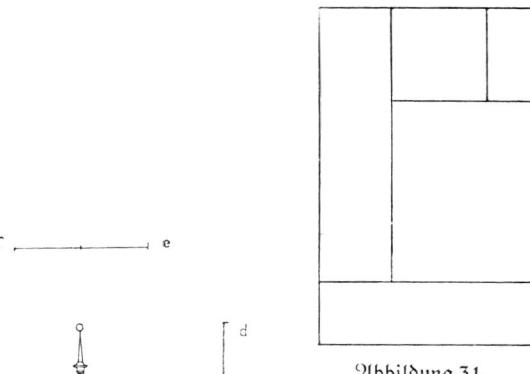

Abbildung 31.

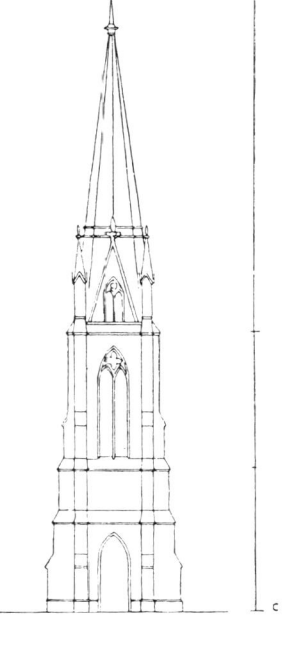

Abbildung 32.

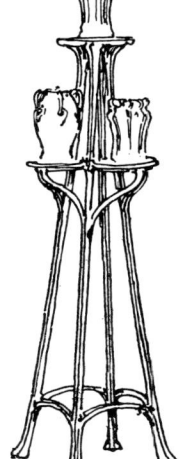

Abbildung 33.

7

2.

Die Form.

Das Sehen. Wir sehen nur die Gegenstände, die leuchten oder beleuchtet sind, und von denen eigenes oder reflektiertes Licht in unser Auge gelangt. Wir sehen in jeder Sehrichtung einen Teil der Umgebung, etwas größer oder kleiner als die Grundfläche eines kegelförmigen Raumes, dessen Seitenlinien einen Winkel von 60 Grad bilden, dessen Spitze im Kreuzungspunkt aller Lichtstrahlen im Auge liegt, und dessen Länge abhängig ist von der Länge der von unseren Augen wahrnehmbaren Lichtstrahlen. Die Achse dieses kegelförmigen Raumes ist die Sehrichtung, der dem Auge gegenüberliegende Abschluß des Kegels das Sehfeld (Abbildung 34 und 35). Alle Erscheinungen in der Sehrichtung sehen wir deutlich. Die Erscheinungen an der Grenze des Sehfeldes sind für uns undeutlich. Ist innerhalb des Sehfeldes etwas, das uns interessiert, so lenken wir die Sehrichtung dorthin usw. (Abbildung 36). Hat das, was wir sehen wollen, größere Ausdehnung als ein Sehfeld, und können wir unseren Beobachtungsstand nicht ändern, so müssen wir die Sehrichtung, entsprechend der Größe der Erscheinung, soundso viel mal ändern (Abbildung 37). Das Bild des Ganzen gewinnen wir dann nur durch das Zusammenfassen mehrerer Bilder — durch die Hilfe unseres Gedächtnisses.

Wir sehen nur den Gegenstand, von dem aus Lichtstrahlen direkt oder durch Spiegelung in unser Auge dringen. Ohne Spiegelung sehen wir nur Erscheinungen, von denen wir in gerader Richtung Lichtstrahlen empfangen. Steht ein hoher Gegenstand hinter einem kleineren, so verdeckt oder überschneidet dieser den großen. Das Ferne sehen wir kleiner als Gleichgroßes in der Nähe. Es folgt daraus, daß wir nur von den Flächen die wahre Form sehen, die rechtwinklig zur Sehrichtung liegen. Alle andersgerichteten Flächen sehen wir verkürzt. Abbildung 38: Die Stäbe a b, c d, e f, g h, i k liegen in einer Ebene, in der Sehrichtung hintereinander. Die Folge davon ist, daß der Stab a b alle anderen verdeckt, wir nur a b sehen. Abbildung 39: Die Scheibe a b deckt das Rechteck e f. Abbildung 40: Die Scheibe c d deckt einen großen Teil der Fläche von der Scheibe e f, und beide decken die Scheibe i k fast ganz. Abbildung 41: Der große Körper c d e f erscheint klein (c′ d′ e′ f′). Abbildung 42: Der Körper c d deckt e f. Der mit c d gleich große Körper g h erscheint im Bilde wie g′ h′ zu c′ d′. Abbildung 43 zeigt, wie groß in der Entfernung c vom Auge eine Fläche sein muß, soll sie im Bilde so groß wie die Fläche b erscheinen, die dem Auge näher liegt.

Hieraus ergibt sich für die Gestaltung von Gegenständen folgendes: Abbildung 44: Die Endigung an einem Gebäude. Die Endigung kann im günstigsten Falle in der Richtung a b gesehen werden. Hat es da Zweck, im Entwurf eine Endverzierung zu zeichnen, die, wenn ausgeführt, nicht gesehen werden kann? Muß eine spitze Endigung für die Gesamtwirkung des Baues gefordert werden, so muß sie so hoch sein, daß man sie sehen kann. Abbildung 45: Dem Sockel einer Balustrade möchte man, nach dem Aufriß bemessen, die Höhe d geben. Gewöhnlich wird die Balustrade in der Richtung a b gesehen. Da muß der Sockel natürlich höher sein. Abbildung 46: Ein Bau soll mit einer Kuppel abschließen. Für die Wirkung des Innenraumes ist die Höhe b genügend, für die Wirkung des Baues jedoch nicht. Die äußere

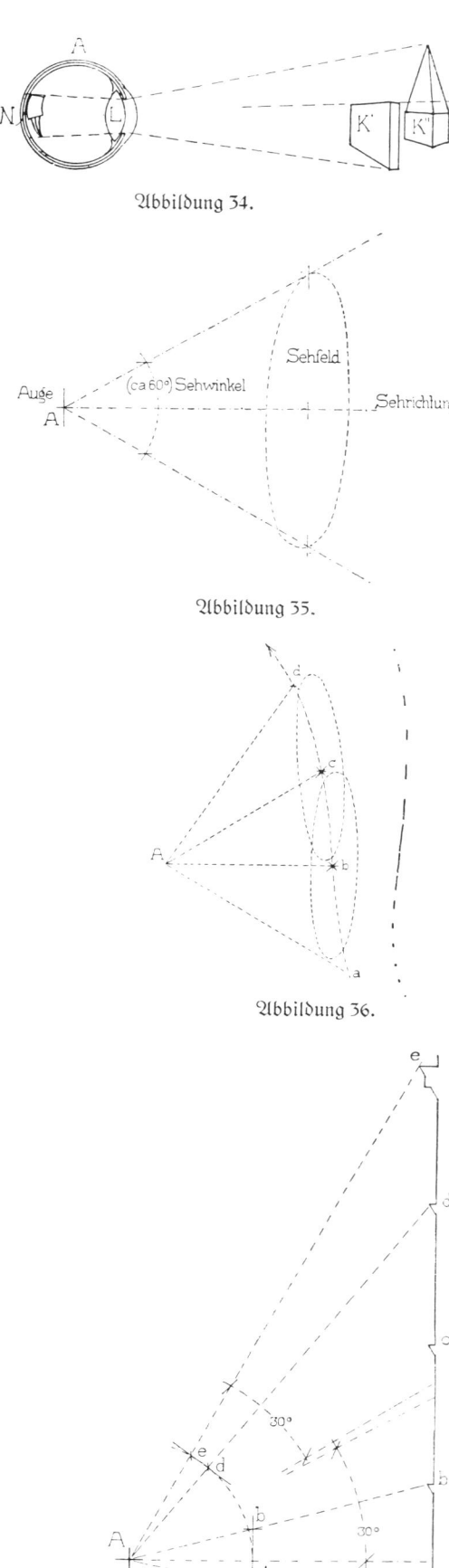

Abbildung 34.

Abbildung 35.

Abbildung 36.

Abbildung 37.

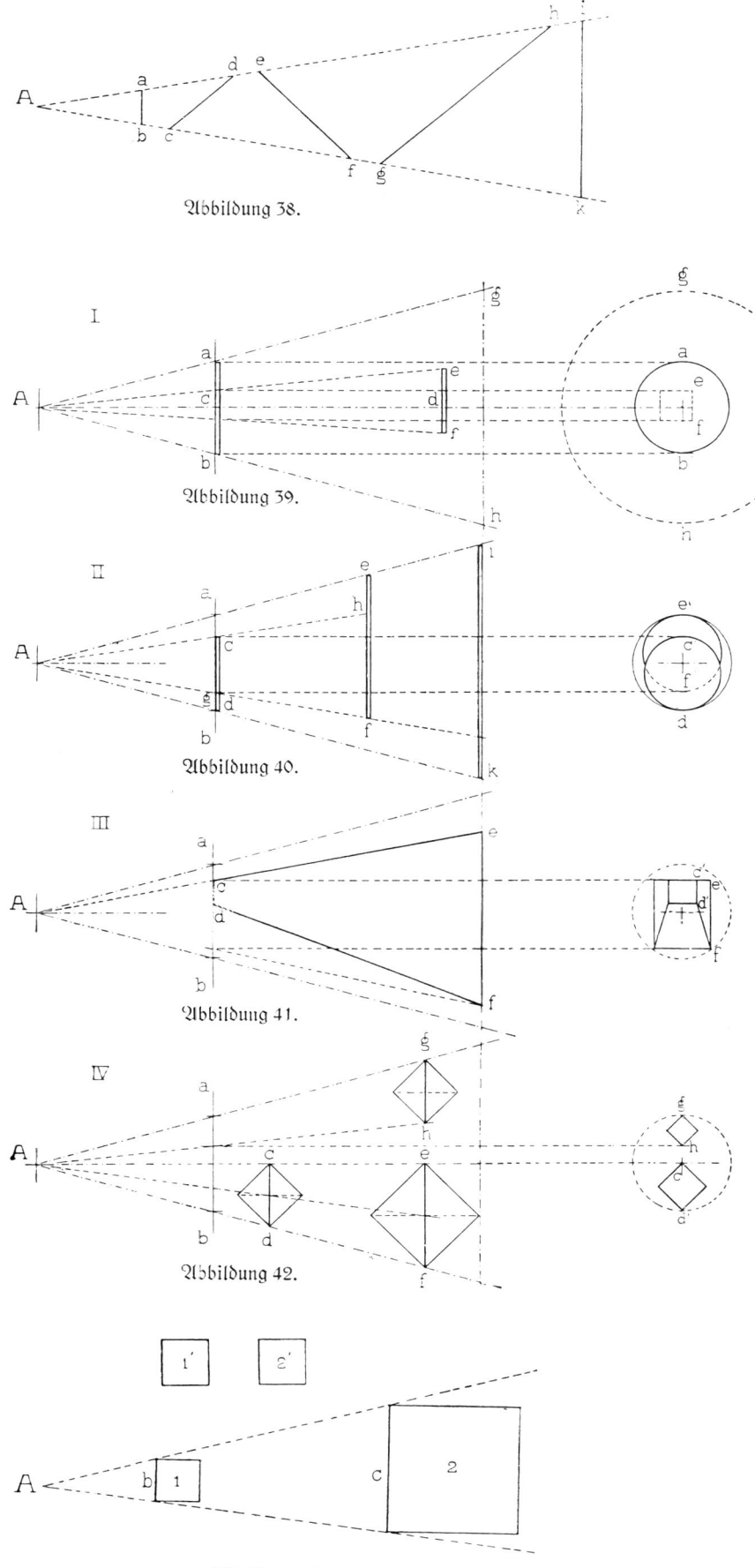

Abbildung 38.

I

Abbildung 39.

II

Abbildung 40.

III

Abbildung 41.

IV

Abbildung 42.

Abbildung 43.

Kuppel muß höher sein. Ab=
bildung 47: Die Endigung
auf einer Türumrahmung wird
in der Richtung a b gesehen
und erscheint wie A′. Das
übermäßige Langgestreckte
der Form A verschwindet,
weil man die Form nur ver=
kürzt sehen kann. Abbil=
dung 48: Der Hängezapfen
an einer hohen Holzdecke
wird nur stark verkürzt von
unten gesehen, ergibt im
günstigsten Falle die An=
sicht B′. Abbildung 49: A,
B, C, Profile von Tischfuß=
teilen. Die Tischfüße sieht
man meist von oben. Die
Sehrichtung ist a b. Bei der
Sehrichtung a b überschneidet
der obere Teil des Fußes A
den unteren; c d geht für
das Auge verloren (A′). Die
Form B bewirkt keine Über=
schneidung (B′). Die Form C
ist unten sehr bauchig, so daß
hier, bei der angenommenen
Sehrichtung, der Teil von e
abwärts für das Auge ver=
lorengeht (C′).

Abbildung 50: b c d e f g,
ein senkrecht stehender Zy=
linder (Aufsicht), und A′ und
A″, die beiden Augen eines
Beobachters. Mit dem
Auge A′ sieht er von der
Zylinderfläche den Teil b c,
mit dem Auge A″ den Teil d e.
Mit beiden Augen den Teil b d,
etwas weniger als den halben
Umfang. — Runde Körper,
deren Durchmesser größer ist
als die Entfernung zwischen
den beiden Augen des Be=
schauers, erscheinen schmäler,
als sie sind. — Abbildung 51.
Der runde Körper hat einen
kleineren Durchmesser als
die Entfernung der beiden
Augen voneinander. Der
Beschauer sieht um den Kör=
per herum — und auch dieser
Körper erscheint schmäler,
als er ist. Das zu wissen, ist
wichtig für das Entwerfen
gedrechselter Körper.

Abbildung 52: Die Kör=
per I, II und III haben in der
Ansicht gleich breite Seiten=
flächen. Ist von diesen Kör=
pern nur diese Seite sichtbar
(A = Auge), so spricht das
Profil dieser Körper für die
Wirkung der Form nicht mit.
Daraus folgt, daß, wenn
zum Beispiel hinter a b ein

9

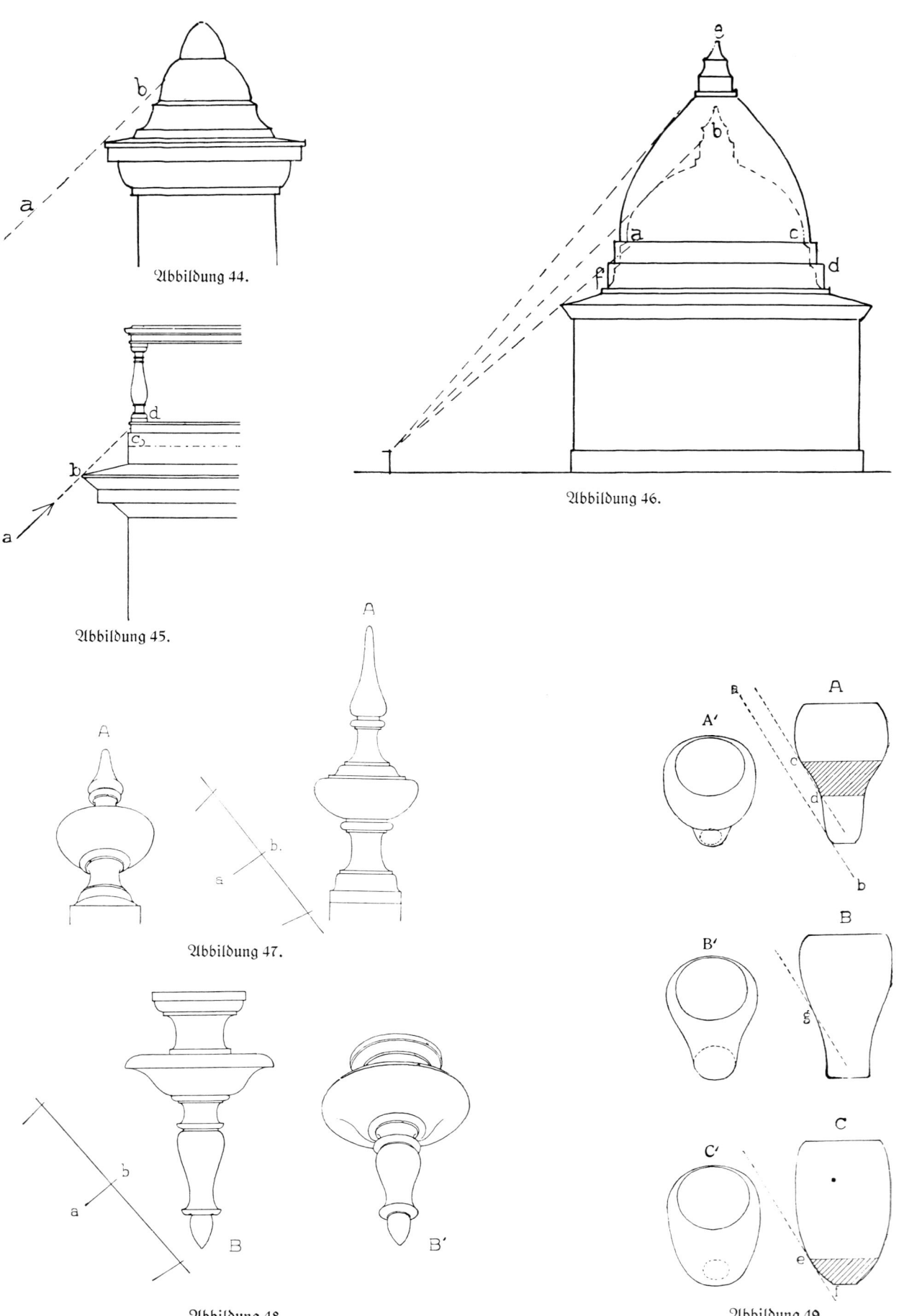

Abbildung 44.

Abbildung 45.

Abbildung 46.

Abbildung 47.

Abbildung 48.

Abbildung 49.

10

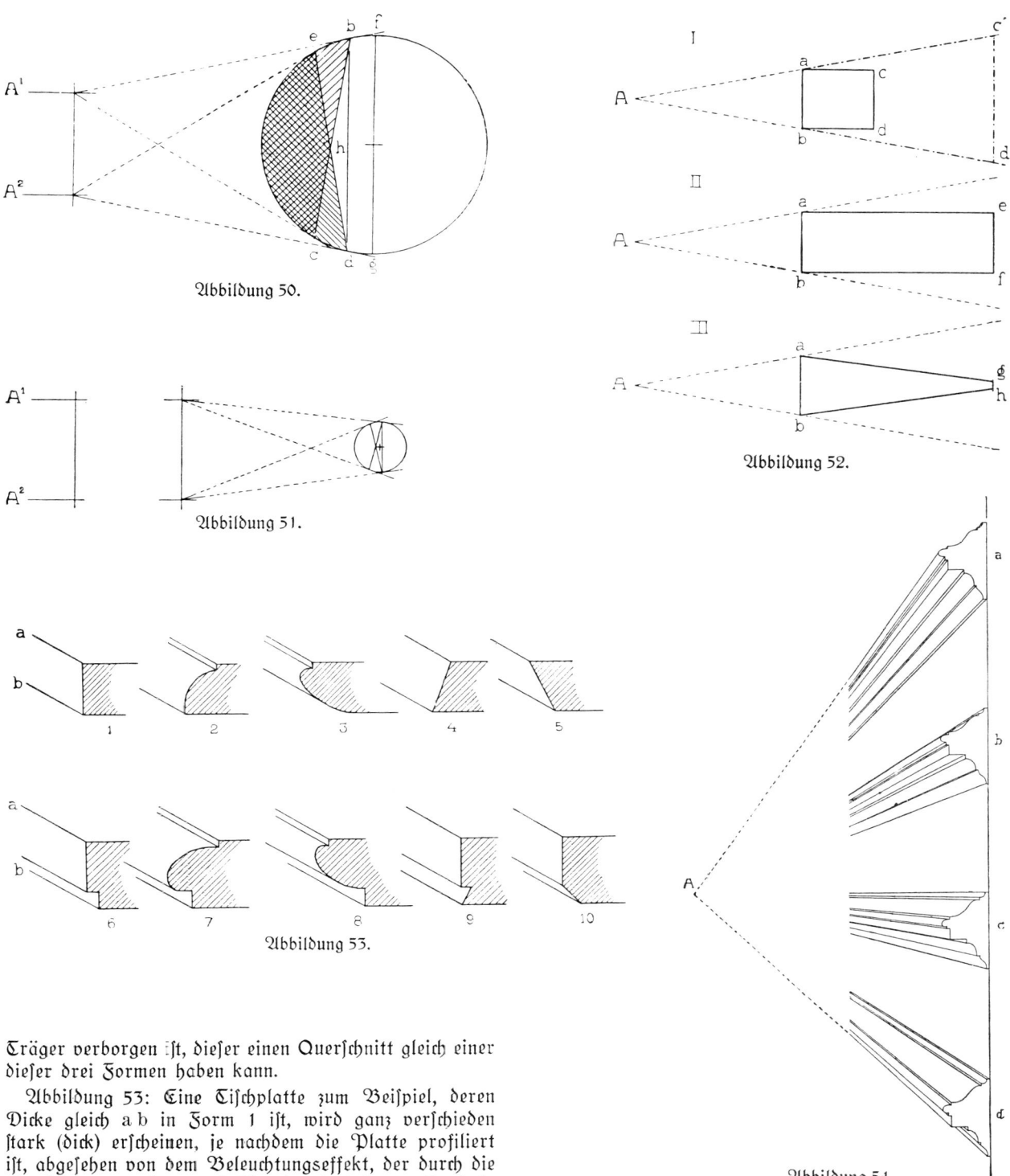

Abbildung 50.

Abbildung 51.

Abbildung 52.

Abbildung 53.

Abbildung 54.

Träger verborgen ift, diefer einen Querfchnitt gleich einer diefer drei Formen haben kann.

Abbildung 53: Eine Tifchplatte zum Beifpiel, deren Dicke gleich a b in Form 1 ift, wird ganz verfchieden ftark (dick) erfcheinen, je nachdem die Platte profiliert ift, abgefehen von dem Beleuchtungseffekt, der durch die Profilierung entfteht, und über den in fpäteren Kapiteln gefprochen werden wird. Die größere Dicke a b, Form 6, kann ebenfo durch die Profilierung der Platte (Form 6 bis 10) für das Auge unfichtbar werden. Abbildung 54 ift ein Beifpiel, daß ein Profil, je nach dem Stand des Befchauers, verfchieden wirkt.

Der Körper C, Abbildung 55, erfcheint im geometrifchen Aufriß wie Abbildung A. I und III find quadratifche Platten, II ift walzenförmig. In der Anficht A find die Breiten diefer Teile gleich. Aus dem Grundriß B kann der Fachmann die größere Breite von I und III gegenüber II in der Eckanficht erkennen (a b = a′ b′, c d ift größer als a′ b′). C, die perfpektivifche Darftellung ift

ein allgemeinverftändliches Bild des Körpers. Die Beurteilung der Wirkung aneinandergefügter eckiger und runder Formen nach Aufriß und Grundriß verlangt Erfahrung. Abbildung 56 dient dem Hinweis, daß die Eckausladung der Profile größer ift als die normale Ausladung.

Warum diefe Erklärungen und Beifpiele? Das Gefagte ift doch fo einfach und felbftverftändlich, daß jeder verftändige Menfch daran denkt. — Nein, das ift nicht

11

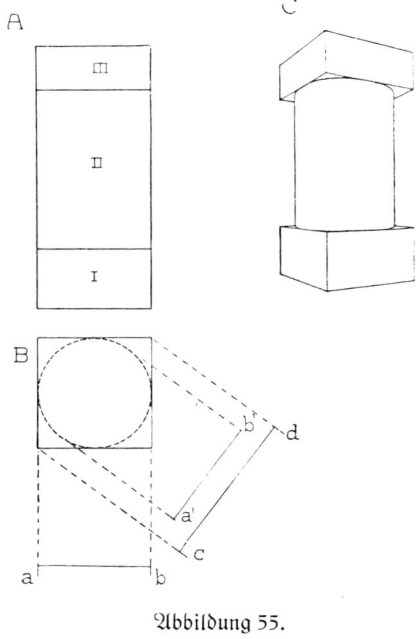

Abbildung 55.

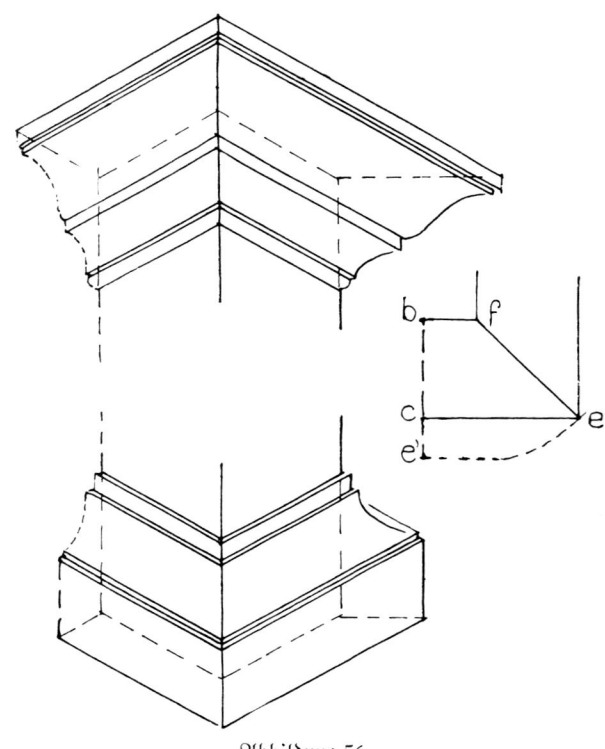

Abbildung 56.

so. Die Erfahrung lehrt, daß der Anfänger vielleicht manches kennt, auch denkt, aber die Anwendungen dieses Wissens für seine Arbeit vergißt, und daß er viele Male an diese Selbstverständlichkeiten durch Mißerfolge erinnert werden muß, bis er die Folgerungen aus gegebenen Verhältnissen bei jedem Strich am Zeichentisch, bei jedem Tun in der Werkstatt berücksichtigt. Die Kugel erscheint in allen Lagen zum Beschauer gleich rund. Der senkrecht vor uns aufgerichtete Zylinder oder der Kegel geben die gleichen Formerscheinungen, wenn der Beschauer sich in gleicher Entfernung und Höhe um diese Körper bewegt. Unter den gleichen Bedingungen geben runde Körper, wie Gläser, Tischfüße, Säulen und ähnliches gleiche Ansichten. Die Erscheinung aller anders geformten Dinge ändert sich mit ihrer veränderten Lage zum Beschauer. Ein Gegenstand, der ohne Rücksicht auf die Beschaffenheit des Platzes, auf den er zufällig gestellt wird, gestaltet worden ist, wird so gestellt, daß seine beste Ansicht gesehen wird. Ein Gegenstand, für einen bestimmten Platz gebaut, muß mit Rücksicht auf die dort möglichen Ansichten und die dort vorhandenen Beleuchtungsmöglichkeiten gestaltet werden. Nicht selten, daß unter diesen Umständen Formen entstehen, die an sich verzerrt, unschön sind, in der Erscheinung am bestimmten Platz aber durch Verkürzungen und Überschneidungen wohlproportioniert und schön wirken.

*

Die Form und die Beleuchtung. Nur die beleuchteten Gegenstände unserer Umgebung sehen wir. Es ist also nicht gleichgültig, wie ein Gegenstand beleuchtet ist, gut oder schlecht. Der Eindruck, den ein Gegenstand auf uns macht, die Wirkung, beruht zum Teil auf der Mitwirkung der Beleuchtung. Wir stellen die Gegenstände, welche gesehen werden sollen, um einen

üblichen Ausdruck zu gebrauchen, in das beste Licht, oder wir stellen sie in den Schatten, wenn sie uns nicht sonderlich gefallen. Das richtige Licht ist die besterreichbare Beleuchtung, durch die die Form gut zu erkennen ist, und in der Licht- und Schattenflächen in reizvoller Weise miteinander wechseln. Das ist natürlich gleichbedeutend mit dem Verlangen nach reizvoll gestalteter Form, denn durch die Flächen, die Höhen, die Tiefen, die Kanten, die Rundungen und Höhlungen entstehen die Formen und die verschiedenen Helligkeiten der Licht- und Schattenflächen. Die Beobachtung der Beleuchtungseffekte und die Feststellung ihrer Ursachen sind von größter Bedeutung für die Neugestaltung von Formen, also von Gegenständen.

Die Neugestaltung von Formen für einen bestimmten Raum geschieht unter Berücksichtigung der Raumform und Raumgröße und der dort vorhandenen oder möglichen Beleuchtung, da von dieser, der Lichtstärke, der Lichtrichtung, der Farbe des Lichtes, sowie der Form des Gegenstandes und dem Material der Beleuchtungseffekt abhängt.

Abbildung 57: Eine Kugel, von der Seite beleuchtet, erscheint zur Hälfte dunkel, zur Hälfte hell. Schwebt diese Kugel in einem dunklen Raum, dessen Wände kein Licht zurückwerfen, so ist die Schattenseite nicht sichtbar.

Abbildung 58: Schwebt diese Kugel in einem hellen Raum und ist die Lichtrichtung ähnlich der in Abbildung 57, so wird sich die Schattenseite trotz Aufhellung durch Reflexlicht dunkel vom Hintergrund abheben, die Lichtseite wird sich mehr oder weniger hell vom Hintergrund abheben, je nach der Helligkeit des Hintergrundes. Ist der Hintergrund sehr hell, fast gleich der Lichtfläche der Kugel, so wird die Lichtfläche nicht wirken. Abbildung 57 und 58 bilden einen Kontrast. Zwischen beiden Extremen

12

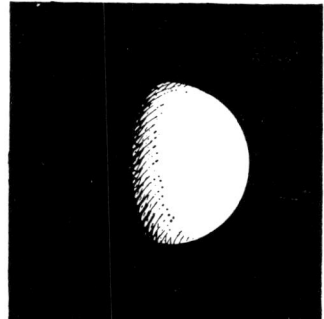

Abbildung 57.

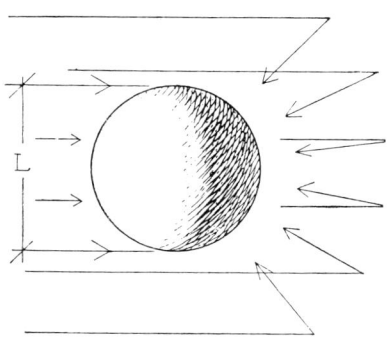

Abbildung 58.

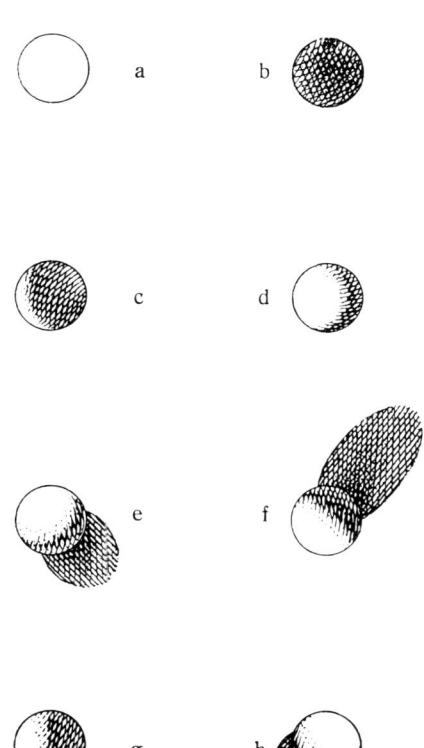

Abbildung 59.

liegen unendlich viele Möglichkeiten. Abbildung 59 zeit einige Möglichkeiten der Kugelbeleuchtung: a beleuchtet von vorn, b beleuchtet von hinten, c bis h Seitenbeleuchtungen, in e, f und h Mitwirkung des Schlagschattens der Kugel.

Durch die Beleuchtung eines schwebenden oder eines freistehenden Körpers entsteht hinter seiner Schattenseite in der Richtung der Lichtstrahlen ein Schattenraum, dessen Größe und Form von der Flächengröße der Lichtquelle und der Form der Berührungslinie der den Körper streifenden Lichtstrahlen abhängig sind (Abbildung 60). Wird dieser Schattenraum von einem Körper durchschnitten, der vorher beleuchtet war, so ist mit dem Eintritt des Körpers in den Schattenraum dieser Teil nicht mehr beleuchtet, ist dunkel, das ist der Schlagschatten des ersten Körpers auf den zweiten. Körper, die ganz in dem Schattenraum eines anderen liegen, sind dunkel. (Abbildung 61). C ist der Schlagschatten von A auf B. D liegt im Schattenraum von B. Die Linie der Berührungspunkte der einen Körper streifenden Lichtstrahlen ist die Eigenschattengrenze. (a b Eigenschattengrenze der Kugel K in Abbildung 60 A.)

Wird ein Körper von mehreren Lichtquellen beleuchtet, so entstehen mehrere Eigenschattengrenzen und mehrere Schlagschatten (Abbildung 62). Die Schatten, welche durch die Beleuchtung der einen Lichtquelle entstanden sind, werden teils von den Lichtstrahlen der anderen Lichtquellen aufgehellt. Sie werden heller, weicher. Ebenso werden die Eigenschattengrenzen in dieser Beleuchtung weicher. Das bedeutet: helle und dunkle Flächen stoßen nicht unmittelbar aneinander, sondern zwischen beiden liegen schmale Flächen, die durch mittlere Helligkeiten den Übergang vom Hellen zum Dunklen vermitteln. Den Gegensatz hierzu bilden die harten Grenzen, die durch punktartige, sehr starke Lichtquellen entstehen, wenn kein oder nur schwaches Reflexlicht vorhanden ist.

Licht und Schatten teilen die Bildfläche. In Abbildung 63 ist zweimal das gleiche Profil dargestellt, einmal von oben, einmal von unten beleuchtet. Vergleiche die Bilder A und B, die Teilung der Bildfläche.

Abbildung 64 und 65: Es ist festgestellt worden, daß für die gute Wirkung eines Bauwerkes ein Abschlußgesims nötig ist, das Schatten von der Breite a gibt und das eine helle Vorderseite der Hängeplatte hat (Abbildung 64). Nun ergibt sich aber, daß die in Betracht kommende Lichtrichtung (Abbildung 65) flacher liegt. Der Baumeister ändert das Profil, um die gleiche Schattenwirkung zu erreichen wie in Abbildung 64.

Eine Deckenfläche soll durch Leisten geteilt werden. Es wird eine ähnliche Flächenteilung verlangt wie im Hause x. Dort wirkt die Teilung gut, die Leisten haben das Profil Abbildung 66. Lichtrichtung ist L e. Die Schattenbreite a, von unten gesehen, und b bei Seitenansicht ist die Folge der Leistenhöhe und der Lichtrichtung. Diese Schattenbreiten haben einen Anteil an der guten Wirkung der Flächenteilung der Decke. In dem neuen Hause ist die Lichtrichtung L' n (Abbildung 67). Diese Lichtrichtung zusammen mit dem alten Profil würde aber nur die Schattenbreite g d (Abbildung 66) geben. Also zu schmale Schatten. In dem neuen Hause kann die Decke in der Richtung n m, n l und n o gesehen werden. Für die Sehrichtung n m und n l wäre die Leistenhöhe n p richtig, sie würde die Schattenbreiten a und b geben wie in Abbildung 66. Doch da für die Beobachtung die Richtung n o günstig ist, wird die Höhe q s (Abbildung 68) gewählt, die die Schattenbreite b (Abbildung 66) gibt.

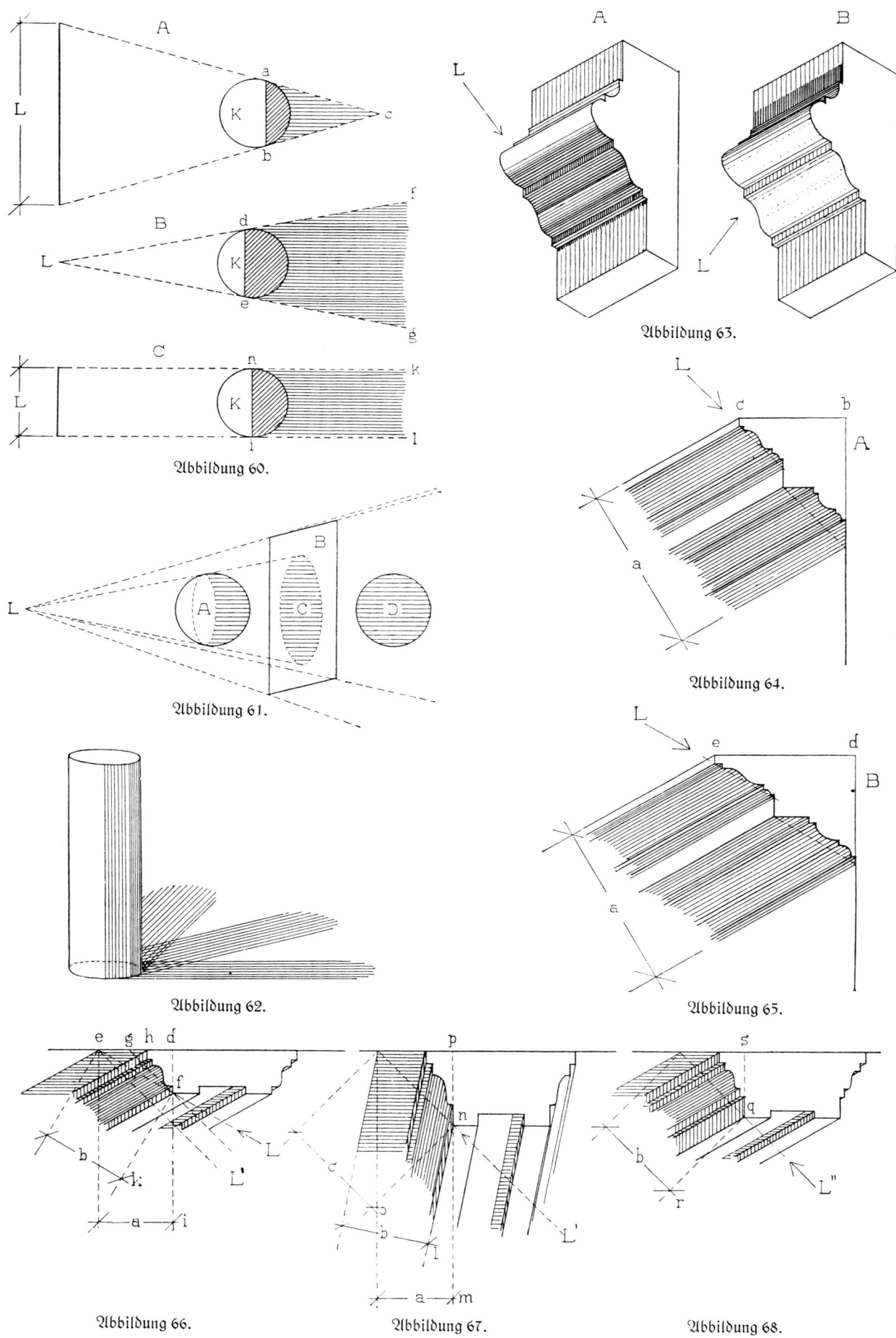

Abbildung 60.

Abbildung 61.

Abbildung 62.

Abbildung 63.

Abbildung 64.

Abbildung 65.

Abbildung 66.

Abbildung 67.

Abbildung 68.

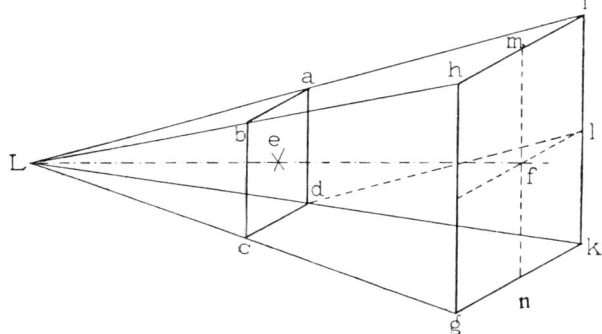

Abbildung 69.

Die Helligkeit einer Fläche nimmt ab mit der Entfernung von der Lichtquelle. Die Helligkeiten zweier paralleler, von einem Punkt aus beleuchteter Flächen verhalten sich zueinander wie die Quadrate der Entfernungen von der Lichtquelle. Abbildung 69: $Le = ef$, $mn = 2 \times ab$, $ghikg = 4 \times abcda$. Die Fläche $abcda$ empfängt von der Lichtquelle L ebensoviel Licht wie die noch einmal so weit entfernte Fläche $ghikg$, also viermal soviel Licht.

Abbildung 70: Die Fläche ab liegt rechtwinklig zur Lichtrichtung, empfängt die volle Lichtmenge zwischen a und b. Die Fläche ab^8 liegt parallel zur Lichtrichtung, empfängt kein Licht, ist dunkel, das Licht streift die Fläche. Die Fläche ab^1 ist um ⅛ der Lichtmenge ab dunkler als ba, die Fläche ab^2 um ⅖ dunkler als ab usw. bis ab^8. Hier sind also durch die Richtungen der Linien ab bis ab^8 9 Helligkeitsstufen bezeichnet. Die Kugel, Abbildung 71, erhält Licht in der gleichen Richtung wie die Flächen ab—ab^8 (Abbildung 70). Legt man Flächen an die Kugel, die mit der Lichtrichtung die gleichen Winkel bilden wie die Flächen ab——ab^8, so ist die Helligkeit dieser die Kugel tangierenden Flächen gleich der der Flächen ab—ab^8, und die Berührungsringe der Tangentialebenen und der Kugelfläche haben ebenfalls diese 9 Grade der Helligkeit: o die hellste Stelle der Kugeloberfläche. Ring 1 = ab^1, Ring 2 = ab^2 usw. bis ab^8. Hier ist ein Weg gezeigt, die Helligkeit profilierter Formen zu bestimmen, wenn ihre Lage zur Lichtrichtung bekannt ist. Abbildung 72: Die Schatten ähnlicher Profile in gleicher Beleuchtung. Zu beachten: Der Schatten 72^5 ist gleichmäßig dunkel, das Licht streift die schräge Fläche. Der Schatten 72^4 hat einen helleren mittleren Teil. Das Licht streift den Wulst und begrenzt unten im hohlen Teil des Profils den Schlagschatten. Der Teil zwischen Eigenschatten- und Schlagschattengrenze empfängt das meiste Reflexlicht, ist deshalb im Schatten der hellste Teil.

Abbildung 73^1. Das Profil hat bei dem schräg einfallenden Licht ebenso breite Schatten wie das flache Profil Abbildung 73^2 bei dem steilfallenden Oberlicht. Diese Wirkung ist von Bedeutung für die Profilbildung in schmalen hohen Räumen mit Oberlicht.

Abbildung 74: Der Schlagschatten des vorstehenden Körperteiles auf dem ebenen Hintergrund ist durch Kontrast und durch reflektiertes Licht da am dunkelsten, wo der vorgelegte Körper den Hintergrund berührt.

Abbildung 75: Der Schlagschatten des vorgelegten Körpers auf die gekrümmte Fläche der Unterlage ist durch Kontrast neben dem hellsten Licht am dunkelsten. Der Schlagschatten hat an der Eigenschattengrenze der runden Unterlage die gleiche Dunkelheit wie der Eigen-

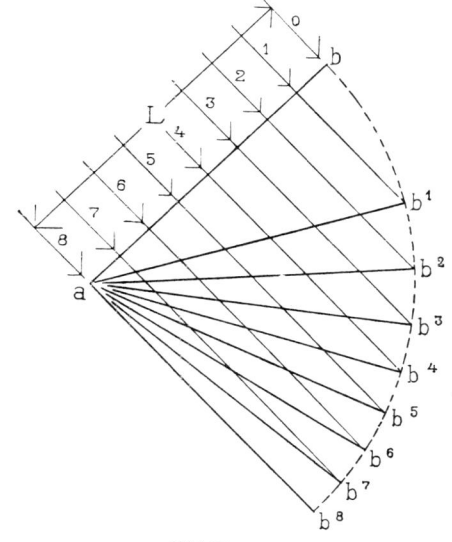

Abbildung 70.

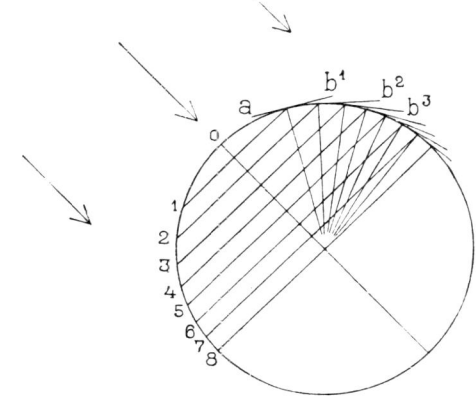

Abbildung 71.

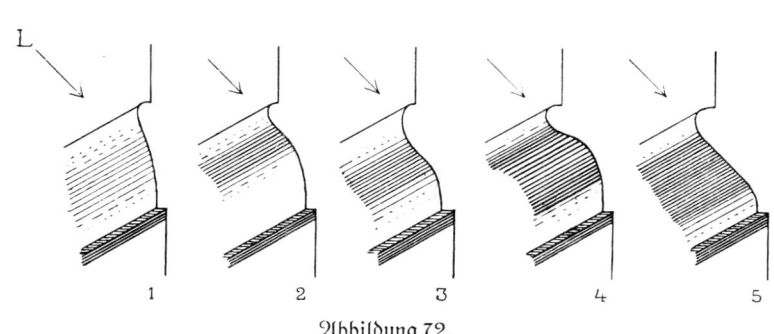

Abbildung 72.

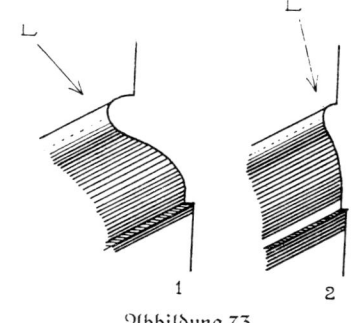

Abbildung 73.

15

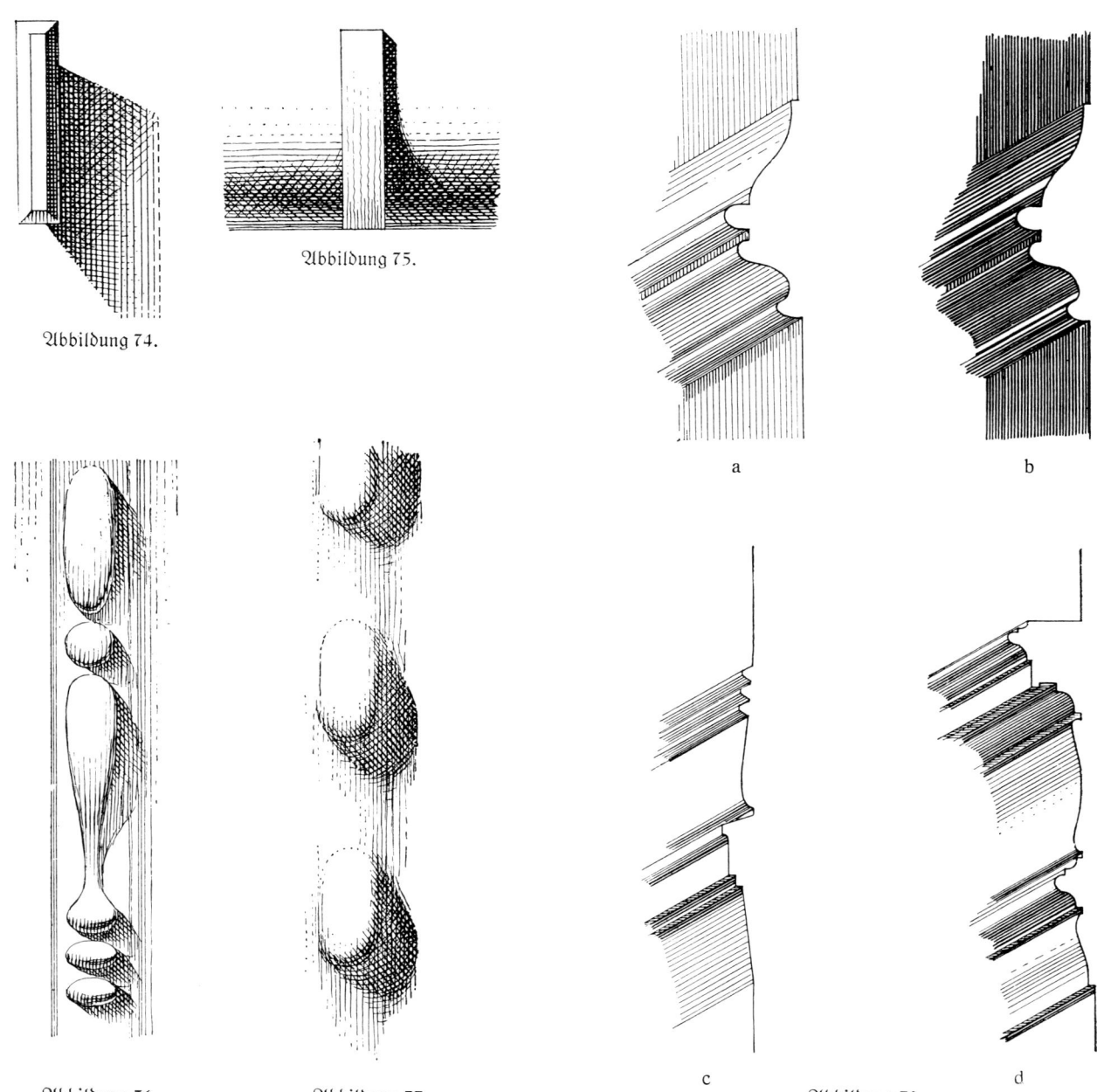

Abbildung 74.

Abbildung 75.

Abbildung 76.

Abbildung 77.

a

b

c

d

Abbildung 78.

ſchatten der Unterlage. Abbildung 76 und 77: Die Schatten müſſen miteinander verglichen werden. Abbildung 76: Die Perlen bilden mit der Grundplatte Ecken. Abbildung 77: Die Knorren bilden mit der Unterlage keine Ecken. Die Eigenſchatten und Schlagſchatten haben daher ganz andere Formen und Dunkelheiten als die der Abbildung 76.

Durch die Beiſpiele Abbildung 74 bis 77 wird die Aufmerkſamkeit auf die Schattenformen gelenkt. Wie der Schatten, ſo die Form. Iſt eine Fläche wellenförmig bewegt, ſo zeigt ſich das durch Licht und Schatten. Sind zur guten Wirkung einer Flächenteilung Licht= und Schattenſtreifen nötig, ſo müſſen wir die Fläche da, wo die Teilung notwendig iſt, wellenförmig profilieren (Abbildung 78).

Neben den Licht= und Schattenflächen beleuchteter Körper iſt der Glanz ihrer Flächen, ſind die Glanz-

lichter im guten und ſchlechten Sinne von Bedeutung für die Wirkung. Helle Körper mit matter Oberfläche haben gut erkennbare Schattengrenzen. Dunkle Körper laſſen dieſe Grenze nicht ſo gut erkennen (Abbildung 78). Körper mit mattglänzender Oberfläche haben unter beſtimmten Vorausſetzungen glänzende Flächen. Körper mit polierten Flächen ſpiegeln beſſer, haben hellere Glanzlichter. Die Glanzlichter ſind gute oder verzerrte Spiegelbilder der Lichtquellen in der Umgebung der ſpiegelnden Körper, je nach der Geſtalt der ſpiegelnden Flächen. Dunkle Körper mit Hochglanzflächen haben durch den Kontraſt zwiſchen der Dunkelheit des Lokaltones und der Helligkeit des Spiegelbildes der Lichtquelle ſcheinbar hellere und beſtimmter begrenzte Glanzflächen als helle Körper. Die ſpiegelnde Oberfläche iſt nicht für jede Form gut. Krauſe Formen können durch zu viele Glanzlichter unverſtändlich werden. Ein Gegenſtand kann

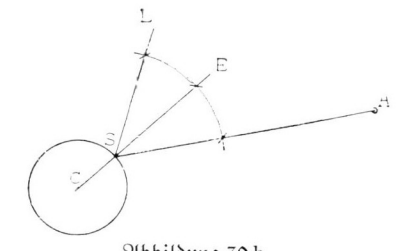

Abbildung 79 b.

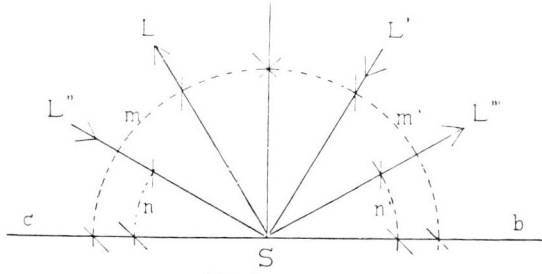

Abbildung 79 a.

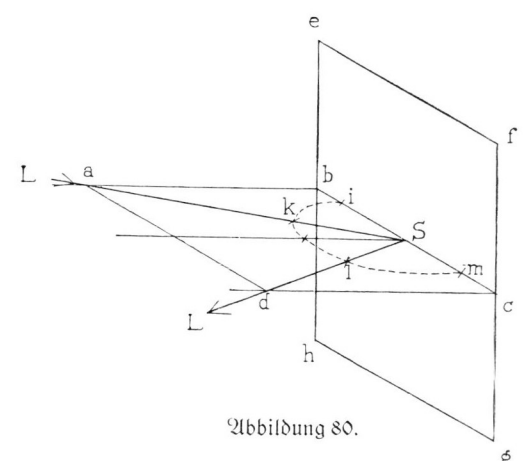

Abbildung 80.

durch seinen Glanz unangenehm auffallen, also nicht zur Umgebung passen. Auch hier muß die schon häufig gegebene Warnung wiederholt werden: Muß ein glänzender Gegenstand für einen gegebenen Raum geformt werden, so muß man erst prüfen, welche Formen, Farben, Lichtquellen sind vorhanden, dann die Frage stellen, wie kann das Vorhandene für die Gestaltung und die gute Wirkung des Neuen benutzt werden?

Wann sehen wir auf glänzenden Körpern Glanzlichter? Wenn wir so zu der glänzenden Fläche und der Lichtquelle stehen, daß die reflektierten Lichtstrahlen in unser Auge gelangen. Errichtet man im Berührungspunkt des einfallenden Lichtstrahles mit dem Spiegel ein Lot, das Einfallslot, und legt durch das Lot und den Lichtstrahl eine Ebene, die Einfallsebene, so liegt diese Ebene lotrecht zum Spiegel, und in dieser Ebene liegt der zurückgeworfene Lichtstrahl. Die Winkel zwischen dem Lot und dem einfallenden Lichtstrahl und dem Lot und dem zurückgeworfenen Lichtstrahl sind einander gleich. Einfallwinkel gleich Ausfallwinkel. Abbildung 79: S der Spiegel, L' der einfallende Lichtstrahl, L der zurückgeworfene Lichtstrahl. Abbildung 80: S der Spiegel, LS der einfallende Lichtstrahl, a b c d die Einfallsebene.

Abbildung 81, 1 und 2: A das Auge, S der Spiegel, L die Lichtquelle. Von den Lichtstrahlen L ^{1}, ^{2}, ^{3}, ^{4} trifft der Strahl L ^{3} (Abbildung 81^1) unser Auge.

Glanzlicht. Wir sehen kein Glanzlicht, wenn der Körper die Lichtquelle deckt (Abbildung 81^3), wenn wir uns zwischen dem Spiegel und der Lichtquelle befinden (Abbildung 81^4), wenn der Lichtstrahl von der Lichtquelle die spiegelnde Fläche streift (Abbildung 81^5). In allen anderen Fällen sehen wir Spiegelbilder der Lichtquelle — Glanzlichter.

Abbildung 82 zeigt die Glanzlichter verschiedener Profile bei gleicher Lichtrichtung, Abbildung 83 die Glanzlichter der gleichen Form unter verschiedener Lichtrichtung. (Die Glanzlichter sind schwarz gestrichelt dargestellt.) So wie die Schattenform wechselt, wenn die Lichtrichtung wechselt, so auch die Form und die Zahl der Glanzlichter. Der Entwerfende hat es in der Hand, nach seinem Willen an gewollter Stelle am neuen Gegenstande Glanzlichter erscheinen zu lassen; er muß dem Gegenstand nur eine Form geben, die an dieser Stelle das Bild der Lichtquelle spiegelt. Er wird dadurch ebenso wie durch die Licht- und Schattenflächen die harmonische Teilung der Körperfläche erreichen — erreichen können.

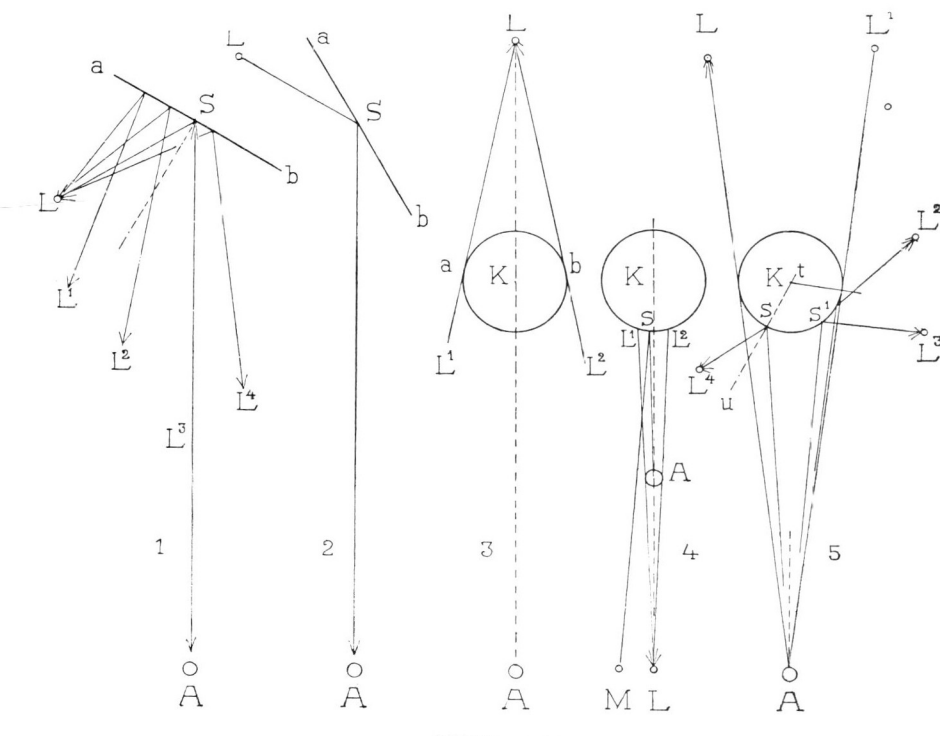

Abbildung 81.

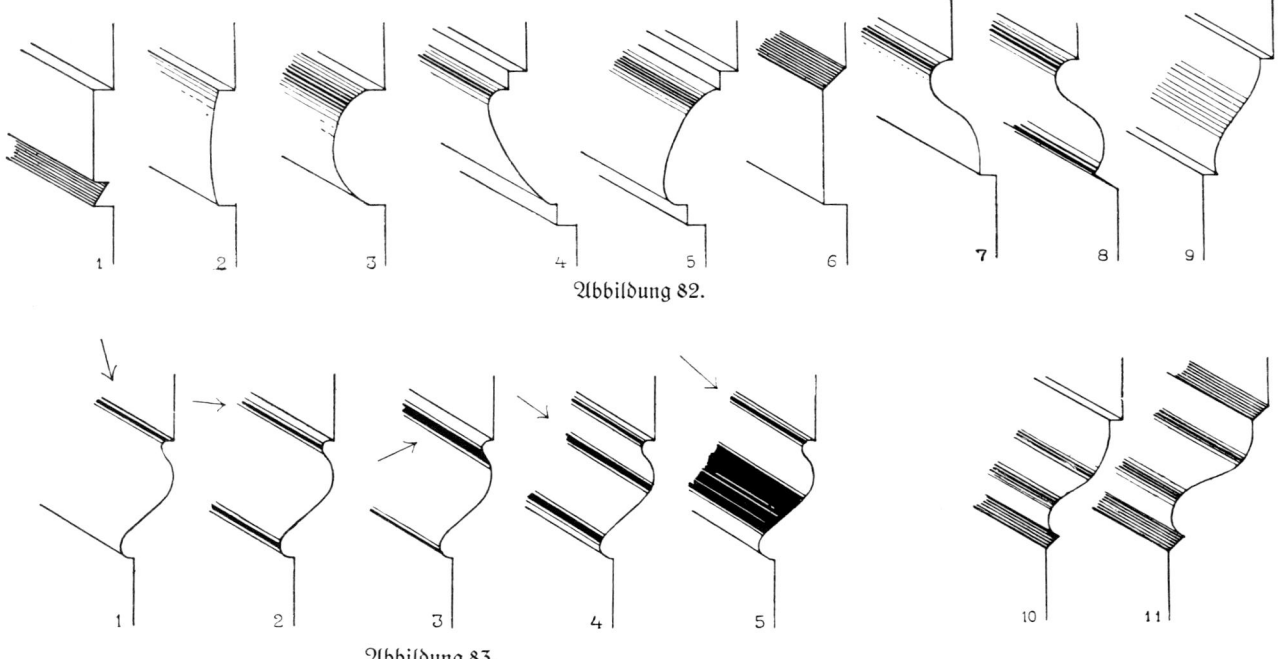

Abbildung 82.

Abbildung 83.

Kleine Formen wirken auf größere Entfernungen nicht; große Formen, die aus großer Entfernung gesehen werden, langweilen in der Nähe gesehen, wenn nichts vorhanden ist, wodurch ihre Form Beachtung erweckt.

Entfernt sich ein Beschauer von einem Gegenstande, so werden mit der zunehmenden Entfernung zuerst die kleinen Einzelheiten dem Auge entschwinden, bis nach und nach auch große Teile undeutlich werden, nur noch die Gesamtform erkennbar ist und zuletzt auch diese in weiter Ferne unsichtbar geworden ist. Ist durch die Form dieses Gegenstandes und seine Farbe ein Kontrast zur Umgebung gebildet, so ist der Gegenstand noch auf größere Entfernung hin sichtbar, als wenn Formen= und Farbengleichheit besteht. Der umgekehrte Vorgang ist da, wenn man sich einem solchen Objekt nähert. Dieser Gegenstand wird uns während unserer Annäherung dauernd beschäftigen, wenn mit jedem Schritt der Entfernungs=

verkürzung eine neue interessante Einzelheit aus dem Gesamtbild hervortritt und unser Sehen und Denken bis zum Eintritt neuer Einzelheiten in unseren Gesichtskreis beschäftigt und der Gegenstand dann auch in der Nähe Überraschungen bietet. In diesem Sinne wird gearbeitet werden müssen, wenn die Form für ein Objekt bestimmt wird, das in der Nähe und auch aus größerer Entfernung gesehen werden soll: In der Gesamtform Gegensätze zur Umgebung. Die kleinen, nur in der Nähe erkennbaren Formen sind der Gesamtform unterzuordnen.

Abbildung 84A: Das Profil a b c d ist für die Fernwirkung. Die Einschnürungen l k sind nicht auffällig, da Untersicht vorhanden sein wird. Das Profil Abbildung 84 B ist für die Nahwirkung. Die Beispiele Abbildung 85 bis 88 zeigen, daß die große einfache Form für die Nahwirkung gegliedert werden kann, ohne die Fernwirkung zu beeinträchtigen.

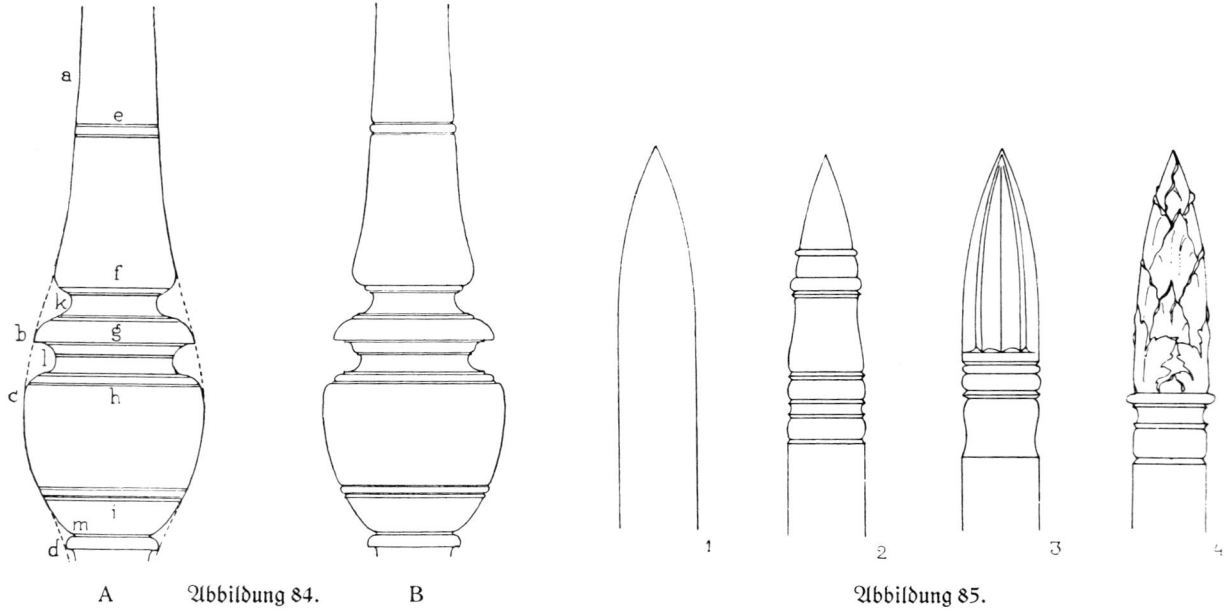

A   Abbildung 84.   B

Abbildung 85.

18

Abbildung 86.

1   2   3   4

Abbildung 87.

Abbildung 88.

Abbildung 92.

Abbildung 93.

Abbildung 94.

Abbildung 95.

19

Abbildung 89.

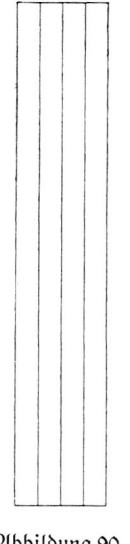

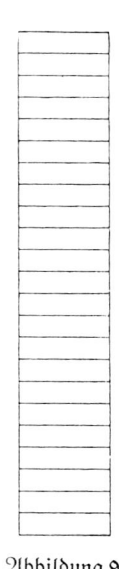

Abbildung 90.

Abbildung 96.

Abbildung 91.

Gesichtstäuschungen können durch Flächenteilungen und Überschneidungen entstehen. Abbildung 89, 90, 91: gleich große Flächen. Die Entfernungen zwischen Teilungslinien Abbildung 90 und 91 sind gleich. Erscheinen die drei Flächen gleich groß? Erscheinen die Streifen Abbildung 90 und 91 gleich breit? Abbildung 92: Welche Linien sind parallel? Abbildung 93: Erscheinen die waagerechten Linien gerade? Abbildung 94 und 95: Sind die parallelen Linien gerade? Abbildung 96: Sind die Stützen des ovalen Spiegels lotrecht? Es gibt viele derartige Gesichtstäuschungen. In größeren Abbildungen sind die Täuschungen deutlicher.

*

Material. Der Tischler verarbeitet heimische und ausländische Hölzer. Die Hölzer unterscheiden sich durch Färbung und Struktur. Die eine Holzart hat grobe Poren und sichtbare Jahresringe, die andere hat ein gleichmäßiges feines Gefüge. Das eine Holz ist geradfaserig, das andere gewelltfaserig, das dritte hat kurzgerollte Fasern. Beim Behobeln werden diese welligen Fasern verschieden durchschnitten, und hierdurch entsteht oft eine wunderbar schöne helle und dunkle Färbung. Diese Schönheiten des Holzes erscheinen bei völlig glatter und glänzender Bearbeitung des Holzes. Es ist unverständlich, wenn ein Tischler die schöne Wirkung seines Werkmaterials durch ungeeignete Formgebung zerstört. Die natürliche Farbe des Holzes kann in besonderen Fällen durch Beizen und Brennen verändert werden. Das Holz muß nach seiner Struktur verschieden ver-

arbeitet werden. Kurzfaseriges, welliges Holz darf der Tischler nicht massiv verarbeiten und nicht kehlen. Grobfaseriges, poröses Holz bedingt andere Profile als feinfaseriges. In einem Falle tritt nur durch polierte Flächen die Materialschönheit hervor, im anderen Falle ist die beste Wirkung durch den Mattglanz der Flächen zu erreichen. Neben dem Holz werden für den Schmuck der Möbel noch verarbeitet: Schildpatt, Elfenbein, Zinn, Kupfer, Messing, Silber, Gold, Eisen, Bronze, Edelsteine, Emailmalerei, Porzellan, Marmor und anderes. Mit den Eigenschaften all dieser Materialien (Abbildung 284 bis 297) muß sich selbstverständlich der formgestaltende Tischler vertraut machen.

Die Farbe. Bei der Auswahl des Holzes muß die Farbe der zukünftigen Umgebung des Gegenstandes berücksichtigt werden und ebenso die Lichtmenge im Raum und die Farbe des Lichtes. In einem Falle sind Kontraste zur Umgebung wünschenswert, im anderen Falle muß der neue Gegenstand sich in Form und Farbe dem Vorhandenen einfügen.

Schöne Farben, schöne Farbenzusammenstellungen erfreuen. Durch farbige, stimmungsvolle Dekorationen können die Menschen zur Fröhlichkeit oder zum ernsten Nachdenken und zur Trauer angeregt werden, kann ein Raum den Ausdruck behaglicher Wärme oder kühler, frostiger Abwehr annehmen.

Alle gelben, gelbroten und gelbgrünen Farbtöne nennt man warme Töne, alle blauen, blauroten und blaugrünen

20

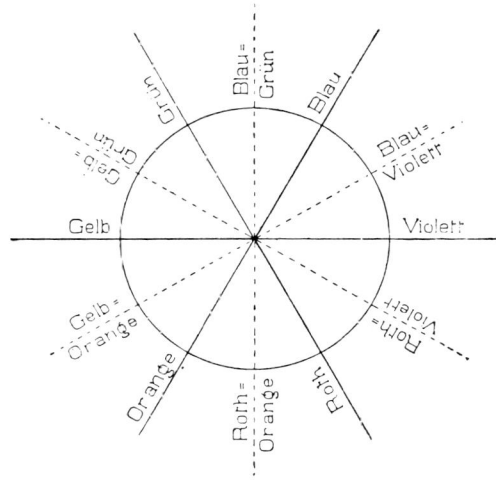

Abbildung 97.

Farbtöne nennt man kalte Töne. Schwarz und Weiß bezeichnet man nicht als Farbe. Doch erscheinen schwarze und weiße Gegenstände selten in diesen Tönen, da sie meist farbig beleuchtet sind. Helle, farbige, warm wirkende Töne erhöhen Freude und Lust. Dunkle und kaltwirkende Töne geben Anregung zum ernsten Nachdenken und zur Trauer. Grelle und bunte Farbenzusammenstellungen wirken aufregend, gebrochene, dunklere Tönungen wirken beruhigend. Blau getönte Flächen erscheinen weiter entfernt als rote. Es ist mit Hilfe der Farbe möglich, einen Raum als solchen wirken zu lassen oder das Auge über die Grenzen des Raumes zu täuschen. Absichtlich wurden solche Täuschungen im 17. und 18. Jahrhundert in Kirchen und Schlössern durch Malerei bewirkt.

Die Ausstattung der Wohnräume mit Holzwerk, Möbeln und anderem ist ein Teil der Gesamtausstattung und muß sich durch Form und Farbe der Gesamtheit anschließen. Falsch ist es, wenn ein Handwerker glaubt, allemal sei seine Arbeit die wichtigste, und er müsse das durch Form und Farbe zeigen. Gewöhnlich ist die Dekoration eines Raumes der Hintergrund für die dort heimischen Menschen, und nur hier und dort im Raum soll ein Teil der Ausstattung das Auge längere Zeit fesseln.

Ein Gegenstand ist nur sichtbar, wenn er beleuchtet ist und von ihm reflektiertes Licht in unser Auge gelangt. Alle Körper reflektieren nur das Licht, das der Farbe ihrer Oberfläche gleicht. Rote Körper reflektieren rotes Licht, grüne Körper grünes Licht. Alles andersfarbige Licht wird von den Körpern absorbiert. Daraus folgt, daß alle Gegenstände nur dann in ihren natürlichen Farben erscheinen, wenn sie mit rein weißem Licht belichtet werden, und das ist selten der Fall. Auch das Tageslicht ist nicht immer rein weiß, und das künstliche Licht ist gelblich oder rötlich, kann auch noch andersfarbig sein.

Farbige Körper erscheinen im gleichfarbigen Licht satter im Ton. Also Blau im blauen Licht wirkt als ein sattes Blau. Ein helles Gelb erscheint im blauen Licht grünlich. Rot ist im blauen Licht farblos, wirkt eventuell schwarz; so wie Blau bei roter Beleuchtung auch schwarz erscheint. Hellgelb erscheint in künstlicher, gelblicher Abend-

beleuchtung weißlich. Grün in rötlicher Beleuchtung grau bis schwarz. Daher die Unterscheidung Tagesfarben und Lichtfarben (Lampenlicht), weil im gelblichen und rötlichen Licht bestimmte Farben grauer erscheinen, als sie am Tage sind.

Für Farbenzusammenstellungen gelten folgende allgemeine Regeln:

Es passen zueinander die Licht- und Schattentöne einer Farbe.

Die im Farbenkreis (Abbildung 97) nebeneinanderliegenden Farben und die einander gegenüberliegenden Farben (die Kontrastfarben, Komplementärfarben, Ergänzungsfarben zu Weiß bei optischer Summierung des Lichtes).

Gelb (Gold), Weiß (Silber) und Schwarz passen zu allen Farben und dämpfen zu grelle Farben.

Graue Töne passen zu allen Farben.

Spektrumfarben, Gelb, Rot, Blau (und Orange, Grün, Violett), bezeichnet man als reine Töne, reine Farben. Mischt man diese Farben mit Weiß oder Schwarz, so hat man gebrochene oder gedämpfte Farben. Eine graue Farbe mit einer geringen Beimischung Grün ist ein grünliches Grau usw.

Eine große Fläche in einem gedämpften dunkelvioletten Ton kann mit wenigen kleinen Flecken einen grellgelben Aufputz bekommen. Gelb ist die Komplementärfarbe zu Violett. Die Lichtstrahlen beider Farben würden summiert ein gedämpftes weißes Licht geben (grau).

In einem Raum nicht zu viel reine Farben nebeneinander verwenden. Ein oder zwei gedämpfte Grundtöne, daneben wenige Aufputzfarben. Nur nicht zu buntfarbig dekorieren. In welchen Kostümfarben sollen die Hausbewohner in einem grellfarbnen Raum erscheinen? Wie wirkt die Gesichtsfarbe (die Hautfarbe) vor einem grellfarbigen Hintergrund?

Der Tischler hat ja nun glücklich diese Fragen selten zu beantworten. Der braune, gelbe, rötliche Holzton paßt zu allen Farben. Und die Holztöne passen auch zueinander. Zumeist ist zu entscheiden, ob ein helles oder ein dunkles Holz besser zur Wandbespannung paßt, sich besser in eine vorhandene Umgebung einpaßt oder mit dieser einen wirksamen Kontrast bildet, ob durch ein rötliches oder ein gelbliches Holz bessere Wirkung erzielt werden kann.

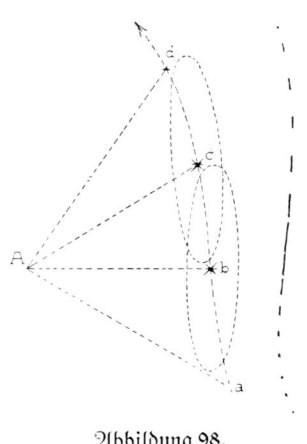

Abbildung 98.

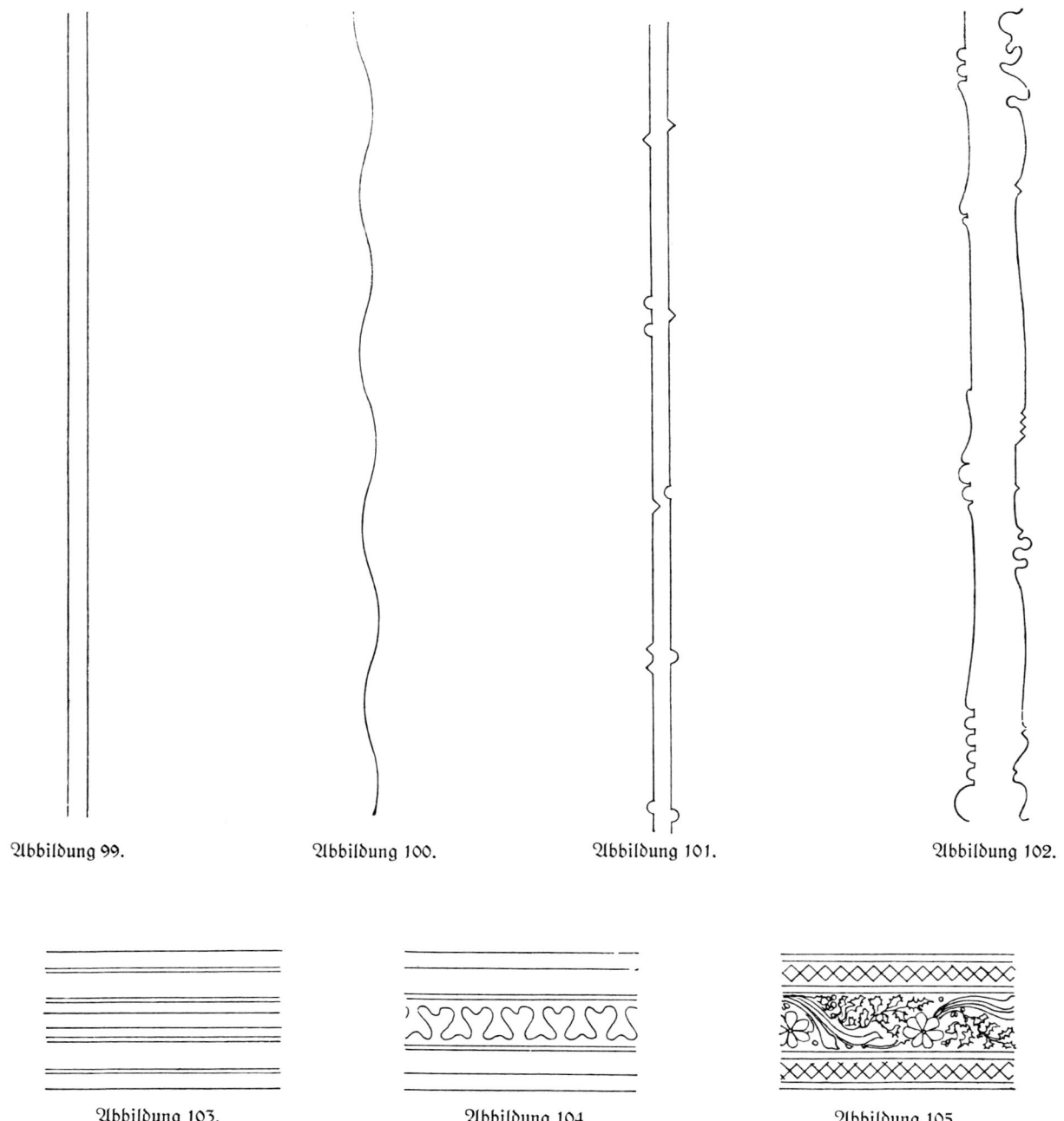

Abbildung 99. Abbildung 100. Abbildung 101. Abbildung 102.

Abbildung 103. Abbildung 104. Abbildung 105.

3.

Unſer Sehen. Nicht alle Momente, die zuſammen= wirken, wenn wir eine Form oder eine Erſcheinung ſchön nennen, liegen in dem Objekt, das wir ſo bezeichnen. (Seite 2.) Zu den Momenten, die außerhalb des Ob= jektes liegen, gehören unſer Sehen und unſer Verſtändnis. Der Eindruck, den wir durch unſer Sehen und Erkennen empfangen, hat Einfluß auf die Bewertung des Objektes.

Das Sehen iſt eine Arbeitsleiſtung, die Körper und Geiſt, je nach der Beſchaffenheit des Geſehenen, mehr oder minder beeinflußt, die, wie jede andere menſchliche Tätigkeit, mehr oder minder ſchnell zur Ermüdung führt, langweilt oder anregt. Jede gleichmäßige Beſchäftigung langweilt bald; Abwechſelung in der Tätigkeit, Wechſel

zwiſchen Tätigkeit und Ruhe ſind zur Erhaltung des Wohlbefindens und der Empfindung des Wohlbehagens unbedingt notwendig. Soll dem Sehen Wohlbehagen folgen, ſo muß das Geſehene eine wohlabgewogene, unſer Schönheitsgefühl befriedigende Abwechſelung durch Formen, Größen, Farben, Helligkeiten bieten — durch den Geſtaltungsgedanken.

Wie Seite 8 ausgeführt, iſt unſer Sehfeld die Grund= fläche eines kegelförmigen Raumes mit einem Sehwinkel von 60°. Die Sehrichtung iſt die Achſe dieſes Raumes. Das in der Sehrichtung Liegende ſehen wir deutlich, das Danebenliegende wird undeutlich mitgeſehen. Iſt aber an der Grenze des Sehfeldes etwas, das unſere Aufmerkſam=

22

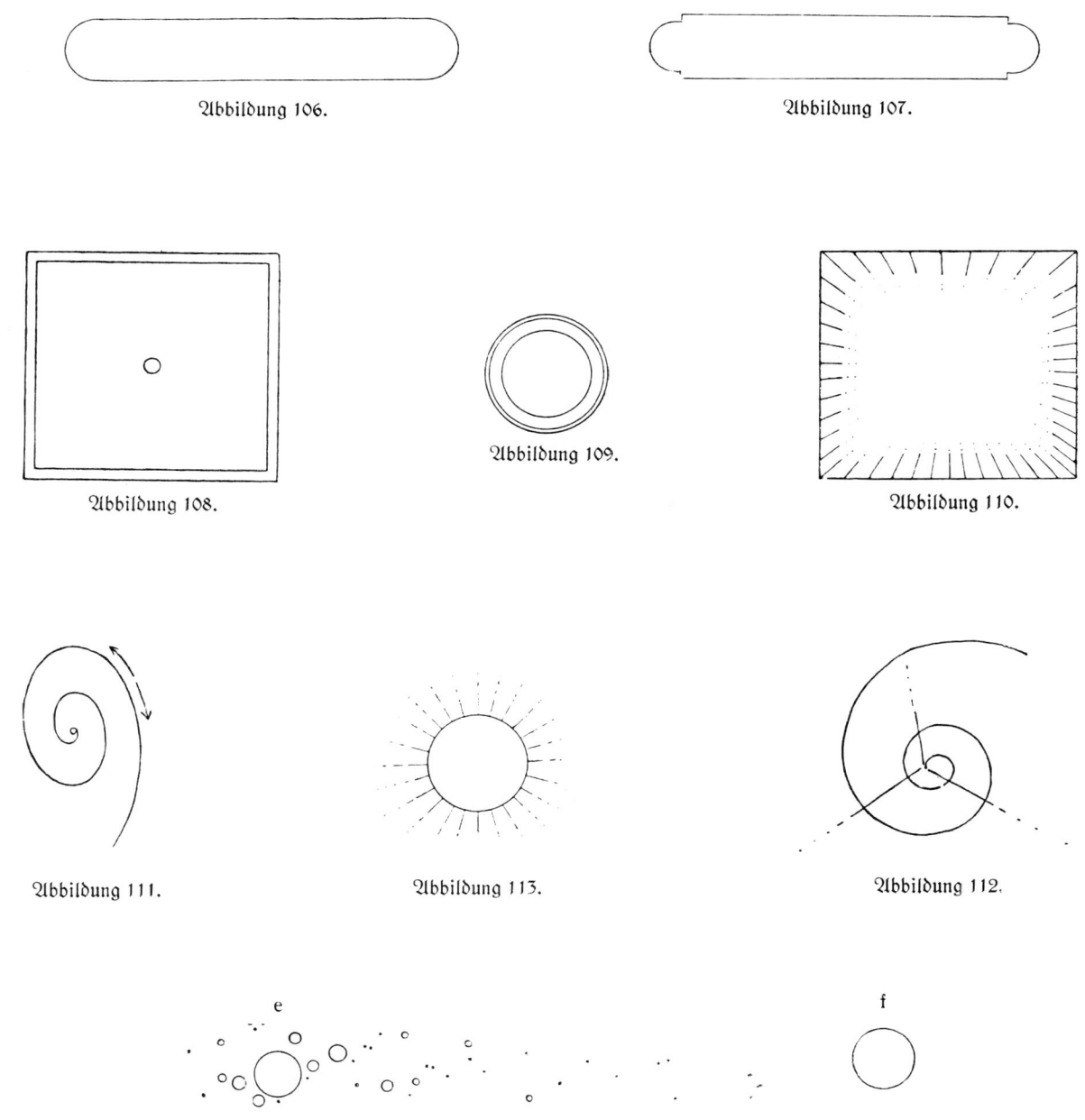

Abbildung 106.

Abbildung 107.

Abbildung 108.

Abbildung 109.

Abbildung 110.

Abbildung 111.

Abbildung 113.

Abbildung 112.

e

f

Abbildung 114.

keit dorthin zieht, so folgen wir mit der Sehrichtung usw. Wir führen mit der Sehrichtung, mit unseren Augen Bewegungen aus, um die Einzelheiten einer Form oder Erscheinung zu sehen und zu erkennen (Abbildung 98). Wir, unsere Augen, werden von Punkt zu Punkt geführt, schnell, wenn Bekanntes folgt, langsam, wenn Überraschungen auftreten. Es werden in der Bewegung Sprünge ausgeführt, wenn Neues, Auffallendes im wandernden Gesichtsfelde erscheint, es tritt eine Ruhe in der Bewegung ein, wenn die Führung eine Bewegung abbricht und eine neue Richtung annimmt. Hört am Ende einer Bewegung die Führung auf, ist im Sehfelde nichts, das die Sehrichtung anzieht, so bleibt die Sehrichtung gewöhnlich längere Zeit an diesem Punkt haften oder irrt umher.

Beispiele: Wir folgen mit unseren Augen der Richtung und den Bewegungen der Linien (Abbildung 99, 100, 101, 102). Welche dieser Linienformen erkennen wir schneller? Welches Bandmuster verlangt die längste Aufmerksamkeit, Abbildung 103, 104 oder 105?

In sich geschlossene Linien halten die Sehrichtung längere Zeit gefesselt, wenn ableitende Formen fehlen. Vergleichen wir das Sehen von den Figuren Abbildung 106 bis 114. Die Strahlen im Rechteck, Abbildung 110, leiten das Auge immer wieder zur Mitte. Die Strahlen, Abbildung 112 und 113, leiten das Auge von der Mitte ab. Abbildung 114: Von welcher Kreisfläche ist das Auge leichter wegzuführen, von e oder von f? Die Nebenkreise bei e sind hinleitende und wegleitende Formen. Vgl. Abbildung 115.

23

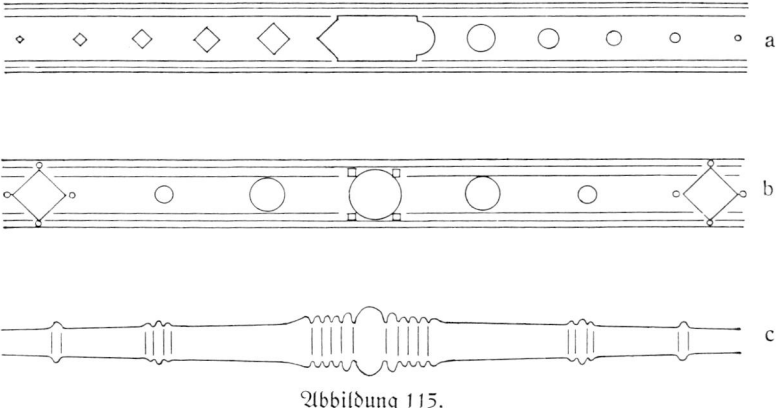

Abbildung 115.

Etwas, das plötzlich auf uns einwirkt, von dem wir nicht sofort Urſache und Wirkung erkennen können, zum Beiſpiel ein grelles Licht, wird im Augenblick der Wahr= nehmung überraſchen und vielleicht Erſtaunen und Unruhe verurſachen. Verſchwindet das grelle Licht dann plötzlich, nachdem unſere Augen ſich an dieſe Lichtmenge gewöhnt haben, ſo iſt uns das ebenſo unangenehm wie das plötzliche

wenn uns neue Formen, neue Farbenzuſammenſtellungen vorgeführt werden, und in gleicher Weiſe können wir auf das Kommende vorbereitet werden. Abbildung 114 iſt dafür ein Beiſpiel. (Die Figur müßte nur 20mal größer ſein und die Kreiſe grelle Farbflecke.) Ein zweites iſt Abbildung 115, aber auch dieſe Formen müßten min= deſtens 10mal größer ſein.

Abbildung 116 a.

Abbildung 116 b.

Erſcheinen des Lichtes. Durch das Erſcheinen und Ver= löſchen des hellen Lichtes würde uns keine Überraſchung bereitet werden, wenn vor dem Auftreten des höchſten grellen Lichtes ſtufenweiſe geſteigertes helles Licht den Übergang vom normalen Licht zum hellſten bilden würde und wenn der gleiche Vorgang in umgekehrter Reihe uns auf das Verlöſchen vorbereitete. Ebenſo empfinden wir,

Durch ähnliche Formen und Farben wird das Auge zu einer Hauptform hingeführt oder von ihr weggeleitet, durch Zwiſchenformen werden Gegenſätze verbunden. Wie nun im Leben nach einer Zeit der behaglichen Ruhe das Verlangen nach etwas Beſonderem entſteht, Über= raſchungen geſucht werden, wie man nicht alle Gegen= ſtände ſeiner Umgebung gleichmäßig ſchreiend oder gleich=

Abbildung 116 c.

Abbildung 117.

Abbildung 116 d.

24

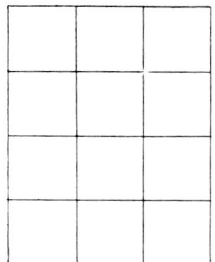

Abbildung 118.

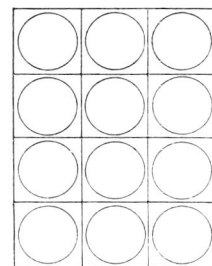

Abbildung 119.

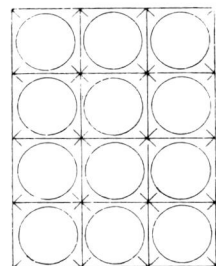

Abbildung 120.

Abbildung 122.

Abbildung 121.

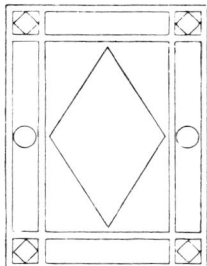

Abbildung 123.

Abbildung 125.

Abbildung 124.

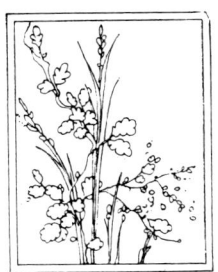

Abbildung 126.

mäßig getönt liebt, sondern das Auge gern hier und dort etwas Besonderes sieht, das durch Inhalt, Form und Farbe auffällt, so ist es auch in jedem einzelnen Falle der Gestaltung. Formen dürfen einander nicht immer so folgen, daß Überraschungen ausgeschlossen sind. Der Künstler muß auch mal durch unerwartete Linienführung, Formgestaltung, Formenfolge, Lichteffekte und Kontraste überraschen. Nach einer behaglichen, nicht aufregenden Wanderung der Augen muß eine kleine Überraschung folgen. Nur dürfen zwei den Blick anziehende Formen nicht so nahe beieinander sein, daß dadurch eine unruhige Bewegung der Blickrichtung entsteht. Zum Beispiel die Formen Abbildung 116a und b sind so nahe beieinander, daß bei normaler Entfernung des Auges vom Buch

beide Formen im Gesichtsfelde sind, aber beide gleich= zeitig nicht gut gesehen werden können. Das Auge sieht von einer Form zur anderen hin und her und wird dadurch unruhig. Wird dann zwischen diesen Formen noch eine dritte, herrschende eingefügt, wie Abbildung 117 zwischen Abbildung 116c und d, dann wird das Auge auf diese Form gelenkt, die beiden Nebenformen klingen nur mit.

Was hier über Körper und Erscheinung gesagt worden ist, über Verkürzungen und Überschneidungen, über Licht, Schatten und Glanzlicht, über Material und Farbe und über das Sehen, ist untrennbar verbunden mit dem Wirken der allgemeinen Gestaltungsgesetze Symmetrie,

25

Abbildung 127.

Abbildung 128.

Abbildung 129.

Abbildung 130.

26

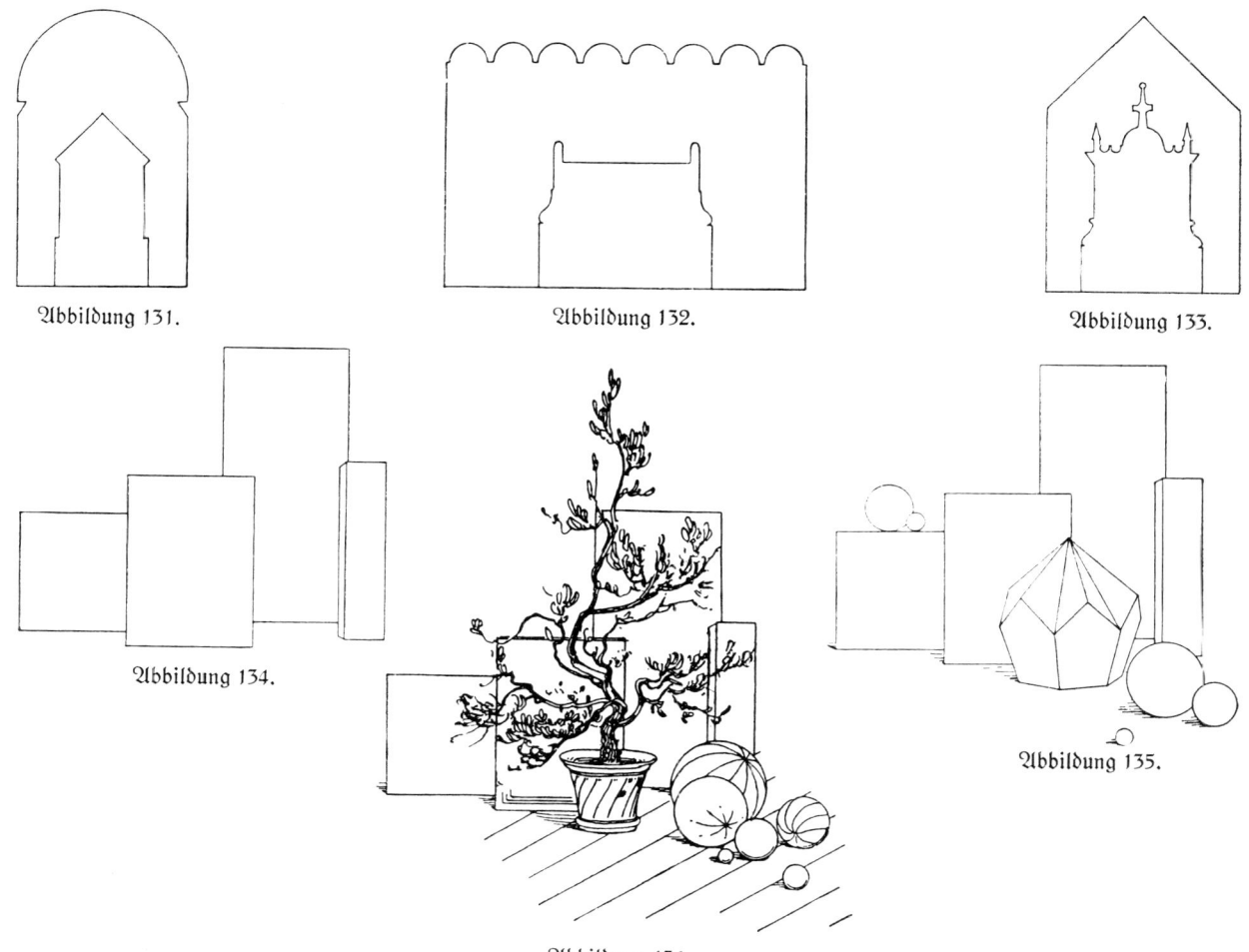

Abbildung 131.　　　Abbildung 132.　　　Abbildung 133.

Abbildung 134.

Abbildung 135.

Abbildung 136.

Proportionalität, Richtung. Denn all das, was hier, um nicht zu verwirren, in einzelnen Abschnitten gesagt worden ist, muß gleichzeitig mit den Gestaltungsgesetzen, zu ihnen gehörend, bei der Teilung der Flächen, bei der Gestaltung von Gegenständen, bei der Zusammenstellung mehrerer Gegenstände zu einem Ganzen berücksichtigt werden. Ob es sich nun um die Linienteilung einer Fläche oder die Kanten eines Körpers oder die Licht= und Schattenwerte in einem Raum handelt, überall haben wir nach den gleichen Prinzipien Formen und Erscheinungen zu bilden. Von unserem Wollen hängt es ab, wie die Gesetze in Tätigkeit treten. Das ist abhängig von der Idee, von dem Forminhalt.

Die Fläche Abbildung 118 ist durch ein Quadratnetz geteilt. Neben dieser Fläche sehen wir noch acht anders geteilte Flächen, die mitwirken, wenn wir z. B. 118 sehen. Dasselbe ist der Fall, wenn wir den Blick auf einer der anderen Flächen ruhen lassen. Würden wir nur 118 sehen, so würde uns diese Teilung bald langweilen, während sie in Verbindung mit anderen eine Notwendigkeit sein kann. Doch betrachten wir zunächst jede dieser Flächen für sich. Auf der Fläche Abbildung 119 sehen wir neben den Quadraten Kreise, und auf Abbildung 120 sind dazu noch kleine Sterne gekommen. Abbildung 121 hat gerade, schräge und Kreislinien in einer anderen Verteilung wie Abbildung 120. Aus diesen vier Flächenteilungen ist schon ersichtlich, daß wir ein Flächenmuster dann für sich als ein abgeschlossenes Ganzes nehmen, wenn ein wohltuender Formenwechsel in der Teilung und der Belebung der Fläche vorhanden ist.

Zu der gleichen Erkenntnis führen die Teilungen der Flächen Abbildung 122 bis 126, Abbildung 127 und 128, Abbildung 129 und 130, Abbildung 131 bis 133, Abbildung 134 bis 136. In Abbildung 127 fehlt die geschwungene Linie. Im Raum kann sie durch Gerät, Decken, Pflanzen usw. ersetzt werden. In Abbildung 128 ist sie genügend vorhanden. In diesem Raum werden die Wände und die übrige Ausstattung in anderer Weise zu einem harmonischen Ganzen vereinigt. Abbildung 129: Zu viel gerade Linien und Kanten. Abbildung 130: Der Stuhl mit seinen geschwungenen Linien hebt sich gut von der geradlinig geteilten Wand ab. Abbildung 131 bis 133: Beispiele für die Abgrenzung der Wandfläche und Teilung der Fläche durch Gegenüberstellung verschiedener Motive. Abbildung 134 bis 136: Noch ein Beispiel, wie durch Hinzufügen kontrastierender Formen zu Prismen die fehlende Abwechselung beseitigt werden kann.

Durch zweckmäßige Beleuchtung kann eine uninteressante Formengruppe zu einer interessanten Erscheinung gemacht werden. Ein Formenwirrwarr kann durch die gedämpfte Beleuchtung des einen Teiles unterdrückt werden. Durch den Kontrast zwischen Hell und Dunkel wird das Helle gesehen, der verdunkelte Teil wirkt nur als Rahmen oder Hintergrund. In der Natur, in der Landschaft können wir derartige interessante Beleuchtungseffekte häufig beobachten. In unseren Häusern können wir sie durch geschickte Dämpfung des Tageslichtes oder durch künstliches Licht, teilweises Abblenden der Lampen, Anwendung von Reflektoren erreichen. (Abbildung 137 bis 140.)

Die Formensprache — die Motive und ihre Anwendung.

Abbildung 137.

Abbildung 138.

Abbildung 139.

Abbildung 140.

In dem allgemeinen Teil des Vorhergehenden, Seite 1, ist gesagt: Gebrauchsform und Kunstform müssen aus einem Guß entstehen. Bewußt oder unbewußt beeinflussen Gehörtes und Gesehenes unsere Handlungen. Der Handwerker und Künstler verfolgt alle Regungen des Kunstlebens und jede Wandlung der Mode, der Sitten und der Gebräuche. Er nimmt teil an den großen Ereignissen seiner Zeit. Diese gewonnenen Eindrücke wirken sich aus, wenn eine neue Aufgabe zu erledigen ist. Vor dem geistigen Auge entsteht nach der Zusammenfassung aller Momente (Zweck, Materialeigenschaft, Technik, Formmotiv) eine Form, ein Plan für die Gestaltung des neuen Werkes. Diese Idee wird auf dem Zeichentisch und an Modellen durchdacht, geprüft, bevor die Form auf den Werkstoff übertragen wird. Die Form des fertigen Werkes, der Inhalt der Form, offenbart die Idee und das Können des Gestalters. Haben Form, Stoff und Gehalt sich zusammengefügt und einander durchdrungen zu einem zweckmäßigen Ganzen, so ist ein Kunstwerk entstanden, dessen Formen sprechen — die Formensprache. Wieder müssen Beispiele helfen, diesen Begriff zu erklären. Die Beispiele sind antikgriechische Formen oder diesen nachgebildet, weil die griechisch architektonischen Formen leicht verständlich sind. Die Nachahmung antiker Kunst wird damit nicht verlangt. Jeder Künstler soll sich nach seiner Kraft seinen Weg, seine Ausdrucksmittel selbst wählen.

Zunächst folgt die Anleitung, wie Naturformen gesehen und gezeichnet werden müssen und wie die Kunstform studiert werden muß.

Abbildung 141: Eryngium planum,

a′ ein gestrecktes Blatt vom unteren Teil des Stengels,
b′ ein Blatt vom oberen Teil des Blütenstengels,
b″ Blütenstengel mit Blüte,
c Stengelabzweigung in der Blütenkrone.

Abbildung 141 ist eine Umrißzeichnung. Malerische Werte sind in der Darstellung nicht vorhanden, sie ist also nicht brauchbar für die Aufgaben des Malers, eventuell zur Ergänzung malerischer Studien. Je mehr ein Zeichner von der Form einer Pflanze kennt, desto besser, desto freier ist er, wenn er die Form der Pflanze anwenden will oder anwenden muß, und desto reicher ist die von ihm geschaffene Kunstform. Selbst die einfachste Profillinie, zu der die Pflanze Anregung gegeben hat, ist dann eigenartiger als die eines anderen, der die Pflanze nur oberflächlich kennt. Nichts ist an Naturformen nebensächlich. Umrisse, Profile, Schnittflächen von allen Teilen der Pflanze — alles ist brauchbar. Es ist lohnend, die kleinen Blüten mit dem Vergrößerungsglas zu besichtigen. Von den Blüten, Knospen und Früchten müssen Ansichten, Seitenansichten, Profile, Stempel, Staubgefäße gezeichnet werden.

In derselben Weise sind die Formen der Tiere zu studieren. Fast jede Bewegung der Tiere ist brauchbar.

Eigenartige Flächenteilungen findet man in Teilstücken der Pflanzen- und Tierbilder. Kein Künstler erreicht durch Denken ähnliche Linienführungen.

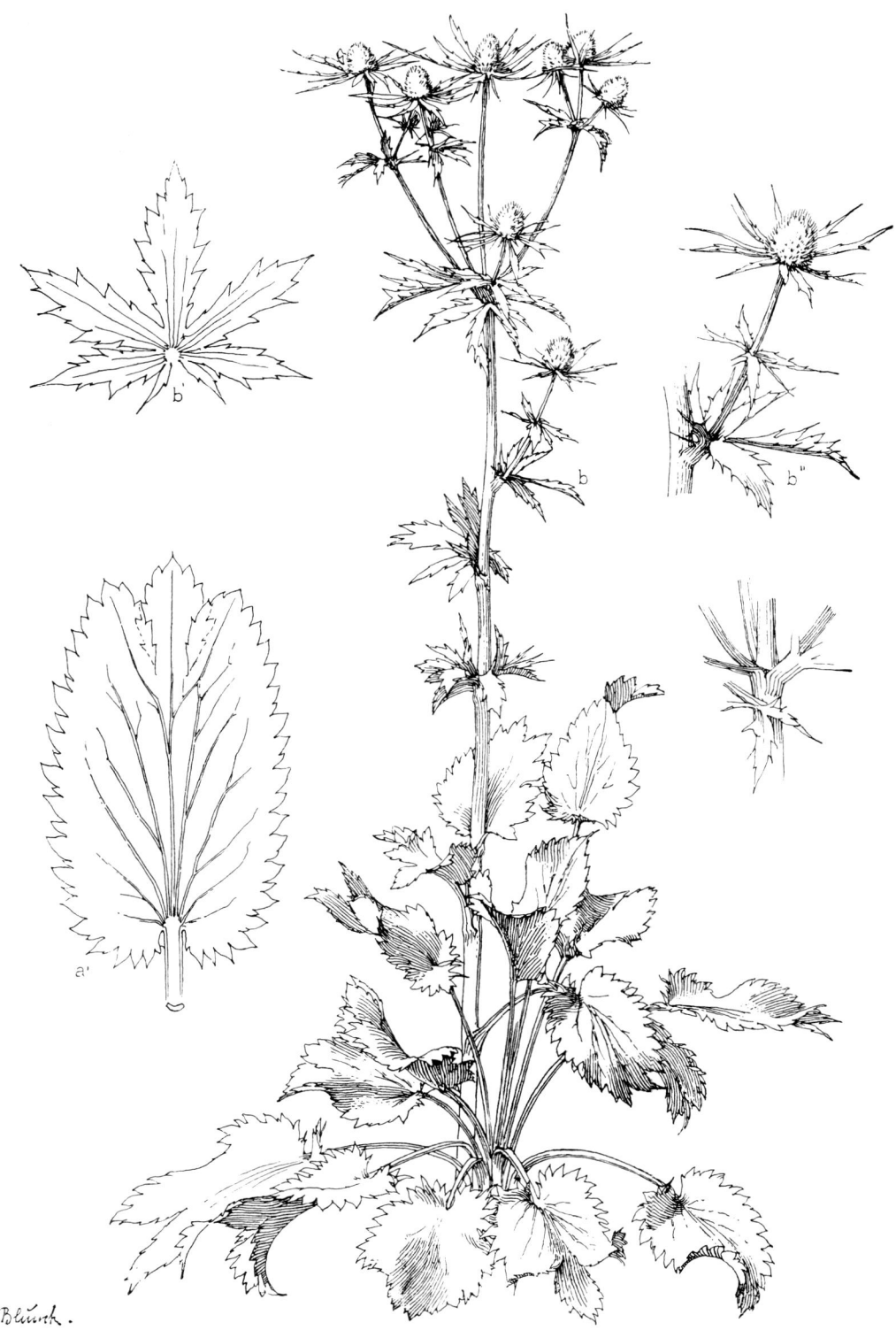

A. Blünk.

Abbildung 141.

29

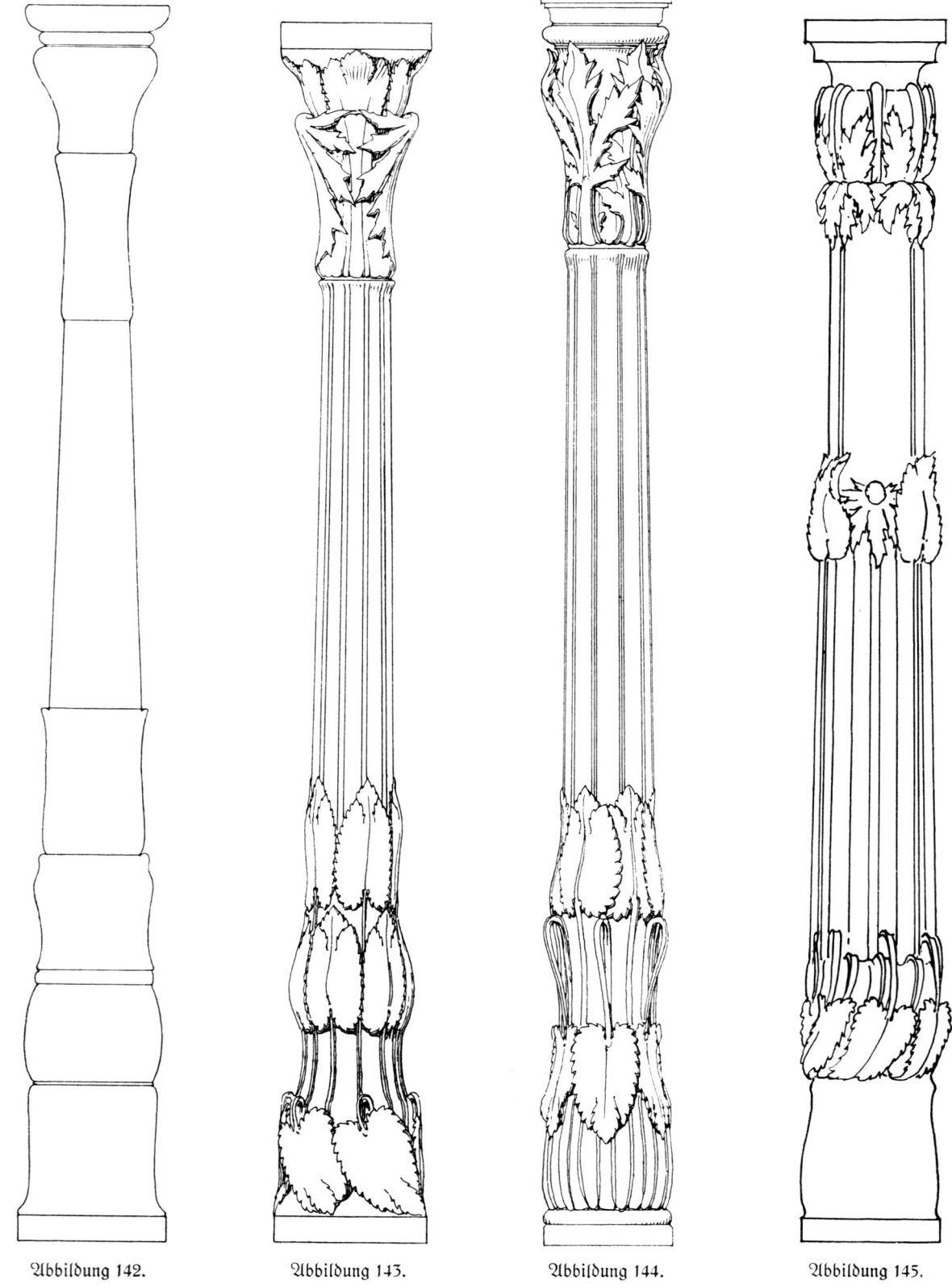

Abbildung 142.　　Abbildung 143.　　Abbildung 144.　　Abbildung 145.

So ist die Vorarbeit. Vier Beispiele für die An=
wendung der Formen (Abbildung 141) geben die Abbil=
dungen 142 bis 145.

Ob diese Stützenformen gut sind, das ist natürlich erst
dann zu sagen, wenn man die Gegenstände kennt, von
denen die Stützen Teile sind.

Abbildung 146: Eryngium alpinum, der Blütenstengel.
a bis f, Blattformen am Blütenstengel. Am unteren Teil
des Stengels die einfachsten Blattformen a und b.

Abbildung 147: Der Blütenstengel mit den Blatt=
kränzen e und f (Abbildung 146). Blattkranz f' von oben
gesehen und Blattabzweigungen (e', e'' und f'').

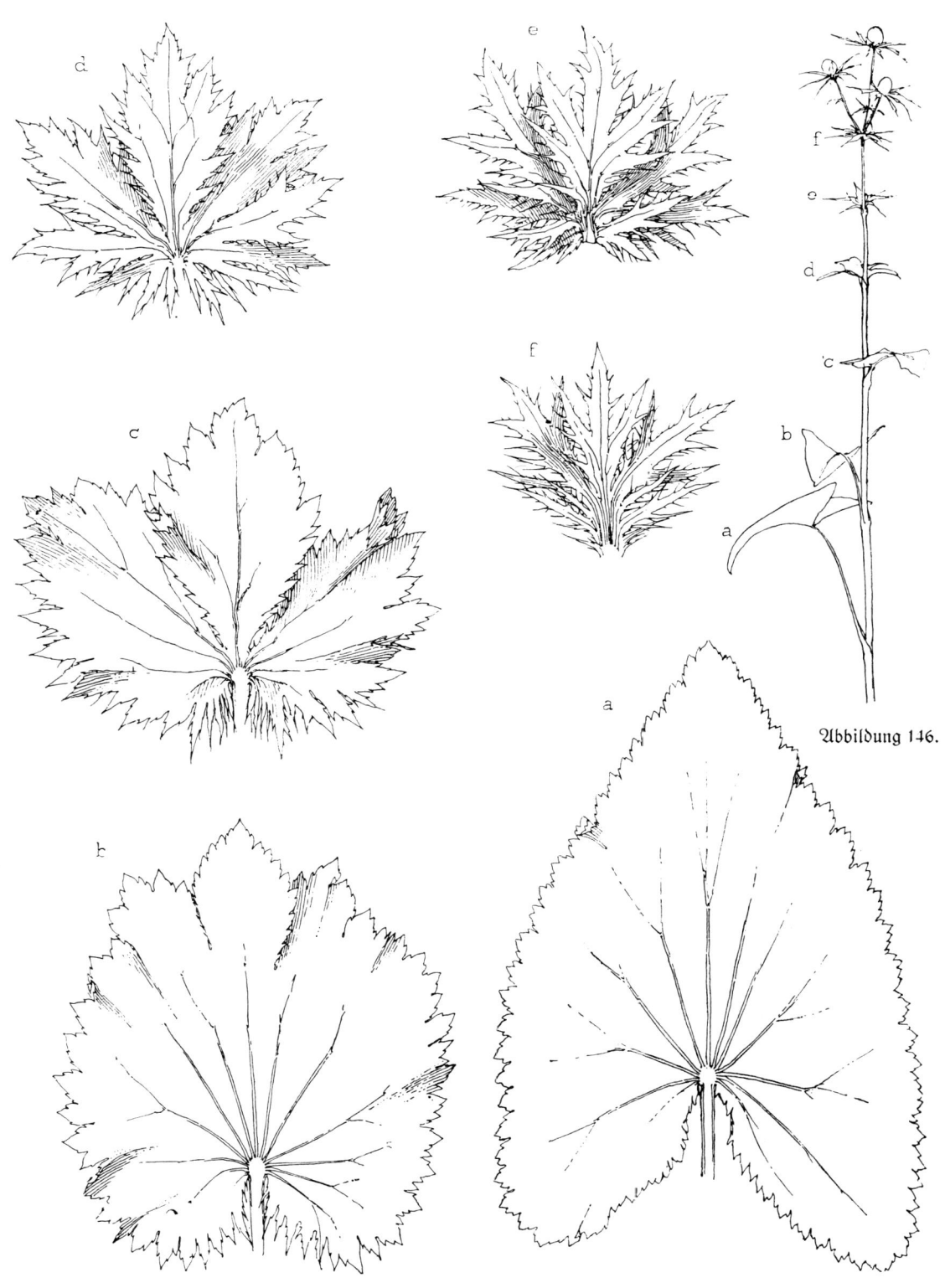

Abbildung 146.

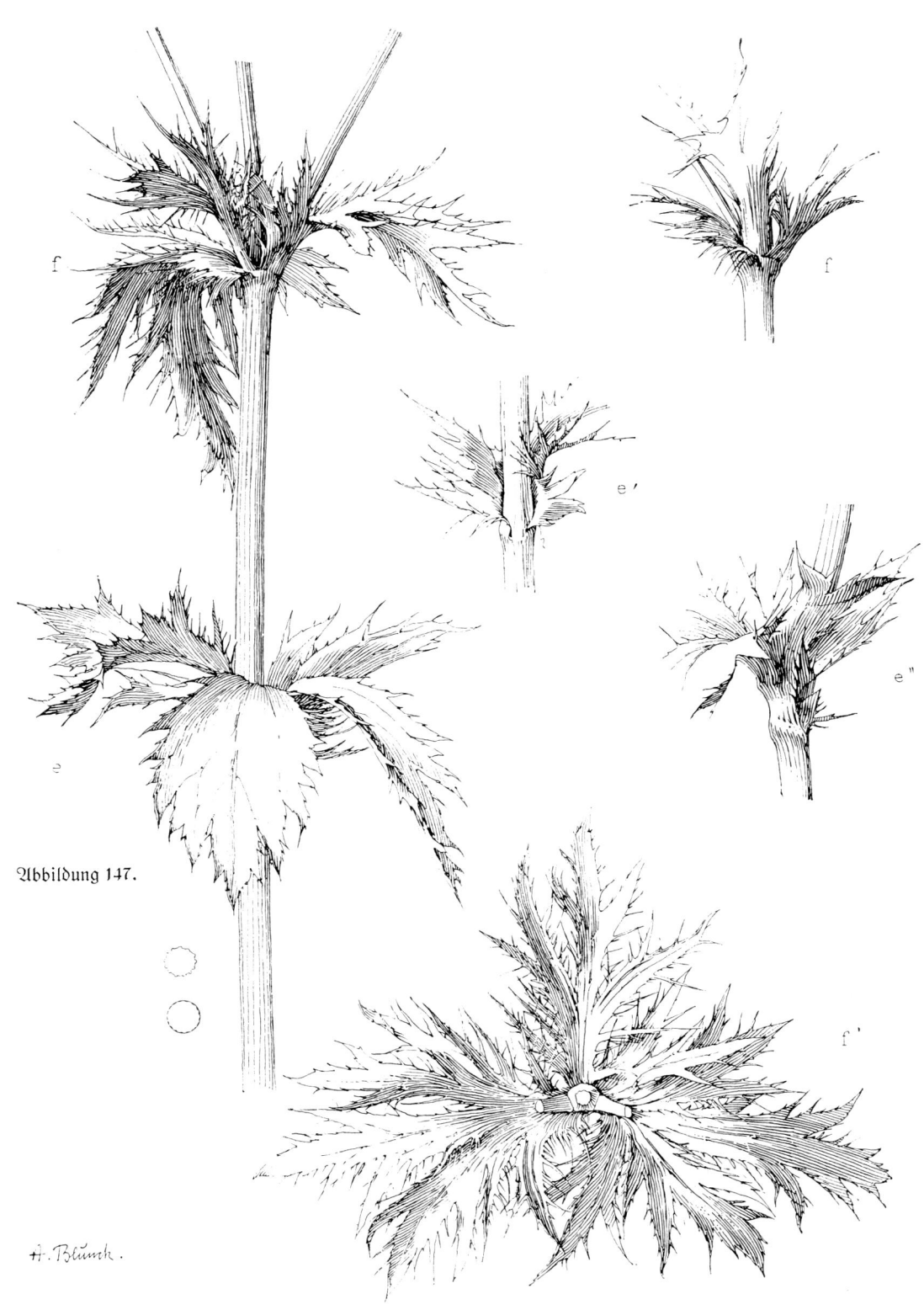

Abbildung 147.

A. Blunk.

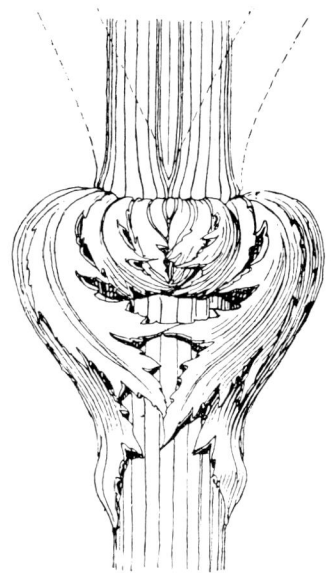

Abbildung 150.

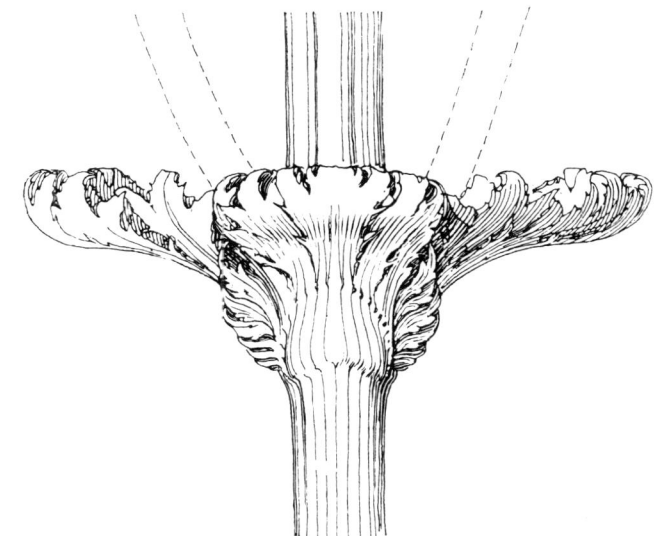

Abbildung 151.

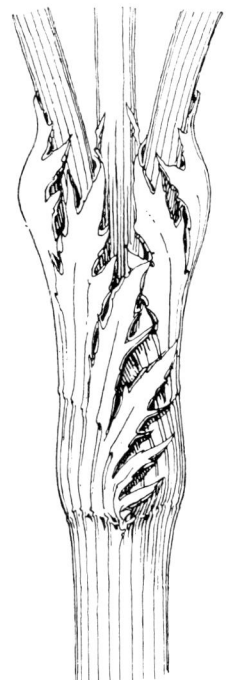

Abbildung 149.

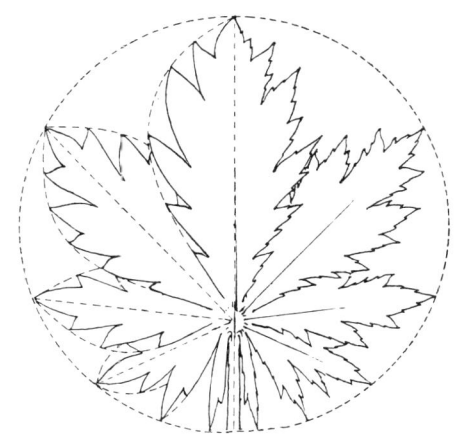

Abbildung 148.

33

Abbildung 152.

Abbildung 153.

Abbildung 154.

Abbildung 148 bis 151: Stilisierte Blätter.

Abbildung 152: Ein Blattkelch an der Abzweigstelle zweier Blütenstengel (Abbildung 146 f).

Abbildung 153: Die Übertragung dieser Form für Holz=intarsia. Abbildung 154: Die Übertragung auf ein Relief. Mit jeder Übertragung ist eine Umbildung der Natur=form verbunden, bedingt durch Technik und Material=eigenschaften.

Wie sollen wir Kunstwerke — alte und neue — studieren?

Die Gesamtform und alle Einzelheiten dieser Werke g u t s e h e n, sehen mit den Augen des Technikers (des Tischlers) und des Künstlers. Sehen, wie das Holz be=schaffen ist und wie das Holz bearbeitet ist, sehen, welche Formen, welche Profile aus diesem Material und durch diese Bearbeitung herausgeholt worden sind und wie die Oberfläche behandelt ist. Prüfen, ob diese technische Leistung über oder unter der eigenen Leistungsfähigkeit steht! Prüfen, ob die Form der bedingten Nutz=verwendung entspricht. — Der Künstler wird nun be=sonders die Form und die Erscheinung studieren, den Eindruck (die Wirkung) der Erscheinung auf sich und auf andere. Er hat zu beobachten: Größe, Form und Farbe des Objekts, die Licht= und die Schattenflächen, die Teilung der Fläche durch Farbe, Licht und Schatten, die Lage der Orte, die die Augen durch Steigerung der Licht= und Schattenwirkung und des Formeninhalts be=sonders anziehen. Zu beobachten sind die Lichtrichtung und die Farbe des Lichtes sowie der Hintergrund (Farbe, Form, Helligkeit). Es ist zu prüfen, ob und wieweit Beleuchtung und Umgebung die Wirkung des Objekts günstig oder ungünstig beeinflussen. Der Künstler muß vergleichen die wahre Form des Objekts und die Er=scheinung. S e h e n u n d M e s s e n, das Ganze, die Einzelheiten, vergleichen die Größen und Formen der Einzelheiten untereinander und zur Gesamtform — suchen den Gestaltungsgedanken zu erfassen, der sich durch die Form des Objekts offenbart. Auf diesem Wege ge=winnt der junge Künstler einen Schatz der Erkenntnis, dessen Einfluß sich in seinen nächsten Werken auswirkt.

In diesen Forderungen für das Studium ist wieder all das zusammengefaßt, was im vorhergehenden über die Formgestaltung gesagt worden ist.

*

D i e F l ä c h e. (Abbildung 155.) Eine rechteckige, all=seitig polierte dünne Platte aus schönem Holz. Durch die Flächenbehandlung ist die Form abgeschlossen, das schöne Holz wird viele erfreuen. Doch ist diese Platte im besten Falle ein Erzeugnis guter Technik und wertvoll durch den Wert des guten Materials und der sauberen Arbeit. Es ist an dieser Platte kein Zeichen vorhanden, das auf die Beziehung der Platte zum Unterbau, auf Lage, Richtung und Zweck hindeutet.

Durch eingelassene Linien (Adern) aus Holz, Elfen=bein, Metall (Abbildung 156) oder durch eine eingelegte Umrahmung aus andersfarbigem Holz wird die Platte, also die Fläche, formal abgeschlossen. Auch durch ge=malte oder eingelegte saumartige Ornamente, Abbil=dung 157 und 158, kann diese Umrahmung bewirkt werden. In Abbildung 159 und 160 ist die Fläche orna=mentiert. Es sind Netzmuster, die keine Beziehung zu der Flächengrenze haben und richtungslos sind. Also die Form der Fläche könnte verändert werden, die Ver=zierung würde dadurch nicht verunstaltet. Abbildung 161: Dieses Ornament hat auch keine Beziehung zur Flächen=

34

Abbildung 155.

Abbildung 156.

Abbildung 157.

Abbildung 159.

Abbildung 160.

Abbildung 161.

Abbildung 162.

Abbildung 163.

Abbildung 164.

Abbildung 158.

Abbildung 165.

Abbildung 166.

größe und Form, doch ist Richtung vorhanden. Die Schriftzeichen will man vor sich aufgerichtet sehen. Die Lage der Platte wird somit nur befriedigen, wenn die Schriftzeichen in der Verzierung vor uns aufgerichtet sind. Das Ornament Abbildung 162 ist begrenzt, die Entwicklung des Ornaments ist parallel der Flächen= form beendet. Eine Veränderung der Flächenform würde das Ornament verstümmeln. Das Ornament ist zweifach symmetrisch, also richtungslos — die Platte kann somit in jede mögliche Lage gebracht werden, das Ornament spricht nicht für eine bestimmte Lage. Abbildung 163 und 164: Begrenzte Flächenornamente, die nur befriedigen,

wenn die Platte vor dem Beschauer aufgerichtet ist. Auch die Platte 165 hat Richtung, das Ornament ent= wickelt sich von unten nach oben. Abbildung 166 zeigt zwei rahmenartige Ornamente. Abbildung 166a hat Richtung durch die halben Blumen der Schmalseiten. Eine der Breitseiten ist Grundlinie (Abbildung 171). Ab= bildung 166b hat durch die Blume in der Mitte der Langseite die Richtung nach oben, die halbe Blume der Schmalseite spricht gegen das Aufrichten der Platte auf der Schmalseite. Die beiden Zeichen weisen auf die waagerechte Lage der Platte, die Schmalseite gegen den Beschauer gerichtet.

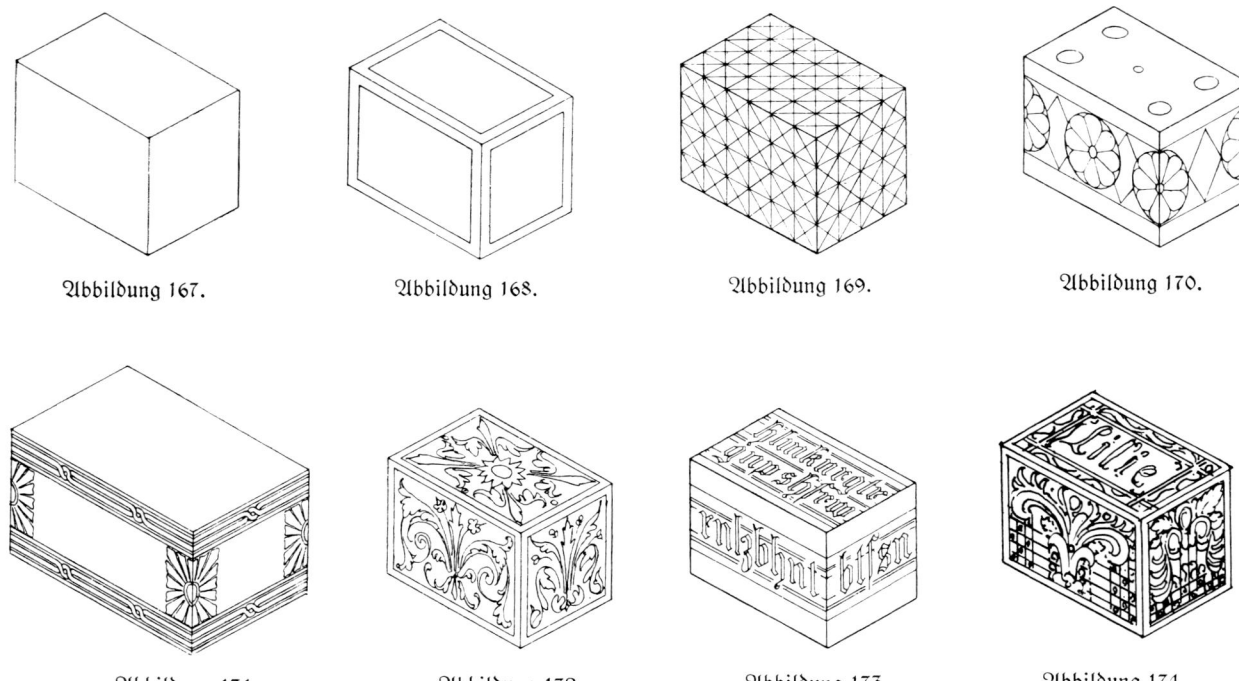

Abbildung 167. Abbildung 168. Abbildung 169. Abbildung 170.

Abbildung 171. Abbildung 172. Abbildung 173. Abbildung 174.

Der Körper Abbildung 167 ist ein Kasten in einfachster Form. Ist dieser Kasten aus einem schönen Holz mit polierten Flächen hergestellt, so wird man sich über das Material freuen; am Kasten wird man jedoch keine reine Freude haben. Wie soll man ihn anfassen? Was ist oben, was ist vorn? Umrahmt man die einzelnen Kastenflächen mit eingelegten Adern (Abbildung 168), so wird dadurch jede Fläche für sich abgeschlossen. Umrahmt man die Ränder der Flächen mit einem andersgefärbten Holz, so wird dadurch der Abschluß der Flächen noch stärker betont, aber auch die Verbindung der Flächen gezeigt. Das Flächenornament Abbildung 169 ist eine Verzierung, sehr gut, um die Einheit des Körpers zu betonen. Doch wo ist oben? Die Verzierung Abbildung 170 und 171 zeigt die Seitenflächen, denn es

wäre doch widersinnig, den Kasten auf eine verzierte Fläche zu legen. Wo ist oben? Der Kasten Abbildung 172 hat Verzierungen an den Seitenflächen, deren Richtung das Oben erkennen lassen, und die Verzierungen Abbildung 173 und 174 bezeichnen auch das Vorn und Hinten. Die Schrift Abbildung 173 und die Motive Abbildung 174 sind Zeichen des Zwecks und des Besitzrechtes.

Hier sind zwei Beispiele, Abbildung 155 bis 166 und Abbildung 167 bis 174, zur Erklärung, wie durch Verzierungen das Abgeschlossensein der Form des Körpers und der Flächen sowie der Zweck gezeigt werden können. Abbildung 175 bis 181 geben Motive für plastische Eckverzierungen.

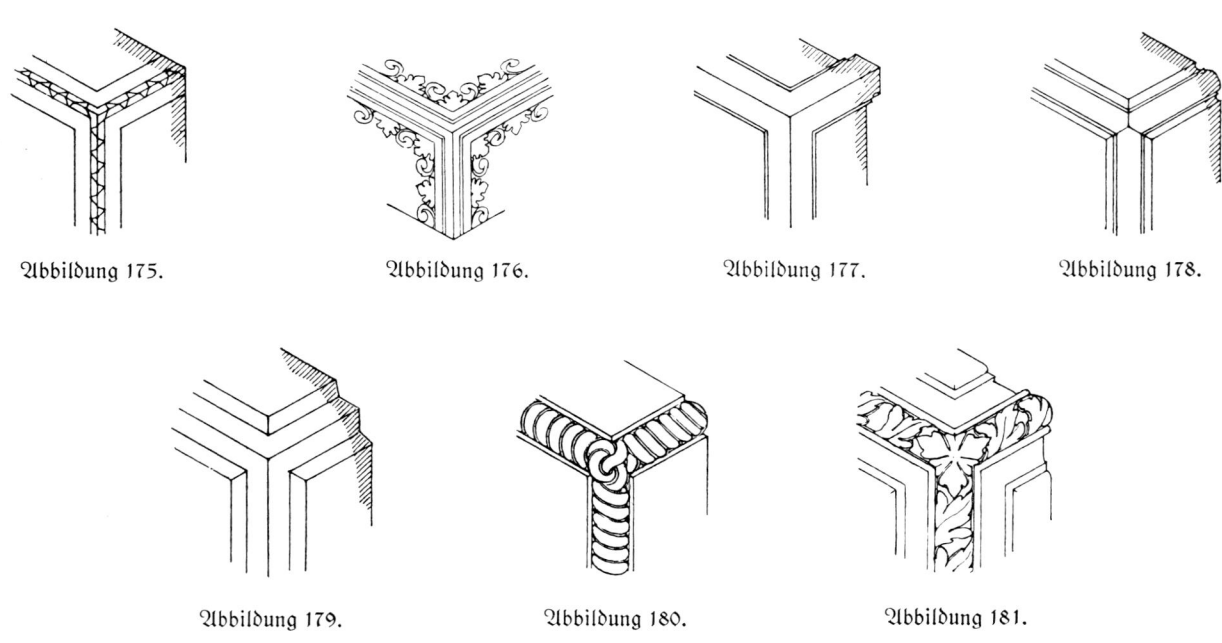

Abbildung 175. Abbildung 176. Abbildung 177. Abbildung 178.

Abbildung 179. Abbildung 180. Abbildung 181.

Bänder — Sinnbilder des Bindens. Als Sinnbild ist alles verwendbar, was das Verbundensein kennzeichnet: Linien, Reihungen, Ornamente, Nahtbildungen, gewebte und geflochtene Bänder, Schnüre, Riemen, Taue, Ketten, Blatt- und Blumenbänder, Girlanden und ähnliches mehr (Abbildung 182 bis 189).

Die Sinnbilder werden dort angewendet, wo das Verbundensein zweier oder mehrerer Teil gezeigt werden soll (Abbildung 190 bis 204).

Abbildung 190: Drei Platten (a, a, a) sind verbunden, die Leimfuge ist sichtbar, das Verbundensein ist sinnbildlich durch die Bandformen b zum Ausdruck gebracht.

Abbildung 191: Als Sinnbilder sind Platten angefügt. Abbildung 192 A: Die Platte b, bandartig profiliert. Abbildung 192 B: Die drei Platten a mit einem Bande umrahmt, b durch eine Blattbandverzierung als Band bezeichnet.

Abbildung 193: Die vier Platten durch Bänder verbunden. Abbildung 194 bis 196: Nahtformen als Sinnbilder der Verbindung.

Abbildung 194: Parkettplatten, einzeln umrahmt, um die Form jeder Platte zu zeigen, die Platten durch Bänder verbunden.

Abbildung 197: Drei Teile zu einem Ganzen vereint. Das Ganze als solches gekennzeichnet durch Form und Umrahmung der Flächen. Abbildung 198: Die Bandverzierung weist auf das Verbundensein der zwei Teile zu einem Ganzen hin.

Abbildung 199: Der untere Teil einer Stütze. Zwischen der Stütze B und dem Boden die Platte A. A besteht aus miteinander verbundenen Teilen. Die Einheit der Platte A zeigt das Zierband a. Das Band b weist auf die Verbindung zwischen A und B.

Abbildung 200: Auf die Zusammengehörigkeit der drei Körper wird durch die gleiche Größe und Form der Körper hingewiesen. Abbildung 201: Das Verbundensein der drei Körper ist durch die Umrahmung des Ganzen und das gemeinsame Flächenornament zum Ausdruck gebracht.

Abbildung 202: Das Verbundensein der Teile durch Umrahmung gezeigt. Abbildung 203: Das Akanthusblatt ist das Sinnbild. Abbildung 204: Der Schaft einer Stütze ist geformt wie ein Bündel Stäbe mit den Bändern.

Abbildung 205: a ist der Schaft einer Stütze, b die Sockelplatte. b ist ein Bindeglied zwischen Boden und Stütze.

Abbildung 206: Der untere Teil einer Stütze. Die Hohlkehle ist ein Bindeglied zwischen Schaft und Sockel, und auch die Blattverzierung ist Sinnbild für das Verbundensein des Schaftes mit dem Sockel.

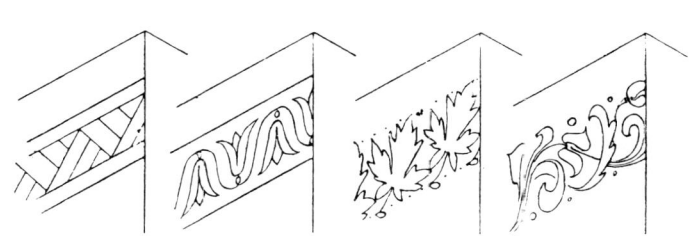

Abbildung 182.

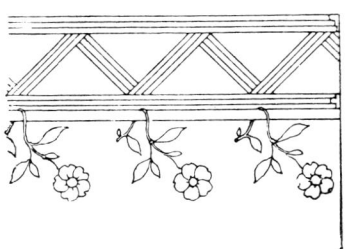

Abbildung 183.

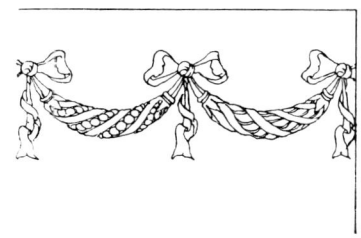

Abbildung 184.

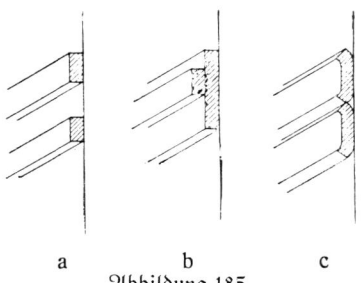

a   b   c
Abbildung 185.

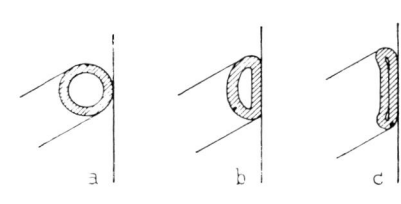

a   b   c
Abbildung 186.

Abbildung 207: A ist der obere Teil einer Säule, B Architrav. a Säulenschaft, d hängende Zier, b Echinus=Blattwelle, c Deckplatte — Abschluß der Säule und Verbindungsglied mit dem Architrav. Der Architrav hat die Form zweier übereinanderliegender Bänder e e. h, die untere Seite des Architravs, hat als Verzierung ein Flechtband. Die Steinplatten von Säule zu Säule, der Architrav, bilden ein Band, verbinden alle Säulen miteinander. Dieses wird durch die Bandform des Architravs und die Bandverzierungen zum Ausdruck gebracht. f ist die den Architrav nach oben hin abschließende Form, ein Glied der Gesamtform. Die Perlschnur g ist Verzierung und Sinnbild für die Einheit des Ganzen — die Form ist abgeschlossen.

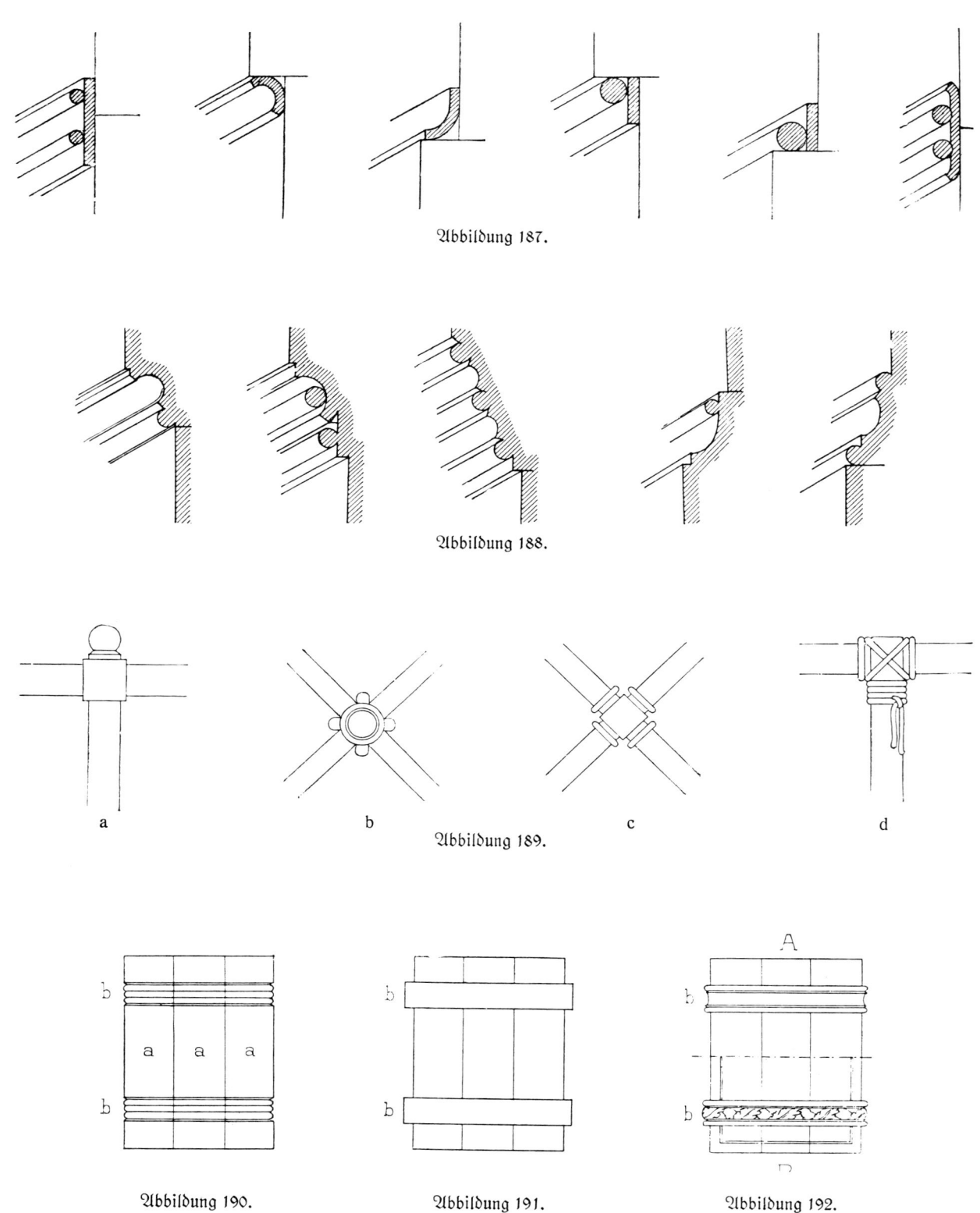

Abbildung 187.

Abbildung 188.

a   b   c   d

Abbildung 189.

Abbildung 190.   Abbildung 191.   Abbildung 192.

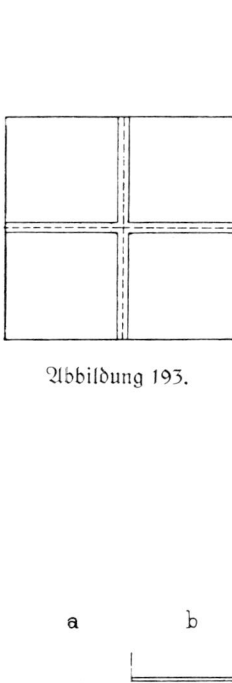

Abbildung 193.

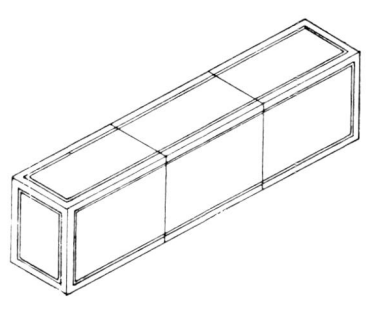

Abbildung 197.

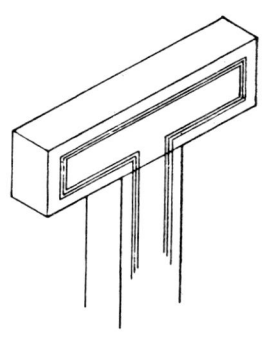

Abbildung 202.

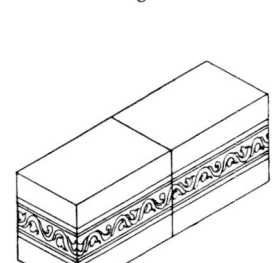

Abbildung 198.

a   b

Abbildung 194.

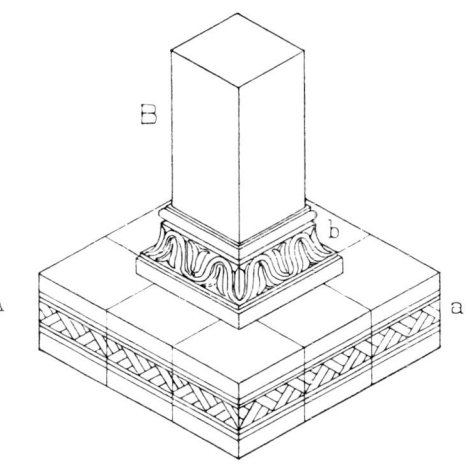

Abbildung 199.

Abbildung 203.

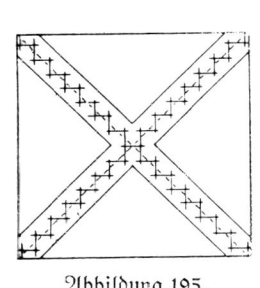

Abbildung 195.

Abbildung 200.

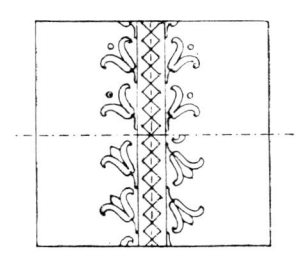

Abbildung 196.

Abbildung 201.

Abbildung 204.

39

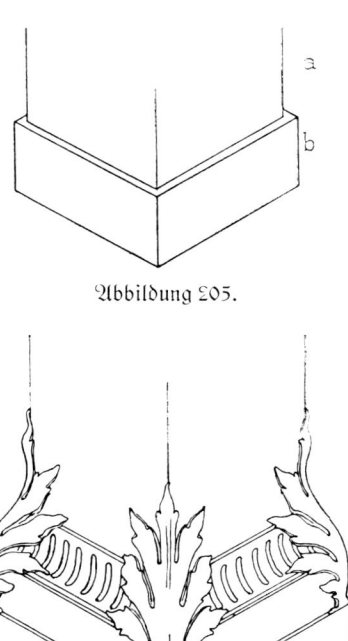

Abbildung 205.

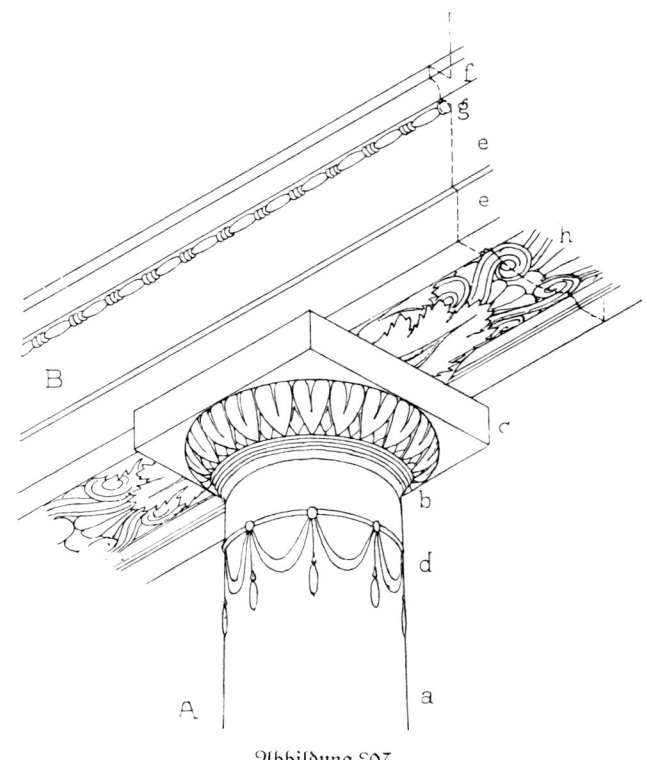

Abbildung 207.

Abbildung 206.

Unfreie Endigungen. Ist ein Teil eines Baues abgeschlossen, so endet er mit seinen Endflächen. Ist dieser Bauteil dazu bestimmt, einen anderen Bauteil zu tragen, so findet keine freie Endigung statt, sondern es besteht ein Konflikt zwischen ihm und dem lastenden Teil. Dieses Verhältnis finden wir in griechischen Bauwerken bezeichnet durch Blattwellen, Abbildung 208 bis 218, durch Formen, die Sinnbilder des Belastetseins, durch Sinnbilder der unfreien Endigung, die den Konflikt zwischen Stütze und Last sehr gut zum Ausdruck bringen. Die Blattwellen sind da angeheftet, wo der tragende Teil die Last aufnimmt. Der letzte formale Abschluß ist in der griechischen Baukunst immer eine Platte. Die Blattwellen sind Blattreihen, die nach oben gerichtet angeheftet und deren Blattspitzen nach vorn und unten zurückgebogen sind, wie durch Abbildung 208 bis 212 gezeigt. Die nach unten zurückgebogenen Blattspitzen weisen auf das Belastetsein, auf den Druck der Last, auf die unfreie Endigung des stützenden Teiles. An den dorischen Bauten waren diese Verzierungen auf vor

gearbeiteten Profilen gemalt. An Bauten mit jonischer und korinthischer Säulenordnung haben die Blattwellen plastische Formen.

Abbildung 208: B Architrav, tragender Teil. A lastender Teil. c und d Blattwellen, Zeichen, daß der Architrav dort abschließt und belastet ist. Abbildung 209: Das Profil eines Kranzgesimses. a Hängeplatte, c Blattwelle, das abschließende Glied der Hängeplatte und Zeichen, daß die Sima b die Hängeplatte belastet.

Abbildung 210: A das Profil der Blattwelle, d der Kern, a die Heftschnur, b die Blattreihe, c die Deckplatte. B die Ansicht der Blattwelle. C die Blätter, senkrecht aufgerichtet.

Abbildung 211: Verschiedene Profilformen der Blattwellen.

Abbildung 212: Blattwellen vom Erechtheion in Athen.

Abbildung 213: Griechisch-dorische Blattwelle. Abbildung 214 bis 216: Moderne Blattwellen.

Abbildung 217: Blattwelle als Endigung eines Postamentes. Abbildung 218: Blattwelle am Fuße einer Stütze.

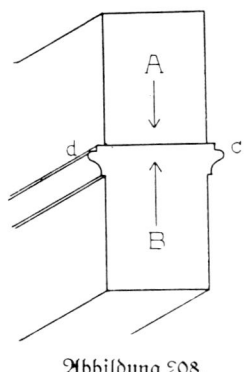

Abbildung 208.

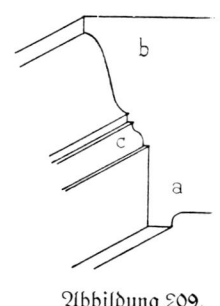

Abbildung 209.

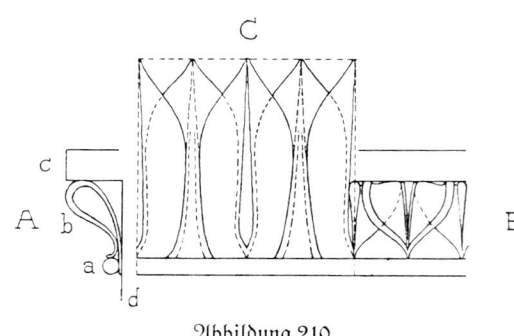

Abbildung 210.

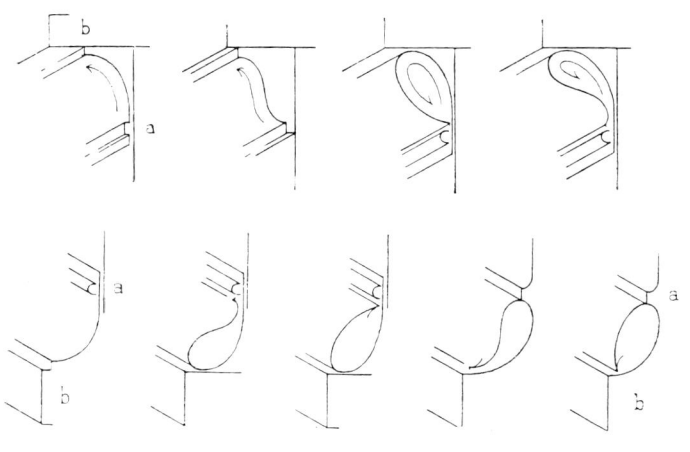

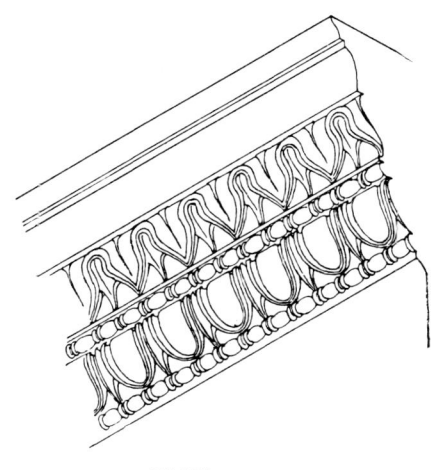

Abbildung 211.

Abbildung 212.

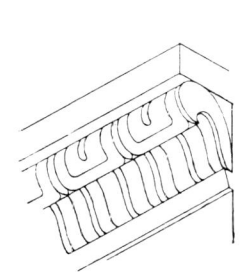

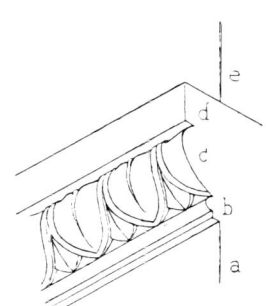

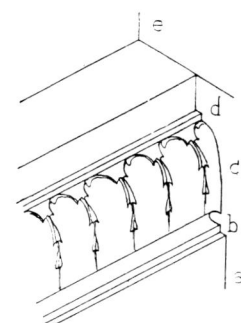

Abbildung 213.

Abbildung 214.

Abbildurg 215.

Abbildung 216.

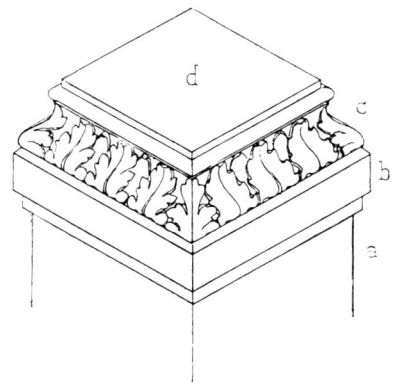

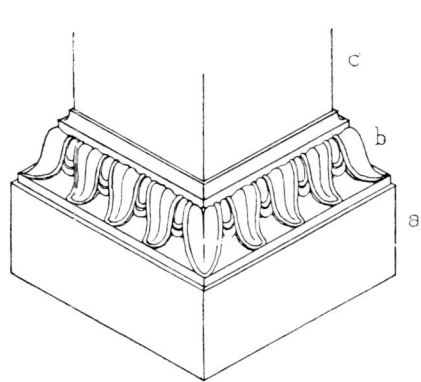

Abbildung 217.

Abbildung 218.

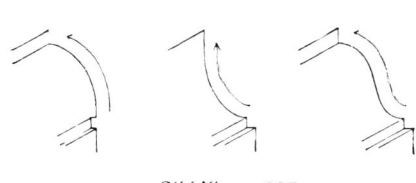

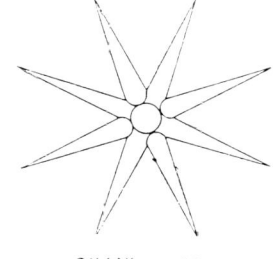

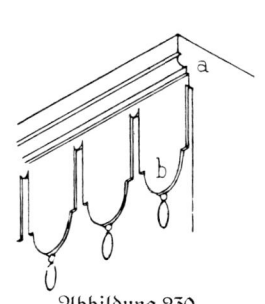

Abbildung 225.

Abbildung 224.

Abbildung 230.

41

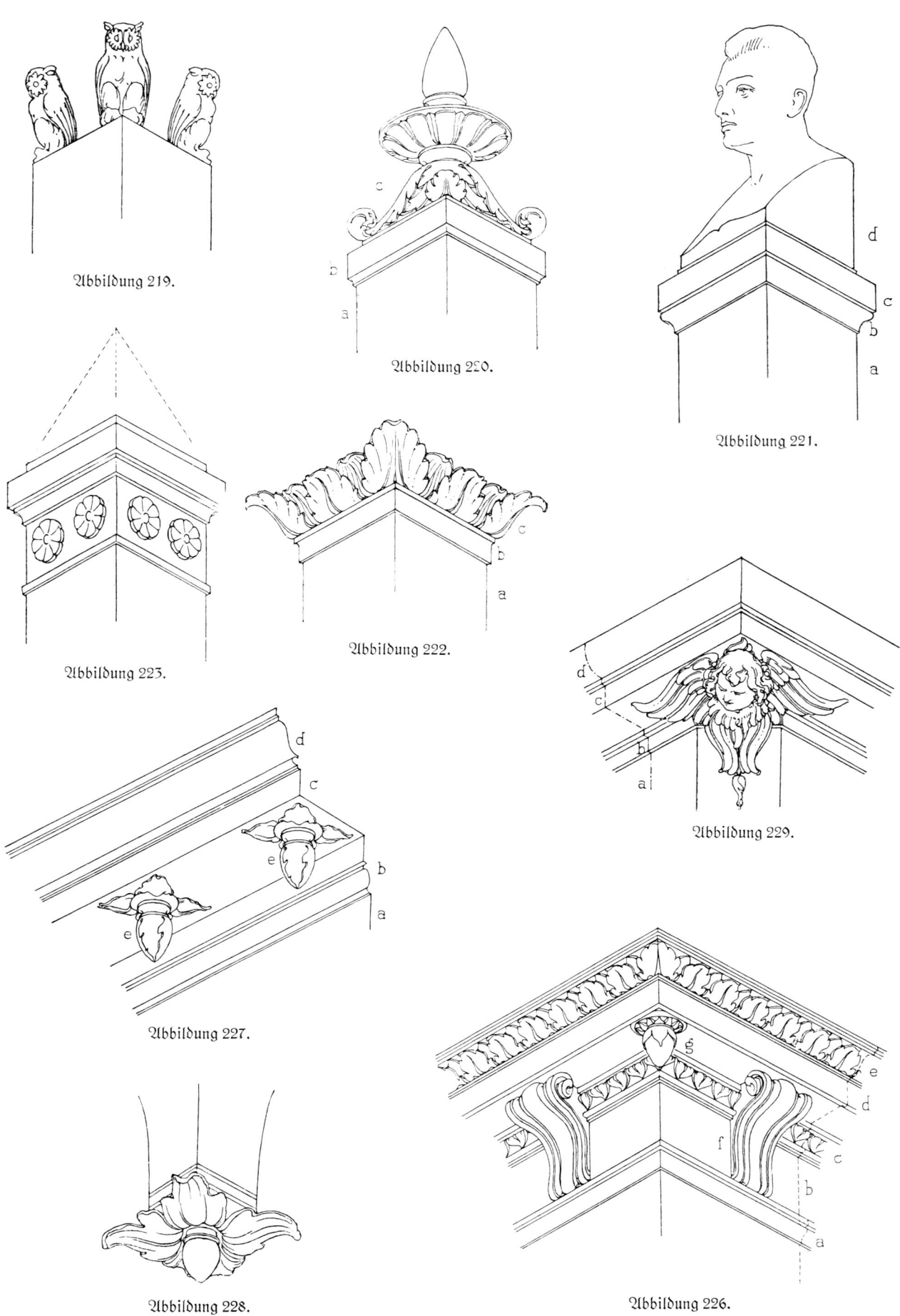

Abbildung 219.

Abbildung 220.

Abbildung 221.

Abbildung 223.

Abbildung 222.

Abbildung 229.

Abbildung 227.

Abbildung 228.

Abbildung 226.

Freie Endigungen. Ein Bau ist abgeschlossen, der letzte Steinkranz verlegt. Das ist die Bekrönung des Werkes, die freie Endigung. In der Gestaltung finden wir dieses ausgedrückt durch Formen, die uns Sinnbilder der freien Endigung und des Abschlusses sind. Zum Beispiel die Blume, der Stern, der Vogel, der Mensch, die Krone und ähnliches (Abbildung 219 bis 222).

Die griechischen Bauwerke haben als Endigungen nach oben Figuren an den Giebelecken und zwischen diesen auf der First und an der Traufe Reihen gleichgeformter ornamentaler Endigungen. Andere gereihte Endigungen waren an der Traufe und den Giebelschrägen, an den Rinnleisten angefügt (Abbildung 225). Sinnbilder der freien Endigung können nicht nur oben am Bau, sondern überall dort angewendet werden, wo ein Hinweis auf den Abschluß der Form nötig erscheint — an hängenden, vorstehenden und überdeckenden Bauteilen —, als Zeichen der freien Endigung und als Zeichen, daß die hängenden Bauteile getragen werden (Abbildung 226 bis 230).

Abbildung 225: Profile bekrönender Abschlußglieder — Sima=Profile.

Abbildung 226: Ein bekrönendes Gesims. a Blattwellenprofil, das die Wand abschließende Glied, b Friesband, c Blattwelle — Hinweis auf das Lasten der Hängeplatte mit der Sima, d Hängeplatte, e Sima mit dem Blattkranz, als Zeichen der freien Endigung und des Abschlusses des Baues, f Stütze der Hängeplatte, g freie Endigung an der unteren Fläche der Hängeplatte — ein Zeichen, daß die Platte getragen wird.

Abbildung 227: e freie Endigungen, wie g (Abbildung 226).

Abbildung 228: Die Blume als Endigung eines Hängezapfens.

Abbildung 229: Der geflügelte Kopf, Sinnbild, daß die Hängeplatte getragen wird.

Abbildung 230: a das Endigungsglied der Wand, b hängende Zier, ein Zeichen, daß die Wand tragen kann.

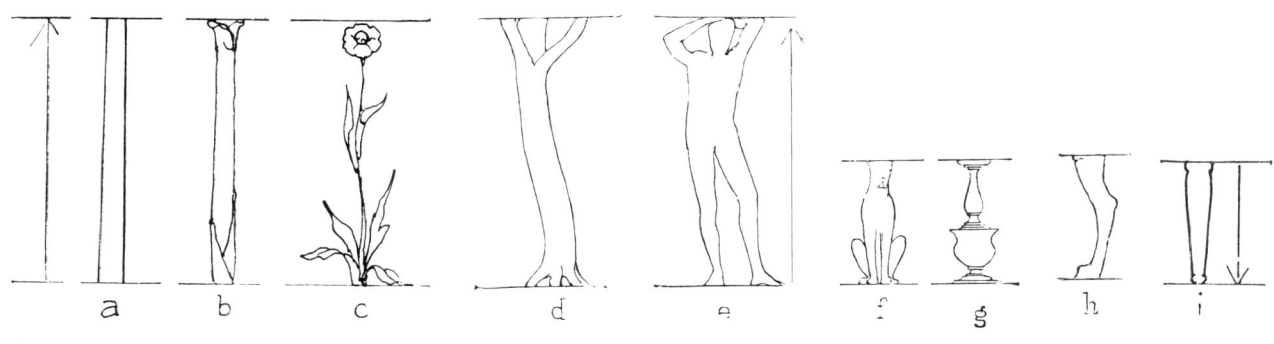

Abbildung 231.

Sinnbilder des Stützens — Stützenformen. Von einer Stütze verlangen wir, daß sie die ihr bestimmte Last tragen kann, und wir wünschen, daß sie tragfähig erscheint, sonst beunruhigen wir uns beim Anblick der Stütze. Es wird also eine durch unser Gefühl bestimmte Breite der Stütze gefordert.

Unser Auge war durch die Form der antiken griechischen Säule gewöhnt, Stützen in diesem Größenverhältnis als statisch sicher zu betrachten. Die ersten eisernen Stützen mit ihrem im Verhältnis zur Steinsäule geringen Querschnitt beunruhigten uns. Für unser Auge waren diese Stützen unsicher. Lange Zeit haben wir gebraucht, uns an den Anblick zu gewöhnen.

Unser Kunst= und Schönheitsgefühl verlangt, daß die Form der Stützen ihrem Zweck entspricht. Der Formeninhalt soll dieses zum Ausdruck bringen. Das Sinnbild dafür kann als Verzierung der stützenden Masse angefügt werden, oder die Stützform wird nach diesem Bild gestaltet. Das Motiv für die Form ist nach dem Zweck zu wählen.

Ist die Stütze fest mit einem unverrückbaren Unterbau verbunden, lotrecht gerichtet, und trägt (stützt) sie die Last, oder ist die Stütze ein Teil eines beweglichen Gegenstandes, ist die Stütze zum Beispiel ein Tischfuß, der mit seinem oberen Ende fest mit der Zarge und der Tischplatte verbunden ist, dann ist die Stütze gegen den Fußboden gerichtet. Im ersten Falle feste Verbindung mit dem Boden, im zweiten Falle nur Berührung des Bodens, der Tisch ist beweglich. Beides ist durch die Form zum Ausdruck zu bringen. Der Zweck dieser Stützen bedingt zwei ganz verschiedene Formmotive.

Abbildung 231 weist auf Formengruppen, die Motive geben: Stäbe, Pflanzenstengel, Pflanzen, Baumformen, der Mensch, die Tiere, Geräte.

Abbildung 232 bis 234 zeigen Stützenformen. Die Formen Abbildung 232 sind gemalt. Die Pfeile weisen auf die Richtung der Stützen.

Abbildung 235: Kranzgesims, a b c Unterglied, b Zahnschnittreihe — kleine Tragsteine, d Hängeplatte, e Sima.

Abbildung 236: c Träger der Hängeplatte. Abbildung 237: b Tragsteine, g Konsolenreihe, Träger der Hängeplatte. Abbildung 238: Konsol, Seitenansicht. Abbildung 239: Konsol, der Kopf als Zeichen, daß die Last getragen wird. Abbildung 240: Verschiedene einfache und verzierte Konsole. Alle Konsole sind Stützen.

In welcher Weise kann man eine Stütze formen, wenn ein Motiv vorhanden ist? Die Form Abbildung 241[1] hat ihr Vorbild in der Pflanzenwelt, im Stengel oder in der Knospe — die Form ist ohne besondere Merkmale. In dieser Form ist Richtung, es ist auch ein Ausdruck der Kraft mit ihr verbunden. In der Abbildung 241[1] ist die Form vor uns aufgerichtet, das Streben in der Form ist nach oben gerichtet. Auch umgekehrt ist diese Form brauchbar, die Spitze nach unten (Abbildung 245). Diese

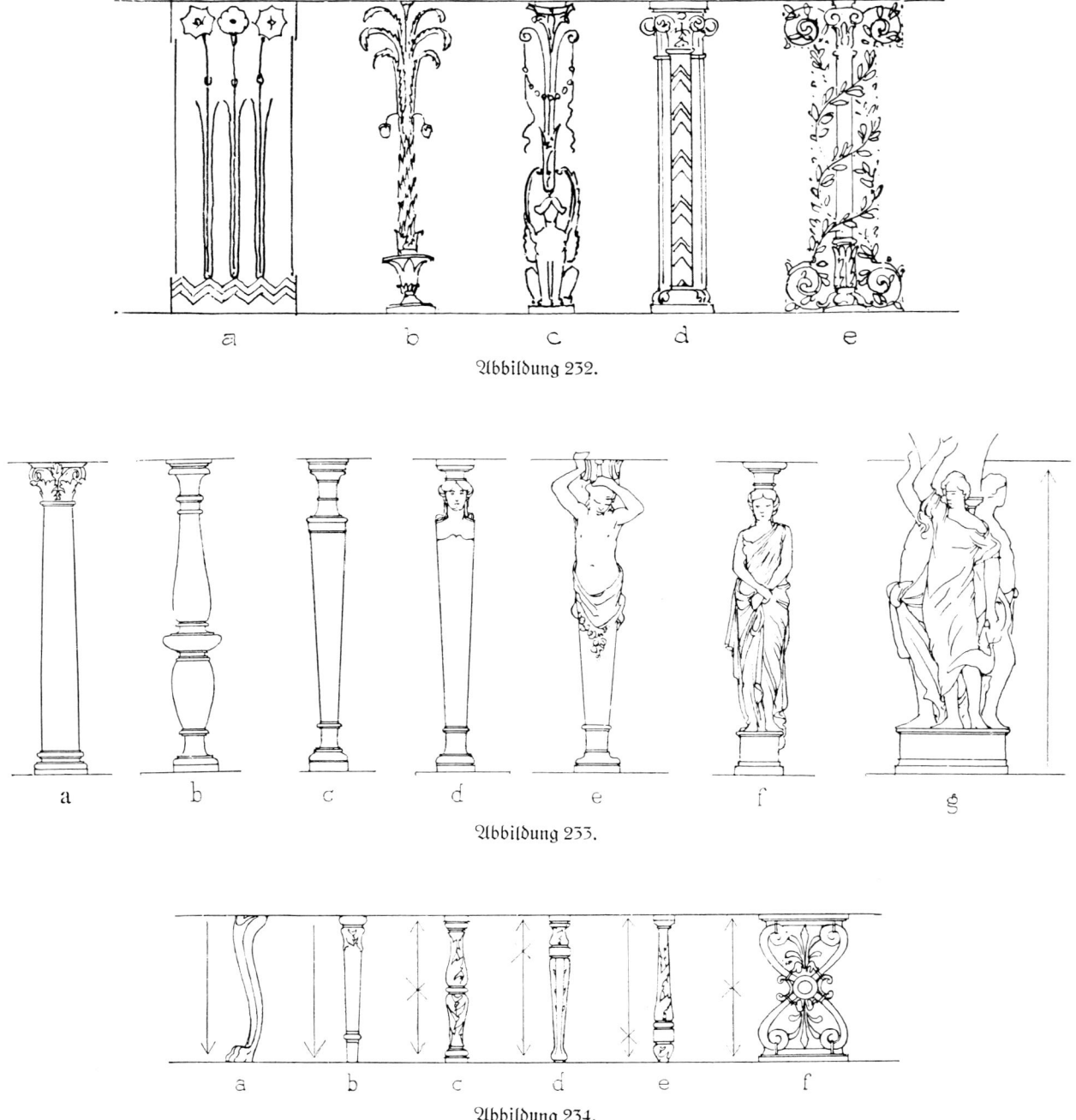

Abbildung 232.

Abbildung 233.

Abbildung 234.

einfache Form, auf eine Stütze übertragen, ist ohne jeden Zusatz in passender Umgebung möglich. Abbildung 241² bis 242⁶ zeigen, wie steigernd durch Hinzufügen von Abschluß= und Bindegliedern das Unten und Oben, der Anschluß an den Boden und das Aufnehmen der Last mehr und mehr betont werden.

Abbildung 247 ist ein Beweis, daß in Abbildung 241⁴ ein Oben und Unten der Form vorhanden ist. In Abbildung 241⁵ tritt durch Hinzufügen der Blattverzierung die Richtung mehr hervor. Abbildung 241⁶: Die Kernform ist wie 241¹. Hinzugefügt sind Verzierungen, Fuß und Kapitell. Die letztgenannten Teile sind (Abbildung 249) vergrößert dargestellt. Die Form 241⁶ zeigt die Richtung der Stütze so bestimmt, daß die Umkehrung der Stütze nicht denkbar ist.

Der Kern der Stütze Abbildung 242¹ ist walzenförmig, ohne Richtung. Die Abschlußglieder oben und unten sind gleich. Durch die Form der Stütze ist die Richtung nicht erklärt. In Abbildung 242² ist gegenüber Abbildung 241¹ ein Glied anders geformt und dadurch der Hinweis auf die Richtung erreicht. Vgl. Abbildung 247.

Abbildung 243: Die Kernform, in den drei Beispielen, ist walzenförmig, ohne Richtung. Die Richtung haben die drei Formen durch das hinzugefügte Zierwerk bekommen.

Abbildung 244: Die beiden Formen sind gleich, bis auf die unteren Endigungen. Durch die Endigung 1 wird auf die feste Verbindung mit dem Boden hingewiesen, durch die Endigung 2 auf die Beweglichkeit des Gegenstandes.

44

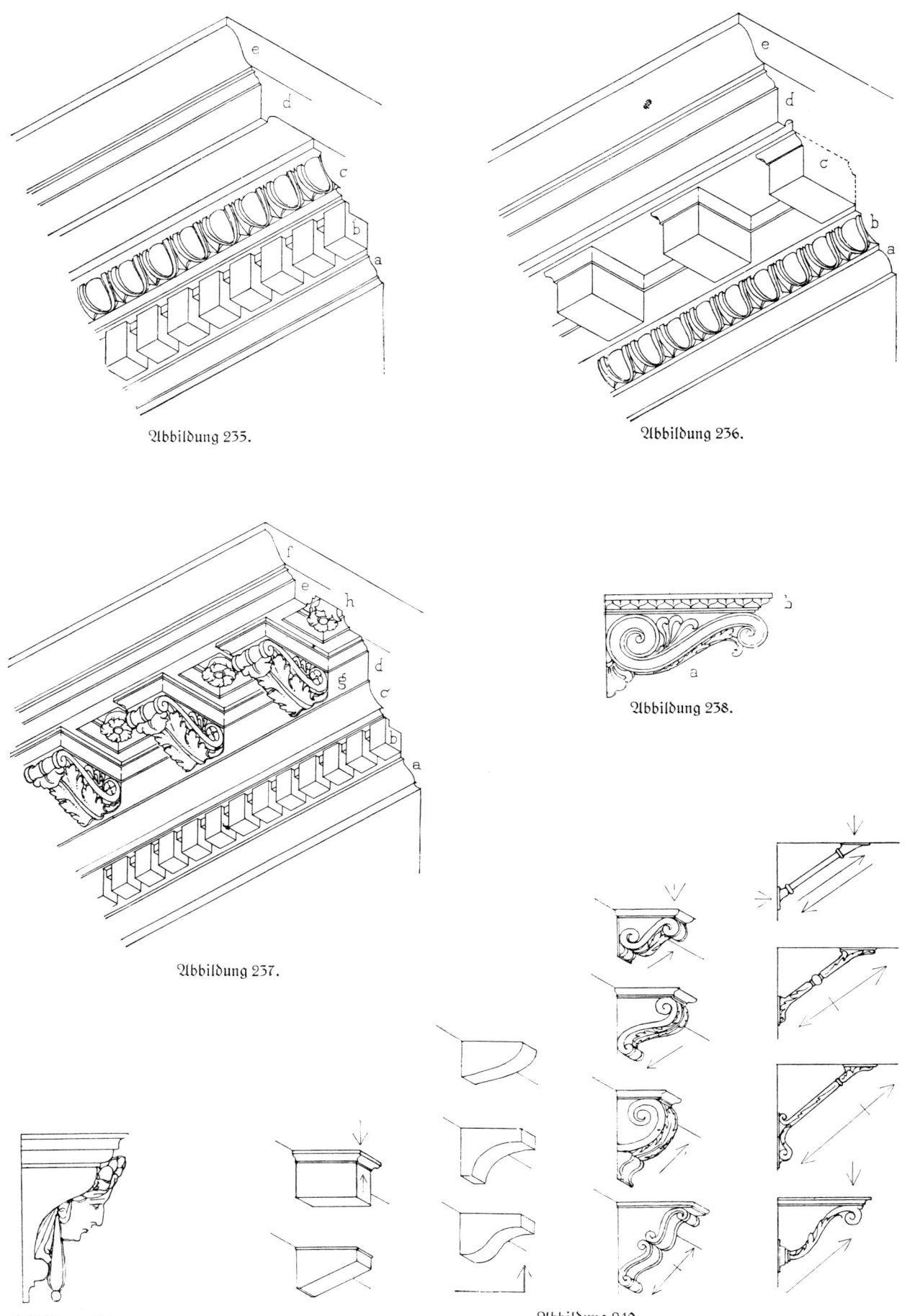

Abbildung 235.

Abbildung 236.

Abbildung 237.

Abbildung 238.

Abbildung 239.

Abbildung 240.

45

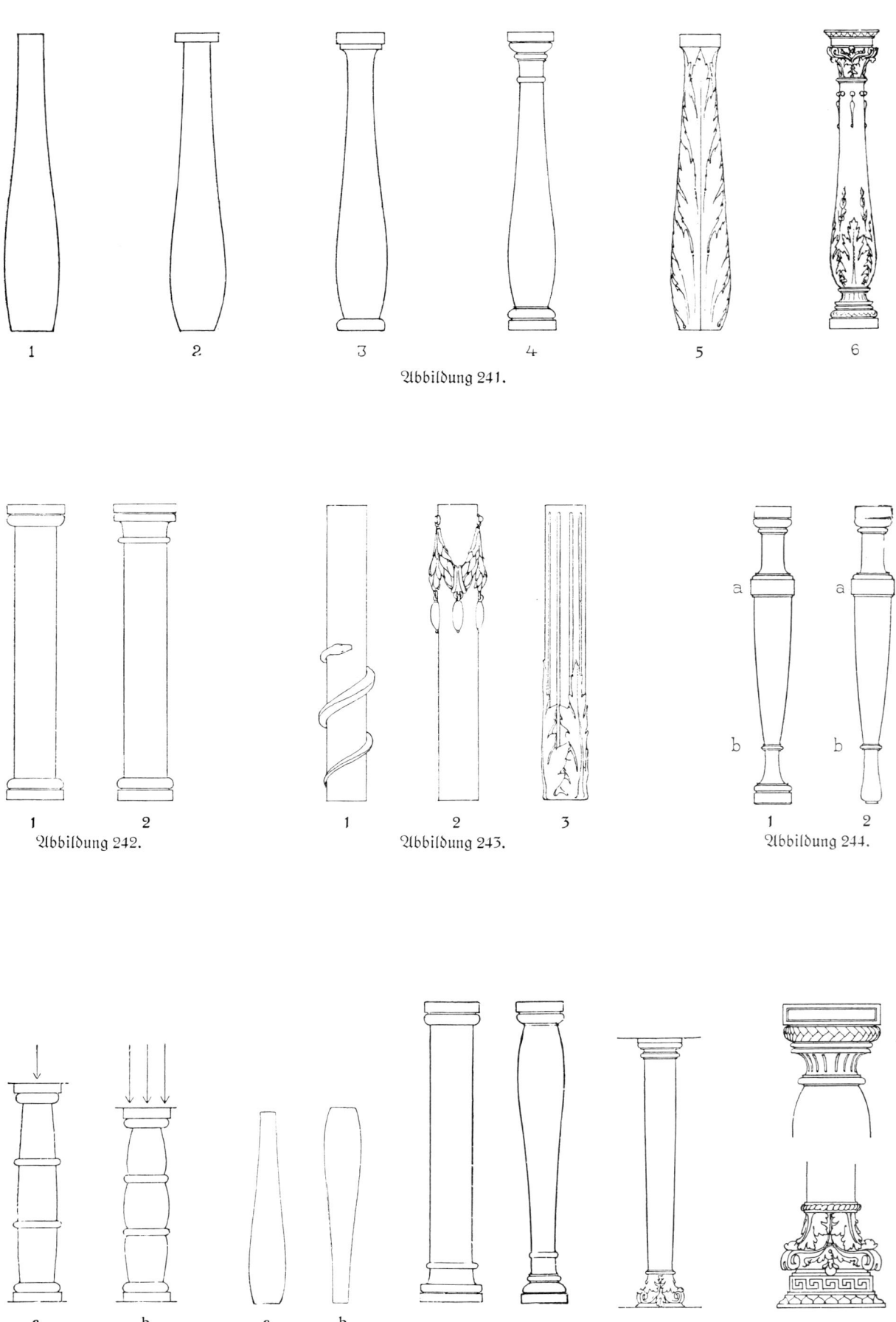

1   2   3   4   5   6

Abbildung 241.

1   2   1   2   3   1   2

Abbildung 242.   Abbildung 243.   Abbildung 244.

a   b   a   b

Abbildung 246.   Abbildung 245.   Abbildung 247.   Abbildung 248.   Abbildung 249.

46

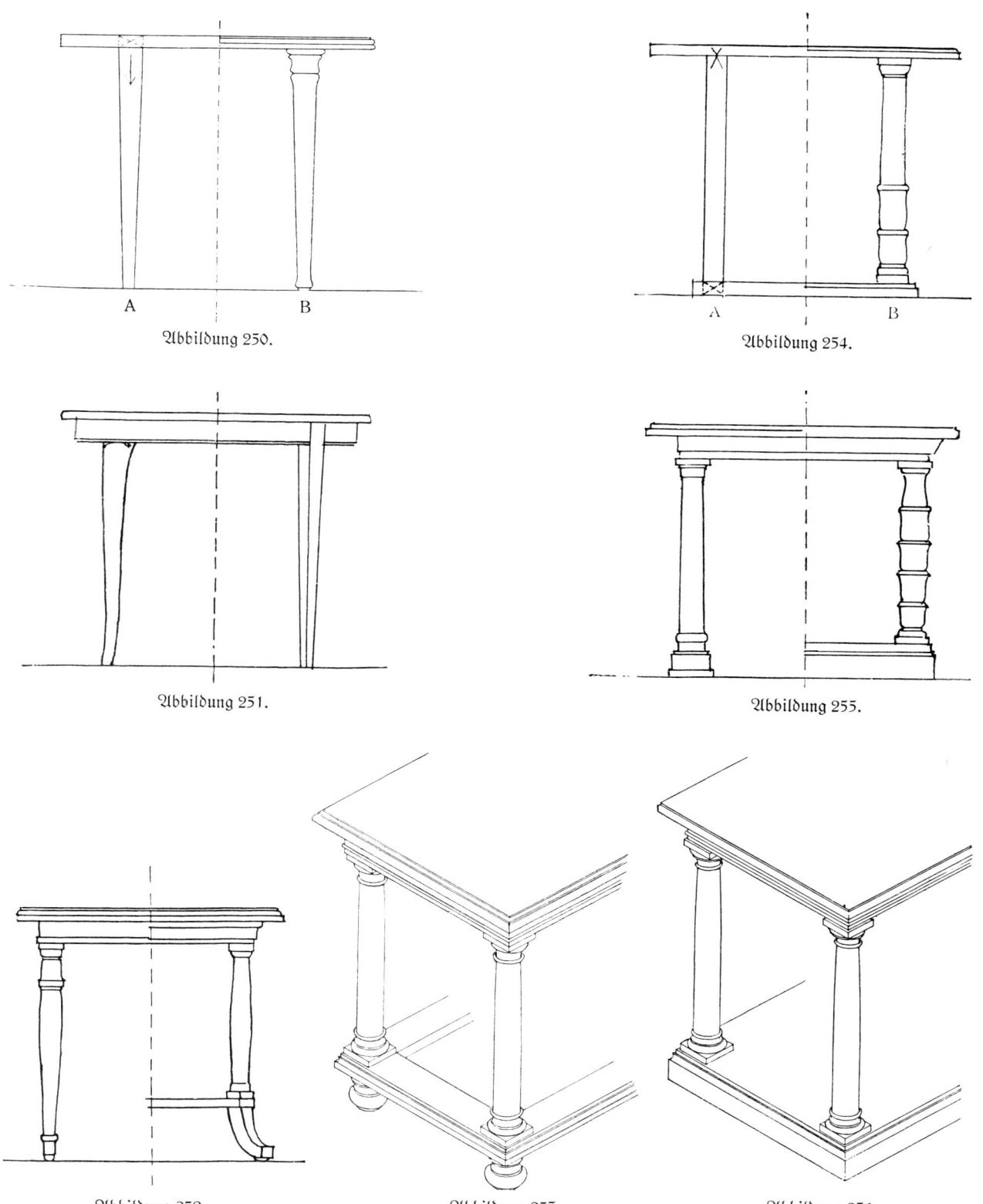

Abbildung 250.

Abbildung 254.

Abbildung 251.

Abbildung 255.

Abbildung 252.

Abbildung 253.

Abbildung 256.

Abbildung 246: Der Schaft der Stütze ist in beiden Beispielen nach der Form einer mit Ringen umspannten elastischen Masse gestaltet. In der Stütze 2 ist das Belastetsein durch das Stauchen der Masse und die Schwellung mehr betont als in der Form der Stütze 1. Abbildung 247 und 248: Die Stützen Abbildung 241⁴ und 233a umgekehrt. Die Formen sprechen gegen diese unrichtige Lage, besonders Abbildung 248.

Abbildung 250 A: Der Tischfuß ist mit der Tischplatte fest verbunden. Abbildung 250 B: Profilierter Fuß. Abbildung 251 bis 253: Beispiele für Fußformen beweglicher Tische. Abbildung 254 A: Der Tischfuß ist mit der Bodenplatte fest verbunden und gegen die Platte gerichtet. Dieser Tisch hat einen bestimmten Platz im Raum. Der Tischfuß ist also ganz anders zu formen als der eines beweglichen Tisches. Abbildung 254 B, 255

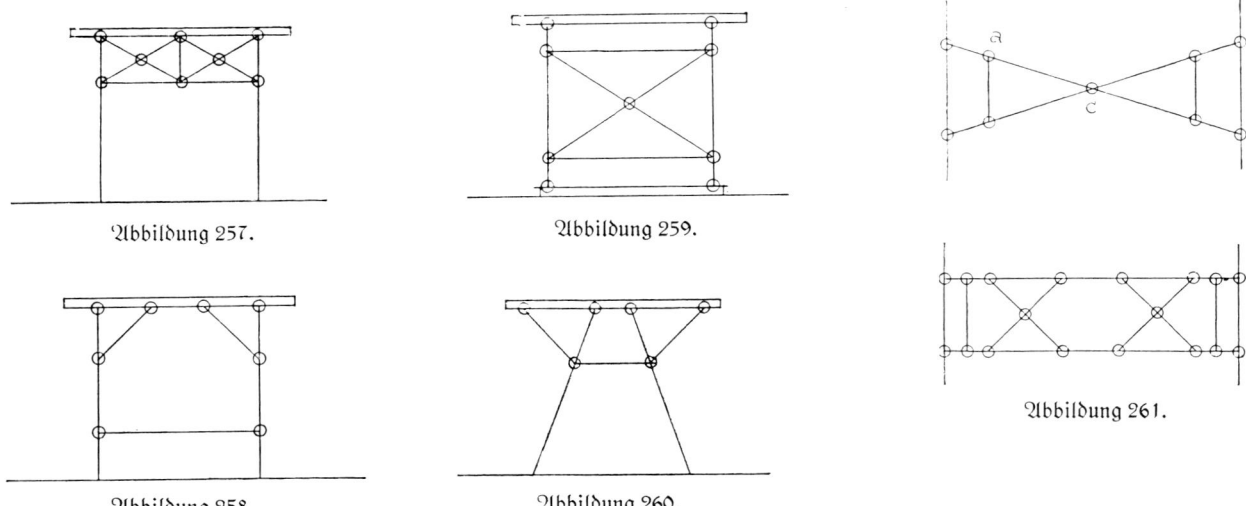

Abbildung 257.

Abbildung 259.

Abbildung 258.

Abbildung 260.

Abbildung 261.

und 256 sind Beispiele für Fußformen unbeweglicher Tische (unbeweglich in dem Sinne: die Tische sollen nicht hin und her getragen werden).

Abbildung 257 bis 261: Schemas für Tischgerüste. Müssen Gerüste aus Stäben gebaut werden, so bekommen sie durch die Dreieckverbindung die größte Festigkeit. Ist das Holz stark genug, dann wird der Tischler Zarge und Füße zusammenstemmen oder schlitzen und leimen, oder er verbindet Zarge und Füße mittels starker Dübel.

Beispiele für die Verwendung der Sinnbilder. Abbildung 262: Ein Kasten — vier Seitenwände, Rückwand, Tür; wenn jemand diesen Kasten in der Hand hat und ihn wegstellen will, auf welche der fünf Seiten legt er ihn? Auf dem Kasten ist kein Zeichen für Oben und Unten vorhanden. Ein Ornament auf der

Tür, wie in Abbildung 263, gibt schon eine Aufklärung. Das Ornament hat Richtung. Noch besser ist die Form 264, der Kasten hat Füße in Kugelform. Die Kugel ist ein Zeichen für die Beweglichkeit des Kastens; dazu das Richtungszeichen auf der Tür.

Abbildung 265 A: Ein kleiner verschließbarer Kasten — zwei Seiten, Rückwand, Tür (Rahmen und Füllung) und zwei Endbretter a und c. Zufällig ist c oben. Ist an diesem Kasten das Unten und Oben zu erkennen? Nein. Auch in der Form 265 B ist kein Hinweis. Die bandartigen Kehlungen der Endbretter weisen nur auf das Verbundensein der Seiten und der Tür mit den Endbrettern hin.

Abbildung 266: Das Ornament auf der Tür gibt Antwort auf die Frage: Wo ist oben? Und Abbildung 267 klärt über die Beziehung des Kastens zum Unterbau (Tisch, Schrank) auf. Der Kasten ist beweglich.

Abbildung 262.

Abbildung 263.

Abbildung 264.

Abbildung 265.

Abbildung 266.

Abbildung 267.

48

Die Profile von allem Leiftenwerk find zufammengefeßt aus Platten, Holzkehlen, Stäben und Karniefen in den verfchiedenartigften Größen und Formen. Ein Stab kann einen kreisförmigen Ausfchnitt haben und ein gezogenes Profil. Ebenfo die Hohlkehle und das Karnies fowie wellenförmige Profile (Abbildung 268).

Diefe Formen finden wir in allen Profilen wieder, einzeln oder zufammengefeßt, als Verzierungen, als Bänder, als Endigungen. In der griechifchen Baukunft ift ein Syftem für die Profilbildung entftanden, das die Beziehungen der Bauteile zueinander verftändlich macht — finnbildlich erklärt. Ich erinnere an die Sinnbilder des Bindens, der unfreien und der freien Endigungen und des Stüßens. Die griechifche Baukunft hat die römifche beeinflußt, und Baukünftler der folgenden Zeit bis heute haben diefe Formen abfichtlich nachgebildet oder haben fich von ihnen beeinfluffen laffen. Ausgenommen find die Gotiker, die ihre Profilformen nach einem anderen Prinzip gebildet haben, und Baukünftler der letzten 20 Jahre, die fich von antiken Überlieferungen frei machten. Betrachten wir zunächft die Reihenfolge der Höhen und Tiefen von profilierten Flächen, die durch die Reihung von Einzelformen entftehen, und beachten wir die dadurch entftehenden Licht- und Schattenflächen und die Teilung der Flächen. Fehlt die proportionale Entwicklung der Profillinie, fehlt die Symmetrie, wenn eine Form abgefchloffen werden follte, fehlt an gegebenen Punkten die Reihung gleicher Formen, fehlt all das, worauf im vorhergehenden hingewiefen worden ift, was wir in dem Kapitel „Das Sehen" betrachtet haben, fo ift auch keine gute Wirkung vorhanden. Ferner fei nochmals daran erinnert, daß ein Gegenftand, der zufammen mit anderen gefehen wird, anders geftaltet werden kann als einer, der nur für fich wirken foll. Der Anfänger beobachte, welche Wirkung erzielt wird, wenn gleiche Formen einander folgen, wenn Kontrafte vorhanden find, und wenn durch ähnliche Formen Steigerungen der Bewegung der Profillinie bewirkt werden (Abbildung 269).

Und weiter noch ift bei der Profilbildung zu beachten (vergleiche das Seite 10 Gefagte): Profile, auf die man hinabfieht, erfcheinen niedriger als fie find — erfcheinen alfo flacher, zufammengedrückt. Profile, zu denen man hinauffehen muß, erfcheinen ebenfalls flacher als fie find.

Ein Würfel ift ein in fich abgefchloffener Körper, der keine Beziehung zur Umwelt zeigt. Werden diefem Würfel profilierte Platten oder Leiften nach Abbildung 271 angefügt, fo hat diefer Körper Richtung. Die Flächen a find freie Seiten, b und c find obere oder untere Endflächen. Die Profilformen b und c find nicht fo abweichend geformt, daß diefe Abweichung das Oben und Unten kennzeichnet. Dagegen haben b und c (Ab-

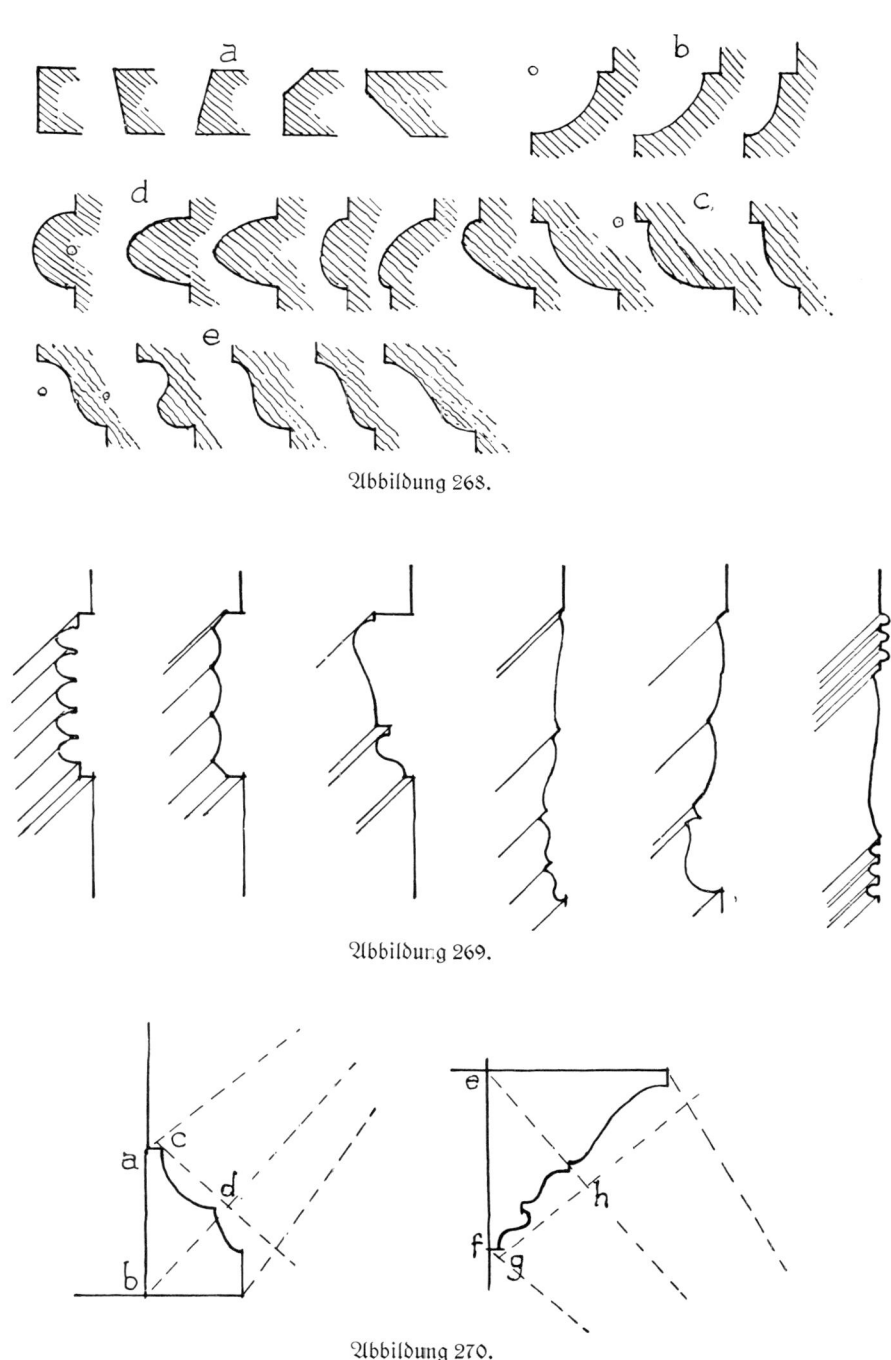

Abbildung 268.

Abbildung 269.

Abbildung 270.

49

Abbildung 271.

Abbildung 272.

Abbildung 273.

Abbildung 274.

Abbildung 275.

Abbildung 276.

Abbildung 277.

Abbildung 278.

bildung 272) so verſchiedene Formen, daß hier gar kein Zweifel darüber beſteht, was am Körper unten, was oben iſt. Ebenſo deutlich iſt das in Abbildung 273. Nur läßt dieſe nicht ſo klar wie 272 erkennen, ob der Körper nach oben hin noch Beziehung zu anderen hat. Die Form c, 272, verlangt einen Aufbau (Vaſe, Statue oder anderes) als Endigung. Die Form c, 273, widerſpricht dem Aufbau nicht, fordert ihn aber auch nicht. Die Geſamtform 273 weiſt auf kleinere Gegenſtände als

Aufbauten (Endigungen), während 272 ſeiner Form nach ein Poſtament für einen größeren Gegenſtand iſt.

Abbildung 274: Die Körper A und B ſind durch ihre Form und das Band b, den gemeinſamen Sockel a und die Endigung c der Form nach zu einem Körper ge= worden (Schrank oder anderes). Die Körper C und D, Abbildung 275, ſind vereinigt, ſind der Form nach eins. D iſt der Sockel für C. Die Verbindung und das Laſten von C auf D iſt durch b und e verſchieden zum Ausdruck

50

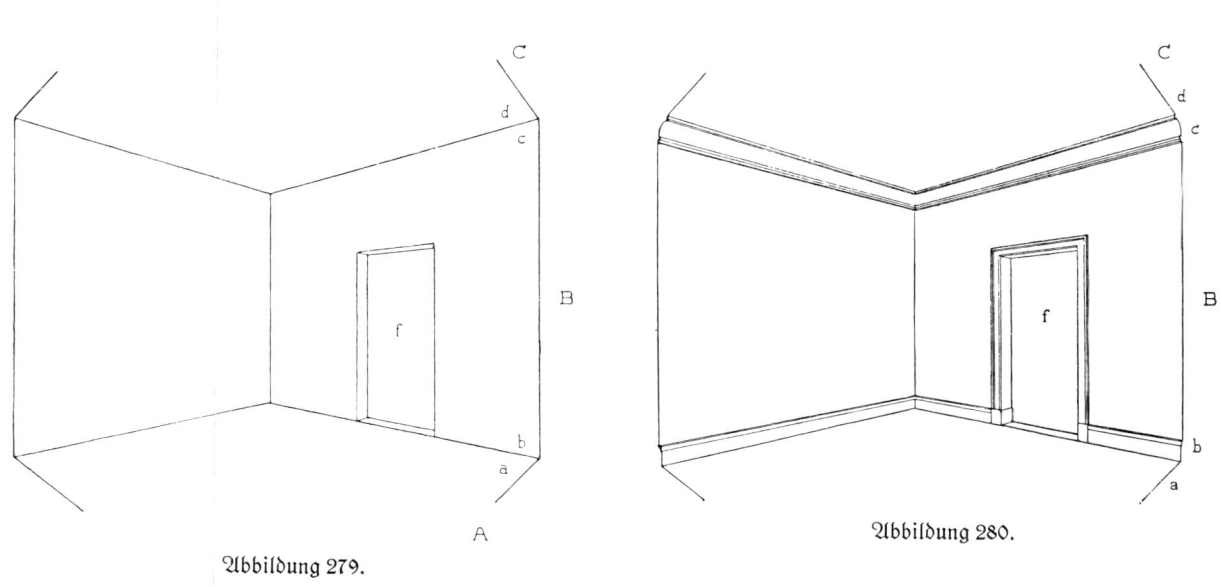

Abbildung 279.　　　　Abbildung 280.

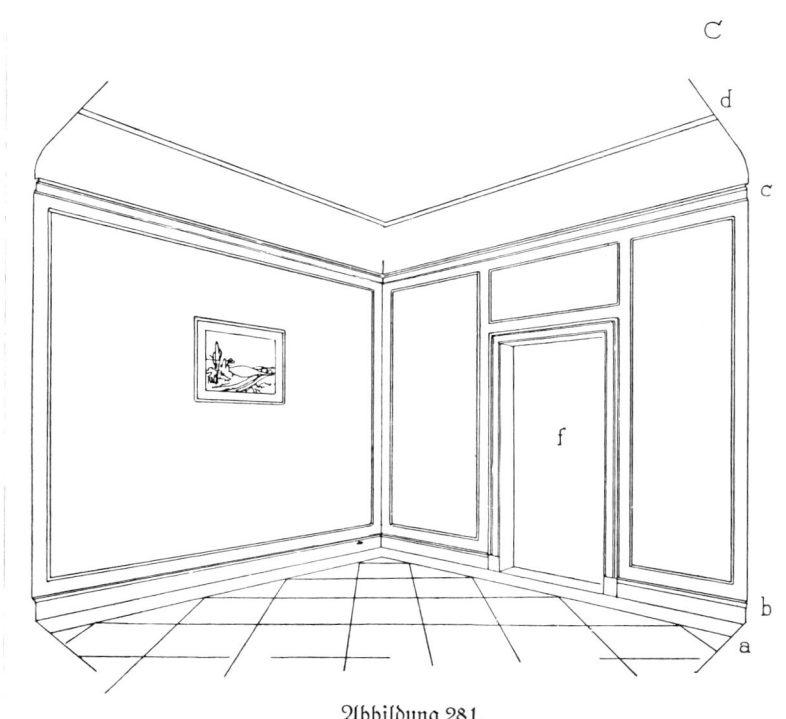

Abbildung 281.

gebracht. Abbildung 276, A und B: Jeder dieser Körper ist für sich abgeschlossen, B als Unterbau. a und c sind nach ihrer Größe Sockel und Bekrönung für die Gesamt= form. Abbildung 277: A und B sind durch Bänder zu einem vereint, C ist der gemeinsame Sockel. c ist für A, B und C gemeinsames Endigungsglied. Die Formen 274 bis 277 haben einen sich dem Boden dicht anschließenden Sockel, ein Zeichen, daß sie an dem ihnen gegebenen Platz bleiben sollen. Abbildung 278 zeigt durch die Fußform auf die Beweglichkeit des Gegenstandes. Im Aufbau sind zwei Kasten durch die Umrahmung formal zu einem Körper vereint.

Abbildung 279: Die Ecke eines kahlen Raumes mit einer Durchgangsöffnung. Abbildung 280 bis 283 sind Beispiele, wie die Bauteile, Fußboden, Wände, Decke, jeder Teil für sich, durch Umrahmungen abgeschlossen und durch Bänder (Sockel, Hohlkehle) miteinander zu einem

Ganzen verbunden werden können, wie durch richtungs= lose Verzierungen der Fußboden und die Decke verziert und die aufrechte Lage der umfassenden Mauer ebenfalls durch Ornament oder architektonische Gliederung betont werden kann.

Bisher ist in allen Ausführungen nicht besonders auf die Tischlerarbeiten hingewiesen. Untersuchen wir, wie der Tischler diese allgemeingehaltenen Erklärungen verwenden kann. Für den Ausbau des Hauses liefert der Tischler Fensterrahmen, Türen, Parkett, Wand= und Deckenbekleidungen, Treppen und Brüstungen. Liefert der Architekt die Zeichnungen zu diesen Gegenständen, so bleibt für den Tischler nur die Übertragung der vom Architekten durchdachten Form auf den Werkstoff, die Ausführung in Holz — eventuell hat er Vorschläge für den Zusammenbau zu machen, wenn solcher nicht schon

51

durch die äußere Form für alle Teile gegeben ist. Hat der Tischler die Entwürfe zu machen, so sind die Gesamtmaße, zum Beispiel Höhe und Breite der Fenster, vielfach unabänderlich durch den Rohbau gegeben. Andere Maße sind durch den Nutzungszweck bedingt. (Teil II.) Trotzdem behält der Tischler sehr viel Freiheit für die Gestaltung. Die Fensterteilung muß sich harmonisch dem Mauerwerk der Fassade anschließen, mit dieser ein Ganzes bilden. Aber auch dem Innern des Hauses soll die Fensterteilung angepaßt sein. Die Türen: Unsere heutige Technik erlaubt es uns, große Flächen zu bilden, wenn uns solches im Interesse der Raumwirkung richtig erscheint. Dasselbe gilt für Wand- und Deckenbekleidung. Für alle diese Arbeiten kommen die allgemeinen Gestaltungsgesetze voll zur Auswirkung. Ohne Symmetrie, Proportionalität und Richtung wird kein Werk gestaltet werden können. Für hohe Räume und für lange Räume fordern Verkürzungen und Überschneidungen besondere Beachtung. Die architektonische Raumwirkung darf durch die Tischlerarbeiten nicht gestört werden. Wandvertäfelungen bis zu 2 Meter Höhe bilden meist nur den Hintergrund für die Personen des Hauses, trotzdem darf die Teilung der Fläche nicht langweilen. Vertäfelungen über diese Höhe hinaus müssen bei aller Abwechslung der Formen ruhig wirken und das Auge auf Punkte lenken, die etwas Besonderes bieten. Fußboden, Wand und Decke müssen im Verein mit der übrigen Raumausstattung ein harmonisches Ganzes bilden, in dem einzelne Erscheinungen Ruhepunkte für das Auge sind. Sind mehrere aneinanderschließende Räume auszubauen, so muß die Einheit des Hauses der Eindruck des Ganzen sein. Womit jedoch nicht gesagt werden soll, daß ein Raum dem anderen gleichen soll. Selbstverständlich soll ein Wechsel der Erscheinungen da sein. Ist ein Hauptraum — Festsaal, Musikzimmer,

Abbildung 282.

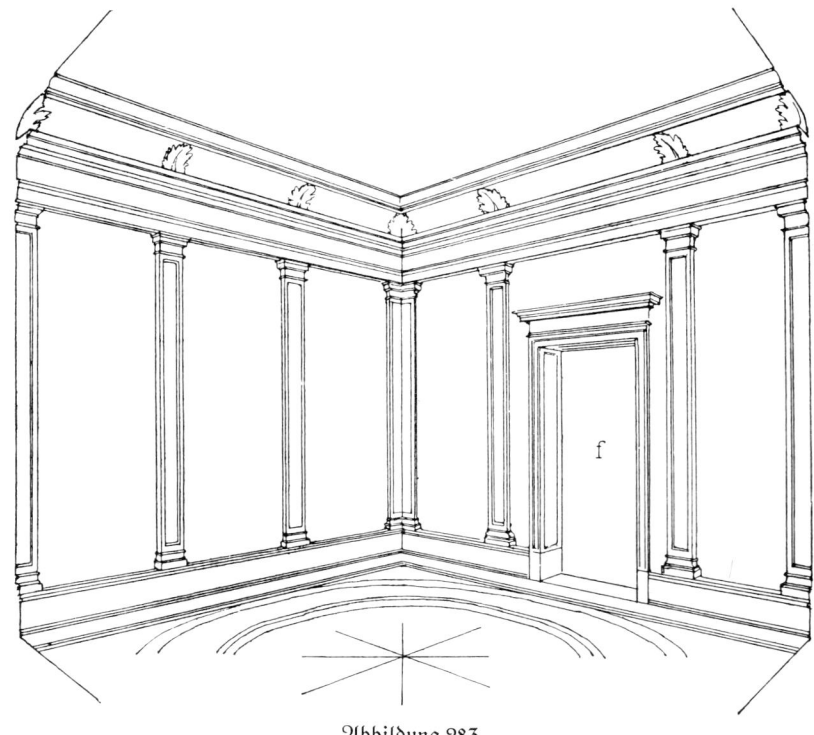

Abbildung 283.

Gesellschaftszimmer — vorhanden, so wird fast immer vom Eingang bis in diesen Raum eine Steigerung der dekorativen Mittel zweckmäßig sein. Die Dekoration muß zum Frohsein anregen. Jeder Raum fordert besondere Mittel. Will der Raumkünstler durch die Ausstattung der Festräume überraschen, so dürfen die Motive der Dekoration des Hauptraumes nicht in den Vorräumen wiederholt werden. Soll ein Raum besonders hell erscheinen, so darf in den Vor-

räumen nur ein gedämpftes Licht sein. Soll ein Raum überraschend hoch erscheinen, so müssen die Vorräume niedere Decken haben. Nur durch Kontrast wird die Wirkung erhöht. Wohnräume, in denen wir tagtäglich stundenlang verweilen, dürfen durch ihre Ausstattung nicht fortgesetzt aufregen, hier muß wohltuende Ruhe herrschen. Jeder Anfänger hüte sich, beschränke sich, verarbeite nicht zu viele einander fremde Motive in einem Raum. Formen, Farben, Helligkeitskontraste sind sehr

Abbildung 284.

Abbildung 285.

Landesverein Sächsischer Heimatschutz.   Entwurf: Architekt H. Teffenow.   Ausführung: Deutsche Werkstätten A.-G., Hellerau.

wirksam, nur dürfen derer in einem Raum nicht viele auf den Bewohner einwirken. Durch wenig sehr Gutes am sorgsam gewählten Platz wird mehr erreicht als durch Überladung.

Unsere Körpermaße und -formen bedingen die Größen und Formen der Sitzmöbel und Tische sowie die der Betten und Liegestühle. Stühle, die viel bewegt werden müssen, dürfen nicht unhandlich groß und schwer sein. Das gleiche gilt für die Tische und alle Mobiliarstücke, die keinen festen Platz haben. Die Schrankhöhen werden durch den Nutzungszweck bestimmt. So ist auch hier die Länge des Menschen bestimmend für die Höhe des Gegenstandes. Auf dem Boden stehend wollen wir Bücher oder Kleidungsstücke aus den Schränken nehmen können, wir wollen in den Wohnungen nicht immer mit der Leiter von Schrank zu Schrank wandern. Und weiter kommt noch in Betracht, ob die Möbel für Mieträume oder für das eigene Haus bestimmt sind. Alle anderen Momente für die Gestaltung liegen im Material, in der Technik, den Raumverhältnissen, dem Willen und den Mitteln des Auftraggebers und der Kunst des Entwerfenden und Ausführenden.

Das Holz ist der Werkstoff des Tischlers, den er in der Form von Bohlen, Brettern, dünnen Platten, Furnieren, Leisten und Kantholz zu Fensterrahmen, Türen, Vertäfelungen und Möbeln verarbeitet. Die Eigen-schaften des Holzes, die Breite der Platten, das Schwinden und Quellen bei der Veränderung des Feuchtigkeitsgehaltes der Luft, die Faserrichtung (schlichtes oder gemasertes Holz) und die Farbe geben eine Richtung für die Gestaltung der Dinge. Den Unzulänglichkeiten des Holzes muß durch die Technik begegnet werden. Das Schöne besonderer Hölzer muß durch die Technik, durch die Form zur Geltung kommen. Aber gerade all dieses kann dem Tischler zu einer Quelle eigenartiger Gestaltungsideen werden, wenn er richtig denkt. Es wäre zum Beispiel doch falsch, ein Holz, dessen Schönheit nur durch große, glatte, polierte Flächen zur Geltung gebracht werden kann, für kleinlich krause Formen mit mattblanker Oberfläche zu verarbeiten. Der Tischler kann den Brettbau und den Stollenbau oder beide kombiniert anwenden. Dadurch entstehen ihm mannigfache Möglichkeiten der Gestaltung. Er kann heute verhältnismäßig große Flächen durch Verleimen von Platten (Sperren) herstellen, er kann Rahmen bilden, Verdoppelungen machen, kann kehlen, schweifen, kann Leistenverzierungen bilden, furnieren, beizen, wachsen, polieren. Mit Hilfe dieser Technik kann er unendlich verschiedene Formen bilden. Doch sei hier nochmals gesagt: Einem Gegenstand eine einfache, zweckmäßige, schöne Form geben ist eine Kunst — eine bessere Kunst als das Überladen der Dinge mit schreienden Verzierungen.

Abbildung 286.   Entwurf und Ausführung: Handwerker- und Kunstgewerbeschule Breslau.

Abbildung 284 bis 289 sind Beispiele für das, was der Tischler ohne Hilfe von Drechslern und Bildschnitzern und anderen zu leisten vermag.

Ein anderer Formenwechsel ist möglich, wenn der Tischler den Drechsler, den Bildschnitzer, den Intarsiaarbeiter usw. für die Ausführung der Verzierungen mitarbeiten läßt. Doch muß für das Zusammenarbeiten ein wohldurchdachter Plan vorhanden sein. Ein Gestaltungsgedanke muß alle leiten.

Abbildung 290: Ein gotischer Schrank aus der Zeit 1460 bis 1520, im Nationalmuseum in München. Schnitzarbeit am Sockel und am Kranz. Reiche Eisenbeschläge auf den Türen. Ohne diese Verzierungen ist nicht viel mehr als zwei aufeinandergestellte glatte Kisten vorhanden. Durch das Zusammenarbeiten der drei Handwerker ist Gutes geschaffen worden. An erster Stelle steht der, welcher den schöpferischen Gedanken für die Gesamtform hervorgebracht hat.

Abbildung 291: Gotischer Schrank (spätgotische Zeit) im Schloß Tratzberg, Tirol. An diesem Werk arbeiteten Tischler, Bildschnitzer, Maler, Schmiede.

Abbildung 292: Renaissanceschrank, 16. Jahrhundert. Nürnberger Arbeit. Neben dem Tischler war der Bildschnitzer hervorragend tätig. Wohltuend wirkt der Kontrast der ruhigen, glatten Flächen zu den ornamentierten und der Kontrast der Reihungen zu dem Rankenornament.

Abbildung 293: Schrank, Boulearbeit, Stil Louis XIV., im Louvre zu Paris. Sehr reich verzierter Schrank. Alle Flächen furniert. Intarsien aus schwarzem und dunkelbraunem Holz, Zinn, Messing und Schildpatt. Vergoldete Messingleisten und -rosetten, vergoldete Bronzefüße und Füllungsverzierungen, Marmorplatte. An diesem Werk haben gearbeitet: Tischler, Intarsiaarbeiter, Modelleure, Metallgießer, Gürtler, Ziseleure, Vergolder, Marmorarbeiter.

Abbildung 294: Spiegel (Psyche) im Palais de Compiègne. Spiegelgestell aus Mahagoni mit Bronzebeschlag und Bronzeleisten.

Abbildung 295: Kopfteil des Bettes Louis XIII. Eine schöne kunstgewerbliche Arbeit, an der Drechsler und Bildschnitzer besonderen Anteil hatten.

Abbildung 296: Stühle aus dem 17. Jahrhundert, portugiesische Arbeit. Sitz und Rückenlehne mit gepunztem Leder überzogen. Die großen Messingknöpfe an Sitz und Rückenlehne sind ein Teil der Verzierungen. Tischler, Drechsler, Bildschnitzer, Polsterer, Lederbildhauer, Gürtler, Vergolder wirkten hier zusammen.

Abbildung 297: Sofa im Schloß Fontainebleau, Stil Louis XVI. Reichgeschnitztes vergoldetes Holz. Seidener Polsterüberzug. An diesem prunkvollen Sitzmöbel waren tätig: Tischler, Bildschnitzer, Vergolder, Polsterer, Posamentenmacher, Seidenwirker.

54

Abbildung 287. Stoffmuseum der Farbenfabriken in Leverkusen. Gobelinsaal. Architekt H. Muthesius.

Hiermit sind wir zu dem Studium der alten Kunst übergegangen. Jeder Kunsthandwerker muß sich einen Überblick über die Leistungen vergangener Zeiten und der Gegenwart verschaffen. Er muß kritisch sein Wollen und Können mit dem der anderen vergleichen. Aber besonders muß sich der Tischler mit den Arbeiten der Alten beschäftigen, der sogenannte „Stilmöbel" herstellen will. Aufträge dieser Art werden immer noch gegeben. Es ist eine alte Zimmerausstattung zu ergänzen, oder aus Liebhaberei will der Besitzer eines großen Hauses einen Raum in der Stilrichtung einer früheren Zeit ausbauen, oder es wird ein prunkender Ausbau gewünscht. Der Auftraggeber kennt die Wirkung gewisser Stilmöbel, die ihm vertrauter ist als das seinem Empfinden fremde Moderne. Werden in solchen Fällen alte gute Vorbilder kopiert, so sind das Möbel alter Art. Werden jedoch Vorschriften gemacht, wie zum Beispiel Maße gegeben nach Abbildung 298, und wird das Äußere dann, wie Abbildung 299 bis 304 zeigen, mit alten Motiven verziert, so wird die neue Form immer von der alten abweichen. Doch auch zu dieser Art Wollen gehört eine gute Kenntnis alter Formen.

Abbildung 298: Maßskizze; Abbildung 299: Gotische Motive verwendet; Abbildung 300: Frührenaissancemotive; Abbildung 301: Renaissancemotive; Abbildung 302:

Barockmotive; Abbildung 303: Rokokomotive; Abbildung 304: Motive, Zeit Louis XVI.; Abbildung 305: Neue Form.

Die Abbildungen sind Strichzeichnungen (Strichätzungen). Der Schrank, Abbildung 305, hat eine einfache Form und ist mit fein gemasertem und schlichtem Holz in zwei Tönen furniert gedacht. Vgl. die Abb. 286, 289, diese zeigen, soweit das hier möglich ist, die Wirkung des Holzes. Die Abbildung 305 genügt dem Fachmann, wenn die Maße eingeschrieben sind. Kann sie dem Laien, der einen Schrank anfertigen lassen will, genügen? Nein, dem muß man ein Bild geben. Vergleiche weiter die Abbildungen 285 bis 297.

Abbildung 303: Die Füllungen sind mit plastischen Verzierungen umrahmt, die Verzierungen der Füllungen sind in Intarsia gedacht. Der erfahrene Fachmann kann von der Wirkung dieser Verzierungen nach der Strichzeichnung eine ungefähre Vorstellung haben — von der Unterordnung der Intarsiaornamente gegenüber der plastischen Umrahmung. Sind andere imstande, derartige Zeichnungen richtig zu beurteilen? Absichtlich sind hier die Abbildungen 284 bis 289 und 298 bis 304 einander gegenübergestellt, um die verschiedenen Darstellungsweisen zu erklären. Auch das ist wichtig für die Gestaltung der

Abbildung 288.   Bibliothekzimmer im Schloß Cecilienhof.   Prof. Schultze, Naumburg.

Tischlerarbeiten. Wie erfreut ist der Anfänger, wenn er seine ersten Entwürfe auf dem Papier fertig hat — bis ihm der erfahrene Fachmann sagt: „Sie haben noch nicht die richtige Vorstellung von der Wirkung plastischer Formen. Sie müssen besser beobachten, in Privathäusern, in Museen, in Werkstätten, und müssen Zeichnung und plastische Form vergleichen, damit Sie eine Vorstellung von der Wirkung gezeichneter Formen bekommen." Der Zeichner muß die Form und Erscheinung des Gegenstandes, den er zeichnen will, mit seinen inneren Augen sehen, damit er eine Form zeichnet, die die gewollte Wirkung hat.

Abbildung 289.   Architekt Karl Bertsch.   Deutsche Werkstätten A.=G., Hellerau.

4.

In der Ausgabe „Das Fachzeichnen für Tischler", 1900, waren Text und 105 Seiten Abbildungen unter dem Titel „Formenlehre" gegeben. Durch diese Formenlehre sollten in der durch den Lehrplan der Pflichtschule kurz= bemessenen Zeit das Freihandzeichnen und das Formen= verständnis der jungen Anfänger nach Möglichkeit ge= fördert werden. Die Formenlehre sollte über die Grund= lagen des Ornaments und die Formen des Ornaments als solchem aufklären. Mangel an Vorbildermaterial in kleinen Schulen (seinerzeit) führte zu dem Wandtafel= vorzeichnen. Auch der Wunsch, den jungen Schülern zu zeigen, wie eine Zeichnung entsteht, trug dazu bei, diese Vorzeichnung zu fordern. Damit nun aber der Lehrer schnell und sicher die richtigen Maße finde, wurde ihm das Hilfsnetz gegeben. Und auch der Schüler durfte das

Hilfsnetz benutzen, damit er trotz seiner Unbeholfenheit Zeichnungen bekomme, die für ihn, für seine Werk= zeichnungen Wert haben. Erklärt wurden die Zeich= nungen durch die Ausführungen zur „Kunstform und zum Stil". Die Reihenfolge der Formen, die als Beispiele gegeben wurden, war dem wachsenden Verständnis der Anfänger angepaßt. Deshalb auch die Stilisierung der zuerst gegebenen Naturformen zur einfachen großen Form. Und gerade durch diesen Aufbau hat die Formenlehre viele Freunde gefunden. Die Beispiele sind auch heute noch ein brauchbares Material für den Tischler, sie geben Anregung und helfen zum Verständnis der Kunstform. Das ist der Grund, weshalb diese Abbildungen in diese Neu= bearbeitung aufgenommen worden sind, was natürlich nicht hindert, diese Abbildungen auch in Schulen zu benutzen.

Abbildung 290.
Schrank mit Schnitzerei und Eisenbeschlägen (1460—1520)
National-Museum, München.

Die Formen sind in zwei Abteilungen geordnet:

1. Die Grundlagen des Ornaments — Motive:

Seite 75 bis 80, geometrische Motive.
Seite 81 bis 114, Naturformen.
Seite 115 bis 121, Kunstformen.

2. Das Ornament als solches:

Seite 122 bis 135, Bänder.
Seite 136 und 137, unfreie Endigungen.
Seite 138 bis 148, freie Endigungen.
Seite 149 bis 166, Stützen.
Seite 167,   Umrahmungen.
Seite 168 bis 171, begrenzte Ornamente.
Seite 172 bis 174, unbegrenzte Ornamente.
Seite 175 und 176, Schilde, Kartuschen.
Seite 177,   Wappen.
Seite 178,   Embleme.
Seite 179,   Symbole.

Die Erläuterungen zu diesen Beispielen sind teils in den folgenden Anmerkungen gegeben, teils in dem vorher Gesagten über die Sinnbilder des Bindens, der Endigung und des Stützens vorhanden.

Seite 75: Profile. Seite 37 bis 47 sind die Sinnbilder des Bindens, der unfreien und der freien Endigung und die Stützenformen erklärt. Damit ist Wesentliches antiker klassischer Profilbildung erläutert, dieses kann hier nicht wiederholt werden. In der Formenlehre sollte zuerst die Profilgestaltung besprochen werden, deshalb sind auf Seite 75 hinweisende Zeichnungen vereint. Diese Zeichnungen finden wir Seite 38, 40 und 43 ebenfalls. Hier sei nur wiederholt: Die Pfeilrichtung zeigt auf die dem Ornament zu gebende Richtung oder auf den Ort, wo der Konflikt zwischen Stütze und Last stattfindet. Ein Kreis mit Pfeil bedeutet Band, vom Körper aufwärtsgerichtete Pfeile: freie Endigung. Abbildung 1, Rahmen; 2, Hinweis auf den Zweck der Bänder; 3, zwei Stützen durch eine Brücke verbunden; 4, Richtungen begrenzter Flächenornamente; 5, Richtungen des Ornaments der

Abbildung 291.
Gotischer Schrank. Schloß Tratzburg, Tirol.

Stützen. Der Kreis bezeichnet die Befestigung der Stützen oder das Kraftzentrum, von dem aus das Ornament die Richtung empfängt; 7, Stützen mit Brücke und freier Endigung nach oben. Alle anderen Abbildungen sind er= klärt.

Seite 76: Geometrische Flächenteilungen: Motive für Sprossenteilungen, Parkettmuster, Gitter, Intarsia.

Seite 77: Geometrische Bandmotive. 1 bis 11, einfache Reihe, 12 bis 14, alternierende Reihe.

Abbildung 292.
Schrank. Nürnberger Arbeit. 16. Jahrhundert.

Motive für Intarsia, Schnitzwerk oder Netze für orna=
mentale Bänder.

Seite 78 und 79: Geometrische Flächen=
teilungen. Motive für Intarsia, Schnitzwerk und
Rahmenwerk.

Seite 80: Geometrische Motive. 1, 2 und 3,
Motive für Rahmenwerk und Leistenzier. 3, 5 und 11,
Motive für gotisches Maßwerk.

Seite 81 bis 83: Pflanzenblätter. Die
Formen sind stilisiert. Das Charakteristische der Blatt=
art ist geblieben. Die Zufälligkeiten, welche durch eine
behinderte Entwicklung entstehen, fehlen. Zu beachten sind
die dem Blatt umschriebenen und eingeschriebenen Linien,
die Teilung dieser Linien, das Wachsen oder Kleiner=
werden der Entfernung zwischen zwei Teilpunkten in
einer Richtung. Beachten, wo und wieweit der

138 . LOUVRE Bahut Boule Louis XIV.

Abbildung 293.
Schrank (Boule, Stil Louis XIV.) im Louvre zu Paris.

Blattrand mit der umschriebenen Linie zusammenfällt, sowie die Richtung der Spitzen der Blattzacken und die Lage der Blattrippen. Beachten das System, das in der Gestaltung des Blattes hervortritt. Die stilisierte Form soll dem Anfänger die Anwendung des Blattmotivs erleichtern. Der Anfänger vergleiche mit diesen stilisierten Blättern die Naturform.

Seite 84: Stilisiertes Akanthusblatt (Renaissance).

Seite 85: Vier verschieden stilisierte Akanthusblätter: 1 griechisch, 2 römisch, 3 Renaissance, 4 Barock. Die gute Kenntnis der Formen stilisierter Akanthusblätter und der Akanthusranke muß heute noch vom Kunsthandwerker verlangt werden. Allzu häufig wird von ihm verlangt, in diesem oder jenem ge=

Abbildung 294.
Spiegel (Pfyche). Empireftil. Palais de Compiègne.

fchichtlichen Stil einen Entwurf zu machen, dann muß er Akanthusblätter zeichnen. Die Abbildung Seite 84 muß auf das forgfäligfte ftudiert werden. Es find alle Einzel= heiten aufzufuchen, auf die kurz vorher hingewiefen worden ift — auf die umfchriebenen Linien, auf die Lage der Punkte a c d e f und g h i, auf das regelmäßige fächerförmige Auseinanderftreben der Blattrippen und das Falten des Blattes und die Entwicklung der Blatt= lappen, auf das Ausklingen der Bewegung der Blatt= flächen in den Blattrand. In diefem Blatt ift eine

Regelmäßigkeit, deren Verletzung als Fehler erfcheint. Ähnlich ift die Entwicklung in den vier Formen Seite 85. 1. Das griechifche Blatt ift fein, herb modelliert. Die Blattzacken find fcharf gefchnitten, die Flächen der Blatt= lappen find fcharfkantig geftaltet, und in allen Teilen ift eine bis ins kleinfte durchgeführte Gefetzmäßigkeit der Form. 2. Das römifche Blatt hat breite fleifchige Blatt= lappen, löffelförmige Blattzacken, ftarke Blattrippe, leb= hafte Blattfaltung, eine weit nach vorn gebogene Blatt= fpitze — und auch die ftrenge gefetzmäßige Entwicklung.

62

Abbildung 295.
Kopfende eines Bettes (Stil Louis XIII.).

Gegenüber dem griechischen Blatt ist die Modellierung wirkungsvoller, dekorativ. 3. Das Renaissanceblatt hat eine sehr viel weichere Modellierung der Blattfläche und des Blattrandes. Trotzdem ist Regelmäßigkeit der Form vorhanden. Auch das Barockblatt (4.) hat eine regelmäßige Form. Es ist weich, aber doch malerisch model= liert, hat eine lebhafte bewegte Blattfläche, die Be= wegung steigert sich in den Blattspitzen. Interessante Verkürzungen durch starke Drehungen der Blattlappen. Zum guten Studium dieser Formen gehört das Sehen und Zeichnen guter Originale oder guter Abgüsse. Diese Er= klärungen können das Formstudium nur einleiten.

63

Abbildung 296.
Stühle, Sitz und Rückenlehne mit gepunztem Leder bezogen. Portugiesische Arbeit aus dem 17. Jahrhundert.

Seite 86 und 87: Stilisierte Pflanzen= blätter. Durch diese Abbildungen werden Verkür= zungen und Überschneidungen gezeigt, die durch Drehungen und Biegungen der Blätter entstehen. Die Beziehungen der Blattfaltungen zum Blattrand sind auch in den Ver= kürzungen sichtbar. Man erkennt in den verkürzten Blattflächen die Regelmäßigkeit der Blattform. Seite 86: 1, das unverkürzte Blatt. 2, der eine Blatt= rand gehoben. 3, Seitenansicht des hohlen Blattes. 4 und 5, nach vorn und nach unten gebogene Blätter. 1 und 4, Seite 87, die unverkürzten Blattformen. 2 und 3 und 5 bis 7, Verkürzungen, Seitenansichten.

Seite 88: Stilisierte Blattkelche. Be= obachten die Abzweigung der Blätter von der Ranke, die Richtung der Blattrippen an der Abzweigstelle und am Blattrande, das ruhige Ausklingen der Blatt= bewegung in den Blattrand.
Seite 89 bis 95: Knospen, Blüten, Früchte.
Seite 89: 1, die vereinfachte und vergrößerte Form der Knospe der blauen Kornblume. Die Vereinfachung soll die Anwendung dieses Motivs erleichtern. Zu be= achten, daß die Profillinien der Knospen und Blüten feine Bewegungen haben, die nicht verglichen werden können mit der gleichmäßigen Krümmung der Kreislinie.

Abbildung 297.
Sofa (Stil Louis XVI.) im Schloſſe Fontainebleau.

Alle dieſe Formen ſind ſtiliſiert. Das Charakteriſtiſche, das alle Blüten und Knoſpen einer Art haben, iſt vorhanden.

Seite 94: 1, die Schräganſicht der Blüte der Winde. Seite 91: 1 und 2 iſt die Vorderanſicht und die Seitenanſicht dieſer Blüte. Zu beachten die geſetzmäßige Entwicklung der Form. Seite 94: 2, die Blüte einer Lilienart, ſchräg von hinten geſehen.

Seite 96: Blatt- und Stengelabzweigungen. Dieſe Formen ſind für das Ornament ebenſo wichtig wie die Form der Blätter und Blüten.

Seite 97: Lilie.

Seite 98: Nelke und Klee.

Seite 99: Eiche und Lorbeer.

Seite 100: Sumpfblutauge und Storchſchnabel. Seite 28 iſt ausführlich beſchrieben, wie Naturſtudien gemacht werden müſſen. Das muß hier nicht wiederholt werden. Nur auf eins ſoll hier noch aufmerkſam gemacht werden. Die Beiſpiele Seite 100 ſind ausgewählt, weil an dieſen Pflanzen gleichzeitig Knoſpen, Blüten und Früchte (Samen) ſichtbar ſind. Dieſe Pflanzen geben alſo eine große Zahl von Motiven. Die Abbildungen 2, 3, 4 und 5, Seite 100, ſind ſtiliſierte Darſtellungen des Blattes, der Blume und der Frucht. Seite 101 ſtiliſierte Darſtellungen der Knoſpe, Blüte und Frucht für eine Tiſchdecke. Seite 102, die Pflanze als Motiv für ein Intarſiaornament. Seite 103, die Formen als Motiv für eine Leinenſtickerei benutzt.

Seite 104 und 105: Girlanden, Fruchtgehänge, Kränze. Dieſe Gewinde waren allezeit beliebte Motive im Ornament. Sie wurden naturaliſtiſch oder ſtiliſiert und in Verbindung mit Bändern, Tüchern, Schleifen, Schmuckſtücken, Putten, Köpfen, Tieren, Schilden im Zierwerk verwendet.

Seite 106 bis 111: Tierformen.

Seite 106:
Abbildung 1 Schwanenkopf,
Abbildung 2 Adlerkopf,
Abbildung 3 Möwenkopf,
Abbildung 4 Sittichkopf,
Abbildung 5 Hahnenkopf.

Seite 107:
Abbildung 1 Schmetterling (Schwalbenſchwanz, nach Bräuer),
Abbildung 2 Adler, nach Bräuer,
Abbildung 3 Klaue vom Seeadler, nach Bräuer.

Seite 108:
Abbildung 1 ſtiliſierter Adler (modern),
Abbildung 2 Greif (römiſch),
Abbildung 3 Chimäre (modern franz.),
Abbildung 4 römiſcher Tiſchfuß (Löwenkopf und Löwenkralle),
Abbildung 5 Chimäre (Dürer).

Seite 109: Löwenköpfe.
Abbildung 1 und 2 naturaliſtiſche Darſtellung,
Abbildung 3 romaniſch,

65

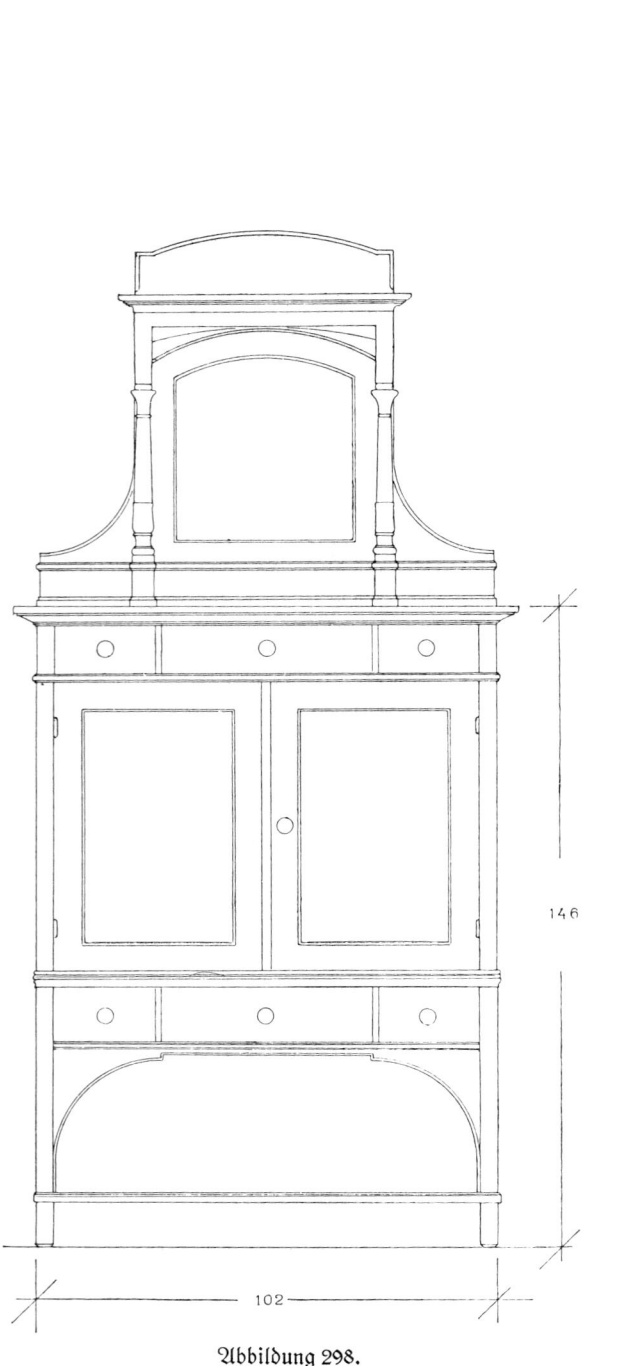

146

102

Abbildung 298.

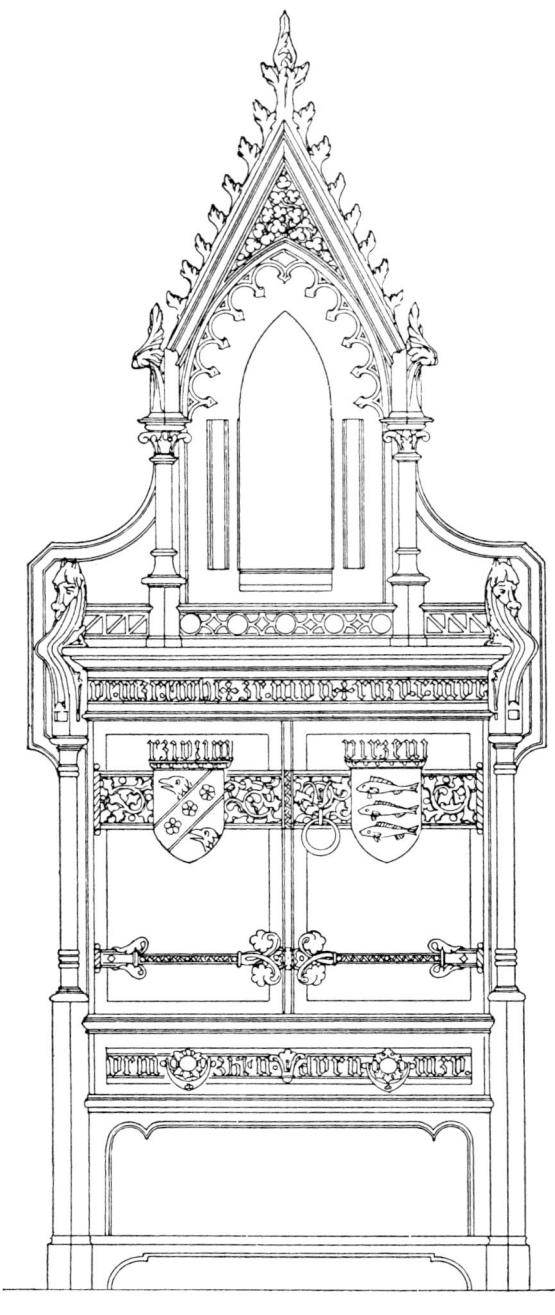

Abbildung 299.

Abbildung 4 ital. Renaiſſance,
Abbildung 5 moderne franz. Renaiſſance.
Seite 110:
    Abbildung 1 Schlange (Natter, Brehms Tierleben),
    Abbildung 2 Mauereidechſe (Brehms Tierleben),
    Abbildung 3 Heydorpolyp a. d. Familie der Cory=
      morphiden (Häckel, Kunſtformen der Natur).
Seite 111:
    Abbildung 1 Pilgermuſchel,
    Abbildung 2 Nautilusmuſchel,
    Abbildung 3 und 4 Seetang,
    Abbildung 5 ſtiliſierter Delphin,

Abbildung 6 Delphinkopf (modern, nach Hauptmann).
Seite 112 bis 114: D e r M e n ſ ch.
Seite 112:
    Abbildung 1 und 2 männlicher Kopf in Vorder= und
      Seitenanſicht,
    Abbildung 3 und 4 weiblicher Kopf in Vorder= und
      Seitenanſicht (Schadow),
    Abbildung 5 und 6 Masken.
Seite 113:
    Männlicher Körper in Vorder= und Seitenanſicht
    (Schadow).

Abbildung 300.

Abbildung 301.

Seite 114:
    Drei Beispiele für die Anwendung des Seite 113 gegebenen Schemas.

Seite 115:
    Abbildung 1 bis 5 Masken,
    Abbildung 6 Groteske,
    Abbildung 7 Halbfigur.

Seite 81 bis 114 konnten nur wenig Beispiele aus der unendlichen Fülle der Naturformen gegeben werden. Als Motiv ist alles verwendbar, was die Natur uns gibt, das Blatt am Baum, das Herbstlaub auf dem Boden, der von der Luft getragene und vom Wind bewegte Samen, zum Beispiel der des Löwenzahns, sowie die Tiere in all ihren Bewegungen. Nicht immer muß die ganze Pflanze, das ganze Blatt oder das ganze Tier das Motiv sein. Teile der Körper, ein Ausschnitt aus dem Bilde der Naturform geben vielfach so interessante Flächenteilungen, wie sie eigenartiger gar nicht erdacht werden können.

Seite 116 bis 121: Kunstformen.

Seite 116:
    Abbildung 1 und 2 Riemen,
    Abbildung 3 und 4 gedrehte Riemen,
    Abbildung 5 und 6 gedrehte Schnüre,

Abbildung 302.　　　　　　　　　　　　　Abbildung 303.

Abbildung 7 und 8 geflochtene und geknotete Schnüre,
Abbildung 9 Perlenschnur,
Abbildung 10 Münzschnur, Schellenschnur,
Abbildung 11 und 12 Ketten,
Abbildung 13 und 14 geflochtene Bänder,
Abbildung 15 und 16 Fransen,
Abbildung 17 und 18 Quasten.
    Seite 117: Fliegende Bänder. Im Mittelalter wurden Bänder mit Inschriften verwendet, um auf den Zweck eines Bauwerkes oder einer Verzierung hinzuweisen,

um den Namen des Bauherrn oder des Baumeisters zu nennen und ähnliches mehr. Auch auf Bildern finden wir diese Schriftbänder viel, um die Darstellung zu er= klären. Mit der Entwicklung der naturalistischen Dar= stellung verschwanden die Schriftbänder der Bilder. In der neuzeitlichen Baukunst und dem Kunstgewerbe sind Bänder als Motive viel verwendet. Schilde, Masken, Girlanden, Füllhörner werden mit Bändern befestigt dargestellt. Die Bandknoten, Bandschleifen und flattern= den Enden werden zur Verzierung bald in stilisierten

Abbildung 304.

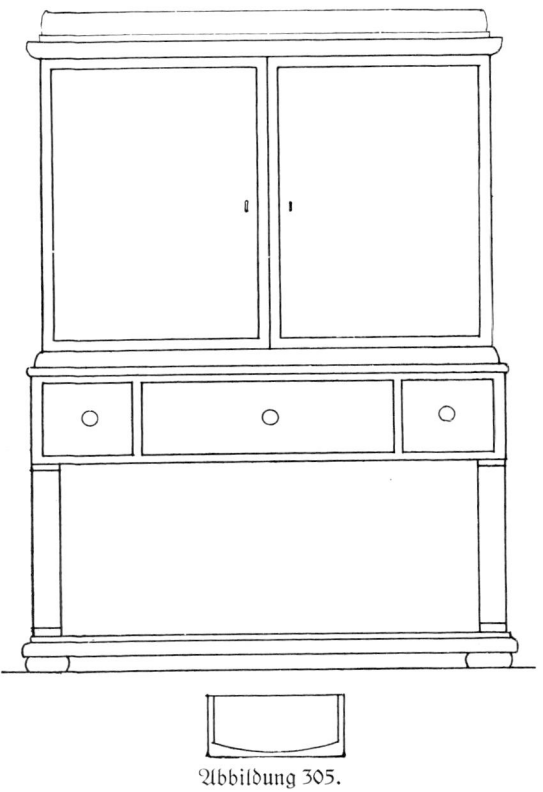

Abbildung 305.

Windungen, bald naturalistisch flatternd über die Fläche gezogen.

Seite 118: S ch i l d f o r m e n u n d K r o n e n.

Abbildung 1 Dreieckschild,
Abbildung 2 zugespitzter Schild,
Abbildung 3 abgerundeter Schild,
Abbildung 4 und 6 Tartschenschilde,
Abbildung 5 ital. Schild,
Abbildung 7, 8 und 9 Renaissanceschilde,

Abbildung 10 Freiherrnkrone,
Abbildung 11 Königskrone.

Seite 119: T r o p h ä e n — Siegeszeichen, Kriegs= und Jagdgerät.

Seite 120: V e r s ch i e d e n e s.

Abbildung 1 und 2 Schmuckgehänge,
Abbildung 3 Korb mit Früchten,
Abbildung 4 Kandelaber,
Abbildung 5 Füllhorn mit Blumen,
Abbildung 6 Vase mit Blume.

69

Seite 121: S ch r i f t.

Abbildung 1. Römische Kapitalschrift.

Abbildung 2*). Geschr. nach der Handschrift der Kapitularien Karls des Großen; vom Jahre 825, St. Gallen, Stiftsbibliothek.

„Haec enim dilectissimi pio studio. . . ."
Übersetzung: Dies nämlich, Geliebteste (haben wir) durch frommen Eifer. . . .

Abbildung 3*). Geschr. nach einer Urkunde Ludwigs des Frommen — Worms, 1. Juni 833.

„Fidelium nostrorum in honore sancti Stephani, protomartiris Christi. . . ."
Übersetzung: unter Zustimmung unserer Getreuen zu Ehren des heiligen Stephan, des Protomartyrs Christi. . . .

Abbildung 4*). Geschr. nach der altsächsischen Evangelienharmonie: „Heliand." Handschrift aus dem 9. Jahrhundert. München, Staatsbibliothek.

„Oc scal ic iu gebeodan. than gi uuilliad te bedu. . . ."
Übersetzung: Auch will ich euch gebieten: Wenn ihr wollt zum Gebete. . . .

Abbildung 5. Anfangsworte eines Satzes, in der Art der Zierbuchstaben Ende des 8. Jahrhunderts.

Abbildung 5. Geschr. nach der deutschen Fraktur zu Anfang des 17. Jahrhunderts.

Abbildung 6 bis 8. Moderne Schriften.

Seite 122 bis 132: B ä n d e r. Bänder werden zum Binden benutzt, und wo das Verbundensein mehrerer Teile eines Ganzen durch Form oder Verzierung gezeigt werden muß, kann solches durch bandartige Profilierung oder bandartige Ornamente geschehen. Profil und Ornament sind in dieser Anwendung Sinnbilder. Als Vorbild — Motiv — kann jedes Erzeugnis dienen, das zum Binden und zum Zusammenhalten von Dingen benutzt werden kann, und jede Reihung, die für uns ein Ausdruck des Verbundenseins ist.

Der mit einem Band umwickelte Gegenstand ist in der Richtung des Bandes abgeschlossen. Also auch in diesem Sinne können bandartige Verzierungen angewendet werden.

Seite 125: Kettenbänder.

Seite 126 und 127: Flechtbänder.

Seite 128: Blattbänder.

Seite 129: Schuppenbänder, Münzbänder und Blumenbänder.

Seite 130 und 131: Blatt- und Rankenbänder.

Seite 132: Rankenbänder, Wasserwogenbänder.

Diese Zeichnungen können sowohl für Malerei und Intarsia als auch für Schnitzwerke verwendet werden.

Seite 133 bis 135: Heftschnüre, Perlschnüre, verzierte Wülste, gedrehte Riemen und Schnüre.

Seite 136 und 137: U n f r e i e E n d i g u n g e n. Unfreie Endigungen sind Zeichen, daß auf dem Teil, dem sie angeheftet sind, ein anderer Teil lastet oder lasten soll. Es ist eine Endigung, jedoch keine ungehinderte, freie. Es sind Formen, die auf den Konflikt zwischen Stütze und Last weisen.

*) „Kulturgeschichte des deutschen Volkes" von Dr. Otto Henne am Rhyn.

Seite 136:
Abbildung 1, Blattwelle vom Erechtheion in Athen.
Abbildung 2, Renaissanceblattwelle (sog. Eierstab).
Abbildung 3, Akanthusblattwelle.

Seite 137:
Abbildung 1, griechisch=dorische Blattwelle.
Abbildung 3, griechische Blattwelle.
Abbildung 2, 4 bis 14, Renaissanceblattwellen.

Seite 138 bis 148: F r e i e E n d i g u n g e n. Die sinnbildliche Bedeutung dieser Endigungen ist: Die Baumasse ist hier abgeschlossen, es soll nichts weiter folgen. Freie Endigungen können die Richtung nach oben, nach der Seite und nach unten haben. Die Rosetten an der Decke eines Raumes sind nach unten gerichtete Endigungen. Einzelrosetten an einer Wandfläche sind Verzierungen und Endigungen. Den Bau nach oben hin abschließende Endigungen sind die Bekrönungen. Alle diese Formen sind Sinnbilder und sind auch abschließende Endigungen.

Seite 138:
Abbildung 1, Randverzierung von einer griechischen Trinkschale.
Abbildung 2, Sima-Ornament, ital. Renaissance.
Abbildung 3, modernes Sima=Ornament.

Seite 139:
Abbildung 1 und 2, antike Sima=Ornamente.
Abbildung 3, modernes Ornament.

Seite 140:
Abbildung 1, Bekrönung vom Denkmal des Lysikrates in Athen.
Abbildung 2, griechische Eckbekrönung.
Abbildung 3, moderne Eckbekrönung.

Seite 141:
Abbildung 1, griechischer Stirnziegel vom Parthenon in Athen.
Abbildung 2, Gewandborte, nach einer ägyptischen Malerei.
Abbildung 3 und 4, Chimäre und Vase, Eckbekrönungen.

Seite 142:
Abbildung 1 und 2, Endigungen von einem Brunnen in der Certosa bei Florenz (ital. Renaissance).
Abbildung 3, Tropfenreihe vom Architrav der griech.=dorischen Säulenordnung.
Abbildung 4, Intarsiafries (ital. Renaissance).

Seite 143:
Abbildung 1 und 2, Teile antiker Schmuckketten. (Gehänge).
Abbildung 3, Franse.
Abbildung 4, Spitze.
Abbildung 5 und 7, Gehänge.
Abbildung 6, Quaste.

Seite 144:
Abbildung 1, 3 und 4, gotische Krabben.
Abbildung 2, Zier eines gotischen Kranzgesimses.
Abbildung 5, Endigung aus einem gotischen Ornament.

Seite 145:
Abbildung 1 und 2, gotische Kreuzblumen (Turmendigungen).
Abbildung 3, gotische Endigung in der stilisierten Form eines Vogels.
Abbildung 4, Endigung eines gotischen eisernen Türbandes.

70

Seite 146:
   Abbildung 1, Endigung (stilisierter Pinienzapfen).
   Abbildung 2 und 3, Hängezapfen.
   Abbildung 4, gotische Schlußsteinrosette.

   Seite 147:
   Abbildung 1 und 2, Rosette.

   Seite 148:
   Endigungen, moderne Formen.

Seite 149 bis 151: Stützen. Das Wort „Stütze" erklärt die allgemeine technische Bestimmung dieser Bauteile zur Genüge. Wir haben nach oben gerichtete Stützen,
zum Beispiel solche, die eine Decke stützen (tragen), und
andere, die nach unten gerichtet sind, zum Beispiel der
Stuhlfuß, der an der Stuhlzarge befestigt ist. In diese
Gruppe kann man auch die schräg auf- und abwärts
gerichteten Stützen — Streben, Spreizen — einreihen
und auch noch die waagerecht gerichteten Spreizen. Die
Kunstform der Stütze weist auf das Stützen hin, auf die
strebende Kraft und auf das Belastetsein. Durch das
für die Stützenform gewählte Motiv oder durch ein
Motiv der Verzierung kann auf die Bestimmung des
Ganzen, von dem die Stütze ein Teil ist, hingewiesen
werden.

   Seite 149:
   Abbildung 1, Lisene.
   Abbildung 2, Pfeiler.
   Abbildung 3, Säule.
   Abbildung 4, achteckiger Pfeiler.
   Abbildung 5, Pilaster.
   Abbildung 6, kandelaberartig profilierte Säule.
   Abbildung 7, Herme.

   Seite 150:
   Abbildung 1, Wandpfeiler mit vorgesetzter Herme
      (italienische Renaissance).
   Abbildung 2, Wandpfeiler mit vorgesetzter Herme
      (deutsche Renaissance).
   Abbildung 3, Wandpfeiler mit vorgesetzter Herme
      (Barock).
   Abbildung 4, männliche Figur als Träger und als
      Sinnbild des Tragens.
   Abbildung 5, Karyatide (griechisch), Stütze und
      Sinnbild.
   Abbildung 6, Ornament, das die Richtung des
      stützenden Bauteils zeigt.

   Seite 151:
   Abbildung 1, Baluster (Renaissance).
   Abbildung 2, Baluster (Stil Louis XIII.).
   Abbildung 3, Möbelfuß (Stil Louis XVI.).
   Abbildung 4, Möbelfuß (Stil Louis XVI.).
   Abbildung 5, Baluster (Stil Louis XIV.).
   Abbildung 6, Möbelfuß (Renaissance).
   Abbildung 7, Fuß von einem antiken Dreifuß
      (griechisch-römisch).
   Abbildung 8, römischer Tischfuß.
   Abbildung 9, Tischfuß (Stil Louis XV.).
   Abbildung 10, 11 und 12, moderne Möbelfüße.

Seite 152 bis 158: Säulenordnungen. Die
klassische griechische Kunst hat mit den Säulenordnungen
Systeme geschaffen von solch vollendeter Formenschönheit,
daß diese bis heute nicht übertroffen worden sind, so viele
Versuche man auch dazu gemacht hat. In diesen Ordnungen fügen sich alle Teile harmonisch zu einem einheit-
lichen Ganzen. Überall ist die Form der Ausdruck der
Funktion. Drei Ordnungen hatten die Griechen: Die
dorische, die jonische und die korinthische.

   Seite 152: Dorische Ordnung vom Par-
thenon zu Athen.
   Abbildung 1, Unterbau.
   Abbildung 2, Kapitell.
   Abbildung 3, Grundriß des Kapitells und der Säule.
   Abbildung 4, Profil des Kapitells in größerer Dar-
      stellung.
   Abbildung 5, Gebälk.
   Abbildung 6, Unteransicht der Hängeplatte.
   Abbildung 7, Seitenansicht des oberen Teiles der Tri-
      glyphen.

Die Größen, nach Modul und Partes gemessen, sind
eingeschrieben. Es ist Gebrauch, als Maß für die Ordnungen den halben unteren Säulendurchmesser zu benutzen (Modul) und diesen zum Ausmaß kleiner Teile
in 30 Teilchen zu teilen (Partes). Diese Maße geben
nicht die wirkliche Größe des Baues, sondern das Verhältnis der Teile zueinander. Sie erleichtern die Übertragung der Formengröße auf jedes beliebige Höhenmaß.

Die dorische Säule erhebt sich ohne Bindeglied von
dem dreistufigen Unterbau. Der Säulenschaft hat 20 flache
Kannelüren, die in Kanten zusammenstoßen. Das Kapitell
oberhalb des Ablaufes der Hohlkehlen hat fünf Ringe,
darüber die (Echinus-) Blattwelle und eine viereckige
Platte. Der Säulenschaft hat eine geringe Schwellung.
Die Säulen sind oben verbunden durch Steinbalken, den
Architrav. Auf diesem ruhen Decke und Dach. Über
dem Architrav erheben sich Pfeilerchen in gleichen Abständen, die Triglyphen, und zwischen diesen die ver-
schließenden Platten, die Metopen. Triglyphen und
Metopen bilden den zweiten Hauptteil des Gebälkes.
Der dritte Hauptteil ist das Kranzgesims, bestehend aus
der weitausladenden Hängeplatte und der darüber folgenden Sima, der Wasserrinne. An der unteren Fläche
der stark unterschnittenen Hängeplatte, oberhalb jeder
Triglyphe und jeder Metope eine niedere Platte mit
18 Tropfen. Ebenso unterhalb jeder Triglyphe unter dem
abschließenden Bande des Architravs eine Platte mit
6 Tropfen. Der Triglyphen- und Metopenfries umzieht
den ganzen Bau. Von der Triglyphenstellung ist die der
Säulen abhängig. Die Römer und die Renaissance-
Baumeister haben diese Ordnung freier gestaltet. Vergleiche die Formen Seite 176.

   Seite 153: Griechisch-jonische Ordnung
vom Tempel der Athena Polias zu Priene.
   Abbildung 1, Aufriß von Säule und Gebälk.
   Abbildung 2, Basis.
   Abbildung 3, Kapitell.
   Abbildung 4, Grundriß des Kapitells.
   Abbildung 5, Schnitt durch die Rolle.
   Abbildung 6, Seitenansicht des Kapitells.
   Abbildung 7, Gebälk.
   Abbildung 8, Unteransicht der Zahnschnittreihe.

Die griechisch-jonische Ordnung ist nicht gleich der
attisch-jonischen Ordnung, es sind kleine Abweichungen
vorhanden. Durch das Vergleichen der Höhen- und
Breitenmaße ergibt sich sofort, daß die jonische Säule
schlanker und zierlicher ist als die dorische. Das Gebälk
ist in der jonischen Ordnung im Vergleich mit der Säule
ebenfalls niedriger und feiner gegliedert. Weitere wesent-

liche Unterscheidungsmerkmale ergibt der Vergleich der Teile. Die jonische Säule hat eine Basis (Säulenfuß), der schlanke Schaft hat 24 Kannelüren, die tiefer eingeschnitten sind als die dorischen. Zwischen den Kannelüren liegen Stege. Der Säulenschaft hat unten einen Anlauf, oben den Ablauf, und der Schaft hat in der Mitte die Schwellung, die nach unten und oben verläuft. Das jonische Kapitell hat die charakteristischen Voluten. Das Gebälk ist dreigeteilt: Architrav, Fries, Kranzgesims. Der Fries ist glatt oder verziert und gestattet eine größere Freiheit der Säulenstellung als die dorische Ordnung. Der jonische Bau hat plastische Verzierungen, deren Wirkung durch Malerei unterstützt wurde. Der dorische Bau hat vorwiegend gemalte Verzierungen.

Seite 154: Griechisch-korinthische Ordnung von der Stoa des Hadrian in Athen.
Abbildung 1, Aufriß von Säule und Gebälk.
Abbildung 2 bis 4, Einzelheiten.

Gegenüber der jonischen Ordnung ist besonders das Säulenkapitell anders geformt. Das jonische Kapitell hat zwei verschiedene Ansichten. Die Seitenansicht des Volutenpolsters ist ganz anders als die Vorderansicht des Kapitells. Das kelchförmige korinthische Kapitell hat vier gleiche Ansichten.

Seite 155 bis 158: Fünf Säulenordnungen der Renaissance: Die toskanische, die dorische, die jonische, die korinthische und die komposite Ordnung. Die großen Baumeister der Renaissance in Italien haben ihren Zeitgenossen und Nachfolgern vorzügliche Anleitungen für die Anwendung der Säulenordnungen gegeben, wodurch zwar eine gewisse Uniformierung entstanden ist, die aber auch dahin geführt hat, daß der, welcher den Anleitungen folgte, nichts Schlechtes machte.

Seite 159: Säulenschaftornamente.
Abbildung 1 bis 3, Kannelierungen.
Abbildung 4, Verzierungen einer romanischen Säule.
Abbildung 5, deutsche Renaissance.
Abbildung 6, französische Renaissance.
Abbildung 7, italienische Renaissance.
Abbildung 8, römisches Ornament.

Seite 160:
Abbildung 1 und 2, Fuß und Kapitell von einer ägyptischen Säule.
Abbildung 3 und 4, Fuß und Kapitell von einer altpersischen Säule.
Abbildung 5 und 6, Säulenfuß und Kapitell, maurisch.

Seite 161:
Abbildung 1 und 2, byzantinische Kapitelle.
Abbildung 3 bis 6, Säulenfuß und Kapitelle, romanisch.

Seite 162:
Abbildung 1 bis 7, gotische Basen und Kapitelle.

Seite 163:
Abbildung 1 bis 4, Kapitelle, italienische Renaissance.

Seite 164: Kapitelle.
Abbildung 1 und 3, deutsche Renaissance.
Abbildung 2 und 4, französische Renaissance.
Abbildung 5 und 6, moderne Formen.

Seite 165:
Abbildung 1 bis 14, einfache Konsolformen.
Abbildung 15, deutsche Renaissance.
Abbildung 16 und 17, gotisch.
Abbildung 18, Stil Louis XIV.
Abbildung 19, Stil Louis XVI.
Abbildung 20, Stil Louis XV.

Seite 166:
Abbildung 1 und 2, Konsol vom Erechtheion in Athen.
Abbildung 3 und 4, Konsol vom Tempel des Jupiter Stator in Rom.

Seite 167: Architektonische Umrahmungen. Die Umrahmung hat Beziehung zur umrahmten Mitte, schließt diese ab. Man umrahmt Bilder, um sie abzuschließen. Man umrahmt Tür- und Fensteröffnungen, um sie abzuschließen. Man umrahmt sie mit architektonischen Formen, um sie als etwas Selbständiges zu bezeichnen, verziert sie, um sie hervorzuheben, um den Blick auf sie zu lenken, um die Wandfläche interessant zu teilen. Besteht die Umrahmung einer Wandöffnung aus technischen Gründen aus besonders geformten Werkstücken, so wird man diese Formen in den architektonischen Rahmen einfügen oder sie bekleiden müssen.

Abbildung 1 bis 3, Tür- und Fensterumrahmungen, italienische Renaissance.
Abbildung 4 und 5, Ziertafeln, Barock.
Abbildung 6, Barockumrahmung.
Abbildung 7, Rokokoumrahmung.
Abbildung 8, gotische Umrahmung.

Seite 168 bis 171: Begrenzte Flächenornamente. Diese Ornamente sind durch ihre Abgrenzung und Entwicklung an bestimmte Flächengrößen und Formen gebunden oder nur für eine Fläche oder einen Gegenstand als Zierwerk bestimmt. Die Ornamente können richtungslos sein oder eine Richtung haben und können durch das Motiv auf den Zweck der verzierten Gegenstände, auf den Besitzer oder auf den Geber hinweisen.

Seite 168:
Abbildung 1, sternförmige Verzierung einer Deckenkassette der Propyläen in Athen.
Abbildung 2, Verzierung einer assyrischen Fußbodenplatte.

Seite 169:
Abbildung 1, moderne Ornamente.
Abbildung 2, keltisches Ornament (7. Jahrhundert).
Abbildung 3 bis 5, modernes Ornament.
Abbildung 6, Ornament, deutsche Renaissance.

Seite 170:
Abbildung 1 bis 3, Ornament, ital. Renaissance.
Abbildung 4, keltisches Ornament.
Abbildung 5, modernes Ornament.
Abbildung 6, Ornament, Stil Louis XIV. (Marot. 1650 bis 1712).
Abbildung 7, modernes Ornament.

Seite 171:
Abbildung 1, ägyptisches Ornament.
Abbildung 2, deutsches Ornament (Martin Schongauer, gestorben 1486).
Abbildung 3, deutsches Ornament (H. Aldegrever, 1502 bis 1558).
Abbildung 4, Ornament vom Tempel des Apollo in Milet (griechisch).
Abbildung 5, Stil Louis XIV.
Abbildung 6, Stil Louis XVI.
Abbildung 7, Rokoko, Schloß Brühl.

Seite 172 bis 174: Unbegrenzte Flächenornamente. Diese Ornamente sind nicht an bestimmt geformte und große Flächen gebunden. Die Muster werden nach Bedarf an beliebig gewählten Stellen durchschnitten und dienen der Flächenbelebung und Verzierung. Hierher

gehören die Muster der gewebten Stoffe, die Tapeten=
muster und alle schablonierten Formen. Die Muster haben
ein sichtbares oder unsichtbares geometrisch regelmäßiges
Netz als Grundteilung. Gleiche Mustereinheiten wieder=
holen sich in unendlicher Reihe an gleichliegenden Netz=
punkten. Jede Zeit, jeder Stil hat besondere Formen be=
vorzugt; einmal kleingemusterte Verzierungen, ein ander=
mal großgemusterte, dann geometrische Muster, Kreise,
dann Streifen, stilisierte, abstrakte Formen oder natura=
listische Darstellungen usw. Und ebenso verschieden waren
die Farbtönungen der Flächen.

Seite 172:
Abbildung 1, mittelalterliches Muster.
Abbildung 2, ägyptische Wandmalerei.

Seite 173:
Abbildung 1, mittelalterliches Muster.
Abbildung 2, Stoffmuster, Renaissancestil.

Seite 174:
Abbildung 1 bis 4, moderne Muster.

Die Muster Seite 172 sind richtungslos. Die Muster
Seite 173 und 174 haben die Richtung nach oben.

Seite 175: Rollwerk. Rollwerk zur Übung nach
selbstgemachten Modellen zeichnen. Die Form des ab=
gewickelten Rollwerks sorgfältig auf ein starkes Papier
aufreißen und ausschneiden. Das Papier dann über ein
Rundholz rollen (Abbildung 1 und 2). Die Modelle in
allen Ansichten zeichnen (Abbildung 3 bis 5).

Seite 176: Schilde und Kartuschen. Ver=
zierungen.
Abbildung 1, 2 und 3, Renaissanceschilde. Ver=
zierungen.
Abbildung 4, Rautenschild mit Rollwerk (Kartusche),
16. Jahrhundert.
Abbildung 5, Kartusche mit ovaler Mittelfläche,
16. Jahrhundert.
Abbildung 6, Kartusche, Stil Louis XV.

Seite 177: Wappen. Wappen in unserem Sinne sind
spätestens im 12. Jahrhundert entstanden. Die Formen
des heraldischen Schmuckes — nicht die der Wappen=
zeichen — sind im Laufe der Jahrhunderte vielmals ge=
ändert worden. Für diese Entwicklung war maßgebend
die jeweilig herrschende Verzierungsweise der Baukunst
und Veränderungen der Form der Schutzrüstung der
Ritter. Das Wappenwesen blühte vom 13. bis Ende des
15. Jahrhunderts. Ursprünglich stellte allein der Schild
mit dem Schildzeichen das Wappen dar. Im 13. Jahr=
hundert kamen zum Schild Helm und Helmkleinod und
Helmdecke. In der gotischen Zeit wurden die drei Haupt=
teile des Wappens, Schild, Helm und Kleinod, im richtigen
Verhältnis zueinander dargestellt. Der Schild etwa so
groß wie Helm und Kleinod zusammen. In der Spätzeit
der Gotik wird der Schild kleiner, in der Renaissancezeit

wieder größer angenommen. Ende des 18. Jahrhunderts
wird der Helm zum Schild und Kleinod unverhältnismäßig
klein. Regeln können nicht gegeben werden. Die Form
des Kleinods ist in vielen Fällen maßgebend. Die Heraldik
(die Kenntnis der Regeln und Grundlagen der Wappen=
kunde und Wappenkunst) hat Kunstsprache und Regeln
in bezug auf Schildform, Schildteilung, Wappenzeichen,
Farbe, Helm, Helmkleinod und Helmdecke. Aus einem
schwarzweiß oder plastisch, richtig geriefelter Fläche (der
Schraffierung), heraldisch richtig dargestellten Wappen
können die Wappenfarben abgelesen werden.

Die Schraffierungen nicht farbiger Wappen bezeichnen
nach Abbildung 307: 1. Gold (Gelb). 2. Silber (Weiß).
3. Rot. 4. Blau. 5. Grün. 6. Schwarz. 7. Purpur.
8. Braun. 9. Eisenfarbe. 10. Aschfarbe. 11. Natür=
liche Farbe. 12. Gemeines Feh (Blau und Weiß).
13. Hermelin (die Hermelinschwänzchen Schwarz in Weiß).
14. Gegenhermelin (die Hermelinschwänzchen Weiß in
Schwarz). 15. Kürsch (Weiß mit brauner Einfassung).

Abbildung 306: Beispiele für das Aufreißen der Drei=
eckschilde.

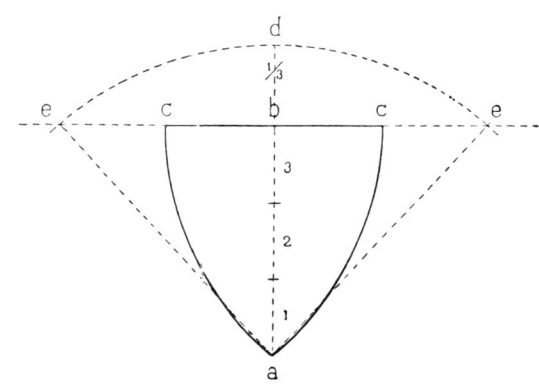

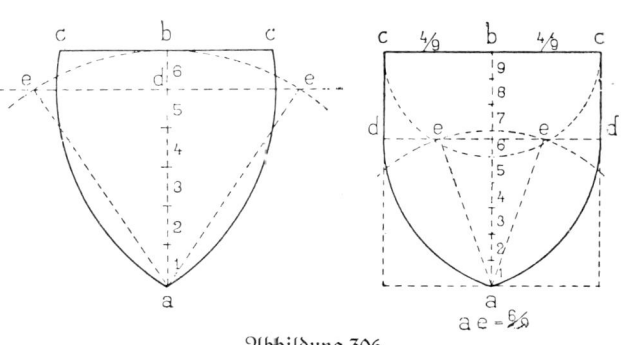

Abbildung 306.

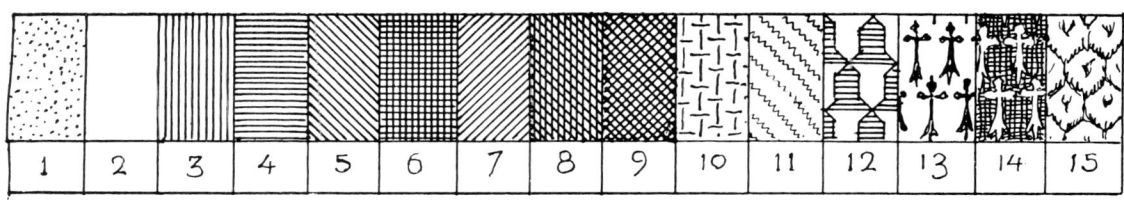

Abbildung 307.

73

Seite 177:

Abbildung 7: Einteilung in der Schildfläche: A B Ober=
rand, C D Unterrand (beim Dreieckschild Spitze),
A C rechter, B D linker Seitenrand. 1, 2, 3 Hauptstelle
(Schildhaupt); 7, 8, 9 Fußstelle (Schildfuß); 4, 5, 6 Mittel=
oder Balkenstelle; 1, 4, 7 rechte, 3, 6, 9 linke Flanken=
stelle; 2, 5, 8 Pfahlstelle; 1 rechte, 3 linke Obereckstelle,
7 rechte, 9 linke Untereckstelle; 2 Ortstelle; 4 rechte und
6 linke Hüftstelle; 8 Fersenstelle; 5 Herzstelle.

Abbildung 8: Gevierter, unten abgerundeter Schild mit
Mittelschild. Oben rechts: Feh (Hermelin), Blau und
Weiß. Oben links: Silberner, schräger Balken auf Rot.
Unten rechts: Goldener Balken auf Purpur. Unten links:
Gerautet, Silber und Schwarz. Mittelschild: Hinter
grünem Berge aufgehende goldene Sonne auf Blau.

Abbildung 1: Rechtsgelehnter Dreieckschild mit Topf=
helm, mantelartiger Decke und Flug als Kleinod.
Anfang des 14. Jahrhunderts.

Abbildung 2: Wappen mit Stechhelm, reicher Decke,
besteckten Hörnern und gekrönten hervorbrechenden
Löwen als Kleinod. 15. Jahrhundert.

Abbildung 3: Wappen mit Spangenhelm, reicher Decke,
Adler als Kleinod. 15. Jahrhundert.

Abbildung 4: Rechtsgelehnter halbrunder Schild mit
Stechhelm, reicher Decke und Federbündel als Helm=
zier. 15. Jahrhundert.

Abbildung 5: Wappen aus der zweiten Hälfte des
18. Jahrhunderts.

Abbildung 6: Wappen aus der Mitte des 19. Jahr=
hunderts.

Seite 178: E m b l e m e.

Embleme sind Sinnbilder, bildliche Aufzeichnungen eines
Ganzen durch einen Teil desselben oder durch ein Zeichen,
das zu demselben in Beziehung steht.

Abbildung 1: Emblem für Kunst und Gewerbe.
„   2:   „   „   Malerei.
„   3:   „   „   Bildhauerei.
„   4:   „   „   Handel.
„   5:   „   „   Musik.
„   6:   „   „   Schiffahrt.
„   7:   „   „   Maschinenbau.
„   8:   „   „   Ackerbau.

Seite 179: Abbildung 1 bis 12: S y m b o l e — Sinn=
bilder, Zeichen für geistige, religiöse Begriffe.

Abbildung 1: Ägyptische geflügelte Sonnenscheibe —
Symbol des Gottes H o r. Neben der Sonnenscheibe
Uräusschlangen.

Abbildung 2 bis 12: Christliche Symbole.

Abbildung 2: Weltherrschaft.

Abbildung 3: Dreieinigkeit.

Abbildung 4: Kreuznimbus, allgemeines Symbol Gottes.

Abbildung 5: Gerechtigkeit.

Abbildung 6: Weisheit in der Dreieinigkeit.

Abbildung 7: Anfang und Ende (ΑΩ, αω) Alpha und
Omega — Symbol des Ewigen.

Abbildung 8: Ewigkeit — die ewige Verbindung ohne
Anfang und Ende.

Abbildung 9: I. H. S. Die ersten drei Buchstaben des
griechisch geschriebenen Namens Jesus: „ΙΗΣΟΥΣ".

Abbildung 10: Monogramme Christi. — Die Anfangs=
buchstaben des Wortes „Christus", das Andreas=
kreuz X für Ch, mit dem griechischen P (R). Christus
= griechisch „ΧΡΙΣΤΟΣ". Auch das Kreuz liegend ☧
oder stehend ✝ in Verbindung mit P wurde als
Monogramm genommen.

Abbildung 11: Symbol des heiligen Geistes.

Abbildung 12: Der Pelikan, der seine Brust aufreißt,
um mit seinem Herzblute seine toten Jungen zum
Leben zu erwecken. Vorbild des Heilandes am Kreuze.

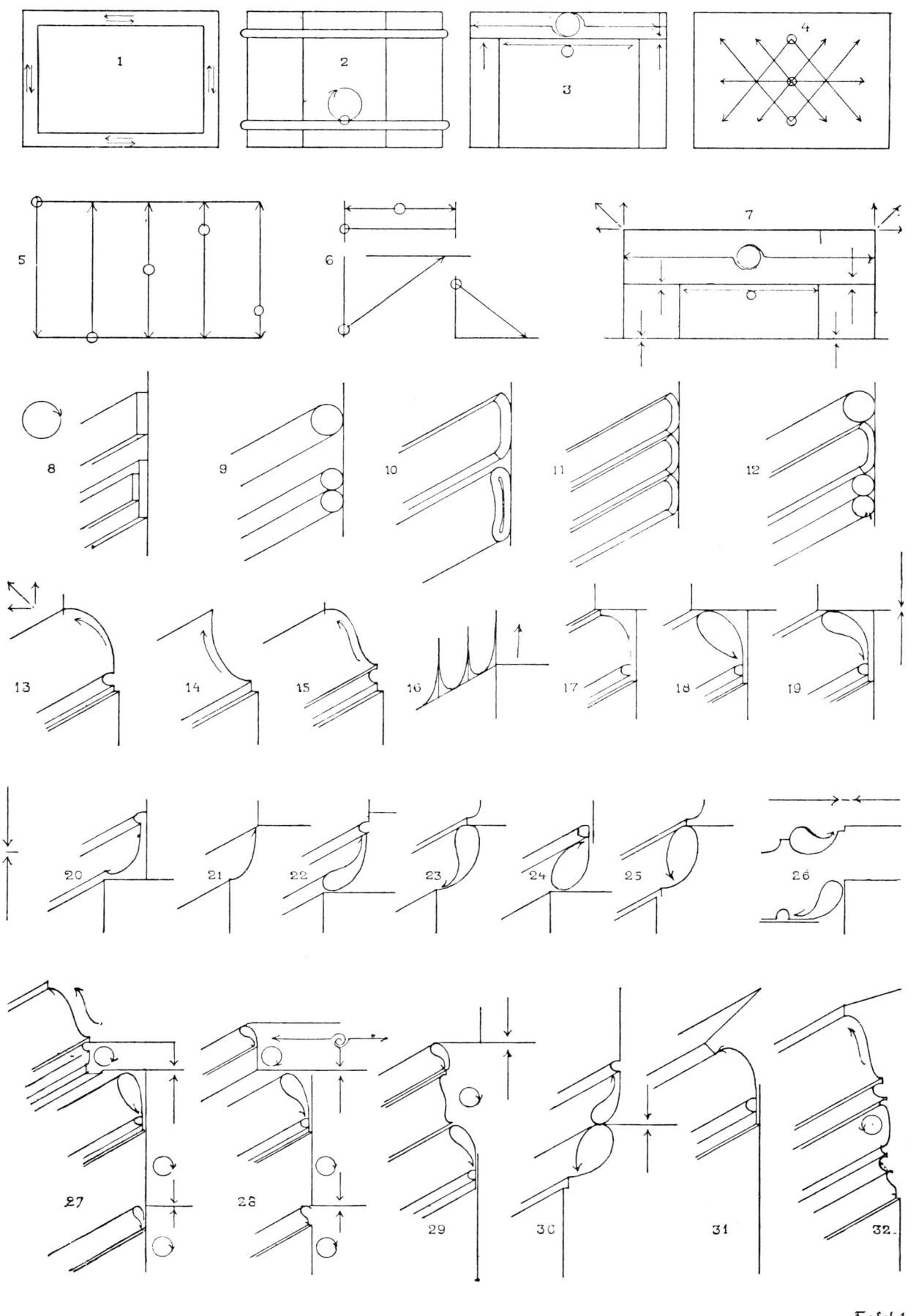

P r o f i l e.

Geometrische Flächeneinteilungen.

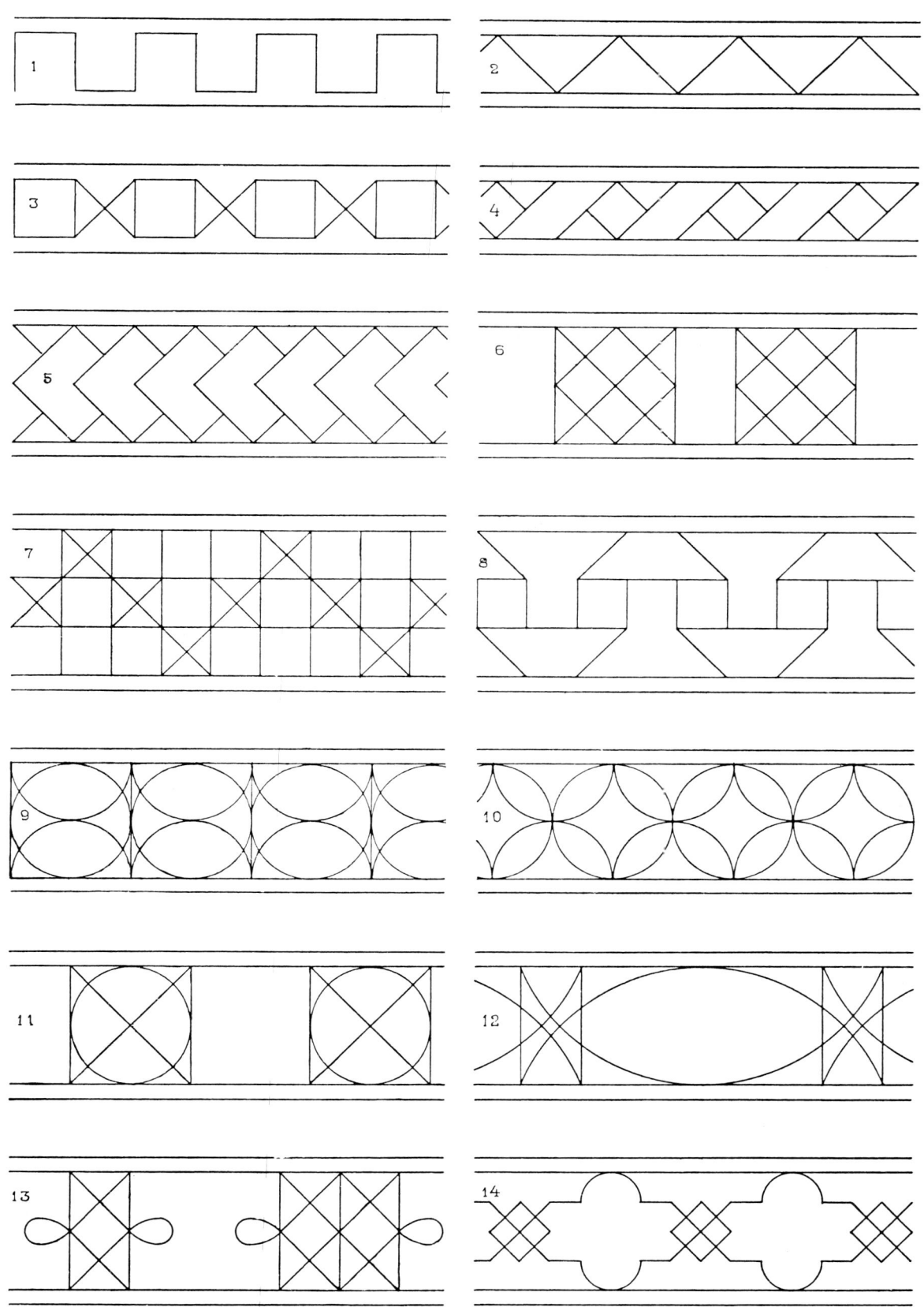

Geometrische Bandmotive.

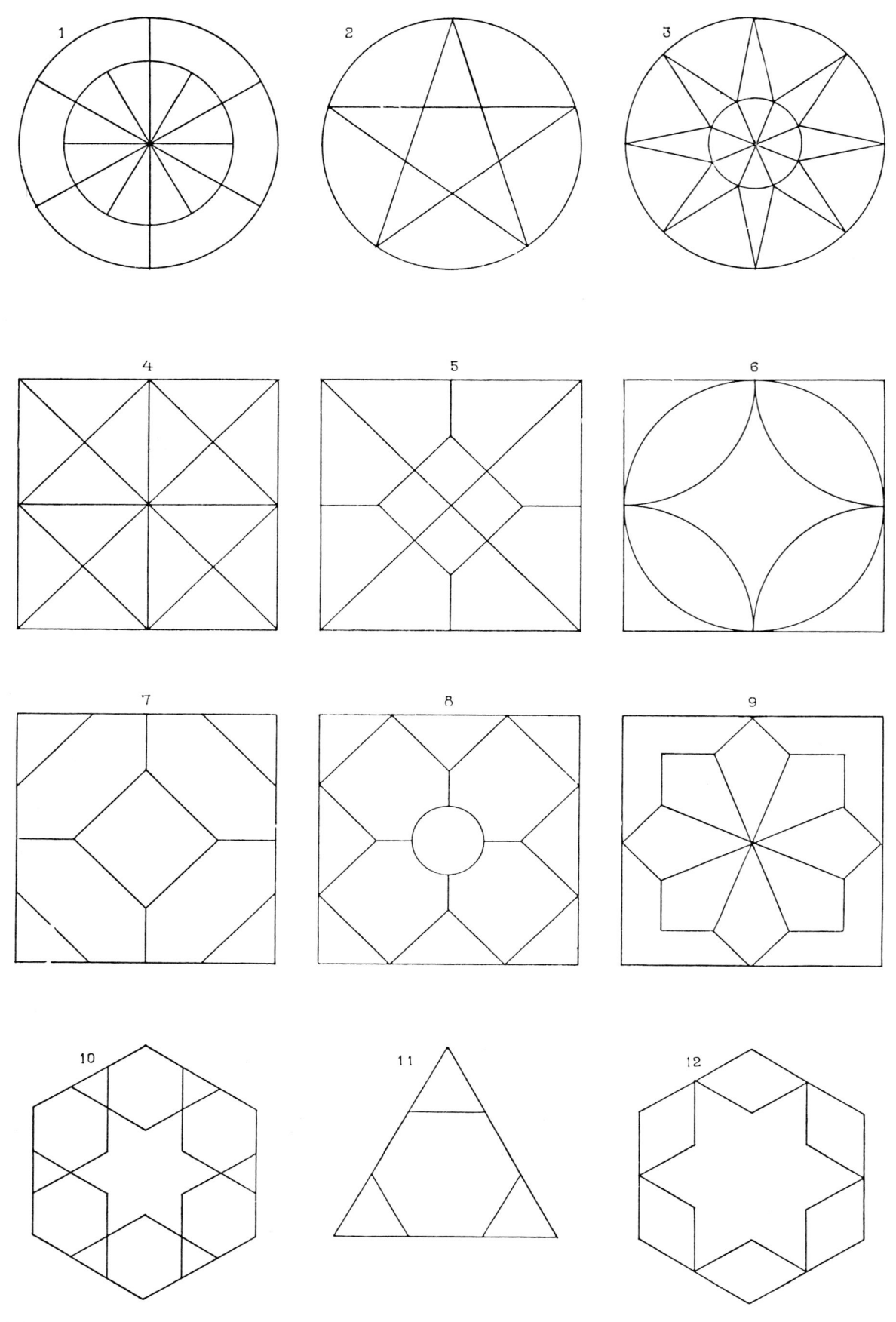

Geometrische Flächeneinteilungen.

Geometrische Flächeneinteilungen.

Pflanzenblätter.

81

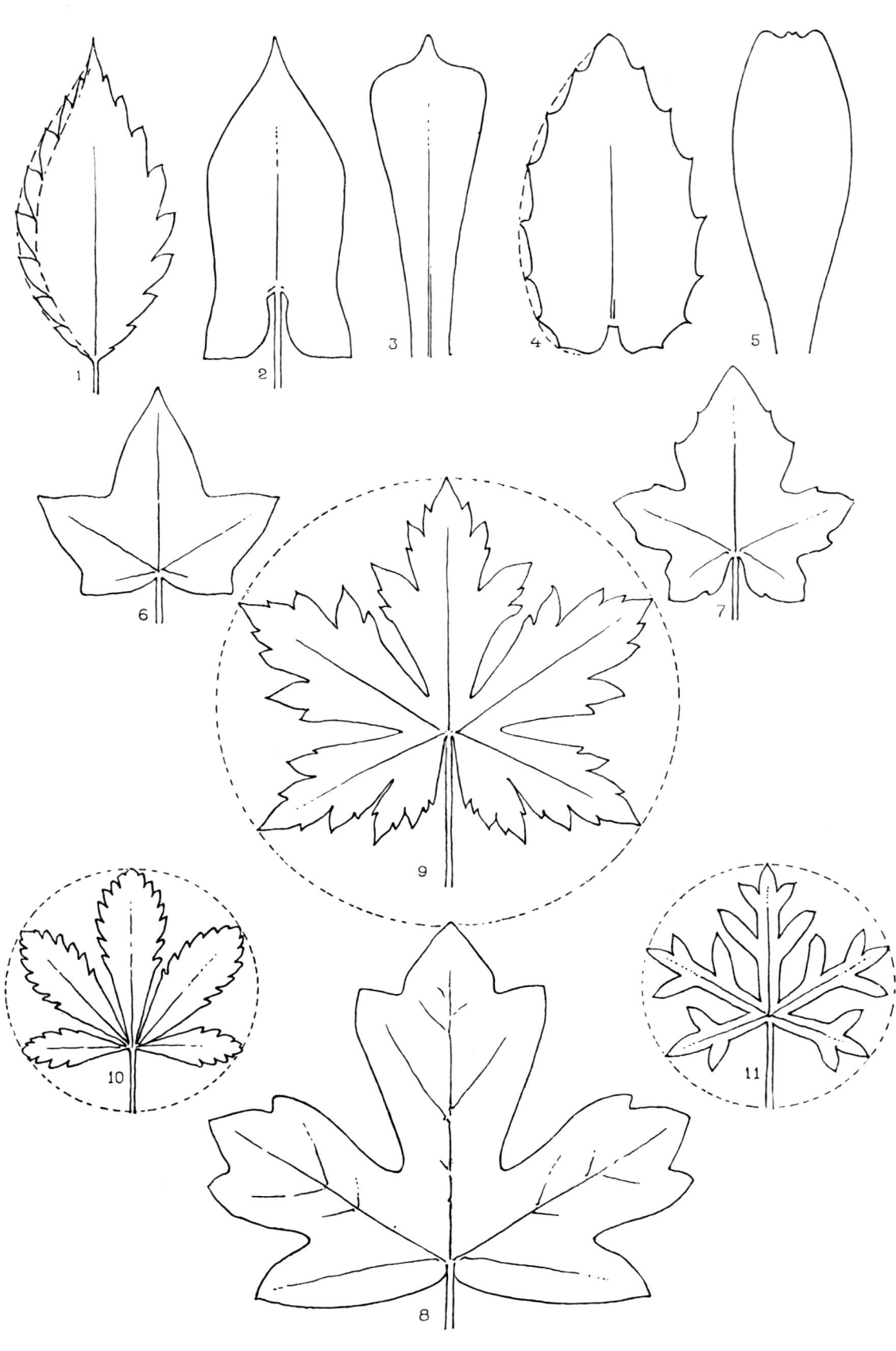

Pflanzenblätter.

Pflanzenblätter.

83

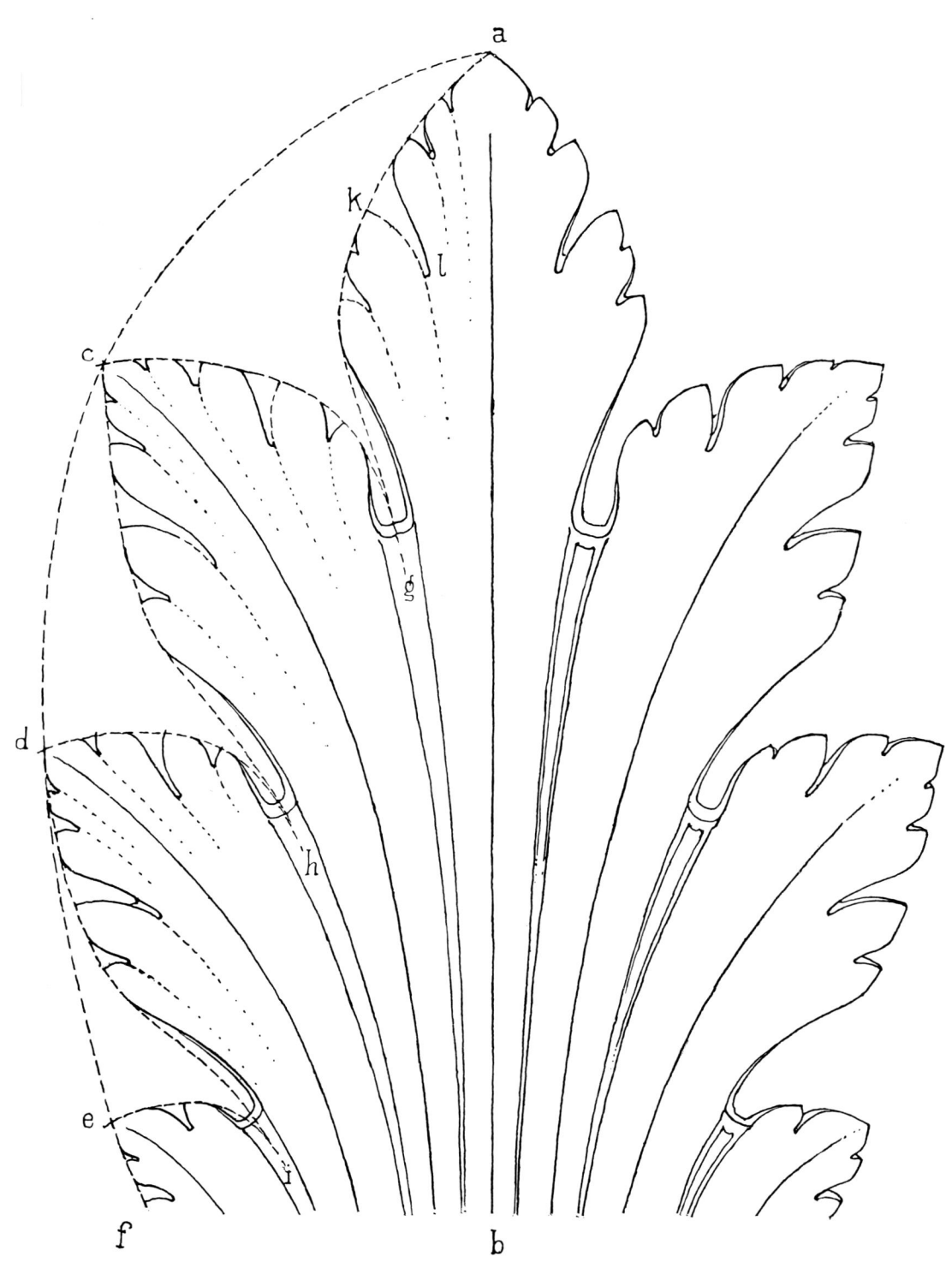

Stilifiertes Akanthusblatt.

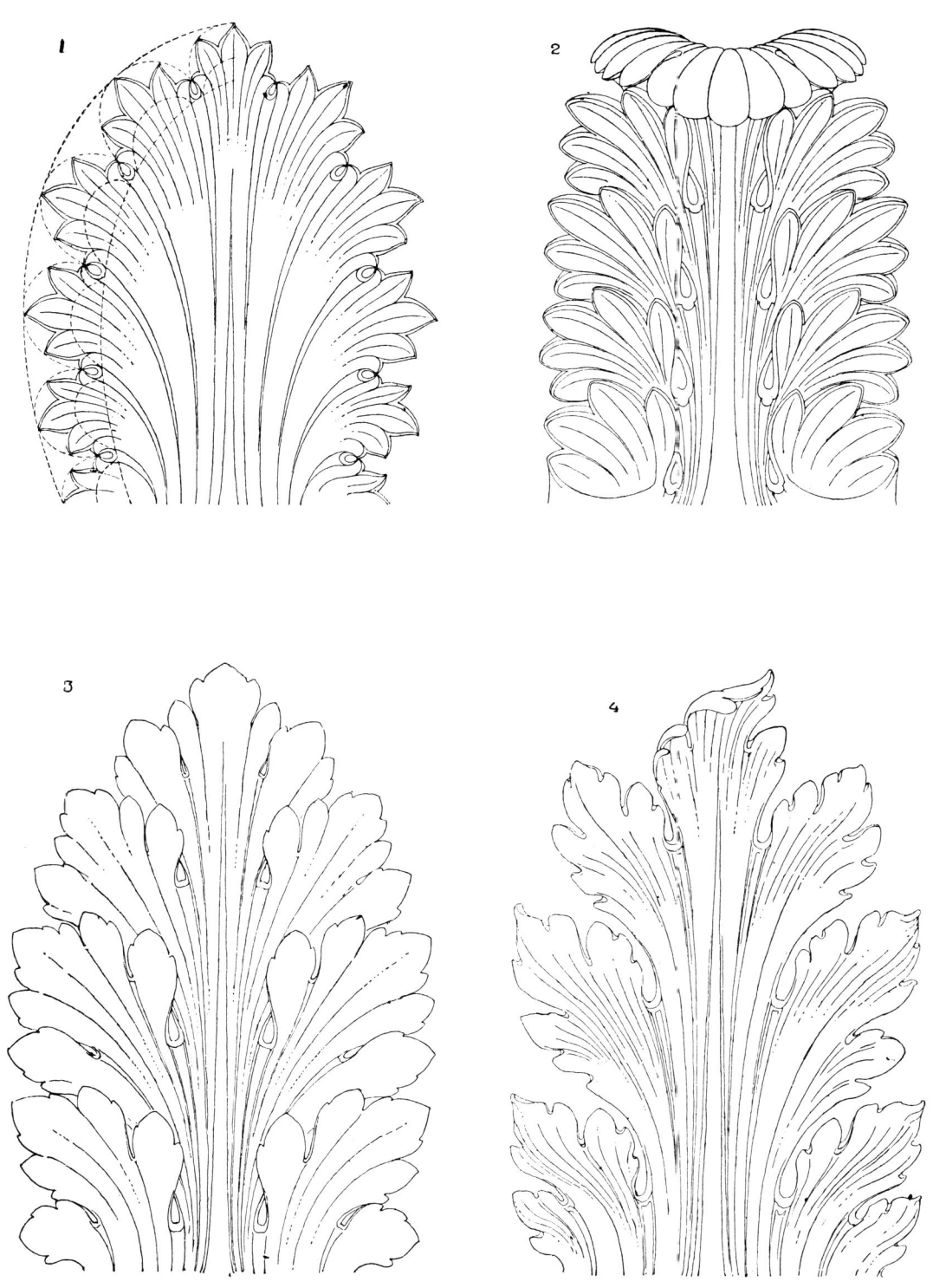

Stilisierte Akanthusblätter.

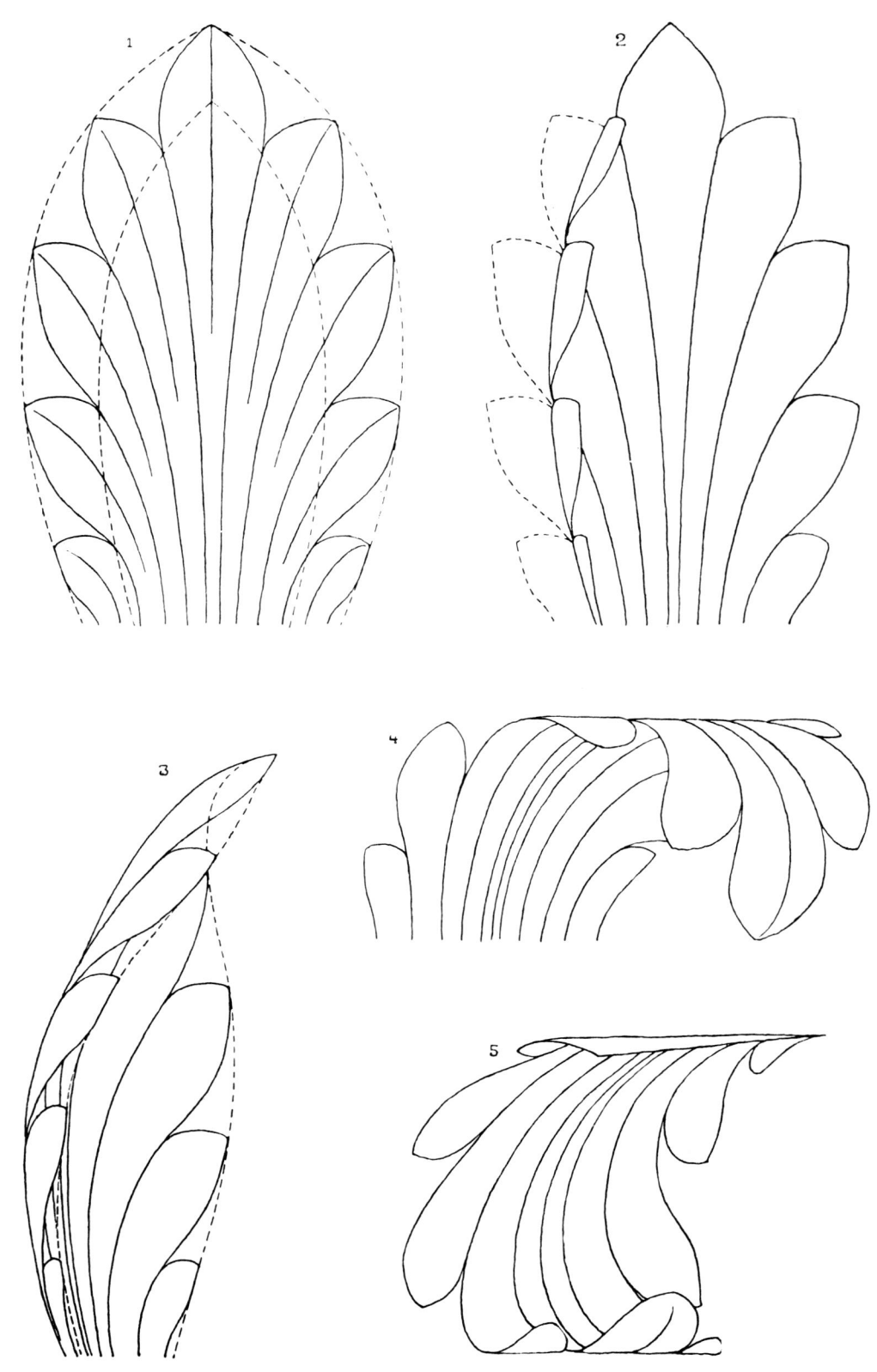

Stilisierte Pflanzenblätter.

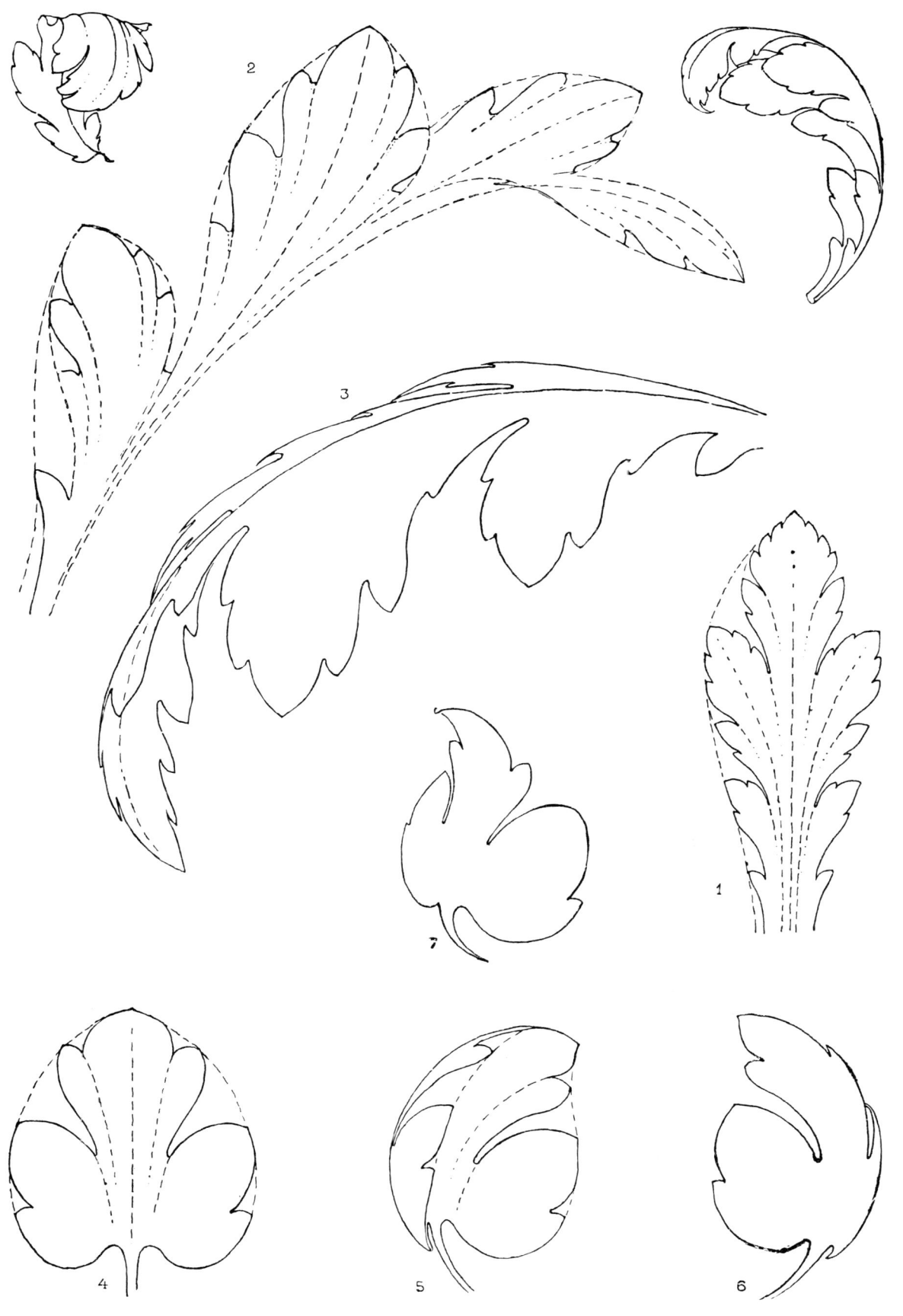

Stilifierte Pflanzenblätter.

Stilisierte Blattkelche.

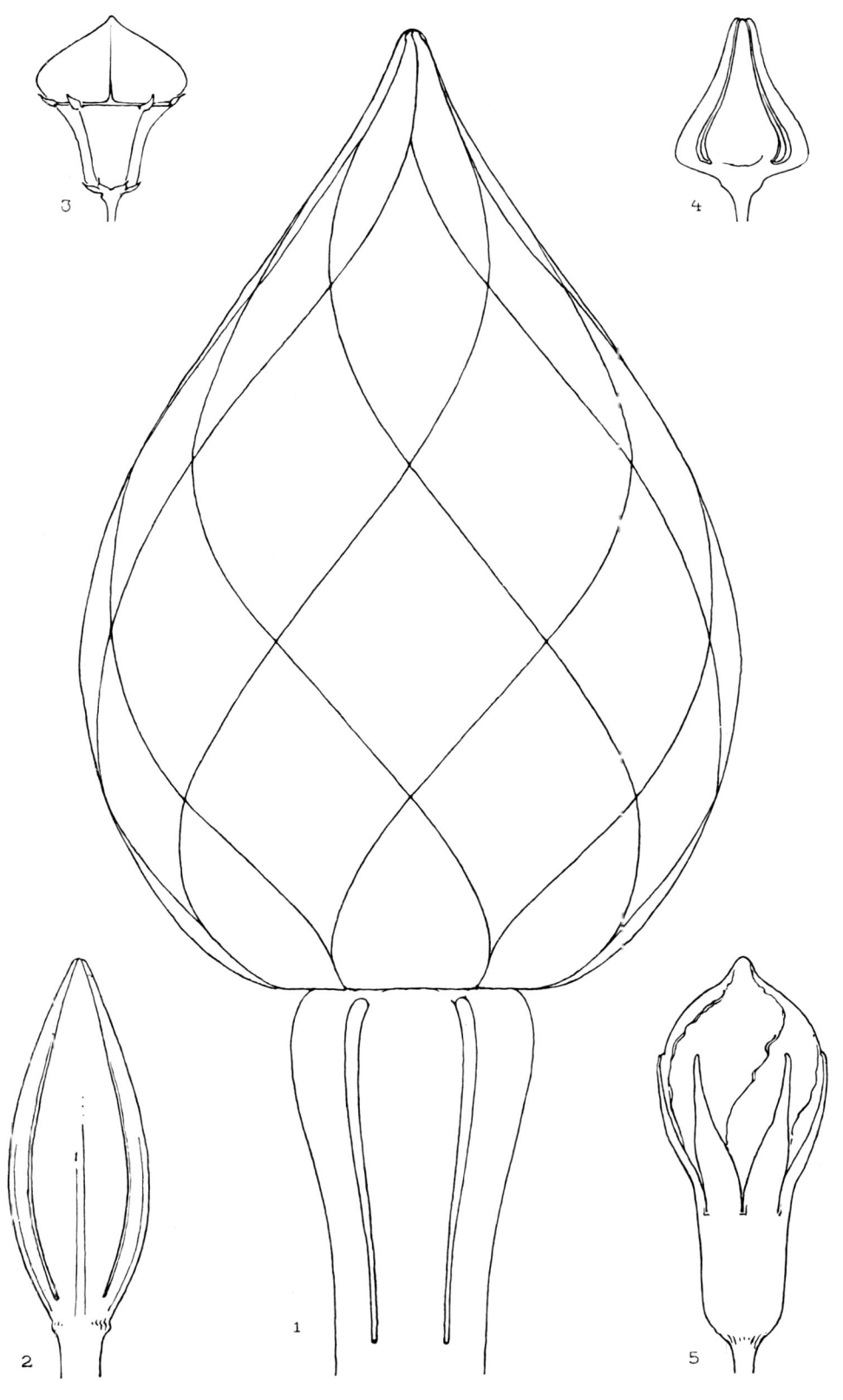

Knospen.

89

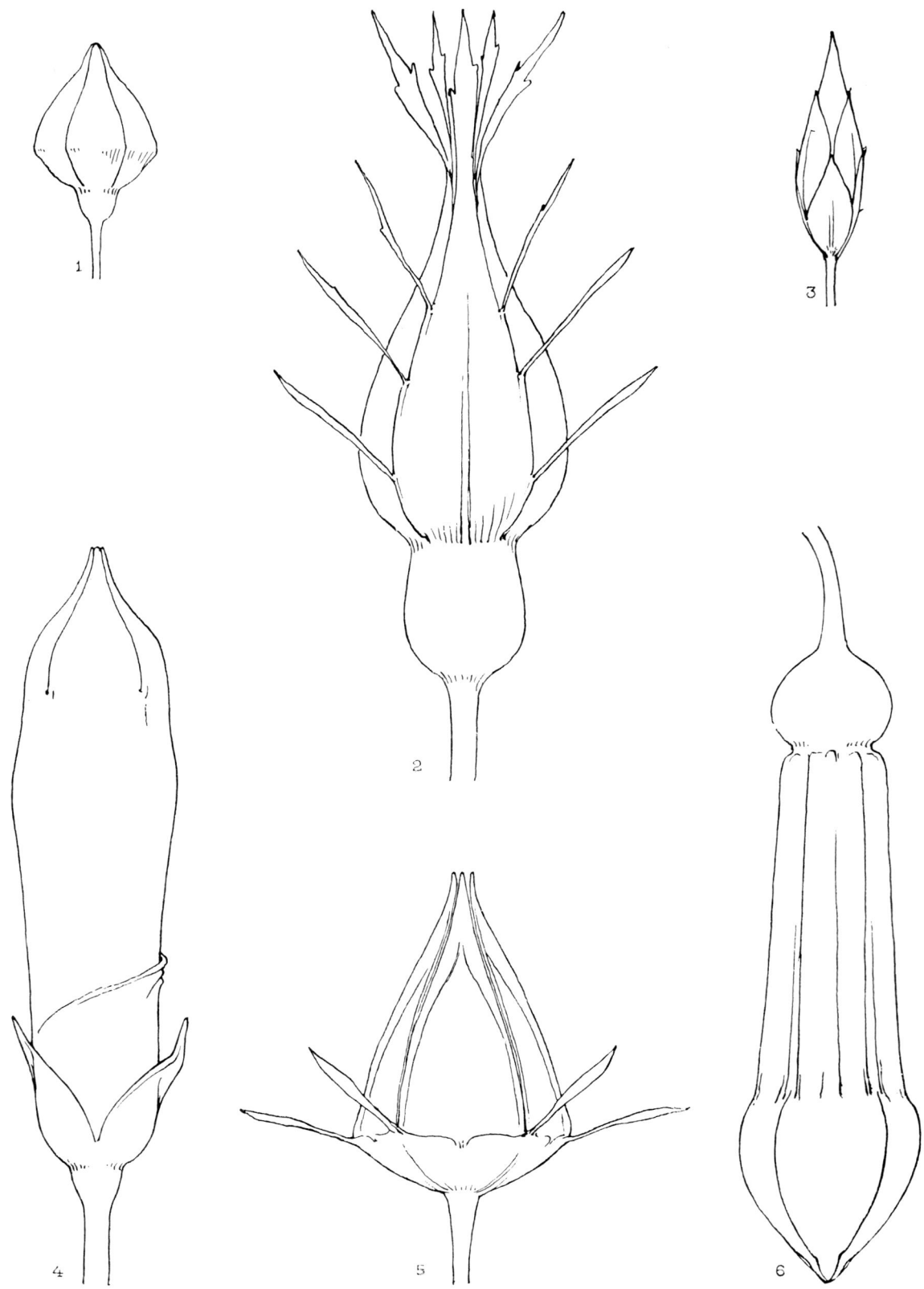

Knospen.

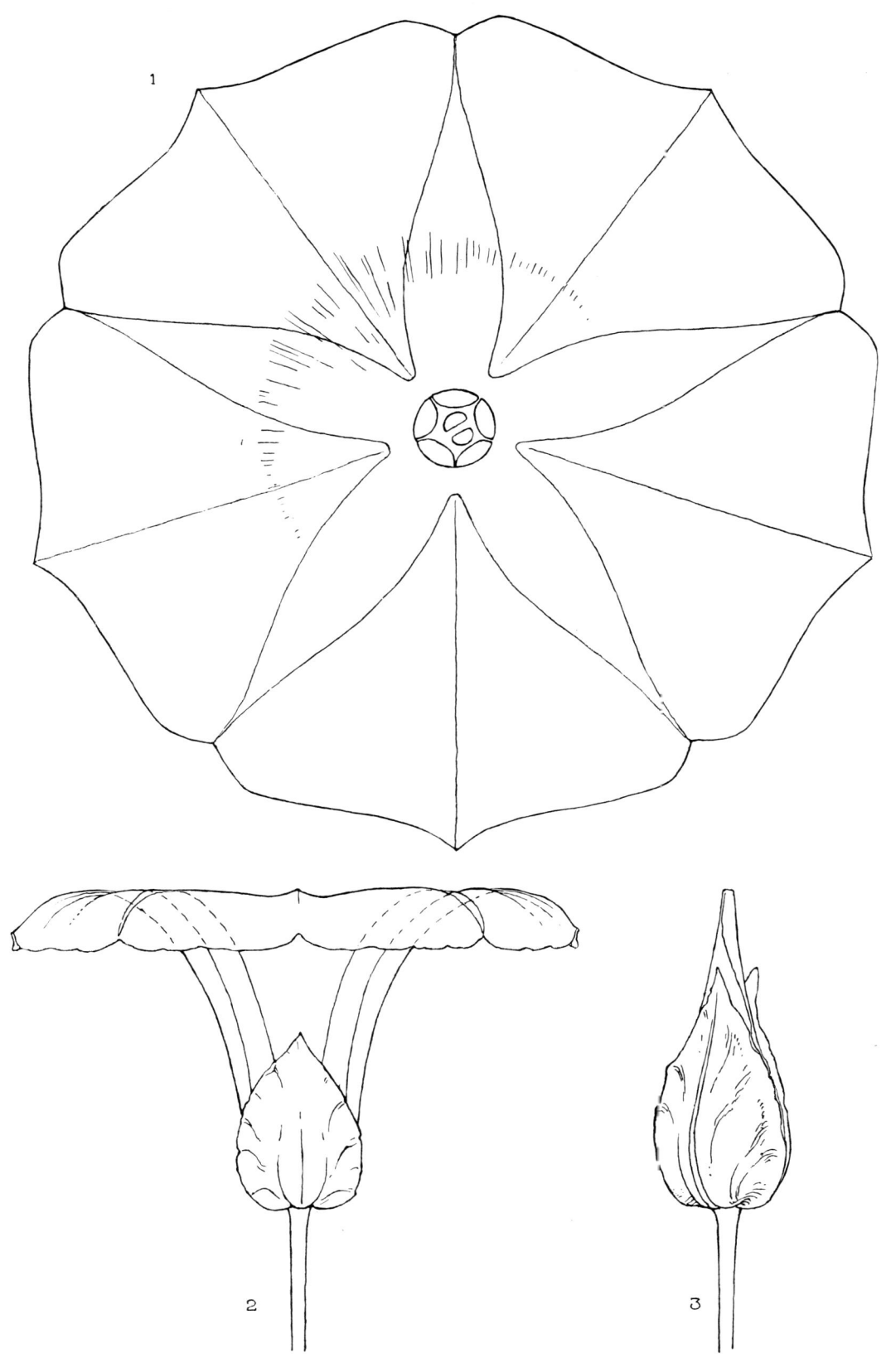

Blüten.

1

2

3

4

Blüten.

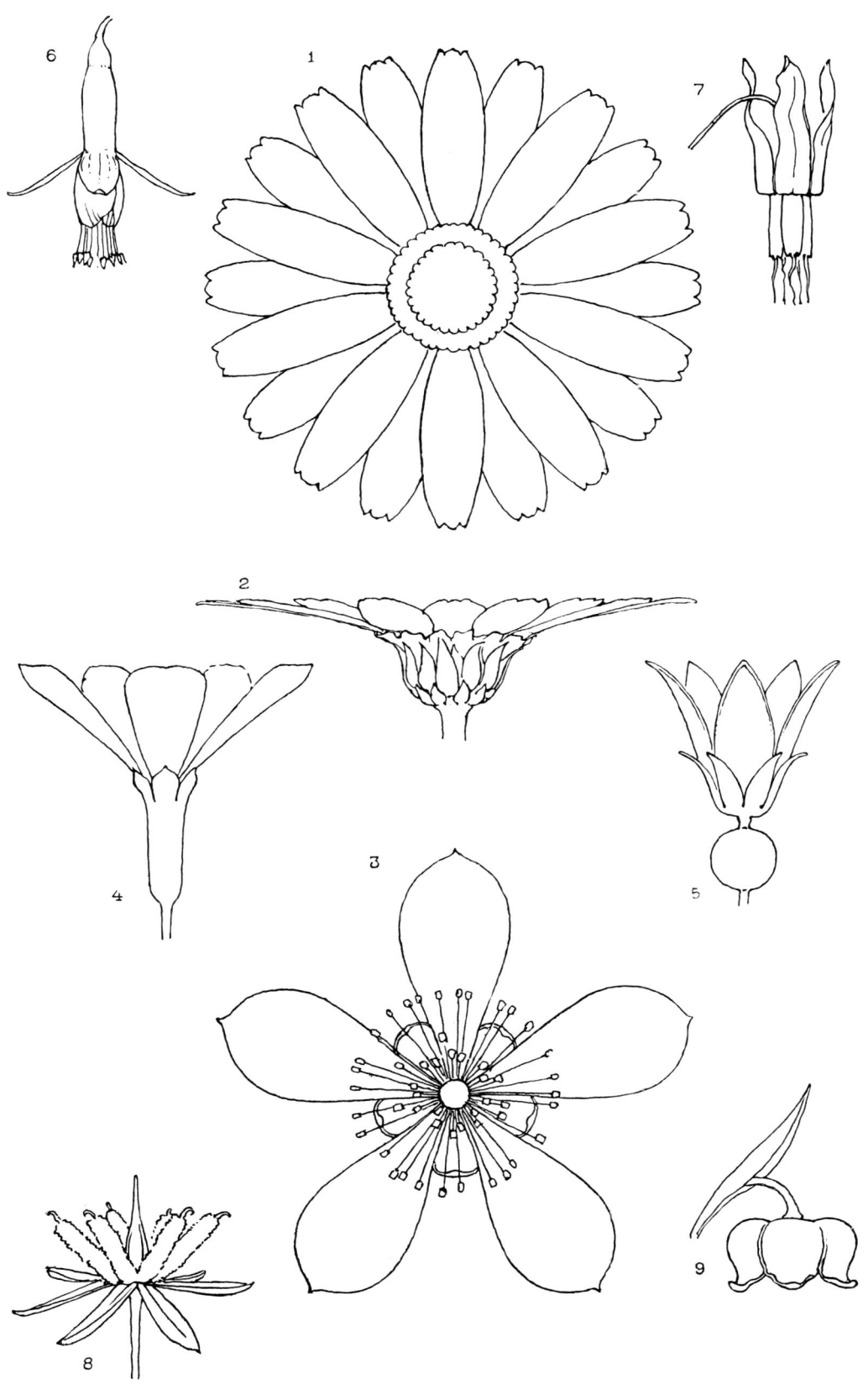

Blüten.

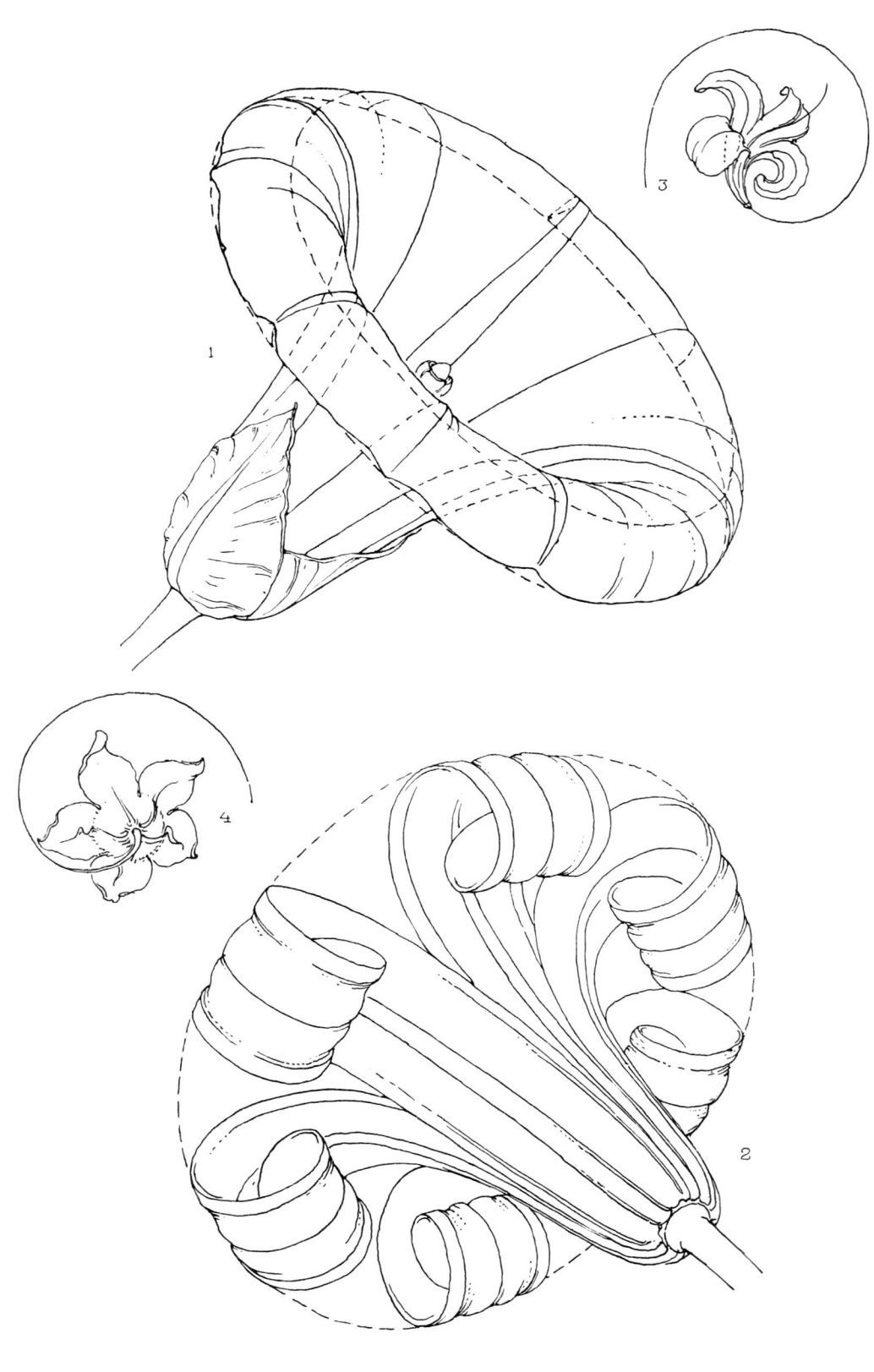

Blüten.

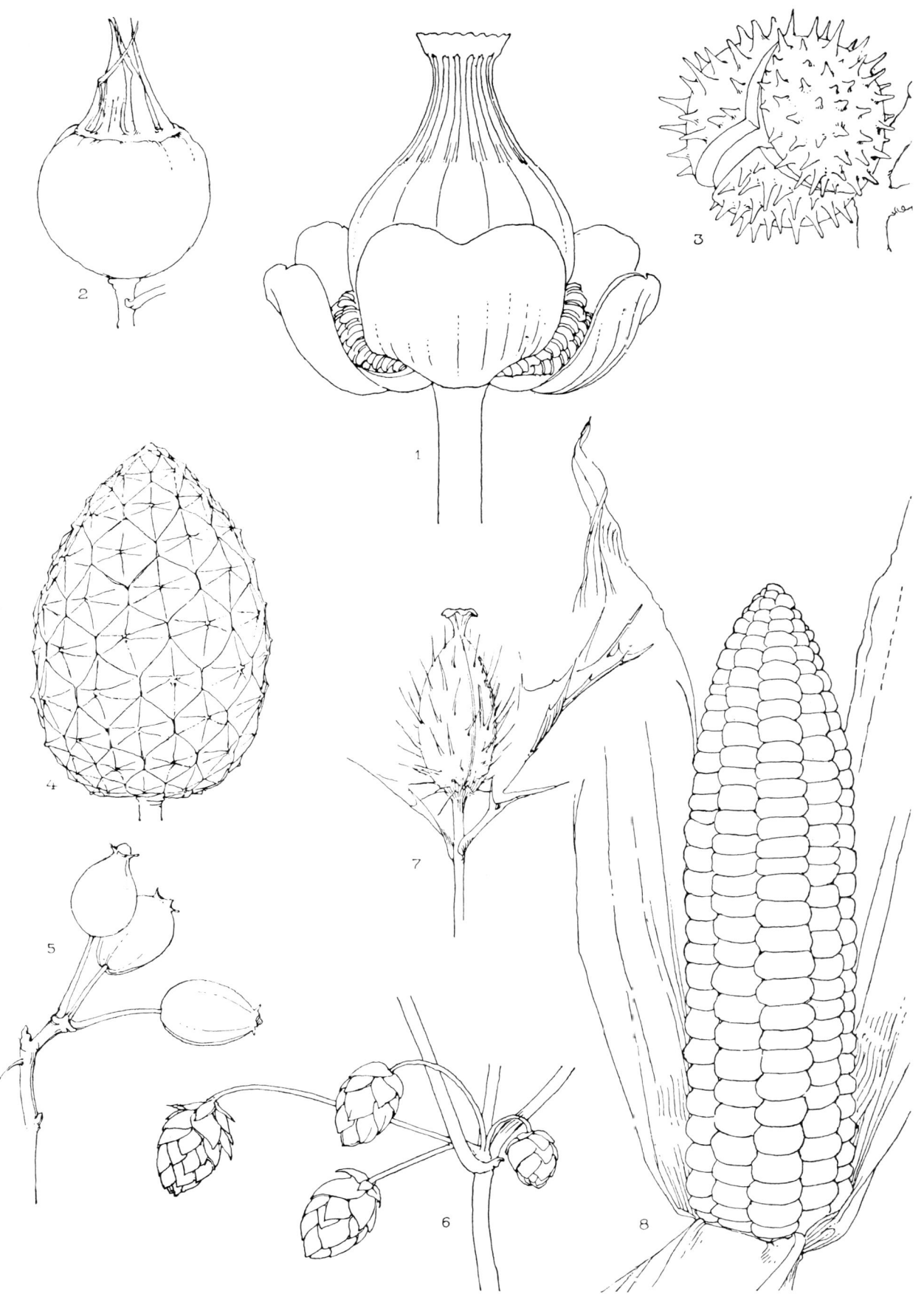

Früchte.

Tafel 21

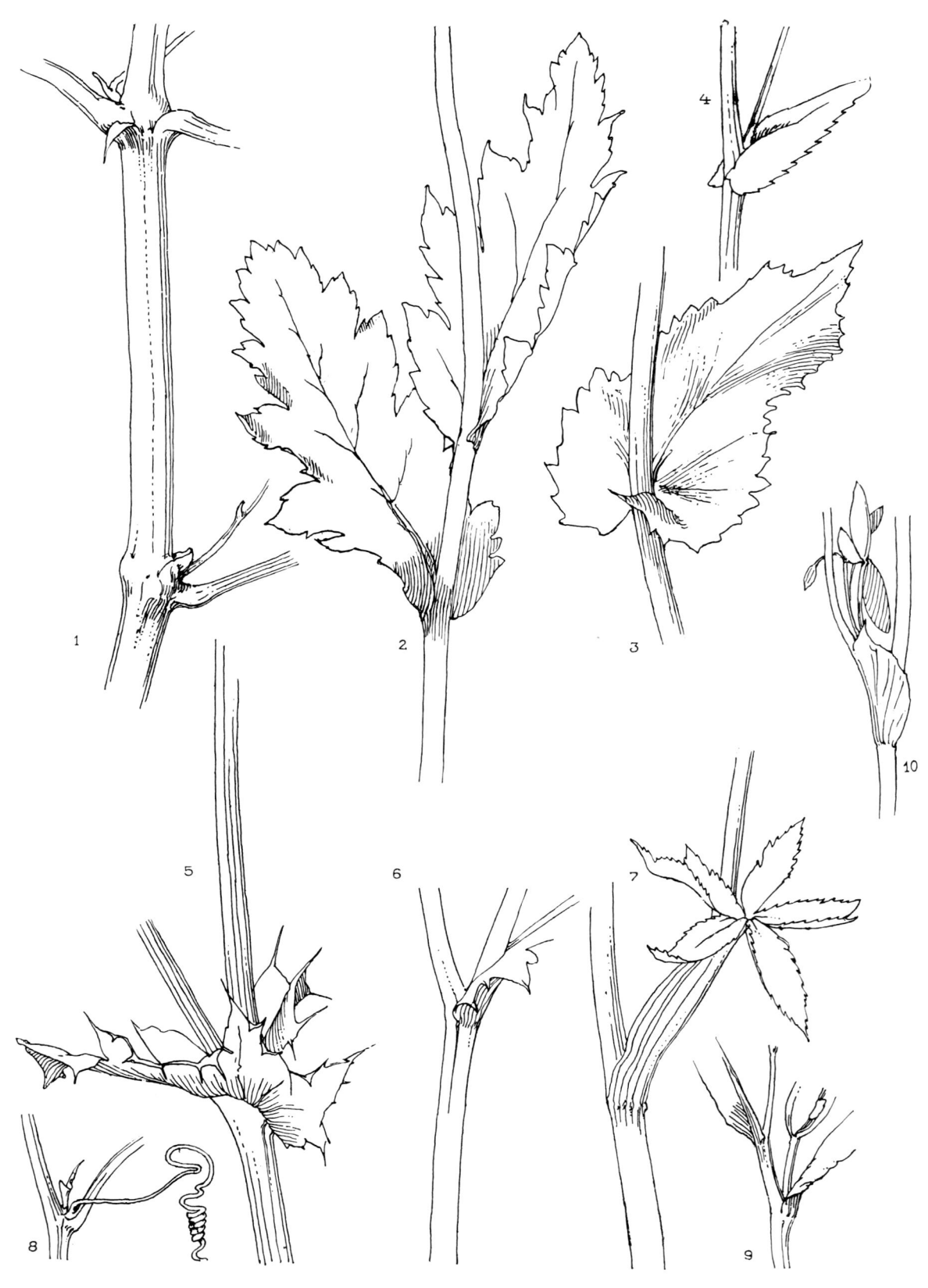

Blatt = und Stengelabzweigungen.

Lilie.

Nelke und Klee.

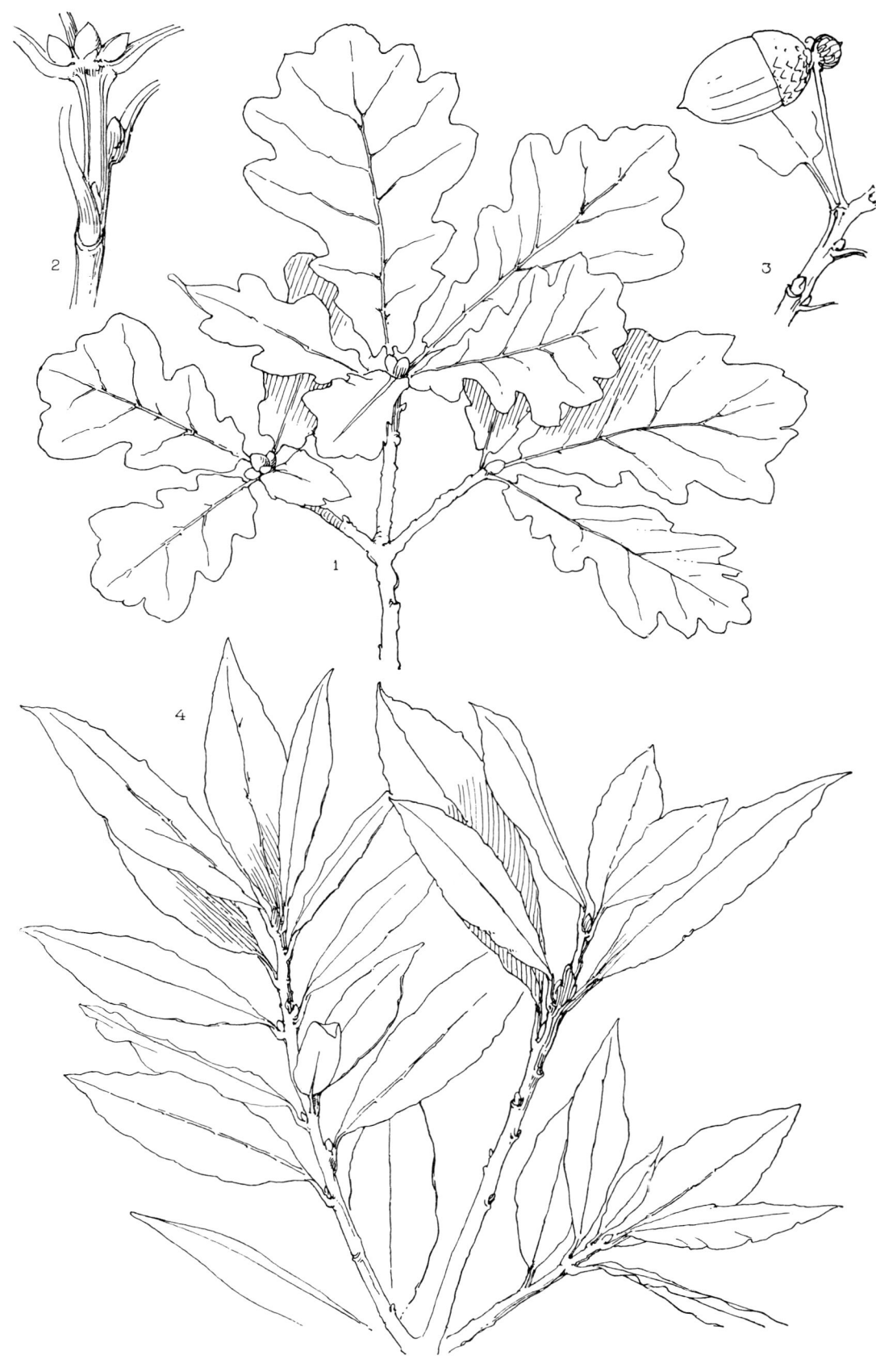

2

3

1

4

Tafel 25

Eiche und Lorbeer.

99

2   3

4

5   6

A. Blunck.
1882.

Tafel 26

Sumpfblutauge und Storchschnabel.

Stilisierte Knospe, Blüte und Frucht vom Sumpfblutauge.

Sumpfblutauge, stilisiert

Sumpfblutauge, ſtiliſiert.

A. Blanck. 1882

Tafel 29

103

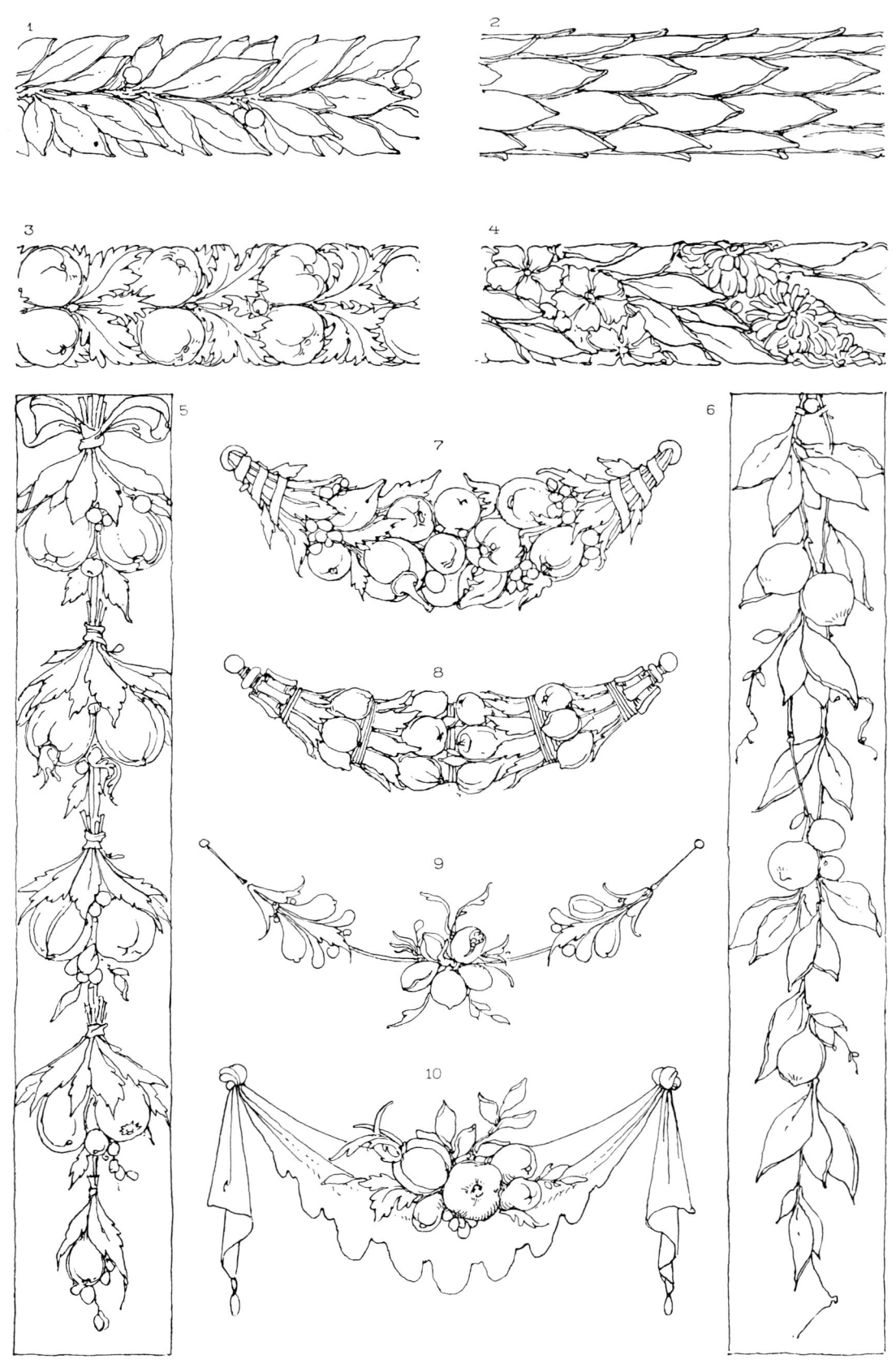

Blatt = und Blumengewinde. Fruchtgehänge.

Kränze.

1

2

3

4

5

Tierköpfe.

Schmetterling und Adler.

Tafel 34

Adler, Greif, Chimäre.

Löwenköpfe.

Schlange, Eidechse, Polyp.

3   1   4

5   6

Delphin, Muſcheln.

111

Kopf des Menschen.

1
2

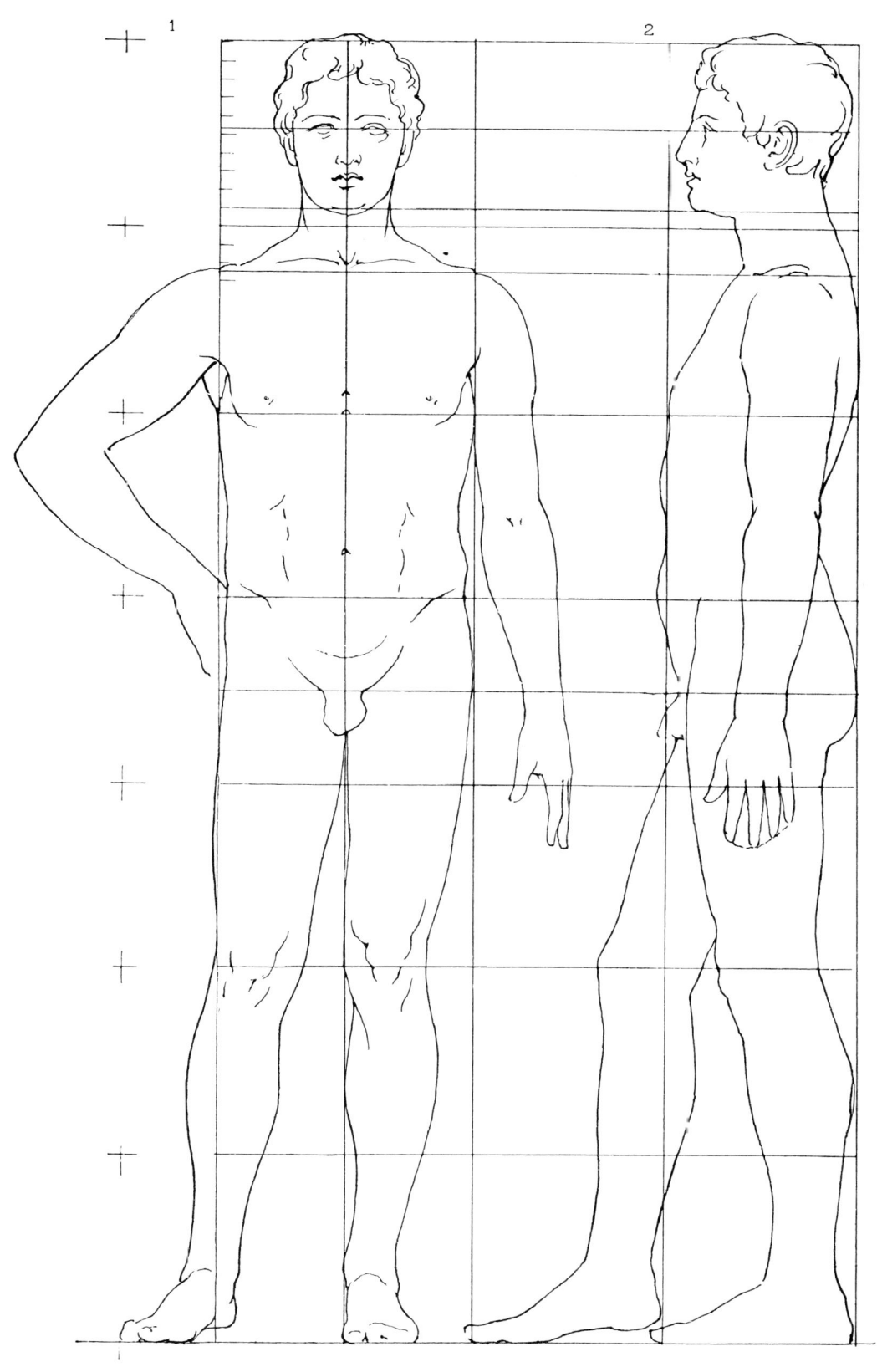

Körper des Menschen.

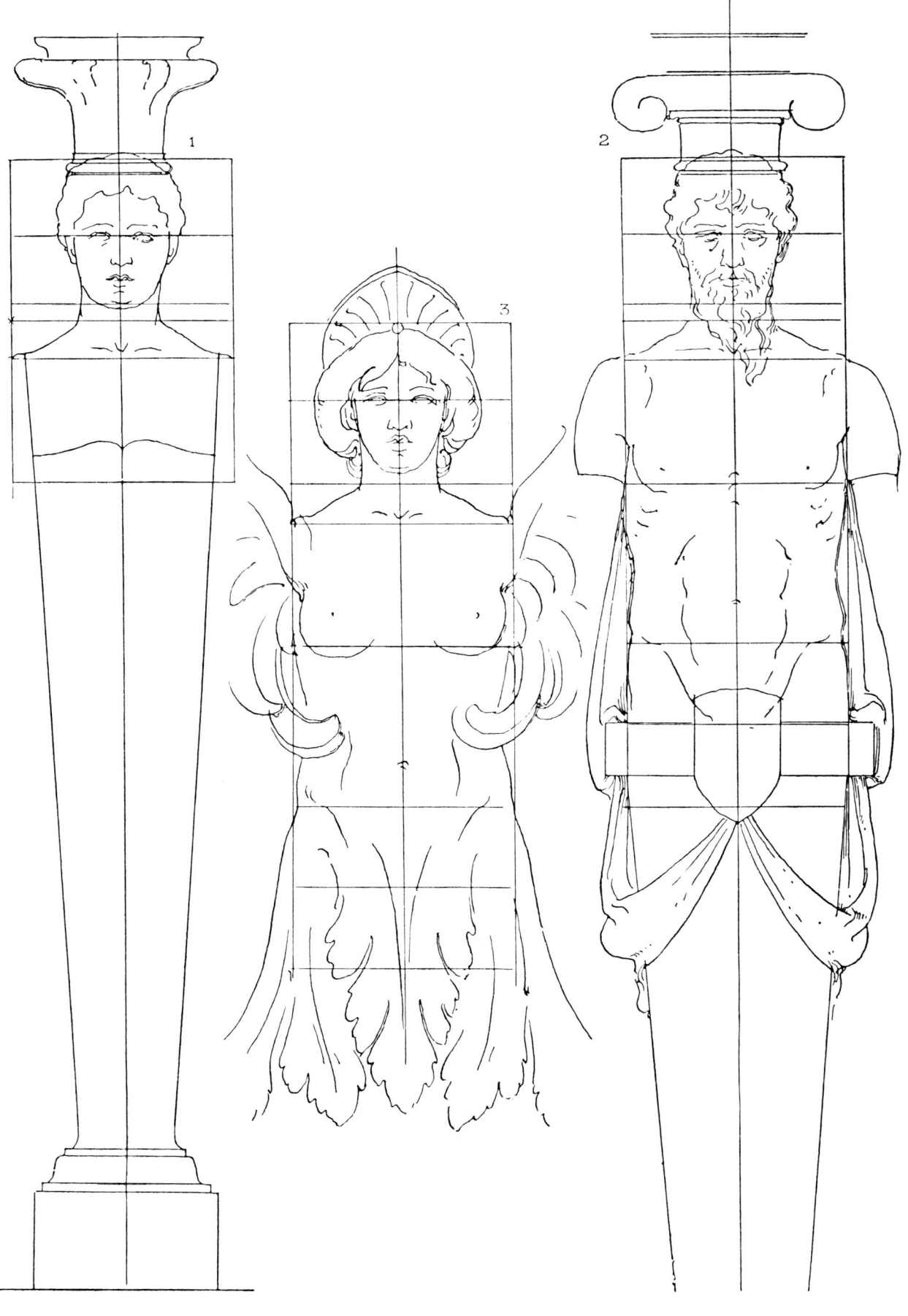

Tafel 40

Körper des Menschen.

114

Masken, Grotesken.

115

Riemen, Schnüre, Ketten, Geflechte, Fransen, Quaste, Gehänge.

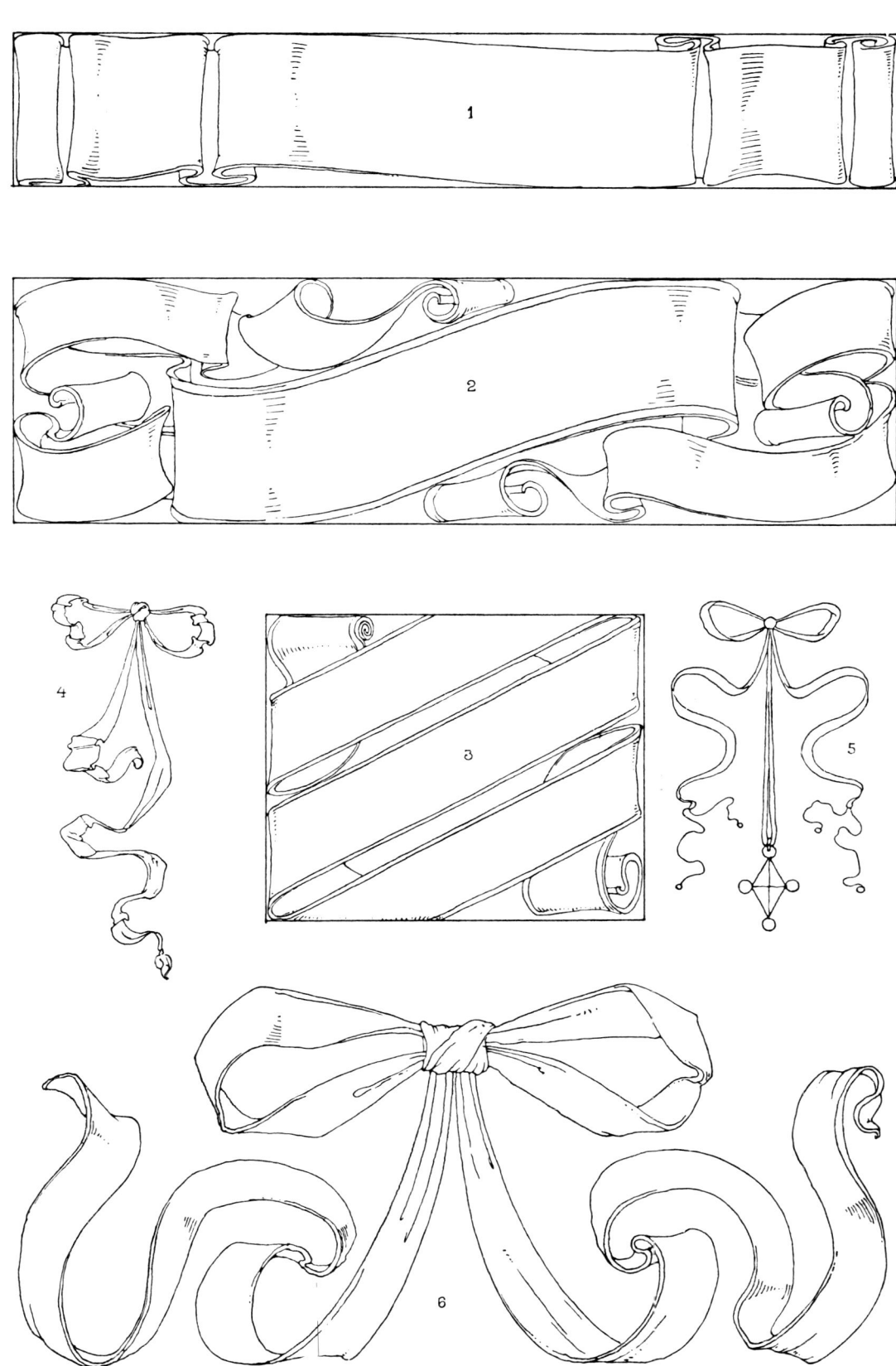

Fliegende Bänder.

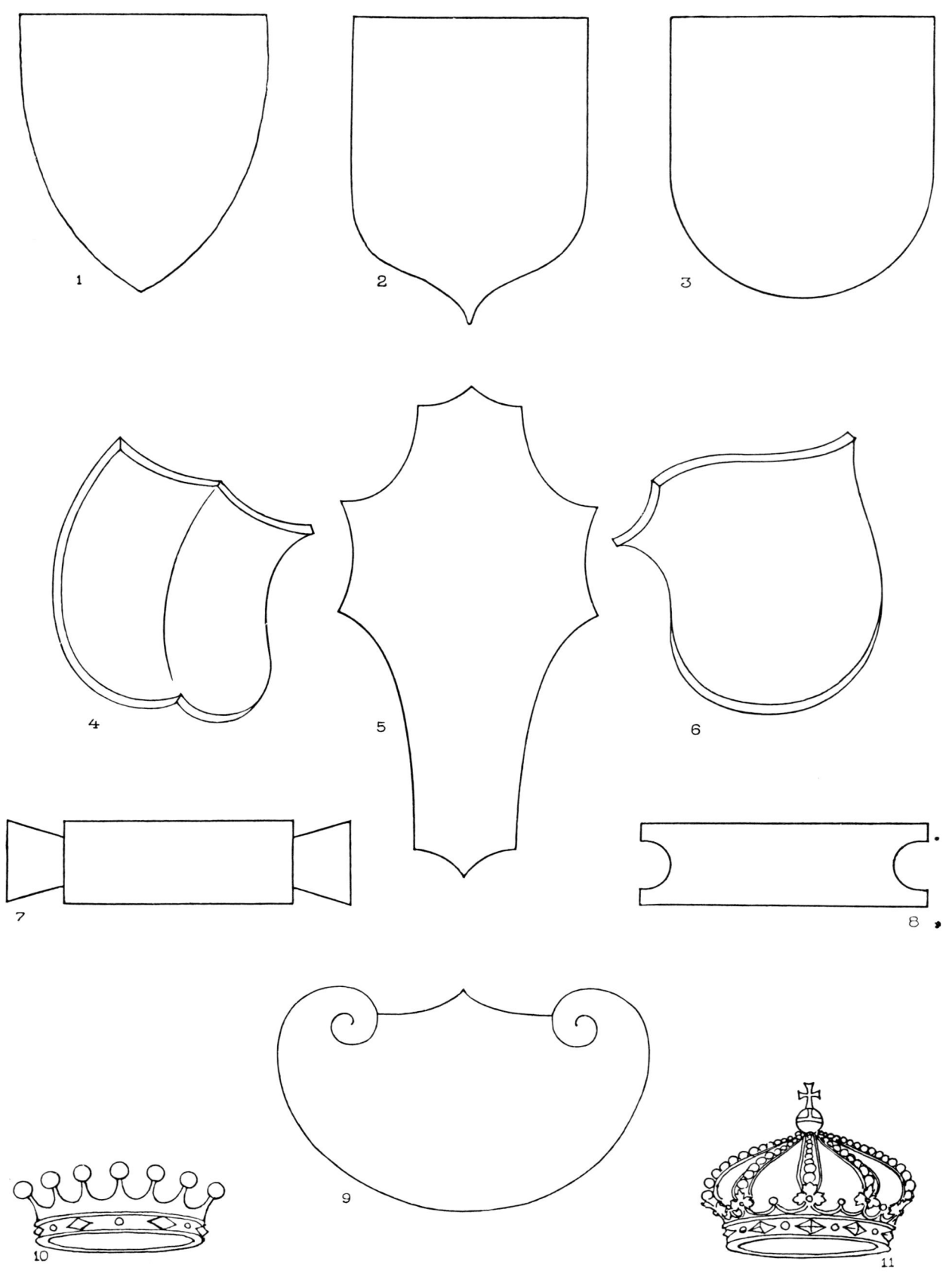

Schilde.

Trophäen.

ROM

1

haec enim
ditmi pio stu
dio

2

fidelium nostrorum In honore sti stephani pro

3

Oc scal ic iu gebeodan Than gi uuilliad

4

ALLE AM LEBEN

5

Dresden

6

KUNST · BRINGT · GUNST

7

Deutscher Holzarbeiter=

8

Verband

A.B.

BERLIN

9

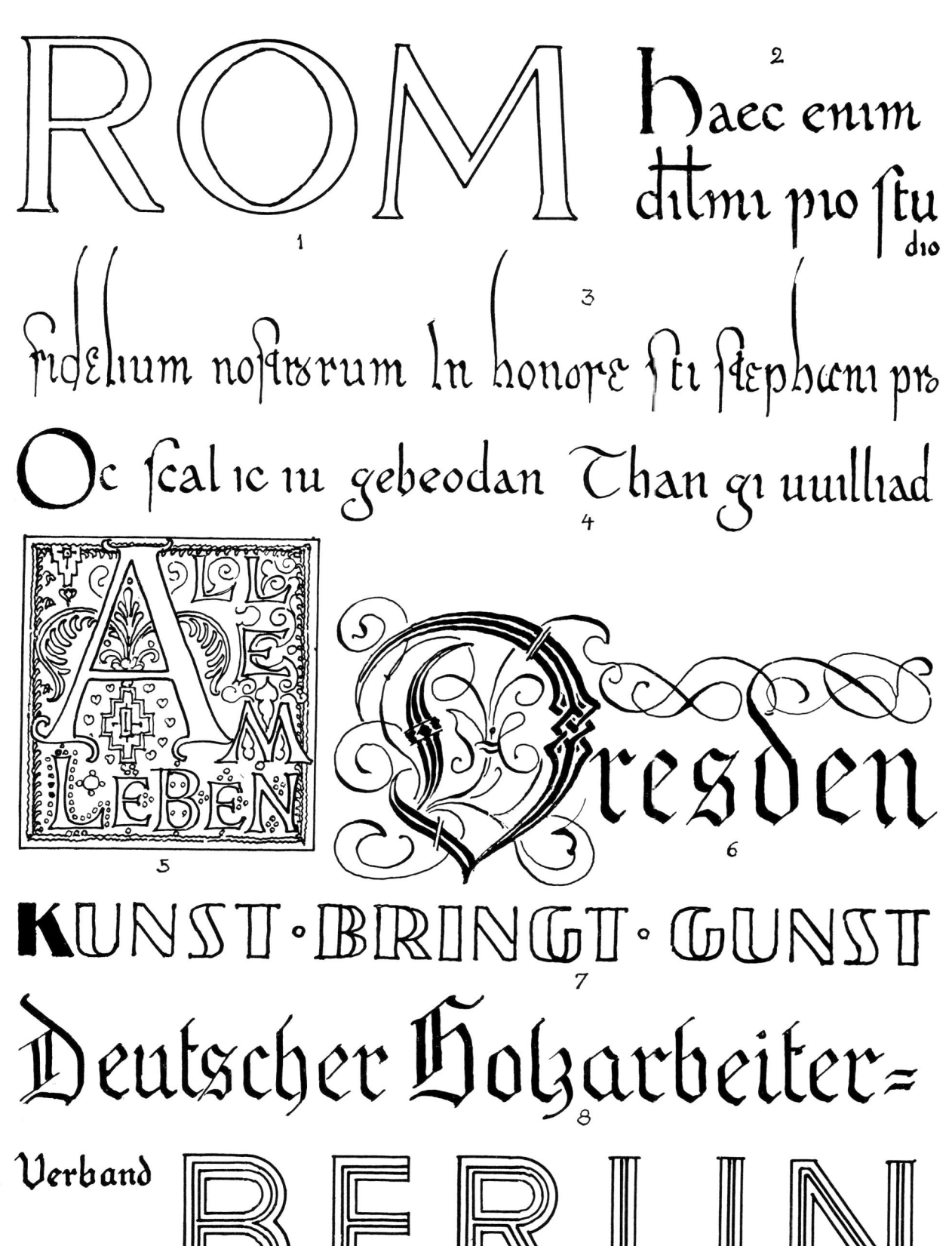

1

2

3

4

Bänder.

Bänder.

Bänder.

1

2

3

4

5

Kettenbänder.

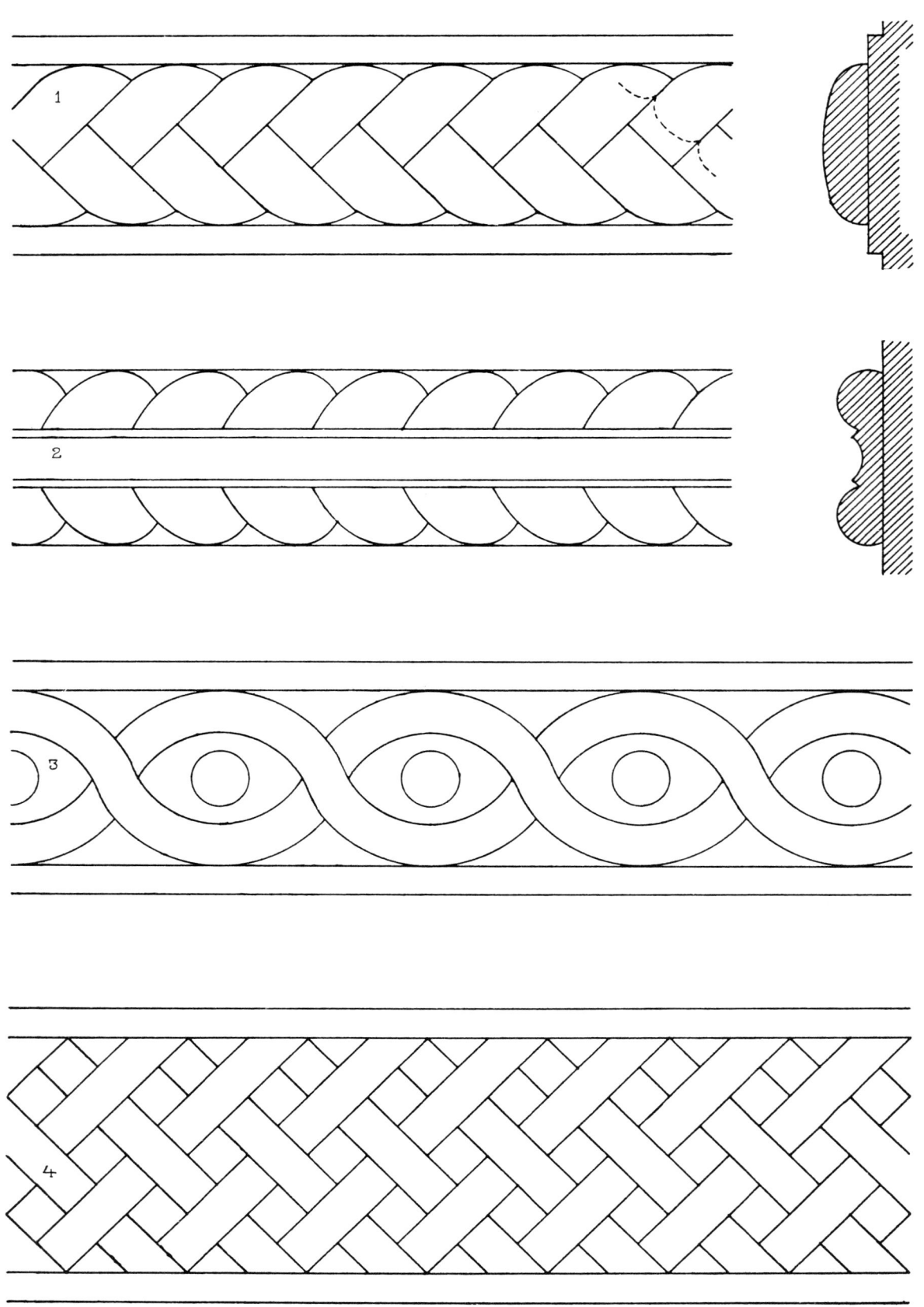

Flechtbänder.

Flechtbänder.

127

Blattbänder.

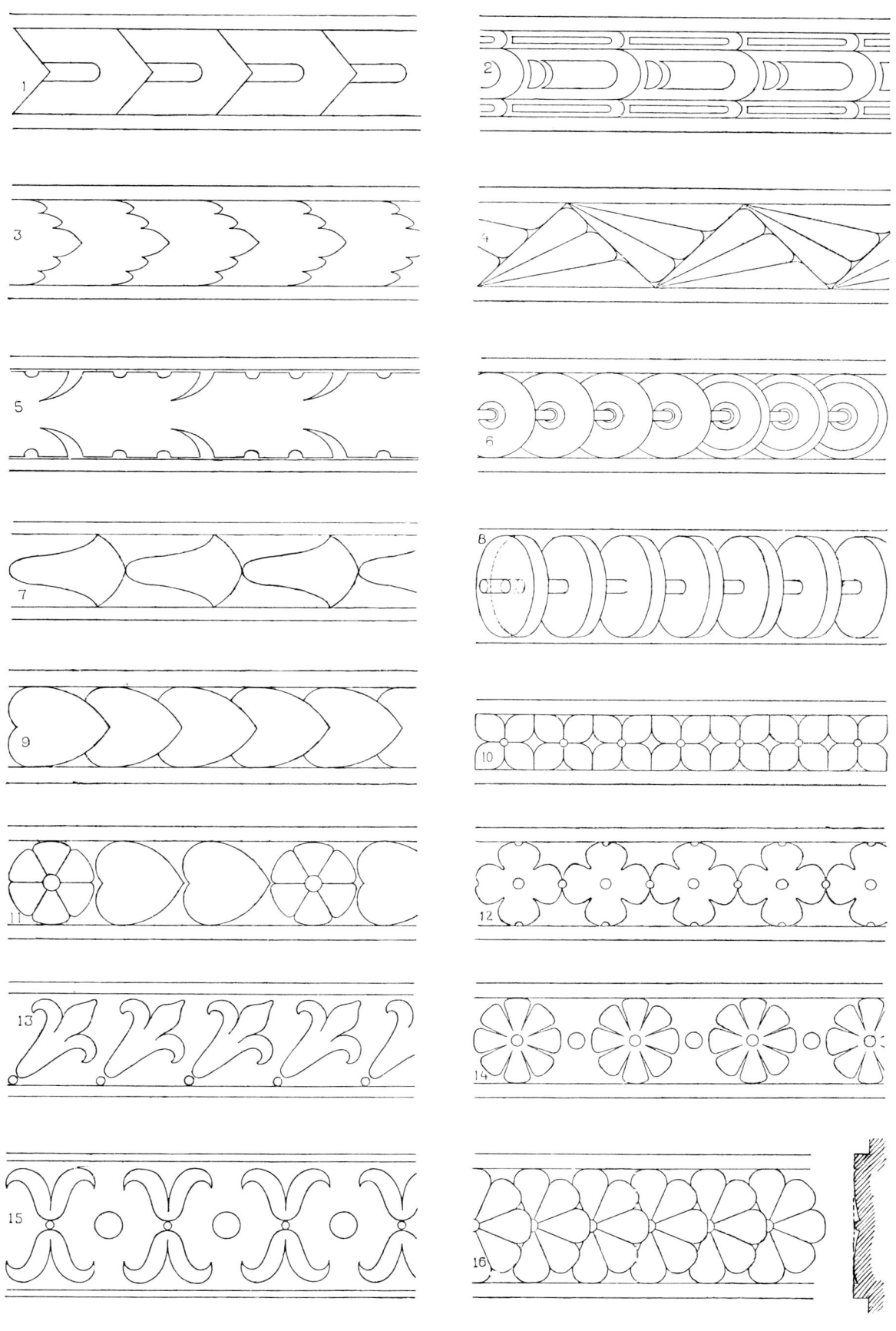

Schuppen-, Münz- und Blumenbänder.

Blatt = und Rankenbänder.

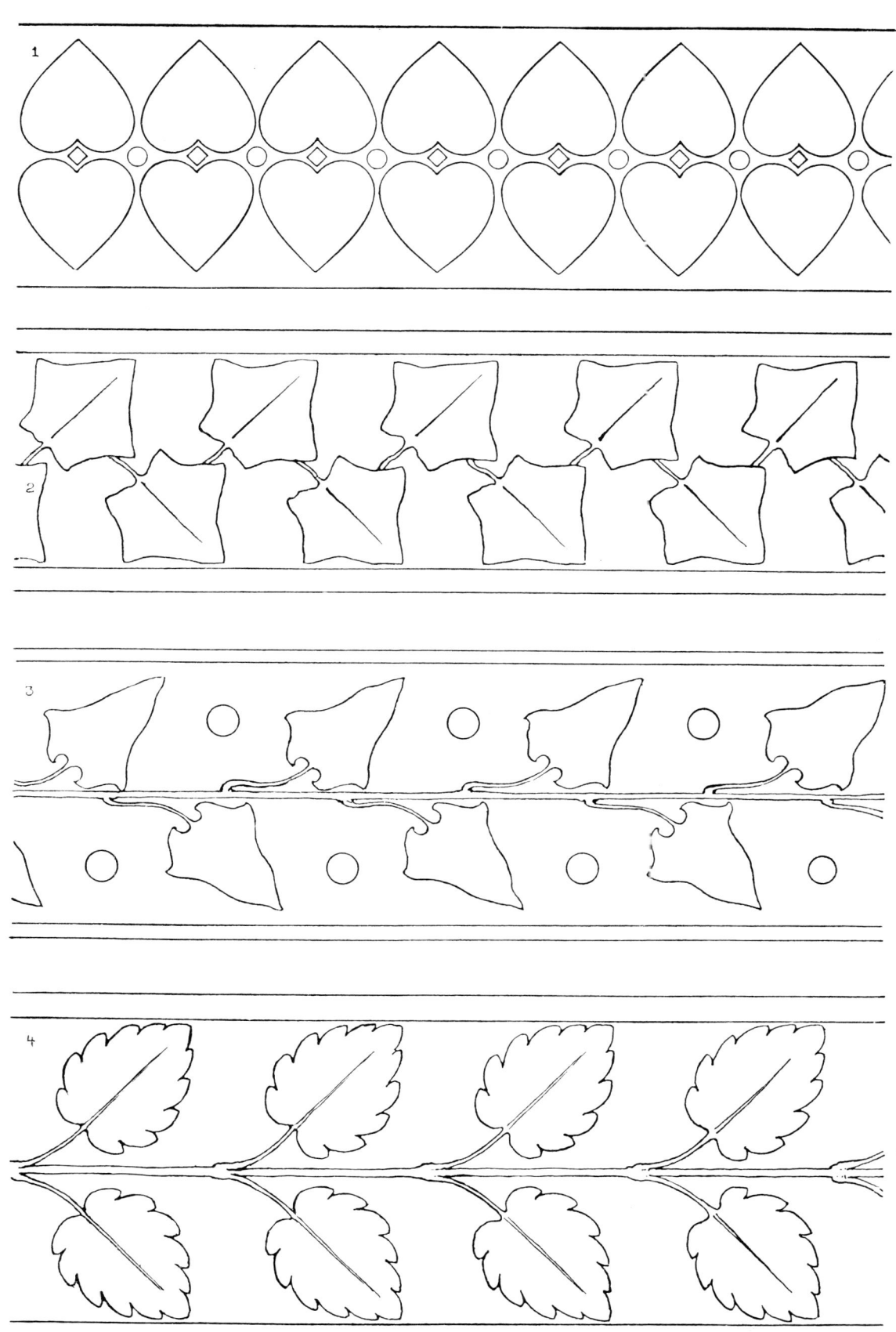

Blatt= und Rankenbänder.

Wasserwogen= und Rankenbänder.

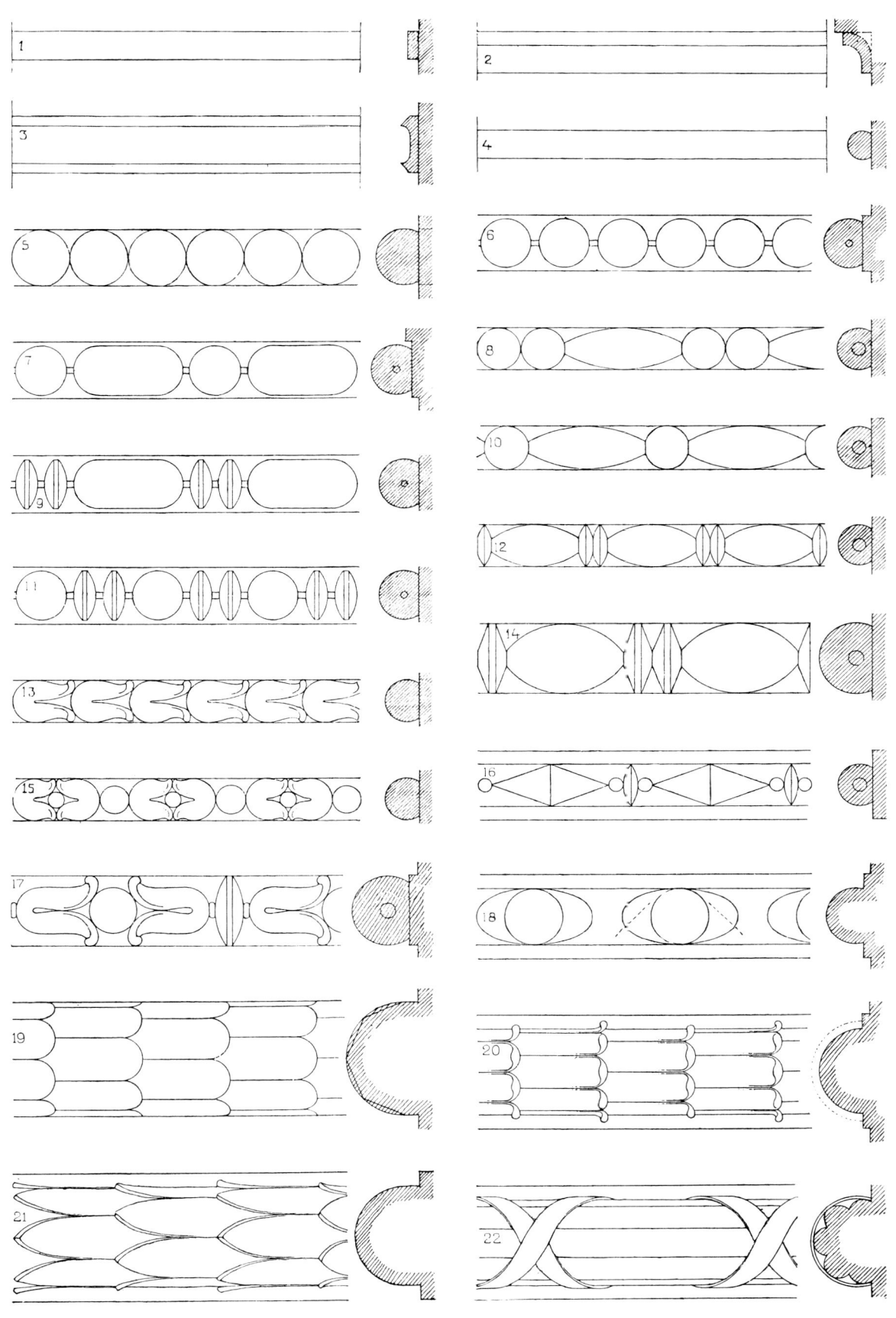

Perlschnüre, Wülste.

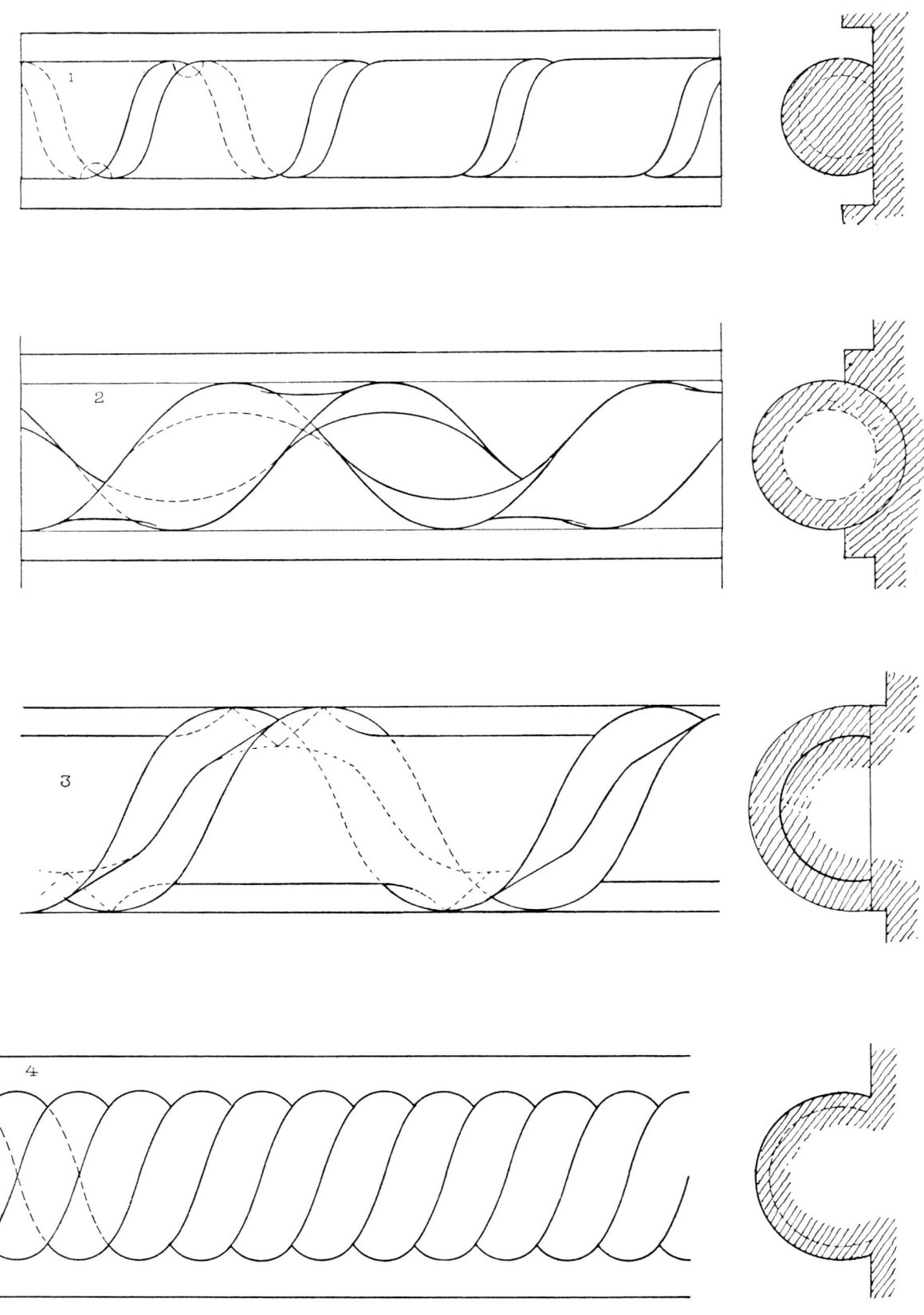

Gedrehte Schnüre.

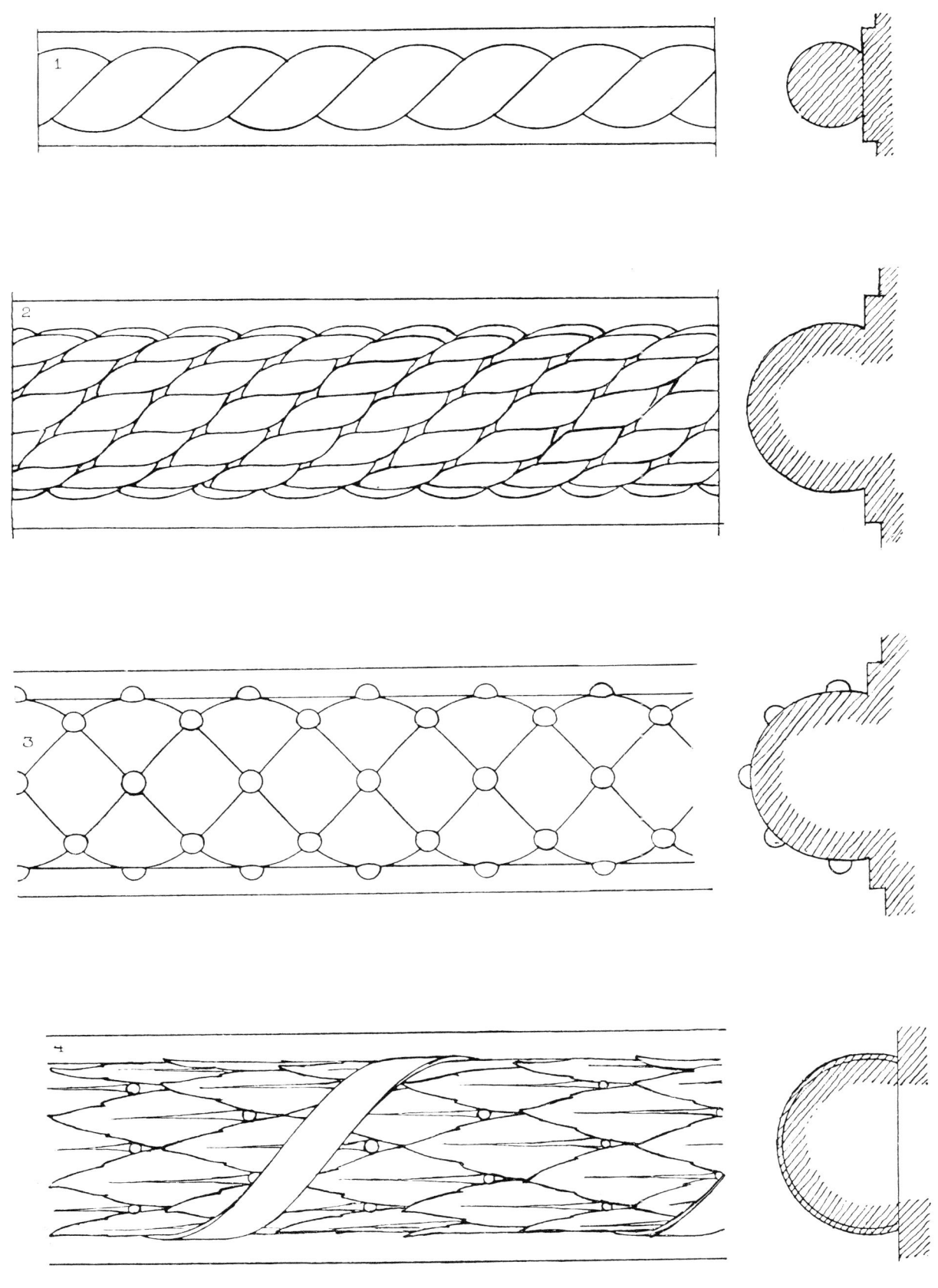

Verzierte Wülste.

135

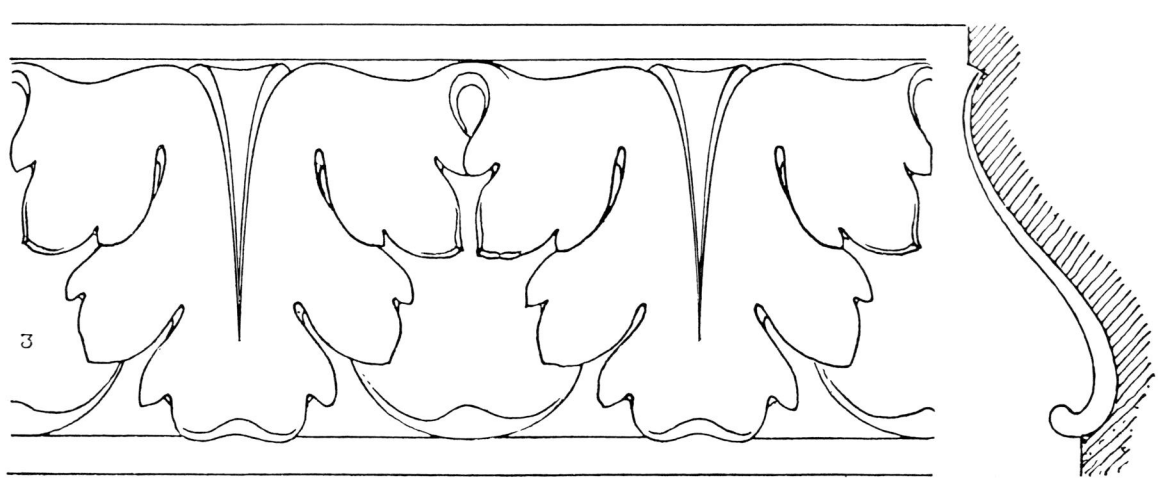

Blattwellen.

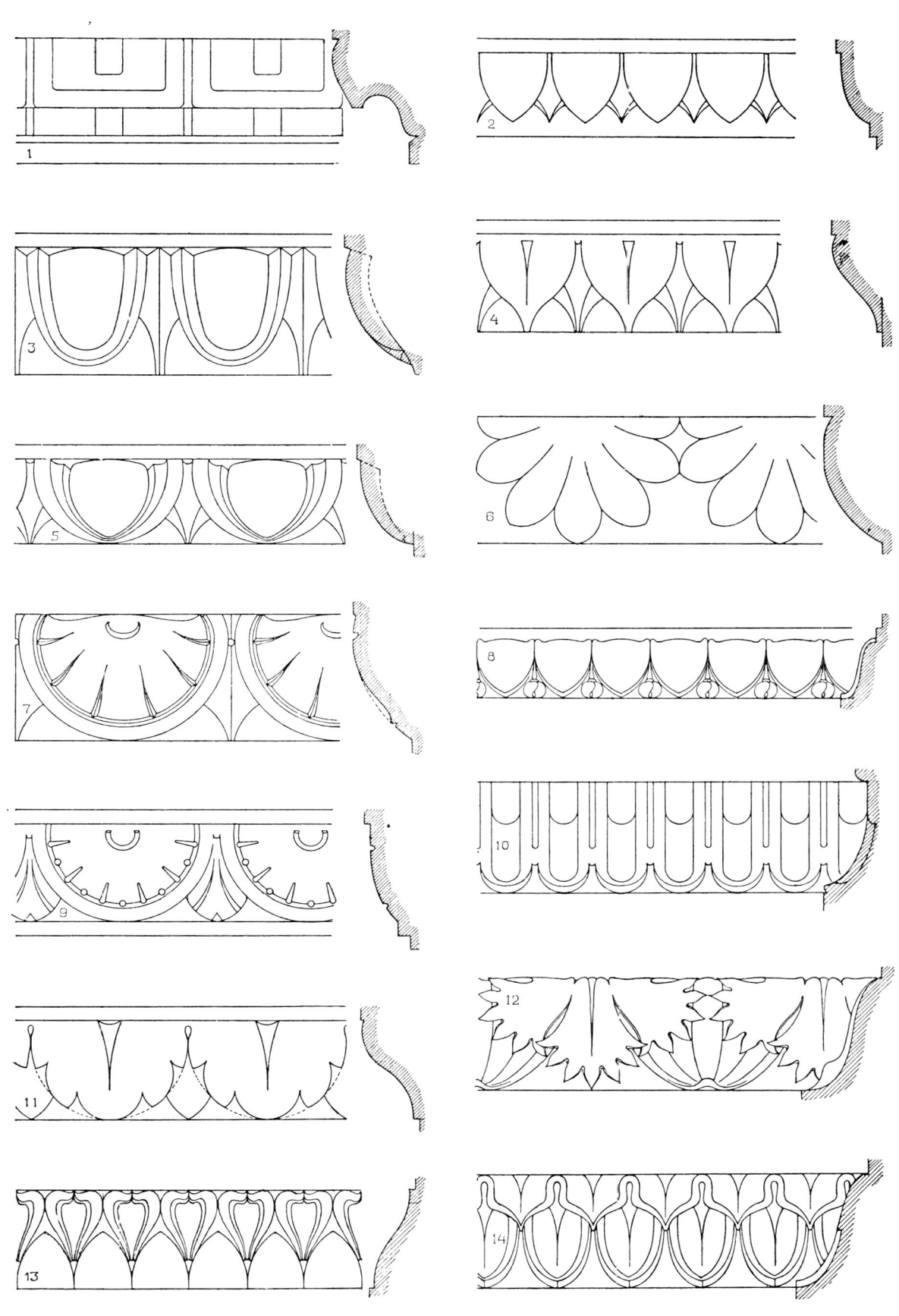

Blattwellen.

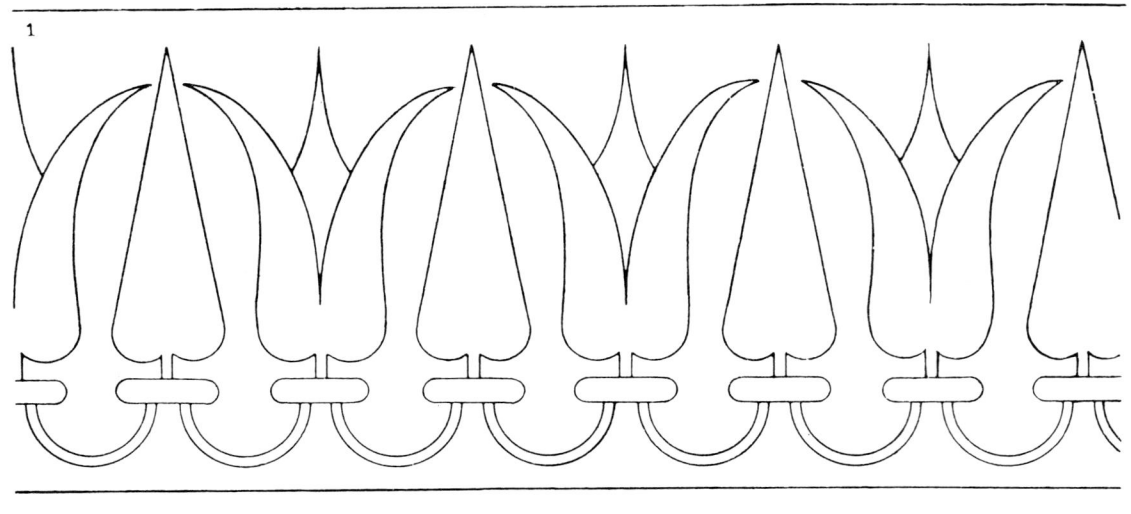

1

2

3

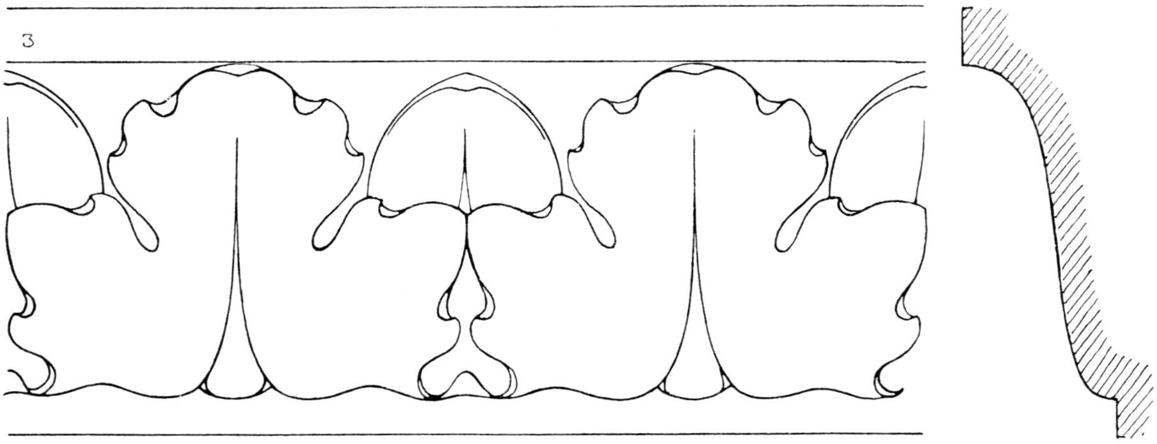

Simaornamente.

Simaornamente.

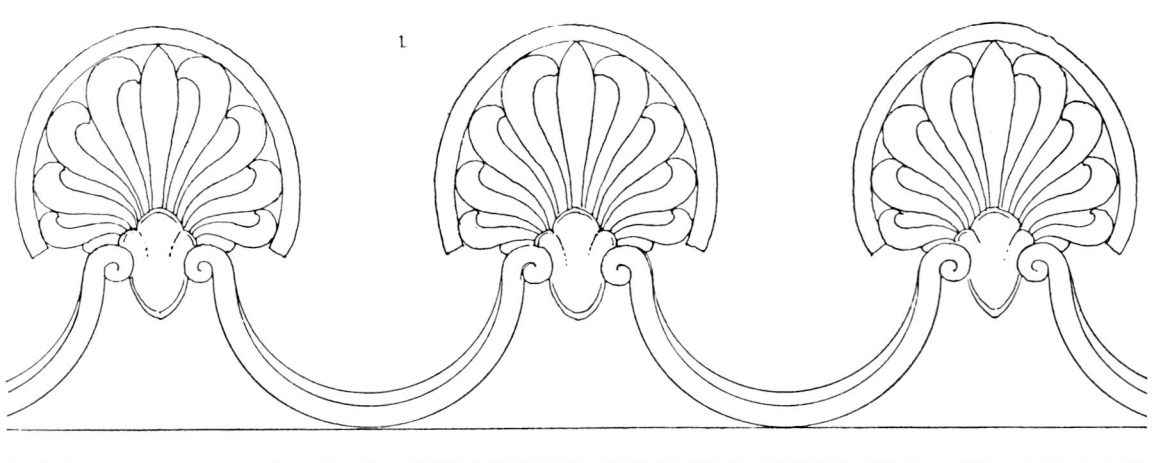

Freie Endigungen.

3　　　　　　　1 　　　　　　　　　4

2

Freie Endigungen.

1

2

3

4

Freie Endigungen.

Freie Endigungen.

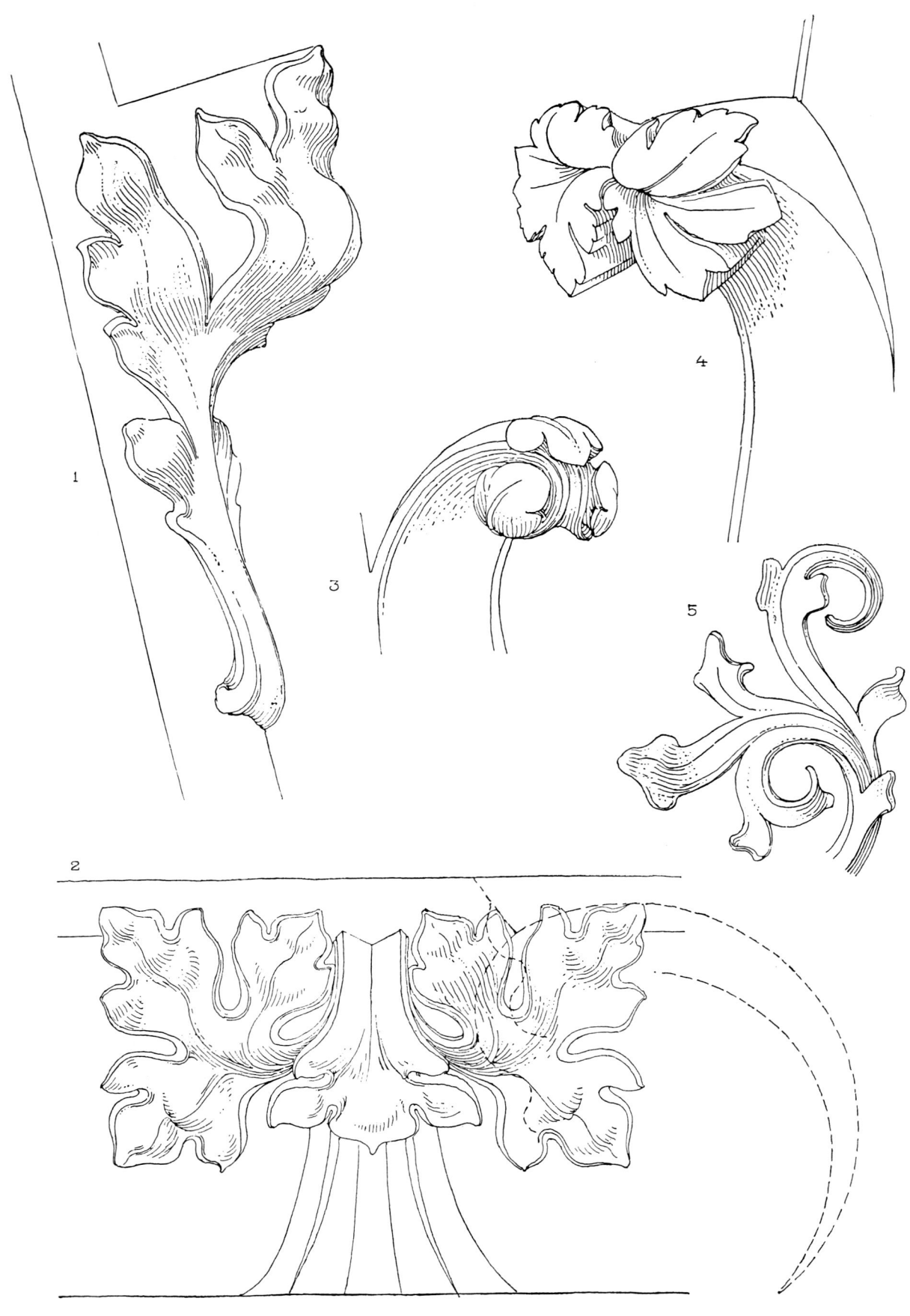

1

3

4

5

2

Freie Endigungen.

1

2

3

4

Freie Endigungen.

145

Freie Endigungen.

1

2

Freie Endigungen.

1926

Freie Endigungen.

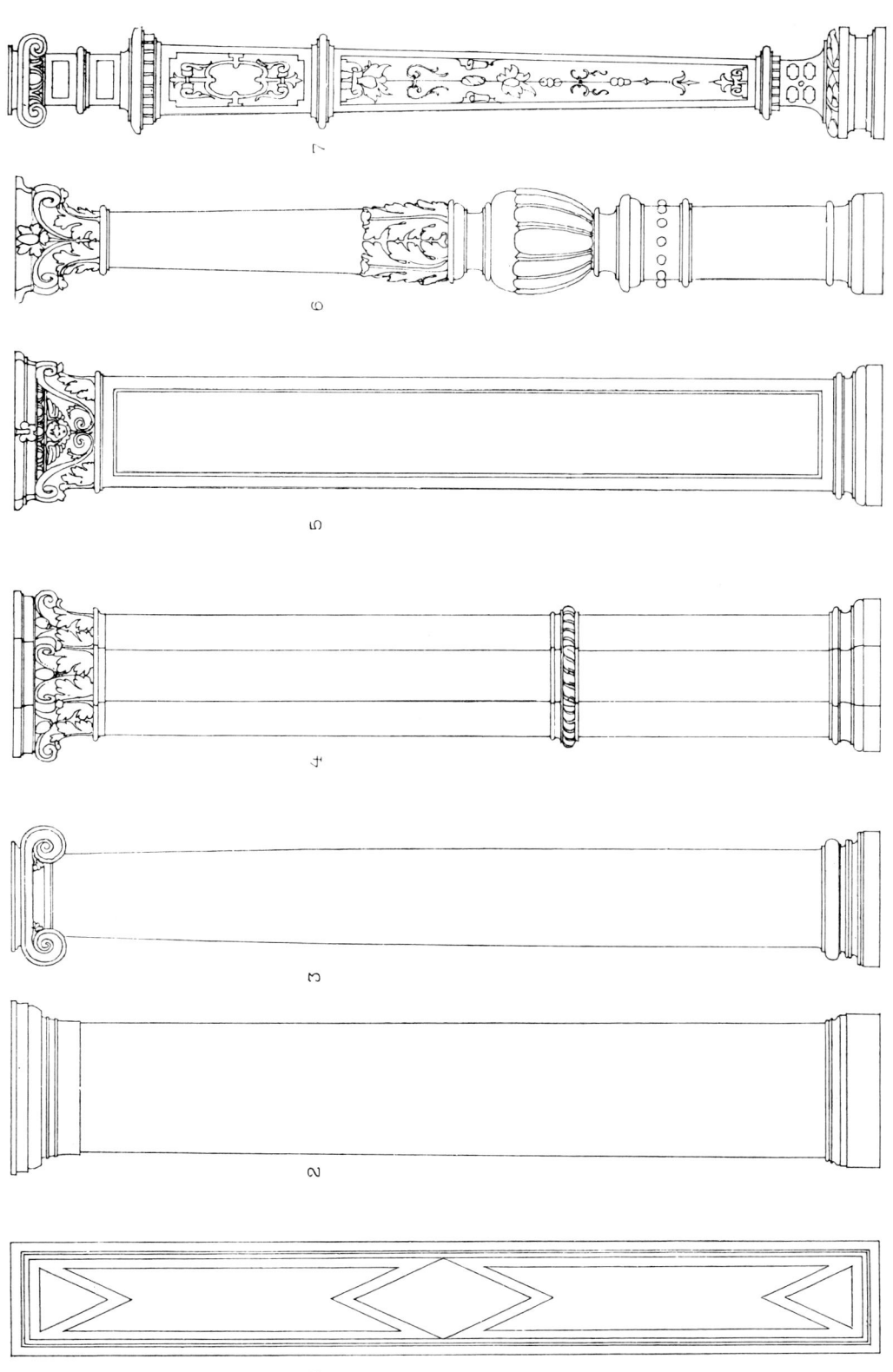

S t ü t z e n.

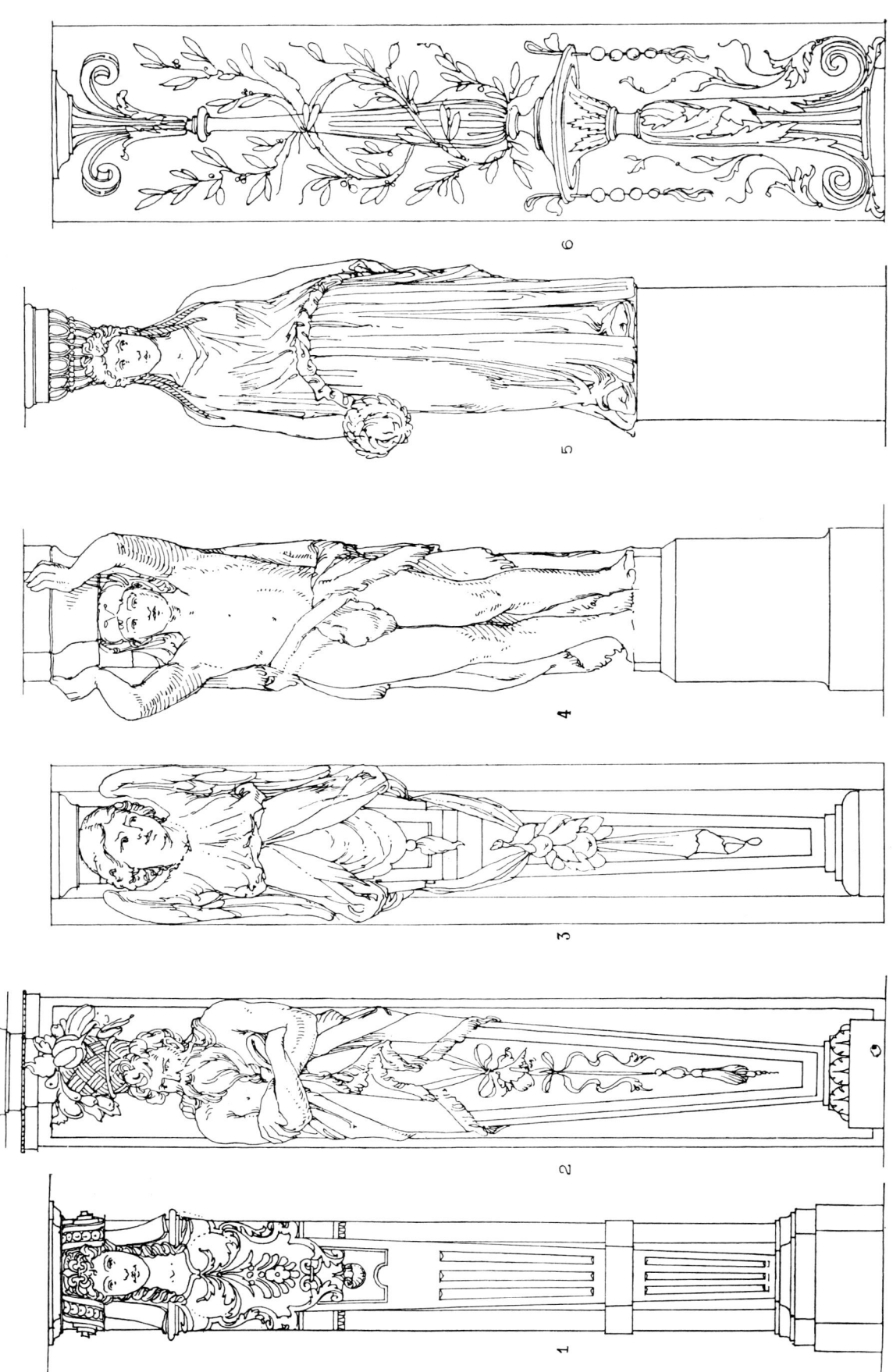

Stützen.

Tafel 76

150

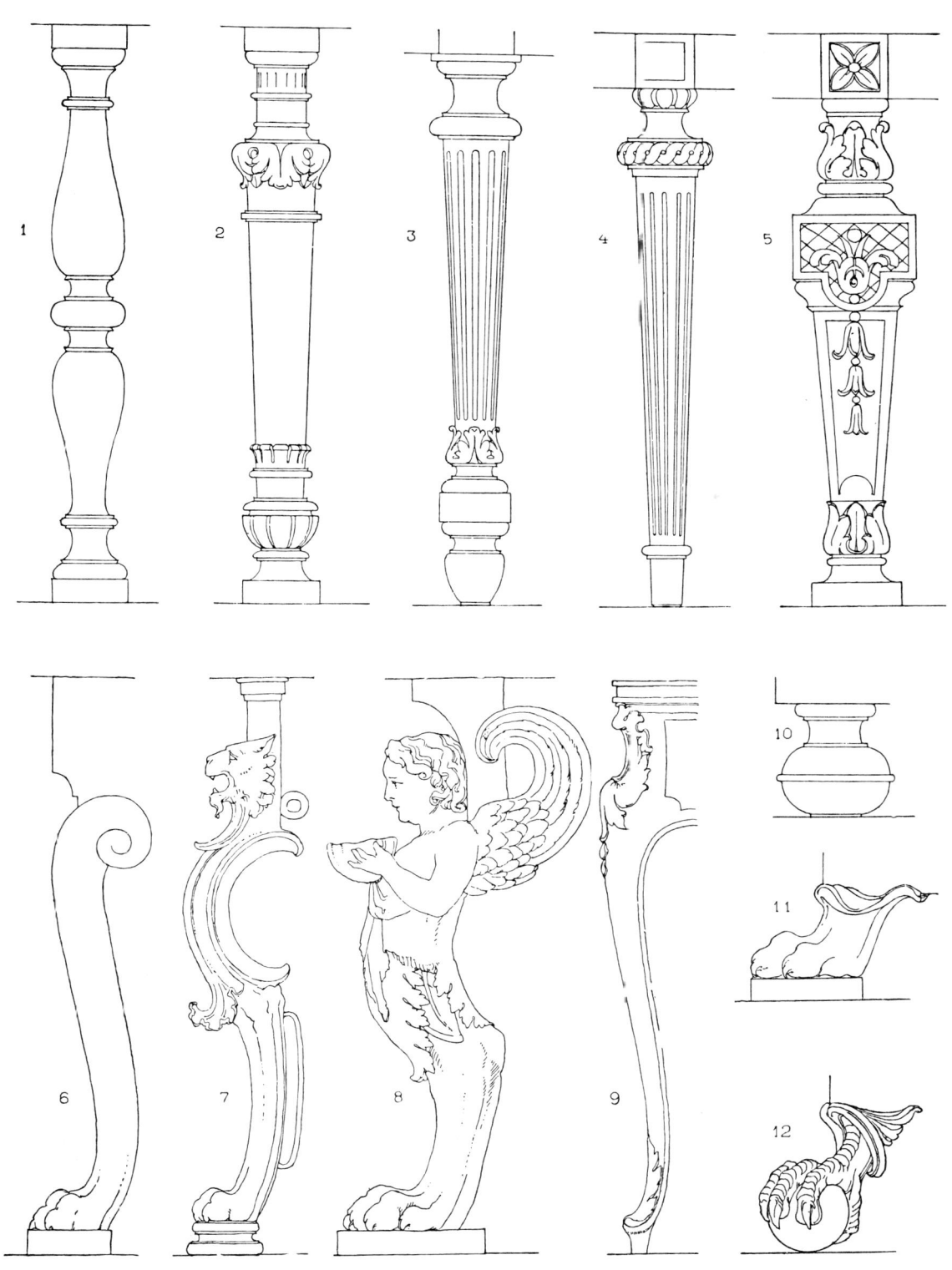

S t ü t z e n.

151

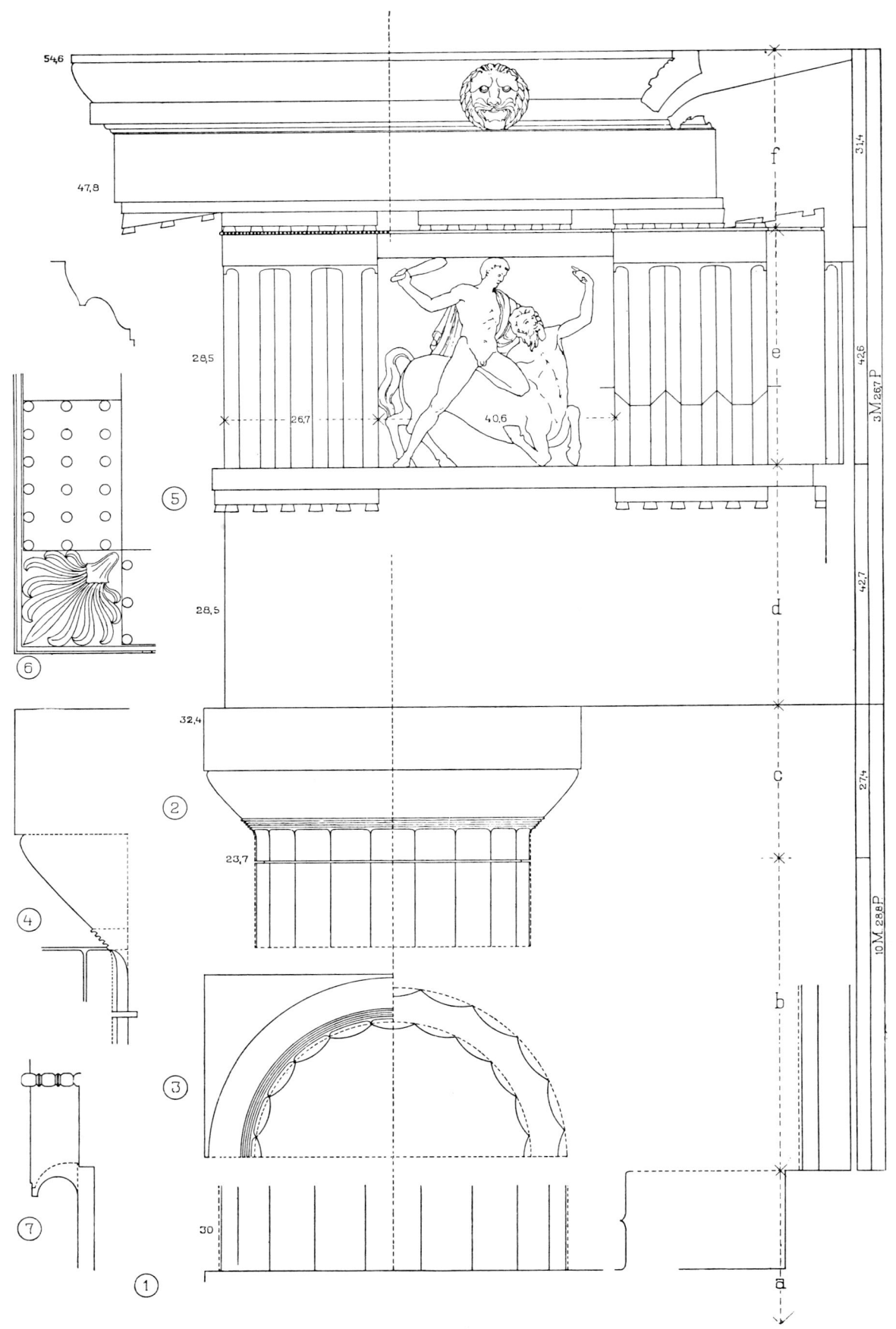

54,6

47,8

28,5

26,7 40,6

28,5

32,4

23,7

30

f

e

3 M 267 P

d

42,7

c

27,4

10 M 288 P

b

a

31,4

42,6

① ② ③ ④ ⑤ ⑥ ⑦

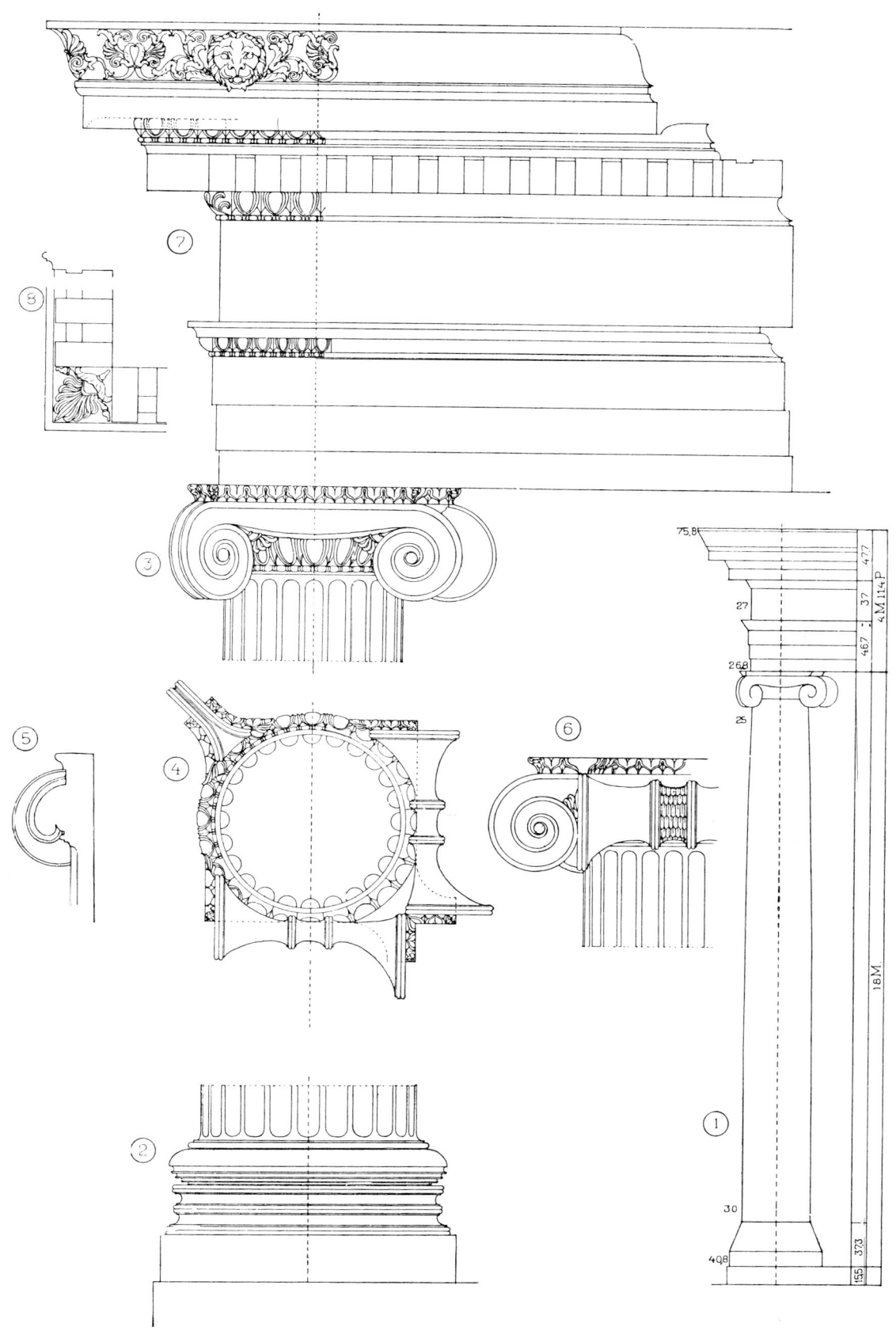

Griechisch-jonische Säulenordnung vom Tempel der Athena Polios zu Priene.

Griechisch-korinthische Säulenordnung von der Stoa des Hadrian zu Athen.

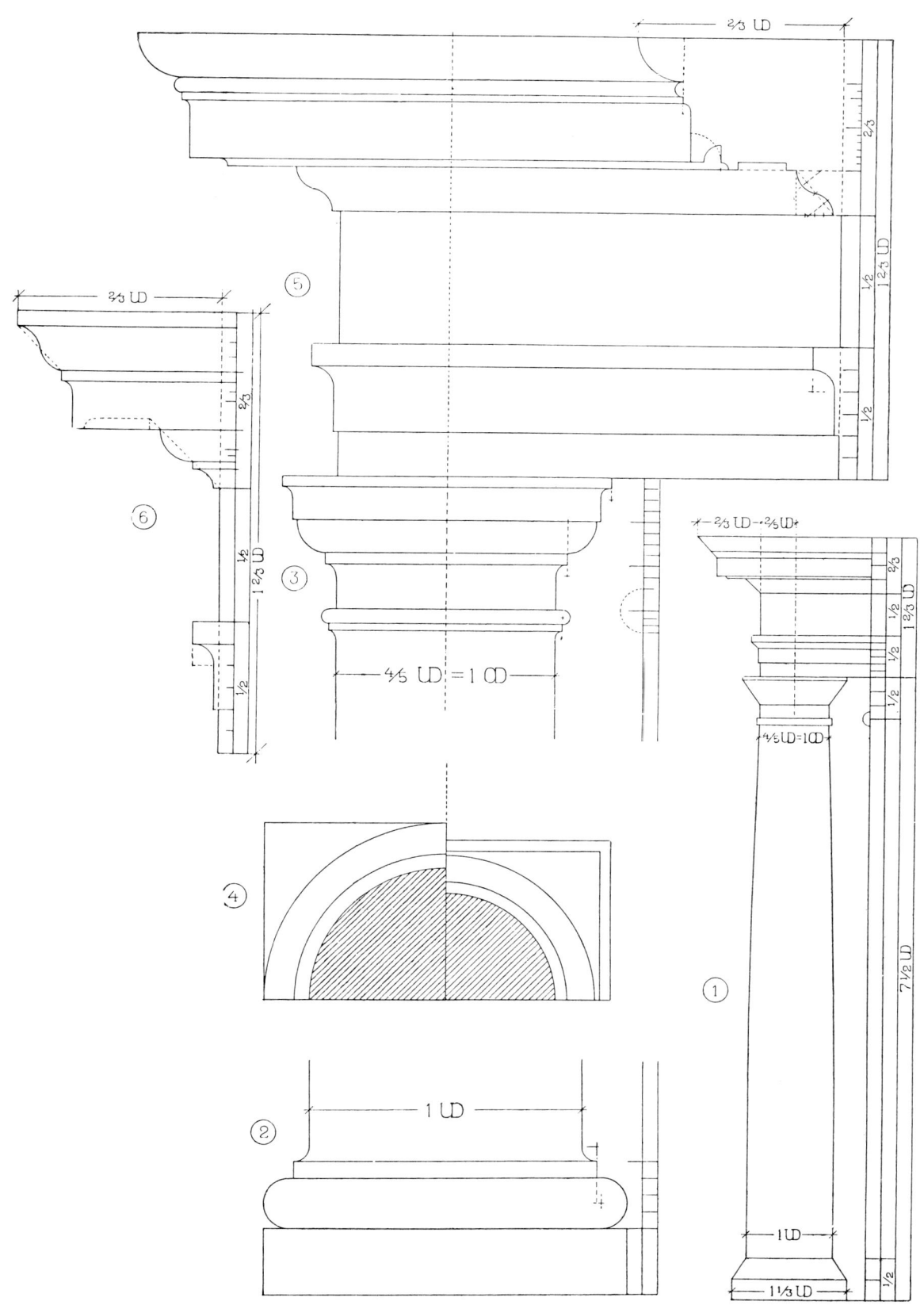

Toskanische Säulenordnung der Renaissance nach Vignola.

Dorifche Säulenordnung der Renaiffance.

A = H

5/12 LD

2 LD

2 LD

1/4 LD

1/10

1/4 LD

⑥

2 LD

9 LD

①

③

MD

5/8 LD

④

⑤

②

1/2 LD

Jonische Säulenordnung der Renaissance.

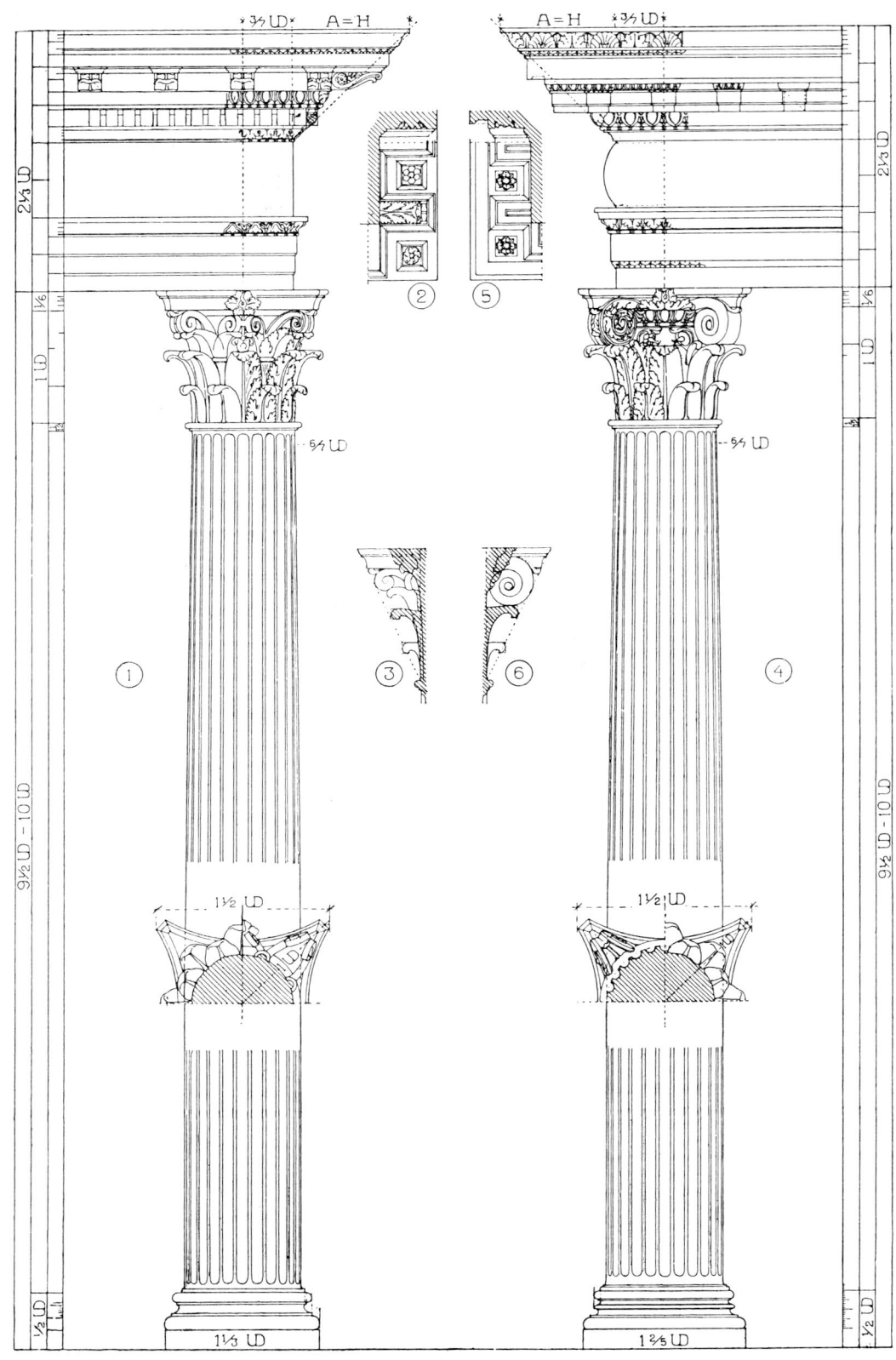

Korinthische Säulenordnung der Renaissance.
Komposite Säulenordnung der Renaissance.

Säulenschaftornamente.

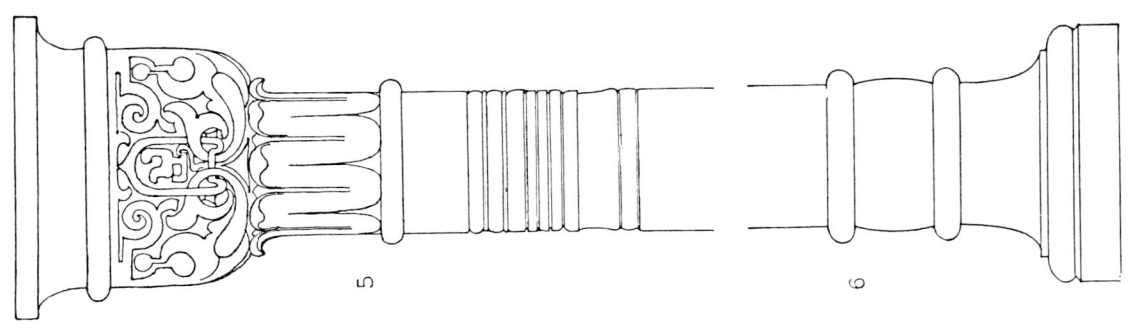

5

6

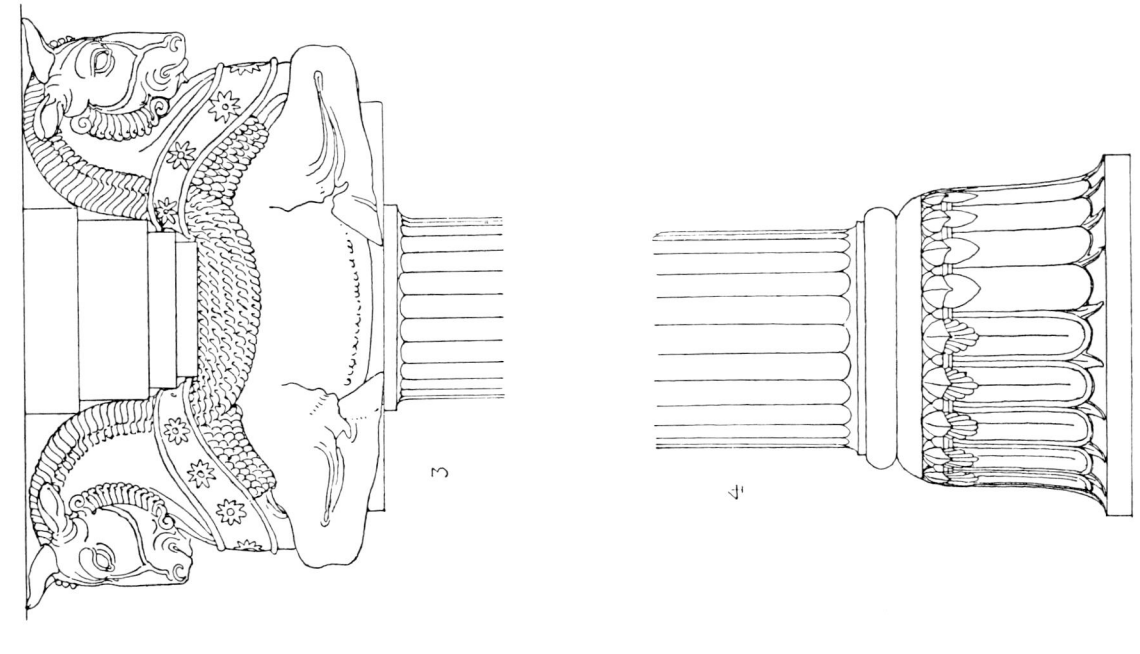

3

4

Säulenkapitelle und Säulenfüße.

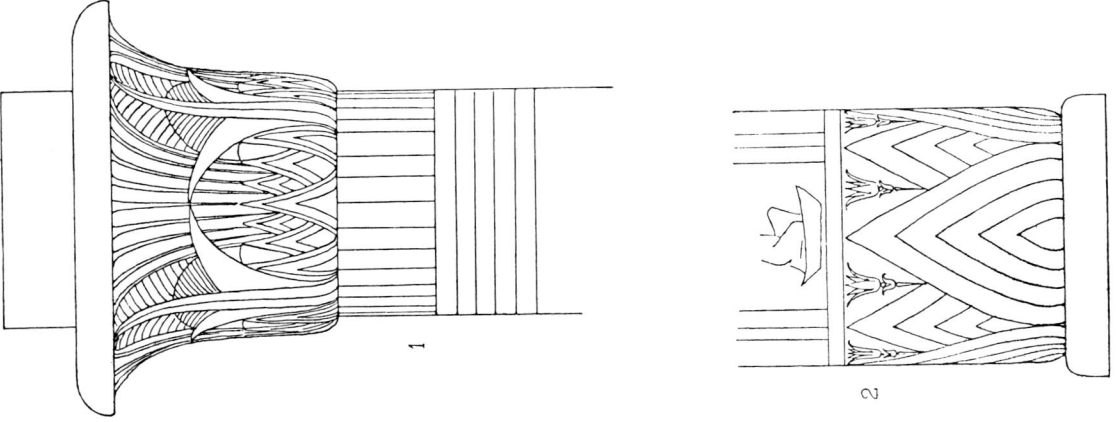

1

2

Tafel 86

160

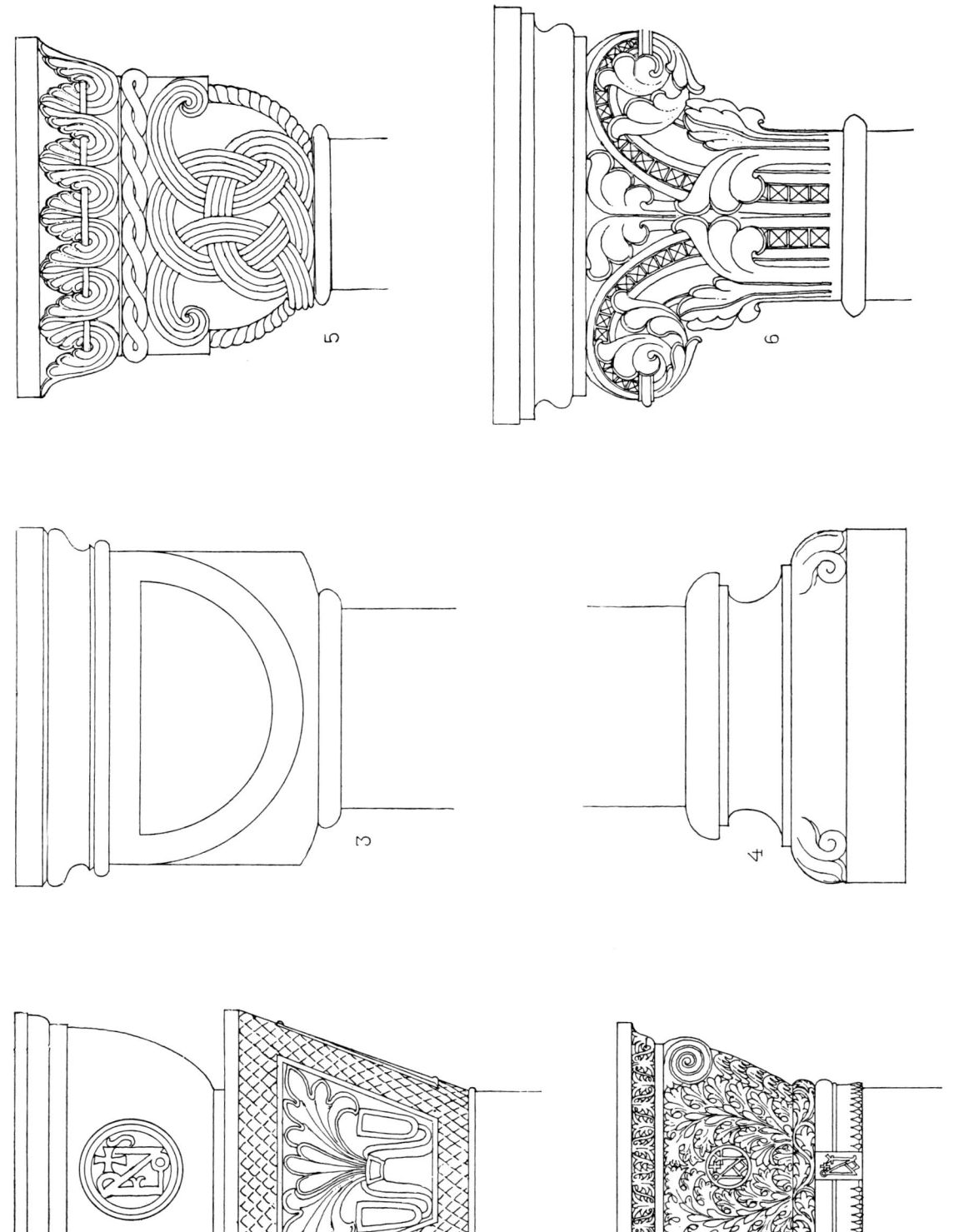

Säulenkapitelle und Säulenfüße.

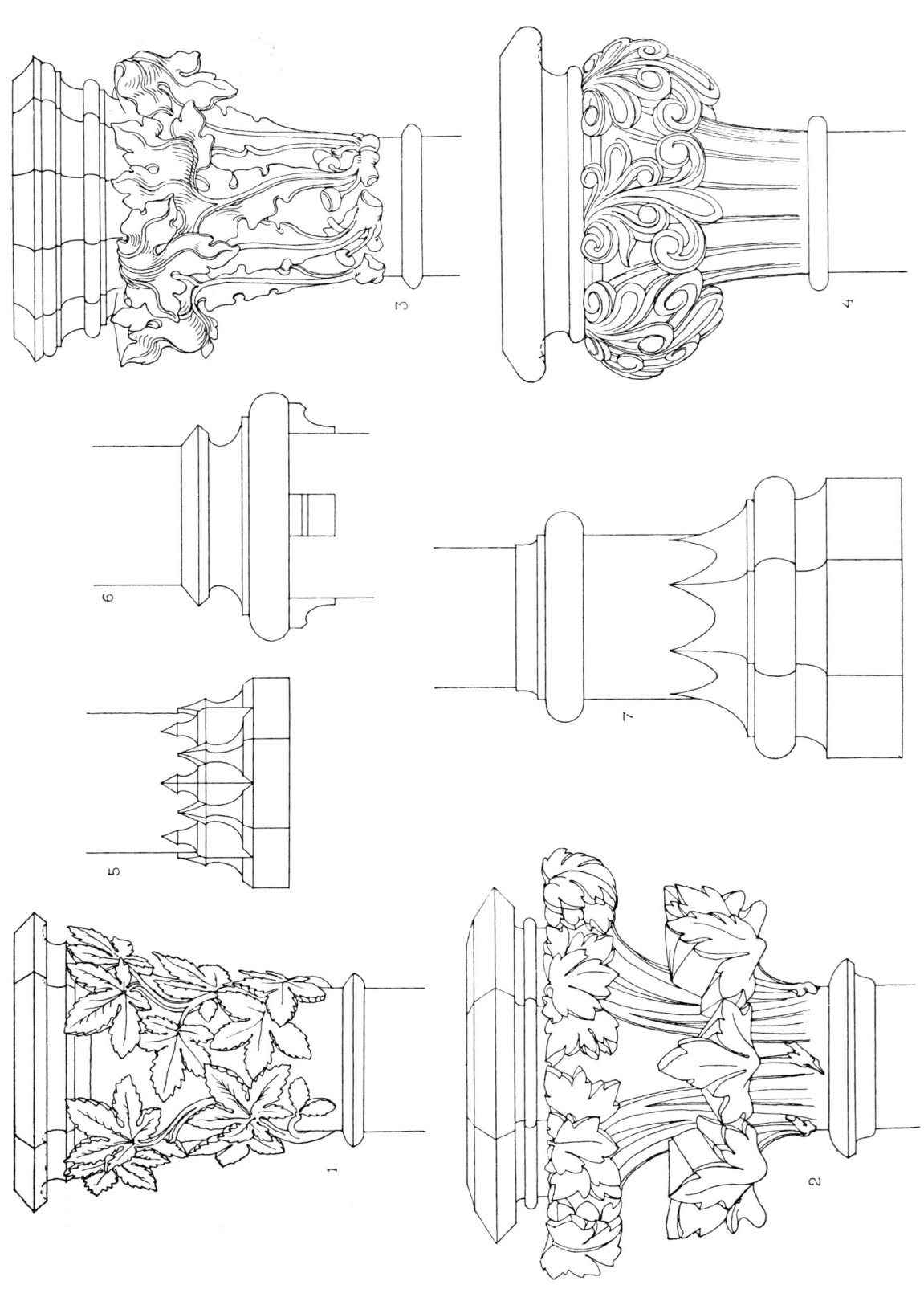

Säulenkapitelle und Säulenfüße.

Säulenkapitelle.

Tafel 89

163

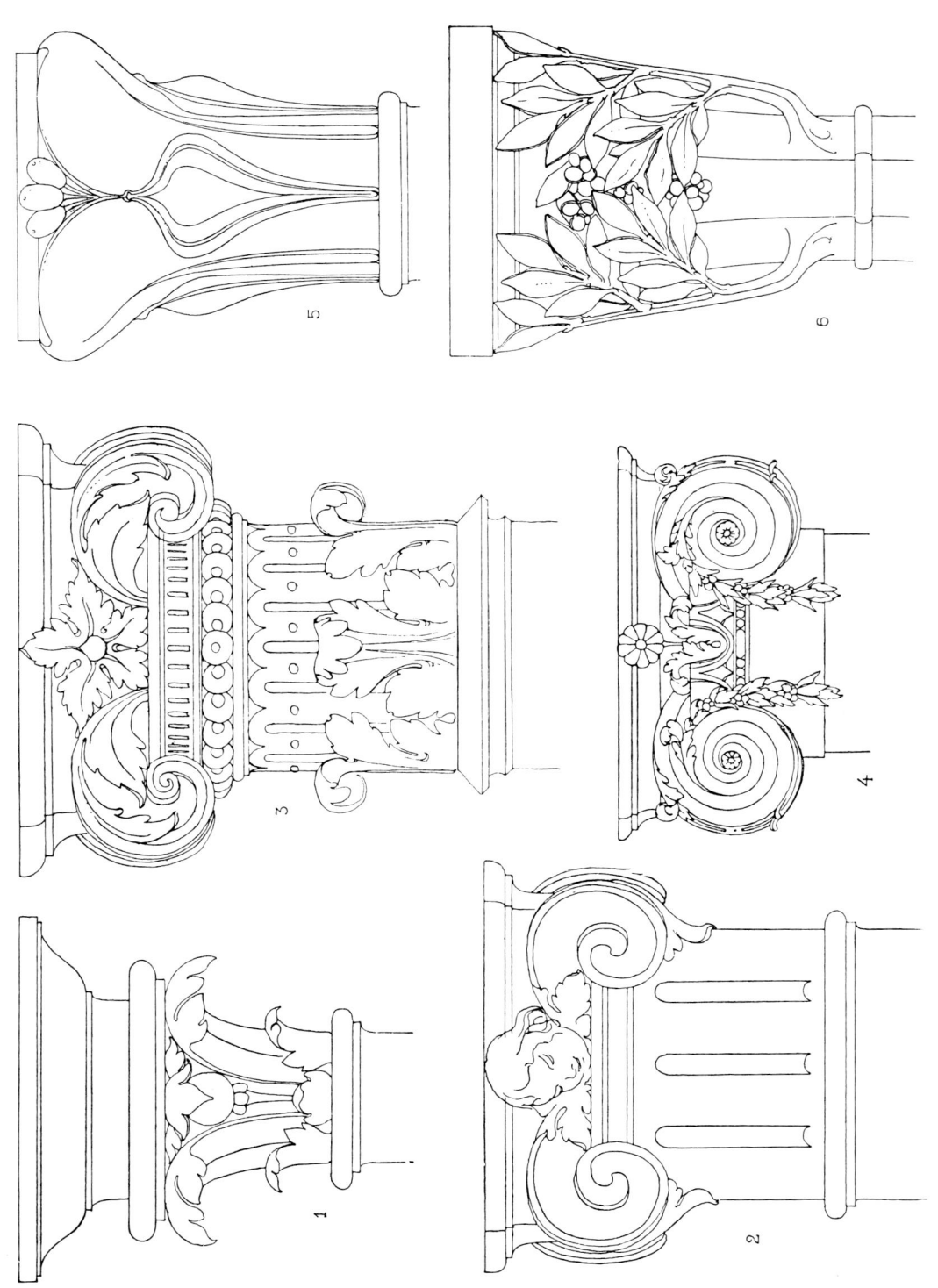

Säulenkapitelle.

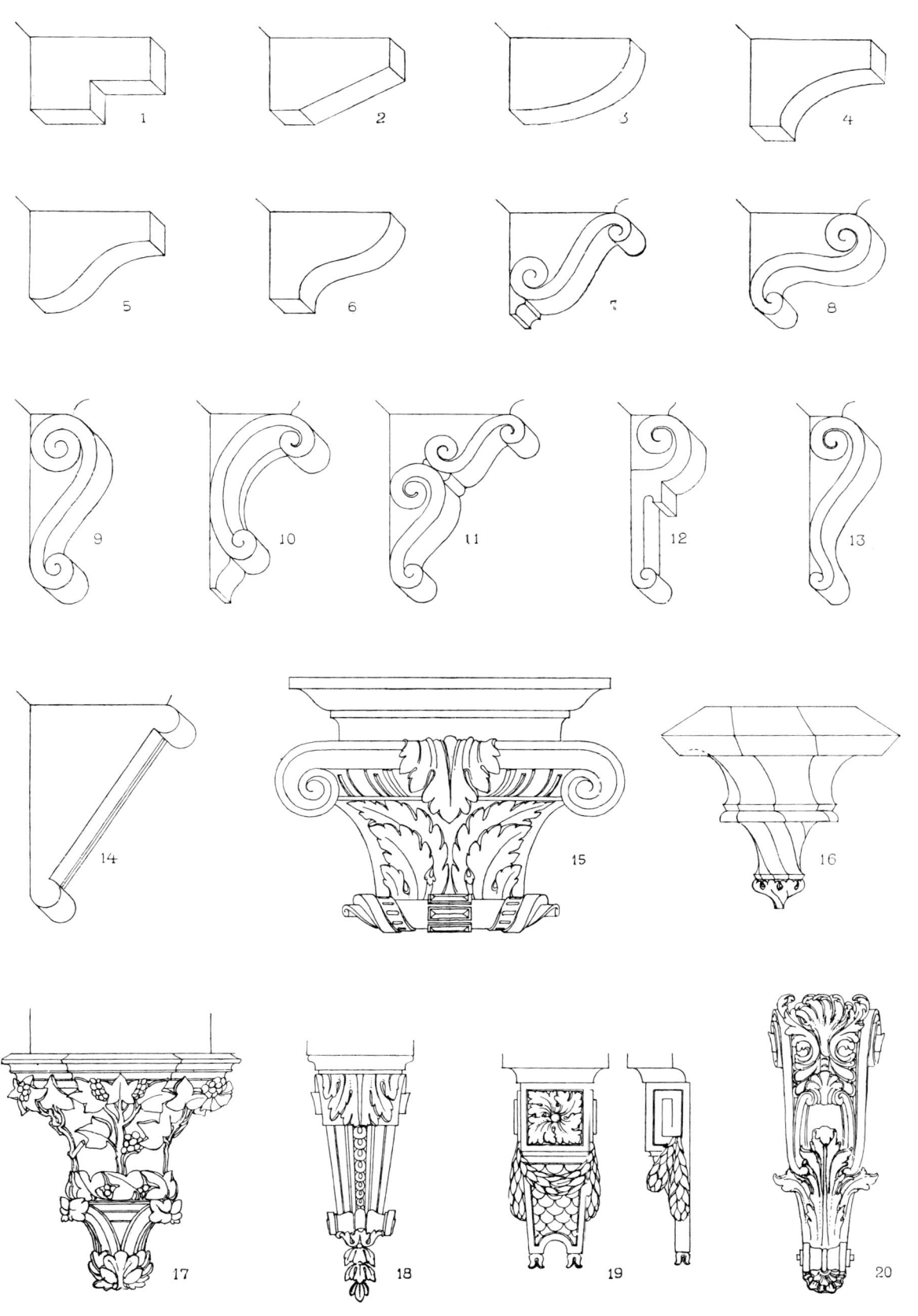

Konsole.

Tafel 92

Konsole.

166

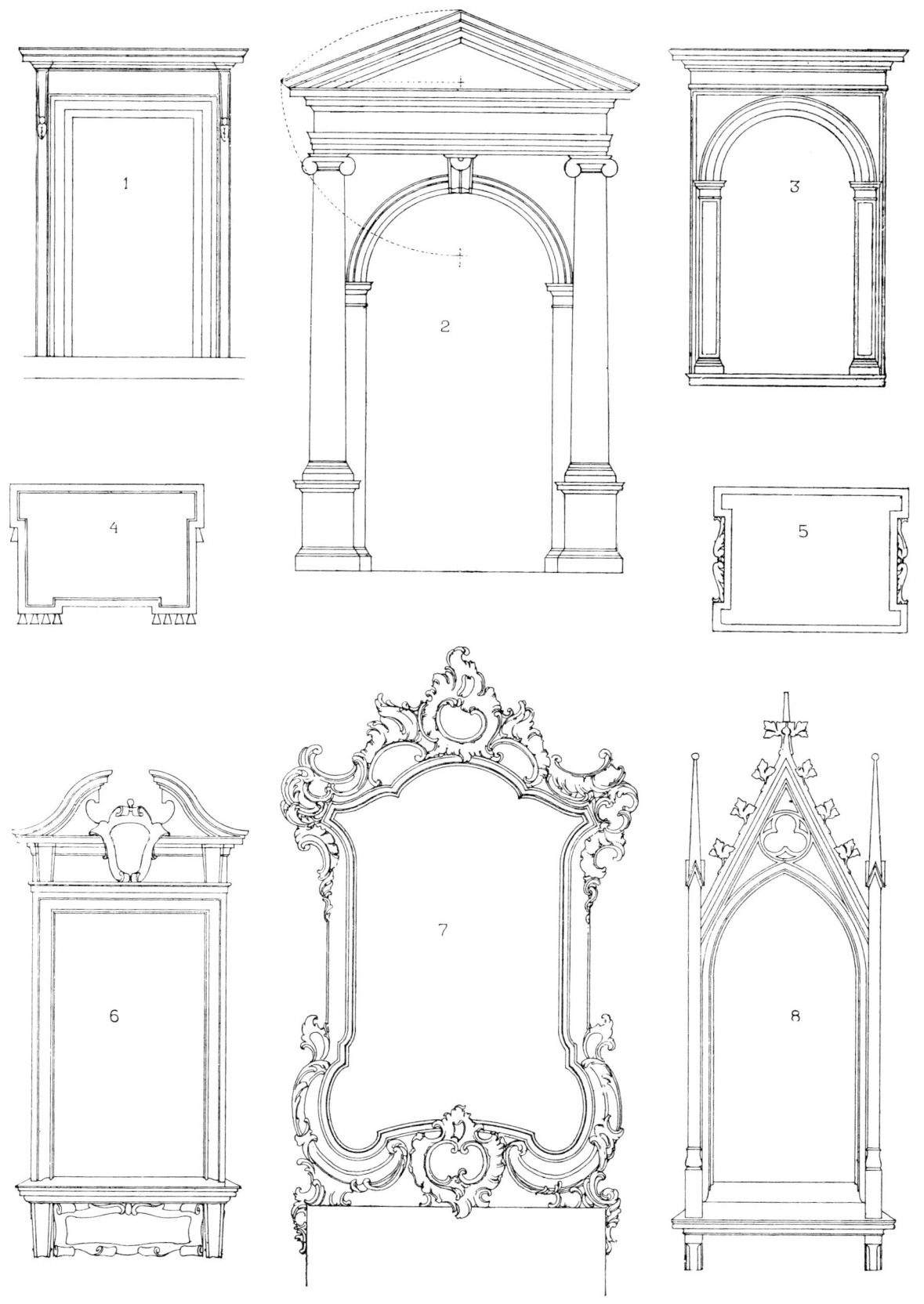

Umrahmungen.

167

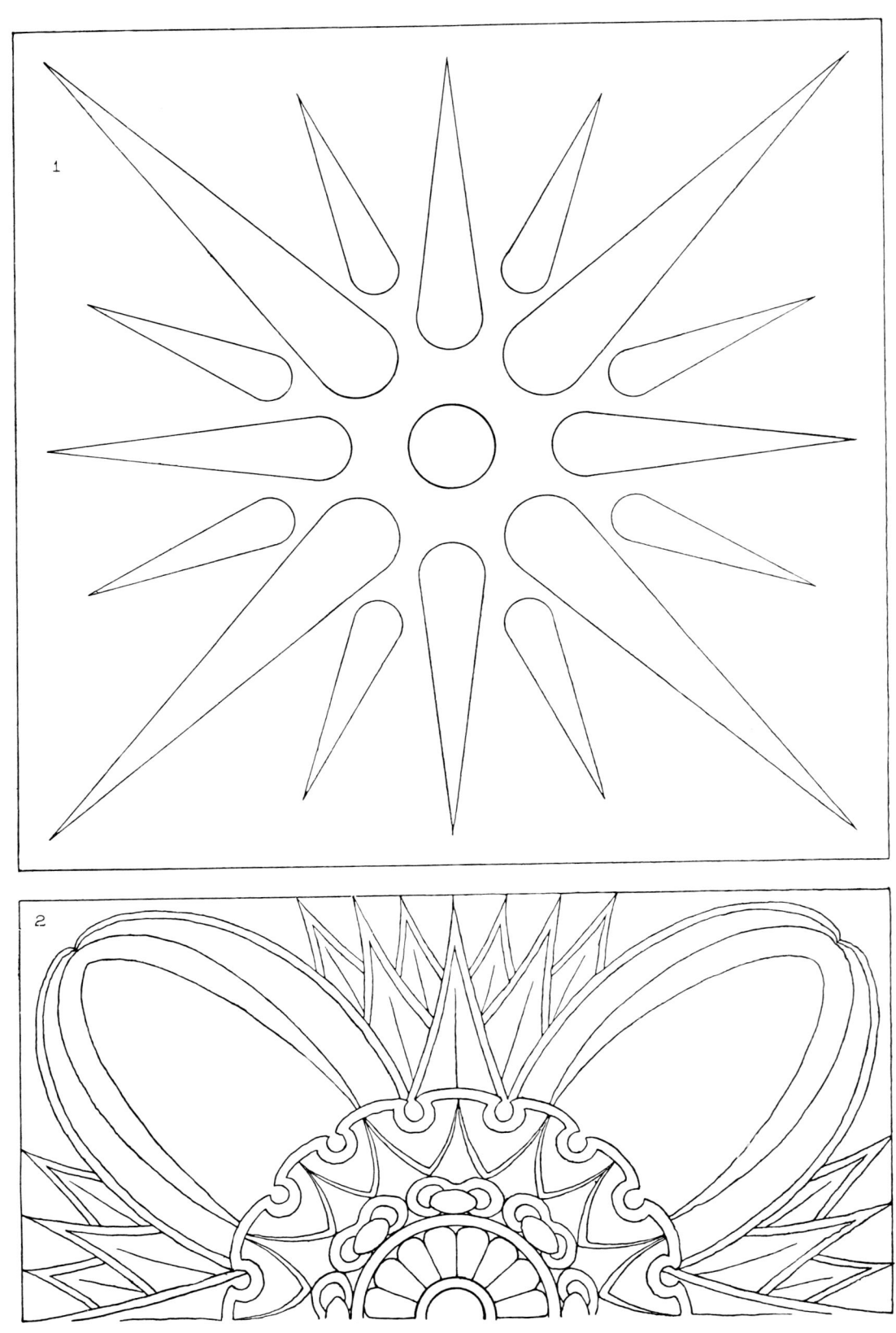

Tafel 94

Begrenzte Flächenornamente.

Tafel 95

Begrenzte Flächenornamente.

169

1

2

3

4

5

6

7

Tafel 97

Begrenzte Flächenornamente.

Unbegrenzte Flächenornamente.

Unbegrenzte Flächenornamente.

Tafel 100

Unbegrenzte Flächenornamente.

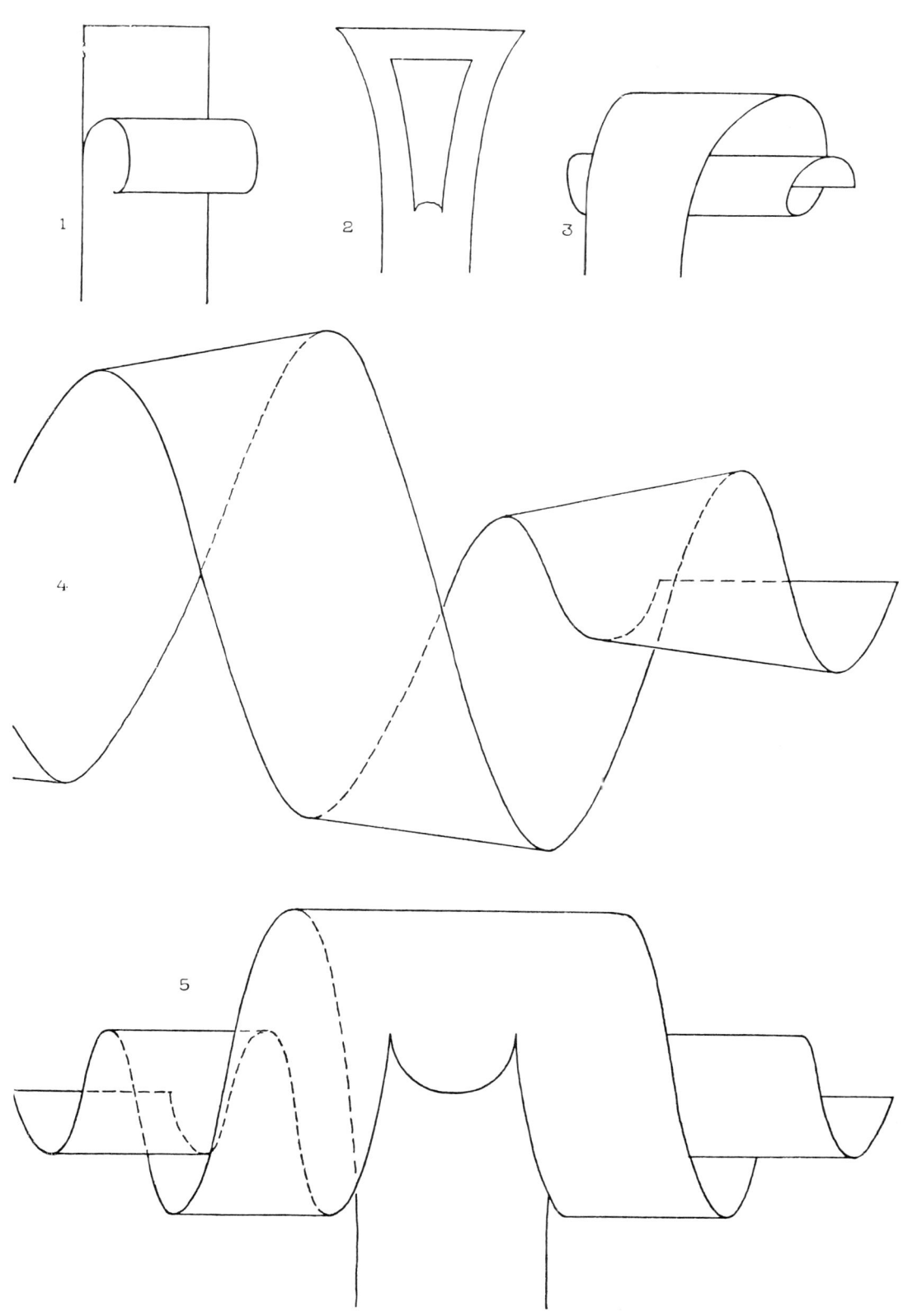

1   2   3   4   5

Rollwerk.

Schilde, Kartuschen.

Wappen.

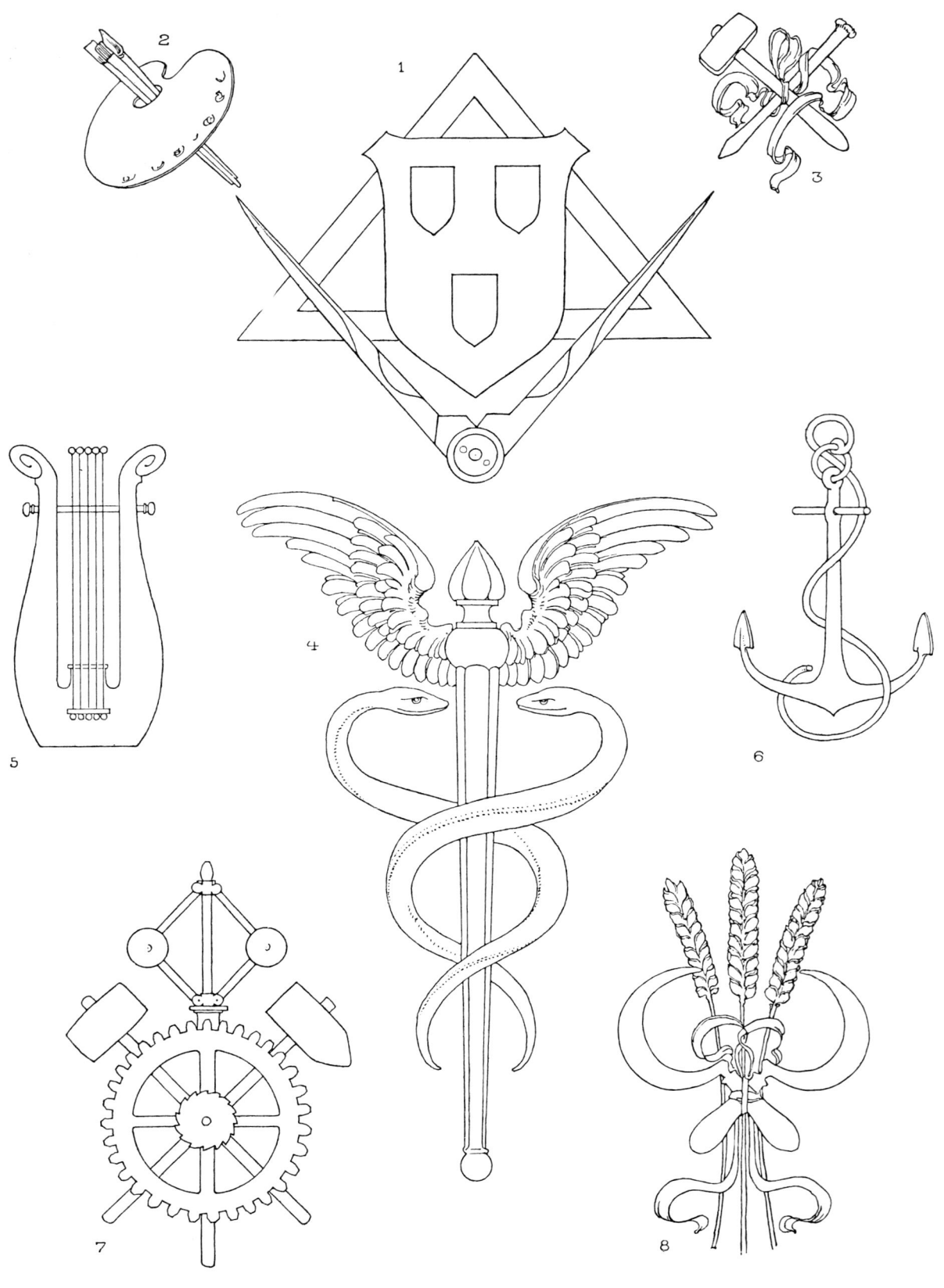

Embleme.

Symbole.

Günther Heine

DAS WERKZEUG
DES SCHREINERS
UND DRECHSLERS

Kurz das Wichtigste:

240 Seiten, 24×32 cm
rund 500 Abbildungen, mehrfarbig
bedruckter fester Einband

Best.-Nr. 9002

Zweite große Werkzeug-Dokumentation.
Nach Das Werkzeug des Zimmermanns
(Best.-Nr. 9001) richtet sich auch dieser
repräsentativ gestaltete, mit zahlreichen
Fotos und historischen Abbildungen
ausgestattete Band besonders an
Sammler, Fachleute der holzverarbei-
tenden Berufe, Volkskundler und Museen. Im Text werden die Arten und
Formen, Handhabung und Anwendung, Geschichte und technische
Entwicklung der verschiedenen
Werkzeuge anschaulich beschrieben. Die Vielfalt ist beeindruckend.
Hobel, Bohrer, Sägen, Drehbank, Dreh-
stähle u. a. werden in eigenen
Kapiteln des Buches behandelt.
Dabei sind die beiden Hand-
werke getrennt dargestellt.
Der Band überzeugt beson-
ders durch seine mehr als 500 (!)
hervorragenden Abbildungen,
davon viele ganzseitig.

Die verschiedenen Spannwerkzeuge

EDITION libri rari

präsentiert Ihnen über 120 Titel aus der Reprint-Bibliothek »Fach- und Sachbücher von gestern und vorgestern«

512 Seiten
17,5 × 24 cm
fester
Einband
mit Gold-
prägung

Best.-Nr.
1212

ISBN
3-88746-004-9

Neue Auflage
mit geändertem Einband

Theodor Krauth / Franz Sales Meyer
Das Zimmermannsbuch
Die Bau- und Kunstzimmerei (1899)

Ein Lehrbuch aus der Zeit um die Jahrhundert-
wende mit 361 Illustrationen im Text und
weiteren 131 ganzseitigen Tafeln. Die Autoren der
Schreinerbücher haben auch hier ein Werk
geschaffen, das durch die enorme Breite des
behandelten Stoffes und die klare informative
Darstellungsweise viel Interesse findet.

508 Seiten
17,5 × 24 cm
mehrfarbig
bedruckter
fester
Einband

Best.-Nr.
1013

ISBN
3-88746-019-*

Otto Warth
Die Konstruktionen in Holz (1900)

Diese Baukonstruktionslehre von Dr. Otto Warth
hat seinerzeit mehrere Auflagen erlebt und galt
ebenfalls als wichtiges Standardwerk.
Eine erfreuliche Ausnahme unter den häufig
trockenen Fachpublikationen mit 825 ausgezeich-
neten Holzschnittillustrationen im Text und
124 lithographierten Bildtafeln, auf denen unzäh-
lige Einzeldarstellungen zu sehen sind.

244 Seiten
22 × 29,7 cm
mehrfarbig
bedruckter
fester Einband

Best.-Nr.
1022

ISBN
3-88746-213-0

623 Abbildungen

Fritz Kress
Der Treppen- und Geländerbauer

Dieses 1952 letztmalig erschienene „Konstruktions-
buch für Handwerker und Techniker zum Bau von
Holztreppen und Holzgeländern" ist auch aus heuti-
ger Zeit in seinen wesentlichen Teilen nicht veraltet
oder überholt. Gute Abbildungen und deutliche
Zeichnungen, die Gründlichkeit der Darstellung,
die vielen Details und Tips machen das Werk
unentbehrlich für jeden Praktiker.
Mit einem Begleittext von Manfred Gerner, Fulda

336 Seiten
17,5 × 24 cm
fester
Einband
mit Gold-
prägung

Best.-Nr.
1210

ISBN
3-88746-003-0

Theodor Krauth / Franz Sales Meyer
Das Schreinerbuch I
Die Bauschreinerei (1899)

Durch einen umfangreichen Anhang mit 82 ganzseitigen Tafeln ergänzt, werden ausführlich und
durch 393 Illustrationen im Textteil unterstützt,
die wichtigen Holzarbeiten im und am Haus
behandelt. Fußböden, Täfelungen, Holzdecken,
Türen, Tore, Fenster, Fensterläden, Treppen
sowie Maschinen und Werkzeuge werden gezeigt.

224 Seiten
17,5 × 24 cm
fester
Einband
mit Gold-
und Farb-
prägung

Best.-Nr
1020

ISBN
3-88746-086-3

Hans Issel
Der Holzbau (1900)

Issels „Holzbau" – heißt es im Kommentar von
Manfred Gerner – „ist auch heute noch das, was
er zur Zeit, als er geschrieben wurde, sein sollte:
ein umfassendes Kompendium der Konstruktion
und Architektur des Fachwerk-, Block-, Ständer-
und Stabbaues". In diesem Buch überwiegt der
Praxisbezug, d. h. die genaue Darstellung
konstruktiver Details und der Holzverbindungen.
Ein Buch von hohem Gebrauchswert für jeden
Praktiker.

256 Seiten
24 × 32 cm
mehrfarbig
bedruckter
fester
Einband
mit Farb-
prägungen

Best.-Nr.
9001

ISBN
3-88746-070-7

über 500 z. T.
ganzseitige Abbildungen

Hans-Tewes Schadwinkel /
Günther Heine
Das Werkzeug des Zimmermanns
Historische Einführung von Manfred Gerner
Anschaulich und detailliert dargestellt wird die
geschichtliche und funktionale Entwicklung der
Zimmermannswerkzeuge in Deutschland vom 16.
bis ins 20. Jahrhundert. Viele eindrucksvolle groß-
formatige Abbildungen (Fotos, Zeichnungen, alte
Buchillustrationen) machen die Entwicklung der
Werkzeuge für den Leser auch optisch nachvoll-
ziehbar.

96 Seiten
22 × 33 cm
fester
Einband
mit Gold-
prägung

Best.-Nr.
1010

ISBN
3-88746-059-6

Johann Wilhelm
Architectura Civilis
oder Holtz-Baukunst (1668)
Welche überragende und faszinierende Rolle das
„nachwachsende" Produkt Holz vor 300 Jahren
gespielt hat, wofür es verwandt wurde und wie
man es kunstvoll und handwerklich sauber verarbeitete, das zeigen die 80 Kupferstiche dieses
hochinteressanten Werkes von Johann Wilhelm
aus Franckfurt am Mayn.

204 Seiten
21 × 31 cm
fester
Einband
mit mehr-
farbigen
Prägungen

Best.-Nr.
4016

ISBN
3-88746-184-3

Werner Lindner
Das niedersächsische Bauernhaus
in Deutschland und Holland (1912)
Der Text und die eindrucksvollen Abbildungen
geben einen umfassenden Einblick in Geschichte,
Verbreitung und Bauweise des niedersächsischen
Bauernhauses. Damit der Leser die regionalen
Besonderheiten der Bauernhäuser erkennen kann,
schließt der Autor auch Giebelschmuck und
Hausgerät in seine Betrachtungen mit ein.
Mit einem Begleittext von Carl Ingwer Johannsen

108 Seiten
21 × 33 cm
mehrfach
bedruckter
fester
Einband mit
Goldprägung

Best.-Nr.
1023

ISBN
3-88746-230-0

30 ganzseitige Tafeln

Christian Gottlob Reuß
Anweisung zur
Zimmermannskunst (1764)
Faszinierendes Werk über die Kunst der Zimmer-
leute in der Mitte des 18. Jahrhunderts. Schritt für
Schritt werden die Arbeiten und Techniken der
Zimmerei erklärt und auf den 30 großformatigen
Tafeln auch optisch eindrucksvoll dargeboten. Die
detaillierten Konstruktionszeichnungen machen den
Reprint auch für den Fachmann heute wertvoll
Begleittext von Manfred Gerner, Fulda

320 Seiten
11 × 17 cm
mehrfarbig
bedruckter,
fester
Einband,
Goldprägung

Best.-Nr.
1219

ISBN
3-88746-100-2

Zimmermanns-Sprüche (1896)
*und Kranzreden beim Richten neuer Gebäude,
namentlich von bürgerlichen Wohn- und Wirtschafts-
gebäuden, Kirchen, Türmen, Gerichtsgebäuden,
Rathäusern, Kasernen, Theatern, Waisen-, Schul-
und Pfarrhäusern usw. usw.* Seinerzeit ein unentbehrliches Nachschlagewerk mit gereimten Texten
für fast alle Gelegenheiten. Auch heute wieder
ein gesuchtes Quellenwerk für Richtfeste.

280 Seiten
22 × 33 cm
fester
Einband

Best.-Nr.
1014

ISBN
3-88746-022-7

Friedrich Ostendorf
Die Geschichte des Dachwerks (1908)
*erläutert an einer großen Anzahl mustergültiger
Konstruktionen* – Auf Anregung des bekannten
Baugeschichtlers Prof. Karl Schäfer gab 1908
Friedrich Ostendorf dieses umfassende Buch über
die Entwicklung der Dachkonstruktionen in
Europa von vorchristlicher Zeit bis zum Ausgang
des 19. Jahrhunderts heraus. Zum ersten Mal
wurden hier die Konstruktionsarten im Zusammenhang betrachtet und beschrieben.

300 Seiten
17,5 × 24 cm
fester
Einband
mit Gold-
prägung

Best.-Nr.
1017

ISBN
3-88746-068-5

Carl Lachner
Geschichte der Holzbaukunst
in Deutschland (1885 und 1887)
Nicht nur für den Fachwerkfreund, sondern
ebenso für die Hausforscher und Volkskundler
und alle an der handwerklichen Kunst von
Zimmerleuten und Schreinern Interessierten ist
hier eine Fülle exakter Details zusammen-
getragen. Carl Lachners Werk ist um so wert-
voller, weil es viele beschriebene Bauwerke nicht
mehr gibt.

Bücher, *die unsere Kultur und Technik*
in den vergangenen Jahrhunderten mitgeprägt haben

im Verlag Th. Schäfer · Tivolistraße 3 · Postfach 54 69 · 3000 Hannover · ☎ (05 11) 99 0 99-77

Fordern Sie unser Gesamtverzeichnis an